应用型本科高校建设示范教材

船舶辅机

主　编　王连海　于　洋　姜淑翠

主　审　吴桂涛

中国水利水电出版社
www.waterpub.com.cn

·北京·

内 容 提 要

本书从船舶实际出发，系统地阐述主流船舶辅机的工作原理、结构、性能和管理要点，并通过典型实例介绍其应用和操作要点。

本书共十七章，包括各种船用泵，船舶辅助管系，船用空气压缩机和风机，船舶制冷装置和空调装置，船用液压元件、液压油及液压系统管理，液压舵机，起货机，液压锚机、绞缆机和救生艇筏释放装置，船舶辅助锅炉，船用海水淡化装置。附录包括常用液压元件图形符号，船用制冷剂压焓图、湿空气焓湿图等。

本书可作为轮机工程专业和船机修造专业专科、本科和函授生的教材，也可供航运公司机务管理部门、船舶检验机构、海事主管部门、修造船厂等的技术人员参考。

图书在版编目（CIP）数据

船舶辅机 / 王连海，于洋，姜淑翠主编. -- 北京：中国水利水电出版社，2024.12. --（应用型本科高校建设示范教材）. -- ISBN 978-7-5226-3020-5

Ⅰ. U664.5

中国国家版本馆 CIP 数据核字第 2024BL4472 号

策划编辑：杜 威　　责任编辑：鞠向超　　加工编辑：刘 瑜　　封面设计：苏 敏

书　名	应用型本科高校建设示范教材 **船舶辅机** CHUANBO FUJI
作　者	主　编　王连海　于　洋　姜淑翠 主　审　吴桂涛
出版发行	中国水利水电出版社 （北京市海淀区玉渊潭南路 1 号 D 座　100038） 网址：www.waterpub.com.cn E-mail：mchannel@263.net（答疑） 　　　　sales@mwr.gov.cn 电话：（010）68545888（营销中心）、82562819（组稿）
经　售	北京科水图书销售有限公司 电话：（010）68545874、63202643 全国各地新华书店和相关出版物销售网点
排　版	北京万水电子信息有限公司
印　刷	三河市鑫金马印装有限公司
规　格	184mm×260mm　16 开本　25.25 印张　646 千字
版　次	2024 年 12 月第 1 版　2024 年 12 月第 1 次印刷
印　数	0001—3000 册
定　价	59.00 元

凡购买我社图书，如有缺页、倒页、脱页的，本社营销中心负责调换

版权所有·侵权必究

前　言

"船舶辅机"课程作为航海类院校的核心课程，伴随轮机工程专业设立同步设置。在新时代背景下，我们深入贯彻党的二十大指导思想，致力于培养具有创新精神和实践能力的航海人才。本书实现对《海船船员培训大纲（2021版）》《海船船员考试大纲（2022版）》中"750kW及以上船舶二、三管轮"与船舶辅机相关内容的全覆盖。

本书从船舶实际出发，系统地阐述主流船舶辅机的工作原理、结构、性能和管理要点，并通过典型实例介绍其应用和操作要点。补充最新的船舶辅机新技术、新产品内容，以适应主流船舶辅机管理特点。编者对教材内容，按照教育学理论，由简到难、循序渐进地编排，对基础理论知识、新技术应用、典型案例分析等进行了精心梳理，力图展现航海新工科的发展趋势，以拓宽读者视野，增加对船舶辅机内容广度和深度的理解。本书采用国际单位制。在电气元件与液压元件的代表符号上，主要采用国标符号，同时适当保留了一些国外的常见符号。

本书由王连海、于洋、姜淑翠任主编，由吴桂涛任主审。第一章至第七章由于洋编写，第八章由燕广滨编写，第九章至第十一章、第十六章由王连海编写，第十二章、第十三章由刘转照编写，第十四章、第十五章由姜淑翠编写，第十七章由徐海峰编写。全书由王连海统稿。

在编写过程中，得到了海丰国际控股有限公司的大力支持，提供了很多船舶数据和管理经验；上海海丰船舶管理有限公司李瑞民高级轮机长、陈昶总轮机长，中国远洋海运集团有限公司方志盛轮机长、梁爱峰轮机长帮助我们做了大量调研工作，提供了许多宝贵资料和船舶辅机设备管理经验；并得到烟台大学田海涛轮机长、滨州职业学院孙国庆老师、大连海事大学研究生彭庆和、山东交通学院研究生陈雨帆、王绍达、于洋、张涛的支持和帮助，谨在此一并表示感谢。

在编写过程中，编者参阅了相关图书资料，在此，向国内外相关作者致以诚挚谢意。由于编者水平有限，书中难免有不足或错谬之处，祈请读者不吝赐正。

编　者

2024年3月

目　　录

前言
第一章　船用泵基础知识 ………………… 1
第一节　泵在船上的功用和分类 ………… 1
一、泵在船上的功用 ………………… 1
二、泵的分类 ………………………… 1
第二节　泵的性能参数 …………………… 2
一、流量 ……………………………… 2
二、扬程 ……………………………… 2
三、转速 ……………………………… 3
四、功率和效率 ……………………… 3
五、允许吸上真空度 ………………… 4
第三节　泵正常工作条件 ………………… 5
一、正常吸入条件 …………………… 5
二、正常排出条件 …………………… 5
第二章　往复泵 …………………………… 6
第一节　往复泵的工作原理和特点 ……… 6
一、往复泵的工作原理 ……………… 6
二、往复泵的分类 …………………… 6
三、往复泵的流量 …………………… 7
四、往复泵的特点 …………………… 8
第二节　典型往复泵及管理 ……………… 9
一、电动往复泵的结构 ……………… 9
二、电动往复泵的检修 ……………… 13
三、电动往复泵的管理 ……………… 14
第三章　齿轮泵 …………………………… 16
第一节　齿轮泵的工作原理和特点 ……… 16
一、齿轮泵的工作原理 ……………… 16
二、齿轮泵的困油现象 ……………… 16
三、齿轮泵的特点 …………………… 18
第二节　典型齿轮泵的结构 ……………… 18
一、外啮合齿轮泵 …………………… 18
二、内啮合齿轮泵 …………………… 20
三、转子泵 …………………………… 21

四、高压齿轮泵 ……………………… 22
第三节　齿轮泵的管理 …………………… 24
一、管理注意事项 …………………… 24
二、常见故障和消除方法 …………… 25
第四章　螺杆泵 …………………………… 27
第一节　螺杆泵的结构和工作原理 ……… 27
一、三螺杆泵 ………………………… 27
二、单螺杆泵 ………………………… 29
三、双螺杆泵 ………………………… 30
第二节　螺杆泵的特点和管理要点 ……… 31
一、螺杆泵的特点 …………………… 31
二、螺杆泵的管理要点 ……………… 32
第五章　离心泵 …………………………… 33
第一节　离心泵的工作原理、性能和特点 …… 33
一、离心泵的基本结构和工作原理 …… 33
二、离心泵的扬程和流量 …………… 34
三、离心泵的能量损失和定速特性曲线 …… 35
四、管路特性曲线和泵的工况点 …… 36
五、离心泵额定扬程和流量的估算 …… 37
六、离心泵的特点 …………………… 38
第二节　离心泵的一般结构 ……………… 38
一、叶轮 ……………………………… 38
二、压出室 …………………………… 39
三、阻漏装置 ………………………… 39
四、离心泵的轴向推力及其平衡 …… 40
五、离心泵的自吸 …………………… 42
第三节　离心泵的管理 …………………… 45
一、离心泵的汽蚀 …………………… 45
二、离心泵的工况调节 ……………… 48
三、离心泵的使用维护要点 ………… 51
四、离心泵常见故障 ………………… 52
五、离心泵在货油系统中的应用 …… 52

第六章 旋涡泵 ⋯⋯⋯⋯⋯⋯⋯⋯⋯⋯⋯⋯⋯⋯ 54
第一节 旋涡泵的结构和工作原理 ⋯⋯⋯⋯ 54
一、闭式旋涡泵 ⋯⋯⋯⋯⋯⋯⋯⋯⋯⋯⋯ 54
二、开式旋涡泵 ⋯⋯⋯⋯⋯⋯⋯⋯⋯⋯⋯ 55
三、离心-旋涡泵 ⋯⋯⋯⋯⋯⋯⋯⋯⋯⋯ 56
第二节 旋涡泵的管理及维护 ⋯⋯⋯⋯⋯⋯ 57

第七章 喷射泵 ⋯⋯⋯⋯⋯⋯⋯⋯⋯⋯⋯⋯⋯⋯ 59
第一节 水喷射泵 ⋯⋯⋯⋯⋯⋯⋯⋯⋯⋯⋯⋯ 59
一、水喷射泵的基本结构和工作原理 ⋯⋯ 59
二、水喷射泵的特性曲线 ⋯⋯⋯⋯⋯⋯⋯ 60
三、水喷射泵的特点 ⋯⋯⋯⋯⋯⋯⋯⋯⋯ 61
四、水喷射泵的管理及维护 ⋯⋯⋯⋯⋯⋯ 61
第二节 其他喷射器 ⋯⋯⋯⋯⋯⋯⋯⋯⋯⋯⋯ 62
一、水射抽气器 ⋯⋯⋯⋯⋯⋯⋯⋯⋯⋯⋯ 62
二、蒸汽喷射器和空气喷射器 ⋯⋯⋯⋯⋯ 63

第八章 船舶管系 ⋯⋯⋯⋯⋯⋯⋯⋯⋯⋯⋯⋯⋯ 64
第一节 管系的基本知识 ⋯⋯⋯⋯⋯⋯⋯⋯⋯ 64
一、船舶管系分类 ⋯⋯⋯⋯⋯⋯⋯⋯⋯⋯ 64
二、管路材料 ⋯⋯⋯⋯⋯⋯⋯⋯⋯⋯⋯⋯ 64
三、船舶管系识别 ⋯⋯⋯⋯⋯⋯⋯⋯⋯⋯ 66
四、常用阀门 ⋯⋯⋯⋯⋯⋯⋯⋯⋯⋯⋯⋯ 66
第二节 舱底水系统 ⋯⋯⋯⋯⋯⋯⋯⋯⋯⋯⋯ 69
一、舱底水的来源 ⋯⋯⋯⋯⋯⋯⋯⋯⋯⋯ 69
二、舱底水系统的作用 ⋯⋯⋯⋯⋯⋯⋯⋯ 69
三、对舱底水系统的要求 ⋯⋯⋯⋯⋯⋯⋯ 70
四、舱底水系统的组成 ⋯⋯⋯⋯⋯⋯⋯⋯ 70
五、舱底水系统的维护管理 ⋯⋯⋯⋯⋯⋯ 71
第三节 压载水系统 ⋯⋯⋯⋯⋯⋯⋯⋯⋯⋯⋯ 72
一、压载水系统的作用 ⋯⋯⋯⋯⋯⋯⋯⋯ 72
二、对压载水系统的一般要求 ⋯⋯⋯⋯⋯ 72
三、压载水系统的布置形式 ⋯⋯⋯⋯⋯⋯ 73
四、压载水系统的组成 ⋯⋯⋯⋯⋯⋯⋯⋯ 74
五、压载水系统的日常操作 ⋯⋯⋯⋯⋯⋯ 74
第四节 消防系统 ⋯⋯⋯⋯⋯⋯⋯⋯⋯⋯⋯⋯ 75
一、水消防系统 ⋯⋯⋯⋯⋯⋯⋯⋯⋯⋯⋯ 75
二、居住舱室水喷淋灭火系统及机舱
局部水雾灭火系统 ⋯⋯⋯⋯⋯⋯⋯⋯ 78
三、CO_2消防系统 ⋯⋯⋯⋯⋯⋯⋯⋯⋯⋯ 80
四、扫气箱灭火系统 ⋯⋯⋯⋯⋯⋯⋯⋯⋯ 83

第五节 机舱供水系统 ⋯⋯⋯⋯⋯⋯⋯⋯⋯⋯ 85
一、饮用水系统 ⋯⋯⋯⋯⋯⋯⋯⋯⋯⋯⋯ 85
二、生活淡水系统 ⋯⋯⋯⋯⋯⋯⋯⋯⋯⋯ 86
三、卫生海水系统 ⋯⋯⋯⋯⋯⋯⋯⋯⋯⋯ 86

第九章 船舶活塞式空气压缩机和通风机 ⋯⋯⋯ 88
第一节 理论基础知识 ⋯⋯⋯⋯⋯⋯⋯⋯⋯⋯ 88
一、空压机的理论工作循环 ⋯⋯⋯⋯⋯⋯ 88
二、空压机的实际工作循环 ⋯⋯⋯⋯⋯⋯ 89
三、容积流量和输气系数 ⋯⋯⋯⋯⋯⋯⋯ 90
四、功率和效率 ⋯⋯⋯⋯⋯⋯⋯⋯⋯⋯⋯ 90
五、多级压缩 ⋯⋯⋯⋯⋯⋯⋯⋯⋯⋯⋯⋯ 91
第二节 活塞式空气压缩机的结构及其控制 ⋯⋯ 92
一、典型结构和主要部件 ⋯⋯⋯⋯⋯⋯⋯ 93
二、活塞式空气压缩机的润滑和冷却 ⋯⋯ 95
三、活塞式空气压缩机自动控制的特点 ⋯⋯ 96
第三节 活塞式空气压缩机的管理 ⋯⋯⋯⋯⋯ 97
一、活塞式空气压缩机的维护与运行管理 ⋯ 97
二、活塞式空气压缩机的常见故障分析
与处理 ⋯⋯⋯⋯⋯⋯⋯⋯⋯⋯⋯⋯⋯ 98
第四节 船用通风机 ⋯⋯⋯⋯⋯⋯⋯⋯⋯⋯⋯ 99
一、船用通风机的分类、工作原理
和工作特点 ⋯⋯⋯⋯⋯⋯⋯⋯⋯⋯⋯ 99
二、船用通风机的选用与管理 ⋯⋯⋯⋯⋯ 103
三、机舱通风系统的组成和管理要点 ⋯⋯ 104

第十章 船舶制冷装置 ⋯⋯⋯⋯⋯⋯⋯⋯⋯⋯⋯ 105
第一节 理论基础知识 ⋯⋯⋯⋯⋯⋯⋯⋯⋯⋯ 105
一、制冷在船舶运输中的应用 ⋯⋯⋯⋯⋯ 105
二、食品的冷藏条件 ⋯⋯⋯⋯⋯⋯⋯⋯⋯ 105
三、机械制冷方法 ⋯⋯⋯⋯⋯⋯⋯⋯⋯⋯ 106
四、蒸汽压缩式制冷装置的工作原理 ⋯⋯ 108
第二节 常用制冷剂和载冷剂 ⋯⋯⋯⋯⋯⋯⋯ 113
一、对制冷剂的要求 ⋯⋯⋯⋯⋯⋯⋯⋯⋯ 113
二、制冷剂的研究进展及安全和环境
特性指标 ⋯⋯⋯⋯⋯⋯⋯⋯⋯⋯⋯⋯ 113
三、制冷剂的种类和编号 ⋯⋯⋯⋯⋯⋯⋯ 114
四、常用制冷剂及其性质 ⋯⋯⋯⋯⋯⋯⋯ 115
五、制冷剂的使用管理 ⋯⋯⋯⋯⋯⋯⋯⋯ 117
六、载冷剂 ⋯⋯⋯⋯⋯⋯⋯⋯⋯⋯⋯⋯⋯ 118
七、冷冻机油 ⋯⋯⋯⋯⋯⋯⋯⋯⋯⋯⋯⋯ 119

第三节 制冷压缩机…………………119
　一、容积型制冷压缩机…………119
　二、速度型制冷压缩机…………122
　三、往复式制冷压缩机…………122
　四、典型制冷压缩机……………124
第四节 船舶制冷系统的组成………126
　一、制冷系统的辅助设备………126
　二、制冷系统常用的自动控制和自动
　　　保护元件………………………139
第五节 船舶制冷装置的管理………147
　一、制冷装置的基本操作………147
　二、制冷装置的常见故障………158

第十一章 船舶空气调节装置…………162
第一节 船舶空调理论基础知识……162
　一、舒适性空调参数的要求……162
　二、船舶空调装置概况…………163
第二节 空调舱室的热湿负荷与分区…164
第三节 船舶空调系统及其设备……165
　一、船舶空调系统的分类………165
　二、集中式空调器………………168
　三、供风管………………………173
　四、布风器………………………174
第四节 船舶空调系统的自动调节…177
　一、降温工况的温度自动调节…177
　二、取暖工况的温度自动调节…179
　三、取暖工况的湿度自动调节…182
　四、系统静压的自动调节………184
第五节 船舶空调装置实例和管理…186
　一、双风管空调系统实例………186
　二、船舶空调装置的管理………187
　三、船舶空调器的管理…………188
　四、船舶空调装置常见故障分析和排除…189

第十二章 液压甲板机械基础…………192
第一节 理论基础知识………………192
　一、液压传动的工作原理………192
　二、液压传动系统的组成………193
　三、液压传动的优缺点…………193
第二节 液压控制阀…………………193
　一、方向控制阀…………………194

　二、压力控制阀…………………199
　三、流量控制阀…………………206
　四、比例控制阀…………………209
　五、插装阀和叠加阀……………210
第三节 液压泵………………………212
　一、叶片泵………………………212
　二、斜盘式轴向柱塞泵…………217
　三、斜轴式轴向柱塞泵…………222
　四、液压泵的注意事项…………225
第四节 液压马达……………………225
　一、液压马达的分类……………225
　二、液压马达的主要性能参数…226
　三、活塞连杆式液压马达………227
　四、静力平衡式液压马达………229
　五、内曲线式液压马达…………231
　六、叶片式液压马达……………233
　七、液压马达的使用注意事项…235
第五节 液压辅助元件………………236
　一、滤油器………………………236
　二、油箱…………………………238
　三、蓄能器………………………239
　四、油冷却器……………………240
第六节 液压油………………………241
　一、液压油的要求和使用………241
　二、控制液压油的污染…………243

第十三章 液压舵机……………………247
第一节 舵的作用原理和舵机的基本要求…247
　一、舵设备的组成和舵的类型…247
　二、舵的作用原理和转舵扭矩…248
　三、舵机的基本要求……………249
第二节 液压舵机的基本组成和工作原理…250
　一、泵控型液压舵机……………250
　二、阀控型液压舵机……………253
第三节 液压舵机的转舵机构………254
　一、往复式转舵机构……………254
　二、回转式转舵机构……………258
第四节 液压舵机的遥控系统………259
　一、伺服油缸式舵机遥控系统…259
　二、直流伺服电机式舵机遥控系统…261

三、交流伺服电机式舵机遥控系统⋯⋯⋯262
第五节　液压舵机实例⋯⋯⋯⋯⋯⋯⋯⋯262
　　一、泵控型川崎舵机⋯⋯⋯⋯⋯⋯⋯262
　　二、阀控型哈特拉帕舵机⋯⋯⋯⋯⋯264
第六节　液压舵机的管理⋯⋯⋯⋯⋯⋯⋯266
　　一、舵机管理注意事项⋯⋯⋯⋯⋯⋯266
　　二、舵机使用前的检查⋯⋯⋯⋯⋯⋯267
　　三、舵机系统的清洗和充油⋯⋯⋯⋯268
　　四、舵的试验和调整⋯⋯⋯⋯⋯⋯⋯268
　　五、舵机常见故障⋯⋯⋯⋯⋯⋯⋯⋯269

第十四章　起货机⋯⋯⋯⋯⋯⋯⋯⋯⋯271
第一节　船用起货机的主要类型和要求⋯⋯271
　　一、船用起货机的主要类型⋯⋯⋯⋯271
　　二、对船用起货机的基本要求⋯⋯⋯272
　　三、回转式液压起货机的安全保护装置⋯272
第二节　起货机的液压系统⋯⋯⋯⋯⋯⋯274
　　一、起升机构的典型液压系统⋯⋯⋯274
　　二、回转机构的典型液压系统⋯⋯⋯281
第三节　液压起货机的操纵机构⋯⋯⋯⋯283
　　一、液压式操纵机构⋯⋯⋯⋯⋯⋯⋯283
　　二、电气式操纵机构⋯⋯⋯⋯⋯⋯⋯285
第四节　回转式液压起货机实例⋯⋯⋯⋯286
第五节　液压起货机的管理⋯⋯⋯⋯⋯⋯290
　　一、日常管理⋯⋯⋯⋯⋯⋯⋯⋯⋯⋯290
　　二、高速液压马达故障分析⋯⋯⋯⋯292

第十五章　锚机、绞缆机和救生艇筏释放装置⋯293
第一节　锚机⋯⋯⋯⋯⋯⋯⋯⋯⋯⋯⋯⋯293
　　一、锚设备的功用和组成⋯⋯⋯⋯⋯293
　　二、锚机应满足的要求⋯⋯⋯⋯⋯⋯294
　　三、液压锚机实例⋯⋯⋯⋯⋯⋯⋯⋯294
第二节　绞缆机⋯⋯⋯⋯⋯⋯⋯⋯⋯⋯⋯298
　　一、系泊设备概述⋯⋯⋯⋯⋯⋯⋯⋯298
　　二、液压自动调整张力绞缆机⋯⋯⋯299
　　三、液压绞缆机实例⋯⋯⋯⋯⋯⋯⋯301
第三节　救生艇筏释放装置⋯⋯⋯⋯⋯⋯303

第十六章　船舶辅助锅炉⋯⋯⋯⋯⋯⋯⋯311
第一节　理论基础知识⋯⋯⋯⋯⋯⋯⋯⋯311
　　一、锅炉在船舶中的应用⋯⋯⋯⋯⋯311
　　二、锅炉的主要性能指标⋯⋯⋯⋯⋯311

第二节　船舶辅锅炉的结构⋯⋯⋯⋯⋯⋯312
　　一、燃油锅炉⋯⋯⋯⋯⋯⋯⋯⋯⋯⋯312
　　二、废气锅炉⋯⋯⋯⋯⋯⋯⋯⋯⋯⋯317
　　三、锅炉附件⋯⋯⋯⋯⋯⋯⋯⋯⋯⋯323
第三节　船舶辅锅炉的燃油设备及系统⋯⋯325
　　一、燃油在锅炉中的燃烧情况⋯⋯⋯325
　　二、燃烧器⋯⋯⋯⋯⋯⋯⋯⋯⋯⋯⋯327
　　三、燃油系统组成及工作原理⋯⋯⋯334
　　四、燃烧方面的常见故障⋯⋯⋯⋯⋯337
第四节　船舶辅锅炉的汽、水系统和
　　　　常见故障⋯⋯⋯⋯⋯⋯⋯⋯⋯⋯338
　　一、炉水的自然循环⋯⋯⋯⋯⋯⋯⋯338
　　二、影响蒸汽带水的因素和汽水
　　　　分离设备⋯⋯⋯⋯⋯⋯⋯⋯⋯⋯340
　　三、锅炉的蒸汽、凝水、给水和
　　　　排污系统⋯⋯⋯⋯⋯⋯⋯⋯⋯⋯342
　　四、汽、水系统常见故障⋯⋯⋯⋯⋯345
第五节　船舶辅锅炉的运行和维护管理⋯⋯347
　　一、船舶锅炉的冷态点火⋯⋯⋯⋯⋯347
　　二、船舶锅炉运行中的管理⋯⋯⋯⋯349
　　三、船舶锅炉的停炉保养⋯⋯⋯⋯⋯351
　　四、船舶锅炉炉水处理⋯⋯⋯⋯⋯⋯353
　　五、船舶锅炉水垢的化学清洗⋯⋯⋯356
　　六、船舶辅锅炉的检验⋯⋯⋯⋯⋯⋯358
　　七、炉膛墙面耐火砖的维修⋯⋯⋯⋯361
第六节　热油锅炉及热供热系统⋯⋯⋯⋯362
　　一、热油锅炉的特点⋯⋯⋯⋯⋯⋯⋯362
　　二、热油锅炉供热系统⋯⋯⋯⋯⋯⋯362
　　三、热油的选用⋯⋯⋯⋯⋯⋯⋯⋯⋯364
第七节　船舶废气锅炉的管理⋯⋯⋯⋯⋯364
　　一、典型废气锅炉系统⋯⋯⋯⋯⋯⋯364
　　二、废气锅炉烟灰积垢与着火的分析
　　　　及预防⋯⋯⋯⋯⋯⋯⋯⋯⋯⋯⋯365

第十七章　船用海水淡化装置⋯⋯⋯⋯⋯370
第一节　理论基础知识⋯⋯⋯⋯⋯⋯⋯⋯370
　　一、船舶对淡水的要求⋯⋯⋯⋯⋯⋯370
　　二、真空沸腾式海水淡化装置和真空
　　　　闪发式海水淡化装置的工作原理⋯⋯370
　　三、反渗透式海水淡化装置的工作原理⋯373

四、电渗析法的基本原理……………373
第二节　真空沸腾式海水淡化装置…………374
　　一、影响蒸馏器真空度的因素…………374
　　二、影响蒸发器换热面结垢的因素………374
　　三、影响淡水产量的因素………………376
　　四、影响产水含盐量的因素……………377
第三节　板式换热器真空沸腾式海水
　　　　 淡化装置实例………………377

　　一、装置的结构………………………377
　　二、装置的系统组成…………………378
　　三、装置的使用………………………379
　　四、装置的保养………………………381
参考文献……………………………………385
附录1　常用液压元件图形符号……………386
附录2　船用制冷剂饱和状态的温度和压力……390

第一章 船用泵基础知识

第一节 泵在船上的功用和分类

一、泵在船上的功用

泵是用来输送液体的机械,其在船上主要用于输送海水、淡水、污水、滑油和燃油等各种液体。液体的机械能有位能、动能和压力能三种形式,它们之间可以相互转换。从功能来说,泵是一种向液体传送机械能的机械。远洋货船需要各种类型的泵,根据泵在船上的用途不同,可大致将其归纳为以下几类。

(1) 主动力装置用泵。主动力装置用泵是为满足船舶动力装置的工作需要而设置的,对以柴油机为主动力的船舶来说,通常有主海水泵、冷却淡水泵、滑油泵、燃油泵、燃油和滑油驳运泵等。

(2) 辅助装置用泵。辅助装置用泵是船舶辅助机械服务的泵,通常有柴油发电机用的海水泵和淡水泵;辅助锅炉装置用的给水泵和燃油泵;制冷装置用的冷却水泵;海水淡化装置用的海水泵和凝水泵;液压甲板机械用的液压泵;以及污水、污油和粪便处理装置用的泵;等等。

(3) 船舶安全及生活设施用泵。船舶安全及生活设施用泵主要有压载泵、舱底泵、消防泵、日用淡水泵、日用海水泵、热水循环泵和通用泵等。

(4) 特殊船舶专用泵。特殊用途的船舶使用的泵,如油船货油泵、挖泥船泥浆泵、捕鱼船捕鱼泵、破冰船压载泵、深水打捞船打捞泵、消防船消防泵、液化气船和化学品船上的深井泵和潜液泵等。

二、泵的分类

按工作原理不同,船用泵主要分为以下几类。

(1) 容积式泵。容积式泵是靠工作部件的运动造成工作容积周期性地增大和缩小而吸排液体的泵,靠挤压把机械能传给液体,使液体的压力能增加。根据运动部件的运动方式不同,容积式泵分为往复泵和回转泵两类。往复泵主要有活塞式和柱塞式;回转泵有齿轮泵、螺杆泵、叶片泵等。

(2) 叶轮式泵。叶轮式泵靠叶轮带动液体高速回转,把机械能传给液体,以使其压力和流速增加,然后将动能转变为压力能。根据泵的叶轮和流道结构特点不同,叶轮式泵又可分为离心泵、轴流泵和旋涡泵等。

(3) 喷射式泵。喷射式泵靠工作流体产生的高速射流引射流体,通过动量交换把动能传给被输送的流体,而使被引射流体的能量增加,然后转换为压力能。根据所用工作流体的不同，喷射式泵可分为水喷射泵、蒸汽喷射器和空气喷射器等。

除按工作原理分类外，船用泵还可以按泵轴方向不同分为立式泵和卧式泵；按吸口数目不同分为单吸泵和双吸泵；按原动机不同分为电动泵、汽轮机泵（如某些油船的货油泵）、柴油机泵（如应急消防泵）和由工作机械附带驱动的随车泵等。

第二节 泵的性能参数

泵的性能参数主要为了表征泵的性能，以便选用和比较，有流量、扬程、转速、功率和效率，以及允许吸上真空度等工作参数，通常标示和注明在泵的铭牌和说明书上。

一、流量

流量是指泵在单位时间内所排送的液体量。流量通常都是指体积流量，常用 Q 表示，水泵常用单位是 m^3/h，油泵常用单位是 L/min，公式计算单位用 m^3/s。有时也用到质量流量，常用 G 表示，单位可用 t/h、kg/min。Q 和 G 的关系式为

$$G = \rho Q \tag{1-1}$$

式中：ρ——液体的密度，kg/m^3。

泵铭牌上标示的流量是指泵的额定流量，即泵在额定工况时的流量，而泵实际工作时的流量与泵所在管路的条件有关，不一定等于额定流量。

二、扬程

泵的扬程是指单位质量液体通过泵后所增加的机械能，常用 H 表示，单位是 m。

单位质量液体的机械能又称水头或能头（head，本书中"水头"统称为"能头"），它包括压力能（压力头）、位能（位置头）和动能（速度头）。因此，泵的扬程即为泵使液体所增加的能头。

泵铭牌上标示的扬程是额定扬程，即泵在额定工况时的扬程。泵实际工作时的扬程不一定等于额定扬程，它取决于泵所工作的管路的具体条件。泵的工作扬程可用泵排口和吸口的能头之差来求出，即

$$H = \frac{p_d - p_s}{\rho g} + \Delta z + \frac{v_d^2 - v_s^2}{2g} \tag{1-2}$$

式中：p_s、p_d——泵的吸入压力和排出压力，以泵吸口和排口处的压力表示，Pa；Δz——泵排口和吸口中心处的高度差，m；v_s、v_d——泵吸、排口处的平均流速，m/s；ρ——泵所送液体的密度，kg/m^3；g——重力加速度，取 $9.8m/s^2$。

一般液体通过泵后，速度头和位置头的变化都很小（吸/排口管径和高度相同则不变），故工作扬程为

$$H \approx (p_d - p_s)/\rho g \tag{1-3}$$

（淡水的 $\rho = 1000kg/m^3$，1MPa 压力相当于扬程 102m。）

容积式泵一般不标注泵的额定扬程，而是标注额定排出压力。

根据泵的原理简图 1-1，泵的工作扬程取决于泵所在管路的特性，可以求导得出

$$H = \frac{p_{dr} - p_{sr}}{\rho g} + (z_s + z_d + \Delta z) + (\sum h_s + \sum h_d) = \frac{p_{dr} + p_{sr}}{\rho g} + z + \sum h \quad (1-4)$$

式中：p_{sr}——吸入液面上的压力，Pa；z_s——泵的吸入高度（泵吸口中心至吸入液面的垂直高度），m；$\sum h_s$——吸入管路阻力（损失能头），m；p_{dr}——排出液面上的压力，Pa；z_d——泵的排出高度（泵的排口中心至排出液面的垂直高度），m；$\sum h_d$——排出管路阻力（损失能头），m；$z = z_s + z_d + \Delta z$——吸入液面到排出液面的总高度，m；$\sum h = \sum h_s + \sum h_d$——泵的管路阻力，即吸、排管路阻力之和，m。

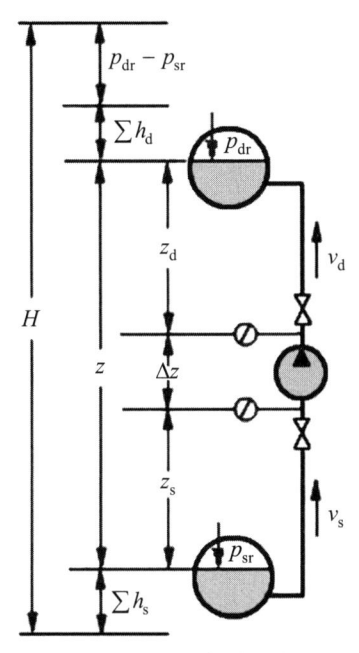

图 1-1 泵原理简图

由式（1-4）可见，泵的工作扬程用于克服吸排液面的压力头、高度之差及管路阻力。式（1-4）右边的第一、二项之和是管路的静能头，而第三项则为管路阻力损失的能头。

三、转速

泵的转速是指泵轴每分钟的回转数，用 n 表示，单位是 r/min。大多数泵是由原动机直接传动的，二者转速相同；但电动往复泵需减速传动，其泵轴的转速比原动机低。

四、功率和效率

泵的输出功率又称有效功率，是指泵在单位时间内实际输出液体所增加的能量，用 P_e 表示。

$$P_e = \rho g Q H = (p_d - p_s) Q \quad (1-5)$$

泵的输入功率也称轴功率，是指原动机传给泵轴的功率，用 P 表示。

输出功率和输入功率之比称为泵的效率，用 η 表示，即

$$\eta = P_e / P \quad (1-6)$$

泵的能量损失是由以下三种损失造成的：由于漏泄及吸入液体中含有气体等造成的流量

损失，用容积效率 η_v（实际流量 Q 与理论流量 Q_t 之比）来衡量，即

$$\eta_v = Q/Q_t \tag{1-7}$$

液体在泵内流动因摩擦、撞击、旋涡等水力损失造成的扬程损失，用水力效率 η_h（实际扬程 H 与理论扬程 H_t 之比）来衡量，即

$$\eta_h = H/H_t \tag{1-8}$$

不考虑泵本身的流量损失和扬程损失，泵传给液体的功率称为水力功率，用 P_h 表示，即

$$P_h = \rho g Q_t H_t \tag{1-9}$$

由运动部件的机械摩擦所造成的能量损失，用机械效率 η_m（水力功率 P_h 与轴功率 P 之比）来衡量，即

$$\eta_m = P_h/P \tag{1-10}$$

由此可得

$$\eta = \frac{P_e}{P} = \frac{\rho g Q H}{P} \cdot \frac{Q_t H_t}{Q_t H_t} = \eta_v \eta_h \eta_m \tag{1-11}$$

泵的配套功率是指所配原动机的额定输出功率，用 P_m 表示。原动机若是通过传动装置与泵连接，则要考虑传动效率；另外，考虑到泵运转时可能超负荷等情况，泵的配套功率应大于额定轴功率，即

$$P_m = K_m P \tag{1-12}$$

式中：K_m——功率储备系数，根据国标船用离心泵、旋涡泵通用技术条件确定。

五、允许吸上真空度

泵工作时，液体进入泵内在接受运动部件做功前，压力还会进一步降低。当泵内的最低压力降到液体饱和蒸汽压力 p_v 而使液体汽化时，泵即不能正常工作。泵工作时所允许的最大吸入真空度即称"允许吸上真空度"，用 H_s 表示，单位是 MPa。

泵的允许吸上真空度是判断泵吸入性能好坏的重要标志，也是管理中限制吸入真空度不要过高的依据。它主要与泵的类型和结构有关，液体进入不同的泵后，压力进一步降低的程度不同，泵内压降小的泵允许吸上真空度大。此外，大气压力降低、液体温度增高（使饱和蒸汽压力 p_v 提高）或泵流量增大（使泵内压降增大），都会使允许吸上真空度减小。

泵铭牌上标示的 H_s 是由制造厂在标准大气压（760mmHg）下以常温（20℃）清水在额定工况下试验得出。按国标规定，试验时逐渐增加泵的吸入真空度，容积式泵以流量比正常工作时下降3%时所对应的吸入真空度作为 H_s 的标定值。叶轮式泵则以扬程或效率下降规定值为临界状态，再留一定余量，以必需汽蚀余量 Δh_r 的形式标示（详见第五章第三节）。

水泵通常标注的是允许吸上真空高度，用 $[H_s]$ 表示，即

$$[H_s] = H_s/\rho g \tag{1-13}$$

允许吸上真空高度 $[H_s]$ 可用来推算水泵的最大允许吸上高度（许用吸高）。泵的许用吸高为

$$[z_s] = \frac{H_s}{\rho g} - \frac{v_s^2}{2g} - \sum h_s = [H_s] - \frac{v_s^2}{2g} - \sum h_s \tag{1-14}$$

第三节 泵正常工作条件

一、正常吸入条件

1. 吸入口处必须能造成足够低的吸入压力

由式（1-4）可求出稳定流动所需的吸入压力，它主要取决于吸入液面压力、吸高、吸入管路中的速度头和管路阻力，即

$$p_s = p_{sr} - \left(z_s + \frac{v_s^2}{2g} + \sum h_s\right)\rho g \tag{1-15}$$

若泵不能造成足够低的吸入压力，则液体吸不上来。这可能是泵内密封不良或元件损坏，也可能是吸入管漏气或吸口露出液面造成的。

2. 吸入口处的真空度不得大于泵的允许吸上真空度

这样，可确保泵内最低吸入压力 p_s' 不低于所输送液体在其温度下所对应的饱和蒸汽压力 p_v，否则液体就会汽化，使泵不能正常工作，即要求吸入真空度满足

$$p_a - p_s \leqslant H_s \tag{1-16}$$

其中，p_a 为大气压力。或吸上真空高度满足

$$(p_a - p_s)/\rho g \leqslant [H_s] \tag{1-17}$$

泵本身状况正常，吸入管路也未漏气，但吸入条件太差（吸高过大、吸入液面压力太低或吸入管路阻力太大），以致吸入压力过低，液体温度升高，不能满足条件 2，则泵也无法正常工作。

管理中可在泵正常工作时记下吸入压力表指针的位置，如果吸入条件不变时其真空度降低，则多是泵内漏严重或吸入管进气引起的；而吸入真空度增大则大多是吸入管（通常是滤网或吸入阀）阻塞引起的。

二、正常排出条件

1. 必须能产生足够高的排出压力

由式（1-4）可推出稳定流动时所必需的排出压力，主要取决于排出液面上的压力、排出高度和排出管路的阻力，即

$$p_d = p_{dr} + (z_d + \sum h_d)\rho g \tag{1-18}$$

2. 容积式泵的排出压力不超过额定排出压力，叶轮式泵的工作扬程不超过关闭扬程

容积式泵排出压力超过额定值可能造成原动机过载，甚至使泵的密封或部件损坏。叶轮式泵的工作扬程一般应不超过流量为 0 时的关闭扬程，否则不能排出液体。

此外，有时还要求限制排出压力的脉动率。

管理中可在泵正常工作时记下排出压力表指针的位置，如果排出压力变低，而排出条件没变化，则通常意味着泵的流量减小（使得管路阻力降低）。如果排出压力过高，而非排出液面压力或排出高度过大，则多是因排出阻力太大。管理中应开足排出管路上的阀门，防止排出管路或滤器堵塞。

第二章 往复泵

第一节 往复泵的工作原理和特点

一、往复泵的工作原理

往复泵的基本结构和工作原理如图 2-1 所示。它主要由吸入阀 3、活塞 5、泵缸 4 和排出阀 8 等所组成。

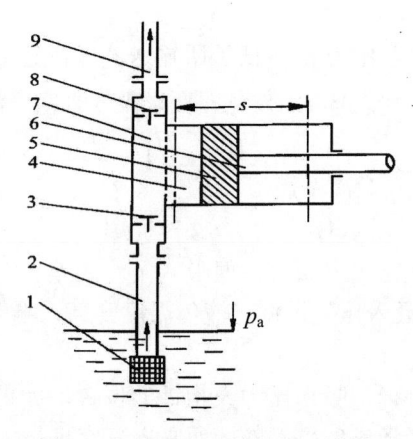

1—吸入滤器；2—吸入管；3—吸入阀；4—泵缸；5—活塞；6—活塞杆；7—阀箱；8—排出阀；9—排出管

图 2-1 往复泵的基本结构和工作原理

当活塞由左向右运动时，泵缸中的容积增大，压力降低。这时，吸入阀下方的大气压力就会克服作用在吸入阀上的压力，将吸入阀顶开，使吸入管 2 与泵缸相通，吸入管内压力降低，吸入管中的液面就会上升。当活塞由右向左运动开始排出行程时，吸入阀在自重、阀上弹簧张力以及泵缸内不断增大的空气压力的作用下关闭。此后，泵缸内的空气就将被向左运动的活塞所压缩而达到足以打开排出阀的压力。当排出阀打开后，空气即被从排出管 9 中挤出，直至活塞到达极左位置。活塞连续不断地做往复运动，吸入管中气体将不断被泵排往排出管。吸入管内的液体，在活塞每一个吸入行程后都将升高，直至最后，液体将能在吸入终了时充满泵缸，并在排出行程中将其从排出管中排出，使泵开始正常工作。

二、往复泵的分类

往复泵按作用次数不同分为以下几类。
1. 单作用泵
单作用泵在泵轴每回转一次或活塞每往复一次时只有一个吸入行程和一个排出行程。图 2-1 所示的柱塞泵即单作用泵。

2. 双作用泵

双作用泵的主要特点是泵缸具有两个工作空间，每个工作空间都具有自己的吸入阀和排出阀。这种泵，活塞每往复一次共有两个吸入行程和两个排出行程，故当转速相同、泵缸尺度相等时，流量就可比单作用泵大约增加一倍，因而使排出管供液比较均匀。

3. 三作用泵和四作用泵

三作用泵就是在一根曲轴上同时驱动着曲柄互成120°夹角的三个单作用泵。它能获得比双作用泵更为均匀的液流供应。

为了减少泵的外廓尺寸，大流量泵通常都采用四作用泵，这种泵实际上是由两个并联的双作用泵所构成。如果忽略活塞杆在泵缸空间中所占的体积，四作用泵的流量就将等于单作用泵的四倍。

此外，还有由多个单作用泵组成的多作用泵。

三、往复泵的流量

1. 往复泵的流量计算

往复泵的理论流量就等于单位时间内活塞在缸内扫过的容积，其理论流量可由下述公式求出：

$$Q_t = 60KA_v sn \tag{2-1}$$

式中：A_v——活塞的有效工作面积，m²；s——活塞的工作行程，m；n——活塞每分钟的往复次数或泵轴每分钟的回转数，r/min；K——泵的作用次数。

对于单作用泵缸，$A_v = \frac{\pi}{4}D^2$；对于双作用泵缸，$A_v = \frac{\pi}{4}\left(D^2 - \frac{1}{2}d^2\right)$，其中 D 为活塞直径，d 为活塞杆直径。

往复泵的实际流量总是小于理论流量，实际流量与理论流量的关系为 $Q=Q_t\eta_v$。其容积效率 η_v，当输送常温清水时，η_v 为 0.80～0.98；输送热水、液化烃、石油产品时，η_v 为 0.60～0.80。

实际流量小于理论流量的原因如下。

（1）泵阀关闭不严，活塞环、活塞杆填料有漏泄。

（2）吸入时液体压力降低，溶解在液体中的气体逸出，压力太低时液体还可能汽化，空气也可能从轴封处漏入。

（3）活塞换向时泵阀关闭难免滞后，故开始排出时会有液体经吸入阀漏回吸入管，开始吸入时又会有液体经排出阀漏回。

2. 往复泵的流量不均匀度

往复泵流量是指单位时间内泵的总流量，因此当活塞的直径 D、行程 s 及转速 n 一定时，其流量即可保持不变。但实际上活塞做非匀速运动，这就造成了往复泵在每一瞬时的排量是变化的，因此往复泵的瞬时流量是不均匀的。往复泵在任一瞬时的排量称为往复泵的瞬时流量，用 q 表示：

$$q = A_v v \tag{2-2}$$

式中：v——活塞运动速度，m/s。

一般来说，偏心距 r 与连杆长度 l 的比值 $\lambda=r/l \leqslant 0.25$，往复泵活塞运动速度可近似用连杆大端轴承中心做匀速圆周运动（角速度为 ω）的线速度 $r\omega$ 在活塞杆方向的分速度 v 来代替，如图 2-2 所示，即 $v=r\omega\sin\beta$（β 为泵轴的偏心距半径相对泵缸中心线的夹角）。一般视电动机为匀速转动，即 ω 是常数，故往复泵活塞的运动速度和瞬时流量在一个行程中（从排出行程开始的止点算起，泵轴转角 β 从 0°～180°）近似地按正弦曲线规律变化，前半行程是加速运动，后半行程是减速运动。图 2-3 为作用次数不同的电动往复泵的流量变化曲线。

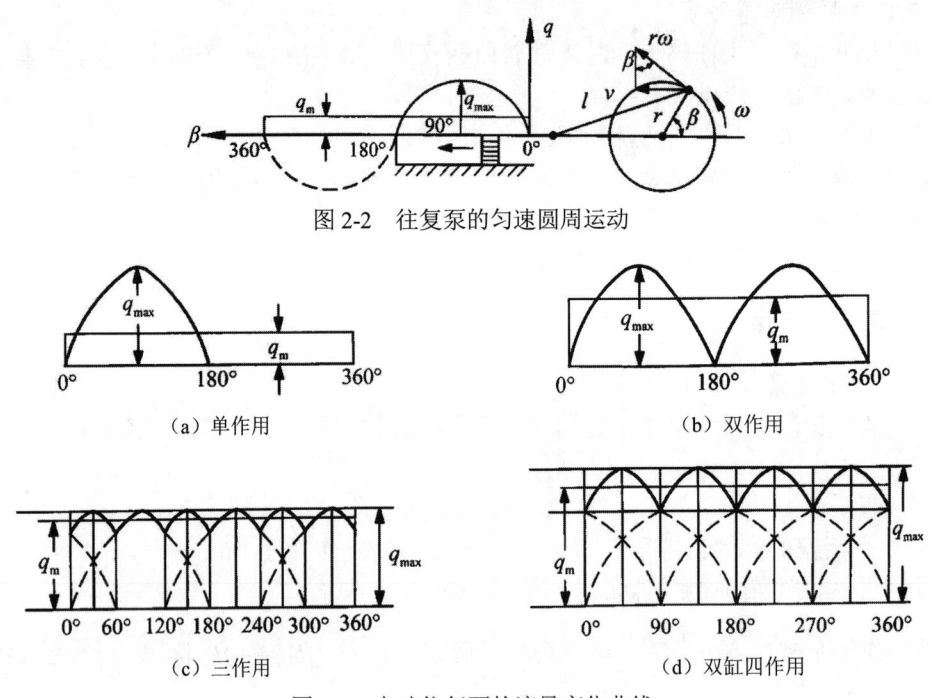

图 2-2　往复泵的匀速圆周运动

(a) 单作用

(b) 双作用

(c) 三作用

(d) 双缸四作用

图 2-3　电动往复泵的流量变化曲线

从图 2-3 中可以看出：液缸数越多，合成瞬时理论流量 q 越趋向均匀，并且奇数缸比偶数缸效果更加明显。但液缸数太多，往复泵的结构会很复杂，制造和维护也变得困难，通常选用双缸四作用、三缸单作用、单缸单作用和单缸双作用。

往复泵的流量不均匀会造成排出压力的脉动，尤其是当排出压力的变化频率与排出管路的自振频率相等或成整数倍时，将会引起共振。同样流量和压力的波动会使吸入条件变坏。选择合适的液缸数、作用次数或采用空气室等方法，可以减少流量和压力的脉动。

四、往复泵的特点

1. 有自吸能力

泵的自吸能力是指其排除泵及吸入管内的空气，将液体从低于泵处吸上，并能排送液体的能力。自吸能力可由自吸高度和吸上时间来衡量。泵排送气体时在吸口造成的真空度越大（自吸高度越大），造成足够真空度的速度越快（吸上时间越短），说明其自吸能力越强。往复泵具有较强的自吸能力。

容积式泵都有自吸能力。自吸能力与泵的结构形式和密封性能有关。往复泵泵阀、泵缸等密封性变差会降低自吸能力，故为改善其自吸能力，启动前一般应在缸内灌满液体。

2. 理论流量与工作压力无关

由往复泵的理论流量公式可以看出，当往复泵的几何尺寸及转速确定后，其理论流量为常数,和泵工作时的压力无关(后述的叶轮式泵的流量与压力是紧密相关的)。所以往复泵不能用节流调节法(调节排出阀开度)调节流量,只能采用变速或回流(旁通)等方法调节流量。

3. 额定排出压力与泵的尺寸和转速无关

容积式泵是靠运动部件强行挤压液体而提高其压力能,故所能达到的排出压力不受泵的尺寸和转速的限制,主要受限于轴承的承载能力和泵的密封性能,以及泵设计的强度和选配的原动机功率。启动往复泵前必须先开排出阀。为防止排压过高导致泵损坏或过载,必须设安全阀。

以上性能特点是容积式泵共有的。此外,往复泵还有以下特点。

4. 流量不均匀

电动往复泵是通过曲柄连杆机构将电动机的回转运动转换为活塞的往复运动,活塞速度周期地变化,故其瞬时流量也将周期性变化。

5. 转速不宜太高

电动往复泵转速一般为200～300r/min,最高不超过500r/min,高压小流量泵转速为600～700r/min。若转速过高,泵阀迟滞造成的容积损失就会相对增加;而且泵阀撞击会加重,也将使阀的磨损和噪声加剧;此外,液流和运动部件的惯性力也将随之增加,会产生有害影响。由于转速不宜太高,故往复泵在既定流量下的尺寸和质量相对较大,适用流量受到限制。

6. 对液体污染度敏感

往复泵排送含固体杂质的液体时,泵阀容易磨损和泄漏。如果作舱底水泵用,应加装吸入滤器。

7. 结构较复杂,易损件较多

往复泵易损件主要包括活塞环、泵阀、填料和轴承等。

由于往复泵结构复杂、笨重,造价较高,管理维护麻烦,因此在许多场合已被离心泵取代。但舱底水泵和油船扫舱泵等在工作中容易吸入气体,需要自吸能力强,仍常采用往复泵。

第二节 典型往复泵及管理

一、电动往复泵的结构

图2-4所示为国产2DSL(型号含义:2—缸数;D—电动;S—水泵;L—立式)型电动双缸四作用往复泵。它主要由电动机1、减速箱2、曲柄连杆机构3、泵缸4以及润滑油泵5等组成。

(1) 电动机。电动机采用一般防滴式交流电动机。电动机的转向必须与机体上的标号一致,以防止由曲轴带动的齿轮油泵反转而不能供油。

(2) 齿轮减速箱。齿轮减速箱位于电动机的出轴侧,由电动机经挠性联轴器6带动回转。减速箱共分两级,采用圆柱齿轮,轮轴由滚子轴承来支承。

(3) 曲轴。曲轴是一根整轴,由三个滚子轴承(其中最后一个是自位轴承)支承工作。轴上有两个曲柄,两曲柄夹角为90°,以减少流量和功耗的波动。曲轴上的曲柄销与连杆7的大端相连,连杆小端则经十字头8与水泵活塞杆相连。这样,当电机带动曲轴回转时,固定在活塞杆上的活塞9将不停地做往复运动。

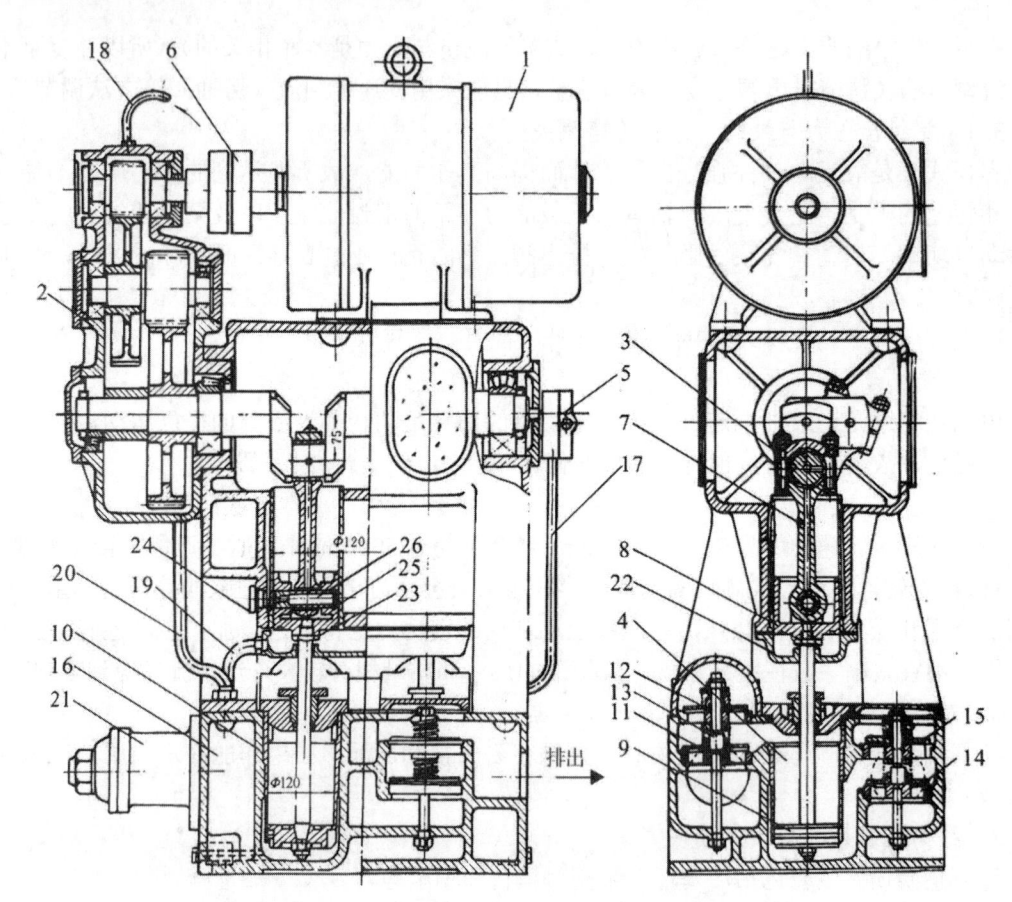

1—电动机；2—减速箱；3—曲柄连杆机构；4—泵缸；5—润滑油泵；6—联轴器；7—连杆；8—十字头；9—活塞；
10—水缸；11、14—吸入阀；12、15—排出阀；13—固定螺栓；16—滑油箱；17~20—油管；21—安全阀；
22—油盘；23—锁紧螺母；24—堵头；25—定位弹簧圈；26—十字头销

图 2-4 2DSL 型电动双缸四作用往复泵

（4）缸体。缸体由铸铁浇铸而成，中间镶有内套。内套常用铜制成，以防海水腐蚀。

（5）活塞及活塞环。活塞的材料是铜或铸铁，用螺母固定在活塞杆上。在活塞的外周装有密封用的活塞环（胀圈）。当胀圈用非金属耐磨材料（如夹布胶木、塑料）或青铜制成时，为了保证其有足够的弹力，可在内侧加衬弹簧。胀圈的密封性能通常都用搭口间隙的大小来衡量。如果胀圈工作过久，磨损过度，使搭口间隙超过规定数值，则应予以换新。

（6）阀箱。2DSL 型电动双缸四作用往复泵的四个阀箱位于泵缸的前后，分别与泵缸的下部和上部腔室相连。在每一阀箱中都设有两个水阀，下部为吸入阀，上部为排出阀。每个阀都由阀座、阀盘、弹簧、弹簧座盖以及固定螺栓 13 等所组成。

整个阀箱被水阀分成三个空间：上部为排出空间，经流道与泵的排出管相通；中部为工作空间，与泵的工作腔室相通；下部为吸入空间，与泵的吸入管相连通。这样，当活塞向上运动时，上部腔室中的液体就会经排出阀 12 和排出管流出；与此同时，下部泵腔则经吸入阀 14 吸入液体，直到活塞到达上死点为止。此后，活塞又开始下移，即液体经吸入阀 11 吸入，经排出阀 15 排出。所以，活塞每往返一次，每一泵缸就吸排两次，整个双缸泵则吸排四次，故为四作用泵。

（7）泵阀。往复泵的水阀，无论是吸入阀还是排出阀，常安设在一个与缸体相连的阀箱中。小型泵的阀箱多与泵体一起铸成，而在较大的泵中，则多单独铸成，然后与泵体相连。图 2-5 为一单缸双作用泵的阀箱示意图。

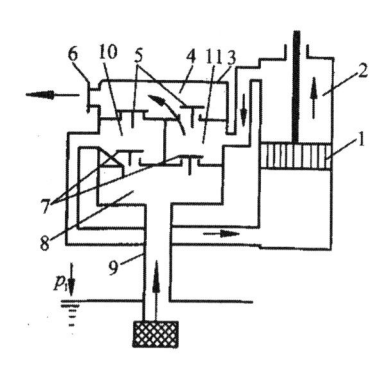

1—活塞；2—泵缸；3—阀箱；4—排出室；5—排出阀；6—排出管；7—吸入阀；8—吸入室；9—吸入管；10、11—小室

图 2-5　单缸双作用泵的阀箱示意图

由图 2-5 可见，阀箱由公共的排出室 4、吸入室 8 以及两个互不相通的小室所组成，其中，排出室 4 与排出管 6 相连，吸入室 8 与吸入管 9 相连，而两个小室则分别与泵缸的上下工作空间相连，并可经排出阀 5、吸入阀 7 而与排出室 4、吸入室 8 相连通。

水阀的构造种类很多，按构造和形状的不同主要分为盘阀（图 2-6）、锥阀（图 2-7）、球阀（图 2-8）和环阀（图 2-9）。

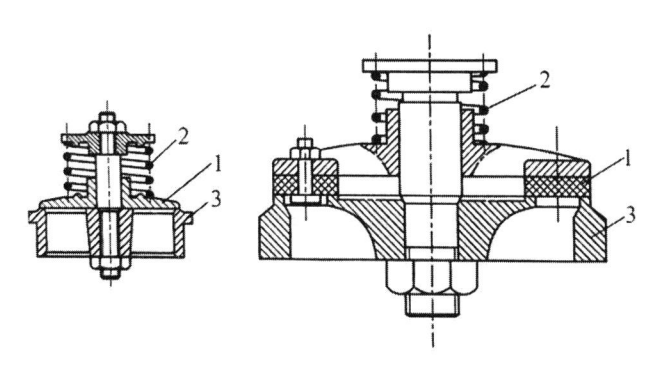

1—阀盘；2—弹簧；3—阀座

图 2-6　盘阀

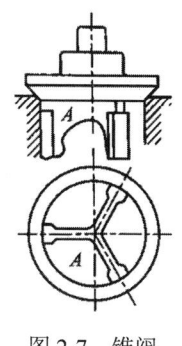

图 2-7　锥阀 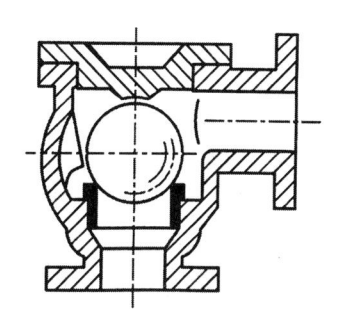　　　　　图 2-8　球阀 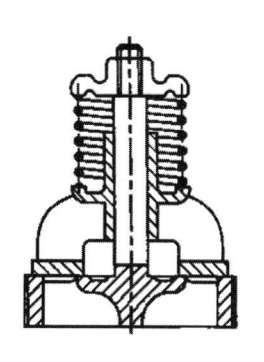　　　　　图 2-9　环阀

水阀是往复泵的主要零件之一，它对泵的工作性能有很大影响，故对水阀提出如下要求。

1) 关闭严密。关闭不严会使容积效率降低，自吸能力变差。

2) 关闭要迅速及时。泵的转速越高，阀的最大升程越大，则关阀的相对滞后越严重，这会降低泵自吸能力和容积效率。

3) 关闭时应无撞击声。为此应限制阀落座时的速度，否则会加剧阀的磨损。而阀落座时的速度则与阀的最大升程 h_{max}（mm）和泵的转速 n（r/min）的乘积成正比。试验得出泵阀无声工作的条件是

$$600 \leqslant h_{max}n \leqslant 650 \tag{2-3}$$

4) 阻力要小。这不仅可以提高泵的水力效率，而且吸入阀阻力小还可使泵的允许吸上真空度增大。

(8) 空气室。往复泵由于活塞变速运动，会造成吸、排管路中流量和压力脉动，这不适合要求供液均匀的场合；在排出管路较长时，排出压力的大幅波动会引起管路剧烈振动；而吸入压力波动太大，泵的允许吸入真空度就必须减小，否则可能造成活塞和液流暂时脱离，引起液击。装设空气室可帮助往复泵改善上述弊病。

空气室是一个充有空气的容器，设在泵的吸口或排口附近，分别称为吸入空气室和排出空气室。图 2-10 是其工作原理图。当往复泵的瞬时流量 q 大于平均流量 q_m 时 [图 2-10 (b) 中泵轴转角由 β_1 至 β_2 段]，排出管阻力较大，泵的排出压力 p_d 较高，空气室内气体被压缩，泵缸排液超出平均流量的部分（如图中面积 $bcdb$ 所示）进入空气室储存；当瞬时流量小于平均流量时（泵轴转角由 β_2 至 β_3 段），排出管阻力较小，排出压力 p_d 较低，空气室内的气体膨胀，使与平均流量相比供应不足的部分液体（如图中面积 $dgfed$ 所示），由空气室流向排出管，从而使排出管路中的流量接近均匀。

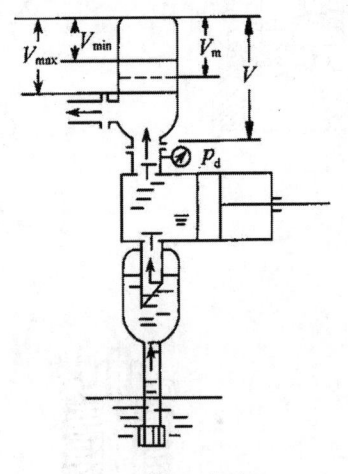

(a) 空气室工作原理　　　　　　(b) 流量变化曲线

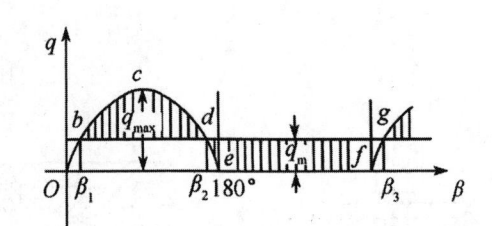

图 2-10　往复泵空气室的工作原理图

可见设空气室后，虽然空气室和泵之间的流量仍不均匀，但空气室之外的排出（或吸入）管路中的流量就比较均匀，这就减少了液流的惯性能头，使泵的排出（或吸入）压力波动显著减轻。当气体增加到使液体的表面低于短管的进口时，大量的空气就会被吸入泵缸，使泵

吸入工作中断。为了防止这种现象，在吸入管的下端就常钻有许多小孔，或将吸入管的下端做成缺口或斜切口的形状，如图 2-11 所示，以便通过这些小孔或切口将气体吸出，从而保证泵的正常工作。此外，在空气室的构造上，还必须避免使泵直接从吸入管吸水而造成"直跑"现象；否则就会使空气室失去调节作用。

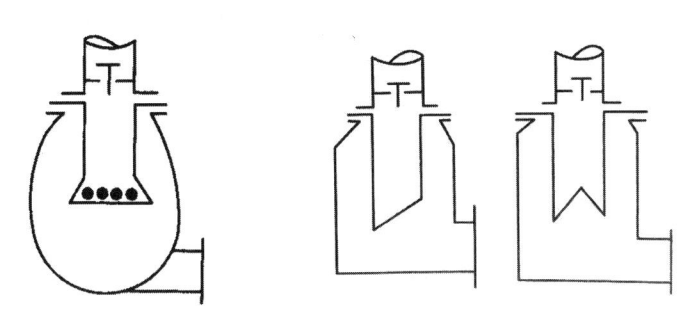

图 2-11　空气室吸入短管的形状

排水空气室由于其工作压力较高，室内气体会不断溶入水中并被带走，因此，为了使空气室不致因室内的气体逐渐减少而失去作用，就常通过装设于水阀箱上的注气阀（图 2-12，可调止回阀）或其他方式加以补充。

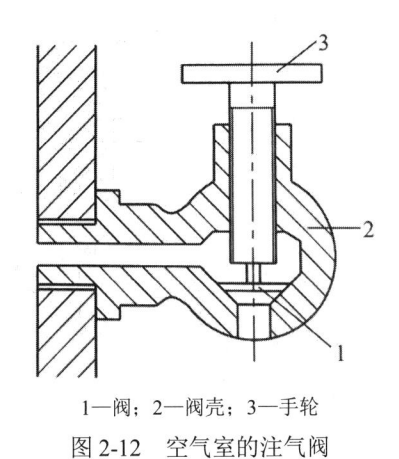

1—阀；2—阀壳；3—手轮
图 2-12　空气室的注气阀

二、电动往复泵的检修

检修前必须确认已切断电动机的电源，并关闭吸/排截止阀。

1. 泵缸及缸套

通常，应每年检查一次泵缸。用内径千分尺测量缸套的椭圆度和锥度，按缸套磨损的极限标准进行判断，如发现缸套的磨耗超过标准，需镗缸并换新活塞。假使缸套磨损或锉缸后，其厚度减少超过 15%，则应换新。

2. 活塞及胀圈

为了查看胀圈可否继续使用，可将胀圈从活塞上取下，并逐一放入缸内，用塞尺检查它的开口间隙，如果超过极限数值，则应换新。

胀圈的厚度应较槽深小 1.6mm，对口应切成 45°。安装时各圈切口应互相错开。

非金属胀圈在长期存放中将会干缩,使用前必须充分考虑胀圈材料的胀缩特性,为此,需将胀圈浸泡在热水中,待其充分吸水发胀后,再取出使用。

3. 泵阀

对于水阀,应主要检查工作面的贴合情况及弹簧的工作情况。当发现水阀工作面上有较深的刻痕时,可先光车,再进行研磨。新换水阀后,应注意其工作情况,一般水阀应能升至最大升程。动力泵水阀的最大升程一般应在 12~15mm 之间。各水阀的弹簧张力应均匀,弹簧丝的直径、圈数、自由长度和高度都应相等。如果弹簧工作过久,自由长度减少5%以上,应换新。

对于铜制水阀,除上述检查外还应检查其有无析锌现象。根据《船用电动往复泵》(GB/T 11034—2008)的要求,泵阀与阀座的接触面必须进行密封试验,即将两者组装后倒置,注煤油检查,应 5min 内不漏。

4. 填料箱

船用泵填料一般多采用软填料,主要由浸油或浸过石墨的棉纱绳或石棉绳编织而成。

填料的尺寸应依填料箱的尺寸选配,截取长度应该适当,然后一圈一圈地安置在填料箱内,缺口互相错开,并借填料压盖均匀压紧,不得偏斜。填料的松紧程度应适当,并允许少量液体渗出,以润滑和冷却活塞杆。

当使用皮碗填料时,应特别注意保持活塞杆的光洁,且不必像软填料那样将压盖螺帽拧得太紧。

三、电动往复泵的管理

1. 启动

在启动泵前,应做好下列工作。

(1)检查并确认泵各部件技术状态良好,且无外物妨碍泵的工作。对于刚检修过的泵,应盘车 1~2 转,以查明有无妨碍运转的外物或其他因素。

(2)检查滑油量,使滑油箱保持规定的油位。

(3)检查填料情况,填料压盖不得歪斜,压紧力应适中。

(4)对于刚检修过电机的泵,还应检查电动机的接线是否正确,绝缘是否良好。

上述准备工作完成后,即可依次开启排出阀和吸入阀,然后接通电源,启动泵。若泵运转正常,吸入压力、排出压力及滑油压力和油温等参数合乎要求,则完成启动工作。

2. 运转管理

对于运转中的泵,主要监视有关仪表的读数、滑油油位、轴承和各摩擦件是否有发热和异响,以及填料和各结合处有无漏泄等。一般来说,轴承温度应不超过 70℃。如有发热、异响、漏泄或工作参数失常等情况,均应及时处理。

3. 停车

切断电源,使泵停转,依次关闭吸入截止阀和排出截止阀。当泵长期停用时,还应通过各泄放螺塞,放尽泵内残水,并对各运动件涂敷油脂。

4. 常见故障和排除方法

电动往复泵的常见故障和排除方法见表2-1。

表 2-1 电动往复泵的常见故障和排除方法

故障现象	故障原因	排除方法
泵启动后不能供液或流量不足	吸入容器已经排空	液体充满容器
	吸入阀或排出阀未开、开度不足	开足吸入阀、排出阀
	吸入管漏气	消除漏气或更换新管
	吸入滤器堵塞	清洗滤器
	吸入阀、排出阀损坏、泄漏或搁起	检修更换吸入阀、排出阀
	胀圈、缸套或填料磨损过多,失去密封	予以换新
	安全阀漏泄或弹簧太松	视情况研磨、调整或换新
安全阀顶开或电动机过载	排出截止阀未开或排出管路堵塞	全开排出阀或检查排出管路
	排出压力太高,但安全阀失灵	消除排压太高的原因,同时校验安全阀
	轴承、填料太紧或活塞因故咬死	视情况调整间隙、松紧或修换
	泵缸中有异物卡住	拆检
泵有异响	泵缸中有敲击声,可能是泵缸中有异物或活塞固定螺帽松动	停车检修
	泵缸中有摩擦声,可能是胀圈断裂或填料过紧	查明原因,予以消除
	阀与阀座撞击,可能是弹簧断裂或弹性不足	换新弹簧
	传动部件摩擦间隙过大	调整或换新
填料箱漏泄	填料失效、安装不当或压盖太松	换新填料,上紧压盖
	活塞杆弯曲,中段磨损太大或有直线伤痕	视情况校直活塞杆,磨去伤痕或换新
摩擦部件发热	间隙过小	调整间隙
	滑油不足	补充滑油
	摩擦表面不干净	清洗滑油滤器和摩擦表面,必要时拆检
阀箱有异响	吸入阀、排出阀弹簧断裂或弹性不足	更换弹簧
	吸入阀、排出阀升程过大	降低升程
	吸入阀、排出阀阀盘压盖螺帽松动	拆出旋紧

第三章 齿轮泵

第一节 齿轮泵的工作原理和特点

一、齿轮泵的工作原理

齿轮泵的工作原理如图 3-1 所示。主动齿轮 1 和从动齿轮 2 分别安装在两根平行的转轴上。其中主动齿轮的转轴一端穿过泵体 3 的端盖,由原动机驱动做单向匀速回转运动。齿轮的齿顶和两侧端面,由泵体和前后端盖所包围。由于互相啮合的轮齿 A、B、C 的分隔,与吸入口 4 相通的吸入腔和与排出口 5 相通的排出腔彼此隔离。

当齿轮按图示方向回转时,轮齿 C 逐渐退出啮合,其所占据的齿间容积因而增大,压力相对降低,于是液体在吸入液面上的压力作用下,就会沿吸入管经吸入口 4 被吸入这一齿间。随着齿轮的回转,一个个吸满液体的齿间陆续转过吸入腔,并沿泵壳内壁转移到排出腔。当各齿依次地重新进入啮合时,各齿间中的液体即被啮入的轮齿所取代,齿间容积减小,压力升高,液体经排出口排出。显然,如使齿轮泵反转,则其吸排方向也将相反。

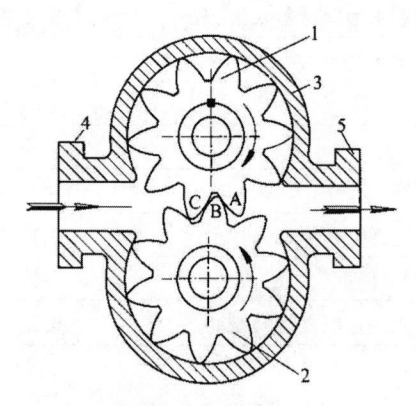

1—主动齿轮;2—从动齿轮;3—泵体;4—吸入口;5—排出口
图 3-1 齿轮泵的工作原理

二、齿轮泵的困油现象

1. 困油现象及危害

齿轮泵为了传动平稳,要求齿轮的重叠系数大于 1,即在前一对轮齿还未脱开啮合之前,紧随其后的另一对轮齿就应开始啮合。这样,在相邻两对轮齿同时处于啮合状态的时间内,这两对轮齿与端盖之间也就会形成一个封闭的空间,将油液困在其中,如图 3-2(a)所示。该封闭空间的容积 $V=V_a+V_b$ 并不是固定不变的。随着齿轮的回转,V_a 逐渐缩小,V_b 逐渐增大,而它们的容积之和 V 则开始逐渐减小,并在两啮合点 A、B 转到节点两侧的对称位置,即

图 3-2（b）所示位置时达到最小，此后则逐渐增大，直至前一对齿即将脱开，即转到图 3-2（c）所示位置时，V 增至最大。V_a、V_b 和 V 随齿轮转角的变化曲线如图 3-2（d）所示。

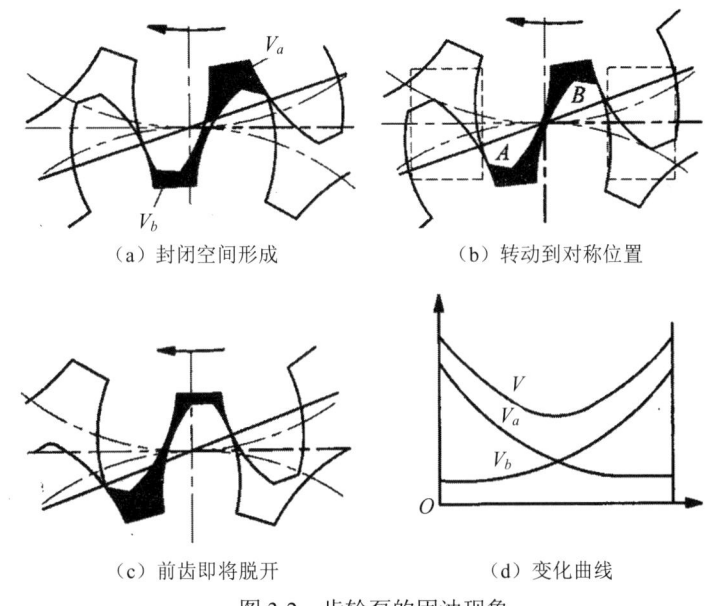

（a）封闭空间形成　　　（b）转动到对称位置

（c）前齿即将脱开　　　（d）变化曲线

图 3-2　齿轮泵的困油现象

当封闭空间的容积 V 减小时，困在其中的油液受到挤压，压力便急剧升高（可达排出压力的 10 倍以上），使部分油液从各密封面的缝隙中强行挤出，造成油液发热，产生噪声和振动，形成功率损失，并使轴承受很大的附加负荷。而当封闭容积 V 增大时，则又会因其中的压力降低，使溶于油中的气体析出而产生气穴，降低泵的容积效率，进一步增加流量的不均以及振动和噪声。上述现象即称为齿轮泵的困油现象，它对齿轮泵的工作性能和使用寿命都非常有害，必须设法消除。

2. 困油现象的解决方法

（1）对称卸荷槽法。在不使吸排腔沟通的前提下，设法使封闭容积 V 在变小时与排出腔相通，而在其增大时又转为与吸入腔相通，即可消除困油现象。目前最普遍使用的方法是对称卸荷槽法，即在齿轮两端盖的内侧沿齿轮节圆公切线方向，各挖出两个对称的矩形凹槽，如图 3-2（b）的虚线所示。卸荷槽的边缘应正好与封闭容积 V 最小时的两啮合点 A、B 相重叠。在封闭容积减小到最小值前，始终能通过右边的卸荷槽与排出腔相通，使其中被压缩的油液排走，而在齿轮转过图 3-2（b）所示位置，即封闭容积转而逐渐增大时，又能通过左边的卸荷槽和吸入腔相通，以使油液得以补入。

（2）非对称卸荷槽法。当齿轮转过图 3-2（b）所示位置时，容积 V_a 还在继续减小，从 V_a 挤出的油液则因齿侧间隙较小，不能畅通地排到 V_b 中，以致 V_a 中的油压仍会升高，噪声和振动也仍较大。为了更好地解决这一问题，可采用非对称卸荷槽法，即将同一侧端盖上的两个卸荷槽都向吸入侧移动适当的距离，以延长 V_a 和排出腔相通的时间。虽然这将相应推迟 V_b 和吸入腔相通的时刻，导致 V_b 空间可能出现局部真空，但这种吸空现象并不严重，故可允许。非对称卸荷槽法能更好地解决困油问题，并多回收一部分高压油液，但这样的泵必须保持规定的转向而不得逆转。

（3）单卸荷槽法。20 世纪 80 年代后生产的不少齿轮泵干脆只在排油侧开设偏向中心线的卸荷槽，使封闭容积存在期间始终与排油卸荷槽相通，而当封闭容积与吸油腔相通时正好脱离卸荷槽。采用这种方法的齿轮泵噪声更低，对容积效率影响并不大，但不允许反转使用。

三、齿轮泵的特点

1. 具有自吸能力

齿轮泵排送气体时密封性差，故自吸能力不如往复泵。齿轮泵内部摩擦面多，故启动前必须保证泵内有油，以防干转而造成严重磨损，同时也可改善密封性能。

2. 理论流量与排出压力无关

齿轮泵的理论流量取决于工作部件的尺寸和转速，实际流量小于理论流量的因素包括：密封间隙、排出压力、吸入压力、油温和黏度等。齿轮泵主要的漏泄途径是齿轮端面和泵端盖间的轴向间隙、齿顶和泵体内侧的径向间隙和啮合间隙。其中，齿轮轴向端面间隙的漏泄途径又短又宽，漏泄最多。

3. 额定排出压力与工作部件的尺寸和转速无关

齿轮泵的额定排出压力主要取决于泵的密封性能和轴承的承载能力。按照额定排出压力 p_H 的高低，齿轮泵可分为低压齿轮泵（$p_H \leqslant 2.5 \text{MPa}$）、中压齿轮泵（$2.5\text{MPa} < p_H < 8\text{MPa}$）和高压齿轮泵（$p_H \geqslant 8\text{MPa}$）。

4. 齿轮泵流量连续，但有脉动

外啮合齿轮泵比内啮合齿轮泵流量脉动较大，噪声也较大。

5. 内部摩擦面多，宜运送油液

与往复泵相比，齿轮泵结构简单、造价低廉、工作可靠、易损件少、供液比较均匀、外廓尺寸较小，且能与电动机直接相连，故在流量不大、排出压力不是很高、对流量和排出压力的均匀性要求也不是很严的输油系统中，获得广泛应用。齿轮泵在船上常用作滑油泵、驳油泵，偶尔也用于某些液压传动系统。

第二节　典型齿轮泵的结构

一、外啮合齿轮泵

图 3-3 为外啮合齿轮泵。主动齿轮 2、3 和从动齿轮 4、5 分别装在主动轴 6 和从动轴 7 上，两者都是由右螺旋齿轮和左螺旋齿轮拼成的人字齿轮，这样既能承受较大负荷，又可避免产生轴向推力。由图可见，齿轮 2、3、5 都用平键固定在轴上，而齿轮 4 则空套在从动轴上，以补偿制造、安装时可能出现的误差，使其在啮合传动中具有一定的自整位能力。各齿轮的轴向位置，分别由轴上的凸肩、固定螺母和锁紧垫圈加以固定。

1. 机械轴封

为了防止油液外漏，在主动轴出轴端的端盖 9 处，设有机械轴封，而在泵体 1 和前后端盖 8、9 之间则垫有垫片 16。调整垫片的厚度即可改变齿轮端面与盖板之间的轴向间隙。

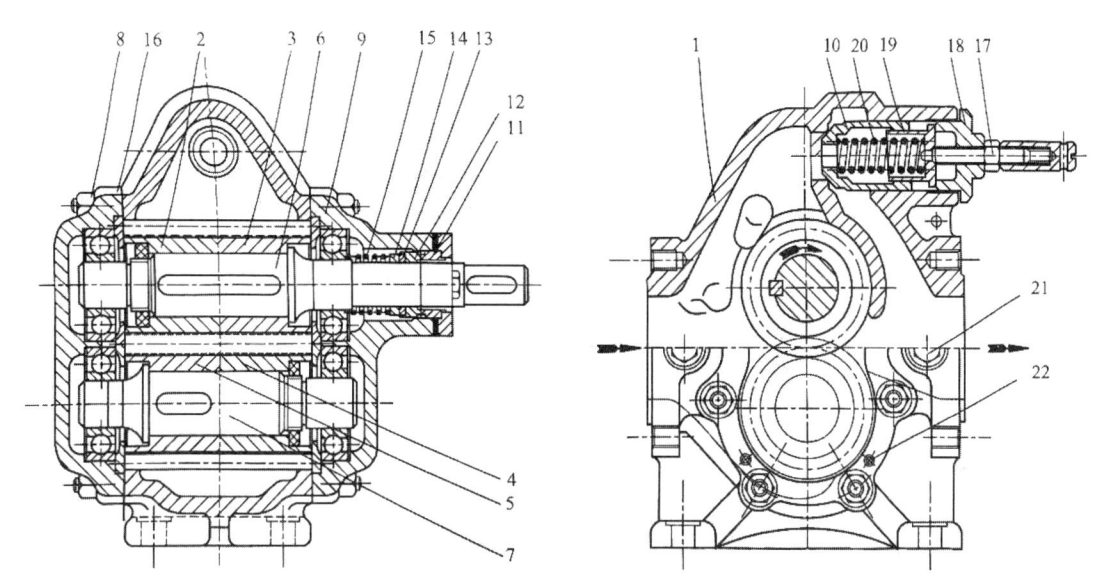

1—泵体；2、3—主动齿轮；4、5—从动齿轮；6—主动轴；7—从动轴；8、9—端盖；10—安全阀；
11—静环；12—动环；13—动环密封圈；14、19—弹簧座；15、20—弹簧；16—垫片；
17—锁紧螺母；18—封盖；21—螺栓；22—定位销

图 3-3 外啮合齿轮泵

机械轴封是旋转轴广泛使用的一种密封方式，图 3-4 为其典型结构。机械轴封主要的动密封面由静环 2 和动环 3 构成，静环、动环用的材料通常分别为硬质材料（硬质合金、金属铸件或新型陶瓷等）和软质材料（石墨、铜合金或合成树脂等）两类。静环靠止动销与静止的轴封盖固定，而动环则靠弹簧与通过弹簧座 5、动环密封圈 4 紧压在静环上，并借动环密封圈的摩擦力，一起随主动轴旋转。与往复泵应用的填料密封相比，机械轴封的基本特点是将主要的动密封面由填料与轴之间的圆柱形表面改变为可随磨损而自动进行补偿的动静环之间的端面密封。此外，在机械轴封中还设有动环密封圈，借以防止动环与转轴之间的轴向漏泄，至于静环与轴封盖之间的密封，则靠垫片或静环密封圈 1 来实现。

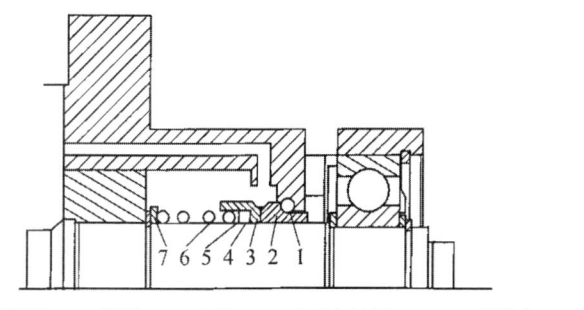

1—静环密封圈；2—静环；3—动环；4—动环密封圈；5、7—弹簧座；6—弹簧

图 3-4 机械轴封的典型结构

2. 油封

在油泵中还有一种广泛使用的轴封形式，称为油封，图 3-5 为其典型结构。油封又称旋转轴唇形密封圈，有时也称皮碗式密封、骨架式密封，是工作压力不高的回转泵的泵轴常采用

的密封形式。它由弹性体、金属骨架和弹簧组成。弹性体由皮革、橡胶或聚四氟乙烯等制成，其内径比轴径略小。

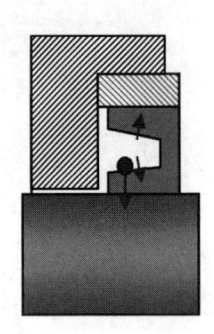

图 3-5　油封的典型结构

装在轴上靠内侧唇边的过盈量抱紧轴表面。弹簧常置于弹性体内侧唇边的外缘，用以增加唇边与转轴间的接触压力，并补偿唇边的磨损，有的形式也可省去弹簧。包在弹性体内的骨架用来增加弹性体的机械强度和刚性。

3. 安全阀

为了限制油泵的工作压力，以防超出最高数值，泵中还设有安全阀 10（图 3-3）。安全阀的阀体，大体上是一空心的圆柱体，左端带有锥形密封面和环形凸肩，在工作中，当作用在环形凸肩上的压力超过弹簧 20 的整定值时，阀上的弹簧即被压缩而使阀开启，借以沟通排、吸两端，以达泄压保护的目的。由于这种安全阀要求泵的排吸方向一定，因而也就要求泵的转向必须符合规定。

二、内啮合齿轮泵

齿轮泵也可做成内啮合的形式，称为内齿轮泵，如图 3-6 所示。内齿轮 5 是在圆形底盘上的一圈齿环，由泵轴带动旋转。泵盖上带有与泵轴偏心配置的短轴和月牙形隔板 3。泵盖与齿环端面以及月牙块与内齿轮底盘间的轴向间隙都很小。直径较小的外齿轮 4 空套在短轴上，它与内齿轮底盘盖及泵间的轴向间隙也很小。而泵体与内齿轮外周之间的密封，则由带有弹簧的密封块 1 和 2 加以控制。内、外齿轮互相啮合，同向回转，吸排原理与外啮合齿轮泵相同。

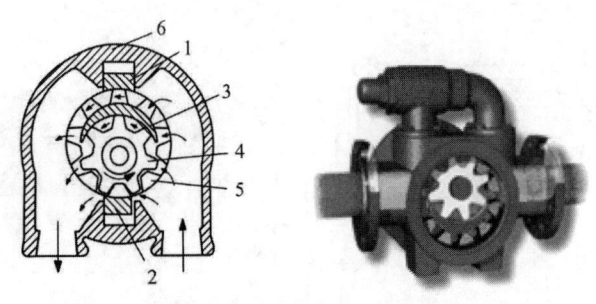

1、2—密封块；3—月牙形隔板；4—外齿轮；5—内齿轮；6—泵体
图 3-6　内齿轮泵

与外齿轮泵相比，内齿轮泵结构紧凑且吸入口较大，吸入弧线较长，液体进入泵后运动方向变化较小，因而吸入性能优于外齿轮泵，有利于提高转速。但内齿轮泵容积效率较低，材质

要求较高，加工也较复杂，故应用不如外齿轮泵普遍，一般多用作某些机器自带的滑油泵。

图 3-7 为制冷压缩机所用的一种可逆转的内齿轮泵。当机器反转时这种泵能使月牙形隔板从原来的位置转过 180°，这是因为在与月牙形隔板 2 做成一体的底板上装有销钉 4，而在盖板 5 的相应位置上则开有半圆环槽。这样，当泵轴按顺时针方向旋转时，销钉就会卡在半圆槽的一端而使月牙形隔板停留在左侧位置上。而当泵轴改做逆时针方向旋转时，由于内齿轮对外齿轮的作用力必将传到外齿轮的转轴上，因而也就对与转轴一体的底板产生一相对于泵体中心、方向与齿轮转向相同的转矩。从而使底板带动隔板和外齿轮的转轴转过 180°，直至销钉卡在半圆槽的另一端为止。这样，由于月牙形隔板转过了 180°，因而泵的吸排方向仍然保持不变。

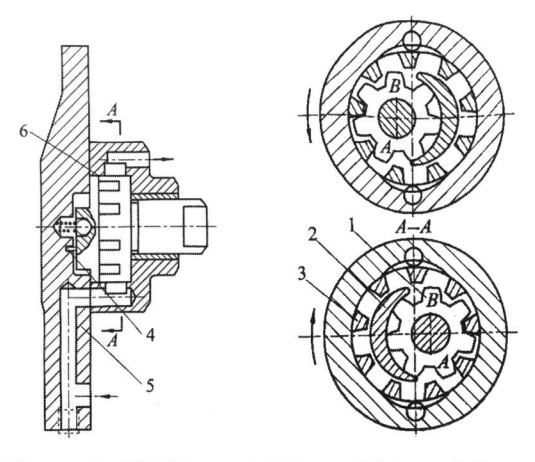

1—外齿轮；2—月牙形隔板；3—内齿轮；4—销钉；5—盖板；6—底盘

图 3-7 可逆转的内齿轮泵

三、转子泵

转子泵的结构和工作原理与内齿轮泵相似。图 3-8 为转子泵的结构。

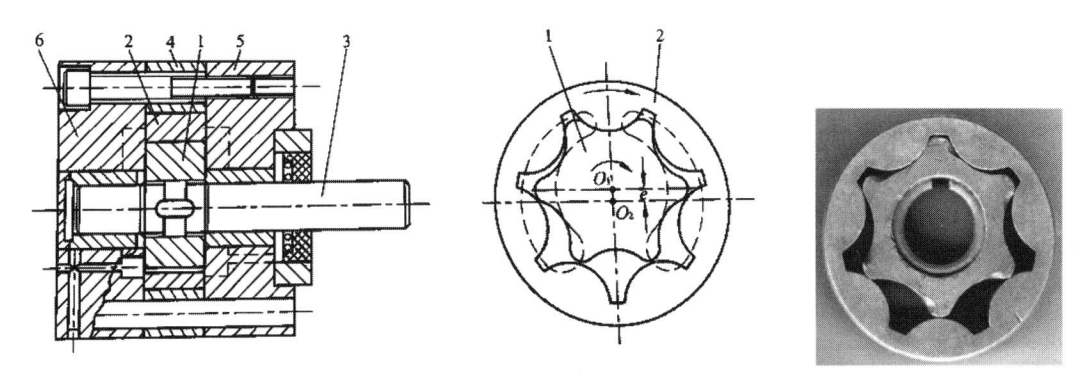

1—内转子；2—外转子；3—转轴；4—泵体；5—前盖；6—后盖

图 3-8 转子泵

图 3-8 中，内转子 1 带有外齿，中心为 O_1；外转子 2 带有内齿，齿数比内转子多一个，中心为 O_2。O_1 和 O_2 之间有偏心距 e。由于内、外两转子的偏心啮合，故在两个转子啮合运转

的过程中，就会在泵体中形成几个相互隔离的封闭空间。这些空间的容积将随转子的转动而发生变化，因而产生吸排作用。

与其他齿轮泵相比，转子泵配油窗口的中心角较大，且为侧向吸入，故吸入性能好，能用于高速工况（常用转速为1500～2000r/min，最高可达10000r/min以上）。另外，转子泵齿数较少，工作空间容积较大，因而结构特别紧凑。此外，由于两个转子同向回转且只相差一个齿，故相对滑动速度很小，运转平稳，寿命亦长。转子泵的缺点是当齿数较少时流量脉动较大，而且在高压、低速条件下工作时，容积效率亦较低，故常用作滑油泵或工作压力不超过2.5MPa的液压泵。

四、高压齿轮泵

一般构造的齿轮泵工作压力不能太高，否则，就会因泵内漏泄太多而使容积效率过低。此外，泵工作时的径向力也会显著增加，从而使轴承寿命大幅缩短，因此，任何高压齿轮泵都必须在结构上采取如下两方面的措施。

1. 采用间隙补偿装置，防止容积效率过低

当齿轮泵排压较高时，仅靠提高加工精度和装配质量以帮助减少齿轮泵的密封间隙是不够的。因为在高油压的作用下端盖将会变形，端面间隙增大，故而难以达到预期的目的。所以，高压齿轮泵就需要采用液压间隙补偿装置，其中最常用的是轴向间隙补偿装置。

轴向间隙补偿装置的具体形式很多，但其基本原理都是在齿轮端面与泵体之间夹设浮动元件，并在工作时将排出的压力油引至该元件的外侧，使作用在浮动元件外侧向内的液压力稍大于浮动元件内侧向外的液压力，以使该浮动元件在泵工作时能够贴靠齿轮端面，自动补偿齿轮端面处的磨损，从而使轴向间隙始终保持很小的数值。

图3-9为一带有轴向间隙补偿装置的高压齿轮泵。图中浮动轴套3的轴颈伸入盖板7，构成"8"字形的封闭油腔a，并用密封圈5、6加以密封。压力油从排油腔经通道b引入a腔，推动轴套使其紧贴在齿轮1、2的端面上。由于齿轮端面液压力的合力作用点偏向排出一侧，故在轴套外侧靠近吸入口的一边，装设一块特殊形状的平板9，并在该板周围环以密封圈8，而板上则开有沟通吸油腔的小孔c，以便形成一个低压区，从而使轴套上液压压紧力的合力作用点也偏向排出一侧，并与齿轮端面处液压推力的合力作用点接近。密封圈6、8除具密封作用外，还可提供弹力，防止泵启动时端面间隙太大。

轴颈的润滑油依靠端面漏泄从j槽引到g槽。内漏泄的油液经孔道d、e、f引回吸油腔。为了使加工和安装比较容易，在两个浮动轴套的平面接缝之间有一个不大的间隙。为能在轴套装好后消除这一间隙，在轴套上钻有盲孔h，安装时插入弹簧钢丝10，它能使轴套相对转动，彼此挤紧。此外，卸荷槽也开在轴套上。

这种泵的工作压力一般可达10MPa，最大可达13.5MPa，容积效率在0.9以上。另外还有能同时补偿轴向和径向间隙的内齿轮泵，其最大工作压力可达29.4MPa，容积效率约为96%。

2. 减小径向力，提高轴承寿命

减小径向力，提高轴承寿命的具体措施可有以下5个。

（1）采用较少的齿数（一般为6～14），以便在保持所要求流量的前提下能够减少齿宽和齿轮直径，从而减小径向力，并加强齿的强度。

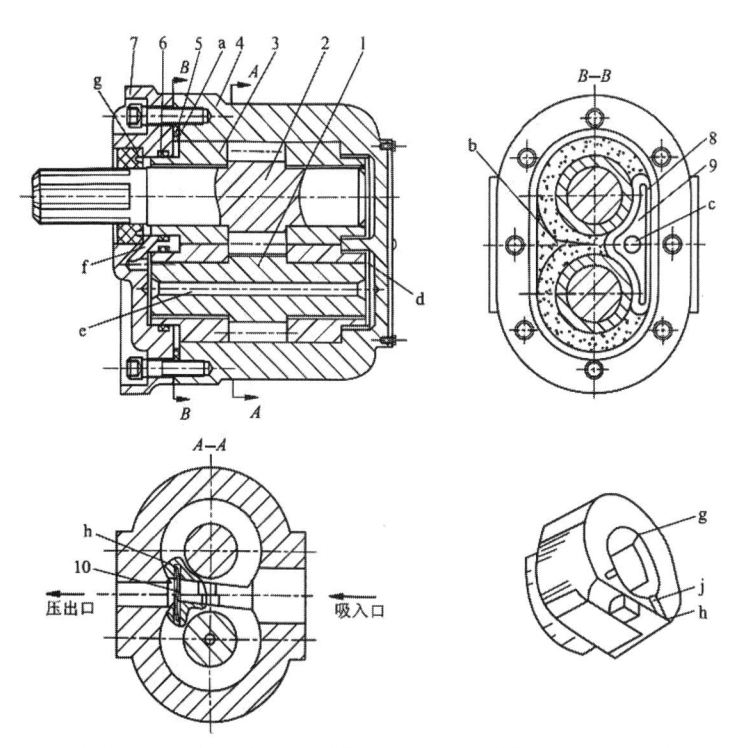

1—从动齿轮；2—主动齿轮；3—浮动轴套；4—泵体；5、6、8—密封圈；7—盖板；9—平板；10—弹簧钢丝

图 3-9　带轴向间隙补偿装置的高压齿轮泵

（2）减小泵排出腔在周向所占的角度。有时，为使排出口具有足够的通流面积，而将其轴向尺寸相应放大，做成椭圆形。

（3）采取平衡径向力的措施。图 3-10 为一种在泵的端盖或轴承座圈上开设压力平衡槽，借以平衡径向力的方法。也可仅在靠近吸口一两个齿的地方保持较小的齿顶间隙，而使其余齿保持较大的齿顶间隙，这就使作用在这些齿顶上的液压力基本接近排出压力，从而使大部分径向力得以平衡。

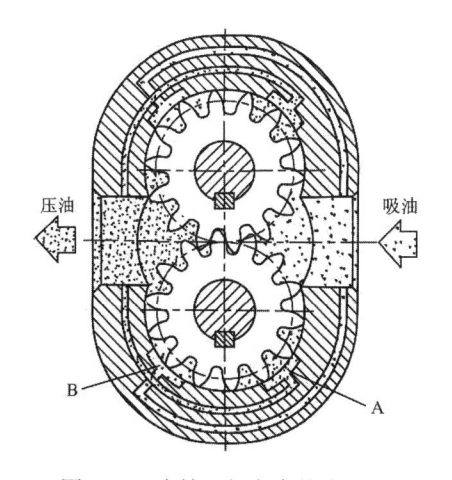

图 3-10　齿轮泵径向力的液压平衡

然而，上述方法都将使容积效率降低。

（4）改善轴承的润滑和冷却条件。这种方法主要是利用齿轮泵的困油现象，使困油区因容积减小而挤出的油液通过轴承座圈上的凹槽注入轴承，然后从轴承座圈后面流出，再汇入压油腔，如图3-11（a）所示。或者利用困油区容积增大时的吸油作用，通过轴承座圈上的凹槽从轴承吸油，同时使泵吸油腔的油液从轴承座圈后面吸入轴承，如图3-11（b）所示，从而改变轴承的润滑和冷却条件。两者相比，因后者油温较低，冷却效果较好，故更为常用。

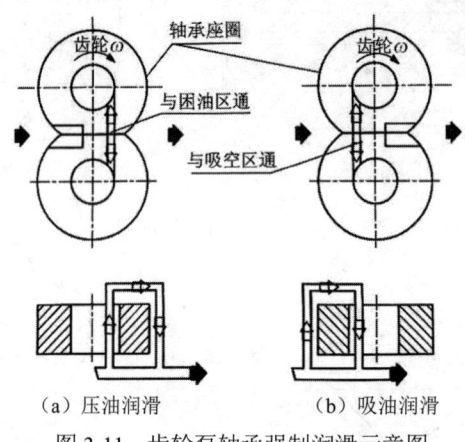

（a）压油润滑　　　（b）吸油润滑

图 3-11　齿轮泵轴承强制润滑示意图

（5）采用承载能力较高的滑动轴承或带隔离圈的高精度滚针轴承；也可使滑动轴承带有挠性支座，以使支座能随泵轴一起变形，从而使两者保持更为均匀的接触。

第三节　齿轮泵的管理

一、管理注意事项

在管理齿轮泵时，除应遵守一般容积泵的操作规程外，还需对以下各点给予特别的注意。

1. 注意泵的转向和连接

由于一般齿轮泵都有既定的转向，如果反转，则泵的吸排方向亦将改变，故检修时应注意勿将电动机的接线接错（可逆转的齿轮泵除外）。此外，泵工作时因径向力的作用，泵轴必将产生弯曲，故在驱动轴与泵轴之间最好使用挠性连接。泵和电动机联轴节的不同心度应不超出0.1mm。

2. 泵内部件不允许干摩擦

齿轮泵虽有自吸能力，但因转速较高，在吸上油液之前，短时间的干摩擦就会造成严重磨损。所以，对于新泵、刚经拆修或久置不用的泵，使用前一定要在运动部件表面浇油。

3. 不宜在超出额定压力的情况下工作

不宜在超出额定压力的情况下工作，否则不仅会使原动机过载，而且会增大轴承负荷，使泵轴弯曲加重，从而使磨损加剧，漏泄增加，严重时甚至造成卡阻和损坏。

4. 拆装时应注意保护机械轴封的配合面

安装轴封时应在轴或轴套上涂滑油，并按正确次序安装。装入各旋转件后，用手推动环时应有浮动性。上紧轴封盖时必须均匀，以保证转轴与密封端面的垂直度。使用时必须注意防止干摩擦，以免密封面迅速磨损而造成严重漏泄。

5. 防止油温过高和吸入压力过低

当压力低于某一数值（称为空气分离压）时，油液中空气会大量分离出来，形成许多气泡，这不仅会使流量降低，而且会在气泡随油液进入排出腔时，重新溶入油中，形成局部真空，使四周的高压油液以极快的速度来填补，因而产生液压冲击，造成剧烈的振动和噪声，这种现象即称为"气穴现象"。

为避免吸入压力过低，在配管时就应尽量减小吸入管路的阻力，少设附件。而在管理中则应经常清洗滤器；注意开足吸入管中的有关阀门，保持适当的油位，不使其过高或过低，并不得随意提高泵的转速。

6. 防止吸入空气

空气进入系统不但会使流量减少，而且是产生噪声的重要原因。为此，除需保持吸入液面具有足够的高度外，还需注意防止吸入管的漏泄。如果泵工作时噪声很大，可在吸入管接合处浇油检查，如能使噪声减小，则表明该处漏气。

7. 端面间隙对齿轮泵的自吸能力和容积效率影响甚大

端面间隙可用压铅丝的方法测出，一般应为 0.04～0.08mm（内齿轮泵为 0.02～0.03mm）。对于压力较低的滑油泵和驳油泵，端面间隙增至 0.1～0.25mm 时还不致有严重影响；但对于压力较高的锅炉燃油泵，则应遵照说明书要求，严格控制。端面间隙可通过改变端盖与泵体之间的垫片厚度来调整，若磨损过大，也可将泵体与端盖结合的平面磨去少许，以便补救。

8. 检修时应仔细检查齿轮、泵壳和侧盖的工作表面

检修时应仔细检查齿轮、泵壳和侧盖的工作表面，如有擦伤、槽痕或裂缝，必须设法消除。对于泵轴和轴承，应注意其磨损情况。如发现泵轴已经磨损，可视情况决定光车、换新或焊补后再光车修复。齿轮泵精度要求较高，装配后既要求齿轮能在泵内获得良好的啮合，能灵活地转动，又要求能保证较高的容积效率。为此，就需检查泵壳两圆弧中心距、锥度、弧面对端面的垂直度、齿轮两端面的平行度、端面与轴孔的垂直度以及两轴承孔的中心距和平行度等。

二、常见故障和消除方法

齿轮泵常见故障和消除方法见表 3-1。

表 3-1 齿轮泵常见故障和消除方法

故障现象	故障原因	消除方法
不能排油或流量不足	泵不能旋转或转速太低	检查电源，拆检油泵
	电动机转向相反	重新接线
	吸入管或吸入滤器堵塞	检查管路，清洗滤器
	吸油管口露出液面	加油到油标尺基准线
	吸油管漏气	检查管道，消除漏气
	吸入阀、排出阀忘开	开足吸入阀、排出阀
	内部间隙过大或安全阀漏泄	拆泵检查
	启动前泵内无油	向泵内灌油

续表

故障现象	故障原因	消除方法
泵磨损太快	油液含磨料性杂质	加强过滤或更换油液
	长期空转	防止空转
	排出压力过高	设法降低排出压力
	泵装配失误，中心线不正	检修校正
工作噪声太大	吸入滤器堵塞	清洗滤器
	吸入滤器容量太小	换用较大容量的滤器
	吸油管太细或堵塞	检查或更换管路，把吸入压力提高到允许范围内
	漏入空气	检查管路，消除漏气
	油箱内有气泡	检查回油管，防止产生气泡
	油位太低	加油到油标尺基准
	泵产生机械摩擦	拆检泵轴、齿轮啮合面和轴承

第四章 螺杆泵

第一节 螺杆泵的结构和工作原理

一、三螺杆泵

1. 结构和工作原理

图 4-1 为船用立式三螺杆泵的典型结构。它主要由固定在泵体 6 中的缸套 7、安插在缸套中的主动螺杆 4 和与其相啮合的从动螺杆 3、5 组成。由于各啮合螺杆之间以及螺杆与缸套内壁之间的间隙很小，并可借啮合线从上到下形成Ⅰ、Ⅱ、Ⅲ、Ⅳ等多个彼此分隔的容腔，因此，随着螺杆的啮合转动，吸入容积（容腔Ⅳ）逐渐增大而吸入油液，继而再将其封闭（容腔Ⅱ、Ⅲ）。该容腔不断沿轴向向上推移，移到与排出腔（容腔Ⅰ）相通时其容积减小，经排出管排出液体。与此同时，在螺杆的下端又会不断地形成新的吸入空间。因此，随着螺杆的转动，油液就会不断地吸入和排出。

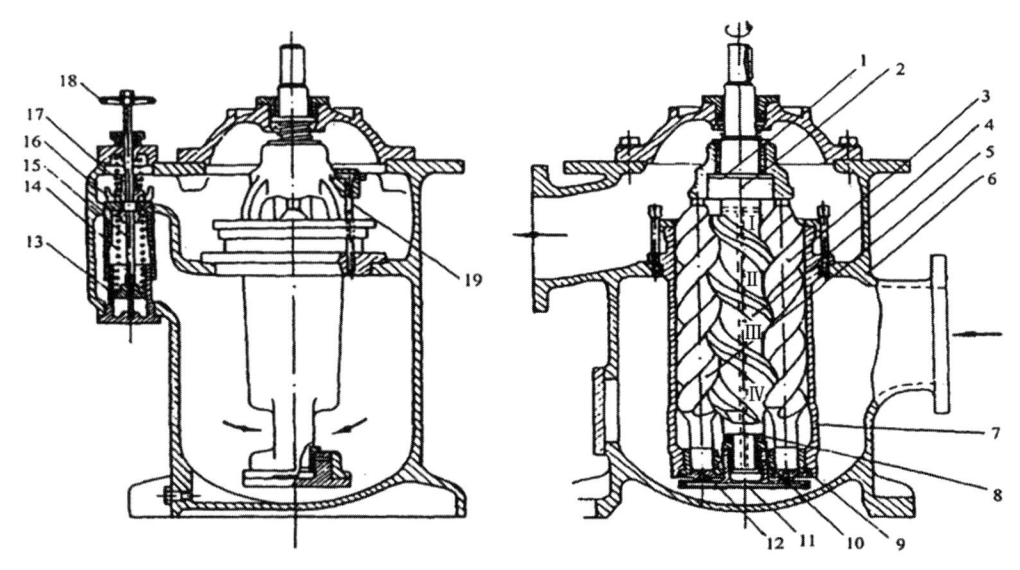

1、8—推力垫圈；2—平衡活塞；3、5—从动螺杆；4—主动螺杆；6—泵体；7—缸套；9、10—平衡轴套；11—盖板；12—推力垫块；13—端盖套筒；14、17—弹簧；15—调节螺钉；16—安全阀阀体；18—调节手轮；19—泄油管

图 4-1 船用立式三螺杆泵的典型结构

图 4-2 为三螺杆泵的几何形状和密封情况。三螺杆泵的主动螺杆是凸螺杆，从动螺杆是凹螺杆，它们都是双头螺杆。从图 4-2（a）所示的横剖面来看，其形状颇似互相啮合着的各有两个齿的三个齿轮，而每根螺杆又都可设想为由这些极薄的齿轮沿轴向一面移动又一面转动而形成。凸螺杆的根圆与凹螺杆的顶圆就是啮合齿轮的节圆，节圆直径为 d_H。

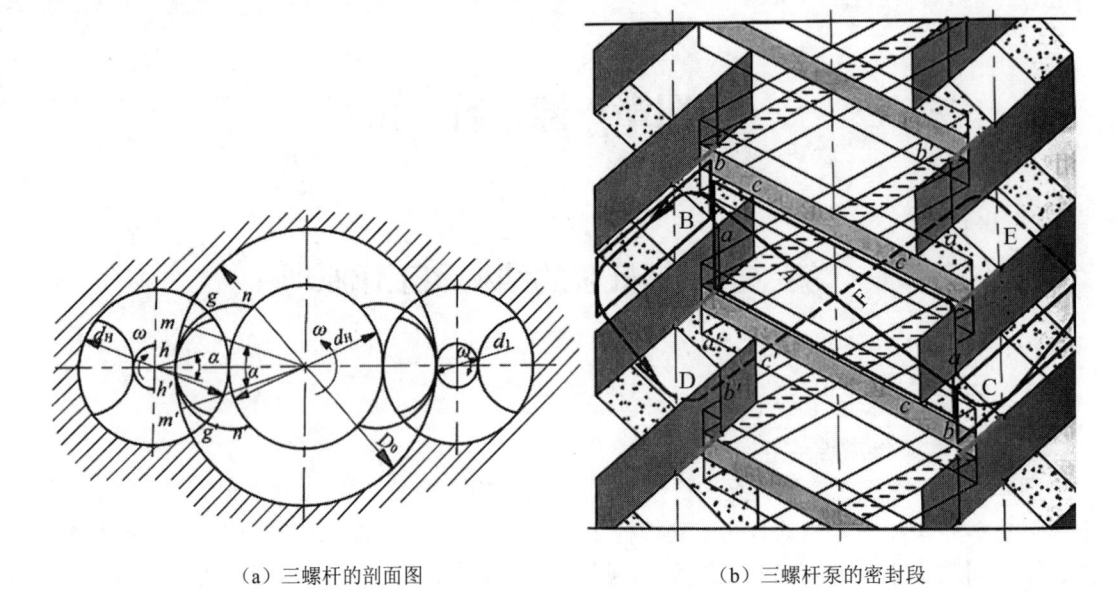

(a) 三螺杆的剖面图　　　　(b) 三螺杆泵的密封段

图 4-2　三螺杆泵的几何形状和密封情况

目前，三螺杆泵基本采用标准型，其尺寸特征是凹螺杆根圆直径 d_1、节圆直径 d_H 与凸螺杆顶圆直径 D_0，三者之比是 1:3:5；凹、凸螺杆导程（螺旋线上任意点沿螺旋线旋转一周所移动的轴向距离）$t=10d_H/3$。

由于凸螺杆和两根凹螺杆的啮合，彼此的凹槽也就被分隔成若干个密封段。如图 4-2（b）所示，在缸套内壁与啮合的螺杆之间则存在着像 abc、$a'b'c'$ 等三角形缺口，因此，当采用三根双头螺杆时，凸螺杆上的凹槽 A 和凹螺杆上的凹槽 B、C，以及螺杆后面的凹槽 D、F、E 也就会相互连通，形成一个"8"字形的封闭容腔，其轴向长度比导程 t 略大，因此，为避免吸、排两端直接沟通，螺杆的最小工作长度为 $1.09t$，而缸套的最小工作长度为 $0.932t$，通常缸套和螺杆的工作长度取 $1.2t\sim1.5t$。像三螺杆泵这样能以密封段将吸、排两端隔开的螺杆泵，即属密封式螺杆泵。

由螺杆泵的工作原理可知，在泵运转时，液体将从衬套与螺杆端面之间的空隙部分连续流出，因此，其过流面积 A 就应为衬套内腔横截面积与螺杆端面横截面积之差，而轴向流速则为导程 t（m）与转速 n（r/min）的乘积。由于过流面积 A 和轴向流速 tn 都不随时间改变，故螺杆泵的流量十分均匀，对标准型三螺杆泵来说，$A=1.243d_H^2$（mm²），$t=10d_H/3$（mm），其理论流量为

$$Q_t = 60Atn = 248.6d_H^3 n \times 10^{-9} \tag{4-1}$$

由于在三螺杆泵中，主要的漏泄产生于螺杆和缸套的径向间隙处，因此各密封段中的压力也就从排出端向吸入端逐级递减。设计时每级压差宜为 $0.85\sim1$MPa，间隙很小时也可高达 3.4MPa。故工作压力高的螺杆泵就需增加密封段的数目，其转子也就较长。

为防止泵的排出压力过高，图 4-1 的船用立式三螺杆泵中还装有安全阀。安全阀阀体 16 是一个带有导向肋片的中空圆筒形滑阀，其下端插套在安全阀端盖套筒 13 上。在安全阀阀体的顶部还钻有小孔，它可将泵排出端的液体引到阀的内腔，但因阀的上侧面积大于下侧面积（差值为滑阀壁厚所形成的圆环面积），故当排出压力超出整定值时，安全阀阀体就会克服弹

簧 14 的张力而下移，当阀上端的导向肋片移至泵体隔板位置时，泵的吸、排两侧也将连通。安全阀同时也作为调压阀使用，即借助于调节手轮 18 来调节弹簧 14 的张力，从而改变泵的排出压力（使部分液体回流）。这种安全阀属双向作用型。泵下部空间的油压作用在安全阀阀体下端的圆环面积上，该油压如果比上部空间的油压超出一定的数值，即会克服弹簧 17 的张力而使阀上移，直至阀体中部的导向肋片上移至泵体隔板位置，使上下两侧沟通从而起到限压保护作用。

除上述外，这种泵主动螺杆的出轴端尚设有机械轴封，在齿轮泵中已有论述。

2. 受力情况

（1）轴向力。三螺杆泵在尚未开始排液的空转期间，主动螺杆通过棱边的啮合线向从动螺杆传递转矩，以克服从动螺杆的摩擦力矩，这时传递给从动螺杆的力将产生指向排出端的轴向反力，但这些力不大。而在排送液体时，会因螺杆端面与螺旋面上液压力不同而产生指向吸入端的轴向推力，主动螺杆所受的轴向液压力较大。常用的轴向力平衡措施有以下几种。

1）设止推轴承。止推轴承通常装在轴向推力较大的凸螺杆上，而凹螺杆则靠螺杆端面承受轴向力。这种方法适用于工作压力小于 1.6MPa 的螺杆泵。

2）采用双吸形式。将每根螺杆分为长度相等、旋向相反的两部分，并使其从两端吸入，中部排出液体。这样不仅可以降低吸入管流速，改善吸入性能，同时可平衡轴向推力。这种方法适用于大流量泵。

3）采用液力平衡装置。凸螺杆排出端有平衡活塞 2（大部分轴向推力靠平衡活塞所平衡），并设卸油管 19。凸螺杆中有油孔，把压力油引到螺杆下端的各平衡轴套 9、10，以便在螺杆的下端产生一个与轴向力方向相反的力，如图 4-1 所示。

（2）径向力。图 4-3 为螺杆在不同轴向位置上的横截面图，图中画小点的空腔液压高于无小点的空腔。由图可见，作用于凸螺杆各处的径向液压力是完全对称的。而在空转时，两根凹螺杆对凸螺杆的作用力也均对称。因此，当凸螺杆直立布置时，径向力完全平衡。

凹螺杆，只有一边处于啮合状态，由图可见，同一截面处两边凹槽中的液压力不同，此外，同一截面在外圆柱面上的液压力也不相同。因此，凹螺杆无论在空转或排液时都将承受着径向的不平衡力。两根凹螺杆所受径向力的大小相同、方向相反，由衬套工作表面来承受，故比压不大，磨损较轻，而且一般不会引起螺杆变形。

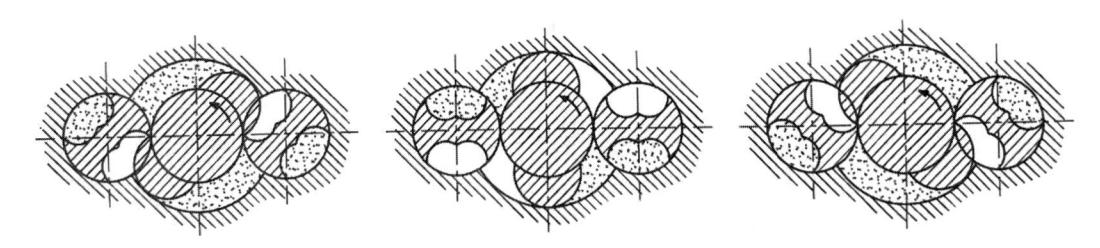

图 4-3 螺杆在不同轴向位置上的横截面图

二、单螺杆泵

图 4-4 为单螺杆泵的结构，图 4-5 为其螺杆与泵缸的啮合情况及工作原理。

在图 4-4 中，螺杆 1 用金属制成，其横截面是一个半径为 R 的圆，螺杆可视其为圆心为

O_1，以螺距 t 绕半径为 e、轴线为 K 的圆柱体旋转而成，属单头螺纹。泵缸 2 常用橡胶制成，如图 4-5 所示，其横截面是由两个中心距等于 $4e$、半径均为 R 的半圆弧连接而成，整个泵缸则由这样的横截面，以两倍于螺杆的螺距 $T=2t$ 绕 O 轴旋转而成，属双头螺纹。

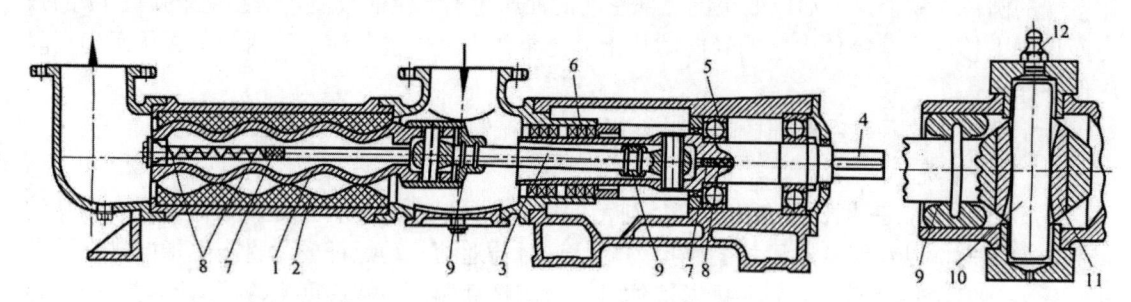

1—螺杆；2—泵缸；3—万向轴；4—主动轴；5—轴承；6—填料箱；7—小活塞；8—弹簧；
9—挠性保护套；10—销轴；11—销轴套；12—注油口

图 4-4 单螺杆泵结构图

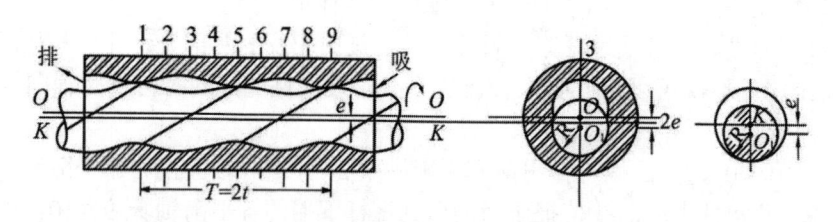

图 4-5 单螺杆泵的螺杆与泵缸的啮合情况及工作原理

螺杆和泵缸的啮合也能将吸、排口完全隔断，单螺杆泵也属密封式螺杆泵。当螺杆被原动机带动，从右端看做顺时针方向回转时，螺杆与泵缸之间与右端吸口相通的工作容积不断增大而吸入液体，然后形成与吸口隔离的封闭容腔（轴向长度为 T），继而由于泵左移与排出口相通，该空间容积又不断减小，从而排出液体。

转时螺杆轴线 K 对泵缸和主动轴 4 的轴线来说是相对转动的，所以在主动轴与螺杆间就需要设有万向轴 3。万向轴也可布置在螺杆的中空部分，以减小泵的轴向长度。为了保护万向轴的联轴节部分，使其不受工作液体的侵蚀，通常都在这些部位加设挠性保护套 9。

三、双螺杆泵

双螺杆泵有密封型和非密封型两种。

密封型双螺杆泵螺旋的常用齿形由渐开线和摆线组合而成，若螺杆的螺旋表面进行渗氮处理，轴颈表面镀铬，则即使输送含固体微粒的液体，泵也能可靠工作。

近年来，非密封型双螺杆泵使用频次日渐增多。它采用的是两根直径相同、单头螺旋、齿形为矩形或梯形的螺杆。这种螺杆泵的横剖面齿形不符合齿轮啮合定律，故不能形成连续的啮合线将吸、排端完全隔开。为减少因此而引起的漏泄，需增加螺旋的导程数以增加漏泄路径长度；为了螺杆不致太长，只好减小螺旋的升角，从而导致螺杆自锁。因此，这种泵的螺杆间传递扭矩需依靠一对同步齿轮，其主动螺杆和从动螺杆彼此不接触，两根螺杆间及螺杆与泵体之间的间隙靠同步齿轮和轴承来保证。这种结构使螺杆磨损甚少，即使干转也无磨坏螺杆的危险。

图 4-6 为卧式非密封型双螺杆泵的结构。主、从动螺杆 9、10 有两段长度相等、旋向相反的螺纹，工作时从螺杆两端吸入，从螺杆中部的排口排出，可使轴向液压力基本平衡，而径向液压力由轴承承受。停用时泵内能存液，以便再启动时保持良好的自吸能力。

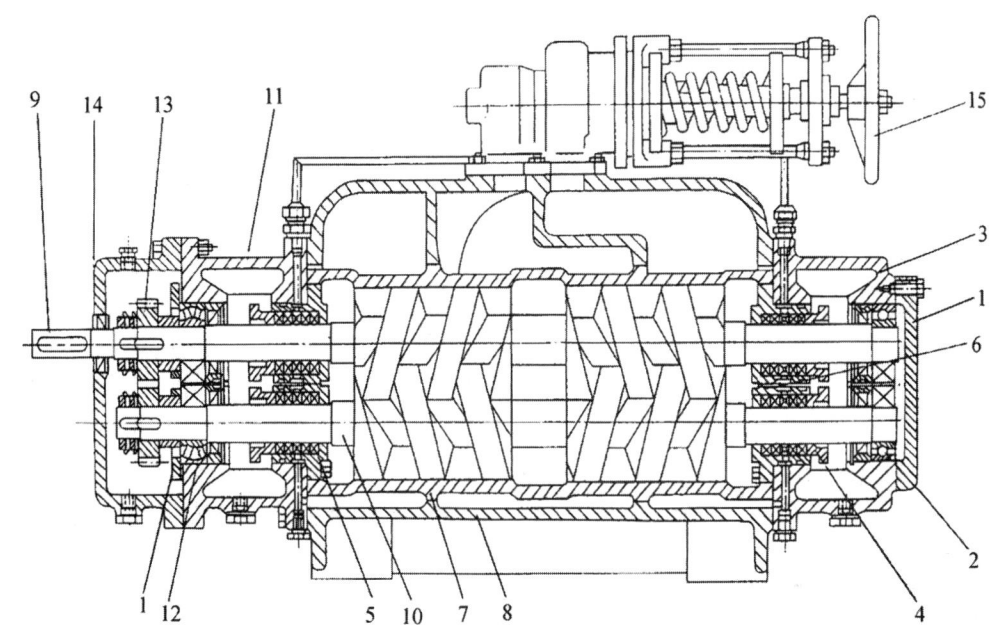

1—压盖；2、12—滚动轴承；3、11—填料函；4—填料压盖；5—填料；6—填料函本体；7—衬套；8—泵体；9、10—主、从动螺杆；13—同步齿轮；14—齿轮箱；15—安全阀

图 4-6　卧式非密封型双螺杆泵的结构

这种结构的泵其同步齿轮 13 和滚动轴承 2、12 装在泵体 8 的外面，设有单独的润滑系统，属外轴承式。它既能输送润滑性液体，也能输送非润滑性和含固体杂质的液体。螺杆两端共设有四个填料函本体 6，其填料 5 之间设有截面为 H 形的液封环，在吸入压力低于大气压时能将排出液体引入填料函，润滑和冷却填料（详见第五章第三节）。只输送润滑性液体的双螺杆泵可将同步齿轮和滚动轴承装在泵体内部，仅应设一处轴封，称为内轴承式。

第二节　螺杆泵的特点和管理要点

一、螺杆泵的特点

螺杆泵亦属容积式泵，故与齿轮泵一样，也具有容积式泵的一般特点：有自吸能力（三螺杆泵最大自吸能力可达 8m 水柱）；流量取决于运动部件的尺寸和转速，受工作压力影响较小（工作压力提高时仅是漏泄量稍有增加），所能产生的排出压力不受尺寸和转速的影响，并同样具有转速高、无须泵阀和结构紧凑等优点。此外，它还具有如下一些特点。

（1）工作性能稳定。流量均匀，无困油现象，故工作平稳，振动和噪声小。

（2）吸入性能好。油液从轴向吸入，可不受离心力的影响，故吸入性能好，转速高，流量范围大。

(3) 三螺杆泵允许的工作压力高。三螺杆泵的泵轴不承受径向液压力，而且密封性能好，η_V高，故额定排出压力可达 20MPa，特殊的可达 40MPa，且磨损很小，维修工作量少。

(4) 对液体的搅动小。螺杆泵适用黏度范围广（$1\times10^{-5}\sim1\times10^{-2}m^2/s$）。特别是单螺杆泵、双螺杆泵，不仅可运送污浊和非润滑性的液体，甚至能运送油脂、软膏之类的半流体物质。

螺杆泵的主要缺点是加工和装配要求较高，轴向尺寸较大，转子的刚性较差，这一点对高压泵尤为突出。

在船上，螺杆泵主要用作主机的滑油泵、燃油泵，小型油船的货油泵或液压系统中的工作油泵。单螺杆泵适用于泵送带固体颗粒的污浊液体，也常用作污水泵向油水分离器供水。

二、螺杆泵的管理要点

(1) 螺杆泵虽具有自吸能力，但管理中仍应严防干转，以免螺杆和泵套的工作表面严重磨损。为此，在初次使用泵时或拆修后必须向泵内灌入所排送的液体，以使螺杆得到可靠的润滑。此外，在泵排、吸口的设置上，也应考虑每次停用后能在泵内保留部分液体。

(2) 三螺杆泵适于输送清洁并具有润滑性的液体，故在吸入管口必须设置滤器，并应注意及时清洗。工作中如有异响，应立即停机进行检查。

(3) 必须按既定的方向运转，否则会因吸排方向的改变，轴向力无法平衡，导致泵的严重损坏。

(4) 启动时应先调松安全阀，并全开吸入阀、排出阀，待泵达到额定转速后，再通过调节安全、调压阀，使其达到要求的排出压力，以实现轻载启动。停用时，应先调松调压阀，再关闭排出阀，在泵完全停转后，再关吸入阀，以防造成干转，并为下次启动做好准备。

当开启调压阀时，液体是经过泵反复循环的。循环的流量越大、时间越长，液体的发热就越严重，甚至可使泵因高温变形而损坏。故不允许在排出阀全关而仅靠调压阀回流的情况下长时间运转，也不应用调压阀大量回流的方法，使泵适应小流量的要求。

(5) 工作中应注意防止滤器堵塞、油温过低或吸入空气，因为这不仅会大大降低泵的流量，还往往是产生噪声和振动的原因。此外，在联轴节失中或泵过度磨损时也同样会引起噪声，必须及时加以调整和进行检修。

(6) 螺杆泵的螺杆较长，刚性较差，容易弯曲变形。吸、排管路应可靠地固定，并与泵的吸、排口对中，尽量避免牵连泵体引起变形；泵轴与电动机轴的联轴节应在泵装完之后很好地对中；拆装起吊螺杆时要防止受力弯曲，保存备用螺杆时最好悬吊固定，以免放置不平而变形。

第五章 离 心 泵

第一节 离心泵的工作原理、性能和特点

一、离心泵的基本结构和工作原理

离心泵属于叶轮式泵，它利用泵壳内叶轮的高速回转直接将能量传给液体，使泵连续稳定地产生吸排，从而达到输送液体的目的。图 5-1 为悬臂式单级离心泵，其主要部件包括叶轮 1 和泵壳 3，是泵内液体的过流部分，泵壳呈螺旋形，称为蜗壳或螺壳。叶轮是由若干个弧形叶片 2 和前后盖板构成的，并用键和固定螺母 7 固定在泵轴 6 的一端。轴的另一端经填料轴封装置从泵壳中伸出，由原动机带动按标示的方向旋转。固定螺母通常采用左旋螺纹，以防反复启动时因惯性而松动。

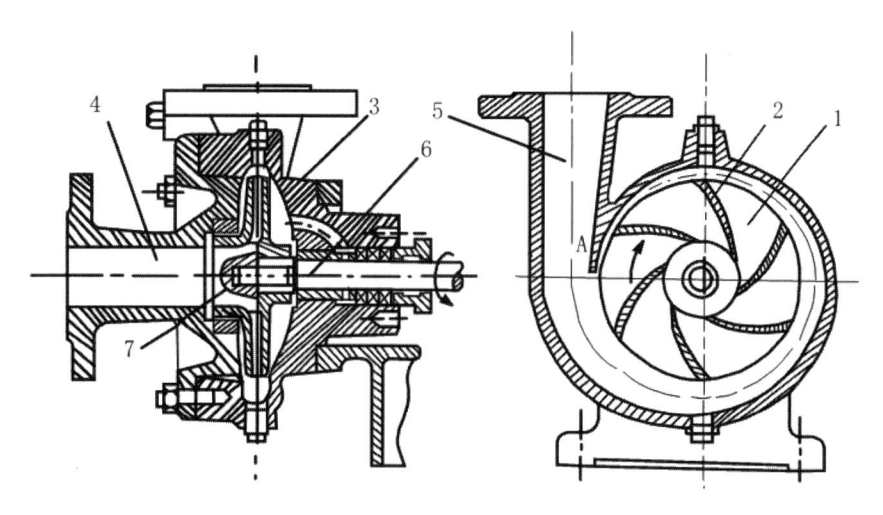

1—叶轮；2—叶片；3—泵壳；4—吸入接管；5—扩压管；6—泵轴；7—固定螺母
图 5-1 悬臂式单级离心泵

一般离心泵没有自吸能力，在启动前必须先使泵内和吸入管中完全灌注"引水"。当叶轮随泵轴回转后，叶片迫使液体随叶轮旋转，在离心力的作用下，液体从叶轮中心叶片入口处被甩向叶轮外周，直至流出叶轮时，液体的压力和速度都有增加。与此同时，叶轮中心区压力下降，在吸入液面和叶轮中心叶片入口处之间压力差的作用下，液体从吸入液面经吸入管进入泵的吸入口和叶轮中心区。蜗壳汇集从叶轮流出的液体，并平稳地导入截面渐扩的扩压管 5。液体流经扩压管时速度降低而压力升高，大部分动能转化为压力能，然后进入排出管。这样，只要叶轮不停地单向回转，液体就会连续不断地吸排，所以离心泵的排量是均匀的。

二、离心泵的扬程和流量

离心泵靠叶轮带动液体高速旋转而传送机械能，属叶轮式泵，其工作原理与靠运动部件挤压液体来传递能量的容积式泵不同，因而性能也有显著差异。离心泵所能产生的扬程与叶轮尺寸和转速密切相关，而流量又会随工作扬程显著改变。叶轮的尺寸和转速确定后，叶轮出口液体的圆周速度 u_2、叶轮的叶片出口角 β_2 即可确定，而叶轮出口液体的绝对速度的径向分速度 c_{2r} 是与流量 Q_t 成正比的。因此，依照式（5-1），理论扬程 $H_{t\infty}$ 与理论流量 Q_t 的关系如图 5-2 所示。

$$H_{t\infty} = \frac{u_2^2}{g} - \frac{u_2 c_{2r}}{g} \cdot \cot\beta_2 \tag{5-1}$$

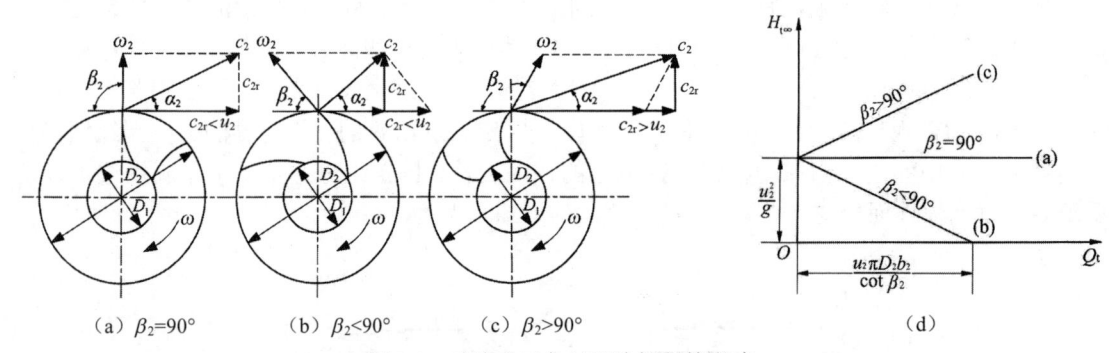

图 5-2 叶片出口角对理论扬程的影响

由扬程方程式可得出以下结论。

（1）离心泵所能产生的扬程主要取决于叶轮直径和转速。

（2）离心泵的扬程随流量而变，并与叶片出口角 β_2 有关。采用径向叶片，即 $\beta_2=90°$ 时，如图 5-2（a）所示，$\cot\beta_2=0$，扬程与流量无关；采用后弯叶片，即 $\beta_2<90°$ 时，如图 5-2（b）所示，$\cot\beta_2>0$，流量增大则 $H_{t\infty}$ 减小；采用前弯叶片，即 $\beta_2>90°$ 时，如图 5-2（c）所示，流量增大则 $H_{t\infty}$ 增加。

如图 5-2（d）所示，尺寸和转速相同的离心泵，叶片出口角 β_2 越大则能达到的扬程越高。实际上，β_2 越大，出口速度 c_2 越大，扬程中速度头所占比例较大，动能在扩压管中转换为压力能的水力损失较大；而且前弯叶片流道更弯曲，流动的水力损失也大。总之，采用前弯叶片虽比后弯叶片所能达到的扬程要高些，但功率要大得多，水力效率低。故离心泵普遍采用效率较高的后弯叶片。

（3）离心泵的理论扬程与所送流体的性质无关。在扬程方程式中，并没有反映所送流体性质的参数，故离心泵输送不同的流体时只要 $Q_t(c_{2r})$ 相同，所产生的理论扬程 $H_{t\infty}$ 便相同。但实际扬程会因容积损失和水力损失而不同。

离心泵排送密度 ρ 不同的流体，所能产生的吸入、排出压力差 $\Delta p=\rho g H$ 和功率 $P=\rho g H/\eta$ 是不同的。如果启动时，泵和吸入管内是空气，由于空气密度约为水的 1/800，泵能在吸、排口间造成的压差很小。例如，扬程 100m 的水泵，即使排送空气时能达到同样扬程，也只能在吸、排口间产生 1.268kPa 压差，在大气压下只能将水吸上约 12.9cm。实际上，由于输气比输水更容易漏，其扬程比输水时明显要低，所以无法吸上这么高。可见离心泵没有自吸能力。

三、离心泵的能量损失和定速特性曲线

1. 离心泵的各种损失和效率

在实际离心泵中总是存在着各种损失，因而离心泵的实际扬程 H 与流量 Q 间的关系总与理想理论关系具有较大的差别。

离心泵中的损失可分机械损失、容积损失和水力损失三种。

（1）机械损失和机械效率。离心泵的机械损失包括轴封、轴承及叶轮圆盘等处的摩擦功率损失。前两种损失不大，通常占轴功率的 1%～3%，用 ΔP_m 表示。则机械效率 η_m 应为

$$\eta_m = \frac{P - \Delta P_m}{P} = \frac{P_h}{P} = \frac{\rho g Q_t H_t}{P} \tag{5-2}$$

（2）容积损失和容积效率。由于在离心泵中不仅有内部漏泄和外部漏泄，且存在着平衡孔、平衡管、平衡盘或多级泵级间的漏泄，所有这些漏泄都将造成泵的容积损失。容积损失可用容积效率 η_v 来表示，即

$$\eta_v = \frac{\rho g Q H_t}{\rho g Q_t H_t} = \frac{Q}{Q_t} = 1 - \frac{q}{Q_t} \tag{5-3}$$

式中：q——总漏泄量。

（3）水力损失和水力效率。离心泵中的水力损失包括摩阻损失和撞击、涡流损失。水力损失可用水力效率 η_h 来表示，即

$$\eta_h = \frac{\rho g Q H}{\rho g Q H_t} = \frac{H}{H_t} \tag{5-4}$$

所有上述能量损失可用泵的总效率 η 来衡量，即

$$\eta = \frac{P_e}{P} = \frac{\rho g Q_t H_t}{P} \cdot \frac{\rho g Q H}{\rho g Q H_t} = \eta_m \eta_v \eta_h \tag{5-5}$$

式中：P_e——泵的有效功率。

2. 离心泵的定速特性曲线

在既定转速下，离心泵扬程、功率、效率等性能参数与流量的函数关系曲线称为离心泵的定速特性曲线。由于离心泵的各项损失难以精确计算，所以泵的实际定速特性曲线都是制造厂通过实验测定的。即在恒定的转速下，通过改变排出阀的开度，测量不同流量 Q 时的扬程 H、轴功率 P 和必需汽蚀余量 Δh_r 等参数，并算出相应工况下的效率 η，然后以流量 Q 为横坐标，其他参数为纵坐标绘制函数曲线。图 5-3 即为船用离心泵在既定转速时的实际定速特性曲线。

离心泵的实际定速特性曲线不仅对泵的设计，还对选用和管理离心泵具有重要意义，有以下几点。

（1）采用后弯叶片的离心泵，工作扬程 H 随着流量 Q 的增大而降低。H-Q 特性可有三种不同的形式（图 5-4）。

1）陡降形。在扬程变化较大的情况下其流量的变化相对较小，如图中 A 线所示，故适用于静压头常有波动而又需保持一定流量的场合。例如，用作舱底水泵和压力水柜的供水泵、压载水泵。

2）平坦形。可在流量变化较大的情况下，静压头变化不大，如图中 B 线所示，故适用于经常调节流量而又需使扬程波动不大的场合。例如，凝水泵和锅炉给水泵。

3）驼峰形。随着流量的增加，扬程先是上升，继而下降，形成驼峰的形状，如图中 C 线所示。在驼峰 K 点的左侧通常为不稳定工作区，不宜使用。

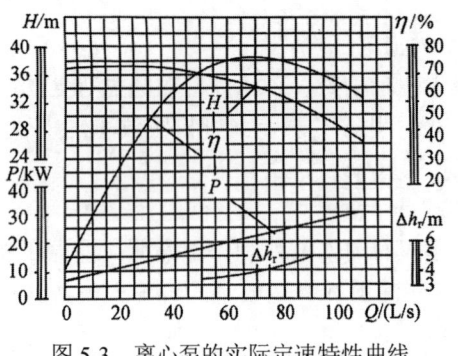

图 5-3 离心泵的实际定速特性曲线

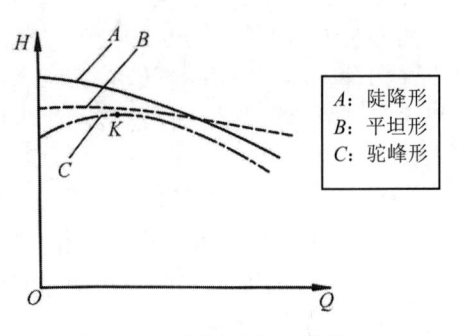

图 5-4 离心泵的 H-Q 特性

（2）离心泵的轴功率 P 随流量 Q 增大而增加。泵封闭时，即 Q=0 时，所需轴功率为最小（一般为额定功率的 35%～50%），此时泵的封闭扬程也不高。因此，对具有上升 Q-P 特性的离心泵，应在关闭排出阀的情况下对泵进行"封闭启动"，以减轻原动机的启动功耗，但时间不宜过长，因为这会搅动液体发热，从而使泵零件过热而导致故障。

（3）泵在额定转速附近工作时有较高的效率。因为叶轮和压出室等部件是按额定工况设计的，非额定工况时液体进出口处的冲击损失较大，泵的效率较低。全关排出阀进行封闭启动时，消耗的功率用于搅动液体发热，效率为 0。

四、管路特性曲线和泵的工况点

1. 管路特性曲线

液体流过某一管路所需的扬程与流量的函数关系曲线，称为管路特性曲线。在图 5-5（a）中，流体流过该管路时所需的扬程 H 分为两部分：一部分用于克服吸、排液面间的高度差 z 和压力差 $\frac{p_{dr} - p_{sr}}{\rho g}$ 所需的静压头，用 H_{st} 表示；另一部分则用于克服管路的阻力 $\sum h$。鉴于管路阻力一般与管中流速的平方成正比，因而也与流量 Q 的平方成正比，即 $\sum h = KQ^2$（比例常数 K 主要随管路物理参数而异），因此

$$H = H_{st} + \sum h = \frac{p_{dr} - p_{sr}}{\rho g} + KQ^2 \tag{5-6}$$

由于静压头与通过管路的流量无关，所以 H 可用一条水平线表示；而 $\sum h = KQ^2$ 则为一条抛物线。因此，图 5-5（b）所示的管路特性曲线 AR，其起点取决于系统的静压头，而其陡斜程度则取决于管路阻力的比例常数 K。

泵工作时，如果管路阻力 $\sum h$ 值不变，管路的静压头发生变化，排出液面升高或液面压力增加，则管路特性曲线就向上平移，如图中的 AR 变为 A'R'。如果管路阻力发生变化，例如，滤器脏污、阀的开度变化或黏度变化，那么，管路特性曲线的起点不变，但其陡斜程度则发生变化，如图中的 AR 变为 AR″等。

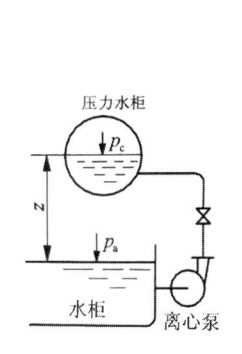

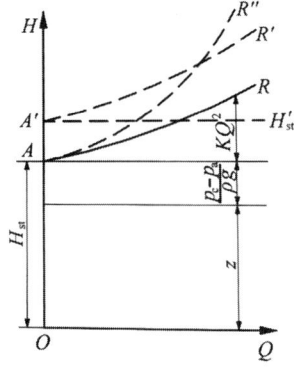

(a) 离心泵的一般管路系统图　　(b) 该管路的管路特性曲线

图 5-5　离心泵的一般管路系统及管路特性

2. 离心泵的工况点

如果按同一比例把泵的特性曲线 Q-H 与泵工作管路的特性曲线画在一张图上，则它们的交点 A（图 5-6）称为离心泵在该管路上工作时的工况点。这是因为，在 A 点上离心泵所产生的扬程 H_A 和流量 Q_A，正好能够满足在流量 Q_A 时管路所需要的扬程。

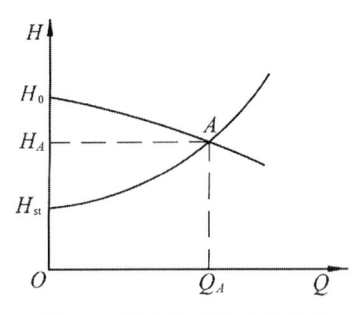

图 5-6　离心泵工作点的确定

不难想象，只要工作点 A 处在 Q-H 特性曲线的下降段上，则不管出于何种原因致使泵的流量偏离了工况点，上述的能量平衡就会受到破坏，但是，只要干扰一消失，工况就会自动回到 A 点，所以泵在 A 点能够稳定工作。但如果 A 点位于 Q-H 曲线的上升段上（图 5-4 中 C 曲线），则泵的流量一经偏离 A 点，就不能再恢复到原有平衡状态下的 A 点，因而也就不能使泵稳定工作。

五、离心泵额定扬程和流量的估算

因为离心泵所能产生的扬程与叶轮出口处的圆周速度 u_2 有很大关系，而 $u_2=\pi Dn/60$，所以铭牌失落的离心泵，可根据叶轮外径 D_2（m）和转速 n（r/min）来估算其额定扬程（多级泵再乘以级数 i）：

$$H=Kn^2D^2 \tag{5-7}$$

式中：系数 $K=1\times10^{-4}\sim1.5\times10^{-4}$。

排送冷水的离心泵，设计的进口流速一般在 3m/s 左右，额定流量（m³/h）可按下面公式估算：

$$Q=5D_0^2 \tag{5-8}$$

式中：D_0——泵吸口直径，用英寸（1in≈25mm）计算。

六、离心泵的特点

无论在陆地上还是船上,离心泵使用的数量和范围都远远超过了其他类型的泵,其特点如下。

(1) 流量连续均匀,工作平稳,且流量容易调节。流量范围大,常用范围是 $5\sim 20000 m^3/h$。

(2) 转速高,可与电动机或汽轮机直接相连。

(3) 结构简单紧凑,造价低。

(4) 对杂质不敏感,易损件少(仅阻漏环、轴封和轴承),管理和维修较方便。但对黏度较敏感,适用于流量不随管路阻力和外界负荷而变的场合。

(5) 本身没有自吸能力。一般在吸入管下端装设单向阀为底阀,空泵启动时须灌注引水。要解决引水问题,在结构上需采取特殊措施,如排出侧采取气水液分离室的自吸式离心泵,或采用真空引水泵(水环泵、喷射泵等)。

(6) 泵的流量随工作扬程而变,不宜作液压泵。

(7) 泵所能产生的扬程主要由叶轮外径和转速决定。不适合小流量、高扬程场合,因为这要求叶轮流道窄长,以致制造困难,效率太低。

另外,离心泵产生的最大排压有限,故不必设安全阀。目前,船用水泵和液货船的货油泵大都使用离心泵,也有个别新船将离心泵用作主机滑油泵。要求自吸的如压载泵、舱底水泵、油船扫舱泵等也可使用自吸式离心泵或加设抽气自吸装置。

第二节 离心泵的一般结构

一、叶轮

叶轮是将原动机的机械能传递给被输送液体的工作部件,它对泵的性能有着决定性影响。叶轮可按两侧有无盖板而分为闭式叶轮、半开式叶轮和开式叶轮。

1. 闭式叶轮

闭式叶轮由前、后盖板及若干弧形叶片和轮毂所组成,如图 5-7(a)所示。这种叶轮工作时,液体漏泄较少、效率较高,使用最为普遍。

2. 半开式叶轮

半开式叶轮无前盖板,如图 5-7(b)所示。

3. 开式叶轮

开式叶轮的叶轮前、后均无盖板,如图 5-7(c)所示。

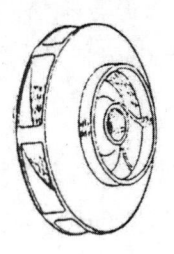

(a) 闭式叶轮　　(b) 半开式叶轮　　(c) 开式叶轮

图 5-7 离心泵的叶轮

后两种叶轮铸造工艺简单，但工作时液体容易漏失、效率较低，多用于输送污水、具有黏性或含有固体颗粒（如泥浆）的液体。

叶轮也可按其吸入方向的不同而分为单侧吸入式和双侧吸入式两种。为了减少吸入管中的流阻损失，吸入管中流速不能太高，一般为 3m/s，最高不超过 5m/s。这样，当流量小于 300m³/h、吸入管径小于 200mm 时，多采用结构简单的单侧吸入式叶轮；而当流量较大，吸入管径在 200mm 以上时，就需采用双侧吸入式叶轮，以增大叶轮进口处的通流面积，降低叶轮进口处的流速，从而提高离心泵的抗汽蚀性能。采用双侧吸入式叶轮还可进一步提高转速，减小泵的尺寸和质量，并可平衡叶轮上的轴向推力。

二、压出室

离心泵的压出室主要有蜗壳和导轮两种。蜗壳和导轮的作用：一是汇集叶轮出口处的液体，引入下一级叶轮入口或泵的出口；二是将叶轮出口的高速液体的部分动能转变为静压能。一般单级和中开式多级泵常设置蜗壳，分段式多级泵则采用导轮。

1. 蜗壳

蜗壳包括螺线形蜗室和扩压管两个部分，这两部分的分隔处即流道最窄处，称为蜗壳的喉部（图 5-8 的 A 处所示），通过喉部起点的圆称为基圆 D_3。

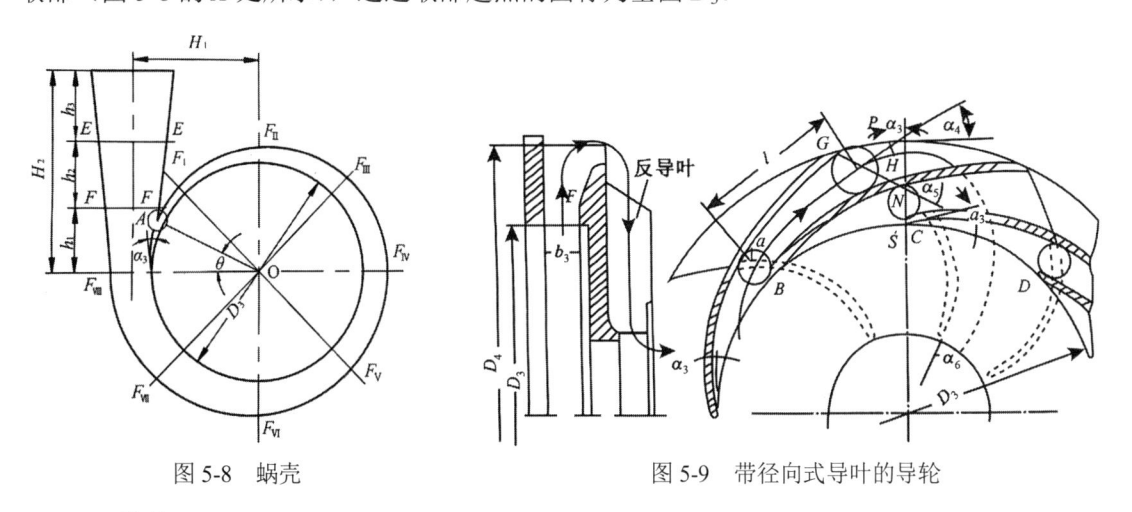

图 5-8　蜗壳

图 5-9　带径向式导叶的导轮

2. 导轮

图 5-9 为一带径向式导叶的导轮，它由正导叶、弯道和反导叶三部分所组成。在正导叶上 AB 段平顺地收集自叶轮流出的液体，而 BH 段则为扩压段。液体离开扩压段时的流速仅为叶轮出口流速的 15%～30%，因此大部分动能都已转化为压力能。液体离开正导叶的扩压段后，即经一弯道就进入反导叶的流道，反导叶的作用在于使从弯道出来的液体均匀地流入下一级叶轮的进口。

三、阻漏装置

在离心泵中，叶轮与泵壳以及泵轴与泵壳之间都需留有一定的间隙，而这些间隙两侧又存在着压差，因而在叶轮的进口处以及泵轴伸出泵壳处将会产生漏泄，前者称为内部漏泄，后者称为外部漏泄。通常，内部漏泄都用装设密封环的办法来减轻，而外部漏泄则用各种轴封来解决。

1. 密封环

密封环也称阻漏环或口环，安装在叶轮入口处，常由铸锡青铜、铸铅青铜或磷青铜制成。它的具体形式很多，但基本上为外平环和曲径环两种，如图 5-10 所示。实践证明，密封环的间隙越小、曲径越长，密封效果越好，但对制造和装配工艺的要求也越高，因此，曲径式密封环一般仅用在扬程较高的离心泵中。

2. 轴封

在船用离心泵中常用的轴封有填料密封和机械密封两种。图 5-11 为一带水封环的填料箱结构。当离心泵的吸入压力低于大气压力时，为防止空气漏入泵内，故在软填料中加装一个水封环。它是由断面呈"H"形的两个半圆合成的圆环，内径稍大于轴套的外径，以防碰擦。在水封环处的轴封壳上设有水封管，高压水从这里引入，然后沿泵轴向两端渗出，起到较好的水封和冷却效果。当泵输送清水时，通入水封管中的压力水常直接由泵壳排出腔引入，而当输送高温、高压的油液时，就需引入常温、中性的密封油，其压力应比轴封内侧压力高 0.05～0.15MPa。离心泵所用的机械密封，其结构与齿轮泵、螺杆泵的机械轴封相似，具有前文已述及的许多优点，故在离心泵中应用日益广泛。

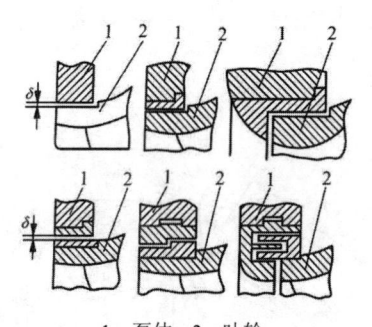

1—泵体；2—叶轮

图 5-10　密封环的各种形式

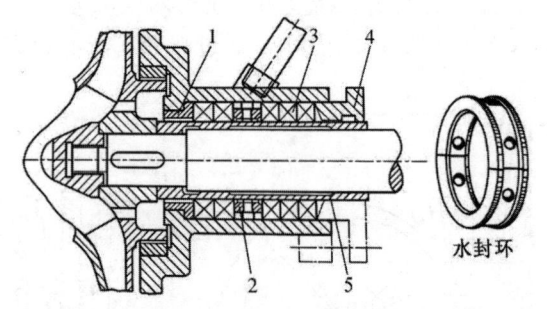

1—填料内盖；2—水封环；3—填料；4—填料压盖；5—轴套

图 5-11　带水封环的填料箱结构

四、离心泵的轴向推力及其平衡

图 5-12 为单吸式叶轮左右两侧的压力分布情况。由图可见，在密封环半径 r_w 以外，叶轮两侧的压力对称，而在密封环半径之内，两侧压力不对称，即作用在左侧的压力将降为进口压力 p_1，而两侧的压差则可由面积 $abdca$ 表示。因此，单吸式叶轮工作时必将受到一个由叶轮后盖板指向叶轮进口的轴向推力 F_A。

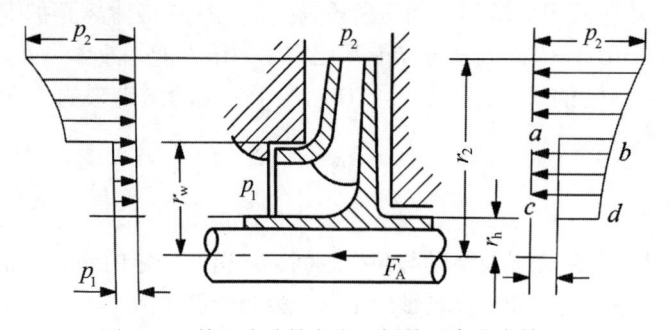

图 5-12　单吸式叶轮左右两侧的压力分布情况

显然，轴向推力的大小与泵每级叶轮的扬程、叶轮两侧的不对称面积和级数的大小有关，在多级泵中，有时轴向推力可高达数十千牛，为此，就必须设法平衡之，常见的平衡方法有以下几种。

1. 止推轴承法

小型泵可用止推轴承承受全部轴向推力，而在大多数泵中则仅用它起轴向定位作用，作为平衡轴向力的补充手段。

2. 平衡孔或平衡管法

在叶轮后盖板上加装与前密封环尺寸一样的后密封环，如图 5-13 所示，并在后密封环以内的后盖板上开出若干个平衡孔（其总面积应为密封环间隙面积的 3~6 倍）。这样使后盖板密封环之内的压力与吸入压力大致相等，从而使轴向力得以基本平衡。

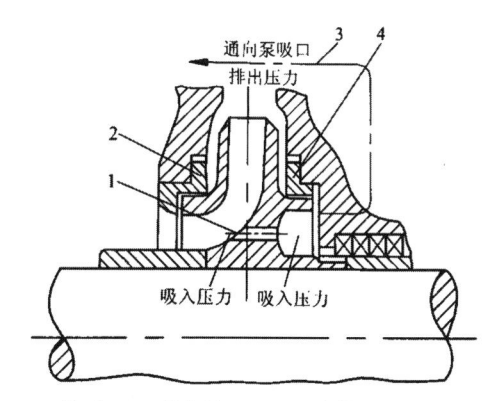

1—平衡孔；2—前密封环；3—平衡管；4—后密封环

图 5-13 用平衡孔或平衡管平衡轴向推力

此法虽结构简单，但却会使泵的容积效率下降，且由平衡孔漏回叶轮的液体干扰主流，使泵的水力效率也略有下降。故在有些泵中用平衡管来代替平衡孔，既可平衡轴向，也不会使水力效率下降。

3. 双吸叶轮或叶轮对称布置法

双吸叶轮（图 5-14）因形状对称，故两侧压力基本平衡，它适用于大流量的场合。

当叶轮为偶数时（主要用于两级泵），只要将其对称布置（图 5-15），即可平衡轴向推力。采用此法平衡多级泵的轴向推力效果较好，但泵的结构也稍复杂。上述泵通过转阀控制可实现串联、并联转换。

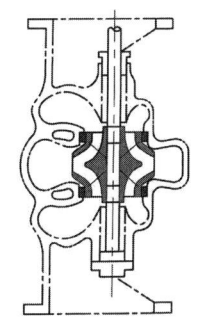

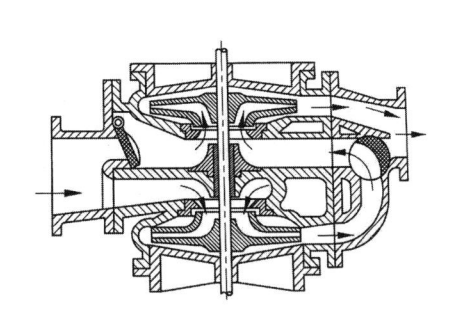

图 5-14 双吸叶轮　　图 5-15 对称布置的叶轮

上述两项平衡轴向推力的方法，由于叶轮两侧密封环制造和磨损情况难以一致，同时叶轮在加工上难免存在误差等，轴向推力不能完全平衡，故仍需设置止推轴承。

4. 平衡盘（液力自动平衡装置）法

在分段式多级泵中因轴向推力较大，常采用液力自动平衡装置（图 5-16），以平衡轴向推力。

液力自动平衡装置的工作原理可用图 5-16 来说明，它主要由平衡盘 1、平衡板 2 和平衡套 3 组成。平衡盘装于多级泵末级叶轮之后，用键固定在泵轴上随轴一起回转。泵工作时，依靠不变的径向间隙 b_1 和可变的轴向间隙 b_2 的两次节流，使排出液体的压力自 p_A 先下降到平衡盘前的中间压力 p_B，再下降到近似等于泵吸入压力的平衡室 C 中的压力 p_C。这样，作用于平衡盘上的压力差（$p_B - p_C$）就可用以平衡叶轮的轴向推力。

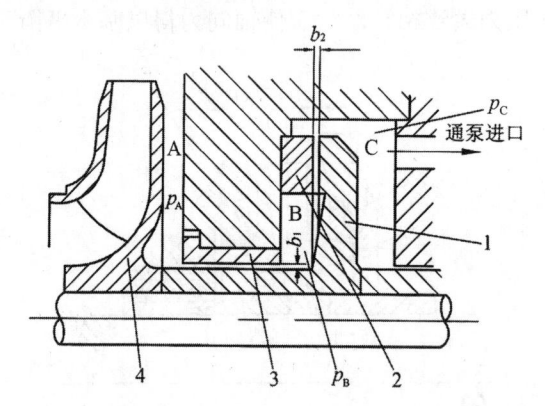

1—平衡盘；2—平衡板；3—平衡套；4—末级叶轮

图 5-16 用平衡盘平衡轴向推力

当泵的扬程增加时，作用在叶轮上的轴向推力随之增大，使泵轴左移，间隙 b_2 变小，漏泄量随之减少，于是，中间压力 p_B 也就随之升高，直到压力差（$p_B - p_C$）升高所产生的液压力与轴向推力相等时，这时，平衡盘在较小的 b_2 位置上达到新的平衡。反之，当泵的扬程降低时，泵轴右移，使 b_2 变大，p_B 降低，直到在较大的 b_2 位置上达到新的平衡。因此，采用平衡盘装置的离心泵不允许使用具有轴向定位作用的滚动轴承，而应采用滑动轴承。

五、离心泵的自吸

离心泵没有自吸能力，为实现该功能，常在需要自吸的离心泵上加装自吸装置。自吸装置可手动或自动控制。自动控制应用较多，不经常使用或使用时间较短的离心泵可手动控制。水环泵和空气喷射器是常用的两种离心泵自吸装置。

1. 带水环泵的离心泵自吸装置

水环泵主要作为真空泵来排送气体，在船上可作为离心泵的自吸泵。

（1）水环泵的结构和工作原理。水环泵有单作用和双作用两种。图 5-17 为单作用水环泵的结构示意。具有径向（或前弯）叶片的叶轮 1 偏心地安装在圆形泵体 3 中，两端由侧盖 2 封闭，在与泵体连成一体的侧盖上靠近叶轮轮毂处开有较大的吸入口 4 和较小的排出口 5，分别与吸入管和排出管相通。

水环泵的工作原理如图 5-18 所示。工作前，泵内必须充以一定数量的工作水。当叶轮旋转时，水以一定转速从叶轮中甩出，形成一紧贴泵壳内壁的旋转水环 1，并在水环内表面、叶轮轮毂表面以及两侧端面之间形成一个月牙形的工作腔室，该腔室被叶轮叶片分割成若干个互不相通且容积不等的小室 4。当小室按图示箭头方向转过右半圆时，由于小室的容积逐渐增大，气体通过侧盖上的吸入口 3 被吸入小室中；而当小室转过左半圆时，由于水环液体挤入，使小室中的气体被压缩，压力逐渐升高，当小室转到与排出口 5 相通时，气体通过排出口排出。

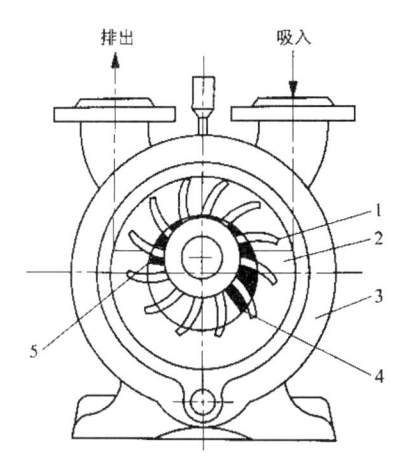

1—叶轮；2—侧盖；3—泵体；4—吸入口；5—排出口

图 5-17　单作用水环泵的结构示意

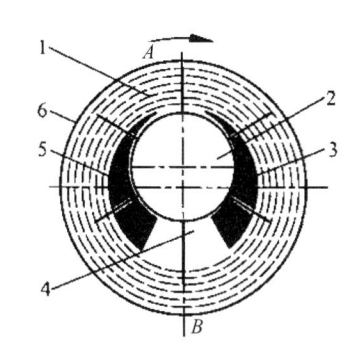

1—水环；2—叶轮；3—吸入口；4—小室；
5—排出口；6—泵壳

图 5-18　水环泵的工作原理

在水环泵的工作中，水环除传递能量外，还起着密封工作腔室和吸收气体压缩热的作用，气体压缩热和工作水的水力损失转换成的热量会使部分工作水汽化；轴封也难免有漏泄；此外，排气也会带走一些工作水。为此，在泵的出口常设有液气分离器，将带出来的水分离出来，让其返回泵内；同时连续向泵内补水，以使部分工作水随气体不断排出而得以更换，以限制泵的温升。

（2）离心泵自吸装置的工作原理。图 5-19 为水环泵用作离心泵自吸装置的简图。驱动离心泵 1 的电动机 4，可同时靠摩擦离合器 5 驱动水环式真空泵 6。使用前，气液分离柜 3 应加满水，并开启其底部补水管上的旋塞向水环泵预充工作水；截止止回阀 2 也应开启。刚启动离心泵时，离合器在贴合位，水环泵经吸气管从离心泵及其吸入管中抽气，排往气液分离柜。在分离柜中气、水分离，空气经逸气管逸出，而分出来的水则落入柜中，再经柜底的补水管向水环泵连续补水。水环泵工作一段时间后，离心泵的吸入管中气体被抽走，水即进入离心泵。

当离心泵自吸成功并建立起应有的压力后，其排口进入液压缸 8 的压力水就会克服弹簧力而推动活塞，使摩擦离合器脱开，水环泵即停止转动；于是可开启离心泵的排出阀，使之投入工作。这时，水环泵吸、排管内的压力恢复为大气压力，于是截止止回阀在重力作用下自动关闭，气液分离柜中的气体不致经它漏向离心泵吸入侧。如果液压缸失灵，也可取出它与控制杆 7 连接点的插销，手动操纵控制杆 7 来控制离合器。

离心泵停用时如果不关排出阀，排出管内可能会有水倒流，则应关闭截止止回阀，以免水经截止止回阀向水环泵和气液分离柜倒灌。

这种装置不必借助压缩空气气源即可工作。其缺点是在自吸完成以前离心泵处于干转状态，因而泵不允许使用机械轴封和以水润滑的轴承。

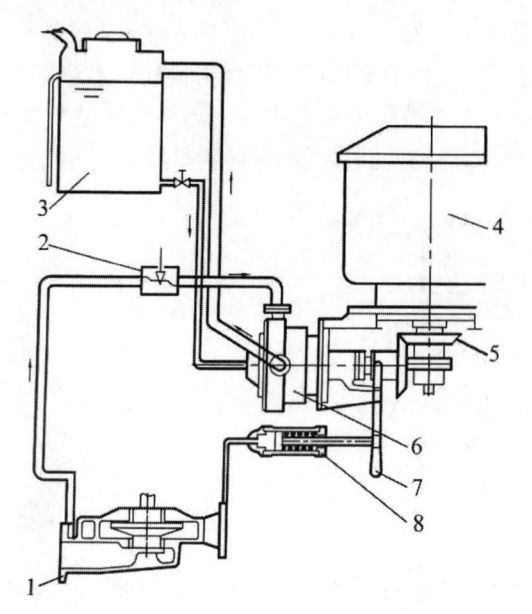

1—离心泵；2—截止止回阀；3—气液分离柜；4—电动机；5—摩擦离合器；
6—水环式真空泵；7—控制杆；8—液压缸

图 5-19 水环泵用作离心泵自吸装置的简图

2. 带空气喷射器的离心泵自吸装置

图 5-20 为带空气喷射器的离心泵自吸装置工作原理。这种自吸装置靠来自压缩气瓶的 0.5～0.7MPa 的压缩空气来为离心泵抽气引水，尺寸十分紧凑，且离心泵可延时启动，从而避免了干转。

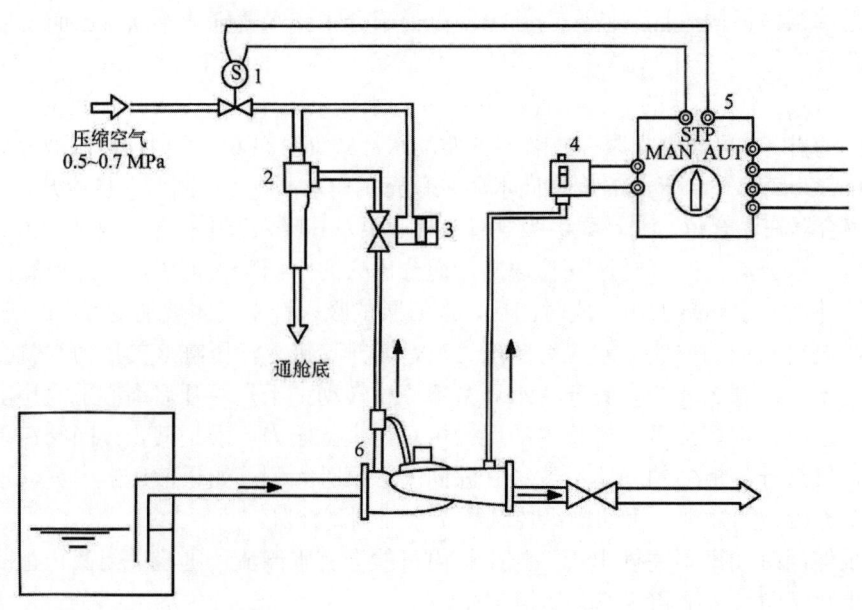

1—电磁阀；2—空气喷射器；3—气动阀；4—压力继电器；5—控制箱；6—离心泵转换

图 5-20 带空气喷射器的离心泵自吸装置工作原理

首先将控制箱 5 上的"选择"开关放在自动（AUT）位置，当按下离心泵 6 的"启动"按钮时，由于泵尚未建立排出压力，压力继电器 4 的常闭触头（控制电磁阀 1）处于闭合状态，于是电磁阀 1 通电开启，压缩空气得以通入空气喷射器 2，并同时使常闭式气动阀 3 开启，开始抽吸离心泵及其吸入管中的气体。同时控制电路中所设时间继电器 T 也开始通电计时。

当达到时间继电器调定的延时时间后，其常开触头闭合，离心泵电机主电路通电，泵即启动，泵运转指示灯亮。这时如果自吸已成功，泵立即产生排出压力，使压力继电器 4 的常闭触头断开，于是电磁阀 1 断电关闭，空气喷射器停止工作。泵运行中万一吸入过多的气体而导致排压下降，则压力继电器的触点又会闭合，重开启电磁阀，再次抽气。

由于离心泵吸入管的容积和所需的吸上真空度不同，需要的自吸时间也就不等。时间继电器的延时时间应按实际需要在 0～180s 内调节。正确的调节是使延时时间较短，但不能短于自吸所需时间，否则泵启动后不能立即产生排压，会发生干摩擦。

万一压力继电器失灵，也可手动控制控制箱上的"选择"开关。

这种用时间继电器控制离心泵延时启动的方法虽然简单可靠，但如果延时时间调节不准（吸高、密封等因素的改变，会导致所需自吸时间变化），则泵仍有可能在自吸成功前启动，发生干转。故有的自吸装置在抽气管上设浮子室，只有自吸成功使浮子开关闭合才会启动离心泵和停止抽气，可使泵完全避免干转。但浮子开关的故障率显然要比时间继电器高。

如果配有自吸装置的离心泵长期连续工作，吸入管可不必设置底阀。但若是每天需要启动许多次的离心泵，即使设有自吸装置最好也配底阀，否则每次启动时都要启用自吸装置，势必延误工作时间，并造成能量浪费。

第三节　离心泵的管理

一、离心泵的汽蚀

1. 汽蚀及其危害

由离心泵的工作原理可知，离心泵运转时，必须在其进口产生一定的低压 p_s，才能不断地吸入液体，但是当 p_s 低于被输送液体温度下的饱和蒸汽压力 p_v 时，则又会使液体汽化，发生气穴现象。实际上，在离心泵的压力最低处不在泵的进口，而是在叶轮进口处的某点，这是因为在液体从泵的进口流到该点的过程中，还会由于流速的增加以及撞击、涡流损失而产生一定的压降。这样，一旦该处的压力低于被输送液体温度下的饱和蒸汽压力 p_v 时，被输送液体就会汽化，与此同时，溶解在液体中的气体也会大量逸出，从而形成许多蒸汽和气体相混合的小气泡。当这些小气泡随液体流到高压区时，其中的蒸汽就会立即凝结，气体也会在瞬间重新溶入液体，从而造成局部真空。于是，四周的液体质点就会以极高的速度向真空中心冲来，彼此撞击而形成高频高压的液体冲击，使泵流量、扬程和效率降低，并伴有较大的噪声和振动，严重时将导致吸入中断。气穴溃灭区的金属因受高频高压的液体冲击而发生疲劳破坏；液体中逸出的氧气等借助气泡凝结时所放的热量，还会对金属起化学腐蚀作用。在这样的双重作用下，叶轮外缘的叶片及盖板、蜗壳或导轮等处，受汽蚀破坏的叶轮会产生的麻点状和蜂窝状的破坏，如图 5-21 所示。这种因气泡形成和破灭致使材料破坏的现象，称为"汽蚀"。

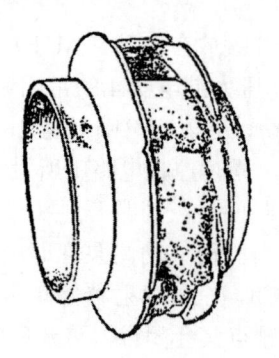

图 5-21 汽蚀损坏的叶轮

2. 汽蚀余量

为使离心泵正常工作，避免发生汽蚀，离心泵应有一定的汽蚀余量。汽蚀余量是指泵吸口处液体所具有的总能头与它的饱和蒸汽压力头 $p_v/\rho g$ 之差，用 Δh 表示汽蚀余量有有效汽蚀余量（或称装置汽蚀余量）Δh_a 和必需汽蚀余量 Δh_r 之分。

（1）有效汽蚀余量 Δh_a 是指泵工作时实际的汽蚀余量，即液体在泵进口处能头超过汽化压力头的富余能量。它取决于泵的吸入条件和液体的饱和蒸汽压力 p_v，而与泵无关。

$$\Delta h_a = \left(\frac{p_s}{\rho g} + \frac{v_s^2}{2g} + z \right) - \frac{p_v}{\rho g} \tag{5-9}$$

式中：z——泵吸口位置头，m；p_s——泵吸口的绝对压力，Pa；v_s——泵吸口的流速，m/s。

以通过叶轮叶片进口边外端所绘圆的中心的水平面为基准面（多级泵取第一级，立式双吸泵取上部叶片），吸口中心高于该基准面为正，低于该基准面为负；卧式泵 $z=0$，立式泵 z 一般也不大，近似计算时可忽略不计。

（2）必需汽蚀余量 Δh_r 是指泵为避免汽蚀所需的汽蚀余量。它取决于液体进泵后压力进一步降低的程度，与泵进口部分的几何形状及泵的转速和流量有关，而与泵的吸入条件及所吸液体的 p_s 值无关。Δh_r 越小则泵的汽蚀性能越好。图 5-22 为离心泵的汽蚀特性曲线，从图中可知 Δh_r 随 Q 的增大而增大，这是因为流量增大则液体进泵后的压降也增加。

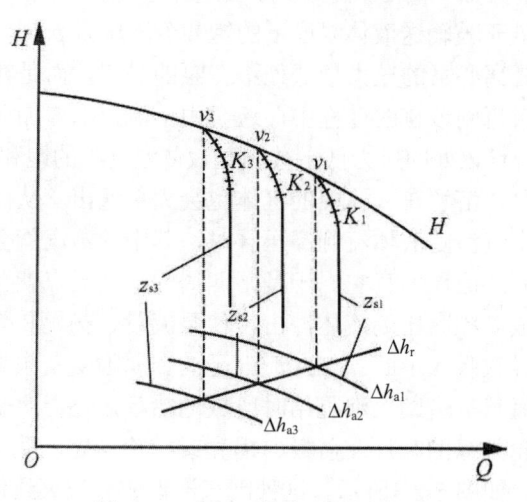

图 5-22 离心泵的汽蚀特性曲线

必需汽蚀余量Δh_r和允许吸上真空高度$[H_s]$都是由汽蚀试验得出的，是用以表示泵吸入性能好坏的性能参数，性质是一样的，只是表示方式不同。Δh_r主要取决于泵的结构形式和流量，而$[H_s]$还与吸入液面气压及液体的饱和蒸汽压力p_v有关。目前离心泵更多标注的是Δh_r。

3. 汽蚀特性曲线

图 5-22 上画出了离心泵未发生汽蚀时的扬程特性曲线，以及必需汽蚀余量Δh_r随流量增大而提高的曲线，同时画出了当泵的吸高z_s逐渐增大时（$z_{s3}>z_{s2}>z_{s1}$），有效汽蚀余量Δh_a逐渐减小（$\Delta h_{a3}>\Delta h_{a2}>\Delta h_{a1}$）的曲线。

随着泵的流量增大，当Δh_a降到接近Δh_r时，气泡虽已产生但不多，泵的性能参数无显著的变化。这时汽蚀实际已发生，但尚未明显影响到泵的性能，这种情况称为潜伏汽蚀。应避免泵长期在潜伏汽蚀工况下工作，否则部件会受到破坏。

当流量进一步增大，Δh_a降到低于Δh_r时，气泡已发展到一定程度，它会使叶道间的通流截面减小，气泡破灭时产生的液压冲击也要耗能，故泵的流量、扬程和效率都将明显降低，并出现脉动，同时产生噪声和振动，这种情况称为不稳定汽蚀，在图 5-22 中的泵扬程特性曲线上用斜线段表示。泵在不稳定汽蚀工况时，部件容易受到破坏。

随着流量的增大，Δh_a进一步降低，液流在叶片进口处叶背一侧就开始出现脱流，形成蒸汽和水两相区域。实验表明，这时由于液流中的含气量增加，气泡破灭时所引起的液压冲击会明显减轻，流量和扬程的脉动消失，这时降低管阻只能减小扬程，使两相区的长度增加，而泵的流量几乎不再增加，在扬程特性曲线上表现为近似一条下垂线，称为断裂工况。泵在这种工况下工作时，振动和噪声并不强烈，部件的汽蚀破坏也不明显，这种情况称为稳定汽蚀。同时，吸高z_s越大，断裂工况就越向小流量方向移动，泵不发生汽蚀的流量范围就越小。

4. 防止汽蚀的措施

在船用泵中，容易发生汽蚀的是所送的液体温度较高的泵，如锅炉给水泵、热水循环泵等；或工作中流注高度会显著降低的泵，如货油泵等；以及吸入液面真空度较大的泵，如冷凝器及海水淡化装置的凝水泵。由式（5-9）可知，这些泵或p_v较高，或p_s较低，因而Δh_a较小，容易发生汽蚀。为防止汽蚀对泵的损坏，要求$\Delta h_a>110\%\Delta h_r$（两者差值>0.5m）。

防止汽蚀的措施有以下几种。

（1）提高装置的有效汽蚀余量Δh_a。尽可能减小吸入管路的阻力（开足吸入管路的阀，及时清洗吸入滤器，防止流量超过额定值等），减小吸上高度或增大流注高度，避免液体温度过高。

（2）设法减小泵的必需汽蚀余量Δh_r。在设计时改进叶轮入口几何形状，例如加大叶轮进口直径和叶片进口边的宽度，增大叶轮前盖板转弯处的曲率半径，采用扭曲叶片或双吸叶轮，或在泵进口设诱导轮。

（3）提高叶轮抗汽蚀性能。采用强度和硬度高、韧性和化学稳定性好的抗汽蚀材料制造叶轮，提高通流表面的光洁度。

工作中泵如果出现汽蚀现象（吸入真空度大于允许吸上真空度，噪声和振动大，扬程和流量降低），可采取以下几种措施。

（1）降低吸入液体温度。
（2）减小吸上高度或增加流注高度。
（3）减小吸入管路阻力。
（4）关小排出阀或降低转速以降低流量。

二、离心泵的工况调节

离心泵在运转中，其流量和扬程的数值是由泵的特性曲线与管路特性曲线的交点——工况点决定的。因此，无论是改变泵的工作特性或改变管路阻力特性，都可使工况点发生转移，从而达到调节系统流量和扬程的目的，这样的调节称为工况调节。船用离心泵常用的工况调节方法有下述几种。

1. 节流调节法

在泵转速一定的情况下，用改变排出阀开度的方法使管路特性曲线发生变化，以调节流量，称为节流调节法。

图 5-23 为离心泵节流调节。由图可见，随着排出阀开度减小，管路特性曲线变陡，从 R 变为 R_1，泵的工况点由 A 点向左移到 A_1 点，流量也就相应地从 Q 减少到 Q_1。在流量为 Q_1 时，泵所产生的扬程为 H_1，此时，克服原管路中阻力所需的压头为 H_1'，而 H_1 和 H_1' 之差即为关小排出阀所增加的节流损失。

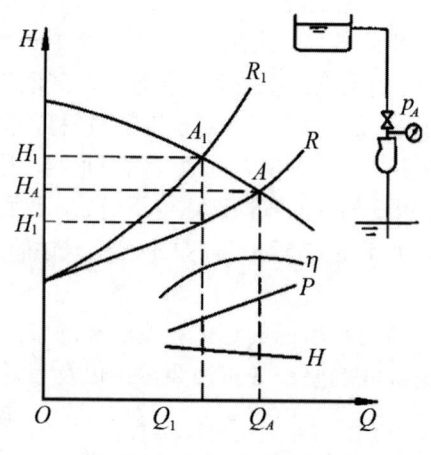

图 5-23 离心泵的节流调节

节流调节法虽经济性较差，但简单易行，在泵和管路特性曲线都较平坦的场合应用更为有利。用这处方法，虽能调节流量，但却可能因吸入压力降低而产生气穴现象，甚至失吸，故不宜采用。

2. 回流调节法

回流调节法也称旁通调节法，它通过调节回流阀（旁通阀）的开度，使部分排出液体流回吸入管，从而改变系统中的流量。

回流调节时泵工况点的变化，可借图 5-24 来说明。假设泵在某一转速下的特性曲线为 $A_1A'A$，而主管路的特性曲线为 R_1。当回流阀全关时，泵只向主管路供水，其工况点就是上述两条曲线的交点 A_1，这时相应的流量和扬程分别为 Q_1 和 H_1。当回流阀打开某一开度后，泵向主管路 1 和具有 R_2 特性曲线的回流管 2 同时供水（R_2 的陡度将随阀的开度而变）。这时，两管路中的压降都为泵所提供的压头，而两管路流量之和就等于泵的流量。因此，根据管路并联时"扬程相等，流量相加"的原则，即可绘出两条管路并联工作的特性曲线。它与泵工作特性曲线的交点为 A，即泵在回流阀开启后的新工况点。这时，泵的扬程由 H_1 降为 H_A，流量

由 Q_1 增加为 Q_A，但通过主管路 1 的流量却由 Q_1 减少为 Q_3，而流量 $Q_A-Q_3=Q_4$ 时，经回流管流回吸入管。

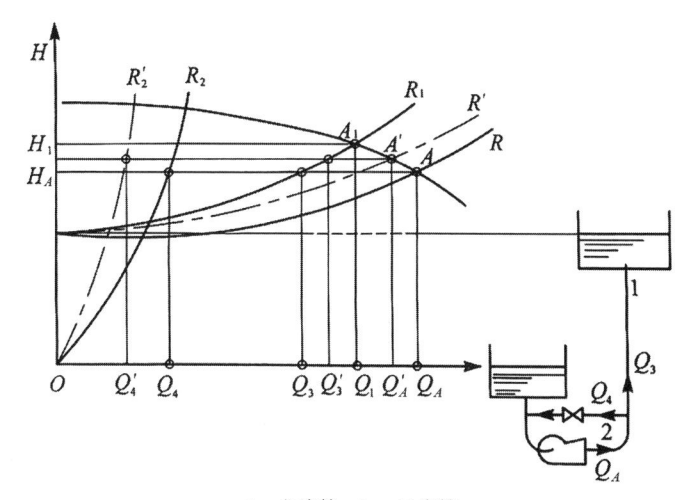

1—主流管；2—回流管

图 5-24　离心泵的回流调节

当关小回流阀时，回流管特性曲线变陡，变为 R_2'，并联管路特性曲线变为 R'，这时工况点就移至 A'，回流量相应减少为 Q_4'，而主管路中的流量则增加为 Q_3'。

回流调节法的经济性很差，因为开大回流阀，减少主管路中的流量时，却使泵的流量和轴功率增加，相当部分功率浪费于液体回流的阻力损失上。且随着泵流量增大，允许吸上真空度降低，而实际吸入真空度却增大，使泵的吸入性能恶化。因此在船上很少被采用。

3. 变速调节法

工况调节也可通过改变泵的转速，使泵的特性曲线发生变化来实现，称之为变速调节，如图 5-25 所示。

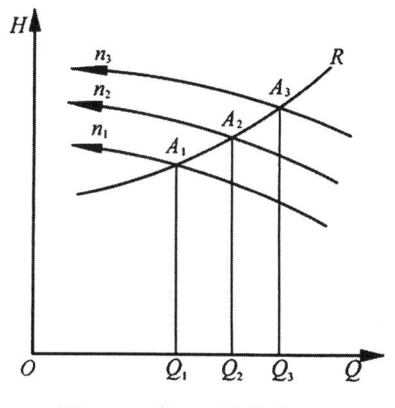

图 5-25　离心泵的变速调节

变速调节法能在较大范围内改变泵的流量和扬程，同时保持较高的效率，但需用变速原动机（例如蒸汽轮机、柴油机或变频电机等）来带动水泵，并应考虑到，转速增加时，由于泵的功率和扬程的增加，原动机和泵能否适应的问题。

4. 并联工作法

当一台泵的流量无法满足系统需要时，就可用同规格或异规格的两台或几台泵并联工作，通过改变泵的特性解决这一问题。

H_1、H_2 分别为两台异规格泵单独工作时的特性曲线，如图 5-26 所示，按并联时"扬程相等，流量相加"的原则，作出它们并联时的特性曲线 H，则 H_1、H_2、H 与管路特性的交点 A、B、C 就分别代表三个不同的工况点。可以看出，泵在并联时的流量 Q 要比单独工作时的 Q_1、Q_2 大，但小于两泵单独工作时的流量之和，即 $Q<Q_1+Q_2$。这是因为在并联工作时，系统中流量增大，流阻增高，迫使泵在较高的扬程下工作，各泵的实际流量也就相对减少。

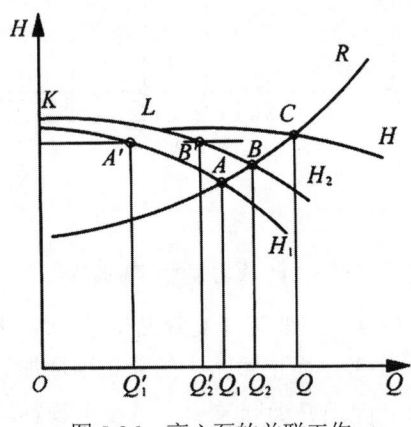

图 5-26 离心泵的并联工作

当特性曲线不同的两台泵并联时，如果系统所需工作扬程大于其中一台泵的最高扬程，那么，工况点实际上将只落在那台扬程较高的泵的特性曲线上，如图中 KL 部分。这时，另一台扬程较低的泵就可能发生倒灌（如出口没设止回阀或止回阀漏泄），或在零流量下运转造成发热。因此泵并联运行时最好选用扬程相近或相等的泵，管路也以静压较低、阻力较小（特性曲线较平）为宜。

5. 串联工作法

一台离心泵单独工作扬程接近关闭扬程，使流量很小，或泵的最大扬程小于管路静压，使泵无法供液，可将两台或几台泵串联工作。

两台或几台泵串联工作时，泵的流量相等，而其扬程等于各串联泵工作扬程之和。因此，泵串联时的特性曲线 H 就可根据"流量相等，扬程相加"的原则作出，如图 5-27 所示。交点 A_1、A_2 及 A 则为管路特性曲线 R 与两泵单独工作时及两泵串联工作时的配合工况点。由图可见，两泵串联后的总扬程 H_A 比两泵单独工作时的扬程 H_{A1}、H_{A2} 大，但 $H_A<H_{A1}+H_{A2}$，这是因为串联后的流量比两泵单独工作时的流量都增大，各串联泵的扬程 H'_{A1}、H'_{A2} 皆比单独工作时的扬程 H_{A1}、H_{A2} 低。

串联时，各泵的型号不一定要相同，但其额定流量应相近，否则就不能使串联泵都在高效区工作。另外，串联在后面的泵其吸入、排出压力都比单独工作时高，需注意其密封和强度应达到要求。

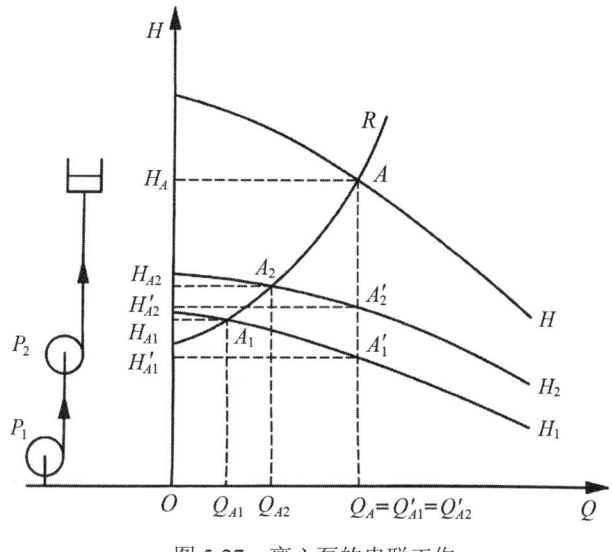

图 5-27 离心泵的串联工作

三、离心泵的使用维护要点

（1）启动前。检查电机接线是否正常；清除泵周围异物；对新装、长时间停用或检修后初次使用的泵，手动转动，消除卡阻、过紧、松紧不均或不正常声响等异常现象；确认轴承润滑剂正常。

（2）启动后。开启进、出口阀，小功率离心泵可直接启动；大功率离心泵最好采用关闭排出阀的方式封闭启动，以减小起动电流和对电网的冲击；有几何吸高的离心泵要保证启动过程自吸成功，避免干转造成轴封等部件过快损坏。

（3）运转中。确保电流和进、出口压力等运行参数正常，在相应指示仪表上做好记号，便于比较分析；电机冷却风机应运行正常，电机及轴承运行温度以手触微热为宜；依靠油或水润的轴承润滑通路应正常，没有漏油、漏水或溅油、溅水现象；轴封应密封良好，设有填料函的水管水流应畅通；手摸电机、泵体和轴承等处运转应平稳，没有明显振感，用探棒探听没有明显的异常声响。

（4）日常维护。根据离心泵运行时说明书计划管理系统的要求做好修保养工作，发现损坏、不能修复而影响正常运转的部件，如叶轮、泵轴、轴承、轴封联轴节橡胶弹性垫及密封环等要及时换新。

对于用润滑脂润滑的轴承，其加油量应占轴承室容积的 1/2 左右，避免加油过多引起轴承过热，油脂熔化丧失；轴承内圈和轴采用过盈配合，用喷枪或焊枪加热轴承内圈或在油里加热轴承可轻松完成安装或拆卸，尽量避免因机械打击而造成损坏；对于装有两只止推轴承的立式泵轴承，要"背靠背"安装，以分别承受向下和向上的轴向力，并实现良好的轴向定位。

船舶在污染严重、水中杂物较多的河道等水域航行时，应加强对冷却海水泵的巡视，勤清洗海水总管及泵吸入滤器，避免泵轮淤塞。

根据船舶各离心泵的运行状况，对轴封、轴承等易损件储备必要的原厂备件。同时，换下来的旧件要分类存好，以备备件不足等紧急情况时拆分使用。

四、离心泵常见故障

1. 启动后不能供液

离心泵不能供液可能是不能吸入液体或不能排出液体,具体有以下几种情况。

(1)离心泵高于吸入液面而不能产生足够的真空高度,无法吸上液体。

原因可能有:自吸装置故障;吸入管或轴封漏气;吸入管露出液面。

(2)吸入真空度已大于"允许吸上真空度",仍无法吸入液体。

原因可能有:吸高过大;从真空容器吸入的泵流注高度太低或吸入液面真空度过大;吸入滤器堵塞使吸入管流阻过大;吸入阀未开等原因造成的吸入管堵塞不通;吸入液体温度过高,使"允许吸上真空度"过小。

(3)泵产生的封闭排出压力太低,无法排液。泵已产生排压但不够高,小于管路静压,液体无法排出。

原因可能有:叶轮松脱、淤塞或严重损坏;密封环间隙过大;转速太低或转向弄反。

(4)封闭排压正常,管路背压太高,无法排液。

原因可能有:排出液面压力太大或排出阀未开(如闸板阀与阀杆脱落),造成管路静压太大;另一台并联泵扬程过高。

2. 流量不足

由装置特性可知,泵的扬程特性曲线陡降或下移或管路特性曲线变陡或上移,都会使流量减小。

原因可能有:排出高度或排出液面压力增大使管路静压升高;排出管阻力变大;泵转速不够;密封环磨损使内部漏泄加大;叶轮破损或淤塞;吸入管或轴封漏气;液体温度高使泵发生汽蚀;转向弄反等。

3. 电机过载

电动离心泵过载时,过电流保护设备会因电流过大而自动断电。

原因可能有:电动机轴承或离心泵轴承损坏;泵轴弯曲使叶轮擦碰;叶轮中缠绕塑料袋等杂物;联轴节对中不良使轴承径向负荷加大;双吸叶轮装反,后弯叶片变成了前弯叶片,使泵负荷加大;电机缺相运转。

4. 运转时振动过大和产生异常声响

离心泵运转时振动过大和产生异常声响的原因可分为机械方面和液体方面两类。

(1)机械方面。原因可能有:叶轮局部腐蚀、磨损或淤塞使动平衡破坏;泵轴弯曲、电机或泵轴承损坏、叶轮与密封环擦碰;地脚螺栓松动、底座刚度不足而与泵发生共振;联轴节对中不良;管路连接松动。

(2)液体方面。液体噪声通常是由泵的吸入性能降低而发生汽蚀现象引起的,可能原因有:吸入管较细与设计不符;吸入管因附着海洋生物太多变细;吸入滤器脏堵;吸入阀不能完全开启有节流;管路阻力变小使泵流量变大偏离额定流量太多;被排液体温度较高。

五、离心泵在货油系统中的应用

离心泵因结构简单、运转平稳、流量范围很大,被广泛用作油船、化学品船等液货船的液货泵。在运输单一油品的油船上,每舱货油由装在泵舱的液货泵卸出,每舱由吸入支管连到液货泵的吸入总管上,液货泵由蒸汽透平或电动机驱动。在运输多种液货的化学品船上,每舱底部常装有油马达驱动的独立货泵,如图 5-28 为液压深井泵。

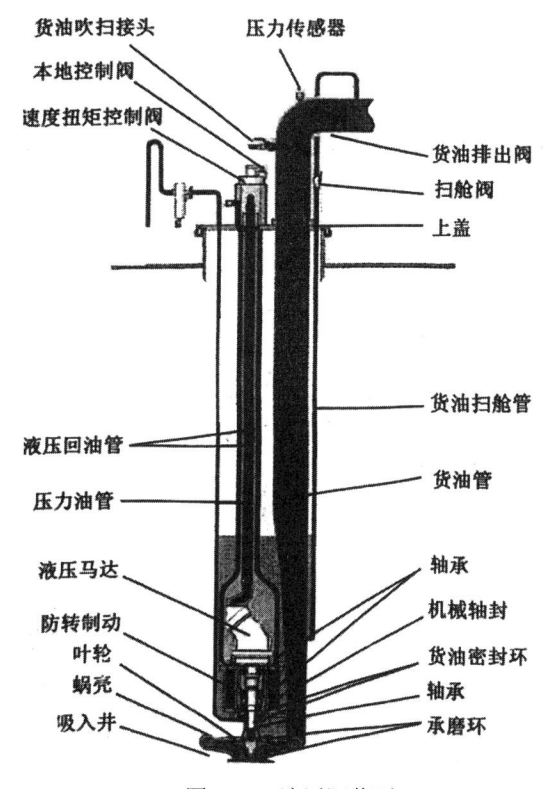

图 5-28 液压深井泵

在油马达驱动的液货泵中,油马达和货泵的连接轴之间设有一干隔腔,可有效防止液压油漏泄污染液货或液货污染液压油。在使用管理中,每天(尤其是载货期间)要用压缩空气通过外接管吹扫干隔腔,通过另一外接管是否有吹出物或什么吹出物来监控油马达及干隔腔的轴封状况,并视情检修。同时,液压系统的保压泵要每天 24h 运转,保持液压系统要求的最低油压,确保液压系统不进空气及液压油不被液货污染。

对于装在泵舱内的液货泵,在使用管理中,要加强货泵轴封的监控,如装有蒸汽清洗装置,泵启动前和停止后要按要求对轴封进行清洗,避免启动时轴封被残留液货黏着而造成损坏。两泵并联运行时,要保持同速运转,以免转速低的泵发生倒灌而诱发危险。无论何种形式的液货泵,在现代液货船上通常都兼作扫舱泵。在扫舱阶段应严格按照说明书要求操作,确保抽真空装置的效用,尽量将液货舱清扫干净,减少货损及对海洋的污染,并杜绝燃烧爆炸等高危事故的发生。

第六章 旋 涡 泵

第一节 旋涡泵的结构和工作原理

旋涡泵也是一种叶轮式泵，它依靠叶轮回转时使液体产生旋涡运动来传递能量，从而达到吸、排液体的目的。根据所用叶轮形式不同，旋涡泵分为闭式旋涡泵和开式旋涡泵两类。

一、闭式旋涡泵

采用闭式叶轮的旋涡泵，称为闭式旋涡泵，典型结构如图 6-1 所示。闭式叶轮是指具有许多径向短叶片，且叶片设有中间隔板（或端盖板）的圆盘形叶轮 1。泵体 2 和泵盖 3 以很小的间隙紧贴叶轮，而它们与叶片相对应的部位则形成等截面的环形流道 4，占据了大部分圆周，其两端顺径向外延形成吸、排口。圆周的剩余部分由泵体的隔舌 6 将流道吸、排两端隔开。这种两端（或一端）直通吸、排口的流道称为开式流道。闭式旋涡泵必须配用开式流道。

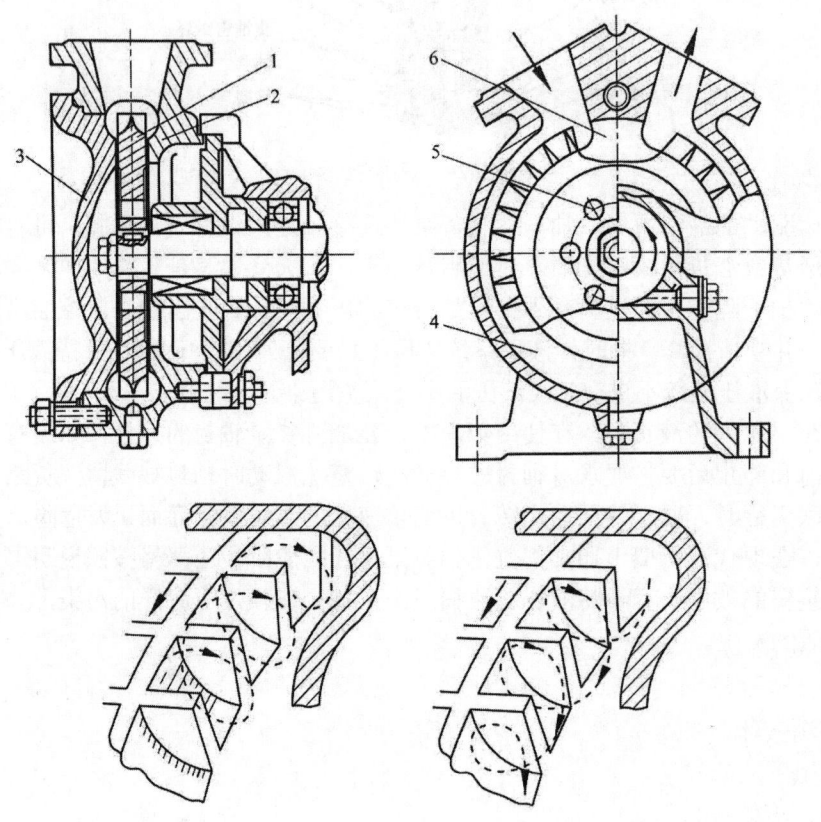

1—叶轮；2—泵体；3—泵盖；4—流道；5—平衡孔；6—隔舌

图 6-1 闭式旋涡泵

叶轮回转时带动泵内的液体一起回转，产生离心力。由于叶轮中液体比流道中液体的圆周速度快，离心力也大，因而液体从叶片间甩出，进入流道，并迫使流道中的液体产生向心流动，再次从叶片根部进入叶间，这种环形流动称为纵向旋涡。液体在叶片和环形流道中的运动轨迹就是纵向旋涡和绕泵轴的圆周运动的叠加。对于固定的泵壳来说，它是前进的螺旋线；而对于转动的叶轮来说，则是后退的螺旋线。这样，液体在沿流道前进直到排出，期间会多次进入叶间获取能量，宛如多级离心泵。

旋涡泵中液体的纵向旋涡运动越强，液体质点进入叶轮的次数就越多，泵所能产生的扬程就越高。纵向旋涡的强弱既取决于叶轮内液体和流道内液体的离心力之差，也与纵向旋涡的流动阻力有关，即与叶片和流道的形状及叶片的数目有关。

闭式旋涡泵液流在入口处从叶轮外缘进入叶间，该处圆周速度较大，液流情况复杂，故闭式旋涡泵汽蚀性能差，必需汽蚀余量较大。此外，若泵吸入气体，则因气体密度小而聚在叶片根部，转到流道出口时不易排出，又会经过隔舌被带回吸入端，故闭式旋涡泵一般不能抽送气液混合物，也无自吸能力。要使闭式旋涡泵能够自吸，必须在排出端设底部有回液口的气液分离室，让分离室中的液体挤入排出端叶片的根部，从而驱赶气体，然后被带回吸入端重新裹挟气体。

闭式旋涡泵多为单级或二级。

二、开式旋涡泵

采用开式叶轮的旋涡泵称为开式旋涡泵，如图 6-2 所示。开式叶轮是指叶片上没有隔板或盖板的叶轮，其叶片较长。

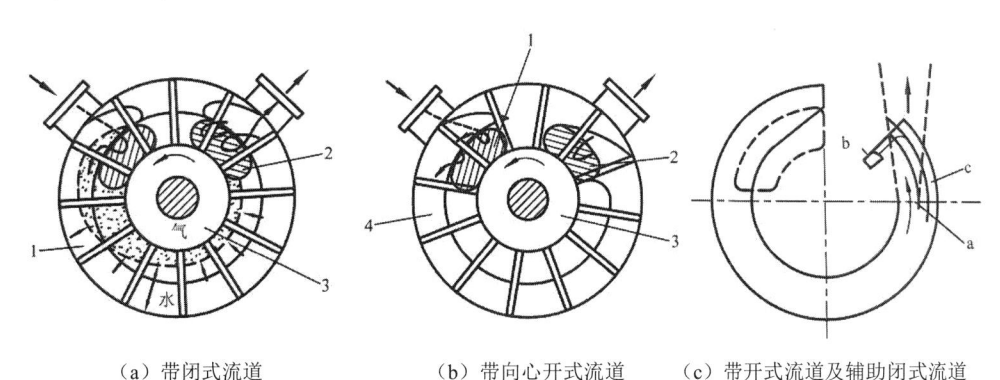

（a）带闭式流道　　　　（b）带向心开式流道　　　（c）带开式流道及辅助闭式流道

1—吸口；2—排口；3—叶轮；4—流道

图 6-2　开式旋涡泵

如图 6-2（a）为带闭式流道的开式旋涡泵。闭式流道是指流道两端不直接延伸成为吸、排口，而是开在侧盖靠叶片根部处。这样，液体从吸入口进入叶间时的圆周速度较小，抗汽蚀性能比闭式旋涡泵好。采用带闭式流道的开式旋涡泵只要将吸、排口朝上，并在初次启动前向泵内灌满液体，就具有自吸和抽送气液混合物的能力。这是因为在流道起始部分，液体在离心力作用下从叶间甩入流道后，叶间就会形成真空，从根部吸入气体。随着叶轮的回转，越靠近排口，液体压力越大，密度较小的气体被压缩在叶片根部，体积不断缩小。由于泵的排口是开在流道尽头，靠近叶片根部处，故液体到流道尽头时会变为向心流动，将叶间气体从排口挤出。采用闭式流道虽然能排送气体，使泵具备自吸能力，但因液体在排出端急剧改变运动方向，要克服离心力做功，故能量损失较大，采用闭式流道的旋涡泵是旋涡泵中效率最低的一种。

开式旋涡泵也可以采用吸入端为闭式、排出端为普通开式的流道，以保持较高的效率，但这会使它失去自吸能力。为了既保持自吸能力，又尽量减少排出端的水力损失，可采用带向心开式流道，如图6-2（b）所示，这样，泵的效率可稍提高一些，但仍不及闭式旋涡泵。

还有一种办法是在排出端采用带开式流道及辅助闭式流道，如图 6-2（c）所示，即在主流道的排出端让大部分液体从排口 a 排出，其余一部分液体进入辅助闭式流道 c，以便让这部分液体能够从辅助流道的末端进入叶片间，把气体从泵体侧面与压出室相通的气体压出口 b 排出。

开式旋涡泵可做成单级，也可做成径向剖分的分段式多级，最多可至六级。

三、离心-旋涡泵

如前所述，旋涡泵的许多性能特点与离心泵相反。旋涡泵能在小流量范围内获得较高的扬程，但吸入性能差，限制了它的使用范围。如果在旋涡叶轮前加一级离心叶轮，做成两级串联的离心-旋涡泵。这样，不但泵的抗汽蚀性能得到改善，在小流量高扬程下的排水以及实现自吸等问题都能得到解决，而且能使泵的特性曲线变陡，使其在扬程变化时流量波动较小，特别适用于为供水量不大的压力容器供水，故在船上常用来作为日用海、淡水泵等。

图 6-3 为国产 CWX 型船用电动离心-旋涡泵的结构。泵的第一级为离心叶轮 7，第二级为旋涡叶轮 3，两个叶轮装在同一泵轴上，并用内隔板 1 来分隔。内隔板与泵盖 6 构成离心泵的蜗壳，并通过隔板上的中间斜道从蜗壳的最大截面处把水斜向地引入旋涡泵。旋涡泵采用效率较高的闭式旋涡泵，并由内隔板和外隔板 2 构成旋涡泵的开式流道。为了实现自吸，在旋涡叶轮的排出口外还装有容积较大的气液分离室10。

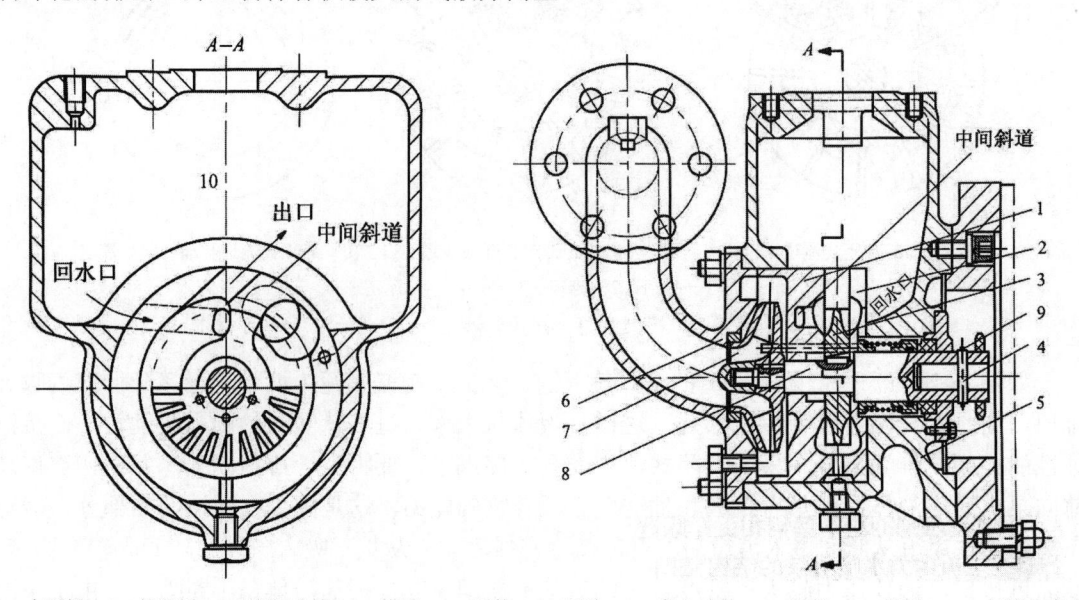

1—内隔板；2—外隔板；3—旋涡叶轮；4—横销；5—泵体；6—泵盖；7—离心叶轮；8—泵轴；9—挡圈；10—气液分离室

图 6-3 国产 CWX 型船用电动离心-旋涡泵的结构

初次启动泵前必须灌水,之后每次启动时则由存留在泵体内的水来保证泵的自吸能力。泵工作时,留在泵体内的液体在旋涡泵入口处与吸入管系中的空气相混合,经旋涡叶轮排到气液分离室中进行气液分离。分离后的水经内、外隔板上的回水口再次从旋涡泵的叶片根部进入叶间,重新裹挟空气。如此循环,直至空气驱尽后,泵才开始正常工作。

旋涡叶轮与内、外隔板之间的轴向间隙对泵的工作有很大影响。为了保证泵的工作,该处的安装间隙应保持在 0.15~0.25mm 之间,最大不得超过 0.35mm,并可用改变纸垫厚度的方法来调整。离心泵叶轮与密封环的间隙应介于 0.25~0.35mm 之间,最大不得超过 0.5mm。

该泵采用机械密封,考虑到船舶在进入江河后舷外水可能含有较多的泥沙,故在作日用海水泵用时,即应改用适应性较强的软填料轴封。

第二节　旋涡泵的管理及维护

旋涡泵和离心泵都属于叶轮式泵,它们有许多共同的特点。如转速高;流量连续、均匀,工作平稳;结构简单,质量小,体积小,易损件少,制造和维修方便;流量随工作扬程而改变;所能产生的扬程和叶轮直径与转速的平方成正比;一般不设安全阀。旋涡泵的日常使用维护管理可参照离心泵执行。

但旋涡泵的结构和工作原理与离心泵有较大差异,也具有一些不同于离心泵的特点,管理中,需特别注意以下几点。

(1)旋涡泵流道横截面积小,液体能多次进入叶轮反复获得能量,在叶轮直径、转速和级数相同时,获得的扬程比离心泵高 2~4 倍。但旋涡泵的撞击损失很大,效率很低(小于50%),输送黏度过大的液体时水力损失加重,效率更低,故在选用时注意其仅适用于流量较小、扬程较高、功率较小且输送液体黏度较低的场合。

(2)旋涡泵具有陡降的扬程特性,工作扬程变化时流量变化较小,如图 6-4 所示,流量调节不宜采用节流调节,不能变速调节时,用回流调节较为经济。

(3)旋涡泵流量增大时扬程下降很快,功率随流量增大而下降,封闭启动时消耗功率最大,如图 6-4 所示,应开启排出阀后启动。

(4)开式旋涡泵和出口设气液分离室的闭式旋涡泵虽有自吸能力,但其自吸原理不同于容积式泵,启动前泵内必须灌满液体,否则自吸不但不能成功,干摩擦还会使轴封等易损件过快损坏。

(5)液流进入旋涡泵叶片时冲角较大,液流紊乱,速度分布极不均匀,汽蚀性能较差,特别是闭式旋涡泵,进口处叶轮圆周速度很大,汽蚀性能更差。旋涡泵在使用中应保持吸入滤器清洁,吸入阀全开减小节流,吸入管避免海洋生物生长,最好使其用在有流柱吸高的场合,为其创造良好的吸入条件,保持较大的有效汽蚀余量。

(6)旋涡泵叶轮端面与泵体和泵盖之间的轴向间隙约为 0.1015mm,叶轮外圆与隔板之间的径向间隙约为 0.1503mm,都很小。旋涡泵如输送带固体颗粒的液体,会使该两处密封间隙很快磨损变大,内漏泄增加,容积效率迅速降低。因此,使用中不要让旋涡泵输送带固体颗粒的液体。同时,在检修泵时,要注意泵盖密封垫的厚度,最好用原厂密封垫,避免因间隙过大或过小造成效率下降或擦碰。

(7)旋涡泵在工作中产生的不平衡径向力一般全部由轴承承受。日常检修中需注意其效能，必要时应及时换新。

（8）旋涡泵可以和离心泵组成离心-旋涡泵。第一级采用离心叶轮，第二级采用旋涡叶轮。离心叶轮必需汽蚀余量小的长处弥补了旋涡叶轮汽蚀性能差的缺点，同时发挥了旋涡叶轮扬程相对较高和便于自吸的优点。这种泵的特性曲线较陡，在扬程变化时流量波动较小，特别适用于向供水量不大的压力容器供水，在船上被广泛用作日用海、淡水泵。当船经常在江河航行或经常在浅水区作业或经常靠离码头等舷外水可能含有较多泥沙时，需加强对日用海水泵的监控，缩短检修周期。

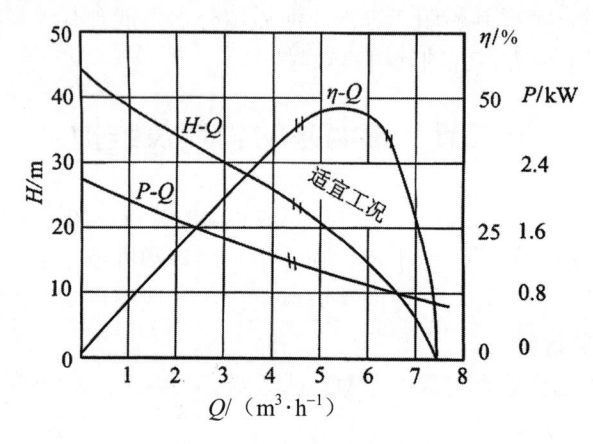

图 6-4　旋涡泵的特性曲线

第七章 喷 射 泵

喷射泵（亦称射流泵）不同于容积式泵和叶轮式泵，是靠高压工作流体流经喷嘴后产生的高速射流来引射被吸流体，并与之进行动量交换，使被引射流体能量增加而被排送的泵。喷射泵常用的工作流体有水、蒸汽和空气，被引射流体可以是气体、液体及可以流动的固体或固液混合物。通常将工作流体或被引射流体至少有一种是气体的喷射泵称为喷射器。

第一节 水 喷 射 泵

一、水喷射泵的基本结构和工作原理

船上较常见的以水为工作流体来引射水的喷射泵为水喷射泵。图 7-1 为水喷射泵的结构简图，它一般由喷嘴 1、吸入室 2、混合室 3 和扩压室 4 组成，其工作过程如下。

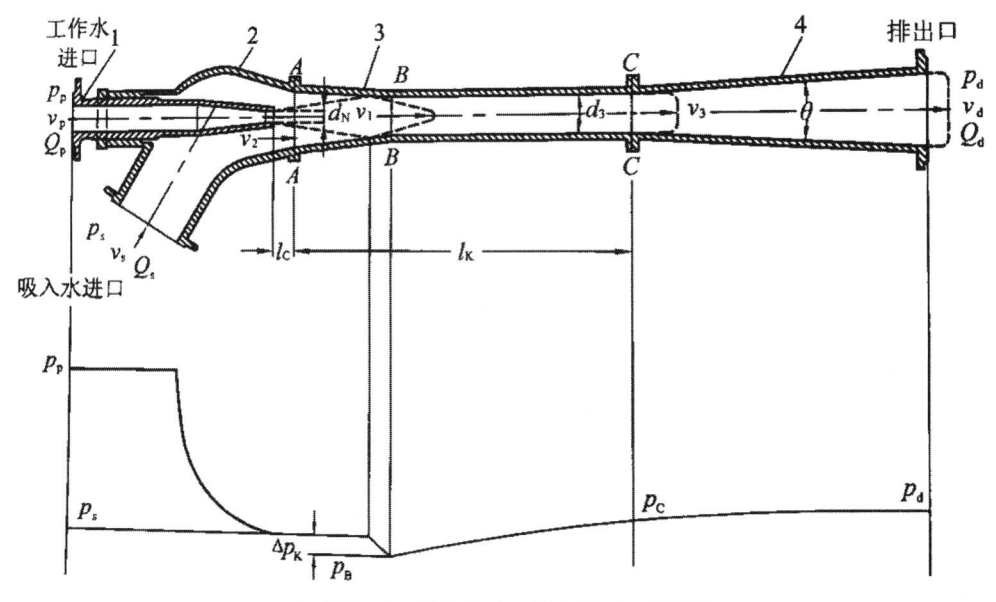

1—喷嘴；2—吸入室；3—混合室；4—扩压室
图 7-1 水喷射泵的结构简图及压力曲线

1. 喷射

喷嘴的作用是将工作水的压力能转换为动能。水喷射泵的喷嘴是由一段流线型或圆锥形的收缩流道和一小段圆柱形管道构成。工作水一般由离心泵供应，工作压力 p_p 通常为 0.3～1.5MPa，经喷嘴射入吸入室时，由于喷嘴流道急剧收缩，流速迅速增加，出口流速 v_1 通常可达 25～50m/s，而压力则相应下降到吸入压力 p_s，因而在喷嘴出口处形成低压区。

2. 引混

由于在喷嘴出口处形成的低压区，引射流体在压差的作用下就会经吸入室 2 以速度 v_2 被吸入，并被喷嘴射出的高速流体带入混合室 3。在此，两种流体进行动量交换，最后在混合室出口段以速度 v_3 流入扩压室 4。

3. 扩压

扩压室为一段扩张锥管，使液流在其中降低流速，将动能转换为压力能。实验证明，扩压室的扩张角为 8°～10°时，扩压过程的能量损失最小。

图 7-1 中压力曲线显示，在混合室圆柱段进口截面 $B—B$ 处压力最低，之后，随着速度渐趋均匀，压力也随之升高。在扩压管中压力进一步逐渐增大。

通常喷嘴出口截面与混合室进口截面 $A—A$ 的距离 l_c 称为喷嘴距，它对喷射泵的性能影响很大。因为当 l_c 太大时，由于从喷嘴射出的流束增长，被引射进入混合室的流量随之增多，以致不可能将其增压到足够的排出压力，而使混合室外周出现倒流现象。若 l_c 太小，则又会因流束太短而造成引射量不足。

通常把引射流体的质量流量 G_s 与工作流体的质量流量 G_p 之比称为引射泵的引射系数 μ，即

$$\mu = \frac{G_s}{G_p} \tag{7-1}$$

扬程比是引射流体所增加的能头 H 和工作流体与引射流体能头差 H_p 之比，即

$$h = H/H_p \tag{7-2}$$

由于流体的位置头、速度头与压力头相比可忽略不计，故当工作流体与引射流体是同一介质时，扬程比即为相对压差：

$$h = \frac{p_d - p_s}{\rho g} \bigg/ \frac{p_v - p_s}{\rho g} = \frac{p_d - p_s}{p_v - p_s} = \frac{\Delta p_d}{\Delta p_v} \tag{7-3}$$

二、水喷射泵的特性曲线

在讨论水喷射泵的特性时，用无因次量表示更为方便。理论水喷射泵的无因次特性曲线可用扬程比（相对压差）h 与引射系数 μ 的函数关系来表达，即

$$h = \frac{\Delta p_d}{\Delta p_v} = \frac{1}{(1+\mu)^2} \tag{7-4}$$

在喷射泵中，直接决定泵性能的是混合室喉部横截面积 f_3 与喷嘴出口横截面积 f_1 的比值 m，称为喉嘴面积比（简称面积比），而其他尺寸，例如，混合室的长短、扩散角的大小等则影响较小。图 7-2 为几台不同面积比 $m=f_3/f_1$ 的水喷射泵的无因次特性曲线，图中还画出了泵效率 η 与引射系数 μ 的关系曲线。

从图 7-2 中，可以得出以下结论。

（1）随着面积比 m 的增加，泵的无因次特性曲线也越趋平坦，而泵的最高效率则有所下降（图中两条虚线为特性曲线包络线和效率包络线，它们分别表示在不同引射系数下，泵对应地采用最佳面积比时所能达到的最大相对压差和最高效率）。当 m 值处于 3～5 之间时，水喷射泵可能达到较高效率，其中 $m=4$ 的水喷射泵在 $\mu=1$ 时的效率最高。这时的 η 大约为 36.5%，可见水喷射泵的效率不高，而当泵的压力参数偏离设计工况时，泵的效率会更低。

(a) 不同面积比 m 的无因特性曲线

(b) 泵效率 η 与引射系数 μ 的关系曲线

图 7-2 水射水泵的无因次特性曲线

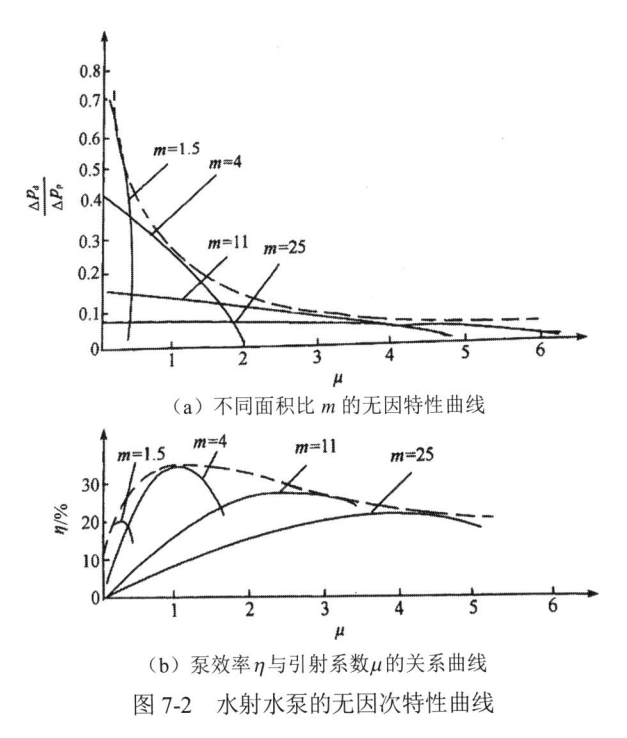

（2）对于面积比 m 较小的喷射泵，引射流量相对较小，即引射系数较小；但由于工作流体失去能量较少，混合室的出口速度较大，故可以建立较大的相对压差，一般属于高压头喷射泵，其特性曲线较陡。在这种泵中，扩压损失是它的主要损失。

对于面积比 m 值较大的喷射泵，引射流量相对较大，即引射系数较大；但混合室的出口速度较小，能建立的相对压差较小，一般属于低压头喷射泵，其特性曲线比较平缓。

通常认为，当 m<3 时，属于高压头水喷射泵；m>7 时，属于低压头水喷射泵；而 m 介于 3～7 之间时，则属于中压头水喷射泵。

三、水喷射泵的特点

（1）效率很低。这是因为喷射泵工作过程中存在大量水力损失，包括喷嘴损失、混合室进口损失、混合室摩擦损失和混合损失、扩压室损失。

（2）结构简单，体积小，价格低廉。

（3）无运动部件，工作可靠，噪声很小，使用寿命长，很少需要维修。

（4）可造成较高的真空度，自吸能力强。

（5）可输送含固体杂质的污浊液体，即使被水浸没也能工作。

由于以上特点，水喷射泵适合用作应急舱底水泵或偶尔短时间工作的货舱排水泵，也常用作各种真空泵。

四、水喷射泵的管理及维护

使用中，为使水喷射泵正常工作，保持其设计的引射流量或抽真空能力，还须注意以下内容。

（1）保持工作流体的压力 p_p 在适宜范围内。喷射泵的引射流量 Q_s 随扬程比 h 的增大而减小，当 p_p 下降时引射流量会急剧减小。但也不要使 p_p 过分增大，这是因为随扬程比 h 下降，引射流量增加到一定值后将不再增加，而效率却急剧降低。工作流体一般由离心泵供给，使用中需保持离心泵的工作状况良好。

（2）要防止排出止回阀卡阻、排出截止阀未开足或其他原因导致排出压力 p_d 增大，而使扬程比 h 增大，引射流量 Q_s 减小。

（3）保持吸入通道畅通，避免吸入压力不正常地降低。p_s 降低也会使扬程比 h 增大，引射流量 Q_s 减小。p_s 过分降低还会导致液体汽化、引射流量进一步减小。

（4）注意工作流体或引射流体温度不要过高，以免在泵内低压处压力低于液温所对应的饱和压力而使液体大量汽化产生气穴现象，进而使效率和引射流量降低。

（5）喷嘴距 l_c 的最佳值通常由试验确定，拆装时不宜随便变动。同时，检修时要注意保证喷嘴、混合室和扩压室三者的同心度，尤其是喷嘴和混合室的同心度。增大减小或同心度偏离都会使喷射泵偏离设计工况，能量损失增加，效率降低。

（6）喉嘴面积比 m 是影响喷射泵性能的最重要尺寸参数。使用中喷嘴口径如因磨损而过分增加，将影响泵的工作性能，使工作流体耗量增加，引射流量减小，工作效率降低，必要时应予换新。

第二节　其他喷射器

除水喷射泵外，船上常用的还有水射抽气器、蒸汽喷射器和空气喷射器等。

一、水射抽气器

水射抽气器是以压力通常为 0.25～0.4MPa 的水为工作流体，用来抽除空气或空气与蒸汽的混合物。水射抽气器用来产生真空时，亦称为水射真空泵，它与水喷射泵的工作原理和结构基本类似。但水射抽气器的工作流体和被引射流体的密度相差悬殊，为能提高被引射气体的质量流量，有些水射抽气器设计成多喷嘴（喷嘴数可达 12～18 个）的形式，以便增加工作水与吸入室中气体的接触面积。图 7-3 为多喷嘴式水射抽气器。

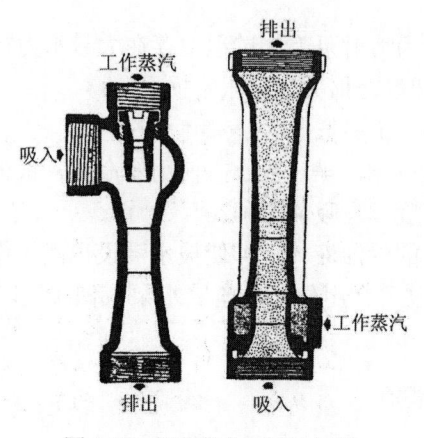

图 7-3　多喷嘴式水射抽气器

水射抽气器的工作水与所吸空气接触时，将会蒸发出蒸汽，并因此使实际的抽气量和所能达到的真空度降低。工作水温越高，蒸汽的饱和分压力就越大，于是，泵的实际抽气量和所能达到的真空度也就越低。水射抽气器抽吸蒸汽和空气的混合物时，由于水流和蒸汽之间的换热强度较大，可使绝大部分蒸汽凝结成水，因而其抽气量会明显增大。当水射抽气器抽吸纯蒸汽时，其流量比抽吸干空气时约大 10 倍。

水射抽气器可作为船用离心泵的自吸装置，也可用作蒸汽冷凝器的抽气器。当用来从冷凝器中抽出蒸汽和空气混合物时，可使冷凝器中的绝对压力降到 0.02～0.06 标准大气压（1 标准大气压=101.325kPa）。

二、蒸汽喷射器和空气喷射器

蒸汽喷射器的工作压力通常为 0.4～1.0MPa。考虑到蒸汽压力可能出现波动，故工作压力需比额定压力再高 0.07MPa 左右。蒸汽喷射器应避免使用湿蒸汽工作，因为工作蒸汽含水会使喷射器的性能变得不稳定，故一般用 10～20℃过热度的蒸汽作为工作蒸汽，使用过热度太高的蒸汽是不经济的。

在设有大型锅炉的船上，蒸汽的来源比较方便，故蒸汽喷射器被广泛作为船舶蒸汽动力装置冷凝器的抽气器。它可以使冷凝器中的压力保持在 0.03～0.10 标准大气压。

蒸汽喷射器也可以用来抽水，图 7-4 为蒸汽射水器，在使用蒸汽射水器时，工作蒸汽与被抽吸的水应具有足够的温差，以使从喷嘴流出的高速蒸汽能在进入喉管前就全部凝结在所吸入的水中，从而使吸水的流量增大。显然，蒸汽射水器用于既吸水又需使水加热的场合将会更经济。

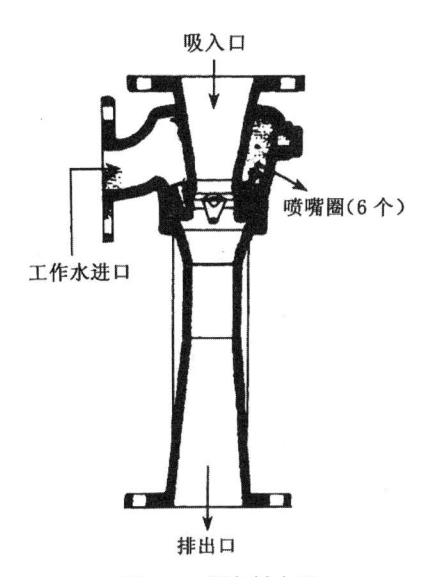

图 7-4 蒸汽射水器

限于压缩空气的来源有限，空气喷射器的尺寸和流量都较小。船上常用空气喷射器作为离心水泵的自吸装置。空气喷射器用来输送液体的效果不如蒸汽喷射器，因为它需要把经过喷嘴已降压至吸入压力的空气再升压至排出压力，从而耗用一部分能量。当缺乏蒸汽来源，或某些输送的液体不允许被稀释时，才选用空气喷射器。由于气源有限，空气喷射器多是小型装置。

气体喷射器与液体喷射泵不同的是喷嘴都做成缩放形的拉瓦尔喷嘴，以便能在较大的压降下使喷嘴出口的工作气流速度达到超声速。

第八章 船舶管系

第一节 管系的基本知识

船舶管系是船上用于循环、装载和排放液体、蒸汽和气体的管道，是配件、机构、仪器和其他设备的总称。船舶管系是残液、压载水、消防水、生活污水、热水、蒸汽、通风和压缩空气运输的管道。一艘船总共包含大约 80 个单独的管系。系统中的泵、鼓风机和其他机构可以由船上的主动力系统、辅助动力系统或单个电动机提供动力。管道中的工作压力可能高达 15~20MPa，管道直径范围为 3mm~1m，甚至更大。

一、船舶管系分类

船上的管路纵横交错，遍布全船，概括起来，可将船舶管系分为三种类型：第一类，动力管系，主要包括燃油系统、滑油系统、冷却系统、压缩空气系统、排气系统；第二类，船舶辅助管系，主要包括舱底水系统、压载水系统、消防系统、机舱供水系统、通风系统、蒸汽系统等；第三类，特种船舶专用系统，如液货装卸系统、洗舱系统、液货加热系统等。

船舶管系根据设计压力和设计温度分为 3 级，具体管系等级见表 8-1。

表 8-1 管系等级

管系	I 设计压力/MPa	I 设计温度/℃	II 设计压力/MPa	II 设计温度/℃	III 设计压力/MPa	III 设计温度/℃
	大于		不大于		不大于	
蒸汽	1.6	300	1.6	300	0.7	70
热油	1.6	300	1.6	300	0.7	150
燃油、滑油、可燃液压油	1.6	150	1.6	150	0.7	60
其他介质	4.0	300	4.0	300	1.6	200

注：①当管系的设计压力和设计温度其中一个参数达到表中 I 级规定时，即定为 I 级管系；当设计压力和设计温度其中一个参数达到表中 II 级规定时，即定为 II 级管系；两个参数均未达到表中 III 级规定时，即定为 III 级管系。②其他介质是指空气、水和不可燃液压油等。③不受压的开式管路如泄水管、溢流管、排气管、透气管和锅炉放气管等也为 III 级管系。

二、管路材料

1. 管子材料

（1）碳钢和低合金钢。船用管子材料的选择应根据船舶管系用途、介质种类和设计参数而定，船舶管路绝大多数采用钢管。钢管根据制造工艺不同，可分为无缝钢管和有缝钢管；根据材质不同可粗略分为碳素钢管和不锈钢管；根据用途不同，可选用不同系列、通径、壁厚的钢管。用于Ⅰ级和Ⅱ级管系的管子，应为无缝钢管或经过船级社认可的焊接工艺人员制造的焊接管。碳钢和碳锰钢钢管、阀件和附件一般不能用于流体温度超过400℃的管系。

（2）铜及铜合金。铜及铜合金管抗腐蚀性能好，特别适合作为海水管。其缺点是价格较贵，一般商船不会大量选用。Ⅰ级和Ⅱ级管系所使用的铜和铜合金管应为无缝钢管，Ⅲ级管系所用的铜和铜合金材料，应根据接受的标准进行制造和试验。

（3）灰铸铁。灰铸铁管、阀件和附件一般不用于Ⅰ级和Ⅱ级管系，但设计压力和设计温度分别不超过1.3MPa和220℃的Ⅱ级管系的阀件和附件可采用灰铸铁材料。灰铸铁管、阀件和附件可用于Ⅲ级管系及油船货油舱内的货油管路。但不可用于：①油船露天甲板上压力大于1.6MPa的货油管；②承受压力冲击、过大应力和振动的管路；③舷旁阀和海水箱上的阀；④安装在防撞舱壁上的阀；⑤燃油舱柜外壁受静压的阀；⑥锅炉排污管路；⑦蒸汽管、消防水管、舱底水管和压载水管。

（4）塑料。船用塑料管具有耐冲击、耐腐蚀、质量小等优点，但其耐温和耐火性较差。船上所用塑料管应根据其化学成分、机械性能和耐温极限选取。塑料管一般不用于介质温度高于60℃或低于0℃的管系。使用场合如疏排水管、部分生活污水管等。船上所用塑料管的设计、制造、使用应符合规范规定。

2. 密封材料

（1）对密封材料的要求。密封材料的功能是阻止漏泄。密封材料应满足密封功能的要求，由于被密封的介质和工作条件不同，要求密封材料具有不同的适应性。对密封材料的一般要求是：①材料致密性好，不易泄漏介质；②有适当的机械强度和硬度；③压缩性和回弹性好、永久变形小；④高温下不软化、不分解，低温下不硬化、不脆裂；⑤抗腐蚀性好，在酸、碱、油等介质中能长期工作，其体积和硬度变化小，且不黏附在金属表面上；⑥具有与密封面贴合的柔软性。

（2）常用密封材料的种类。常用密封形式有垫密封、胶密封、填料密封、波纹管密封等。其中垫密封广泛用于液体和气体管路的连接部位。传统的石棉垫片由于对环境的污染和人体危害现已禁用，由矿棉、陶瓷棉等材料取代。橡胶垫片根据化学成分的不同，有芳纶耐油橡胶垫（适用于燃油、滑油、海水、淡水、饮用水、空气、烟和惰性气体，温度不高于350℃的蒸汽及温度不高于150℃的热油）、丁腈橡胶（适用于矿物油、汽油、苯）、氯丁橡胶（适用于空气、水、氧）、聚氨酯橡胶（适用于水、油）等。除橡胶垫片外，还有纸垫片、皮垫片、塑料垫片、金属包覆垫片、金属平垫片等。

（3）密封垫片的选用原则。管路密封垫片应根据工作压力、工作温度、密封介质的腐蚀性并结合密封面的形式来选用。密封垫片的选用原则如下：①在常温、低压下选用非金属软密封垫；②在中压、高温时，选用金属与非金属组合密封垫或金属密封垫；③在温度、压力有较大波动时，选用弹性好的或自紧式密封垫；④在低温、腐蚀性介质或真空条件下，应考虑密封垫的特殊性能。

三、船舶管系识别

为了便于管理人员识别各种管路所输送的工质和流向，管路外表通常按系统作用涂有不同颜色的油漆予以标识，具体管路识别见表 8-2。

表 8-2　管路识别

管路	颜色
燃油管路	棕色
滑油管路	黄色
海水管路	绿色
淡水管路	灰色
压缩空气管路	浅蓝色
消防管路	红色
舱底水管路	黑色
蒸汽管路	银白色

透气、测量和溢流管路则依其介质而定。但不同国家可能略有差异，故应以船上的标志说明为准。管路上还有用标志颜色表示介质流向的箭头符号。

四、常用阀门

在船舶管路中装有各式各样的阀门，以控制管路中介质的流量和流向，或者切断介质的流动。根据其结构特点的不同，可以分为以下几种。

1. 截止阀

截止阀是一种最普通的阀，用来将管路中的一段与另一段隔开。船用截止阀的连接形式有法兰连接、外螺纹连接、内螺纹连接和胶管连接。截止阀可用于海水、淡水、燃油及温度小于 225℃的蒸汽管路。截止阀按结构不同可分为直通式和直角式。直通式截止阀结构如图 8-1 所示。截止阀由阀体、阀杆、阀盖和阀座等组成。沿逆时针方向转动阀杆，手轮上升，阀开启，介质自阀盘下方进入，经阀盘与密封座之间的通道向上流出。若沿顺时针方向转动阀杆，使阀盘与阀座紧密接触，阀关闭，从而截断介质流动。安装截止阀时应严格按阀上标明的流动方向的箭头安装，如果标志不清，可按"低进高出"的原则判断。如果将截止阀反向安装，工作介质依然可以流通，不过管路阻力较正向流动要大很多。

2. 止回阀

止回阀又称单向阀，它使介质只能沿一个方向流动而不能倒流，分为升降式和旋转式两种，前者在船上应用较多，升降式止回阀结构如图 8-2 所示。止回阀由阀体、阀盖、阀盘、阀座和弹簧等组成。当介质自阀盘下面向上流动时，可以顶开阀盘，经阀盘与阀座之间的通道流出，若阀盘下面的介质停止向上流动，则阀盘将在自身重力和弹簧弹力的作用下落座，阀盘与阀座之间的通道关闭。阀盘上面的介质压紧阀盘和阀座，故不能倒流。

一般而言，尺寸较小的止回阀需要设置弹簧。而尺寸较大的止回阀，由于阀盘足够重，一般没有弹簧，仅靠阀盘自重关闭。由于阀盘靠重力落座，因此止回阀需要直立安装在管路上。

图 8-1　直通式截止阀结构

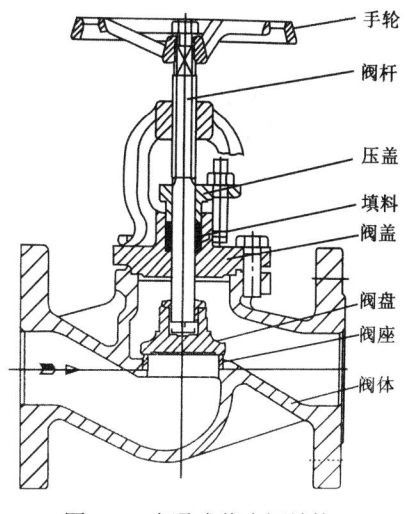

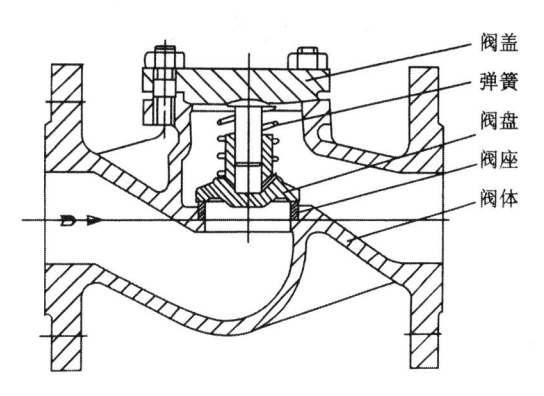

图 8-2　升降式止回阀结构

3. 截止止回阀

截止止回阀是截止阀和止回阀的组合阀门，具有截止和阻止介质逆向流动的双重作用。截止阀一般用于泵的出口管路，以避免介质逆向流动时压力作用于泵上。截止止回阀结构如图 8-3 所示。截止止回阀不能强制开启阀盘，阀杆上升时阀盘不能随之提升。仅当阀盘下面介质的作用力大于阀盘上面的作用力时，才能开启阀盘。顶起高度取决于阀杆上升的高度和介质的流动情况。

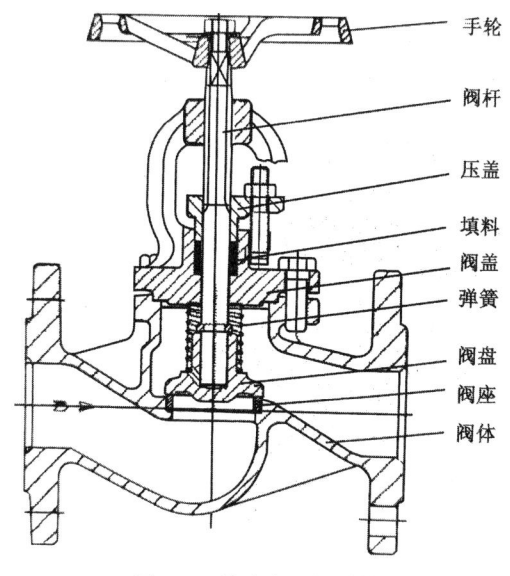

图 8-3　截止止回阀结构

反之，当阀盘上面的作用力（阀盘重力、弹簧弹力和介质压力）大于下面的作用力时，亦即当介质逆向流动时，阀盘下降而自动关闭，从而阻止介质逆向流动。转动阀杆可压紧阀盘，将阀强制关闭，从而截断介质的流动。和止回阀一样，尺寸较大的截止止回阀一般不设置弹簧，也需要直立安装在管路上。

4. 闸阀

闸阀是一种截断式阀门，其阀盘为一个楔形板，开关过程中产生平移而改变开度。其作用与截止阀相同，但只能是直通式，且无节流作用。闸阀有明杆和暗杆两种形式。

明杆式是阀杆做升降运动，传动螺纹在体腔外部的闸阀；暗杆式是阀杆做旋转运动，传动螺纹在体腔内部的闸阀。明杆式闸阀工作可靠，但外形尺寸大，所以船用多为暗杆式闸阀。

图 8-4 为暗杆式闸阀结构，无论开启与关闭，其高度均不改变，所以在转动手轮时无法知道内部闸板的位置，需在阀的上部加设一套行程指示器。

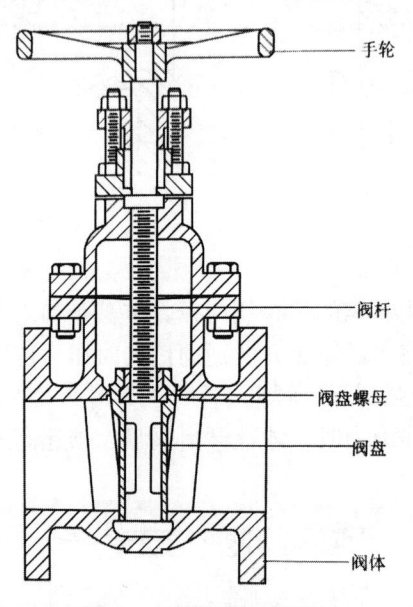

图 8-4 暗杆式闸阀结构

由于闸阀外形尺大，流通横截面积大，工质流动阻力小且不受流向限制，开关省力，故常用于低压大口径管路，如海水、淡水、燃油、滑油及污水管路等。

5. 蝶阀

蝶阀是启闭件（蝶板）绕固定轴旋转的阀门。由于蝶阀转矩小、质量小、尺寸小、密封性好，维修也较简便，目前蝶阀在船上已广泛应用。蝶阀的结构有偏心式和中心式。

图 8-5 为中心式蝶阀结构，其阀杆位于圆饼形阀盘的中轴线上，其阀体呈圆形，内有密封圈。当阀盘垂直于管路时，蝶阀为关闭状态；当阀盘平行于管路时，蝶阀为全开状态，手动蝶阀上都标注有 0°～90°的角度，对应于不同的开度。在开关过程中，阀杆只是在 90°的范围内转动，其高度保持不变。蝶阀的密封面积较大，对工作介质的洁净程度和温度有较高要求，并且不宜频繁开关，否则易导致泄漏。

在全开状态下，蝶阀对工质产生的阻力非常小，与截止阀和闸阀等相比，在通径相同时，蝶阀质量要小很多。所以，在船上，蝶阀广泛用在低压、大流量的场合，如各种冷却系统、压载水系统、消防系统等。

除上述常用阀件以外，管路中还有吸入阀箱、排出阀箱、旋塞、安全阀、减压阀等阀件以及滤器、泥箱（用于舱底水系统）、流量计、疏水器（用于蒸汽凝水管路）、通舱件、管子吊架等附件，在此不做详细论述。

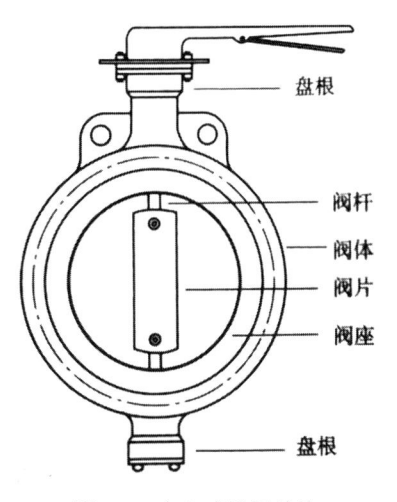

图 8-5　中心式蝶阀结构

第二节　舱底水系统

舱底水是指机舱或货舱舱底积水，专门用于排出舱底积水的管路系统称为舱底水系统。

一、舱底水的来源

舱底水主要来自以下几个方面。

（1）机舱内冷却水管路的海水、淡水的漏泄；蒸汽管路冷凝水的漏泄，水柜中水的漏泄和泄放；燃滑油管路、油柜及设备中油的漏泄等。

（2）艉轴填料函处的漏水。

（3）舱口流入的雨水。

（4）甲板冲洗用水。

（5）设备检修（如清洗中央冷却器）放水。

（6）货舱洗舱水。

（7）扑灭火灾用消防水。

（8）船体破损后进水。

舱底积水对船体有腐蚀作用；货舱积水会浸湿货物造成货损；机舱舱底积水会使机电设备受潮或浸水损坏，影响机器正常运转，并给管理工作带来困难。当舱底积水积存过多时，将会严重影响船舶稳定性和危及航行安全。

二、舱底水系统的作用

舱底水系统的作用是及时将机舱和货舱的舱底积水排至舷外。一般而言，正常营运的船舶，机舱舱底积水量为 1~10m^3/d；对于 20 万~30 万吨级的船舶，则可达到 20m^3/d 左右。当船舶破损时，舱底水系统还可用于应急排出积水。货舱舱底积水一般不含油，通常直接排放至舷外；而机舱舱底积水一般都含油，故需要经油水分离器进行处理，当含油量低于 15ppm（parts per million）浓度后方可排放入海。

三、对舱底水系统的要求

（1）所有船舶均应设有有效的舱底水排放装置，以便能抽除及排干任何水密舱室中的水。

（2）机器处所舱底水的排出应符合防止船舶造成水域污染的有关规定。

（3）系统中的管路应能防止舷外或自压载舱的水进入货舱或机舱，或从一舱进入另一舱的可能性。

（4）舱底水管路中液体的流动是单向的，只允许将舱室中积水向外排出。为防止各舱舱底积水相互串通，管路中的分配阀箱、舱底水管和直通舱底水泵支管上的阀门均应为截止止回阀。

（5）舱底水泵、压载水泵、消防水泵等互相连通时，管路应保证各泵同时工作且互不干扰。

（6）对于客船，在事故后所有实际可能的情况下，无论船舶正浮或倾斜，应能抽除并排干任一个水密分舱内的积水，但固定油舱和水舱除外。

（7）排水管系的布置应在船舶正浮或横倾不超过5°时任何舱室或水密区域内的积水至少通过一个吸口排出。为此，除在短而窄的舱室内设 1 个吸口即可进行有效排水外，其余舱室一般均应在两舷设置吸口。

四、舱底水系统的组成

舱底水系统一般由舱底水泵、舱底水管、舱底水吸口、阀件、吸入滤网及有关附件组成。下面以某客船为例介绍舱底水系统的组成。该系统由机舱舱底水系统和应急舱底水系统组成。

1. 机舱舱底水系统

图 8-6 为某船机舱舱底水系统。机舱中所产生的含油污水会自动向舱底的各污水井汇聚而形成舱底水。如污水井液位达到一定高度，可利用日用舱底泵将其中污水输送至容积较大的舱底水舱进行储存。在适宜的条件下，便可使用油水分离器对舱底水舱中的含油污水进行处理，然后在含油浓度不超过 15mg/L 的情况下排放入海。

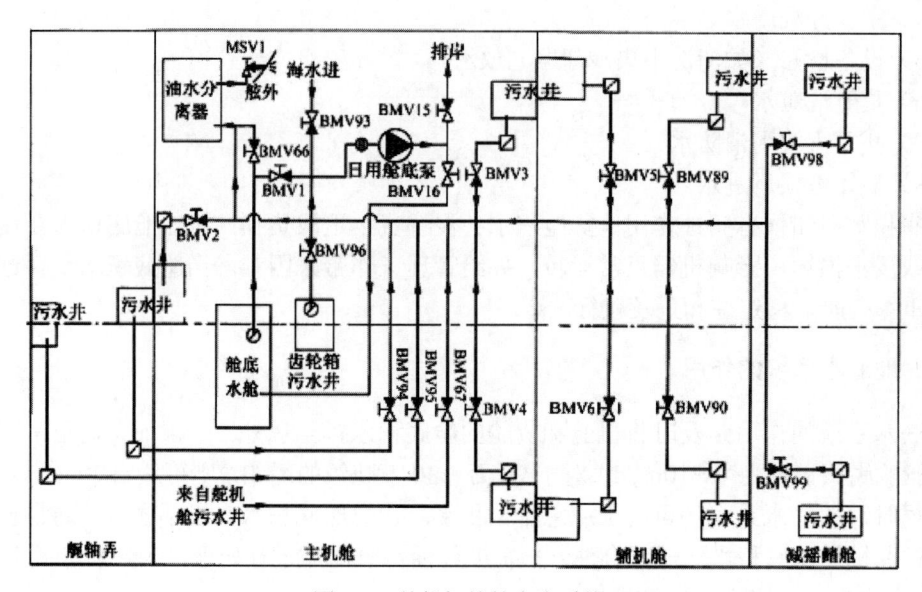

图 8-6 某船机舱舱底水系统

此外，油水分离器也可以直接从各污水井吸入舱底水。日用舱底泵也可以经阀 BMV15 将舱底水通过通岸接头排到港口接收设施，以满足某些海域不允许任何舱底水入海的要求。日用舱底泵采用的是自吸能力较强的往复泵，一般不需引水便可实现自吸。在必要的时候，也可经阀 BMV93 将海水引入泵腔，以提高自吸性能。

2. 应急舱底水系统

某船应急舱底水系统如图 8-7 所示。舱底泵和 No.1/No.2 舱底消防总用泵均可以将舱底水直接排送到舷外。舱底泵为自吸离心泵，采用的是空气喷射器自吸装置。No.1/No.2 舱底消防总用泵还可作为消防泵，向消防总管提供足够压力的海水。两台舱底消防总用泵结构完全相同，为两级自吸离心泵（采用了水环泵自吸装置）。其中，第一级用于泵送舱底水，出口通往舷外；第一、二级串联后泵送消防水，出口通往消防总管。系统中各阀大部分是电、液遥控蝶阀，可以在驾驶台或集控室控制站进行遥控操作。

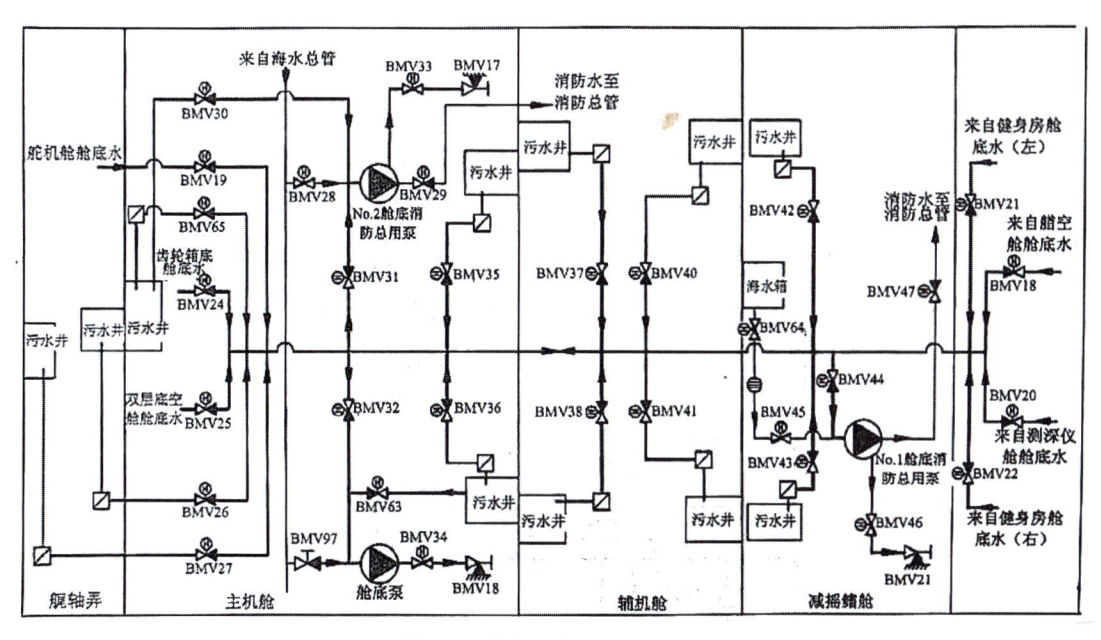

图 8-7 某船应急舱底水系统

机舱之外的健身房、测深仪舱等处的舱底积水可以通过本系统排出舷外，但机舱舱底积水不能随意通过本系统入海，只有在因船体或管路破损而导致机舱大量积水时，才允许通过本系统向舷外应急排水。

五、舱底水系统的维护管理

（1）日用舱底泵、舱底消防泵应按运行周期进行保养、检修，定期检查水泵的运行状态。

（2）平时保持机舱内花钢板下洁净，并定期清洗污水井泥箱。

（3）定期试验各舱污水井高位报警功能是否正常。

（4）对管路系统上的阀门应定期活络，以防锈死。

（5）对于具有阀门遥控的舱底水系统，应定期在各遥控操纵部位进行系统操纵试验。确保系统功能正常。

第三节 压载水系统

一、压载水系统的作用

船舶在营运过程中，需要根据具体情况调整吃水、稳性、横倾和纵倾，这一任务可借助压载水系统，通过改变各压载水舱中的水量来完成。因此，压载水系统既可以将舷外水注入各压载舱，又可以将各压载水舱的水排出舷外，还可以实现各压载水舱间的相互调驳。

对船舶进行压载和排载可起到以下作用：

（1）使船舶在横向保持平衡，在纵向有合乎要求的吃水差。
（2）使船舶具有适当的排水量和重心高度，以获得高的螺旋桨效率和合适的稳定性。
（3）减小船体变形，避免产生过大的弯曲力矩和剪应力。
（4）减轻船体和轴系的振动。

根据船舶用途、结构和吨位的不同，压载水舱的位置、大小和数量也不完全相同。在货船上，一般把艏尖舱、艉尖舱、双层底舱作为压载舱，还有的加设上、下边和深舱为压载水舱，少数船上还设有专门用来调节稳性的上稳性舱和下稳性舱，油船上设有专用压载舱。压载泵、阀门和压载管路共同构成压载水系统。

二、对压载水系统的一般要求

一般来说，各种水系统无论其功用如何，水在管路中都是单向流动的。如舱底水系统只将舱底水排出舷外，日用海淡水系统只把海水或淡水排至各用水处所。而压载水系统既要将水注入各压载水舱，又要通过同一条管道将水从水舱排出。这种"又进又出"的工作情况，形成了压载水系统管路的特点。根据压载水系统的特点，压载水系统在布置上应满足以下要求。

（1）压载管系的布置和压载舱吸口的数量，应使船舶在正常浮态下排出和注入各压载舱的压载水。

（2）压载水系统的管路上，不能设止回阀和止回阀箱，压载舱长度超过35m时，一般应在前、后端均设置吸口。

（3）压载管系的布置，应避免舷外水或压载舱内的水进入货舱、机器处所或其他舱室。

（4）为了防止压载水管漏泄时海水进入货舱，压载水管如需通过货舱，皆应铺设在双层底间，其吸入口在各舱的布置，应有利于压载水的排出。

（5）艏、艉尖舱的压载管在穿过艏、艉防撞舱壁时，应设有在上甲板能开关的阀门，以便在艏、艉处船体撞破时，能将该压载管关闭。

（6）压载水管不得通过饮水舱、炉水舱或滑油舱。如不可避免，则通过饮水舱、炉水舱、滑油舱内的压载水管应加大壁厚，管子接头应采用焊接方式连接。

（7）干货舱或油舱（包括深舱）作为压载舱时，压载水管应装设盲板或其他隔离装置。淡水舱作为压载舱时，为避免两个系统相互沟通，也应符合这一要求。含油压载水排放应符合有关防污染规定。

海船的压载水舱容量一般较大，一般杂货船可达船舶排水量的15%左右，其中，艏、艉尖舱占总压载水量的12%~17%，其他大多存于双层底压载舱中。通常要求压载泵能在2~2.5h

内将最大的一个压载舱注满或排空,在 6~8h 内将全船所有的压载水舱注满或排空。

三、压载水系统的布置形式

1. 支管式布置

支管式系统压载舱室管系的布置如图 8-8 所示,其多用于压载管径较小、舱数不多的普通货船的压载水系统。这种情况下,各舱均单独有支管通往机舱阀门或阀箱,再经压载水总管与压载水泵相连。压载水总管分别与压载水泵进、出口接通,泵进口接海水总管以便吸取舷外水,接通压载水总管以便抽吸舱内的水,泵出口接通海水总管以便向舱内注水,再接一路排出舷外的排水总管,水流方向要靠阀门控制。艏尖舱作为压载舱时,要在靠艏尖舱舱壁的一侧,安装一只截止阀,该阀材料要用铸钢或青铜。该阀的操纵要在干舷甲板以上进行。在泵的进、出口一般都安装带旋塞真空表和压力表。阀件上要有标明用途的铭牌,以便于压载水系统的管理。管子一般采用 10 号或 20 号输送流体的无缝钢管。对于内河简易船舶,也可采用输送低压流体的镀锌焊接钢管。

支管式布置的优点是可将压载水控制阀集中布置在机舱压载泵附近,便于集中操作和管理;缺点是从压载泵至压载舱,每舱均有单独管路,因而比较浪费管材,增加投资和维护成本。支管式布置适用于长度适中、压载舱数较少的船舶。

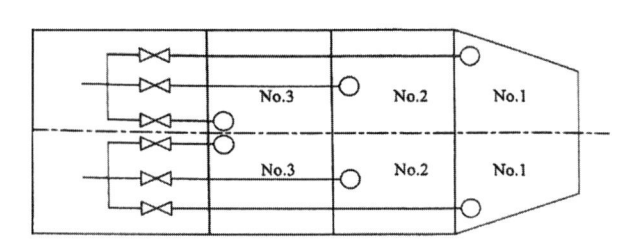

图 8-8 支管式系统压载舱室管系的布置

2. 总管式布置

总管式系统压载舱室管系的布置如图 8-9 所示,其沿船舶纵向铺设总管,从总管向压载舱引出支管,在支管上安装阀和吸口。这种形式被广泛采用,其变形有单总管式、双总管式、四总管式、环形总管式、管隧式和半管隧式等几种,每舱的吸口可能有一个或两个。总管式的优点是节省管系材料,机舱内的布置则相对简单;缺点是压载舱控制阀门分散布置,不利于现场操作。因而,总管式压载水系统比较适合采用阀门遥控系统。另外,采用总管式压载水系统在打开多个舱控制阀时可能会产生压载舱之间压载水串通。尤其是采用单总管的系统,如左、右舱之间串通,可能会造成船舶倾斜,操作时应特别注意。

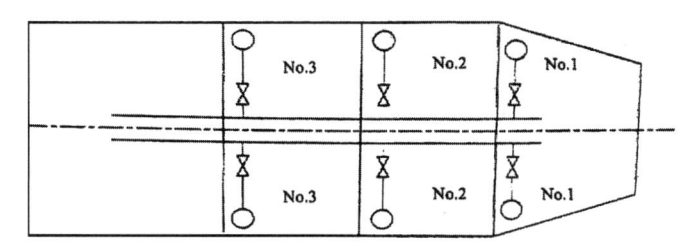

图 8-9 总管式系统压载舱室管系的布置

四、压载水系统的组成

压载水系统主要由压载水泵、压载水管路、压载舱及有关阀件或阀箱组成。一般船上可用艏尖舱、艉尖舱、双层底舱、边舱、深舱等作为压载水舱。

货船的压载水量一般占船舶载货量的 50%～70%；油船的压载水量占货油量的 40%～60%。图 8-10 为某船舶压载水系统。

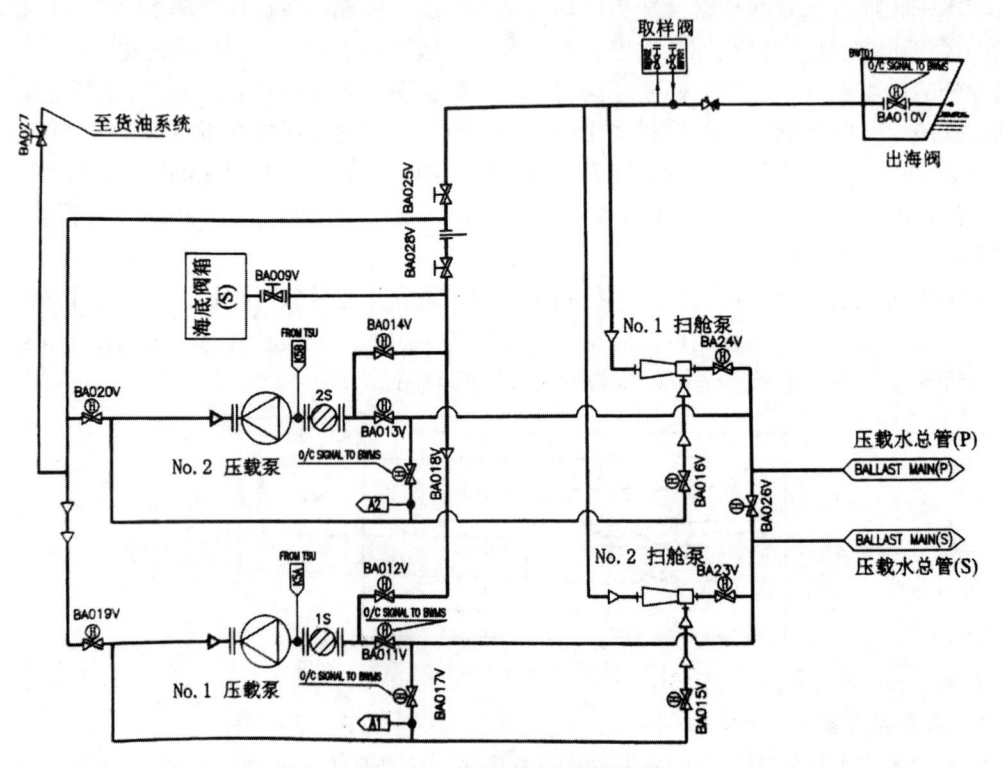

图 8-10 某船舶压载水系统

该船设置有两台压载泵和两台扫舱泵。海水可以经左、右两个海底阀箱进入压载水系统，舱内压载水可经出海阀 BAO10V 排出舷外。在排载结束前需使用扫舱泵扫舱，扫舱泵为两台水喷射泵，其工作水由主压载泵供给。为防止船舶携带的压载水在异地排放时为当地海域带来有害水生物，系统还设置有压载水处理装置，用于杀灭水中微生物。

该船压载水系统中各阀采用的是电、液遥控蝶阀，每个阀都具有独立动力源和液压驱动系统。在货控室和机舱集控室内均设置有压载水控制站，用于遥控操作压载水泵以及管路上的各阀。

五、压载水系统的日常操作

船舶压载水系统的日常操作是按甲板部的书面通知进行。自动化程度高的船舶大多是由甲板部直接进行压载水系统的日常操作，这种船舶设有专门的船舶压载－平衡水控制室，其内安装各舱液位检测装置、泵的控制装置和各种控制阀的遥控设备。压载水系统中的各种设备均由轮机部负责日常维护管理。

以图8-10为例，压载水系统的就地操作步骤如下。

（1）确认压载水控制方式为本地控制。

（2）检查压载泵电源的供应是否正常。

（3）人工转动压载泵轴，检查叶轮是否卡阻。

（4）压载操作。如打开阀BAO09V和BAO14V，将海水引入No.2压载泵内。启动压载泵，打开阀BAO18V，压载水进入压载水总管（左）。打开相应压载舱的进、出口阀，压载水即可从舷外打入压载舱。

（5）排载操作。如打开需排载的压载舱进、出口阀门，打开阀BAO13V，联通No.2压载泵和压载舱的管路。启动压载泵，打开阀BAO20V、BAO25V、BAO10V，压载水即可通过出海阀排出舷外。

（6）操作结束后，停泵，关闭各阀门，然后切断电源。

当遥控操作时，只需要实施步骤（4）～步骤（5）。

第四节 消防系统

船舶在有限的空间集中了人员和大量物资，其中存在各种易燃和可燃物质。船上同时存在着许多火源：吸烟者的烟蒂、厨房的炉灶、运转的主机和副机、锅炉；各种泵浦启动时的电火花、维修中的气焊和电焊、烟囱中未燃尽的火星、电气设备短路或绝缘不良引起的发热和着火、静电等。而船舶远离陆地，自身消防能力较差，发生火灾时难于疏散和救助，所以一旦失火，将会带来巨大损失乃至沉船的恶果。按着火物性质的不同，船舶着火可分为以下三类。

（1）普通火（甲类火）。由固体，如木材、纸、布、煤炭等易燃固体物质引燃着火，主要用水施救。

（2）油类火（乙类火）。油类、油气着火，有爆炸危险，采用泡沫施救，不可用水施救。泡沫较油轻，形成覆盖层使之与空气隔绝。

（3）电气火（丙类火）。由电器漏电、过载、短路等引起的火灾，施救时有触电危险。施救时应先切断电源，再用干粉、四氯化碳、二氧化碳等不导电介质灭火。

船舶消防系统的作用是预防和制止火灾的发生和蔓延，并可迅速灭火，将火灾的损失降至最低程度。船舶消防的基本原则是防火、探火和灭火。船舶防火是从船体材料、船体结构、布置和设施上防止和限制火灾的发生和蔓延；船舶探火是使人们及早发现火情，及早采取灭火措施，减少损失；船舶灭火是根据火灾的情况、灭火介质等的不同，采取不同的灭火系统。

船舶消防系统实际上指的是船舶的灭火系统。根据中国船级社的《钢质海船入级规范（2023）》、国际公约和我国法规的规定，船舶应设置固定式消防系统，使用有效的灭火剂，如水、二氧化碳、泡沫、干粉和蒸汽等。固定式消防系统主要分为水消防系统、蒸汽消防系统、CO_2消防系统、泡沫消防系统和干粉消防系统等。作为轮机管理人员，应掌握下列消防系统的操作与管理等。

一、水消防系统

水消防系统是所有船舶必须设置的固定式消防系统，它由消防水泵（简称消防泵）、管路、消火栓、消防水带和水枪等组成。灭火时，消防泵从舷外抽取海水送至船上各甲板和舱室处的消火栓，再经消防水带从水枪喷射到船舶任何处所进行灭火。

水是不燃液体，是船上最常用的灭火剂。利用强大的水流或水雾冲击火区，使燃烧物急剧降温，并利用水受热产生的大量蒸汽来稀释火区的氧浓度。扑灭可燃固体物质火灾可采用直流水枪，通过冲刷、冷却作用来灭火；扑灭可燃液体物质火灾可采用喷雾水枪，通过覆盖、冷却作用来灭火。

1. 水消防系统的要求

（1）所有消防泵应为独立机械传动，通常采用离心泵。卫生水泵、压载水泵或总用水泵如符合消防泵的有关要求，均可作为消防泵。100总吨以下的货船，消防泵可以由主机带动。

（2）各消防泵（应急消防泵除外）的排量最好相同。如泵排量不同，则最小一台泵的排量不应小于所需消防水泵总排量的80%除以所需消防泵数，且至少应满足两股射程不小于12m水柱要求，其排量不足部分应由较大排量的消防泵补偿。

（3）对于大于或等于1000总吨的船舶，应至少备有1只国际通岸接头，并便于由船舶的任何一舷连接，以便在船舶失火时相互救援灭火。

（4）消火栓的布置和数量应至少能将两股不是由同一消火栓所射出的水柱射至船上任何部位。消火栓的位置应便于连接消防水带和进行有效灭火。

（5）锚链冲洗水一般取自水消防系统，应设置隔离阀，以便灭火时切断锚链水供给。

（6）应急消防泵应具有单独的海底门。

2. 水消防系统的布置

水消防系统的布置，应视船舶的大小、类型及对系统生命力的要求而定。

（1）对于中小型船舶，消防水主管可呈直线延至艏部、艉部，再由主管上分出若干支管及分支管至各消火栓处。这种布置简单、管子用量少，但系统活力差。

（2）在大型船舶上，消防干管一般进行环形布置，在其中部，用横跨管将两舷干管连通，泵的排出管与此横跨管沟通，横跨管的两端各装一只隔离阀，使消防泵可以向任一舷或同时向两舷干管输水。如果在环形干管上再构成若干小的环形管段，则可进一步提高系统的生命力。当干管局部发生故障时，不致影响其余部分的运用。

（3）消火栓的数目和位置，应至少将两股不是由同一只消火栓射出的水柱，射至船舶在航行中旅客或船员经常到达的任何位置，而且其中1股仅用1根消防水带。管子及消火栓的位置应易于接近，便于操作。

（4）由于消防泵一般设在机舱内，为在机舱发生火灾而消防泵不能用时进行应急消防，要在机舱外设置独立的应急消防泵。消防泵及其备用泵（总用泵、压载水泵和舱底泵等），在管路布置中要保证它们互相独立工作。

如图8-11为某船消防管路布置示意图，该船设有两台消防泵1，设在机舱内。消防泵经机舱消防水总管5和截止阀，可将水送至主甲板两舷，再由两舷侧送至各层甲板上的消火栓。

消防管在主甲板左、右两舷，分别向船尾和船首延伸。消防水亦可用来冲洗锚链。机舱之外设有应急消防泵3，它有独立的海底门4，其排出管与机舱消防水总管相连，以备应急使用。在左、右两舷还设有2只国际通岸接头6。

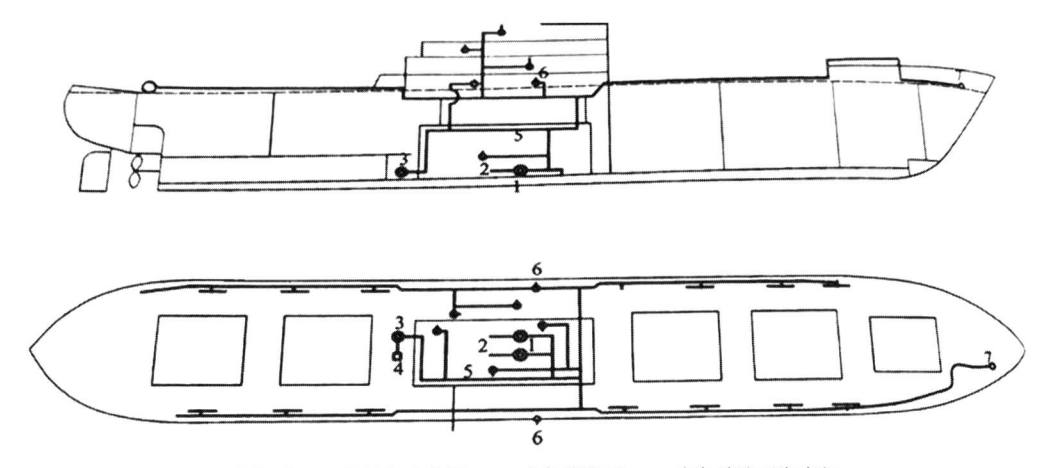

1—消防泵；2—机舱海水总管；3—应急消防泵；4—应急消防泵海底门；
5—机舱消防水总管；6—国际通岸接头；7—锚链水喷嘴

图 8-11　某船消防管路布置示意图

除常规固定式水消防系统外，还有用于客船、货船的起居和服务处所的水喷淋灭火系统，可扑救初期火灾和自动报警；用于机舱和特种处所的水雾灭火系统，一般为手动和自动控制喷出水雾灭火。这两种系统均属于固定式水消防系统。

3. 消防泵的配置

对于应急消防泵，《钢质海船入级规范（2023）》要求其排量应不小于所需消防泵总排量的 40%，且任何情况下不得小于 $25m^3/h$。

如图 8-12 为某客船水消防系统的原理图。本系统配有主消防泵一台，布置在主机舱中，可在本地、集控室主配电板和消防控制站启停（吸入截止阀、排出截止阀为手动阀），另外，在减摇鳍舱和主机舱还设有 No.1、No.2 舱底消防总用泵，其中，No.1 舱底消防总用泵接应急电源，用作应急消防泵，可在本地启动，也可在驾驶台或消防控制站遥控启动，应急消防泵有单独的海底阀箱。

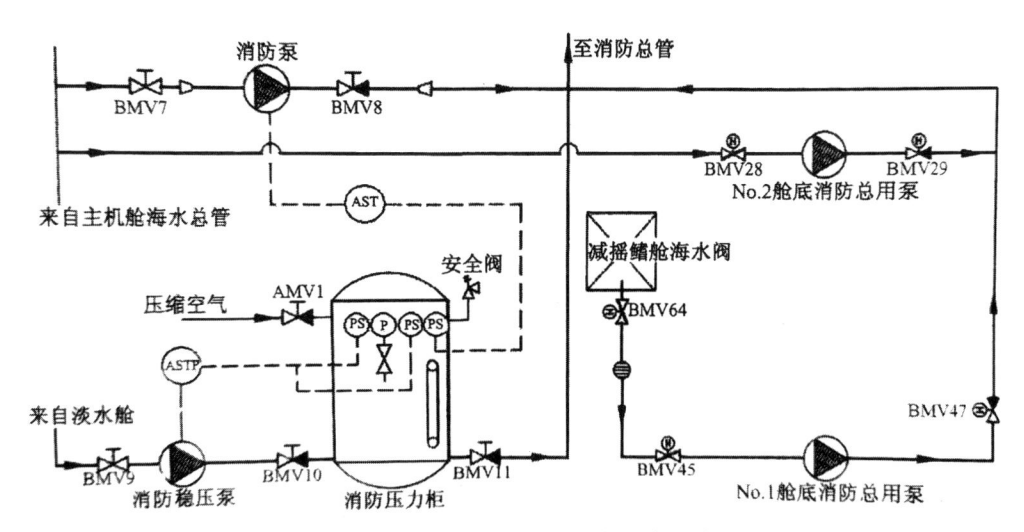

图 8-12　某客船水消防系统的原理图

除用于灭火外，消防水还可用于冲洗锚链及锚机、系缆机液压单元冷却水。

根据规范要求，客船消防水管分为内消防水管（舱室内部）和外消防水管，其中内消防水管应始终保持压力，能够随时出水。本例水消防系统配有消防稳压泵和消防压力柜，通过单向阀向内消防水管供水并保压，其他消防泵直接向外消防水管供水并通过单向阀向内消防水管供水，同时可防止内消防水管淡水进入外部管路。

消防压力柜经截止止回阀 BMV11 向消防总管提供一定压力（0.8～1.0MPa）的消防淡水。当柜中压力低于 0.75MPa 时，压力开关 PS（低压）会发出信号（ASTP）使消防稳压泵启动，从淡水舱吸入淡水，从而补入消防压力柜；当柜中压力升至 1.0MPa 时，压力开关 PS（高压）发出信号（ASTP）使消防稳压泵停止，从而保持消防压力柜内的压力稳定。消防压力柜上设有补气阀 AMV1，在必要时可向柜中手动补充 1.0MPa 的压缩空气，以保证柜中压力足够。

当消防水被大量使用时，由于消防稳压泵的流量有限，可能导致其连续运转仍不能保证消防总管有足够压力，此时，消防压力柜中压力会逐渐下降。当压力降至 0.6MPa 时，第三个压力开关 PS 将发出启动信号（AST），使消防泵启动。消防泵从海水总管吸入，可以向消防总管提供足够压力和流量的海水并通过单向阀进入内消防水管。

船舶水消防系统的主要保养工作如下：
（1）定期启动并做喷水试验，检查泵及系统工作是否正常。
（2）保持消防压力柜液位正常，必要时通过充气或放气调整，并注意所用淡水舱应保持适当水量，避免抽空。
（3）冬季需防止外消防水管冻裂，使用后应注意放残。

二、居住舱室水喷淋灭火系统及机舱局部水雾灭火系统

随着国际上对船舶安全的日益重视，客船或定员较多的船舶需要设置居住舱室水喷淋灭火系统。而在机舱设置水雾灭火系统也已经成为远洋海船的强制性要求。水雾灭火系统是利用压力水流经专用喷头后形成的细小水雾进行灭火的系统，细水雾雾滴平均直径在 50～200μm 之间，遇火焰高温后迅速汽化，使保护区的氧浓度大为降低，具有很强的汽化降温、隔氧窒息、稀释可燃气体和隔热作用，达到迅速灭火的目的。

图 8-13 为居住舱室水喷淋灭火系统的原理图。系统设备主要包括消防喷淋泵、喷淋压力柜、喷淋淡水泵、空气喷射器、水雾喷嘴以及各控制装置等。

喷淋压力柜设定压力为 1.6MPa，该压力值可以由补气管路上的减压阀来设定。柜中设有浮子式液位开关，低于设定液位时会发出警报；压力开关 1 也会在柜中压力低于 1.55MPa 时发出警报。若要向柜中补水，需手动启动喷淋淡水泵。压力开关 2 会在柜中压力达到 1.6MPa 时自动停止喷淋淡水泵。

当系统中的水被大量使用而导致压力低至 0.9MPa 时，压力开关 3 会启动消防喷淋泵，从而向各喷嘴提供流量足够的淡水。消防喷淋泵从淡水舱吸入淡水，也可在必要的时候应急吸入海水。消防喷淋泵接应急电源时，只能在控制箱上手动停止。

当整个喷淋系统意外失压时，由消防总管应急接口向各喷嘴提供消防水。

设置在各舱室顶部的水雾喷嘴由玻璃管密封，当房间温度达到 68℃ 以上时（厨房温度为 93℃），玻璃管受热破裂，1.6MPa 的喷淋水便会以水雾的形式喷出进行灭火。

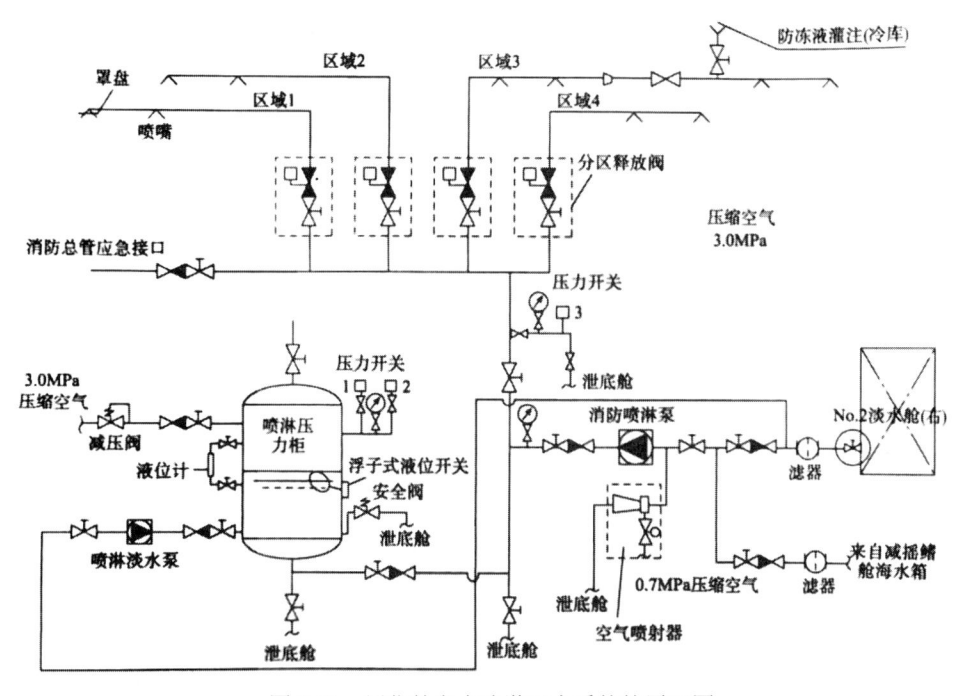

图 8-13 居住舱室水喷淋灭火系统的原理图

机舱局部压力水雾灭火系统的原理图如图 8-14 所示，该系统设高压泵组 1 套。细水雾系统保护区域分为 9 个，1 台主机上方布置 7 个细水雾喷嘴，1 号、2 号发电机上方布置 6 个细水雾喷嘴，3 号发电机组上方布置 3 个细水雾喷嘴，主锅炉上方布置 1 个细水雾喷嘴，辅助锅炉上方布置 1 个细水雾喷嘴，重油和滑油分油机上布置 5 个细水雾喷嘴，焚烧炉上方布置 1 个细水雾喷嘴，液压泵站上方布置 4 个细水雾喷嘴，惰性气体发生装置上方布置 1 个细水雾喷嘴。

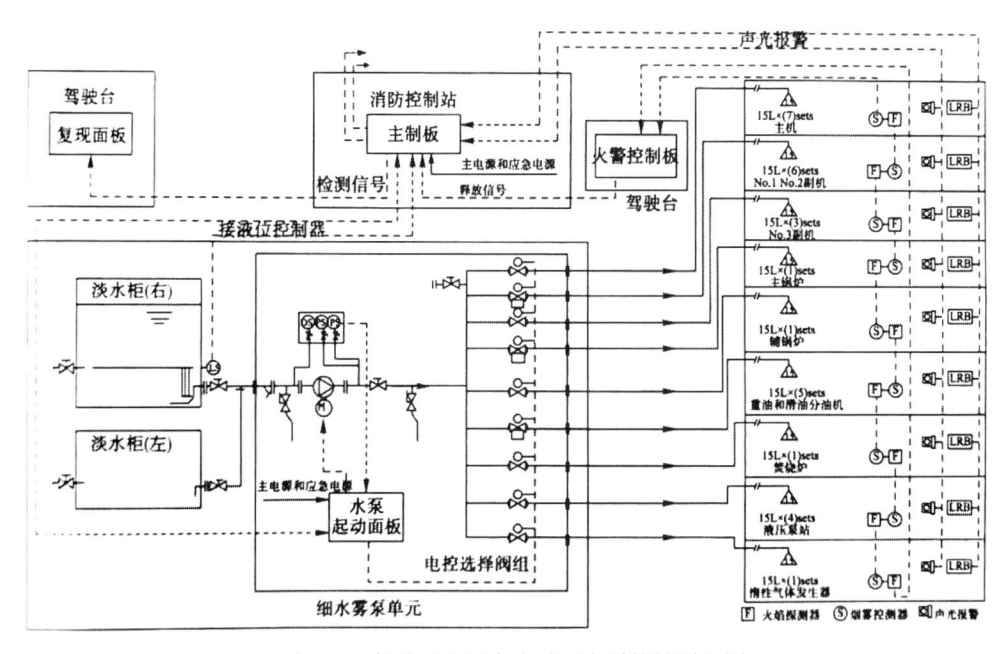

图 8-14 机舱局部压力水雾灭火系统的原理图

该系统与机舱保护区域火灾报警系统联合工作。每一保护区域上方有火焰探测器与烟雾探测器。当发生火灾时，火焰探测器与烟雾探测器同时作用，发出声、光报警。同时高压泵组自动启动从淡水舱吸水，并将压力提高至3.5MPa，并向相应保护区喷水雾。水泵出口接高压水管，上有9个电控选择阀组，报警区域的选择阀自动开启，将压力水送至着火设备上部的喷嘴，产生细水雾灭火。

安装细水雾喷嘴时应注意以下几点：喷头间距不宜大于2.5m，喷嘴在被保护设备上方不小于0.5m；应确保喷嘴直对被保护对象，无障碍物遮挡，不受干涉地保护防护对象。

为保障系统正常有效，船上人员需要对其进行以下定期测试。

（1）每月在主站控制板上进行测试。通过启动每一区域的SYSTEM RELEASE按钮，相关区域火警警报响起，高压水泵启动，对应区域的电控阀打开。检查水泵和喷水正常后，通过主站控制板的CLOSE ALL VALVE关闭区域电动阀，通过STOP PUMP按钮关闭高压水泵。打开测试阀门释放压力后，关闭测试阀门。

（2）每月在驾驶台火警控制板上进行测试。打开测试阀门，通过火警控制面板激活一个区域火警后，检查水泵是否启动，相应的电控阀是否打开，通过测试泄放阀将水排出。控制面板上显示出"喷水装置启动"。将火警控制面板上的报警进行复位，检查电控阀关闭，泵机停止运转。关闭测试阀门。按照此方法逐一对其他电控阀进行测试。

（3）每6个月用火警系统进行系统自动启动试验。人地触发保护区内的任何一个火警探头，在驾驶台的火警控制板应给出预报警；再触发同一区域内的另外一个火警探头，对应的区域电控阀运转，水泵运转，发出机舱声、光报警。检查水泵和喷水正常后，通过主站控制板的CLOSE ALL VALVE按钮关闭区域电动阀，通过STOP PUMP按钮关闭高压水泵，打开测试阀门释放压力后，关闭测试阀门。

三、CO_2消防系统

CO_2在常温下是一种无色无味的惰性气体，比重为1.529。空气中CO_2含量达15%以上时能使人窒息死亡；达28.5%时可使空气中的含氧量降至15%，使一般可燃物质的火焰逐渐熄灭；达43.6%时使空气中的含氧量降至11.8%，能抑制汽油或其他易燃气体的爆炸。因CO_2不导电，无腐蚀作用，故适用于电气火灾和机舱火灾的扑救。CO_2在船上以液态贮存于钢瓶中，释放时还可以起到冷却作用。固定式CO_2消防系统分为高、低压两种形式。高压系统的压力设定为15MPa，低压系统的压力设定为2.1MPa（储存于-18℃以下的专用冷库中）。一般船舶的机舱、货舱采用高压系统；大型油轮、滚装船和集装箱船采用低压系统。

1. 对CO_2消防系统的要求

（1）CO_2灭火剂应储存在上层建筑或开敞的甲板上，通风良好，温度在0~45℃之间，保证其安全与工作可靠。

（2）全船CO_2灭火剂储存量按规定要求，至少为各被保护舱室灭火需要量的最大值。例如货舱，应取其最大货舱舱容的30%；机舱则取机舱容积的35%~40%。

（3）由于CO_2的窒息作用，当空气中CO_2含量达5%时，人会感到呼吸困难，超过10%时有生命危险，所以船上CO_2管路不能通过起居室处所及经常有人的舱室。使用CO_2灭火剂时应先发出声、光报警信号。

（4）CO_2灭火系统的操作控制机构应设置在灭火舱室以外且短时间内能达到的地方，如居住舱室的通道、驾驶台、货舱控制室等。

（5）采用 CO_2 灭火的舱室应设水密门，以便灭火时隔绝失火舱室的空气，提高灭火效果。

（6）CO_2 储存容器按规范要求安装安全装置。

2. CO_2 消防系统的布置

CO_2 消防系统普遍用于干货舱、货油泵舱、机器处所和燃油设备处所等。系统是由 CO_2 钢瓶、瓶头阀、分配阀、启动装置、压力表、管路和自动烟雾探测表等组成。

图 8-15 为某船 CO_2 消防系统图，其全部 CO_2 钢瓶置于船尾甲板上的 CO_2 房间中。打开 CO_2 释放箱会触动微动开关引发 CO_2 释放警报。通过操纵拉杆 1 或 2，利用高压 CO_2 压缩空气推动气缸打开主气瓶的 CO_2 瓶头阀，从而释放 CO_2。货舱 CO_2 释放由驾驶台控制，打开瓶头阀后，CO_2 进入总管，经截止阀进入分配管，再经快开阀至各被保护舱室。高压 CO_2 喷入失火舱室后，压力急剧下降并汽化，体积膨胀使失火舱室内的含氧浓度迅速降低。

为及时发现火警，在 CO_2 消防系统中配置烟气自动探测报警装置。当舱室着火时，在舱室中设置的吸烟口可将烟气吸入并将信号送至驾驶台的自动烟气报警装置，使之报警。

烟气探测装置有感烟式、感温式和感光式。货舱多采用感烟式，居住舱室一般采用感温式，机舱采用感光式。

CO_2 消防系统的设计和布置主要从灭火的有效性、操纵方便及人员的安全等方面出发。一般是在站室内进行集中控制，并逐渐发展到驾驶台遥控。对于被保护的干货舱，CO_2 消防系统应保证使该舱所需的 CO_2 量在 15min 内全部注入。对于被保护的燃油锅炉舱、机舱及货油泵舱，则应能使所需 CO_2 量的 85% 在 2min 内注入。

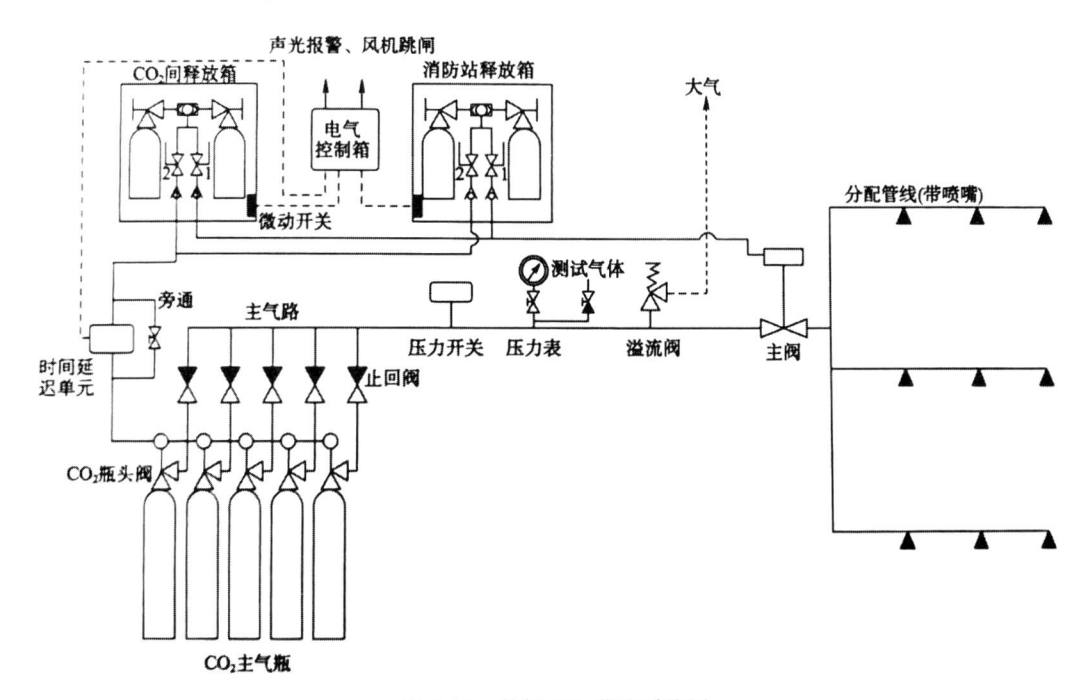

图 8-15 某船 CO_2 消防系统图

3. 向机舱释放 CO_2 的程序

（1）集合并清点人数。

（2）船长根据情况和公司政策作决定。
（3）如需对机舱释放全部 CO_2，船长需和轮机长进行商量。
（4）尽快通知最近的港口海事部门。
（5）确保机舱有适当的密封。
（6）确保应急发电机运转并承担负载。需要使用应急消防泵对机舱外围进行冷却。
（7）关闭所有门、通风格栅、风机格栅、天窗、舱口、防火风闸。
（8）关闭速闭阀。
（9）滑油泵、燃油泵应急停止。
（10）机舱所有机器设备停机。
（11）确保所有人员离开机舱。
（12）由适任的工程师释放 CO_2。
（13）打破玻璃窗，从钥匙箱中取出 CO_2 释放柜的钥匙，最好使用 CO_2 释放间的释放柜。
（14）打开释放柜，会发出声、光警报，并触发通风鼓风机跳闸。
（15）在 CO_2 释放柜中，先打开先导气瓶阀，然后打开阀 1 启动主阀，再打开用于释放 CO_2 的阀 2。CO_2 将在 60~90s 的时间延迟后释放。
（16）从气管上的压力表检查系统压力。
（17）如果 CO_2 未释放，则按照紧急释放程序进行：手动打开主阀，并通过手动操作杆打开每个 CO_2 主气瓶。

4. CO_2 灌注系统的重要注意事项

CO_2 灌注是最后的灭火方案，仅在其他所有措施均告失败时使用。正确密封机舱对于有效灭火是必不可少的。由于机舱密封不当，导致释放 CO_2 后未发生有效窒息作用，进而导致灭火失败。

为了使机舱完全充满 CO_2，需在 2min 内释放约 35% 体积的 CO_2。这可以将机舱内空气的氧气含量降低到 15% 以下，以扑灭大火。在这种 CO_2 浓度下，无法维持人类生命。

通常，释放 CO_2 后，需要 15~20s 才能使机舱中的浓度达到危险水平。

5. 释放 CO_2 后的安全注意事项

CO_2 释放系统有效运行后，机舱火灾熄灭。在进入机舱或进行通风之前，建议先获取岸上专家的意见。可以联系最近的港口海事部门以寻求帮助。

（1）要确保在 CO_2 释放系统运行后确实释放了 CO_2。当释放 CO_2 时，会因 CO_2 进入保护空间产生很大的噪声。释放后，CO_2 瓶可能会变凉。通过对气缸压力的目视检查也可以确认。
（2）CO_2 几乎没有冷却作用。因此，当机舱立即通风时，有发生复燃的危险。保持周围冷却以降低机舱温度。
（3）在确定已经完全熄灭大火之前，不应该进行机舱通风，这将需要几个小时。
（4）进入机舱前要充分通风。
（5）要由训练有素、佩戴呼吸器的人员进入机舱。
（6）即使将火完全扑灭，也切勿携带明火（如烛火或点燃的香烟）进入燃烧过的房间；否则，由于可燃气体爆炸（如果有的话），可能会再次引发火势。
（7）为了使人员在发生火灾时能够快速安全地离开，应始终保持入口和出口畅通。
（8）备用团队或支持团队要做好准备，以防进入舱室的人员发生任何问题。

（9）应指示留守人员留在机舱入口处。

（10）进入机舱的团队和留守人员之间将建立一个经过同意并经过测试的通信系统。

（11）万一进入机舱内的人员发生任何紧急情况，留守人员在帮助到达之前不应进入机舱。

（12）万一通风系统出现故障，人员应立即离开。

四、扫气箱灭火系统

扫气箱着火是机舱着火的一个主要原因。着火必须满足可燃物、助燃物、热量三个条件。图 8-16 为扫气箱着火示意图，对于扫气箱着火，其可燃物是油料的沉积。这些油可以是气缸内泄漏下的气缸油；或者填料函故障时，被活塞杆带上来的曲轴箱油；有时由于喷油器故障，导致燃油颗粒撞击并黏附在缸套内壁并流进扫气箱。扫气空气为着火提供了充足的助燃物，点火所需的热量来自活塞串气。滞燃、后燃和过高的排气都会将废气反吹到扫气口。

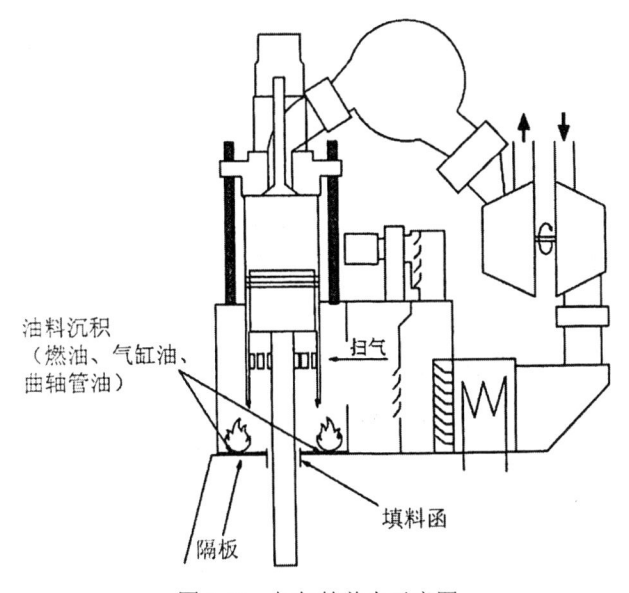

图 8-16 扫气箱着火示意图

1. 扫气箱着火的原因

扫气箱着火的原因有很多，主要包括以下六点：

（1）缸套磨损严重。

（2）活塞环或环槽磨损严重。

（3）活塞环断裂或卡死在环槽内。

（4）扫气箱脏堵。

（5）由于漏油或定时错误等导致的燃烧不良。

（6）气缸油过多或过少。

2. 扫气箱着火的征兆

扫气箱着火的征兆有如下六点，当发现下述征兆时，管理人员应注意防止扫气箱着火。

（1）扫气温度上升。

(2) 增压器开始喘振。

(3) 废气排温升高。

(4) 柴油机功率损失，转速降低。这是由于扫气箱着火导致活塞运行的背压升高。

(5) 扫气箱泄放口冒烟。

(6) 扫气箱道门上形成漆泡，但这只会在大火和极端情况下发生。

3. 扫气箱着火的应对措施

根据扫气箱着火的大小不同，有不同的应对措施。当扫气箱起火较大时可以明显看到扫气箱道门油漆鼓泡和爆皮，主机大幅降速，增压器喘振等现象。

(1) 扫气箱着火较小时的应对措施包括以下几个。

1) 主机降速至慢速或微速。

2) 增加着火单元的气缸油润滑。务必确保注油操作不会导致燃烧变剧烈。

3) 着火原因可能是燃油阀的泄漏，因此应切断对应单元的燃油供应。

4) 关闭扫气泄放口，防止火星溅入机舱。

5) 持续监测扫气和废气温度，等待燃尽。

6) 确认火星熄灭后，缓慢增加转速。

7) 持续监测扫气温度，防止复燃。

(2) 扫气箱着火较大时的应对措施包括以下几个。

1) 立即停车并合上盘车机进行盘车。

2) 使用固定式扫气箱灭火装置进行灭火。图 8-17 为固定式扫气箱灭火系统，固定式扫气箱灭火系统可以使用 CO_2、蒸汽或水雾。

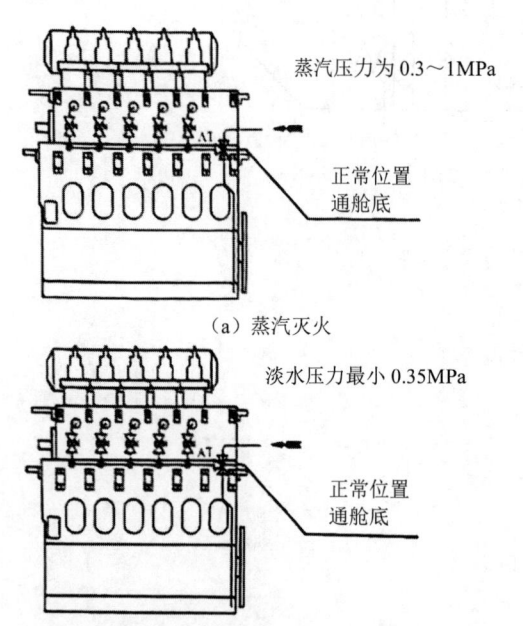

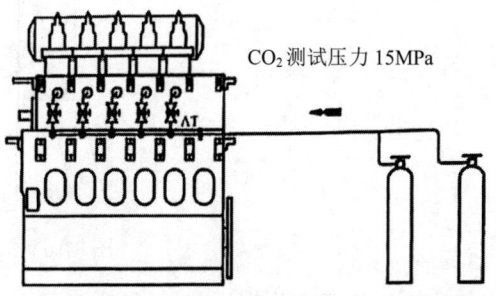

(a) 蒸汽灭火 蒸汽压力为 0.3～1MPa 正常位置通舱底

(b) CO_2 灭火 CO_2 测试压力 15MPa 至少安装两个气瓶，大多数情况下，一个气瓶足够给三个气缸灭火，两个或多个气瓶要求能灭掉所有气缸的扫气箱着火。

(c) 水雾灭火 淡水压力最小 0.35MPa 正常位置通舱底 为防止着火蔓延，一个气缸的扫气箱着火时，相邻气缸的球阀器开启

图 8-17 固定式扫气箱灭火系统

3）对扫气箱进行必要的冷却。
4）确认灭火并检查。扫气箱灭火后要等其自然冷却，切勿在主机彻底冷却前打开道门检查。

4. 扫气箱着火的预防措施

为预防扫气箱着火，务必要对柴油机进行良好的保养和正确的调试。定期检查和清扫扫气箱，发现脏、污处时需记录和消除。泄放口也需要定期清洁堆积的油渣，油渣的存在会导致泄放管路的堵塞。扫气泄放管路需定期吹通，发现管路中有油时需进行记录。保持活塞环的正常工作状态，防止燃气串入扫气箱。同时，要防止过量注入气缸油，气缸油的注油定时也需定期调校，扫气口要保持清洁。活塞杆的密封环和刮油环应定期调整，防止曲轴箱油进入扫气箱。燃油喷射设备需保持良好状态，喷油定时准确，各缸的平均指示压力调节均匀，防止单缸过载。如缸套磨损达到极限，需及时换新。

第五节　机舱供水系统

机舱供水系统的作用是为船员和旅客提供日常生活用水，可分为饮用水系统、生活淡水系统和卫生海水系统。饮用水系统主要供应炊事用水、饮用水和医疗用水等；生活淡水系统主要供应浴室、洗衣室、洗物池和洗脸盆等处的冷、热水；卫生海水系统从舷外吸取海水，向厕所等处供水。供水系统的主要设备有水泵、水柜、热水器、供水管和阀件等。供水方式分为重力供水和压力供水。目前，大中型海船基本采用压力供水方式。压力供水的特点是设置压力水柜，借助水柜中空气的压力将水送至各用水处。

一、饮用水系统

船舶饮用水系统的工作原理如图 8-18 所示。来自饮用水舱的淡水被饮水泵送入饮水压力柜（0.2~0.4MPa）。两个压力开关 PS 值分别设为 0.2MPa 和 0.4MPa，分别决定饮水泵的启、停。当柜中水位较高而压力偏低时，需要手动向柜中补充 0.4MPa 的压缩空气。离开饮水压力柜后，饮用水被压送至饮水矿化装置，并经饮水处理装置的过滤、紫外线消毒后，送往厨房、配餐间以及各饮水机等，供人员饮用。

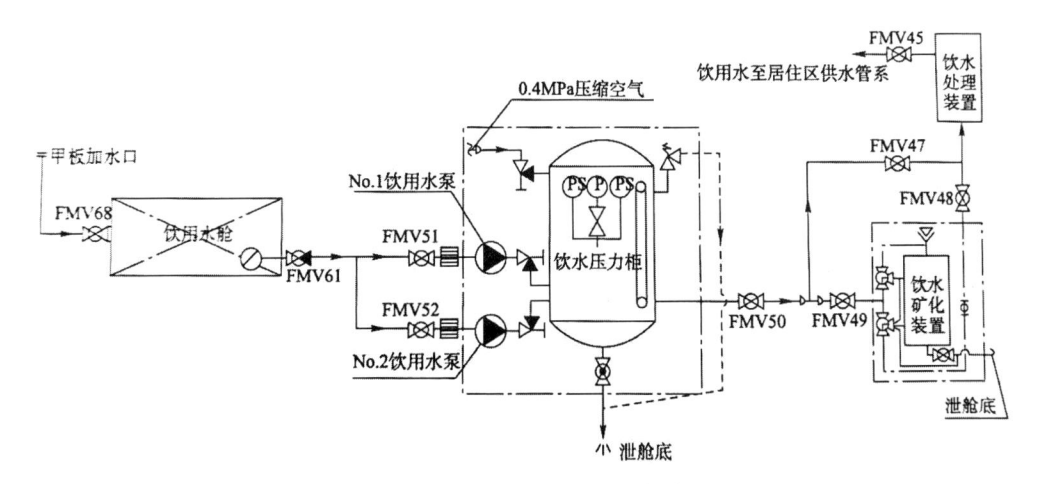

图 8-18　船舶饮用水系统的工作原理

如果饮用水舱中的水质足以满足要求,可以经阀 FMV47 将饮水矿化装置旁通。当水舱中的水将用完时,可以通过游步甲板上的加水口从岸上加水。

二、生活淡水系统

淡水包括冷水和热水。图 8-19 为船舶生活淡水系统的工作原理。泵从淡水舱吸水,将淡水送至淡水压力柜加压（0.2～0.4MPa）。之后淡水分别经阀 FMV32 和 FMV34 送至居住区供水管系和热水柜。热水柜中压力由淡水压力柜保持,热水由顶部的阀 FMV28 送至居住区供水管系和热水柜。热水柜中设有蒸汽加热器,由温度开关 TS 控制蒸汽流量,从而将水加热至 60～65℃。为保证管路中一直有热水,还需要通过热水循环泵将系统中的热水回水送入热水柜循环加热。No.1 日用淡水泵还可用于各淡水舱之间的互相调驳。

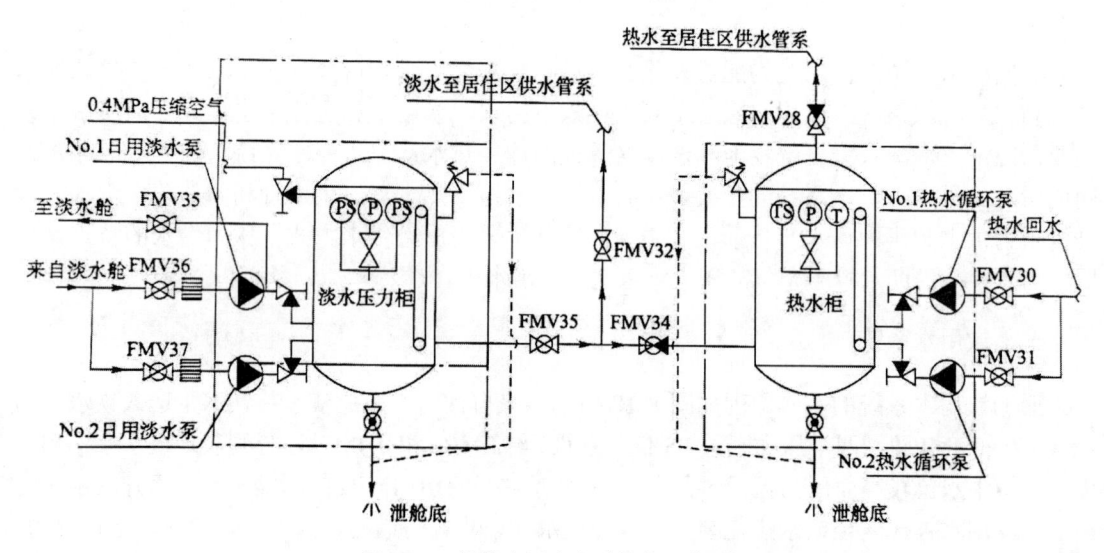

图 8-19　船舶生活淡水系统的工作原理

三、卫生海水系统

由于船舶取用海水方便,因此部分船舶仍然采用海水作为卫生水。图 8-20 为船舶卫生水系统的工作原理。卫生水泵从辅机舱海水总管吸入海水,将其送入卫生水压力柜加压（0.2～0.4MPa）。加压的海水经阀 FMV41 和 FMV38 进入各居住区供水管系,供厕所冲洗用。卫生水也可经阀 FMV39 和 FMV40 分别进入 No.1、No.2 生活污水处理装置,供装置内部清洗用。

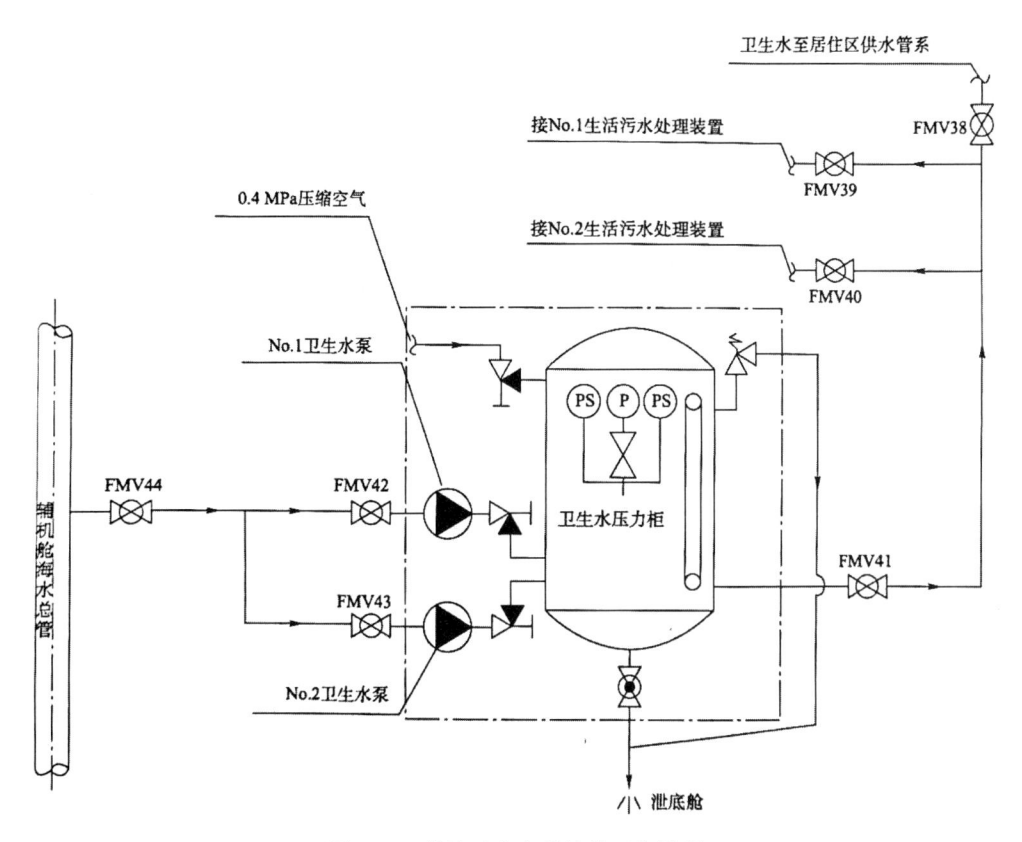

图 8-20　船舶卫生水系统的工作原理

第九章　船舶活塞式空气压缩机和通风机

第一节　理论基础知识

空气压缩机（简称空压机）是产生压缩空气的机械。在以柴油机为主机的船上，压缩空气的用途主要有：

（1）供主机启动与换向。

（2）启动柴油发电机。

（3）为气动辅机（如舷梯升降机、救生艇起落装置等）或其他需要气源的设备，如压力水柜、汽笛、离心泵自吸装置、气动控制系统等供气。

（4）检修工作中用来吹洗零部件、滤器等。

每艘船一般设有 2～3 台排压为 3MPa 的空压机向主气瓶供气，而其他需要较低压力空气的场所则由主气瓶经减压阀供气。

空压机按工作原理不同分为容积式和动力式两类，前者主要有活塞式、螺杆式，后者主要有离心式、轴流式和旋涡式；按冷却方式不同可分为水冷、风冷；按气缸布置形式不同可分为直列型、V 形与 W 形。

一、空压机的理论工作循环

理论工作循环是指假定空压机工作过程无能量损失和容积损失，按以下条件进行：

（1）气缸无余隙容积，即活塞到上止点时缸内气体全部被排出。

（2）吸、排气过程没有压力损失和压力脉动。

（3）吸气过程气体与缸壁无热交换。

（4）被压缩气体为理想气体，压缩过程状态方程指数不变。

（5）工作过程无气体泄漏。

理论工作循环的 $p\text{-}V$ 图如图 9-1 所示。

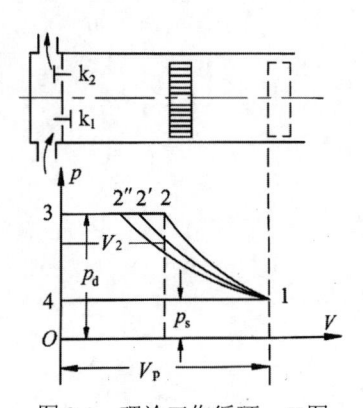

图 9-1　理论工作循环 $p\text{-}V$ 图

当活塞在气缸中从上止点移至下止点时，缸内容积增大，空压机处于吸气过程。根据前述假设，缸内压力始终等于吸气口前压力（吸气压力）p_s，此等压吸气过程在图中以直线 4-1 表示。最大吸气容积就是气缸工作容积 V_p——活塞在一个行程中所扫过的容积。

当活塞从下止点回行时，吸气阀 k_1 关闭，缸内气体被压缩而压力升高，直至压力升高到排出管中压力 p_d。如果此压缩过程是绝热的，在 p-V 图上用曲线 1-2 表示；如果压缩过程冷却极好，缸内气体温度不变，用等温压缩线 1-2″表示；若冷却效果介于等温压缩与绝热压缩之间，可用多变压缩线 1-2′表示。

活塞继续向上止点方向移动，排气阀 k_2 开启，缸内空气等压排出，直至上止点，这是等压排气过程，在 p-V 图上用直线 2-3 表示。活塞从上止点回移瞬间，缸内压力从 p_d 降为 p_s，吸气阀打开，又开始新一轮工作循环。

根据热力学知识，p-V 图上循环过程线 4-1-2-3-4 所包围的面积代表空压机的一个理论工作循环所消耗的功。可见气缸冷却越好，压缩过程越接近等温过程，压缩功消耗越少。

二、空压机的实际工作循环

理论工作循环的前述假设条件实际并不成立，实际工作循环 p-V 图如图 9-2 所示。

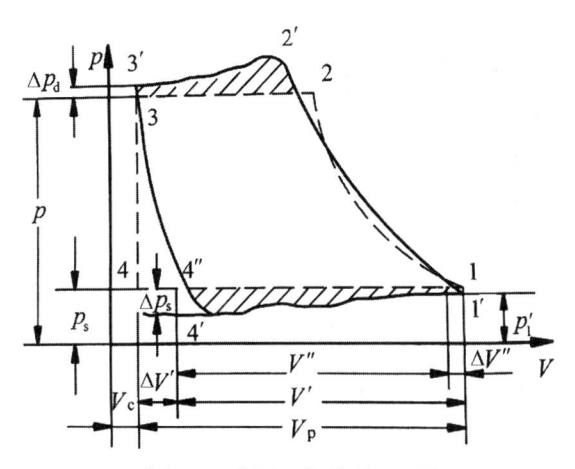

图 9-2　实际工作循环 p-V 图

1. 余隙容积

余隙容积是指活塞在上止点时，气缸内第一道活塞环以上包括气阀通道的残留容积，余隙容积大小用 V_c 表示。余隙容积可以防止活塞热膨胀或连杆轴承间隙增大等引起活塞撞击缸盖，以及缸内有少量液体而引起液击。

如图 9-2 所示，当活塞从上止点下行时，余隙容积中上一排气行程残存的压缩空气首先膨胀，直至缸内压力降至低于吸气压力一定值时，吸气管内的气体才顶开吸入阀进入气缸。由于实际循环存在这一降压膨胀过程（图中 3′-4′），吸气行程由 4-1 缩短到 4′-1，按吸气压力 p_s 计算的吸气容积由 V_p 减小到 V'，使容积流量降低了 $\Delta V'$。余隙容积 $\Delta V'$ 与气缸工作容积 V_p 之比称为相对余隙容积。实际过程的吸气容积 V' 和理想过程的吸气容积 V_p 之比称为空压机的容积系数 λ_v：

$$\lambda_v = V'/V_p = (V_p - \Delta V')/V_p = 1 - (\Delta V'/V_p) \tag{9-1}$$

余隙容积大致可用余隙高度（活塞上止点时与缸盖间的距离）来衡量，连杆两端轴承磨损，或缸盖与缸体及缸体与曲轴箱间的垫片不合适，都会令余隙不合要求。余隙高度可用压铅丝的方法测量，通过调节垫片厚度来调整。

2. 吸、排气阻力

在吸气过程中，空气流经滤器、气阀及相应通道均有阻力损失。缸内压力要比吸气压力 p_s 低。吸气过程终了，由于气流惯性影响，缸内压力 p'_1 会比吸入之初高些，活塞回行时，只有走过一段行程后，缸内压力才能够达到吸气压力 p_s，相当于有效排气容积又减少了 $\Delta V''$。吸气过程的压力损失使空压机容积流量减少的程度可用压力系数 λ_p 来衡量：

$$\lambda_p = \frac{V''}{V'} = \frac{V' - V''}{V'} \tag{9-2}$$

在排出行程中，由于排气阀的阻力损失，气缸内压力要高于排气管压力 p_d，使排气终了时余隙中剩余气体增加。实际工作循环由于吸、排气阻力的影响，空压机功耗将增加，其增大部分如图 9-2 中的画剖面线部分所示。

3. 吸气预热

空压机工作一段时间后，气阀、缸体及活塞温度升高，气体在吸入过程被加热，比容增大，使实际容积流量进一步减少，这部分损失是预热损失。预热损失在示功图上看不出来，它使空压机容积流量减少的程度可用温度系数 λ_t 来衡量。一般 $\lambda_t=0.90\sim0.95$，随压力比的增大而减小。

4. 泄漏

泄漏损失是因吸、排气阀及活塞环等密封不严而造成的容积流量损失，它可用气密系数 λ_l 来衡量，对于状态良好的空压机，$\lambda_l=0.90\sim0.98$。泄漏也造成功率损失。

三、容积流量和输气系数

活塞式空压机的理论容积流量由第一级的气缸工作容积、缸数和转速所决定：

$$V_t = \pi D^2 Snz/240 \tag{9-3}$$

式中：D——第一级气缸直径，m；S——活塞行程，m；n——转速，r/min；z——缸数。

由于余隙容积、吸气阻力、吸气预热和漏泄的影响，压缩机实际容积流量 V_s 比理论容积流量 V_t 要小，两者的比值用输气系数 λ 来表示：

$$\lambda = V_s/V_t = \lambda_v \lambda_p \lambda_t \lambda_l \tag{9-4}$$

输气系数 λ 一般在 0.65～0.80 范围内。在空压机本身状况不变的情况下，压力比 p_d/p_s 增大，则 λ 减小。这是因为压力比增大则余隙容积损失和漏泄损失增加，而且机体温度也升高，引起预热损失加大。

在实际管理工作中，为维护输气系数不致降低，最重要的是减少气阀、活塞环等引起的漏泄损失；其次是及时清洗吸气滤器，减少吸气阻力损失；此外要保持气缸冷却良好。必要时可以压铅丝，检查余隙高度是否合乎设计要求。

四、功率和效率

空压机用于压送气体的功率称为指示功率，用 P_i 表示。在空压机工作时测出其指示功图，即图9-2所示的实际工作循环,它所包围的面积相当于每一循环所用的指示功,乘以转速即可求出指示功率。

按空压机理论工作循环计算所需功率称为理论功率。理论功率小于指示功率,它与指示功率之比称为指示效率,用 η_i 表示。理论功率可以按等温理论循环或绝热理论循环计算,分别称为等温理论功率(用 P_T 表示)和绝热理论功率(用 P_s 表示)。相应求出的指示效率称为等温指示效率(用 η_{iT} 表示)和绝热指示效率(用 η_{is} 表示),即

$$\eta_{iT} = P_T / P_i \tag{9-5}$$

$$\eta_{is} = P_s / P_i \tag{9-6}$$

指示效率反映了实际气体在工作过程中由于吸、排气阻力及气体的摩擦、旋涡等流动损失造成的能量损失的大小。其中等温指示效率除反映上述损失外,还反映冷却达不到等温压缩而附加的能量损失,故比绝热指示效率更低。

空压机曲轴所得到的输入功率称为轴功率,用 P 表示。空压机铭牌上标注的或说明书上给出的是轴功率。由于空压机运动部件摩擦及附属设备(滑油泵、风机等)要消耗功率,轴功率大于指示功率,两者之比称为机械效率,用 η_m 表示,即

$$\eta_m = P_i / P \tag{9-7}$$

据现有空压机统计,η_m 在 0.82~0.90 之间一般为微型空压机;η_m 在 0.85~0.92 之间一般为小型空压机;η_m 在 0.90~0.96 之间一般为大、中型空压机。

空压机总效率为理论功率与轴功率之比。由于等温理论功率 P_T 和绝热理论功率 P_s 不同,故有等温效率(用 η_T 表示)和绝热效率(用 η_s 表示)之分。根据式(9-5)、式(9-6)可得

$$\eta_T = P_T / P = \eta_{iT} \eta_m \tag{9-8}$$

$$\eta_s = P_s / P = \eta_{is} \eta_m \tag{9-9}$$

一般空压机 η_T 的范围是 0.60~0.75,η_s 在 0.65~0.70 之间一般为小型空压机;0.70~0.80 之间一般为中型空压机;0.80~0.85 之间一般为大型空压机。一般水冷空压机常以 η_T 为评价指标,风冷空压机常以 η_s 为评价指标。

五、多级压缩

船用空压机的排出压力较高,一般为 2.5~3.0MPa,采用单级压缩,普通压缩机根本无法达到 25~30 的压缩比,必须采用多级压缩才能完成。采用两级压缩后,每一级的压缩比将不大于 6。为提高空压机的经济性和输气量,通常都在级间采用中间冷却。

图9-3为单级与二级空压机理论工作循环图。采用多级压缩中间冷却的优点如下。

(1)减轻活塞上的作用力。多级压缩低压缸不必承受高压,只有尺寸较小的高压缸承受高压。

(2)提高输气系数。采用多级压缩,可使每级压缩比不超过6,减小了余隙容积的影响,提高了输气系数。

(3)节省压缩功。级数越多,压缩过程线越接近等温过程线,功耗越小。

(4)降低排气温度,保证有效的润滑。采用多级压缩并设级间冷却,可降低排气温度,改善气缸润滑条件。

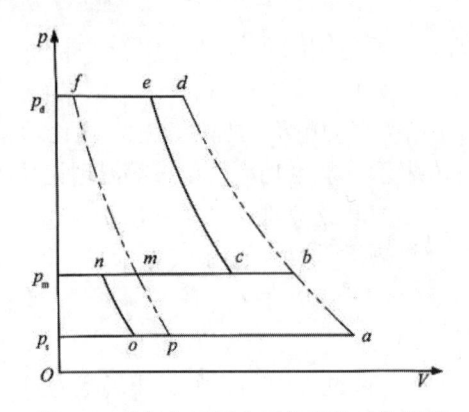

图 9-3 单级与两级空压机理论工作循环

第二节 活塞式空气压缩机的结构及其控制

曲轴的输入端装有兼作联轴器的飞轮，电动机通过弹性联轴器带动曲轴旋转。活塞式空压机的结构类似于活塞式制冷压缩机和往复泵，但由于工作介质不同，结构上区别较大。图 9-4 为 CZ60/30 型船用空压机结构，该空压机属立式水冷二级空压机。空压机排气量为 60m/h，转速为 750r/min，低压级额定排气压力为 0.64MPa，高压级额定排气压力为 3MPa。

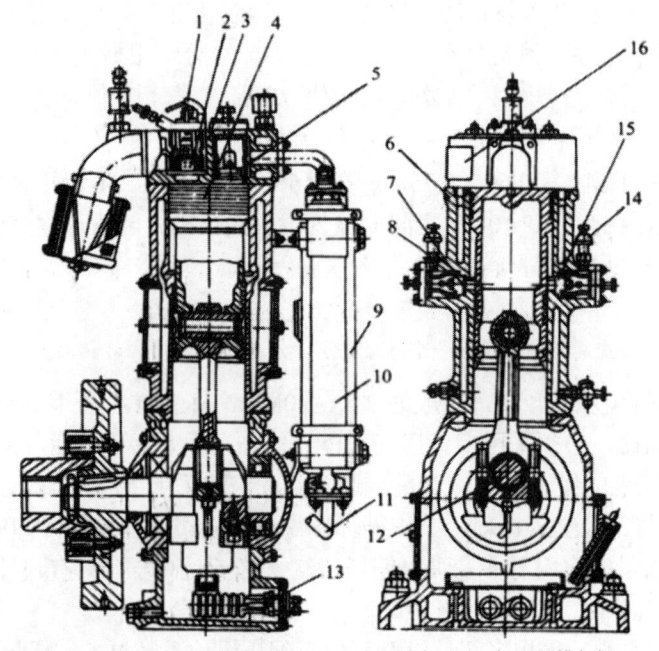

1—卸载阀；2—低压级吸气阀；3—低压级气缸盖；4—活塞与连杆；5—低压级排气阀；6—气缸与曲轴箱；7—高压级吸气阀；8—低压级安全阀；9—冷却器；10—气液分离器；11—管系；12—曲轴与飞轮；13—滑油冷却器；14—高压级安全阀；15—高压级排气阀；16—铭牌

图 9-4 CZ60/30 型船用空压机结构

电动机通过弹性联轴器带动曲轴旋转，再经连杆活塞销带动活塞在气缸内上下往复运动。空气经滤清器、低压级吸气阀，被吸入低压级气缸；经活塞压缩后从位于气缸头的低压级排出阀排出的空气经中间冷却器冷却后,通过高压级吸气阀被吸入高压级气缸进行二级压缩,经压缩后从高压级排气阀排出,排出空气再经冷却及气液分离后排向空气瓶。在整个压缩过程中,空气的压力逐级升高,温度也逐级上升。

一、典型结构和主要部件

1. 气缸与活塞

船用活塞式空压机常采用级差式气缸与活塞,以缩小机器尺寸。由图9-4可见,气缸及铝合金铸造的活塞都分成直径上大、下小的两段,低压级工作空间由活塞、气缸及气缸盖所构成;高压级工作空间是由活塞和气缸所构成的环形腔室。当活塞从上止点向下止点运动时,空压机的低压级处于吸气过程而高压级处于排气过程;反之,空压机的低压级处于排气过程而高压级处于吸气过程。因此,活塞的密封性能对空压机的工作影响很大,一般活塞上段配有6道活塞环,下段有6道活塞环和1道刮油环。

活塞销与活塞销孔是静配合,与连杆小端是动配合,有0.025~0.077mm的配合间隙。

气缸与气缸盖间的垫片厚度会影响低压级的余隙容积,垫片越厚余隙容积越大,通常在上止点时,气缸与气缸盖的间隙应保持在0.5~1.0mm。气缸与曲轴箱之间的垫片厚度对低压级和高压级的余隙容积都有影响。但应特别注意的是,调节气缸与曲轴箱之间的垫片厚度时,对低压级和高压级的余隙容积是影响完全相反的。如当垫片厚度增大时,低压级的余隙容积增大,而高压级的余容积却减小;反之,低压级的余隙容积减小,而高压级的余隙容却增大。

2. 气阀

低压级吸气阀2和低压级排气阀5垂直装在低压级气缸盖3上;高压级吸气阀7和高压级排气阀15则垂直于气缸,安装在气缸中部的阀室内。

气阀阀片的升程对空压机的经济寿命有重要影响,合理增加升程,可以降低阀隙气流速度,减小阀的阻力损失;但升程增大,阀片对升程限制器和阀座的撞击速度将随之增大;阀弹簧的变形量和变形速度也将增大,这会导致气阀寿命降低,而且会加重气阀关闭滞后,严重时使空压机不能正常工作。因此,气阀的升程在设计时需根据经验和试验资料选定,由升程限制器来限定,说明书规定的升程不宜随便改变。气阀的升降多在2~4mm之间,转速高及工作压力大的则升程较小,由于压力不同,空气通过低压级的体积流量大于高压级的体积流量。

气阀是空压机重要而易损坏的部件,其密封性能将直接影响空压机的排气量、经济性和可靠性,以及气阀的工作寿命,是决定空压机检修周期的主要因素,气阀泄漏后会造成:

(1) 排气温度上升。

(2) 排气量下降。

(3) 缸套温度异常发热。

相对而言,排气阀泄漏要比吸气阀泄漏造成的影响大,而高压级气阀泄漏要比低压级气阀泄漏影响大。检修气阀时应注意:

(1) 吸排气阀阀片和弹簧不能换错。

(2) 检查阀片升程是否符合要求,阀片是否有卡阻现象。

(3) 检修组装后的气阀要用煤油试漏,允许有滴状渗漏,每分钟滴量少于20滴为合适。

(4) 安装气阀前,对紫铜垫圈要进行退火处理。

对气阀的要求:结构上要求加工工艺简单,检修方便;性能上要求关闭严密、阻力小、启闭及时等。要求阀片、阀座和升程限制器的撞击速度不要太快，以保证有较长的工作寿命（在 4000h 以上）。要求尽可能减小气阀通道形成的余隙容积。

气阀的种类有环状阀、网状阀、条状阀和舌簧阀等，船用空压机使用最普遍的是环状阀。其优点是结构简单、工艺性好、价格低廉、维修方便，且便于顶开吸气阀卸载；缺点是阀片运动的导向摩擦较大，且为了保持足够的刚性导致阀片稍厚、质量较大，不适合太高转速（转速小于等于 1500/min）。采用多环片可以加大通流面积，适应较大的体积流量，然而各圈阀片可能不同步，对工作造成不良影响。低转速、大排气量的空压机可采用网状阀，网状阀多用于转速不太高的小型空压机的高压级，转速较高的空压机可采用条状阀、舌簧阀。

3. 安全阀

级差式空压机的低压级和高压级均设有安全阀，低压级安全阀和高压级安全阀分别安装在高压级的吸入、排出阀室。一般低压级安全阀的开启压力比额定排压高 15%，高压级安全阀的开启压力比额定排压高 10%。安全阀是空压机的自动安全保护装置，当压力超过给定值时，安全阀自动开启，放出气体，而当压力下降到一定值后，安全阀再自行关闭。安全阀应动作稳定、工作可靠、关闭密封性好，开启时的空气泄放量应等于或稍大于压缩机的排气量。图 9-5 为安全阀的结构。

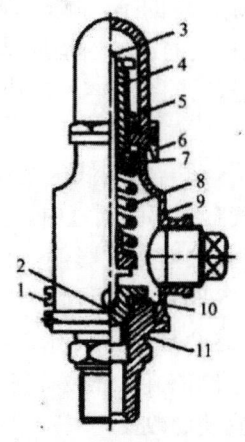

1—止动螺钉；2—阀盘；3—顶杆；4—调整螺钉；5—锁紧螺母；6—铅封；
7—弹簧座；8—弹簧；9—阀体；10—调整环；11—阀座

图 9-5 安全阀的结构

4. 机构卸载

在启动空压机时，为减小起动电流，避免机器部件受力过大引起机损，在启动期间必须卸载。常用的卸载方法有顶开吸气阀、排气旁通等。

5. 气液分离器

各级气缸的排气都会夹带细小的油滴，而且排气中蒸汽的分压力也较高，冷却后会析出凝水。第一级冷却后这些油和水可以部分分离出来，积于级间冷却器和高压缸进气口之间的空气管路里，通常可由泄放阀予以泄放，在冷却器后常设气液分离器，以提高充入气缸的压缩空气的品质。

气液分离器按工作原理不同分为惯性式、过滤式、吸附式三种。图 9-6 为惯性式气液分离器，其工作原理是利用液滴和气体的比重不同，多次改变气流的流动方向，使液滴撞击并吸附在芯子 7 的壁上，聚集后流入壳体的下部空间，为避免停车时气流返回压缩机，分离器出口有止回球阀，分离器下部的泄放阀用来排放分离出来的油和水。

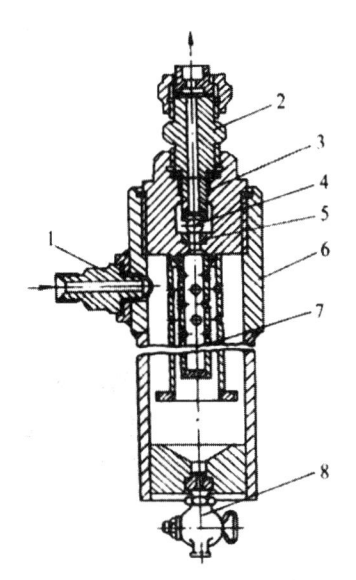

1—进口接头；2—出口接头；3—限制器；4—球阀；5—阀座；6—壳体；7—芯子；8—泄放阀

图 9-6　惯性式气液分离器

二、活塞式空气压缩机的润滑和冷却

1. 润滑

空压机的润滑方式有飞溅润滑、压力润滑和滴润滑油两种。船用小型空压机多采用飞溅润滑，空压机运转时连杆大端轴承盖上的击油勺击溅曲轴箱中的滑油，飞溅的油滴可润滑主轴承、连杆小端轴承和气缸下部的工作面，同时一部分油沿油勺正面的小孔和连杆大端的导油孔去润滑连杆大端轴承。气缸上部靠低压级空气吸入管上的油杯每分钟滴入 4~6 滴油或通过连接管从曲轴箱中吸入部分油雾来润滑，曲轴箱门盖上装有测油位的油尺，并可由此添加滑油。曲轴箱中的油位应适中，油位过低会造成润滑不良，油位过高会使飞溅量过大，不仅使功耗增加，滑油容易变质，而且过多的滑油进入气缸会影响空气品质，使气阀结焦、活塞环失灵。

2. 冷却

冷却对空压机十分重要，冷却方式有水冷和风机两种，船用空压机多采用水冷，大多不自带水泵，所需冷却水来自机舱海水系统，有中央冷却系统的船舶可采用淡水循环冷却。空压机的冷却主要包括以下几个方面。

（1）空气冷却。空气在压缩过程中随着压力升高，温度也会随之上升。为减少功耗和排气比容、提高气瓶储量、增加排气量，对低压级和高压级排气均需进行冷却，分别称为级间冷却和后冷却。级间冷却是指对低压级排气的冷却，对降低排气温度和减少功耗有显著效果，一般要求冷却水先通过级间冷却器。级间冷却器常采用壳管式，冷却水自下而上绕壳内若干挡板曲折地流过管外，压缩空气由上而下从管中流过。后冷却是指对高压级排气的冷却，可减小排气比容、提高气瓶储量和减轻其气压降低程度，并使排气中的油和水的蒸气冷凝而便于分离，一般冷却至 60℃ 左右即可。也有的船为减少设备，空压机不设后冷却，这时则更应及时排放储气瓶的油和水。

（2）气缸冷却。空压机工作温度较高，气缸和缸盖都需要冷却，以利于减少压缩功、降低排气温度和避免滑油温度过高。然而过度冷却会使缸壁温度过低，使空气中的部分水分析出而在壁面上结露，有可能造成水击。缸壁温度一般比冷却水温度高 15~20℃，通常气缸冷却水温以不低于 30℃ 为宜。

（3）滑油冷却。为了使滑油保持良好的润滑性能，又能对摩擦表面起到冷却作用，减缓油氧化变质的速度，需对曲轴箱中的滑油进行冷却，如图 9-4 中在曲轴箱底有水冷螺旋管式滑油冷却器 13，一般要求油温保持在 50℃ 左右。

船用空压机常用海水直接进行冷却，为减轻腐蚀，在冷却器中应装有防蚀锌棒。为防止水腔因排气泄漏而使冷却水腔压力过高，还设有安全膜。一般船用空压机的冷却水流程是，冷却水首先进入空气冷却器，先进行级间冷却再进行后冷却，从后冷却器出来的冷却水再分成两路，一路自下而上流过气缸和气缸盖的冷却水腔，如高、低压缸分开布置，通常是串联通过，先低后高；另一路进入设在曲轴箱内的滑油冷却器。冷却水的进水管上设有验水阀。气缸下部设有泄水旋塞用来在检修空压机之前放空冷却水腔，也可用来检验冷却水压力是否符合要求。

三、活塞式空气压缩机自动控制的特点

活塞式空气压缩机的自动控制主要包括以下内容：空压机的自动启停；自动卸载；自动泄放；冷却水的自动控制；滑油的自动供给；自动安全保护。下面结合 CZ60/30 型船用空压机，介绍活塞式空压机的自动控制。图 9-7 为 CZ60/30 型船用空压机的自动控制原理图。

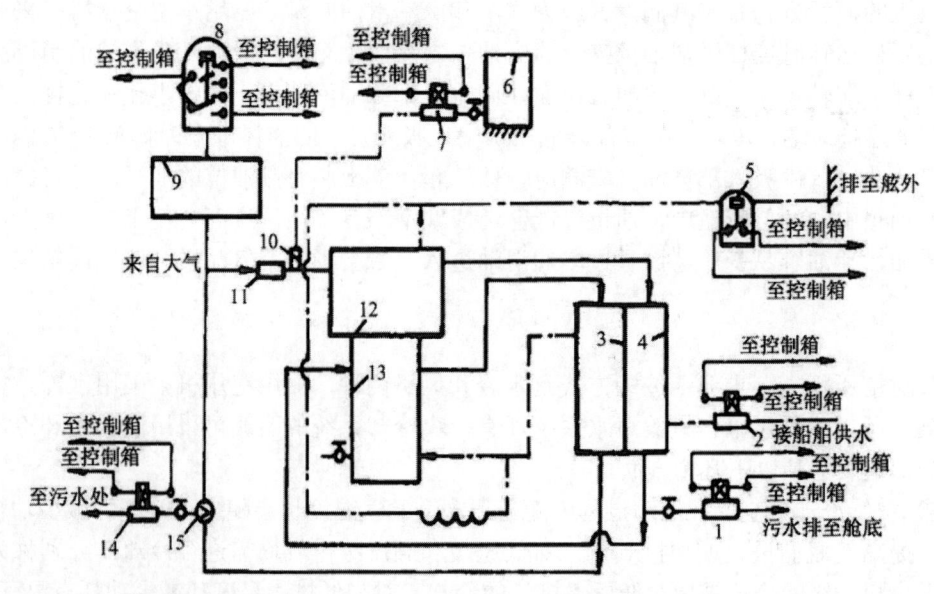

1、2、7、14—电磁阀；3—后冷却器；4—中间冷却器；5—液流信号器；6—滑油贮存箱；8—压力继电器；
9—贮气瓶；10—滴油杯；11—空气清器；12—压缩机第 1 级；13—压缩机第 2 级；15—气液分离器

图 9-7 CZ60/30 型船用空压机的自动控制原理图

1. 压缩机的自动启停

如图9-7所示，以空气瓶实际压力为信号，通过YP压力继电器8控制压缩机的启停。压缩机的启动压力为2.5MPa，停车压力为3.0MPa。一般商船上至少有两台空压机，当船舶在进、出港等用气量大的场合，有时一台空压机工作无法满足用气量的要求，当空气瓶压力下降到2.4MPa时，另一台空压机将自动启动投入工作。当压力上升至2.9MPa时，备用空压机首先停车，而优先工作的空压机则要等压力达到3.0MPa时才停车。即两台空压机中优先工作的空压机的启停值为2.5MPa和3.0MPa，备用空压机的启停值为2.4MPa和2.9MPa。

2. 自动卸载

空压机启动时能自动卸载，使气缸均处于空载状态达到空压机的空载启动。停车时能先卸载后停车，以减少空压机的振动和冲击。卸载的方法一般是通过定时器自动控制电磁阀的启闭来实现的。

3. 自动泄放

空压机工作时，空气瓶及空压机气液分离器的泄放电磁阀，通过定时器定时泄放；停车时除空气瓶泄放电磁阀外，其他泄放阀应保持打开而定时器也停止工作。

4. 冷却水自动控制

压缩机启动时供水电磁阀自动打开供水；停车时供水电磁阀自动关闭停止供水。

5. 滑油的自动供给

如图9-7所示，空压机低压缸的滴油杯的供油由JF电磁阀7控制，该阀与空压机同步工作；而高压缸的润滑则采用飞溅润滑。

6. 自动安全保护

一般空压机自动控制装置中应包括温度、压力、油位等安全保护措施。其中包括温度继电器主要是排气温度、冷却水温继电器，当空压机排气温度或冷却水温超高时，自动停车。冷却水压力继电器、曲轴箱油位继电器等在压力或油位低于设定值时，这些保护继电器动作，空压机自动停车。

第三节　活塞式空气压缩机的管理

一、活塞式空气压缩机的维护与运行管理

1. 启动

（1）启动前的准备。对于刚检修过或长时间未用的空压机，应盘车1~2转，检查是否正常；查曲轴箱油位是否保持在油尺的规定刻度内，采用飞溅润滑时，以曲轴下止点勺浸入油中20~30mm为宜，油应离底2~3mm。对于采用飞溅润滑的低压级气缸，油杯的油位应不低于1/3，并保持滴油量为每分钟4~6滴；打开冷却水进、出口阀，引入冷却水；打开从空压机到空气瓶的所有阀，检查手动卸载是否置于卸载位置；检查空压机各泄放阀是否置于开启位置。

（2）启动。准备工作就绪后，先点动1~2次；若无异常则转入正常运行；启动过程中应注意观察电流变化情况以及是否有异常声响；等电流正常后，对自动卸载空压机应观察是否已自动加载，对手动卸载空压机应手动停止卸载；由低至高关闭各级泄放阀，检查是否有漏气、漏水等情况；检查排气温度、排气压力及缸头温度是否正常。

2. 运行中的检查要点

（1）检查冷却情况。注意检查冷却水进出口温度，一般进出口温升在 10~15℃之间，冷却水进出口压力应保持在 0.07~0.3MPa 之间，流速在 1~2m/s 之间。发现压缩机在工作中已经断水，必须立即停车，待其自然冷却后，再检查是否造成损坏，切忌在气缸很热时立刻通入冷却水，否则将引起"炸缸"。

（2）检查润滑情况。吸气温度不超过 45℃时，水冷式空压机滑油温度应不超过 70℃，风冷式不超过 80℃。对于压力润滑，滑油压力应不低于 0.1MPa，同时应经常检查曲轴箱油位。

（3）检查排气压力和温度。注意观察空压机的各级排气压力变化情况，是否随空气瓶压力的升高而同步上升；检查进空气瓶的空气温度，水冷时应不超过进水温度 30℃，风冷时应不超过环境温度 40℃。

（4）定时泄水。对于工作中的空压机，每隔 2h 泄水一次，泄水时应观察泄水中是否带有过多滑油。

3. 停车

对非自动控制空压机，应先手动卸载，再由高至低开启各级泄放阀，防止因缸内存气而在拆检时发生意外。

4. 对空压机滑油的要求

压缩机着火爆炸的原因是油在高温下分解形成的积炭沉淀物发生自燃。油渗入积炭、铁锈就会滞留在排气通道中。若排气温度高到一定程度，吸收了油的积炭沉淀物氧化加剧，而氧化是放热反应，促使油积炭沉淀物的局部温度进一步升高，就可能发生自燃。自燃并不一定要空气温度达到油的闪点，有时可能在气温为 180~200℃或更低时发生。自燃加剧了油的蒸发，空气中油的浓度达一定程度就可能发生爆炸。有以下几个防止着火与爆炸的措施。

（1）选用抗氧化性好、黏度和闪点适当的滑油。

（2）防止排气温度过高，压缩机必须保证工作温度低于滑油闪点 20℃以上。

（3）完全避免油的氧化和分解是不可能的，因此，应及时清除气道中的积油、积炭。积炭厚度不大于 3mm。

（4）消除其他触发自燃的因素。例如，压缩机应接地，避免静电积聚引起电火花；不允许运动部件异常摩擦和咬死；不允许容器和管道零部件松动产生撞击；不应采用可燃性密封材料；不允许气阀严重漏气；不允许活塞环严重漏气导致曲轴箱高温，这时若箱内运动部件局部过热，可能引起曲轴箱爆炸。

（5）防止空气中油气浓度达到爆炸浓度。为此，空压机空转的时间不可过长，因为这时油气汇集，浓度增长较快。

二、活塞式空气压缩机的常见故障分析与处理

表 9-1 为活塞式空气压缩机的常见故障分析与处理。

表 9-1　活塞式空气压缩机的常见故障分析与处理

故障现象	原因分析	排除方法
排气温度过高	排气压力过高	检查原因并排除
	气阀泄漏	检修或更换气阀

续表

故障现象	原因分析	排除方法
排气温度过高	冷却不良	改善冷却条件
	吸气温度过高	检查原因并排除
排气量下降	转速下降	调节转速
	泄漏	检查原因并排除
	余隙容积过大	调整余隙
	冷却不良	加强冷却
	吸气滤器脏堵	清洗滤器
异常敲击声	轴承间隙过大	调整间隙
	紧固件松动	重新上紧
	气缸余隙过小	调整余隙
	液击	检查液击原因并排除
	曲柄与气缸对中不良	重新校正
	异物进入气缸	检查并取出异物
级间压力过低	级间冷却器泄漏	查漏并修复
	前级排气量减少	检查原因并排除
级间压力过高	级间冷却不良	加强冷却
	后级排气量减少	检查原因并排除
	活塞环密封不良	换活塞环

第四节 船用通风机

一、船用通风机的分类、工作原理和工作特点

通风机是一种重要的船舶辅助机械，按使用场所不同，大体可分为机舱通风机、居住舱室通风机、燃烧供风机。机舱通风机主要为机舱提供足够的空气，保持机舱内的空气压力和清新度，主要有机舱送风机和抽风机。居住舱室通风机，主要为船员和旅客活动场所供风，如空调送风机、舱室抽风机，另外，还包括一些空气质量较差且不适合空调的场所所设置的风机，如浴、厕排风机等。燃烧供风机为燃油燃烧直接提供燃烧空气，如主机应急鼓风机、锅炉风机、焚烧炉风机等。

按气体在通风机内的流动方向不同，通风机可分为离心式通风机和轴流式通风机。前者气体沿着通风机轴线方向流入后沿着与轴线垂直的方向流出；后者气体沿着通风机轴线方向流入后继续沿着与轴线大体平行的方向流动。

1. 离心式通风机的结构与原理

图 9-8 为离心式通风机的基本结构示意图，它由叶轮 2、蜗壳 3、集流器 1 及传动组件等组成。

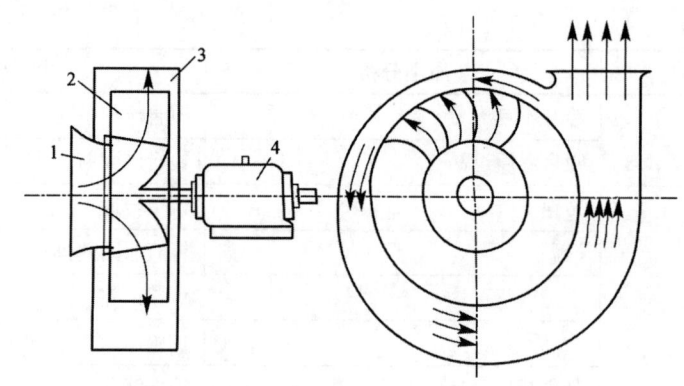

1—集流器（进口）；2—叶轮；3—蜗壳；4—电动机

图 9-8　离心式通风机的基本结构示意图

叶轮为离心式通风机的主要工作部件，它由前盘、后盘、叶片和轮毂构成。叶轮通常采用铝合金材料铆接或焊接加工，并经动、静平衡校正。叶片是叶轮的主要部分，其出口安装角度、形状及叶片数目对通风机性能有较大的影响。离心式通风机按叶片在叶轮轮缘处的几何出口角 β_{2g} 的大小可分为前弯式（$\beta_{2g}>90°$）、后弯式（$\beta_{2g}<90°$）和径向式（$\beta_{2g}=90°$）三种。图 9-9 为离心式通风机叶轮结构形式，而叶片本身则有直线形和曲线形。离心式通风机在叶轮圆周速度一定时，其叶片出口角 β_{2g} 越大，所产生的压头越高。

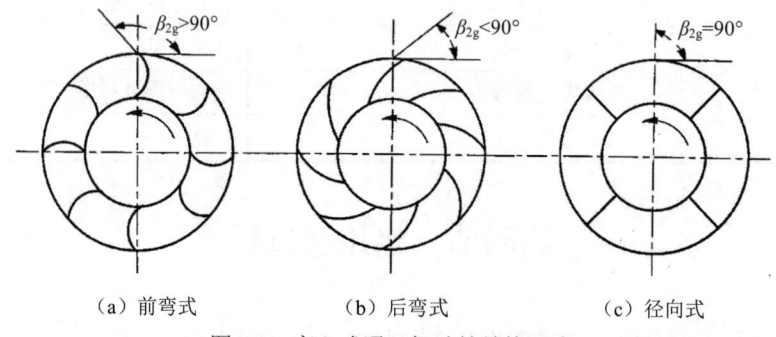

（a）前弯式　　　　（b）后弯式　　　　（c）径向式

图 9-9　离心式通风机叶轮结构形式

在离心式通风机的结构尺寸和转速相同时，前弯式叶轮较后弯式叶轮有更大的压头，但后弯式叶轮较前弯式叶轮有较高的效率。因此，在风量较大、风压较高的场合一般选用前弯式叶轮，在高效率下采用后弯式叶轮。径向式叶轮加工方便，其工作性能介于前弯式叶轮与后弯式叶轮之间。另外，后弯式叶轮由于本身特性，工作中一般不会超负荷，运行较为安全，是船舶离心式通风机中采用较多的类型。离心式通风机机壳为支撑和包围叶轮的外壳，多为螺旋形，称为蜗壳，其断面沿叶轮转动方向逐渐扩大，起汇集气流作用。船用离心式通风机的机壳均采用钢质材料焊接而成，并制成气密式结构。截面多为方形或圆形，蜗壳后部的出口扩压器起能量转换作用，使气流的部分动能转换为压力能，以此克服外界阻力，把气流送出通风机。离心式通风机按其全压 p 的大小可分为高压、中压和低压三类。一般 $p<100\text{mm}$ 时，水柱为低压；$100\text{mm}\leqslant p\leqslant 300\text{mm}$ 时，水柱为中压，$p>300\text{mm}$ 时，水柱为高压。离心式通风机集流器是离心式通风机的空气进口，其作用是让气流均匀地流入叶轮，减少流动损失。进气口有圆筒形、圆锥形、圆弧形、双曲线形，其中，圆弧形使用较多，而双曲线形流动阻力损失最小。离心式通风机的传动部分有传动轴、轴承及通风机至电动机间的传动连接件。离心式通风机叶轮用键或闷头螺钉固定在传动轴上。离心式通风机与电动机连接的传动方式有直接传动、皮带传动和联轴器传动三类。船用离心式通风机多为直接传动和皮带传动。

离心式通风机的特性曲线是指风压 p（mm）、轴功率 N_e（kW）及效率 η 与流量 Q（m³/h）之间的关系曲线，同离心泵特性曲线相似，均由生产厂家在出厂时实验测得，供管理时参考，并大致判断离心式通风机的运行状态。风压 p 是离心式通风机的全压，即离心式通风机出口端的实际风压（有时产品样本也给出与全压大致平行的静压 p_{st}）的特性曲线，轴功率 N_e 是指原动机传给离心式通风机轴上的实际功率，效率 η 即为有效功率与轴功率之比，通过测量与计算求得。在某一特定转速下，将上述特性参数在不同离心式通风机流量下的数值连成曲线，即称为离心式通风机的定速特性曲线。图 9-10 为某一后弯式叶轮离心式通风机的定速特性曲线。

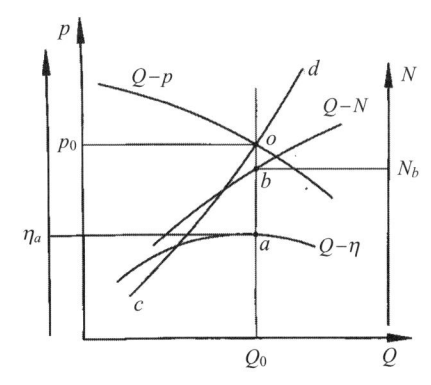

图 9-10 某一后弯式叶轮离心式通风机的定速特性曲线

由图 9-10 可知，离心式通风机风压曲线为一条下弯的曲线，而功率曲线为一条向上倾斜曲线。同离心泵相同，离心式通风机工作时的具体风压与流量是由离心式通风机特性曲线和风管特性曲线共同决定的。如图 9-10 所示，假设 c-d 为风管特性曲线，那么离心式通风机的工况点 o 点相应流量、全压、功率、效率分别为 Q_0、p_0、N_b、η_a。设计与选型较好的供风系统，离心式通风机的工况点应在效率最高处。

2. 离心式通风机的工况调节

离心式通风机的工况调节方法有节流调节、转速调节。图 9-11 为离心式通风机节流调节与转速调节的特性曲线。节流调节一般在风管出口安装用于调节风量的风门挡板，在需要时可开大或关小风门，其特性曲线如图 9-11（a）所示。将风门关小，风管特性曲线由Ⅰ变到Ⅱ，相应风量减少，风压升高，其轴功率下降。如果大型离心式通风机在启动之前能将挡风板关闭，则可起到减小启动功率、防止通风机过载的作用。

同离心泵类似，离心式通风机的节流调节简便易行，但会伴随节流损失。变速调节效率较高，且没有额外功率损失，但电动机成本相对较高，因此变频风机在普通商船上应用并不普遍。在较大型船舶中，对重要的机舱通风机经常采用双速、三速电动机或变频电动机。转速调节特性曲线如图 9-11（b）所示，离心式通风机转速由 n_1 提高到 n_2，则通风机的工况点由 o_1 变为 o_2，离心式通风机的风量和风压均提高；反之，风量和风压均降低。此种调节适用于机舱主、辅机在不同负荷状态时的风量调节。在需要时，离心式通风机也可以进行串联或并联使用。

(a）节流调节　　　　　　　　（b）转速调节

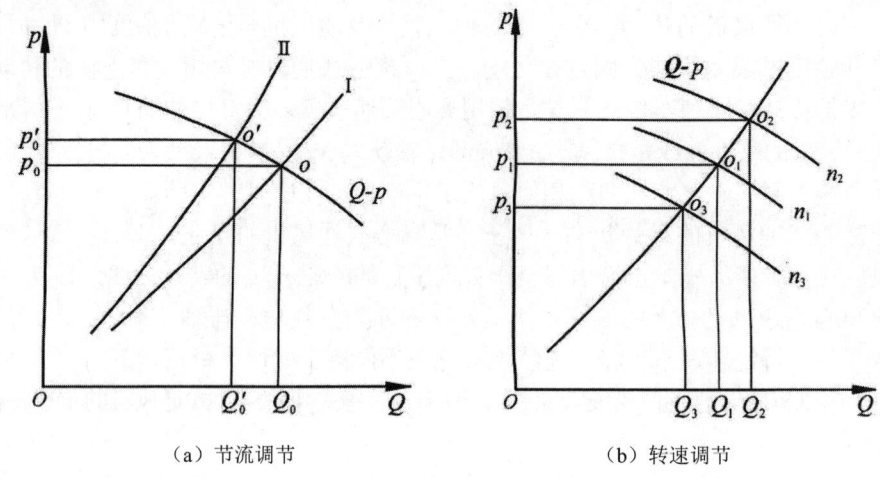

图 9-11　离心风机节流调节与转速调节的特性曲线

3. 轴流式通风机的基本结构和工作原理

轴流式通风机可分为低压（$p \leq 500\text{Pa}$）、高压（$500\text{Pa} < p < 5000\text{Pa}$）两种。轴流式通风机基本结构如图 9-12 所示。它同样由集流器 1、叶轮 2、机壳等组成，叶轮安装在圆筒形机壳中。当叶轮由电动机带动高速旋转时，空气由集流器进入叶轮，并在叶片作用下，通过能量转换提高动能和压力能。

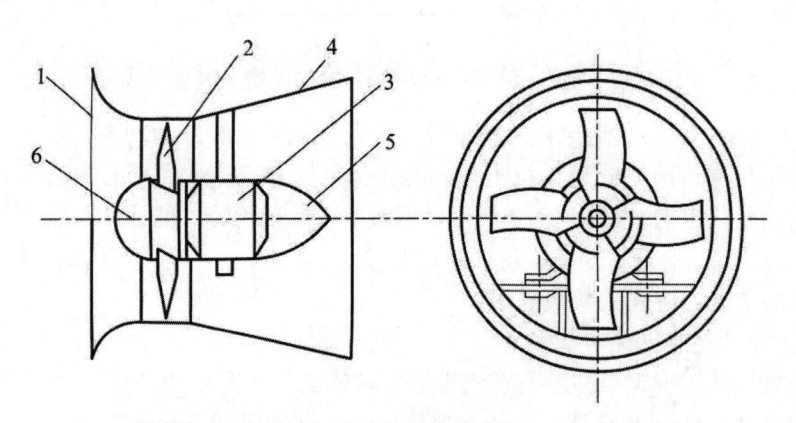

1—集流器；2—叶轮；3—电动机；4—扩压筒；5、6—前后整流罩

图 9-12　轴流式通风机基本结构

船用轴流式通风机的叶轮均直接装在电动机轴上。为减小阻力，又常在叶轮前面装一个流线型整流罩，其电动机也以流线型罩罩起来，以减少空气离开叶轮后因乱流所造成的能量损失。船用轴流式通风机的机壳多采用普通钢、不锈钢制成，叶轮多采用铝合金制成。轴流式通风机可垂直、水平或倾斜安装。船舶通风系统中多直接装在通风管道中。

船用轴流式通风机特性曲线如图 9-13 所示，由图可见，轴流式通风机特性与离心式通风机有较大区别，其中在稳定工作区功率随流量增加而提高，因此，轴流式通风机不适合进行节流调节，由于轴流式通风机运转特性所致，一般也不推荐串联、并联使用。

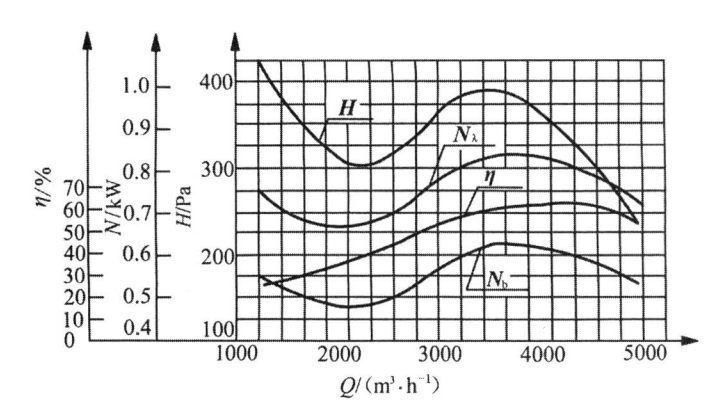

图 9-13 船用轴流式通风机特性曲线

二、船用通风机的选用与管理

1. 船用通风机的选用

船用通风机分鼓风用通风机和换气用通风机。其中，鼓风用通风机选用小型、抗摇摆、抗振动、抗冲击且节能的风机，一般采用机翼型叶片。换气用通风机可输送空气、含有盐雾的海洋空气、含油雾空气、蓄电池自然蒸发产生的少量酸蒸汽等。通风机要求防腐蚀、气密性好、噪声低。为防止腐蚀，可进行镀锌处理。考虑到船舶的工作环境，船用通风机一般选择防爆型。

选用机舱通风机时，应满足压力和流量要求。在各种负荷下，满足机舱各设备的空气耗量，并使机舱气压略高于大气压。在通风机工作数量上，要与装置各工况负荷相匹配，必要时使用部分变速风机。

2. 通风机的启动操作

启动前，对通风机应做好检查、准备工作，如检查轴承润滑条件是否良好。对于新装或修理后复装的通风机，启动前还应手动试转，观察有无卡死、摩擦或影响运转的因素；还需检查所有紧固件，确定通风机平稳工作。对于带传动通风机，应注意驱动轮与带轮之间的平行与平齐，传动带松紧合适。另外，启动前还应检查通风机接线是否正确，绝缘是否在要求范围内。

启动通风机时，先点启动 1~2 次，观察启动状态，叶轮转向。启动后观察通风机振动、运行及通风机轴承润滑情况，轴承表面测得的轴承温度一般不得高于环境温度 40℃，振动速度有效值不得超过 6.3mm/s。如有异常，应立即停机。停机通风机时，只需关闭电源即可。但如果是停机检查或维修，应在其电源处悬挂"禁止合闸"警告牌。

3. 通风机检修的注意事项

在通风机运行中，操作人员应注意其风量、风压及电动机电流的变化，必要时进行工况调节。在通风机运行中，必须经常观察通风机振动、润滑及整个通风系统的工作情况，并做好运行记录。做好通风机的日常维护、保养和检修工作。

通风机检修工作主要包括定期拆检和故障维修，拆开后检查气流表面（进风口、叶轮、叶片和机壳内之间的流道）的清洁度，清除表面积灰，检查在叶轮叶片、轮缘或轮盘处以及入口或机壳中是否有擦伤。如未发现异常磨损和变形，可清洁后更换轴承等易损件重新装复。

叶轮与主轴一般采用键连接，孔与轴一般采用过渡配合，在轴的纵向装好紧固装置并锁紧。

4. 通风机常见故障及原因

（1）通风机振动或噪声过大。故障原因有：叶轮和进风口不同轴；进风口损坏；叶轮弯曲或损坏；轴与轴承松动；叶轮与轴之间松动；带轮固定不好；带过松或过紧；电动机或通风机底座没有固定好。

（2）通风量减小。故障原因有：通风机转向不正确；叶轮与进口圈不同轴；通风机转速过低；通风管阻力过大；风门开度不足；滤网过脏。

（3）通风机功率过大。故障原因有：后倾叶轮装反了；通风机转速过高；管路阻力过小（离心式）；风管阻力过大；滤网漏装。

三、机舱通风系统的组成和管理要点

船舶通风是改善船员劳动条件及给船员、旅客提供舒适及卫生的生活环境的一种措施，也是为了维护机械设备正常运行的措施，尤其是为机舱燃烧设备提供充足氧气的有效手段。

1. 通风系统的组成与分类

船用通风系统主要由通风机、风筒、风闸、通风栅、调风门、通风管等组成。通风系统分类如下。

（1）按用途分。通风系统分为居住、生活舱室通风，包括居住舱室、餐厅、会议室、厨房及浴室、厕所等处；机舱等工作舱室通风，包括主机舱、副机舱、锅炉间与净油机间等处；货舱通风。

（2）按通风形式分。通风系统分为自然通风，利用空气热压原理，自然地形成空气混动，加上自然风压促使空气流动的通风方式；机械通风，利用动力驱动通风机，造成空气的交换与循环的通风方式。

（3）按风管内风速或风压分。通风管主管风速在 10m/s 以下为低速通风；在 10～20m/s 之间为中速通风；在 20m/s 以上为高速通风。主温风管风压在 392Pa 以下为低压通风；在 392～980Pa 之间为中压通风；在 980Pa 以上为高压通风。

2. 通风系统的要求

（1）所有通风百叶窗及通风筒应设有不锈钢防鼠网。

（2）所有附件与管道均应采用镀锌处理，否则应进行防锈漆和面漆处理。

（3）风管每隔 2～3m 设固定支架。

（4）在结构风管最低处开泄水孔，离心式通风机进、出口设耐火帆布接头。

（5）所有风管上应适当地开设用于检查和清洁的孔。

（6）对于有空气污染的舱室，如病室、化学实验室等，抽风量应大于进风量。在空调系统中，这些舱室不得设置回风口。

（7）根据规范要求，通风管应在适当位置设置手动或电动防火风闸。

3. 通风系统的管理

（1）定期检修、保养全船通风机。

（2）定期保养手动和电动防火风闸。

（3）定期活动风门调节挡板。

第十章　船舶制冷装置

第一节　理论基础知识

制冷，就是用人工方法从低于环境温度的对象（空间或物体）中吸取热量，并将其转移给环境介质的过程，其目的是获得低温（相对于环境温度）。制冷技术，是一门研究人工制冷的原理、方法、设备及应用的科学技术。它是为满足人们对低温的需要而产生和发展起来的。制冷工程，是制冷机及其主要设备与系统的设计、制造、应用及其操作技术的总称。制冷工程已广泛应用于国民经济的各个领域。

一、制冷在船舶运输中的应用

1. 伙食冷藏

船舶航程越远，需携带的食品越多，储藏时间也越长。一般的船舶为了储存食品，大多设有伙食冷库和相应的制冷装置，用于船员、旅客的伙食冷藏。

2. 空气调节

现代船舶为了能向船员和旅客提供舒适的生活条件和工作环境，一般都装有空气调节装置。制冷装置为空气调节装置提供了必需的冷源。

3. 冷藏运输

现代船舶在运输过程中为了满足生产和特殊设备的需要，实现其特殊功能，设有专用的制冷装置，如冷藏舱、冷藏集装箱。

二、食品的冷藏条件

1. 水果、蔬菜及蛋、奶类食品的冷藏条件

水果、蔬菜及蛋、奶类食品一般应采用冷却储藏。该类食品冷库的库温在0℃左右，即稍高于食品冻结点的温度。水果、蔬菜的种类、品种不同，其对低温的适应能力也各不相同。生长在南方或是夏季成熟的水果，适宜较高的温度储藏，例如，香蕉的储藏温度应高于12℃，否则不能催熟；柑类的储藏温度应为6~8℃，橘类为8~15℃，橙类为5℃左右。北方生长的大多是秋、冬成熟的苹果、梨等，一般都能忍受较低的温度，应在0℃左右储藏。

水果、蔬菜在储藏过程中会逐渐因蒸发而脱水，一般而言，若质量损失达到5%，新鲜度就会明显下降。水果、蔬菜的水分蒸发主要取决于储藏的湿度条件，湿度过小会使食品干缩，湿度过大会使食品容易发霉腐烂。菜库和乳品库适宜的相对湿度为85%~90%。此外，冷库内要求温度场和湿度场分布均匀。

由于蔬菜和水果不断地散发蒸汽和CO_2等气体，为了保持冷库内合适的气体成分浓度，应进行换气。果蔬类冷藏舱或冷藏集装箱的换气次数为每昼夜2~4次。

2. 鱼、肉类食品的冷藏条件

一般对鱼、肉类食品应冻结储藏，使其温度降低到大部分汁液冻结的程度，这样可更有效地抑制微生物的活动。冻结食品的储藏期比冷却食品要长得多。若采用快速冻结方式，食品内部的水分结成细小的冰晶，对食品品质影响较小。对于大部分鱼、肉类食品，如果冻结温度为–30～–23℃，冻结速度为2～5cm/h，品质与新鲜度可几乎保持不变。

对于长航线船舶，其鱼、肉类食品储藏温度以–20～–18℃为宜，在此温度下微生物的繁殖几乎停止，肉类能保鲜半年以上。对于短航线船舶，鱼、肉类食品冷冻保存期为2～3个月，库温控制在–12～–10℃较为经济。鱼、肉库的相对湿度一般保持在90%～95%为宜。

食品在冷藏期间的干缩现象也取决于库内空气流速，故对冷库内的空气流速也应加以控制。

3. 二氧化碳和氧气的浓度

水果、蔬菜的呼吸作用使库中O_2浓度减少，CO_2浓度增加。对新鲜水果和蔬菜采用"气调储藏"，即将冷库内的O_2和CO_2含量控制在一定的范围内，抑制水果、蔬菜的呼吸作用而使其保鲜期延长。一般CO_2浓度控制在2%～8%之间，O_2浓度控制在2%～5%之间，在气调库内保存的食品的储藏期可比在普通冷藏库内保存的食品的储藏期延长0.5～1倍。

4. 臭氧浓度

应用臭氧发生器产生的臭氧可对冷库进行消毒，杀灭霉菌及其他各种微生物，减少微生物污染食品的机会。

臭氧除有杀菌作用外，还可抑制水果、蔬菜的呼吸作用而使其保鲜期延长。水果、蔬菜和肉类舱臭氧连续供给浓度应控制为0.3～0.4mg/m³，供臭氧时间为15min，蛋、奶舱臭氧连续供给浓度应为0.3～0.4mg/m³，供臭氧时间为10min，鱼和其他有强烈气味的货物舱臭氧连续供给浓度应控制为0.4～0.8mg/m，供臭氧时间以20min为宜，表10-1为冷库冷藏条件。

表10-1 冷库冷藏条件

冷库类型	温度范围/℃	相对湿度/%	每昼夜换气次数/次	二氧化碳浓度/%	氧气浓度/%	臭氧浓度/（mg/m³）
高温库（蔬菜、水果）	0～5	85～90	2～4	2～8	2～5	0.3～0.4（15min）
高温库（蛋、奶）	0～5	85～90				0.3～0.4（10min）
低温库（鱼、肉）	–20～–18 –12～–10	90～95				0.4～0.8（20min）

三、机械制冷方法

机械制冷的方法主要有蒸发制冷、气体膨胀制冷和半导体制冷，其中蒸发制冷最为普遍。蒸发制冷是利用液体汽化时吸收汽化潜热的原理来制冷，常用的有蒸汽压缩式、吸收式、固体吸附式和蒸汽喷射式四种。

1. 蒸汽压缩式制冷

目前船舶制冷装置普遍采用蒸气压缩式制冷，其工作原理如图10-1所示。蒸气压缩式制冷选择沸点很低的工作介质（简称工质）作为制冷剂，经膨胀阀节流降压进入蒸发器，在较低的蒸发压力下，液态制冷剂逐渐汽化，并从被冷却空间吸收汽化潜热，从而实现制冷。蒸汽压缩式制冷装置主要由压缩机、冷凝器、膨胀阀和蒸发器四个部分组成。

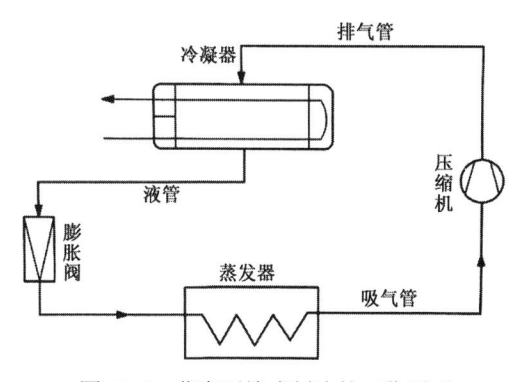

图 10-1 蒸汽压缩式制冷的工作原理

2. 吸收式制冷

吸收式制冷是利用溶液的特性来完成制冷循环的一种蒸发制冷法，采用由两种（或以上）物质组成的工质对，并以二元溶液中蒸发温度较低的物质作为制冷剂，而把在同一压力下蒸发温度较高并具有强烈吸收制冷剂能力的另一种物质作为吸收剂。可应用于吸收制冷的工质对已有数十种，但获得广泛应用的只有氨—水溶液（氨为制冷剂，水为吸收剂）和溴化锂—水溶液（水为制冷剂，溴化锂为吸收剂）两种。前者可用于低温系统，后者适用于空气调节系统。图 10-2 为吸收式制冷的工作原理。

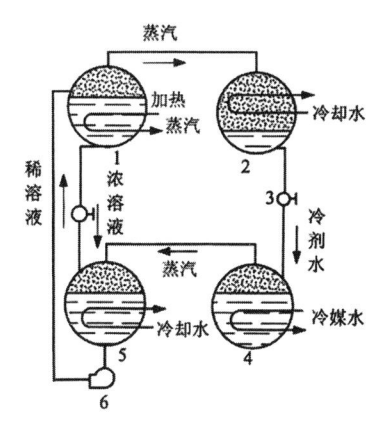

1—发生器；2—冷凝器；3—膨胀阀；4—蒸发器；5—吸收器；6—溶液泵

图 10-2 吸收式制冷的工作原理

3. 固体吸附式制冷

固体吸附式制冷技术是一种可有效利用低品位能源且没有环境破坏性的新技术，图 10-3 为吸附式制冷的工作原理。各种吸附式制冷的工作原理基本相同，由固体微孔吸附剂和吸附介质组成，吸附介质在吸附中的吸附量是随吸附温度和吸附压力而变化的。吸附剂与吸附介质组成吸附工质对。基本的固体吸附式制冷装置主要由吸附床（发生器）1、冷凝器 2 和蒸发器 3 三部分组成。其系统循环由吸附工质对来完成，整个系统是完全封闭的。

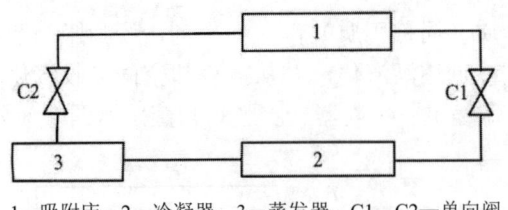

1—吸附床；2—冷凝器；3—蒸发器；C1、C2—单向阀

图 10-3 吸附式制冷的工作原理

4. 蒸汽喷射式制冷

蒸汽喷射式制冷也是依靠液体汽化来制冷的。这一点和蒸汽压缩式及吸收式制冷完全相同，不同之处在于怎样从蒸发器中抽取并压缩蒸汽。图 10-4 为蒸汽喷射式制冷的工作原理。

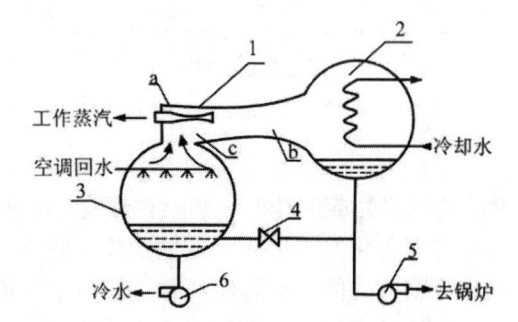

1—喷射器；2—冷凝器；3—蒸发器；4—节流阀；5、6—泵

图 10-4 蒸汽喷射式制冷的工作原理

与蒸汽压缩式制冷相比，蒸汽喷射式制冷设备简单，占地较小，制造、管理容易，特别是用水作制冷剂对人体毫无毒害又很易取得，同时汽化潜热大。其缺点是必须在高真空下工作，只能取得0℃以上的低温，且工作蒸汽的消耗量很大，经济性较差，故只适用于空气调节系统和其他需要0℃以上低温水的生产工艺中，对有废蒸汽、废热可以利用的场合尤为适宜。

四、蒸汽压缩式制冷装置的工作原理

1. 制冷剂压焓图（p-h 图）基本知识

理论循环的假设：压缩机的压缩过程不存在换热和流阻，为等熵过程；制冷剂在流动过程中无阻力损失，为等压过程；制冷剂只与热交换器有热交换，流过膨胀阀不做功，为等焓过程。

图 10-5（a）为蒸汽压缩式制冷的循环 p-h 图，其中 1-2 是制冷剂在压缩机中的等熵压缩过程，2-3 是制冷剂在冷凝器中的等压冷却、冷凝、过冷过程，3-4 是制冷剂在膨胀阀中的等容节流过程，4-1 是在蒸发器内的等压汽化吸热过程。

2. 单级蒸汽压缩式制冷循环

单级蒸汽压缩式制冷系统由制冷压缩机、冷凝器、节流机构和蒸发器四个基本部件组成。它们之间用管道依次连接，形成一个密闭的系统，制冷剂在系统中不断环流动，发生状态变化，与外界进行热量交换。

（1）制冷压缩机。它的作用是将蒸发器中的制冷剂蒸汽吸入，并将其压缩到冷凝压力，然后排至冷凝器。常用的制冷压缩机有往复活塞式、离心式、螺杆式、旋涡式、滚动转子式和滑片式等几种类型。

（2）冷凝器。它是一个换热器，它的作用是将来自制冷压缩机的高压制冷剂蒸汽冷却并冷凝成液体。在这一过程中，制冷剂蒸汽放出热量，故需用其他物体或介质来冷却。常用的冷凝器有壳管式、套管式、螺旋板式等。

（3）节流机构。制冷剂液体流过节流机构时，压力由冷凝压力降低到蒸发压力，一部分液体转化为蒸汽。常用节流机构有膨胀阀、毛细管等。

（4）蒸发器。它也是一个换热器，作用是使经节流机构流入的制冷剂液体蒸发成蒸汽，以吸收被冷却物体的热量。蒸发器是一个对外输出冷量的设备，输出的冷量可以冷却运载制冷剂的液体，也可直接冷却空气或其他物体。常用的蒸发器有蒸发盘管、冷风机等。

在制冷循环的分析和计算中，常借助于压焓图和温熵图（T-S 图），其中压焓图得到了更为广泛的应用。

由于在上述循环中，只有 4-1 过程是吸热的制冷过程，所以，循环的单位制冷量 q_0 即可由下式来计算：

$$q_0 = h_2 - h_1 \tag{10-1}$$

它表示 1kg 制冷剂在蒸发器内从被冷物体中吸取的热量，称为单位质量制冷量（简称单位制冷量）。假设制冷压缩机进口处的制冷剂比容为 η（m³/kg），那么，循环的单位容积制冷量 q_v 即可由下式表示：

$$q_v = \frac{h_1 - h_4}{V_1} \tag{10-2}$$

它表示制冷压缩机按吸气状态计算，每吸入 1m³ 制冷剂蒸气所能制取的冷量。q_V 的大小同样取决于制冷剂的种类和工作条件。

绝热压缩 1kg 制冷剂所消耗的外功 W 应为

$$W_0 = h_2 - h_1 \tag{10-3}$$

式中：W_0——压缩机的理论单位压缩功。

1kg 制冷剂经历一个循环所消耗的外功（循环的理论单位压缩功）即等于压缩机的理论单位压缩功。

由于压缩机的理论单位压缩功 W_0 循环中 1kg 制冷剂在冷凝器中向外界放出的热量，即应称为冷凝器的单位热负荷：

$$q_k = q_0 + W_0 = h_2 - h_3 \tag{10-4}$$

循环所产生的单位制冷量 q_0 与所消耗的净理论单位压缩功的比值，称为理论制冷系数：

$$\varepsilon_0 = \frac{q_0}{W_0} = \frac{h_1 - h_4}{h_2 - h_1} \tag{10-5}$$

蒸汽压缩式制冷是选择沸点很低的液体制冷剂经膨胀阀节流进入冷库内的蒸发盘管中，制冷剂就会在较低的压力下吸热汽化，从冷库中吸收热量，使库温降低，从而实现制冷。如图 10-5（b）所示为蒸汽压缩式制冷循环的 T-S 图，其中 1'-3 是制冷剂在压气机中等熵压缩；3-4 是制冷剂在冷凝器中等压、等温冷凝放热；4-8 是制冷剂在膨胀阀中的等熵膨胀；8-1'是通过蒸发器从冷库中等压、等温汽化吸热。

（a）蒸汽压缩式制冷循环压焓图　　　（b）蒸汽压缩式制冷循环温熵图

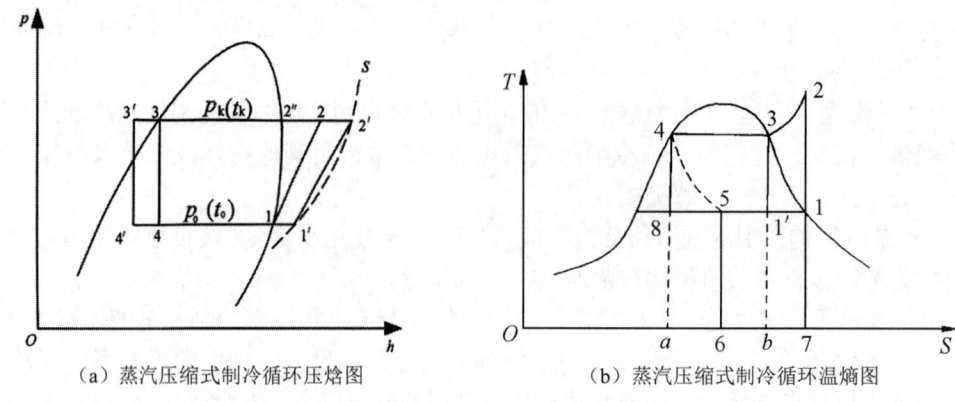

图 10-5　蒸汽压缩式制冷的理论循环

实际上采用蒸汽压缩式制冷循环是 T-S 图中 1-2-3-4-5-1。由蒸发器出来的干饱和蒸气被吸入压缩机，绝热压缩后成为过热蒸气（过程 1-2），因制冷剂在压缩前、后都是气态而不是气、液混合的状态，这使压气机设计制造比较方便，压缩效率也高。制冷剂蒸气进入冷凝器后，在等压下冷却（过程 2-3）并进一步在等压、等温下凝结成饱和液体（过程 3-4），饱和液体继而通过一个膨胀阀（又称节流阀或减压阀）经绝热节流降压、降温而变成低干度的湿蒸气，绝热节流是不可逆过程，节流前、后熵值相同，T-S 图中用虚线 4-5 表示。湿蒸气被引进冷库的蒸发器，在等压、等温下吸热成为干饱和蒸汽（过程 5-1），从而完成一个循环。这里用节流阀取代了膨胀阀，从热力学的观点来看，将可逆绝热膨胀改换为不可逆的绝热节流，会损失一部分原可回收的膨胀功，但从实用观点来看，以节流阀代替结构复杂的膨胀阀，既简化了设备，又易于调节温度。

回热循环：单级蒸汽压缩式制冷回热循环的流程如图 10-6（a）所示，其工作过程由图可以看出。制冷剂液体在回热器中被低压蒸汽冷却，然后经节流阀进入蒸发器。从蒸发器流出的低压蒸汽进入回热器，在其中被加热后再进入压缩机压缩，压缩后的制冷剂气体进入冷凝器中冷凝。

如图 10-6（b）为回热循环的 p-h 图。图中 1-1′ 是蒸汽的过热过程，过热和过冷是在回热器内进行的。如果不计回热器与外界环境间的热交换，则液体过冷的热量等于使蒸汽过热的热量。

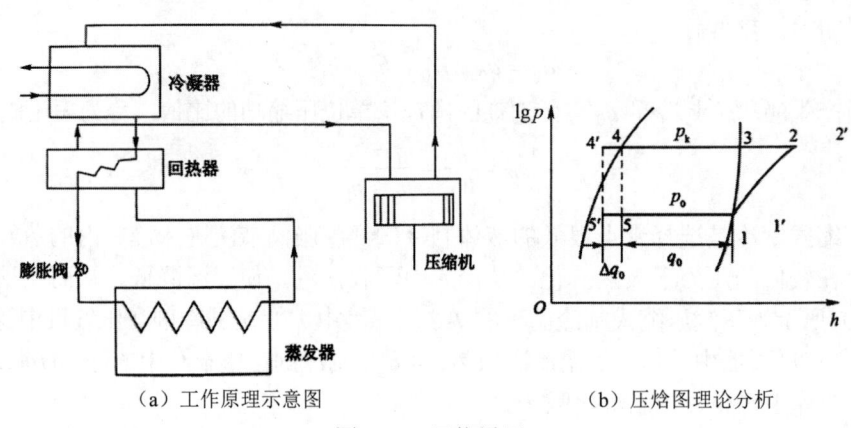

（a）工作原理示意图　　　（b）压焓图理论分析

图 10-6　回热循环

回热循环性能指标包括单位制冷量、单位容积制冷量、单位功及制冷系数。

从单位容积制冷量和制冷系数角度看，R502、R290、R600a、R134a 等制冷剂采用回热循环有利，而 R717 采用回热循环不利。此外，回热循环还具有过冷作用，引发制冷剂液体过冷所带来的优点。因此，在实际中是否采用回热循环，除了考虑制冷系数及单位容积制冷量是否提高，还应考虑下列因素。

（1）采用回热循环后，使节流前制冷剂成为过冷状态，这可以在节流过程中减少汽化，使节流设备工作稳定。

（2）采用回热循环后，自蒸发器出来的气体流回热器时压力有所降低，因而增大了压缩机的压比，引起压缩功的增大。

过冷循环：将节流前的制冷剂液体冷却到低于冷凝温度的状态，称为液体过冷。带有液体过冷过程的循环，称为液体过冷循环。

蒸汽压缩式制冷过冷循环的流程如图 10-7（a）所示。利用少部分流量供入过冷器 3 蒸发汽化吸热使大部分液态冷剂过冷。

由制冷剂的热力状态图可知，节流前液体的过冷度越大，则节流后的干度就越小，循环的单位制冷量就越大。因此，采用液体过冷对提高制冷量和制冷系数都是有利的。如图 10-7（b）为过冷循环的 p-h 图。图中 4-4′为制冷剂液体在过冷器中的过冷过程。过冷器实际上就是一个换热器，来自冷凝器的饱和液体经过过冷器再放出热量给冷却介质，使自己成为过冷状态。图中 4′-5′为节流过程，其余过程与基本循环相同。因为两个循环的理论比功相同，过冷循环的制冷系数 ε' 比无过冷循环的制冷系数 ε_0 要大。

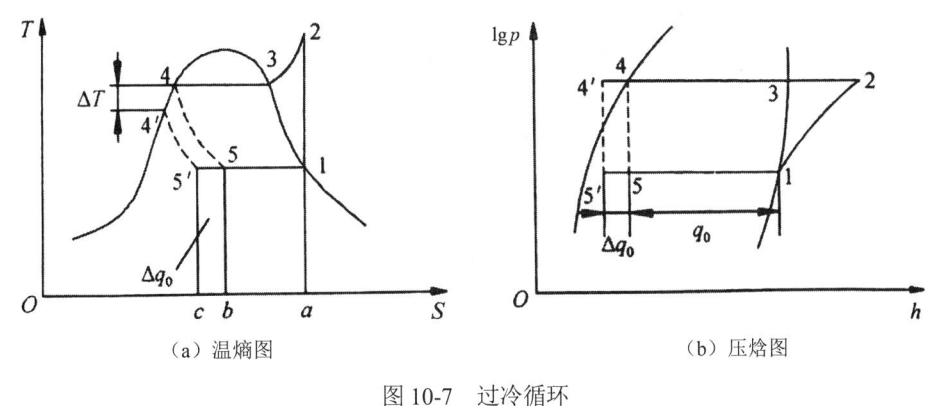

图 10-7 过冷循环

采用过冷循环可以使循环的制冷系数提高。因此，过冷度越大，循环的制冷系数提高得越多。此外，一定的过冷度还可以防止进入节流装置前制冷剂处于两相状态，使节流设备工作稳定。

制冷剂液体的过冷过程一般在过冷器中实现：当冷凝器用空气冷却时，过冷器中需用冷却水冷却，而当冷凝器用冷却水冷却时，用于过冷器中的冷却介质温度一般要比冷凝器中的冷却介质温度要低。冷凝器若采用蛇管式或逆流套管式，则冷凝器的尾部（即充满液体的部分）也可起过冷器的作用。当过冷器单独设置时，要增加冷却水设施，水泵还要消耗功，在这种情况下采用过冷循环在经济上是否有利，需经技术经济分析方可确定。

3. 蒸汽压缩式制冷的工况及影响工况的因素

（1）蒸汽压缩式制冷的工况。同一台制冷压缩机的制冷量、功率随蒸发温度和冷凝温度的变化而变化。使用的制冷剂不一样时，情况又有所不同。所以，抛开制冷压缩机的工作条件，仅强调其制冷量是没有任何意义的。为了对制冷压缩机的性能加以比较，各国视自己的具体情况对制冷压缩机人为地规定了几种工况。根据我国的实际情况，规定了所谓的名义工况、最大压差工况、考核工况及最大轴功率工况等。

名义工况是指高温、中温、低温用制冷压缩机的名义制冷能力和轴功率，在此工况下，压缩机按规定条件进行试验，并作为性能比较的基准性能工况。压缩机出厂时，机器铭牌上标出的制冷量一般是名义工况下的制冷量。对全封闭式压缩机而言，铭牌上标出的制冷量是标准工况下的制冷量，若是专门为空调配用的压缩机，则铭牌上的制冷量为空调工况下的制冷量。

（2）影响工况的因素。

1）冷凝温度。如图 10-8（a）所示，压焓图中 1-2-3-4-5-6-1 为原有蒸汽压缩式制冷循环，当冷凝温度由 t_k 升高至 t_k' 时，形成了新的循环（图中 1-2'-3'-4'-5'-6'-1），可以看出，新循环中不但单位压缩功增加了（$h_{2'}-h_2$），同时单位制冷量减少了（$h_{6'}-h_6$），因而制冷系数降低。排气压力的升高，导致输气系数降低，这又会使制冷剂的循环量因压缩机的排气量减小而有减小趋势。所以冷凝压力提高后，装置的制冷系数和制冷量均降低，压缩机的功耗增加。可见，采取措施适当降低冷凝温度既能提高装置的制冷量，又能提高其运行经济性。但冷凝温度过低可能因膨胀阀前后压差明显下降而导致制冷剂流量不足，反而使装置制冷量下降。需要指出的是，冷凝温度的高低完全取决于冷却介质（一般为水或空气）的温度，而冷却介质的温度不能任意降低，它受环境温度的限制，这点在选择冷却介质时，应予以注意。

2）蒸发温度。如图 10-8（b）所示，将制冷循环 1-2-3-4-5-6-1 的蒸发温度由 t_0 降至 t_0' 后，在冷凝温度不变的条件下，随着蒸发温度的降低，单位质量制冷量和制冷系数均减小，而单位绝热压缩功却增大。这是由于蒸发压力相应降低，冷剂流经膨胀阀节流降压时闪气增大，在蒸发器中吸热量减小，而压缩比的增大却提高了单位绝热压缩功。由于吸气压力的降低，使压缩机的质量排气量，即冷剂的循环量减小，故蒸发温度降低后装置的制冷系数、制冷量、轴功率均下降。因此，在使用管理中，在可以满足需要的条件下，应尽量采取较高的蒸发温度。

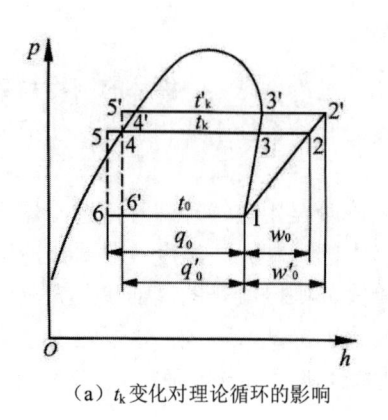

(a) t_k 变化对理论循环的影响

(b) t_0 变化对理论循环的影响

图 10-8 制冷系统变工况特性

除上述的冷凝温度与蒸发温度是影响制冷系数的主要因素外，制冷剂的过冷度对于制冷系数也有直接的影响。实际制冷循环中，不但使制冷剂蒸汽通过冷凝器变为饱和液体，而且将其进一步冷却，使制冷剂的温度降得更低，成为状态4′的过冷液体。由图可见，压缩机消耗的功未变，但制冷量增大了，因而也提高了制冷系数。显然，过冷度越低，即过冷度越大，制冷系数也越高。但是过冷度并不能任意降低，因为它同样取决于冷却介质的温度。液体的过冷过程（图中4-4′）可以由冷凝器实现，但这要以增加冷凝器的热交换面积或冷却介质的流量作代价，液体过冷也可以在冷凝器与膨胀阀之间装设的回热器、过冷器中进行。

第二节　常用制冷剂和载冷剂

一、对制冷剂的要求

制冷剂是在封闭的制冷系统中不断循环流动，通过自身热力状态变化与外界发生热量交换的介质。制冷剂在蒸发器和冷凝器内，主要是物态变化；在压缩机、节流阀内，主要是热力参数变化。

制冷剂作为制冷装置中完成制冷循环的工质，应根据所用制冷剂的类型和要求的制冷温度来进行选择。蒸汽压缩式制冷装置所用制冷剂的热力性质和理化性质应能满足以下要求。

（1）用环境温度的水或空气冷却时，冷凝压力不太高，对设备和管路耐压要求不高。

（2）在标准大气压下的标准沸点比蒸发温度低，从而使蒸发压力高于标准大气压，空气不易漏入系统。

（3）压缩机的排、吸气压力比不太高，从而输气系数不致过低。

（4）汽化潜热大，气体比体积小，因而单位容积制冷量大，制冷量既定时，制冷剂的容积流量较小，可使容积式压缩机和管路的尺寸减小。

（5）压缩终温不太高，避免降低滑油的性能和使用寿命。

（6）热导率较大，可减小换热器尺寸。

（7）黏度较低，管路流动的阻力损失小。

（8）临界温度（一般为标准沸点的1.4～1.6倍）适当提高，临界温度太低，则制冷剂节流降压的闪发损失大，制冷系数低，甚至在环境温度下无论压力多高都无法冷凝；临界温度太高，则制冷剂蒸汽在既定蒸发压力的比体积较大，单位容积制冷量较低。

（9）化学稳定性和安全性好，与所用材料相容。

（10）对大气臭氧层的损耗作用和温室效应轻微。

目前广泛使用的制冷剂是饱和烃的卤化物，统称氟利昂，人们所说的非氟利昂的R134a、R410A及R407C等其实都是氟利昂。氟利昂可以破坏臭氧层是因为制冷剂中有Cl元素的存在，而且随着Cl原子数量的增加，其对臭氧层破坏能力增加；随着H元素含量的增加，其对臭氧层破坏能力降低。造成温室效应主要是因为制冷剂在缓慢氧化分解过程中，生成大量的温室气体，如CO_2等。

二、制冷剂的研究进展及安全和环境特性指标

氟氯化碳氢化合物类的制冷剂（俗称氟利昂）最有代表性的是R11、R12和R22。氟利昂

系列制冷剂分为三类：氯氟烃类产品（Chlorofluorocarbon，CFC）、氢氯氟烃类产品（Hydrochlorofluorocarbon，HCFC）和氢氟烃类产品（Hydrofluorocarbons，HFC）。由于 CFC 对臭氧层和大气变暖的重要影响，保护环境、实现 CFC 替代成为全世界共同关注的问题。根据 1992 年修订后的《蒙特利尔破坏臭氧层物质管制议定书》规定，2000 年开始已经完全禁止生产和使用 CFC，限用 HCFC；2030 年后禁用 HCFC。作为最具代表性的 CFC 制冷剂 R12 已经被禁用，其目前代用制冷剂是 R134a，虽然 R134a 的破坏臭氧潜值（Ozone Depletion Potential，ODP）为零，但其温室效应潜值（Global Warming Potential，GWP）很高，约为 CO_2 的 1300 倍，因而它是一种过渡性的代用制冷剂。制冷剂的毒性可以用很多方式加以度量。目前普遍采用 ISO 标准以及美国采暖、制冷和空调工程师学会（American Society of Heating, Refrigerating and Air-conditioning Engineers，ASHRAE）标准，中国国家标准也进行了相应规定。中国国家标准把制冷剂分为 A1、A2、A3、B1、B2、B3、C1、C2、C3 共 9 个等级；ISO 和 ASHRAE 标准分为 8 个等级，其中 2L 为最新标准所增加的等级。

三、制冷剂的种类和编号

目前使用的制冷剂主要有无机化合物、卤代烃、非共沸混合物、共沸混合物、碳氢化合物几类。

1. 无机化合物

无机化合物的编号为 R7××。R 为英文单词 Refrigerant（制冷剂）的首字母，其后 ×× 表示的数字是化合物的分子量。例如，水的编号是 R718，氨是 R717，CO_2 是 R744。

2. 卤代烃

目前卤代烃大多是饱和烃的卤代物，其商品名统称氟利昂。分子式是 $C_mH_nF_xCl_yBr_z$（$n+x+y+z=2m+2$），其编号为 $R_{(m-1)(n+1)(x)}B_{(z)}$，其中异构体依不对称程度不同依次加 a、b、… 区分。z 是溴原子数，z 为 0 时 B 可省略。

不含氢的 CFC 在大气中寿命很长，因此属于禁用制冷剂；HCFC 在大气中的寿命相对较短，ODP 值较低，目前属于过渡制冷剂；HFC 不含氯，ODP 值为 0，但其 GWP 值偏高（GWP 值越大说明其对全球变暖的影响越大），目前属于替代制冷剂。

3. 非共沸混合物

非共沸混合物是由两种或两种以上的制冷剂按一定比例混合而成。在既定压力下蒸发或冷凝时，各组分在气相和液相中的质量分数不同，且一直变化，相应温度也在改变。

非共沸混合物制冷剂几乎都是由两种或三种氟利昂以既定的质量比混合而成的，它的编号是依开始使用的先后顺序从 R400 起编排，如有组分相同但各组分质量分数不同的制冷剂，则后面加大写字母 A、B、C、…区分。一般情况下，将少量的高沸点组分加入低沸点主要组分中，所形成的混合制冷剂和其主要成分相比，制冷系数提高，能耗降低，但制冷剂的制冷量有所下降。

使用非共沸制冷剂的系统若在只有气体（例如吸、排气管）或只有液体（例如液管）的地方发生泄漏，制冷剂的组成不会发生变化。但在停机期间或工作时，在制冷剂同时存在气、液相的地方（冷凝器、蒸发器），若发生气体或液体泄漏，则系统中制冷剂组分的质量比就会改变，装置的性能（制冷量和效率等）就会发生某种程度的变化。

若由沸点相近的物质组成混合物，则露点线和泡点线很接近，在等压相变过程中温度漂移小（<1℃），则可称为近共沸混合物，如 R404、R410，其气、液相中各组分的质量分数相

近。试验证明，使用近共沸制冷剂的装置，即使多次泄漏和补充制冷剂，性能也几乎不变。

4. 共沸混合物

共沸混合物是由两种或两种以上的制冷剂按一定比例混合而成的。在既定压力下蒸发或冷凝时，各组分在气相和液相中的质量分数始终保持相同，发生相变时对应的温度保持不变。

很多共沸混合物的标准沸点比其各组分更低，因而适用更低的蒸发温度；同时在既定蒸发温度时其蒸发压力比各组分高，密度更大，因而单位容积制冷量更大。

目前，共沸混合物制冷剂都是由两种氟利昂混合而成的，它的编号依开始使用的先后顺序从 R500 起编排，用质量分数表示其组成时，各组分按沸点由低至高排列，例如，R502（标准沸点为-45.6℃），其组分是 R22/R115(48.8/51.2)，因 R115 属 CFC，现已禁用。现又开发出由未禁用的 HFC 组成的共沸混合物制冷剂，例如，R507（标准沸点为-47℃），其组分是 R125/R143a(50/50)，与 R502 的性能相近，在欧洲用于超市的冷冻设备。

5. 碳氢化合物

碳氢化合物是价廉的自然工质，ODP 值为 0，GWP 值也很低，不腐蚀金属，溶于滑油，难溶于水，与水不发生作用；主要缺点是易燃，与空气混合后有爆炸危险。

碳原子数≤3 的烷烃和烯烃类命名法与氟利昂相同，差别是烯烃类在 R 后要加 1。例如，丙烷是 R290，丙烯是 R1270。异丁烷是例外，用 R600a 表示，可在冰箱中用作 R12 的替代制冷剂。

四、常用制冷剂及其性质

目前用得比较多的制冷剂，按其化学组成不同主要分为以下三类。

（1）无机物。NH_3、CO_2 和 H_2O 等。

（2）卤代烃（氟利昂）。二氟二氯甲烷（R12）、四氟乙烷（R134a）、二氟一氯甲烷（R22）、一氟三氯甲烷（R11）、三氟二氯乙烷（R123）、五氟丙烷（R245a）等。

（3）碳氢化合物。甲烷、乙烷、丙烷、异丁烷、乙烯、丙烯等。

此外，某些环烷烃的卤代物、链烯烃的卤代物也可以作为制冷剂使用。上述三类制冷剂中，氟利昂属于人工合成制冷剂，其余为自然制冷剂。

船舶制冷装置中常用的制冷剂为卤代烷烃 R134a、非共沸混合制冷剂 R404A、R410A 和共沸制冷剂 R407C。

R12。R12 是曾经广泛使用的制冷剂，因其属 CFC，1996 年起已被禁用。

R717。R717 价格低廉，黏度比氟利昂低，热导率比氟利昂大，与大部分材料相容（除铜及磷青铜以外的铜合金）。其主要缺点是有强烈的刺激性气味，在空气中容积含量达 0.5%～0.6%时就会对人的呼吸器官和黏膜产生刺激作用，人在其中停留 0.5h 以上就会中毒，R717 含量达 11%～14%时可燃，达 16%～25%时易发生爆炸。R717 作为制冷剂目前主要用于陆地冷库和某些水产品加工船。

R22（二氟一氯甲烷 $CHClF_2$）。R22 属 HCPC，今后会被新的制冷剂取代，其无毒、不燃、不爆，单独存在时即使温度超过 500℃仍然稳定。根据《蒙特利尔破坏臭氧层物质管制议定书》，R22 自 2020 年 1 月 1 日不再被允许使用，将于 2030 年前全面淘汰。

R134a（四氟乙烷 CH_2FCF_3）。R134a 属于 HFC，ODP 值为 0，是 R12 的代用品。其单位容积制冷量与 R12 相近，制冷量相同时压缩机的容积流量比用 R22 大 50%以上，较适用于螺杆式和离心式压缩机。它的排气温度较低，标准沸点为–26.5℃，用于船舶伙食冷库制冷装置会导致冷库温度不够低，可用于空调制冷装置。它在应用方面有以下特点：

1）分子较小，渗漏性很强，因不含氯而不能用检漏灯检漏，可使用电子检漏仪。

2）溶解水的能力是 R12 的 20 倍多，但比 R22 低，所用干燥剂为避免吸附 R134a 分子，要求孔隙更小，不宜用硅胶，应采用分子筛 XH-7、XH-9 等。

3）会使普通橡胶浸润膨胀，应选用氢化丁腈橡胶或氯丁橡胶。

4）与矿物油不相容，应采用聚脂类油 POE，某些场合也有用聚二醇类油 PAG，这些滑油价格都比较高，前者吸水性约为矿物油的 10 倍，后者为 100 倍，使用和保管时应尤其注意防潮。

非共沸混合制冷剂。常用的非共沸混合制冷剂有 R404A、R407C、R410A 等。其物理性质均不可燃，属 HFC 类制冷剂，压缩机须充注聚酯类（POE）滑油。

R404A 是由 R125、R143a、R134a 三种工质按 44%、52%和 4%的质量分数混合而成的，可作为 R22 的替代工质。R404A 在标准压力下泡点温度为–46.6℃，相变温度滑移较小，约为 0.7℃，属于近共沸混合物。过冷度对 R404A 的性能影响大，因此 R404A 系统宜增设过冷器，由于 R404A 含有 R134a，故其制冷系统用的滑油、干燥剂及对清洁度等要求与 R134a 相同。该制冷剂的 ODP 值为 0，GWP 值为 3260。

R407C 是由 R32、R125 和 R134a 三种工质按 23%、25%和 52%的质量分数混合而成的。标准压力下泡点温度为–43.8℃，相变温度滑移为 7.1℃。该制冷剂的 ODP 值为 0，GWP 值为 1530。R407C 的热力性质与 R22 最为相似，两者的工作压力范围、制冷量都十分相近。原用 R22 的机器设备改用 R407C 后，需要更换滑油、调整制冷剂的充注量及节流元件。R407C 机器的制冷量和能效比比 R22 机器稍有下降。R407C 的缺点是温度滑移较大，一旦在气液两相（如蒸发器、冷凝器）发生泄漏，混合物的配比就可能发生变化而达不到预期效果。

表 10-2 为常用制冷剂的主要性质。

表 10-2 常用制冷剂的主要性质

制冷剂		R22	R134a	R404A	R407C	R410A
分子式或组分		$CHClF_2$	CH_2FCF_3	R125/143a/134a（44/52/4）	R32/125/134a（23/25/52）	R32/125（50/50）
相对分子质量		86.47	102.03	97.60	86.20	72.58
标准沸点/℃		–40.8	–26.7	–46.8	–43.8	–51.6
温度漂移/℃				0.5	7.1	0.2
P.30x/p-30℃ bar/bar		11.92/1.64=7.3	7.1/0.85=8.35	7.7/0.87=8.85	11.56/1.37=8.44	18.7/2.75=6.8
密度（24℃）/（kg/m³）	液体	1194.6	1210.5	1050	1140	1070
	气体	43.03	31.38	62.21	39.18	63.29
热导率（24℃）/[mW/(m·K)]	液体	84.1	81.6	67.9	89.9	107.3
	气体	11.30	13.72	16.0	14.9	13.92
黏度（24℃）/（μPa·s）	液体	167.7	200.4	130.0	152.1	140.3
	气体	12.63	11.76	12.34	13.0	13.06

注：表中数据为在 1.2MPa 压力条件下的。

R410A 是由 R32 和 R125 两种工质按 50%和 50%的质量分数混合而成的 HFC 类制冷剂。R410A 在标准压力下泡点温度为–51.6℃，相变温度滑移小于 0.2℃，属于近共沸混合物，其热力学性能十分接近单工质。同 R22 相比，R410 的冷凝压力增大约 50%，是一种高压制冷剂，需要提高系统耐压强度。由于 R410A 的高压、高密度，因此允许制冷剂管径减小许多，压缩机尺寸及排量也可大大降低；同时 R410A 液相的热导率高、黏度低，使其具有明显优于 R22 的传输特性。该制冷剂不可燃，ODP 值为 0，GWP 值为 1730。

R507 为共沸混合制冷剂，相变温度滑移比 R404A 低。在泄漏、充注多次后，R507 的组分变化比 R404A 小，采用同样的压缩机，R507 的制冷量比 R22 大 7%~13%，R404A 的制冷量比 R22 大 4%~10%；无论在含有滑油还是不含滑油的工况下，R507 的换热性能均比 R404A 好。

共沸制冷剂与非共沸制冷剂相比，其制冷系数提高、能耗降低、制冷量有所降低。

系统使用非共沸混合制冷剂后，一旦发生泄漏（尤其在蒸发和冷凝过程），在系统内剩余的混合物的质量分数就会改变，从而影响制冷性能，对于小型制冷机，应排出剩余制冷剂，抽空系统，重新充注。

五、制冷剂的使用管理

制冷系统制冷剂空间的压力高于标准大气压。在运行中或维护管理时，如果制冷设备、管路、附件及自动控制元件等产生密封不严的状况，就会导致制冷剂泄漏，制冷系统运行性能随之下降，同时造成制冷剂损失，严重情况下泄漏的制冷剂会对健康造成危害。制冷剂钢瓶用来存储、回收制冷剂，其使用管理也需要引起足够的重视。在对制冷装置进行某些特定操作时，制冷剂空间也有可能出现负压，杂质、水分等就可能进入制冷剂空间，使制冷系统出现故障。

（1）每种制冷剂的钢瓶都有指定的颜色，常用制冷剂钢瓶的颜色见表 10-3。

表 10-3　常用制冷剂钢瓶的颜色

制冷剂	颜色	制冷剂	颜色
R22	绿色	R407C	巧克力色
R134a	淡蓝色	R410A	玫瑰色
R404A	橘黄色		

船上如果有两种以上的制冷剂，首先可以通过钢瓶颜色进行宏观区分，然后通过钢瓶上的标签进行详细辨识。不同种类的制冷剂及钢瓶切不可混用。

（2）钢瓶内的压力取决于制冷剂种类和温度。

（3）钢瓶允许的液态制冷剂充注量应小于 80%容积。

（4）钢瓶正置时，下部为液态制冷剂、上部为气态制冷剂。

（5）应对制冷剂钢瓶进行绑扎固定，使用中禁止撞击、拖移。应定期检查腐蚀状态，如不合格，应将制冷剂转移到其他钢瓶，禁止对钢瓶修补后使用。

（6）相同温度下制冷剂密度比空气大很多。一旦泄漏，制冷剂气体会积聚在较低的空间，管理上应注意采取适当的方法避免吸入。

（7）制冷系统存在使人窒息的危险。如果制冷剂大量泄漏并且积聚在较封闭的处所，就会导致氧含量降低，造成人员心律不齐、头晕、昏迷、窒息等危险。

（8）进行与制冷剂有关的操作时，应佩戴防渗透手套及护目镜。如果不慎造成液体与皮肤接触，可能引起冻伤，应用温水冲洗。如果吸入气体，应尽快到室外呼吸新鲜空气。

六、载冷剂

载冷剂是间接制冷系统中传递热量的中间介质。客轮集中式空调系统和专业冷藏船往往采用载冷剂来传递热量。载冷剂在制冷系统的蒸发器中被制冷剂冷却后，用以冷却被冷却物质，然后返回蒸发器，将热量传递给制冷剂。载冷剂起到了运载热量的作用，故又称为冷媒。采用间接制冷系统既可减少制冷剂的充灌量和泄漏的可能性，又易于解决制冷量的控制和分配问题。

1. 作为载冷剂的物质应该符合的要求

作为载冷剂的物质应该符合的要求：在使用温度范围内呈液态，凝固点低，挥发性小；无毒，对人体无刺激性；黏度小，相对密度小，传热性能好；对金属腐蚀性小；不易燃烧，无爆炸危险；比热容较大；化学稳定性好；价格低廉，易于获得。

2. 载冷剂的基本热力学性质

载冷剂的基本热力学性质：工作温度范围内始终保持液态，即凝固点尽可能低，而沸点尽可能高；比热容和热导率要大，换热效果要好；密度和黏度要小，使载冷剂循环泵功耗小；应有较好的化学稳定性，不腐蚀设备、管路；当载冷剂的蒸汽与空气混合时，无燃烧、爆炸的危险，并对人体无毒，价廉易得。

3. 常用载冷剂

在以间接冷却方式工作的制冷装置中，将被冷却物体的热量传给正在蒸发的制冷剂的工质称为载冷剂。载冷剂通常为液态，在传递热量过程中一般不发生相变，常用的载冷剂有水、盐水、酒精、乙二醇和丙二醇、二氯甲烷等。

（1）水。水适用于制冷温度在0℃以上的场合，如空气调节设备等。其优点是比热容大、导热性能好，缺点是易腐蚀设备。

（2）盐水。盐水即氯化钠、氯化钙或氯化镁水溶液，可用于盐水制冰机和间接冷却的冷藏装置，或冷却袋装食品。盐水的凝固温度随浓度而变，当溶液浓度为30%左右时，氯化钙盐水的最低凝固温度为-55℃，当溶液浓度为23.1%时，氯化钠盐水的最低凝固温度为-21.2℃。使用时按溶液的凝固温度比制冷剂的蒸发温度低5~10℃为准来选定盐水的浓度。氯化钙和氯化钠盐水的优点是价格低廉、来源广泛，但它们对金属有腐蚀作用，使用时一般添加铬酸盐（重铬酸钠、重铬酸钾等）作为缓蚀剂。

（3）酒精。酒精作为载冷剂其优点是使用温度低，黏度小，但酒精易燃易爆，同时会锈蚀设备。

（4）乙二醇和丙二醇。乙二醇和丙二醇的性能稳定，与水以任意比例互溶，其溶液的凝固温度随浓度而改变，通常用它们的水溶液作为载冷剂，适用的温度范围为-35℃以上。作为载冷剂这两种二元醇低温黏度大，锈蚀金属。

（5）二氯甲烷。通常液体二氯甲烷常用来作低温载冷剂，其凝固温度为-97℃，其优点是黏度小，流动性能好，缺点是沸点低，易挥发，易冰堵。

载冷剂应根据制冷装置的用途、容量、工作温度等来选择。选择载冷剂需考虑冰点、沸点、热导率、比热容、低温黏度、腐蚀性、毒性、价格等因素。

七、冷冻机油

合理选用制冷压缩机的滑油（冷冻机油）是保证压缩机安全、高效运转和延长其使用寿命的重要条件。冷冻机油的作用是润滑、密封（渗入运动部件密封间隙，阻碍制冷剂泄漏）、冷却（带走摩擦热、降低排气温度），有的还用来控制卸载和容量调节机构。

1. 冷冻机油应满足的主要要求

压缩机的制冷工况和所用制冷剂不同，则选用的冷冻机油也不同。冷冻机油应满足的主要要求如下。

（1）倾点（油能流动的最低温度，比凝固点高 2~3℃）应低于最低蒸发温度。

（2）闪点应比最高排气温度高 15~30℃，以免引起滑油结焦变质。

（3）应根据蒸发温度和排气温度选用适当的黏度。

（4）含水量要低。

（5）化学稳定性和与所用材料（如橡胶、分子筛等）的相容性要好。

（6）用于封闭式和半封闭式压缩机时电绝缘性要好。击穿电压一般要求不小于 25kV。油中有杂质会降低电绝缘性能。

其他对冷冻机油的要求还包括酸值和腐蚀性低，氧化安定性好，机械杂质和灰分少等。

2. 冷冻机油的品种

参照 ISO 6743—3:2003 标准和国标 GB/T 16630—2012，根据制冷剂类型与制冷剂的相溶性和应用领域，将冷冻机油分为 L-DRA、L-DRB、L-DRD、L-DRE 和 L-DRG 五个品种。其中 L-DRA 和 L-DRB 适用于氨；L-DRD 适用于 HFC，与制冷剂相溶；L-DRE 适用于 HCFC，与制冷剂相溶；L-DRG 适用于 HCs。冷冻机油的标记形式为品种代号后面加上黏度等级（40℃时的运动黏度），如 L-DRD68 表示黏度等级为 68 的 L-DRD 冷冻机油。

第三节　制冷压缩机

一、容积型制冷压缩机

在容积可变的封闭容积中直接压缩制冷剂蒸气，使其体积缩小，从而达到提高压力的目的，这种压缩机称为容积型制冷压缩机。属于容积型制冷压缩机的主要有往复式（又称活塞式）、螺杆式、涡旋式和滚动转子式等。

1. 往复式制冷压缩机

图 10-9 为往复式制冷压缩机，该压缩机由气缸 1、活塞 2、气缸盖 7 和气阀 6 等组成封闭容积。曲轴在电动机驱动下旋转，活塞在下止点和上止点之间做往复运动，完成吸入、压缩、排气和膨胀等过程。因结构简单，制造技术成熟，对加工材料和加工工艺要求较低，造价比较低，适应性强，往复式制冷压缩机广泛应用于中小型制冷装置中，主要适用于家用冰箱、商用冰箱、空调系统，以及商用冷藏等场所。在制冷系统中，往复式制冷压缩机工作方式为依靠活塞的往复运动来压缩气缸内的气体，通常是通过曲柄连杆机构，把原动机的旋转运动变为活塞的往复运动。

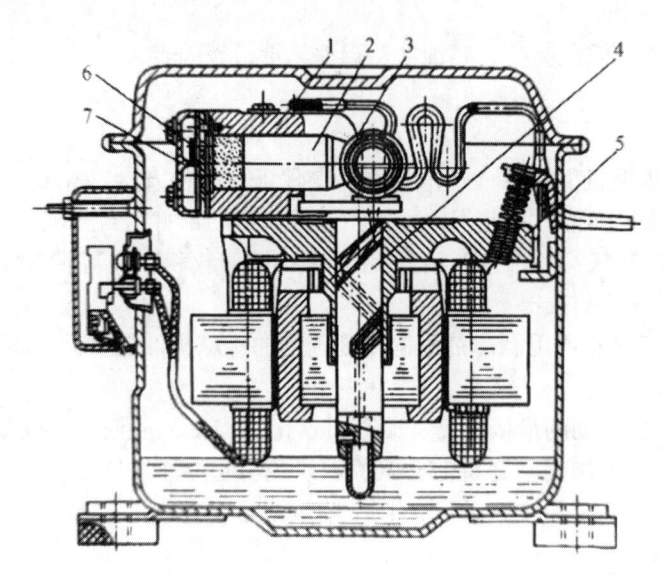

1—气缸；2—活塞；3—滑管；4—曲轴；5—轴承座；6—气阀；7—气缸盖

图10-9 往复式制冷压缩机

2. 螺杆式制冷压缩机

螺杆式制冷压缩机是一种回转容积式压缩机，利用螺杆的齿槽容积和位置的变化来完成蒸汽的吸入、压缩和排气过程。螺杆式压缩机分为双螺杆和单螺杆两大类，双螺杆式压缩机习惯上称为螺杆式压缩机。图10-10为双转子螺杆式制冷压缩机，图10-11为双转子螺杆式制冷压缩机的封闭容积，为了清楚地显示容积，图中未画出气缸。螺杆式制冷压缩机主要适用于食品及其他工业冷冻，其工作方式为依靠置于机壳体内带有螺旋齿槽的阴螺杆和阳螺杆的啮合旋转运动，造成螺旋齿槽间的容积不断变化。双螺杆式压缩机在化工、制冷及空气动力工程中，它所占的相对密度较大。螺杆式压缩机与往复式压缩机相比，具有结构简单、体积小、输气系数高、排气温度低、单级压力比大、对吸入湿蒸汽不敏感、排气脉动小、易损件少、检修周期长、能量可无级调节等优点，一般应用于大冷量的场合。但其油路系统和辅助设备较复杂、耗油量大、噪声较大、转子加工精度要求高、价格高。

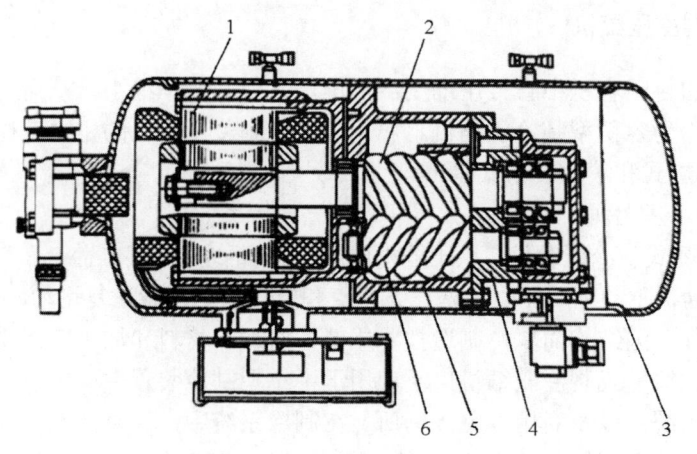

1—电动机；2—阳转子；3—机壳；4—排气端盖；5—机体；6—阴转子

图10-10 双转子螺杆式制冷压缩机

3. 涡旋式制冷压缩机

涡旋式制冷压缩机结构主要分为动静式和双公转式两种，目前动静式应用最为普遍，它的工作部件主要由动涡轮与静涡轮组成。图 10-12 为涡旋式制冷压缩机的部分剖视图。动、静涡轮的结构十分相似，都是由端板和由端板上伸出的渐开线型涡旋齿组成，两者偏心配置相差 180°，静涡轮静止不动，而动涡轮在专门的防转机构的约束下，由曲柄轴带动做偏心回转平动，无自转，只有公转。

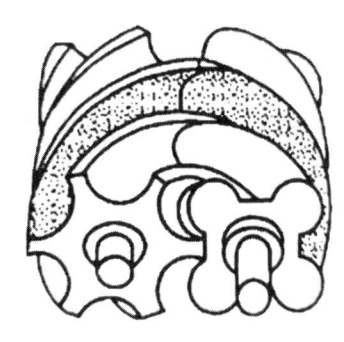

图 10-11　双转子螺杆式制冷压缩机的封闭容积

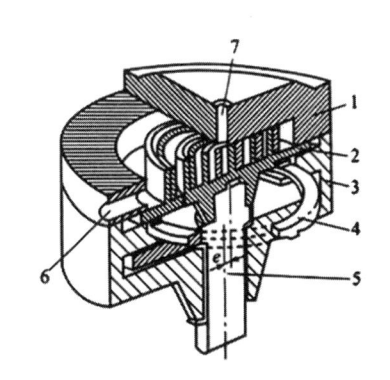

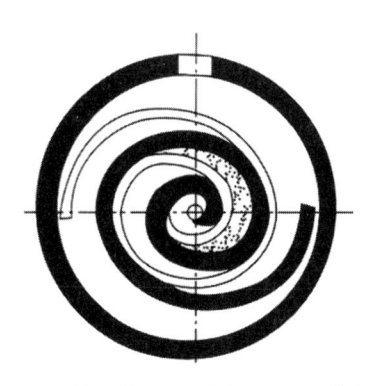

1—动盘；2—静盘；3—机体；4—防自转环；5—偏心轴；6—进气口；7—排气口

图 10-12　涡旋式制冷压缩机的部分剖视图

涡旋式制冷压缩机以其机构紧凑、高效节能、微振、低噪声以及工作可靠等特点，开始在小型制冷及空调领域获得越来越广泛的应用，也因此成为压缩机技术发展的主要方向之一。

4. 滚动转子式制冷压缩机

图 10-13 为滚动转子式制冷压缩机原理，是由圆形的固定气缸 1、转子 2、排气阀 4、始终紧贴在转子外面表面的滑片 5 以及两端端盖组成封闭容积的压缩机，因转子偏心配置，曲轴旋转时封闭容积不断缩小，气体压力升高，压力达到排气压力后从排气孔 3 出去。

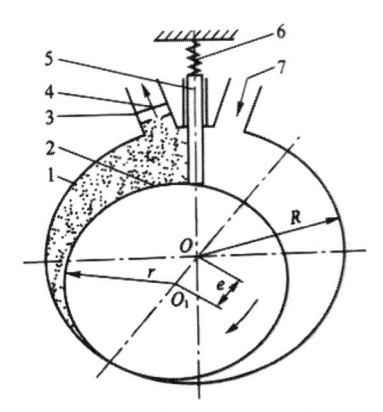

1—气缸；2—转子；3—排气孔；4—排气阀；5—滑片；6—滑片弹簧；7—吸气孔

图 10-13　滚动转子式制冷压缩机原理

二、速度型制冷压缩机

速度型制冷压缩机提高制冷剂蒸发压力的途径是先提高气体动能（同时压力也有些提高），再将动能转变为位能，提高压力。速度型压缩机有离心式和轴流式两种。

因轴流式压缩机的压力比小，不适用于制冷系统，故速度型制冷压缩机一般指离心式制冷压缩机，图 10-14 为单级离心式制冷压缩机的结构示意图。被吸入的制冷剂气体在叶轮 1 中流动，叶轮传递给气体的功增加气体速度，也适当地提高气体静压。从叶轮流出的高速气体通过扩压器 2 时，速度降低，压力进一步提高。图 10-14 右侧为离心式制冷压缩机中气体压力和速度的变化，ABC 为气体压力变化线，DEF 为气体速度变化线。

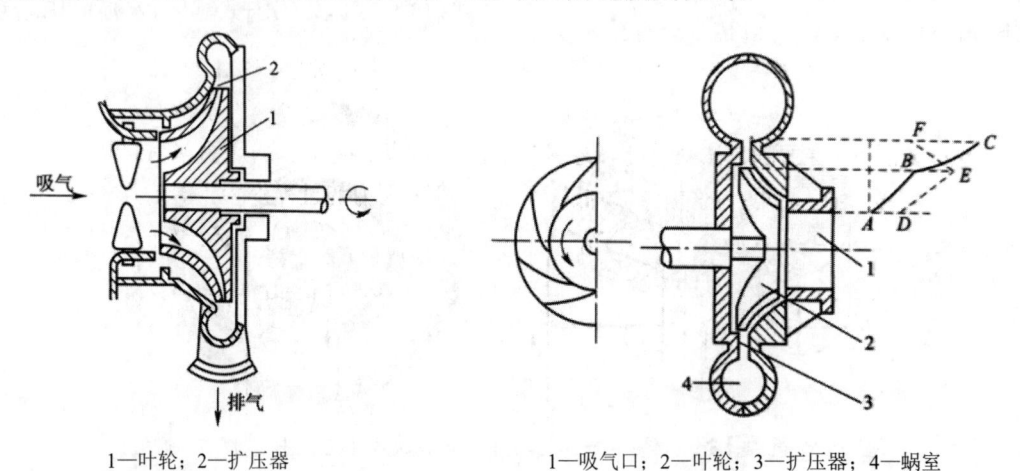

1—叶轮；2—扩压器

1—吸气口；2—叶轮；3—扩压器；4—蜗室

图 10-14　单级离心式制冷压缩机的结构示意图

三、往复式制冷压缩机

前面已对往复式制冷压缩机进行了简单介绍，下面详细介绍其结构和工作原理。

图 10-15 为往复式制冷压缩机的结构。图中画出了压缩机的主要零部件及其组成：压缩机的机体由气缸体 2 和曲轴箱 3 组成，气缸体中装有活塞 5，曲轴箱中装有曲轴 1，通过连杆 4 将曲轴和活塞连接起来，在气缸顶部装有吸气阀 9 和排气阀 8，通过吸气腔 10 和排气腔 7 分别与吸气管 11 和排气管 6 相连。当曲轴被原动机带动旋转时，通过连杆的传动，活塞在气缸内做上、下往复运动，并在吸、排气阀的配合下，完成对制冷剂的吸入、压缩和输送。

其工作循环分为四个过程，如图 10-16 所示。

1. 压缩过程

通过压缩过程将制冷剂的压力提高。当活塞处于最下端位置 1-1（称为内止点或下止点）时，气缸内充满了从蒸发器吸入的低压蒸气，吸气过程结束；活塞在曲轴—连杆机构的带动下开始向上移动，此时吸气阀关闭，气缸工作容积逐渐减小，处于缸内的制冷剂受压缩，温度和压力逐渐升高。活塞移动到 2-2 位置时，气缸内的蒸气压力升高到略高于排气腔中的制冷剂压力时，排气阀开启，开始排气。制冷剂在气缸内，从吸气时的低压到略高于排气压力的过程称为压缩过程。

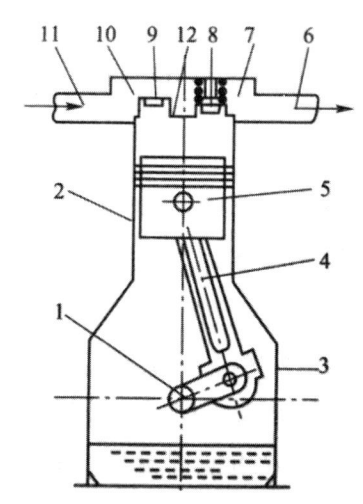

1—曲轴；2—气缸体；3—曲轴箱；4—连杆；5—活塞；6—排气管；7—排气腔；8—排气阀；
9—吸气阀；10—吸气腔；11—吸气管；12—气缸盖

图 10-15　往复式制冷压缩机的结构

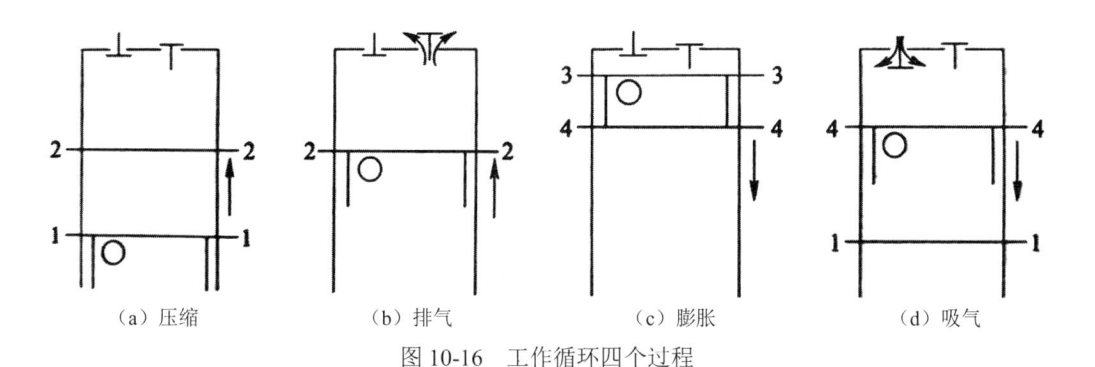

(a) 压缩　　　　(b) 排气　　　　(c) 膨胀　　　　(d) 吸气

图 10-16　工作循环四个过程

2. 排气过程

通过排气过程，制冷剂进入冷凝器。活塞继续向上运动，气缸体 2 内制冷剂的压力不再升高，制冷剂不断地通过排气管流出，直到活塞运动到最高位置 3-3（称为外止点或上止点）时排气过程结束。制冷剂从气缸向排气管输出的过程称为排气过程。

3. 膨胀过程

通过膨胀过程将制冷剂的压力降低。活塞运动到上止点时，由于压缩机的结构及制造工艺等，气缸中仍有一些空间，该空间的容积称为余隙容积。排气过程结束时，在余隙容积中的气体为高压气体。活塞开始向下移动时，排气阀关闭。吸气腔内的低压气体不能立即进入气缸，此时余隙容积内的高压气体因容积增加而压力下降，直至气缸内气体的压力降至稍低于吸气腔内气体的压力，即将开始吸气过程时为止。此时活塞处于位置 4-4，活塞从 3-3 移动到 4-4 的过程称为膨胀过程。

4. 吸气过程

通过吸气过程，从蒸发器吸入制冷剂。活塞从位置 4-4 向下运动时，吸气阀开启，低压气体被吸入气缸中，直到活塞到达下止点 1-1 位置，该过程称为吸气过程。完成吸气过程后，活塞又从下止点向上止点运动，重新开始压缩过程，周而复始。压缩机经过压缩、排气、膨胀和吸气四个过程,将蒸发器内的低压蒸气吸入,使其压力升高后排入冷凝器,完成制冷剂的吸入、压缩和输送。

四、典型制冷压缩机

1. 开启式压缩机

压缩机曲轴通过轴封伸出机体之外,再由原动机驱动。在伸出部位要用轴封装置防止轴段和机体间的泄漏,轴封或多或少会有制冷剂泄漏。利用这种轴封装置的隔离作用使原动机独立于制冷剂系统之外的压缩机称为开启式压缩机,较大的压缩机采用开启式。开启式压缩机可用于以氨为工质的制冷系统中。

图10-17为典型的开启式压缩机结构。剖面图分为三个空间,顶部各缸缸盖和弹簧所在的空间为压缩机的排气空间;中间为吸气空间;下部由隔板分开的曲轴所在空间为油箱,在该空间中制冷剂和滑油并存。图中5是位于压缩机吸入口的吸气滤网,7是位于排气集管6上的安全阀,安全阀的出口直接通往中部的吸气空间,3是压缩机的曲轴,4是位于曲轴端部的内齿轮泵,为压缩机提供润滑油和压力控制油,8是轴封装置,防止制冷剂蒸气从曲轴的伸出端大量泄漏,1是三通阀,用以向曲轴箱添加滑油或从油箱中放油。

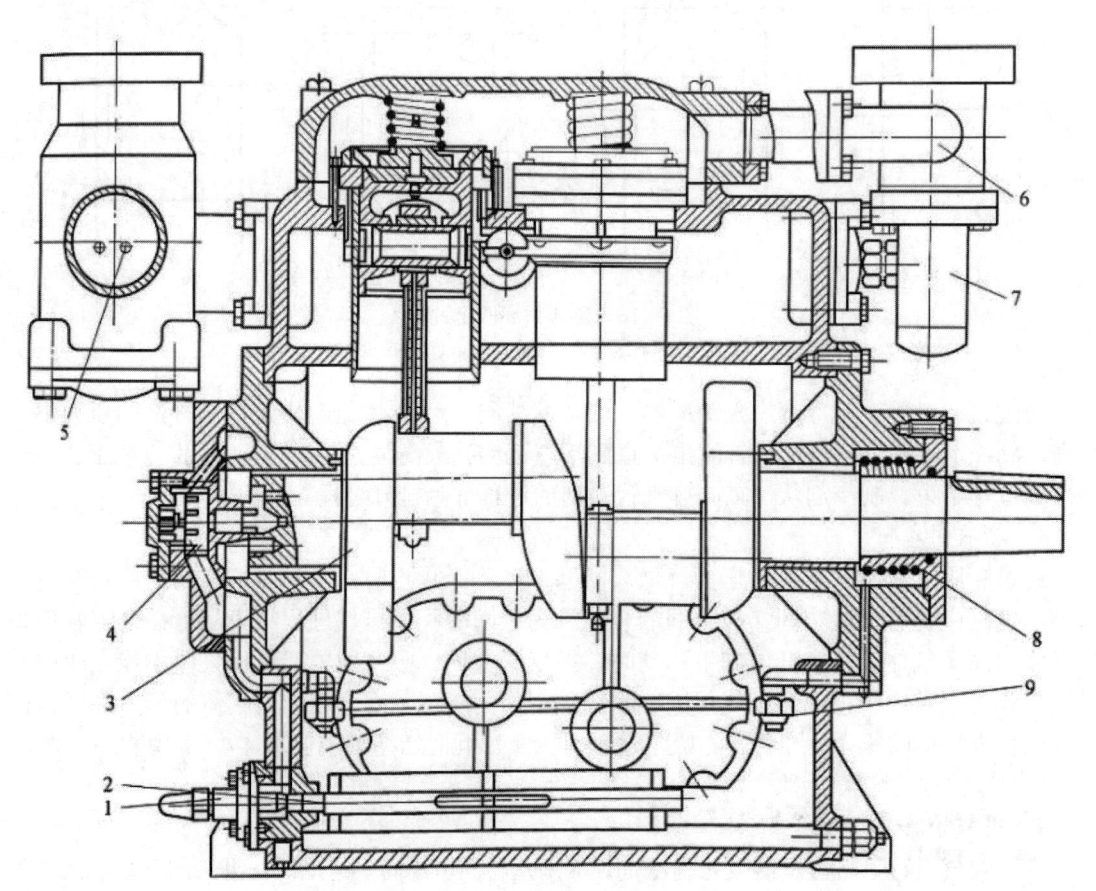

1—三通阀;2—过滤器;3—曲轴;4—内齿轮泵;5—吸气滤网;6—排气集管;7—安全阀;8—轴封装置;9—供油管

图10-17 开启式压缩机结构

2. 半封闭式压缩机

半封闭式压缩机采用封闭式的结构，把电动机和压缩机连成一整体，装在同一机体内，共用一根主轴，因而可以取消开启式压缩机中的轴封装置，有可拆卸的缸盖、端盖以便换修气阀、油泵等易损件，采用垫片静密封，避免了由此产生或多或少泄漏的可能性。电动机室内充有制冷剂和润滑油，这种与制冷剂和润滑油相接触的电动机被称为内置电动机，其电动机可由制冷剂吸气冷却，所用绝缘材料等必须耐油、耐制冷剂。半封闭式压缩机的制冷量一般居中等水平。图 10-18 为日本三菱 MR 型半封闭式压缩机。来自蒸发器的低温制冷剂蒸气经吸气滤网 4 吸入，流经并冷却内置电动机 2。有两块圆形的阀组件 13 安装在阀板的两缸顶部处，阀组件的上面靠排气侧和下面靠吸气侧，分别设有排气和吸气簧片阀。簧片阀的阀片用弹性薄钢片制成，一端固定在阀座上，另一端是自由的。工作中阀片像乐器的簧片那样启闭，使制冷剂气体吸入和排出气缸。排气经排气管接 12 排出。前述开启式活塞压缩机实例所用的环片阀简单可靠、应用广泛，但质量较大，且与导向面有摩擦，启闭不够迅速、及时，在高转速时尤为突出。曲轴带动的滑油泵 10 经吸油滤网 9 吸油，对各摩擦面提供压力润滑。有平衡管通过曲轴中的钻孔使机体 5 的曲轴箱和电动机室相通，使两者压力保持平衡，以便吸气带回的滑油能迅速经单向阀 7 返回曲轴箱。曲轴箱内另设有 180W 的滑油电加热器。

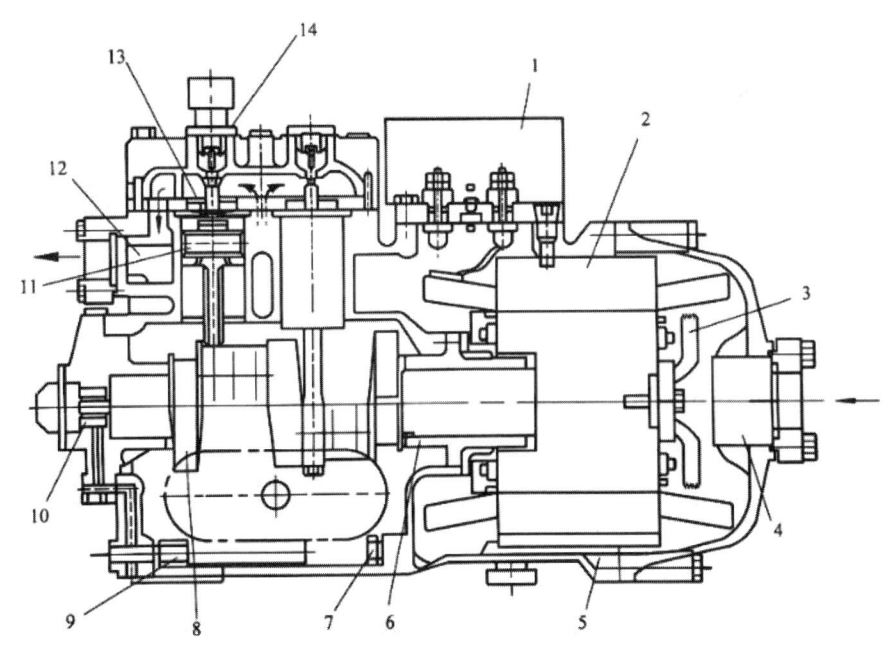

1—接线箱；2—电动机；3—定位器；4—吸气滤网；5—机体；6—主轴承；7—单向阀；8—曲轴；9—吸油滤网；10—滑油泵；11—活塞连杆组件；12—排气管接；13—阀组件；14—卸载机构

图 10-18 MR 型半封闭式压缩机

图 10-19 所示为德国比泽尔（Bitzer）公司生产的 HSKC 型半封闭式螺杆压缩机的结构图。

3. 全封闭式压缩机

全封闭式压缩机采用同一主轴的电动机和压缩机装在一个封闭的薄壁机壳内，没有任何可拆卸部件。这种压缩机要求可靠性高、使用寿命长，同时也要求系统清洁、密封好，在使用期内一般可免维修。全封闭式压缩机主要用于冰箱、小型空调装置等。

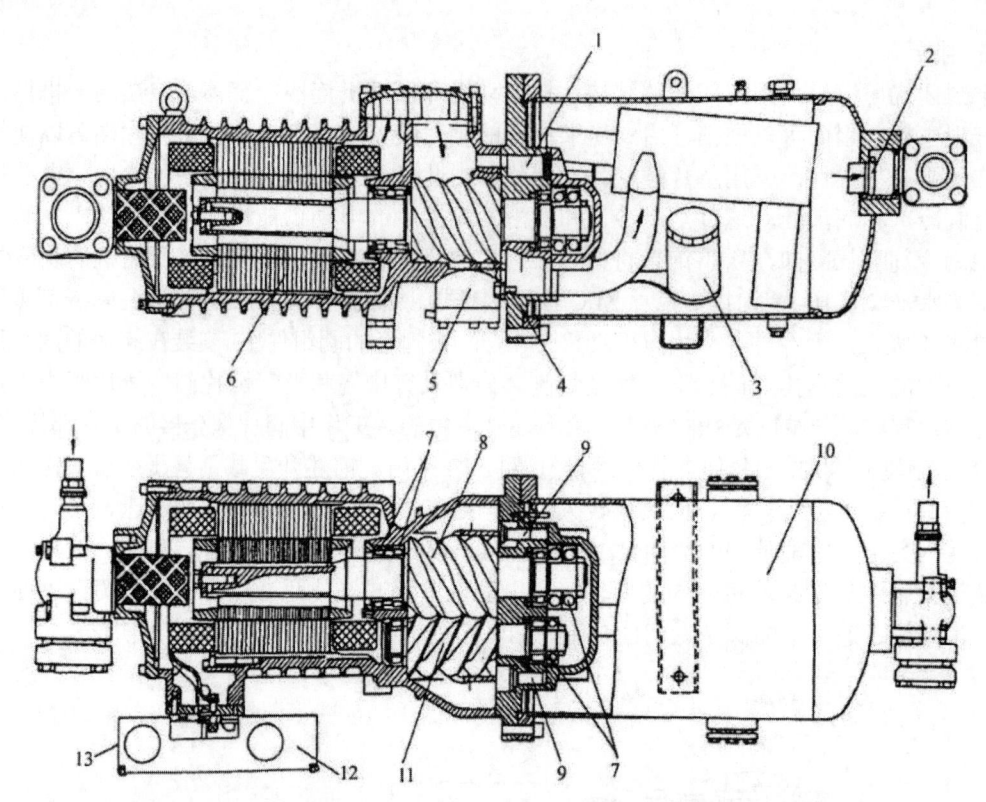

1—安全阀；2—止回阀；3—滤油器；4—排气温度传感器；5—内容积比控制机构；6—电动机；7—滚动轴承；8—阳转子；9—输气量调节柱塞阀；10—油分离器；11—阴转子；12—电动机保护装置；13—接线盒

图 10-19　HSKC 型半封闭式螺杆压缩机结构图

第四节　船舶制冷系统的组成

图 10-20 为一自动化伙食冷库的典型制冷系统。系统中除制冷装置的四个基本组成部分，即压缩机 1、冷凝器 9、热力膨胀阀 25 和蒸发器 26 外，还设有完善装置的工作所不可缺少的一些附件，如滑油分离器 5、贮液器 12、干燥器 16、滤器 22 以及回热器 20 等。为了实现装置工作的自动化，系统中除装设热力膨胀阀外，还设有高压继电器 4、低压继电器 31、温度继电器 24、压差继电器 32、电磁阀 23、蒸发压力调节阀 28 和冷却水量调节阀 10 等自动化元件。

一、制冷系统的辅助设备

1. 冷凝器

冷凝器的功用是将压缩机排出的气态制冷剂冷凝成液态，供系统循环使用。冷凝器可按冷却方式的不同分为空气冷却式冷凝器、水冷式冷凝器、蒸发式冷凝器和喷淋式冷凝器。

冷凝器就是让气态制冷剂向环境介质放热冷凝液化的换热器。制冷剂蒸汽在冷凝器中冷凝液化时压力、温度基本保持不变，相应的温度和压力称为冷凝温度和冷凝压力。对 R404a 来说，冷凝温度为 30℃时，冷凝压力绝对值约为 1.5MPa。不同制冷剂所对应的冷凝压力不同。

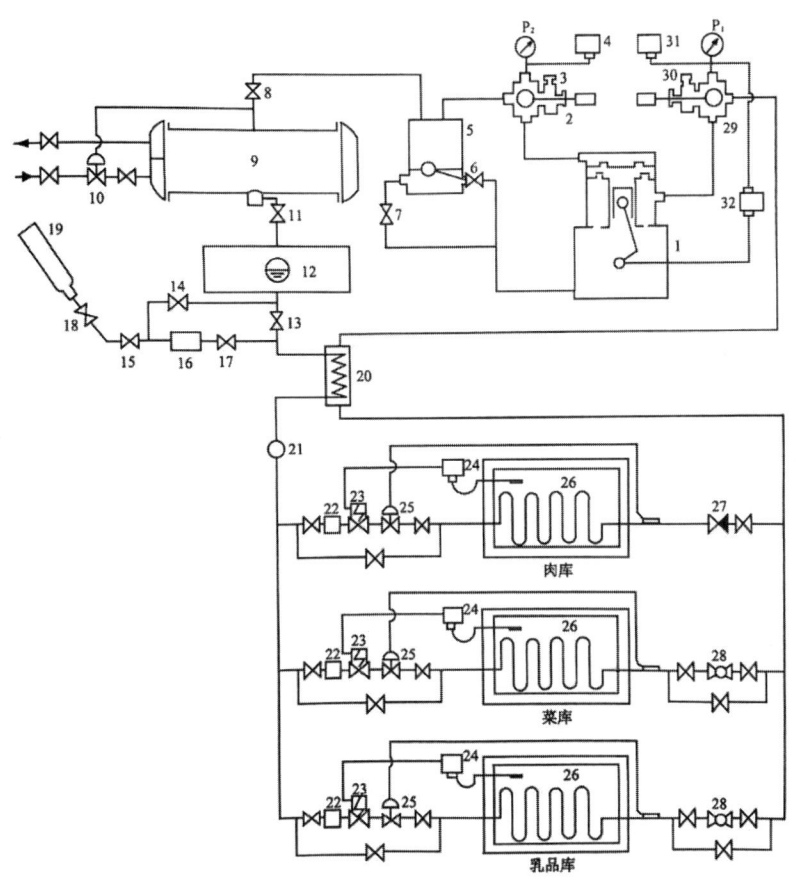

1—压缩机；2—排出截止阀；3—排出截止阀的多用接头；4—高压继电器；5—滑油分离器；6—浮球式自动回油阀；
7—手动回油阀；8—冷凝器进口阀；9—冷凝器；10—冷却水量调节阀；11—冷凝器出液阀；12—贮液器；
13、14、17—截止阀；15—充剂阀；16—干燥器；18—钢瓶阀；19—制冷剂钢瓶；20—回热器；21—液流指示镜；
22—滤器；23—电磁阀；24—温度继电器；25—热力膨胀阀；26—蒸发器；27—止回阀；28—蒸发压力调节阀；
29—吸入截止阀；30—吸入截止阀的多用接头；31—低压继电器；32—压差继电器

图 10-20　自动化伙食冷库的典型制冷系统

（1）船舶制冷装置的冷凝器几乎都采用卧式壳管式冷凝器，其结构如图 10-21 所示。两侧的端盖 2 内装有防蚀锌棒，或内表面涂有防蚀涂层。它主要由用锅炉钢板卷制而成的圆筒形外壳、冷却管束（氨用钢管、氟利昂用铝黄铜管或铜镍合金管）和端盖等所组成，并带有以下附件：

1）安全阀。安全阀用以防止冷凝器内的压力过高，保证冷凝器的工作安全。

2）放空气阀。放空气阀装在壳体的最高处，用以放出制冷系统中不凝性气体。

3）水室泄水旋塞。水室泄水旋塞装在两水室的最低处，用以在检修或冬季停用冷凝器时，将存水放尽。

4）水室放气旋塞。水室放气旋塞装在两水室的最高处，用以放出空气，防止在水室中形成气袋，阻碍冷却水的正常流动。

5）液位计。液位计仅在底部用作贮液器的冷凝器中装设，位于壳体的下半部，用以观察制冷剂的液位。

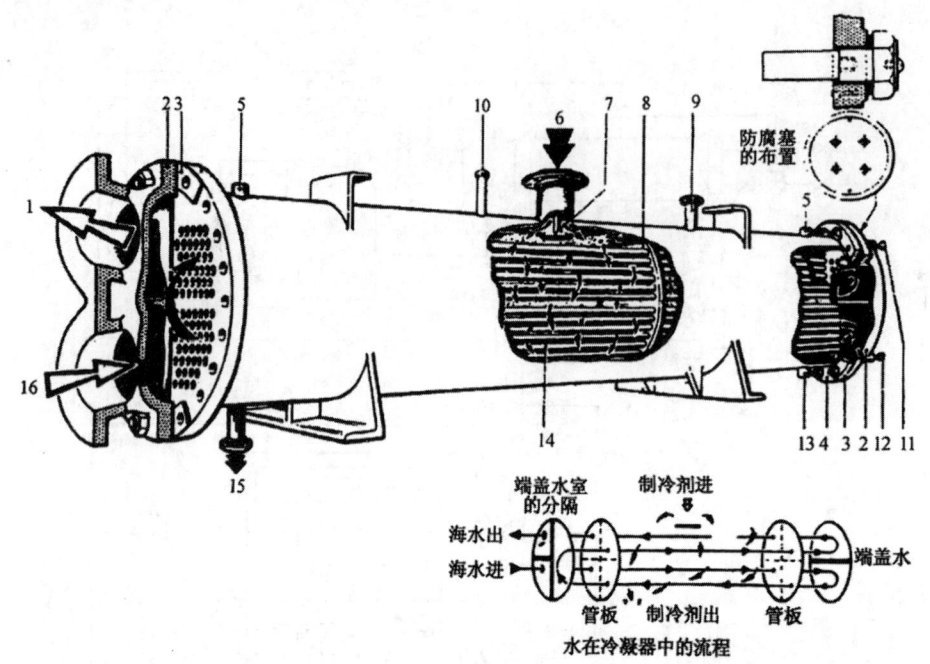

1—冷却水出口；2—端盖；3—垫片；4—管板；5—放气阀接头；6—气态制冷剂进口；7—挡气板；
8—管架；9—平衡管接头；10—安全阀接头；11—水室放气旋塞；12—水室泄水旋塞；13—泄放阀接头；
14—冷却管；15—液态制冷剂出口；16—冷却水进口

图 10-21 卧式壳管式冷凝器

在氟利昂冷凝器中，由于氟利昂对管壁的放热系数远比管壁对水的放热系数要小，故为改善其传热性能常在管外附加肋片。

冷凝器的冷凝能力取决于冷凝器的传热性能和冷却水的吸热能力两方面因素。冷凝温度是制冷剂在冷凝器工作压力下的饱和温度，是制冷装置的一项重要工作参数。它不仅随冷凝器热负荷而变，也与冷却水温度有关。

（2）套管式冷凝器由两根或几根大小不同的管道组成。大管道内套小管道，小管道可以只有一根，也可以有数根，套管可以绕成螺旋形或弯成蛇管形，图 10-22 为套管式冷凝器基本结构。制冷剂蒸汽从上部进入，凝结液从下部流出。冷却水从下部进入内管，吸热后从上部流出。制冷剂与冷却水之间逆流换热。

在套管式冷凝器中，制冷剂同时受到冷水及管外空气的冷却，因而它的传热效果好，但金属的消耗量较大。套管式冷凝器用于氟利昂机组时，内管常用液压肋片管，这种结构常用于水冷却式空调柜。氨制冷机中套管式热交换器主要用作过冷器，它由一根或几根盘管装在一个壳体内构成。套管式冷凝器无法进行机械清洗，应当使用符合水质要求的水，并定期进行化学清洗。

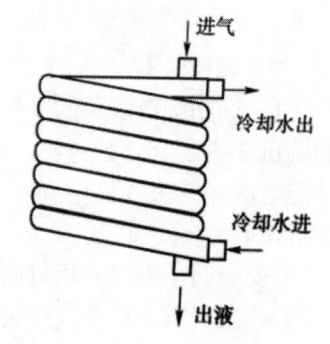

图 10-22 套管式冷凝器基本结构

（3）螺旋板式冷凝器是一种较新型的热交换设备，图 10-23 为螺旋板式冷凝器结构。它由本体和接管组成，本体部分由两张平行的钢板在专用卷板机上卷制而成，具有两个螺旋通道的螺旋体。中心部分用隔板将两个通道隔开。螺旋通道的上、下端分别加上顶盖，最外一圈通道端焊有上渐扩形冷却水进水管，冷却水出水管由中央引出，中央隔板隔开的另一侧焊有制冷剂蒸气进口管，冷凝的制冷剂液体由底端几根出液支管汇集于出液总管。与壳管式冷凝器比较，螺旋板式冷凝器不但体积小、质量小而且传热系数高。根据试验，当工作条件及冷却介质流速相同时，螺旋板式冷凝器传热系数比壳管式冷凝器高 50%左右。使用几年后，其传热系数仍可稳定在 950～990W/($m^2 \cdot K$)。它的主要缺点是不适用于高压，且内部不易清洗和检修，因此只能用软水或中等硬度的冷却水。

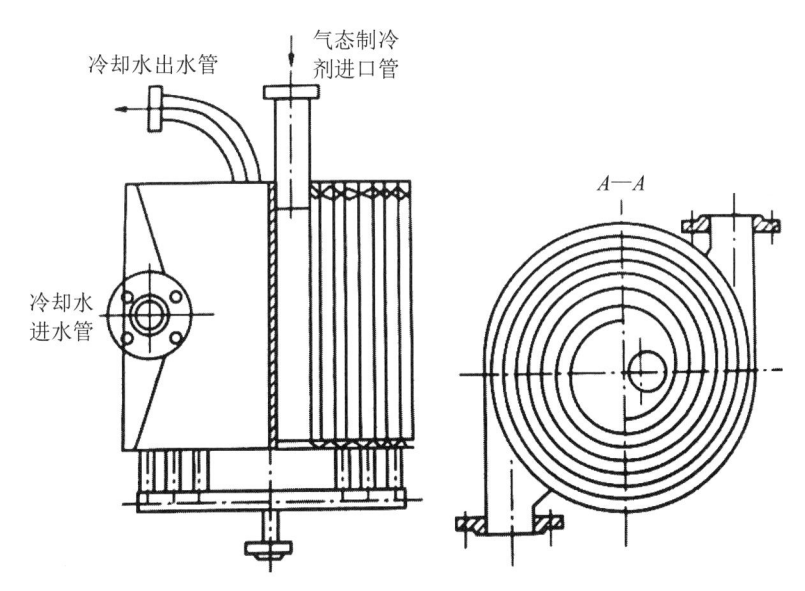

图 10-23　螺旋板式冷凝器结构

2. 贮液器

贮液器的功用是收存和送出制冷剂，以便在制冷负荷变化时调节蒸发器内的制冷剂量；补充系统中制冷剂的漏泄；检修或长期停止制冷装置时，贮存系统中的全部制冷剂；对供液管起液封作用，以防止气体进入蒸发器，从而保证系统的正常工作。为此，冷凝器的出口处大都设有贮液器，但在某些小型制冷装置中，为了简化设备和节省安装空间，也往往不专设贮液器，而使冷凝器下部兼起贮液器的作用。船舶制冷装置大多采用卧式贮液器，如图 10-24 所示。

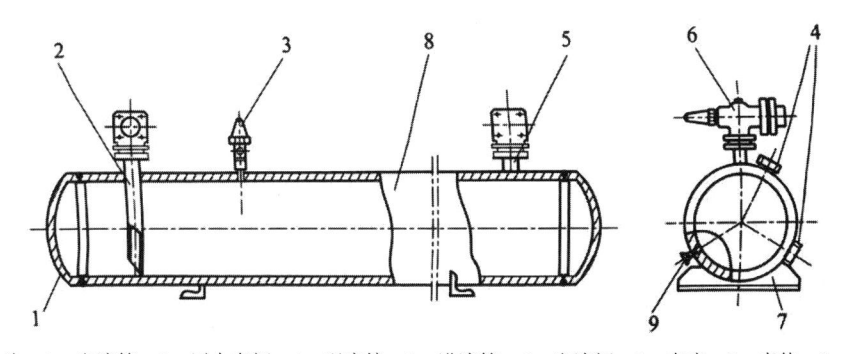

1—封头；2—出液管；3—压力表阀；4—观察镜；5—进液管；6—出液阀；7—支座；8—壳体；9—易熔塞

图 10-24　卧式贮液器

在贮液器和冷凝器的顶部，通常都以平衡管相连：使两者压力平衡，便于制冷剂流入贮液器；将贮液器中的制冷剂蒸气引回冷凝器。上部进液式贮液器也可不专设平衡管，而将进液管径做得稍大一些，以使其兼起平衡管的作用。

船用贮液器的底部常设有存液井，其作用为保证制冷剂液体在船舶摇摆时也能不间断地排出；减少对出液管口液封所需要的液体数量；使杂质和污物沉于底部，防止堵塞管路和阀件。贮液器必须具有足够大的容积，在全部制冷剂都贮入后，应只占总容积的80%，正常工作时其液位应在1/3～1/2处。为了保证安全，在任何情况下都应严防贮液器内完全充满制冷剂。

3. 油分离器

油分离器位于压缩机的出口处，将从压缩机排气带出的大部分油滴分离出来，防止滑油进入热交换器影响传热效果，并使其返回曲轴箱，防止压缩机缺油。它的基本工作原理是利用油滴与制冷剂蒸汽的密度不同，使混合气体流经直径较大的油分离器时，利用突然扩大的通道面积而使其流速降低，同时改变其流动方向，或利用其他分油措施，使滑油沉降而分离。对于蒸汽状态的滑油，则可采用洗涤或冷却的方式降低温度，使之凝结为油滴而分离。在有些油分离器中，则采用设置过滤层等方法来增强分离滑油的效果。

利用降低气流速度的办法使油滴自然沉降，虽然也可以达到分离的目的，但只能分离出直径较大的油滴，由于排气中小油滴和油蒸汽占主要部分，因而分离效果很差。老式的干式油分离器即属于这种形式，现在已被淘汰而很少使用。现代的油分离器除利用自然沉降作用之外，还利用过滤作用、洗涤作用等。

油分离器按分离原理不同主要分为：撞击式、滤网式（氟利昂）、洗涤式（氨）。下面主要介绍滤网式和洗涤式油分离器。

（1）滤网式油分离器。图10-25（a）为滤网式油分离器。压缩机的排气进入分离器后，由于流速突然降低和流向改变，使气流易于与器壁相撞，部分油雾黏附于壁面；气流流经滤网时，与滤网接触的油雾也黏附其上。这些黏附的油雾聚积成滴后，落于分离器的底部。当积储在底部的滑油的油位上升至一定高度时，浮球回油阀开启，在气压作用下，滑油经接管流回曲轴箱；当油位下降至一定高度时，浮球阀关闭，回油结束。两次回油的间隔时间与机型和油分离器容积大小有关，一般至少 1h。回油时，回油管是热的；不回油时，回油管是冷的；回油管一直发热，且停机后压缩机的低压压力很快上升，则说明回油阀泄漏，应修理。如果回油管始终是冷的，则说明回油阀不能自动开启，应及时开启手动回油阀。

（2）洗涤式油分离器。洗涤式油分离器用于氨制冷系统，所以也称洗涤式氨分离器，如图10-25（b）所示。

在回油管路上，通常都装有节流孔板和电磁阀，如图10-26所示。节流孔板用于限制回油速度，以防部分排气随回油一起流回曲轴箱，并使回油阀加速磨损。电磁阀用来防止高压制冷剂在压缩机停机后因回油阀漏泄而漏入曲轴箱，以免压缩机的低压压力升高过快，在启动时造成奔油。为了保证节流孔板和电磁阀的工作，在管路中还装有滤器。

由于分离器的回油是间断进行的，所以工作时回油管路时热时温是正常的，即回油时管路较热，不回油时则稍温。

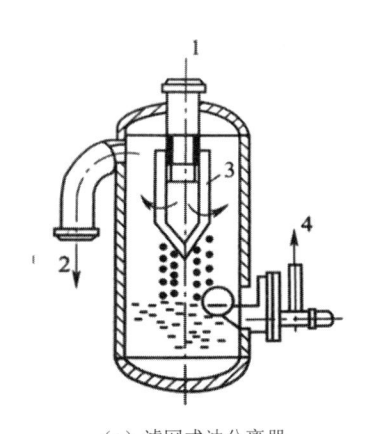

(a) 滤网式油分离器
1—进气；2—出气；3—金属丝网；4—回油

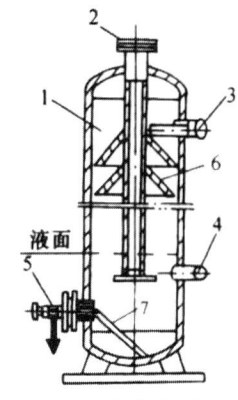

(b) 洗涤式油分离器
1—筒体；2—进气管；3—出气管；4—进氨液管；
5—放油阀；6—分离罩；7—排油管

图 10-25　油分离器

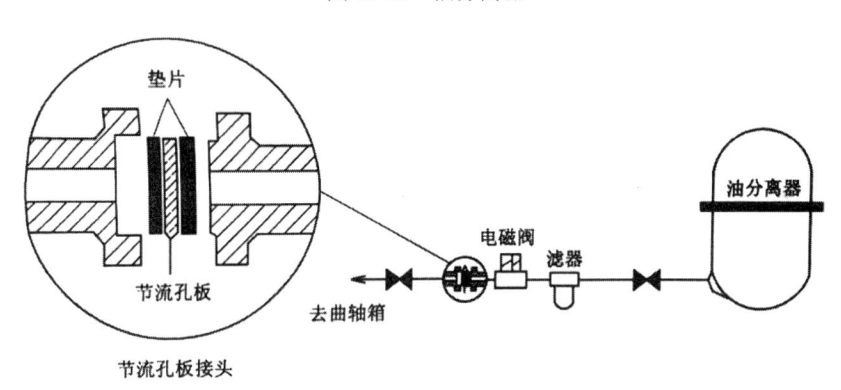

图 10-26　油分离器的回油管路

4. 膨胀阀

膨胀阀是压缩式制冷装置的四个基本组成部件之一，按结构和工作原理不同可分为热力膨胀阀、电子膨胀阀和手动膨胀阀等。热力膨胀阀主要由阀体、针阀、调节杆座、调节杆、弹簧、滤器、传动杆、感温包、毛细管和感应薄膜等组成。感温包、毛细管、感应薄膜互相连通，构成一个密闭容器，称为感温机构。感温包安装在蒸发器出口，感应薄膜由 0.1～0.2mm 合金片冲压而成，断面呈波浪形。用于氟利昂系统的热力膨胀阀，阀体部分除了阀芯采用不锈钢及弹簧采用弹簧钢，其余几乎全用黄铜制成。

（1）膨胀阀的分类。

热力膨胀阀的作用包括节流降压，可根据冷库负荷调节制冷剂量以及保持制冷剂过热度。常用的膨胀阀有热力膨胀阀和电子膨胀阀。热力膨胀阀按压力平衡关系和具体结构不同可分为内平衡式和外平衡式两类；电子膨胀阀又分为电磁式、电动式。

1）内平衡式热力膨胀阀。图 10-27 为 FR 型内平衡式热力膨胀阀，温控部分由感应膜片 1 的上腔室、毛细管 15 和感温包 12 组成。阀出口的蒸发压力通过顶杆 2 与阀体 3 之间的间隙作用于膜片下方。作用于膜片感温部分的信号压力与蒸发压力的压差经前后两顶杆作用于弹簧 6 上。靠压差产生的作用力与调节弹簧力的平衡关系控制针阀的开度。右侧的进液管内装有过滤器13，以滤挡污物，防止堵塞阀的通道。转动调节杆10可以改变调节弹簧的预紧力，即调节关闭过热度。填料面8靠填料压盖11压紧，以防止制冷剂沿调节杆与调节杆座7之间的间隙泄漏。

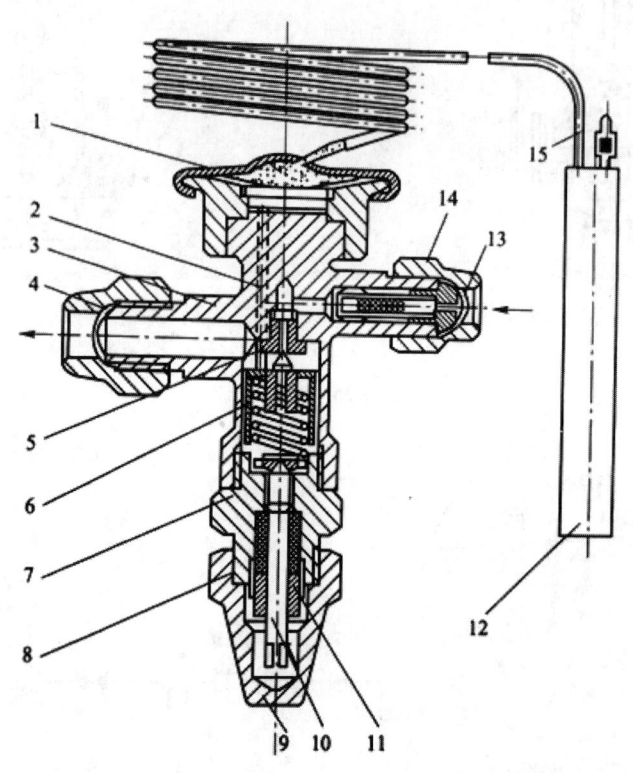

1—感应膜片；2—顶杆；3—阀体；4—螺母；5—阀座；6—弹簧；7—调节杆座；8—填料面；9—帽罩；
10—调节杆；11—填料压盖；12—感温包；13—过滤器；14—螺母；15—毛细管

图10-27　FR型内平衡式热力膨胀阀

图10-28（a）为内平衡式热力膨胀阀的控制原理，阀是以节流后的制冷剂压力 p_2，再加上弹簧的当量压力 p_s，作为与感温包内压力 p_1 相对应的平衡力。由于这种平衡力来自阀体内部，故这种阀称为内平衡式热力膨胀阀。内平衡式热力膨胀阀只适用于蒸发温度不太低、容量不大和制冷剂流动阻力不大的盘管式蒸发器。

我国规定，过热度变化量为4℃时阀的开度为额定开度。当蒸发温度一定时，调整弹簧预紧力可改变热力膨胀阀静止过热度的设定值。一般，膨胀阀的静止过热度调整范围为2~8℃。

2）外平衡式热力膨胀阀。为了克服内平衡热力膨胀阀的上述缺点，对于通路较长、蒸发温度上下波动较大的蒸发器，一般采用外平衡式热力膨胀阀，图10-28（b）为外平衡式热力膨胀阀控制原理。

外平衡式热力膨胀阀在膜片下方分隔出一个平衡压力腔，隔断了与节流后的制冷剂的联系。用外平衡引管把蒸发器出口的制冷剂蒸汽压力引入平衡压力腔，作用于膜片下方，确保膜片受力仍按 $p_1=p_s+p_2$ 的平衡关系调节膨胀阀开启度。由于平衡力是从阀外引入的，所以称作外平衡式热力膨胀阀。外平衡式热力膨胀阀适用于制冷剂流动阻力大、蒸发温度低或者采用液体分配器多路供液的场合。

(a) 内平衡式　　　　　　　　　　　　(b) 外平衡式

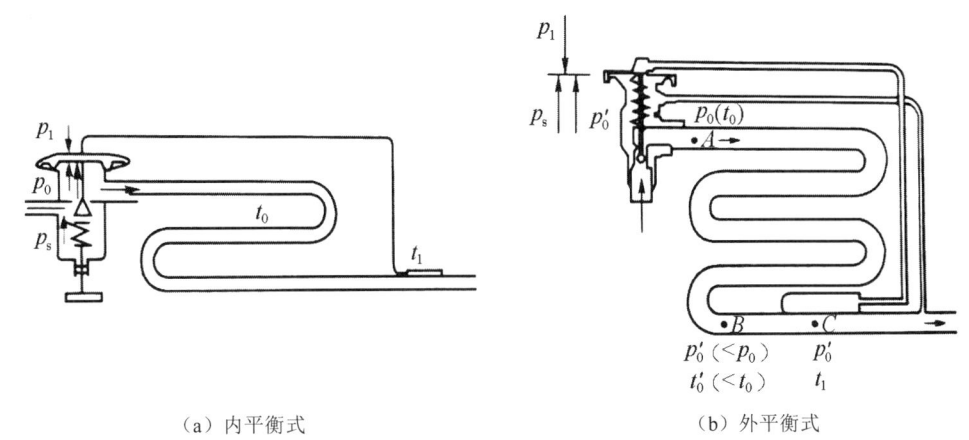

图 10-28　内平衡式和外平衡式热力膨胀阀控制原理

3）电子膨胀阀。电子膨胀阀是按照预设程序调节蒸发器供液量，因属于电子式调节模式，故称为电子膨胀阀。它适应了制冷机电一体化的发展要求，具有热力膨胀阀无法比拟的优良特性，为制冷系统的智能化控制提供了条件，是一种很有发展前途的自控节能元件。电子膨胀阀与热力膨胀阀的基本用途相同，结构上多种多样，但在性能上，两者却存在较大的差异。

电子膨胀阀作为一种新型的控制元件，早已经突破了节流机构的概念，它是制冷系统智能化的重要环节，是制冷系统优化得以真正实现的重要手段和保障，也是制冷系统机电一体的象征，已经被应用在越来越多的领域中。电子膨胀阀的采用，突破了以前在空调机组设计过程中存在的某种系统屈从热力膨胀阀的观念，进入膨胀阀为系统优化服务的新境界，对于制冷行业的发展起着重要的作用。

目前，人们对电子膨胀阀的研究和开发主要针对的是电磁式电子膨胀阀和电动式电子膨胀阀。电磁式电子膨胀阀在电磁线圈通电前，针阀处于打开位置。由线圈上施加的电压控制针阀开度的大小，从而调节膨胀阀的流量。该阀动作响应快，但在制冷系统工作时需要一直供电。电磁式膨胀阀如图 10-29 所示。

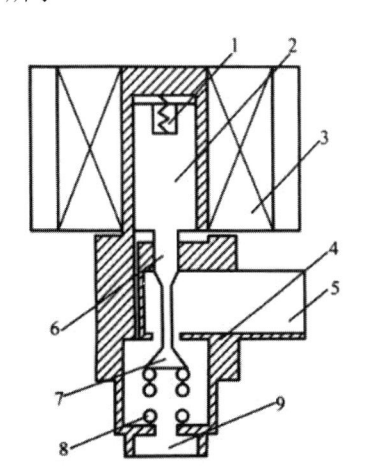

1—弹簧；2—铁芯；3—线圈；4—阀座；5—制冷剂进口；6—阀杆；7—针阀；8—弹簧；9—制冷剂出口

图 10-29　电磁式电子膨胀阀

电动式电子膨胀阀也即步进电机驱动电子膨胀阀，它通过给电机驱动施加一定逻辑关系的数字信号，使步进电机通过螺纹驱动阀针的运动，从而改变阀口的流通面积达到控制流量的目的。电动式电子膨胀阀又有直动型和减速型两种。直动型是步进电机直接带动阀针（直动型电动式电子膨胀阀如图 10-30 所示）；减速型是步进电机通过减速齿轮组推动阀针动作，通过减速齿轮组可以产生较大的推力，是一种常用的驱动方式。

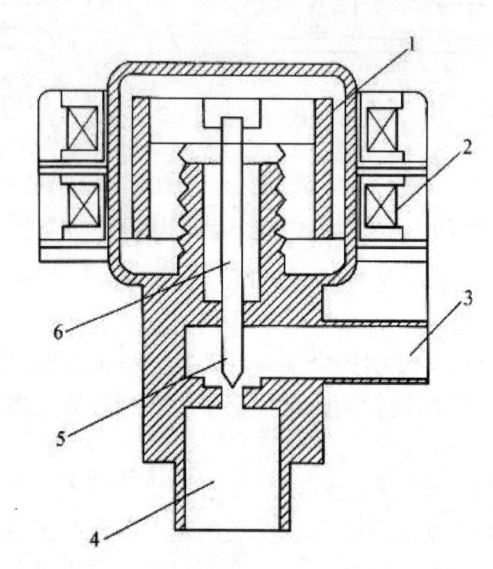

1—转子；2—线圈；3—制冷剂进口；4—制冷剂出口；5—针阀；6—阀杆
图 10-30　直动型电动式电子膨胀阀

电子膨胀阀的驱动方式是控制器通过对传感器采集得到的参数进行计算，向驱动板发出调节指令，由驱动板向电子膨胀阀输出电信号，驱动电子膨胀阀的动作。电子膨胀阀从全闭到全开状态仅需几秒钟，反应和动作速度快，不存在静态过热度现象，且开闭特性和速度均可人为设定，特别适用于工况波动剧烈的热泵机组。

（2）热力膨胀阀的安装注意事项。

1）阀体直立安装在蒸发器进口的水平管上，尽量靠近蒸发器，进出口不要接错。如离蒸发器较远，二者间管路应适当加粗，冷库外面的管路应包隔热材料。

2）蒸发器出口的管路若上行，通常设有集油弯。温包应装在集油弯上游的水平段，不应靠近质量较大的阀或其他金属件，以便能灵敏地感受制冷剂的温度。

3）外平衡式热力膨胀阀的温包应置于平衡管的接点之前，以免万一有少量液态制冷剂漏入平衡管时影响温包感受的过热度。平衡管应从蒸发器出口管的顶部引出，以免管底部有液体或积油时影响引出的压力。

4）管径<21mm 时，温包放在水平管的顶部；管径≥21mm 时，考虑到管顶部蒸气可能已过热而下部仍含液滴，而管底部又可能积油，温包应放在管道的侧面或侧下方，管径越大越向下放，但不宜低到离管底 45°以下。温包处的毛细管应向上，以免液体从温包中流出。

5）应清除放温包处的管壁外部的油漆和铁锈，并涂以银粉漆。温包应与管壁贴紧，用薄钢片夹箍固定，外面妥善地包以隔热材料，使其两端超出温包的适当长度。

6）应防止以下情况：毛细管被压扁不能正常工作；温包或毛细管泄漏使阀无法开启；温包脱开蒸发器出口管使阀开度过大。外平衡式平衡管结霜，则表明阀内密封不良，有制冷剂从阀后漏入平衡管，绕过蒸发器直接流到出口，这会导致压缩机吸入液体。

（3）调试。

1）调试原则。蒸发器出口过热度适当，使蒸发器内有足够的制冷剂蒸发，防止压缩机液击。

热力膨胀阀配合干式蒸发器工作时，蒸发器出口过热度的调节应适当。过热度太大，则蒸发器后部过热段太长，制冷量会降低；过热度太小，则压缩机可能会吸入湿蒸气，吸入管和缸头会结霜，可能使滑油温度太低，严重时会发生液击。使用热力膨胀阀时蒸发器出口应保持某最小稳定过热度，如过热度低于该值，装置启动时或热负荷变化较快时，由于阀调节的滞后，压缩机就可能吸入液体。一般认为膨胀阀以调到蒸发器出口过热度 3～6℃为宜。当装置有回热器时，最小稳定过热度可稍许减小。

当蒸发器出口装有温度表和压力表时，温度表读数与压力所对应的饱和温度之差即为过热度，但一般装置只在压缩机吸口有温度表和压力表。如果吸气管上没有温度表，便只能按管壁结霜或结露的情况来粗略估计过热温度：有回热器的低温库的吸气管、空调制冷装置的吸气管、高温库的蒸发器表面应发凉并结露；无回热器的低温库的吸气管、低温库的蒸发器表面应冰冷粘手或均匀结薄霜。

2）注意事项。热力膨胀阀的调试应在装置运转且工况基本稳定时进行。调试前应检查验证：制冷剂应充足，冷凝压力应在合适范围，阀状况良好并安装正确，阀及管路没有堵塞，蒸发器结霜不太厚，蒸发器若为冷风机，则应通风良好。调节热力膨胀阀时，顺时针关小，逆时针开大，每次调节量不宜过大，以转动调节螺杆 1/4～1/2 圈为宜，调后反应较慢，要等 15～30min 才能看出效果，故每次调节应间隔 30min 以上。

5．蒸发器

（1）直接冷却式蒸发器。直接冷却式蒸发器的结构多为盘管式，制冷剂在管内蒸发，空气在管外放热，这类蒸发器如果是靠空气自然对流换热，则称为蒸发盘管，如图 10-31 所示；如果借助风机使空气强迫对流换热，则称为冷风机，如图 10-32（a）所示。由于前者空气的流速很低，传热系数小，因而降温速度较慢，仅在冷库和家用冰箱中采用。后者则采用风机强迫空气定向流动，强迫对流提高了传热系数，因而降温速度较快。冷风机的结构紧凑，在现代船舶的冷藏舱和伙食冷库中已有明显取代蒸发盘管的趋势。由于强迫对流式蒸发器的蒸发盘管集中布置，风机迫使空气从热交换面流过，送出冷风，故又称为空气冷却器。

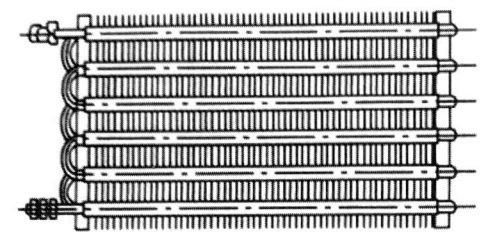

（a）套片式蛇形管 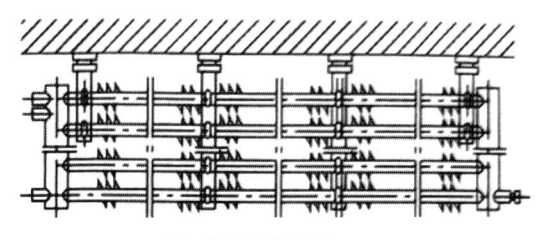　　　　　　（b）绕片式排管图

图 10-31　蒸发盘管

（2）间接冷却式蒸发器。按结构形式不同，间接冷却式蒸发管可分为卧式壳管式、立管式、螺旋板式、螺旋管式和蛇管式等。其由筒形外壳和内部管群组成，结构与一般热交换器类同。按工作方式的不同，间接冷却式蒸发器又分为干式和满液式。如图 10-32（b）为干式壳管式蒸发器，制冷剂在管群内吸收管外流过的载冷剂的热量蒸发，流出蒸发器时已成为过热蒸气。被冷却的载冷剂则被泵至冷库或空调器内的热交换器，升温后又回到蒸发器，如此不断地循环。一般，蒸发温度高于0℃的，用水作载冷剂；蒸发温度低于0℃的，应用盐水作载冷剂。

(a) 冷风机　　　　　　　　(b) 干式壳管式蒸发器

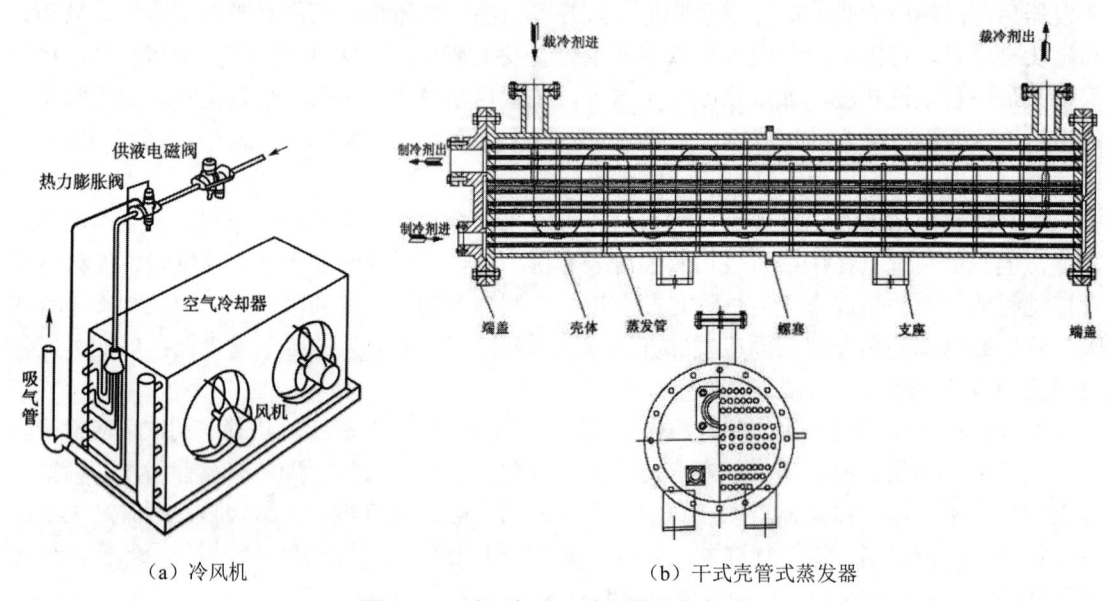

图 10-32　冷风机和干式壳管式蒸发器

干式蒸发器供入的制冷剂量由热力膨胀阀控制，一般不会引起压缩机的"液击"现象，而且制冷剂在管内蒸发，流速较快，有利于携出滑油，使回油流畅，在大型空调用氟利昂制冷装置中得到广泛应用。

满液式蒸发器的筒体内约一半容积是液体制冷剂。制冷剂在管群外蒸发，管群内流过的是载冷剂。为了防止压缩机发生液击，在蒸发器的上部都设有集气室或气液热交换器。满液式蒸发器虽然制造工艺方便，结构紧凑，传热性能好，但需控制过流量。液面过低会降低传热效果，液面过高则易引起压缩机液击，而且积存于筒体内的滑油很难回到压缩机，故近年来已逐渐被干式蒸发器所代替。

蒸发器工作正常的标志：蒸发温度比库温低 5～15℃；蒸发器的设计制冷量为装置制冷量的 1.1～1.2 倍。

6. 干燥器

DM 型整体式干燥器如图 10-33 所示，其位于供液总管上，功能是滤除系统中的污染物，以防出现脏堵；去除系统中的水分，以防止冰塞。滤网一般为细铜丝网（100～120 目），干燥剂常用硅胶与分子筛两种，利用吸附现象去除水分。

硅胶采用掺染色剂的方法，使吸足水分的硅胶变色以便观察，颜色由染色剂种类而定，硅胶可再生后重复使用，再生温度为 150℃左右，时间为 3～4h，硅胶在温度大于 30℃时，吸水性变差。

分子筛是一种人工合成的晶体，在60℃以下有足够的吸水性，再生温度约为500℃。

为延长干燥器的使用寿命与减少系统阻力损失，在系统中设有旁通阀，只有当系统充液时使用，充油后或拆检后出现冰塞现象时才投入使用。空调系统虽不会冰塞，但为防止腐蚀，也要对系统进行干燥处理。

过滤器和干燥器一般组合在一起，构成干燥-过滤器。干燥器的两端均设有滤网，为避免干燥剂颗粒在液体制冷剂的冲击下互相摩擦而产生粉末被带出，填充干燥剂时应墩压结实。有些干燥器还装有弹簧使干燥剂处于压实状态。

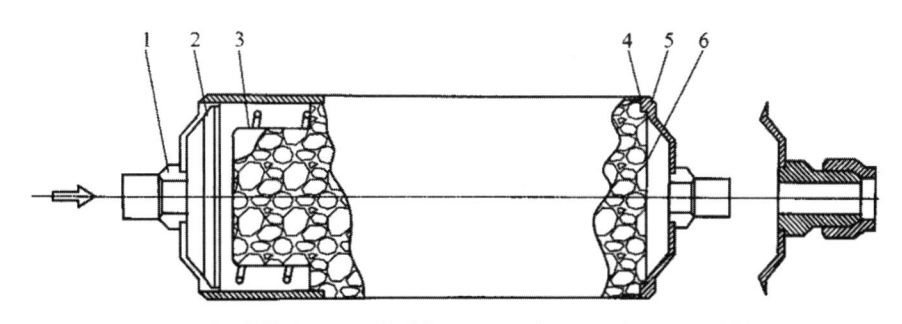

1—进口管接头；2—压缩弹簧；3、5—滤网；4—卡环；6—孔板

图 10-33　DM 型整体式干燥器

7. 过滤器

制冷系统即使在安装时已经做过彻底的清洁，在运转中仍不可避免会因下述原因而产生杂质：干燥器结构存在缺陷，或干燥剂被粉化；制冷剂对金属材料的冲刷和腐蚀；压缩机各相应机件因摩擦而产生金属微粒；制冷剂和滑油含有杂质，以及使用中分解变质。

这些杂质不仅可能堵塞通道，使阀关闭不严，而且会缩短压缩机运动机件的寿命，所以在制冷系统中必须设置过滤器。不论过滤器的具体结构形式如何，都必须可靠，所用材料应不与制冷剂发生作用，此外，还应具有足够的尺寸，以便在滤网黏附杂质污物后，仍不致造成过大的流动阻力。对于氟利昂气体，滤网采用 0.2mm 网眼的黄铜丝网、镍丝网或不锈钢丝网；而对于液体，则采用 0.1mm 网眼。

8. 回热器

回热器只用于氟利昂制冷装置，它是将出液管和回气管联系起来的一个热交换器。在回热器中，来自贮液器的温度相对较高的液态制冷剂与来自蒸发器的温度相对较低的气态制冷剂进行换热，使液态制冷剂进一步过冷，以增加其单位制冷量，提高它们的制冷系数，并保证流过热力膨胀阀的都是液态制冷剂；同时使气态制冷剂过热以防止压缩机液击。因此，对回热器的基本要求就是流阻要小，同时又要有尽可能大的换热能力。

图 10-34 为回热器的典型结构，其中图 10-34（a）采用盘管，图 10-34（b）和图 10-34（c）采用肋片管。考虑到蒸汽对壁面的放热系数较液体更小，肋片式回热器在蒸汽流过的一侧加装肋片。在某些小型伙食冷库制冷装置中，为了简化设备，常不设专门的回热器，而只将进液管与回气管紧靠在一起，然后用隔热材料将其包覆。

(a) 盘管式回热器

(b) 肋片管式回热器

(c) 肋片管式回热器

A—液体进口；B—蒸气进口

图 10-34　回热器的典型结构

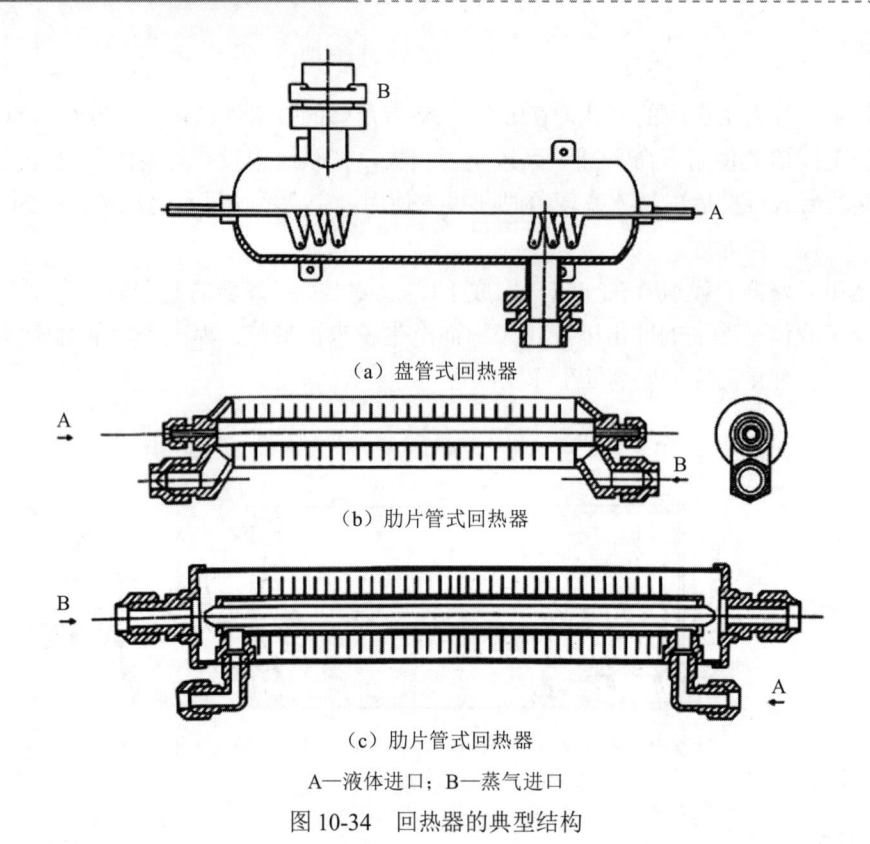

9. 液流指示镜

有的氟利昂制冷装置的液管上装有液流指示镜，如图 10-35 所示，它用来指示液管中液体流动的情况。工作正常时应看到稳定的液流，若见到许多气泡，则表明制冷剂在液管中的压降太大，出现闪气，或是制冷剂不足。氟利昂制冷装置的液流指示镜还兼作水分指示器，其中装有浸透金属盐指示剂的纸芯，当制冷剂含水量不同时，金属盐生成的水化物能显示不同颜色。在有回热器的系统中，这种指示器应装在回热器之前，因为制冷剂液体温度较高，金属盐对水的反应更快。

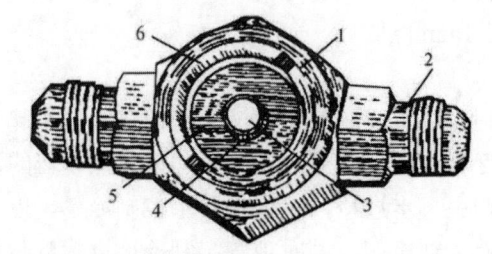

1—壳体；2—管接头；3—纸质圆芯；4—芯柱；5—观察镜；6—压环

图 10-35　液流指示镜

10. 气液分离器

气液分离器的作用是分离来自蒸发器的低压蒸气中的液滴，以确保压缩机吸入过热蒸气。气液分离器装设在压缩机吸气管，防止未蒸发完的液态制冷剂或滑油大量返回压缩机发生液击。

二、制冷系统常用的自动控制和自动保护元件

船舶制冷装置多是无须连续看管的自动化装置，下面介绍常用的自动控制和自动保护元件。

1. 电磁阀

电磁阀的启闭是由电磁力控制的，常由压力继电器、温度继电器和手动开关等控制，用于制冷系统的供液、回油、喷液、冷却水等控制，能自动接通或切断液体的通路。

（1）直接作用式电磁阀。图10-36为直接作用式电磁阀。当电磁线圈1通电时，产生磁场，磁力线穿过铜套管2。这样，在磁力的作用下，芯铁3就被吸起，直接提起阀盘5，将阀打开。而当电磁线圈的电路切断时，由于磁场减小，芯铁就会在自重和复位弹簧张力的作用下下落，将阀关闭。

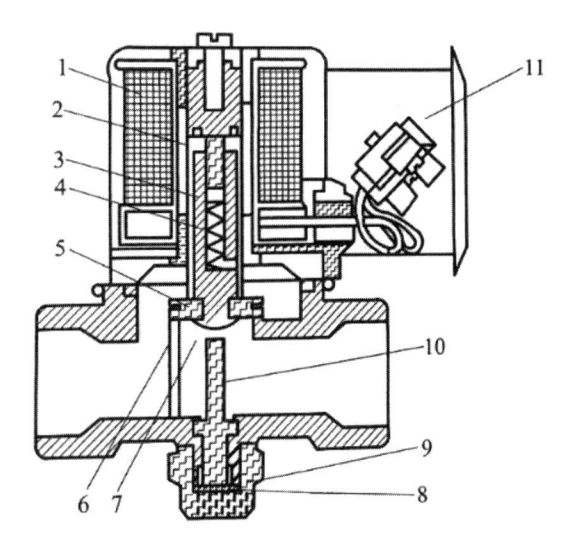

1—电磁线圈；2—铜套管；3—芯铁；4—复位弹簧；5—阀盘；6—阀座；7—阀孔；8—垫片；
9—封帽；10—强开顶杆；11—接线盒
图10-36 直接作用式电磁阀

直接作用式电磁阀结构简单，且在阀的进、出口间没有压差时也能工作，所以应用较多，但这种电磁阀的启阀力小，一般只用于阀孔通径为3mm、接管直径为10～22mm的场合。

（2）间接作用式电磁阀。图10-37为间接作用式电磁阀，它有主阀和辅阀两部分。主阀为膜片阀，中央开有辅阀孔，边上开有小平衡孔。辅阀盘装在芯铁上，随芯铁起落。当电磁线圈通电时，由于磁力的作用，芯铁即被吸起，将辅阀打开。这时膜片的上方与阀的排出端（压力较低端）接通，压力迅速下降，于是膜片在上下方压差的作用下被顶起，主阀孔随之打开。当电磁线圈断电时，由于磁场消失，芯铁落下，辅阀关闭，膜片上部的压力因平衡小孔又逐渐升高到进出口端的压力，而将膜片压下，主阀孔关闭。这时由于膜片上部的承压面积大于其下部，主阀即被严密关闭。由上可见，这种电磁阀只有在其进、出口间具有一定的压差时，才能开启。

间接作用式电磁阀的启闭动作虽不如直接作用式电磁阀灵敏，但启闭比较平稳，冲击力小，又因有膜片的放大，启阀力较大，所以适用于大口径的场合。

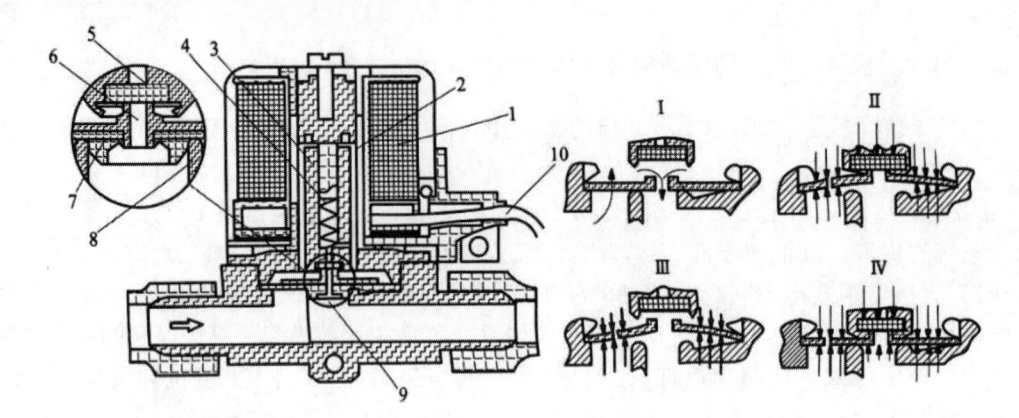

（a）间接作用式电磁阀阀体剖面图　　（b）间接作用式电磁阀阀头不同开关状态图
1—电磁线圈；2—铜套管；3—芯铁；4—复位弹簧；5—辅阀；6—辅阀孔；7—主阀；
8—主阀座；9—主阀孔；10—电线

图10-37　间接作用式电磁阀

（3）电磁阀的安装和使用注意事项。选用的电磁阀的口径、进出口接头的通径和适用的电压应符合要求；线圈垂直安装，电磁阀水平安装，以确保芯铁起、落自如；制冷剂的流向应与阀上标注箭头一致，避免进、出口接反，阀关闭不严而失效；保护线圈的外壳，在线圈获电时起到减小磁场涡流损失的作用，故线圈通电时，不应拆下外壳，避免线圈温度升高而烧毁。

（4）电磁阀的常见故障。因阀安装不垂直或芯铁带剩磁，芯铁落下困难而使阀关不严；芯铁的剩磁可通过加热或摔打芯铁消除；线圈断路或芯铁被油污黏住，导致阀不能开启，应更换线圈或拆洗芯铁等；进、出口接反，造成阀关闭不严，应拆下，调整方向重新安装；套筒座与阀座间的密封圈损坏或装配时密封圈未放正，造成制冷剂泄漏，应更换密封圈，装配时应防止密封圈放置不正。

2. 温度控制器

温度控制器用以控制库温、箱温或室温，其控制方式有两种：一是直接控制压缩机启动和停机，兼控制电磁阀启闭；二是只控制电磁阀，压缩机启停借助于压力继电器。温度控制器是根据工作环境的温度变化，在开关内部发生物理形变，从而产生某些特殊效应，产生导通或者断开动作的一系列自动控制元件，或者电子元件在不同温度下，根据工作状态的不同来给电路提供温度数据，以供电路采集温度数据。

图10-38为RT型（DANFOSS）温度继电器，主要由感温包7、波纹管组件5、调节弹簧1、顶杆2、调节旋钮8、幅差调节螺母3和三个电触点等组成。

温度控制器通过感温包将温度信号转变为压力信号作用于波纹管，再将动作传给执行机构。RT型波纹管内的压力直接作用于主弹簧。温度控制器通过幅差调节螺母及固定盘拨动电触点，以接通或切断电路。假设触点2′、3′为控制回路，在温度低于给定温度最低值时，控制回路被切断。温度回升后，感温包内压力增加，波纹管被压缩，并通过顶杆压缩调节弹簧。这时，固定圆盘14和幅差调节螺母产生向上位移，当此位移超过给定间隙（即给定最高温度）时，幅差调节螺母即拨动微动开关拨臂13，使触点3′、2′闭合，控制回路被接通。若温度继电器与供液电磁阀配合使用，则供液电磁阀开启，蒸发器得到正常供液。当所控制的温度下降到控制温度给定值下限时，则固定圆盘向下拨动开关，使触点 2′、3′断开，供液电磁阀关闭。

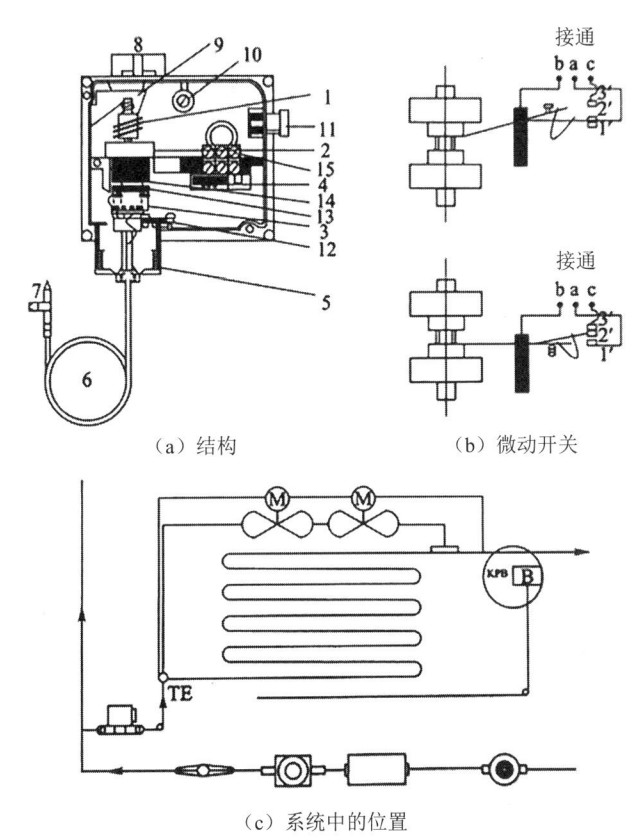

（a）结构　　（b）微动开关

（c）系统中的位置

1—调节弹簧；2—顶杆；3—幅差调节螺母；4—微动开关；5—波纹管组件；6—毛细管；7—感温包；8—调节旋钮；9—主标尺；10、15—接线柱；11—控制线引入；12—地线接线柱；13—微动开关拨臂；14—固定圆盘

图 10-38　RT 型（DANFOSS）温度继电器

显然通过调节旋钮改变调节弹簧的弹力，便可改变温度控制器的断开值。主弹簧弹力越大，触点 2′、3′断开温度值越高；反之，触点 2′、3′断开温度值越低。幅差调节螺母可以改变它与固定圆盘之间间隙的大小，间隙越大，相应电触点的闭合温度与断开温度的差值就越大，故幅差调节螺母能控制温度的最高值。

RT 型温度控制器在安装使用时必须根据控制温度、工作条件来选择接线方式。感温包应能准确感受和传递温度信号，毛细管不应通过比温度控制更低的库房，也不要与蒸发器进口管接触或一起穿过冷库门壁。当毛细管穿过库房时，应加装套管，并在两头用橡皮密封，毛细管弯曲时应保持一定的圆弧。

RT 型温度控制器规格较多，其中 RT2、RT3 型控制范围为–25～–15℃。RT4、RT14 型为–30～–5℃，RT11、RT13 型分别为–30～0℃、15～45℃。各型 RT 可调幅差为 1～8℃。一般电触点容量为交流 380V、15A；直流 220V、10A。

调整温度控制器调节弹簧，可调整温度下限；调整温度继电器幅差弹簧，可调整冷库温度上限（最高值）。

温度控制器用来控制库温时的使用注意事项如下：感温包应放在空气流通和能代表库温的地方，如蒸发器是冷风机式，感温包应放在回风区，而不宜放在直接被出风所吹到的地方或不宜太靠近库门；采用蒸汽式温包的温度继电器，本体不能放在环境温度比温包所控温度更低处，毛细管也不应接触比被控库温更低的温度；由于温包感温迟滞等因素，实际控制的库温可能和控制器标示的不一样，调定时应以实际库温为准；更换温度控制器时应注意其适用温度范围，不要搞错接线方式。

温度继电器的常见故障有：温包内充剂泄漏，使触点无法闭合，应更换；触点烧毛或烧毁，使触点接触不良或接不通，可用细砂纸擦平或更换。

3. 压力继电器

当被控压力超过或低于调定值时，高、低压继电器动作，进行安全保护或进行自动调节。压力继电器（也称压力控制器）按其控制范围不同可分为低压继电器、高压控制器及两者组合的高、低压继电器等。

低压继电器一般安装在低压管道或容器上；高压继电器用于制冷压缩机的高压管道或容器上。高、低压继电器将低压和高压继电器的压力传感和传递部分组装成一个继电器，一般用于压缩机的高压超高或低压过低的保护。

图10-39为FP-214型组合式高、低压继电器的接管图及结构，当排气压力升至高压给定值或吸入压力降至低压给定值时，继电器触头断开，切断电路，压缩机停机。其动作原理是低压波纹管7、角杆6、推杆2、低压调节弹簧3及低压差动装置等组成高、低压继电器的低压部分。当作用于低压波纹管上的吸气压力升高到低压设定值上限时，波纹管被压缩并推动角杆，克服低压调节弹簧的拉力顺时针转动，带动推杆下移。在夹持器内走完自由行程后，把夹持器连同动触头板12一起下拉，使触头闭合。磁钢4对动触头板的吸引作用，加速了触头的闭合，防止产生电火花烧坏触头。当吸气压力低于低压设定值下限时，动作过程相反，使触头断开，切断电源。

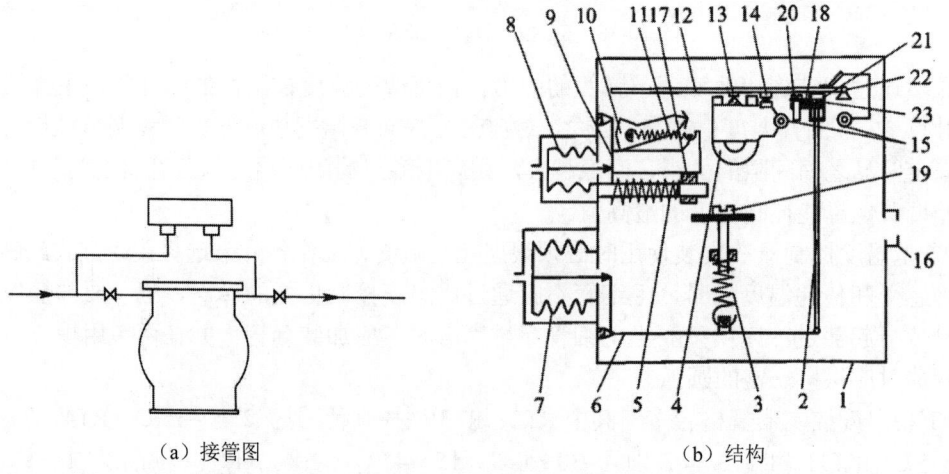

（a）接管图　　　　　　　（b）结构

1—外壳；2—推杆；3—低压调节弹簧；4—磁钢；5—高压调节弹簧；6—角杆；7—低压波纹管；8—高压波纹管；9—杠杆；10—跳脚；11—跳簧；12—动触头板；13—辅助触头；14—主触头；15—接线柱；16—进孔线；17—高压调节螺母；18—挡板；19—低压调节螺钉；20—低压差动调节螺母；21—夹持器；22—支轴；23—直角曲臂

图10-39　FP-214型组合式高、低压继电器的接管图及结构

低压调节弹簧可调整启闭压力，其调节的是低压继电器的上限。低压差动调节螺母 20 调节幅差，其调节的是低压继电器的下限。顺时针转动低压调节螺钉 19，加大低压调节弹簧的拉力，断开压力值相应升高；逆时针转动则减小弹簧拉力，断开压力值降低。压力调节范围一般为 0.07～0.37MPa。

高压波纹管 8 以高压调节弹簧 5、高压调节螺母 17、跳簧 11、跳脚 10、杠杆 9 组成高、低压继电器的高压部分。当作用在高压波纹管上的排气压力升高至设定值上限时，顶针推动杠杆，克服弹力沿逆时针方向转动，移动跳簧的位置，使跳脚起跳，撞击动触头板使触头断开；当高压低于设定值下限时，触头闭合。高压设定值的调整是通过高压调节螺母进行的，顺时针转动，弹簧压力增加，使断开压力也增大；反之则减小。高压部分有差动，则不能调节。高压端压力调节范围一般为 0.59～1.37MPa。

高、低压继电器的调定值可按制冷装置说明书提供的数据进行设置。缺少数据时可参考高压断电压力（上限）：一般 R22 制冷装置表压多选为 1.7～1.9MPa（相当于 t=46～51℃）；R134a 可选为 1.2MPa（相当于 t_k=50℃）；高压通电压力（下限）：高压继电器一般采用手动复位，通常做成固定幅差。若幅差是可调的，取为 0.2～0.3MPa 即可。

低压断电压力（下限）：可取设计蒸发温度减去 5℃后所对应的制冷剂饱和压力，但一般应不低于表压 0.01MPa。设计的蒸发温度由被冷却介质（空气、水或其他载冷剂）所要求的制冷温度减去设计传热温差（5～10℃）而得。实际上，采用直接冷却方式的伙食冷库制冷装置以低压侧不致漏入空气为原则，可适当取低些。这样，既可起到防止出现真空的保护作用，而且对以低压继电器控制压缩机启停的装置来说，还可以减少个别库仍在进液而停车的可能性，可降低压缩机启停频率。空调制冷装置的低压继电器应能防止蒸发温度过低而使管壁结霜，以免空气冷却器通风不畅，一般取蒸发温度–3℃对应的冷剂饱和压力为低压继电器的断电压力，也有建议取更低的（肋片不结霜即可）。

低压通电压力（上限）：适当提高低压通电压力（增大幅差），可降低压缩机启停频率。但低压通电压力所对应的制冷剂饱和温度应适当低于库温上限，否则库温升至上限，供液电磁阀开启后，吸入压力仍不能迅速达到闭合压力，要等到库温高于低压开关调定的上限所对应的制冷剂饱和温度时，压缩机方能启动。低压开关的调节幅差对 R22 来说，一般为 0.1～0.2MPa。

4. 压差继电器

压差继电器，又称压差控制器，是一种以滑油压差作为控制信号的电开关，用来在滑油泵排、吸两端的压差低于某一调定值并在延时时间内没有恢复时，自动切断压缩机电路，以实现保护性停车。

图 10-40 为 JC3.5 型压差继电器，它的主要组成部分如下。

（1）压差感受部分。压差感受部分包括感受滑油泵出口压力和曲轴箱压力的高、低压波纹管和用来平衡压差的弹簧。

（2）压差开关。压差开关经杠杆接受压差感受部分发来的信号，并以自己的开闭动作控制压缩机的启停。

（3）延时机构。延时机构包括延时用双金属片、电加热器和随双金属片弯曲变形而运作的延时开关。延时开关允许压缩机有短时间的油压建立过程。

图 10-40 JC3.5 型压差继电器

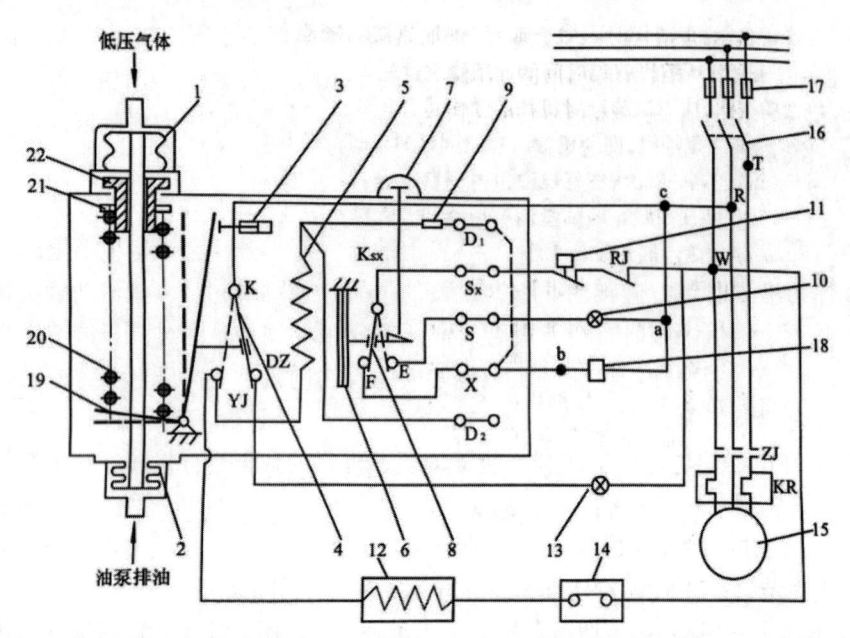

1—低压波纹管；2—高压波纹管；3—试验按钮；4—压差开关；5—电加热器；6—双金属片；7—复位按钮；8—延时开关；9—降压电阻；10—"故障"信号灯；11—压力继电器触头；12—滑油加热器；13—"正常"信号灯；14—手动开关；15—压缩机电动机；16—电源开关；17—熔断器；18—接触器线圈；19—杠杆；20—弹簧；21—可调弹簧座；22—调节轮；RJ—过载保护器触头；KR—过载保护继电器线圈；ZJ—接触器常开触头

（4）试验按钮。试验按钮用以试验延时机构的动作是否正常，持续按住试验按钮，如达到调定的延时时间能立刻停机，即为正常。每次因延时机构动作而停机后，均需等待双金属片完全冷却（约 5min），然后才能拨按复位按钮再行启动。

图 10-40 中，装在曲轴箱内的滑油加热器的电路由压差开关控制，用以在油温过低致使滑油压差过低时使滑油加热器自动投入工作。

该型压差继电器的工作原理如下：当压差大于调定值时，杠杆 19 处于图示位置，压差开关 4 的 K 点与 DZ 点接通，使以下两条电路成为通路。一路电流由压缩机电路的 R 点、a 点经接触器线圈 18 后，由 b 点、接线柱 X、延时开关的触头 F 和接线柱 SX 回到压缩机电路的 W 点，所以接触器线圈有电，触头闭合，压缩机正常运转；另一路由 R 点、c 点、K 点、DZ 点经"正常"信号灯 13 回到 W 点，因而"正常"信号灯亮，此时延时机构加热器不通电。当压差低于调定值时，压差开关的 K 点与 YJ 点接通，"正常"信号灯断电熄灭，同时延时机构加热器投入工作（电路由 R 点、c 点、K 点、YJ 点经电加热器 5 至接线柱 D_1、X 和 F 点、接线柱 SX 回到 W 点接通）。此时，由于延时开关尚未动作，接触器线圈的电路仍旧连通，所以压缩机继续运转。但当压差过低的持续时间达到调定的延时时间后，延时开关 8 的触头就要从动触点 F 转至 E 点，于是接触器线圈断电，压缩机停车。与此同时，由 R 点、a 点"故障"信号灯 10，接线柱 S、E 点，接线柱 SX 回到 W 点的电路接通，"故障"信号灯亮。而延时机构的电加热器，则因电路在 F 点处被切断而停止加热。

压缩机断电停车后，除应排除导致压差不足的原因外，还必须按下复位按钮才能重新启动。当按下复位按钮时，延时开关的动触点又会从 E 点返回到 F 点。这时，"故障"信号灯因电路不通而熄灭，而接触器线圈的电路接通，于是压缩机启动。但因启动之初油压尚未建立，压差开关仍接在 YJ 处，所以延时机构的加热器仍继续通电。倘若在延时时间内油压未能建立，那么延时开关又会从 F 点返回 E 点，使压缩机停车，同时"故障"信号灯亮；如果油压在延时时间内已经建立起来，压差开关就会转接至 DZ 处，于是压缩机继续运转，"正常"信号灯亮，同时切断延时机构加热器电路。

调整压差继电器时，除需拨转调节轮 22 以改变弹簧张力，从而改变压差调定值外，还必须进行校验。校验时，应启动压缩机，并用压缩机的油压调节阀慢慢调低滑油压力，直至压缩机在压差控制器作用下停机，记下滑油压力表和曲轴箱压力表的读数。然后，根据上述两读数之差即可校验实际的控制压差值。

5. 蒸发压力调节阀

蒸发压力调节阀又称背压阀，按工作原理不同可分为直动式和伺服式。直动式蒸发压力调节阀是比例调节元件，不能使蒸发压力（温度）完全恒定，只是将其控制在一定范围内。

蒸发压力调节阀安装在蒸发器出口管道上，以防止蒸发器内蒸发压力低于设定值。既可用于单一的蒸发器，也可用于 2 个以上的蒸发器，保持各自不同的最低蒸发压力。蒸发压力调节阀功能如下。

（1）在以水或盐水为被冷却介质时，防止因负荷减少、过度冷却而被冻结。

（2）在不允许环境温度低于设定温度的场合，可保证设定的蒸发温度。

（3）可以防止冷库中的冷却盘管表面过度结霜，造成被冷却物品过大的干耗。

（4）在两台以上不同蒸发温度的蒸发器并联使用时，压缩机是以最低的蒸发温度作为运行基准的。为此，库温高的蒸发器存在温差过大现象，当负荷小的时候，库温有过度下降的倾向。若在蒸发温度高的蒸发器回气管道上安装蒸发压力调节阀，就可以确保其蒸发压力不会降至设定压力以下。

蒸发压力调节阀按容量大小分为直动式和带导阀的先导式（恒压阀）两大类。前者用于小型制冷装置，后者用于大型制冷装置。

直动式蒸发压力调节阀的结构如图 10-41 所示。蒸发压力升高时，克服弹簧 2 和平衡波纹管 3 的弹力，推动阀板 4 上移，阀口开大，蒸发器泄压，在达到设定蒸发压力时，阀板重新落下，关闭阀门。在蒸发压力上下波动过程中，阀的开度成比例地变化，但存在静态偏差。

蒸发压力调节阀的调整原则是，当库温达到所要求的下限时，蒸发压力调节阀应恰好关闭。调整工作必须在系统正常工作且库温已达到要求时进行。具体步骤如下。

（1）根据要求的库温（即库温上、下限的平均值）初步确定蒸发温度。一般可使蒸发温度低于库温 5～10℃。

（2）从制冷剂性质表查得与蒸发温度相对应的饱和压力，此即为初步确定的蒸发压力。

（3）在蒸发压力调节阀压力表接头处接一压力表，并将压力表阀打开。

（4）转动调节杆（或手轮），改变调节弹簧的张力，直至压力表的读数指示为初步确定的蒸发压力值。

（5）当库温达到所要求的下限时，观察压力表的指针是否稳定。如果稳定，说明阀已关闭，调整即算合格；若不稳定，则说明阀门尚未关闭，还需继续通过转动调节杆或手轮的方法加以调整，直至指针的指示稳定。

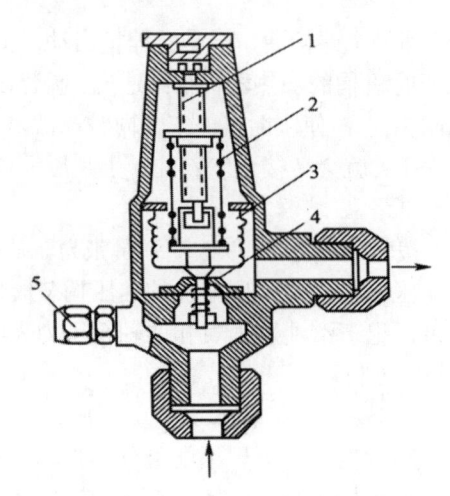

1—调节杆；2—弹簧；3—平衡波纹管；4—阀板；5—压力表接头

图 10-41 直动式蒸发压力调节阀

指针稳定时压力表所指示的压力值，即为所要求维持的蒸发压力的下限值，亦即蒸发压力调节阀的调定值。

（6）关闭压力表阀，拆下压力表，调节工作即告完成。

6. 冷却水量调节阀

冷却水量调节阀按工作原理不同分为直动式和伺服式。船舶伙食冷库制冷量一般不大，冷凝器的冷却水管直径不大，大多选用直动式。制冷过程中冷凝压力过高，不但增加压缩机的能耗，而且容易引起设备损坏事故；而冷凝压力过低，在膨胀阀前后建立不了足够的压差，无法满足蒸发器供液的需求，也会使制冷装置的工作失调。为了确保制冷装置安全高效地运行。必须控制冷凝压力，使其稳定在某一设定范围。水冷式冷凝器除控制运行水泵台数调节外，一般可用冷却水量调节阀控制冷凝压力。冷却水量调节阀有压力控制式和温度控制式两种类型。

（1）压力控制式水量调节阀。压力控制式水量调节阀的结构如图 10-42 所示。阀顶设管接头，可连接管道与冷凝器气相连通，感受冷凝压力变化。当冷凝压力升高时，阀的波纹管压缩，上顶杆 6 和下顶杆 9 下移，阀门被开大，增加冷却水量，从而降低冷凝压力至设定值范围；若冷凝压力下降到设定值以下，上、下顶杆上移，阀门关小，减少冷却水量，使冷凝压力回升到设定值范围。由于在阀门腰部设有调节螺钉 8 和弹簧 7，因此通过调节螺钉可以改变弹簧弹力的大小，以获得不同的设定值。减少弹簧力则冷凝压力的设定值被降低；冷凝压力的设定值被提高。

（2）温度控制式冷却水量调节阀。温度控制式冷却水量调节阀是以被控容器的出水温度作为反馈信号，通过感温包中的工质把温度变化转化为压力变化来调节阀门的启闭和开度，以达到控制冷凝压力的目的。温度控制式冷却水量调节阀的结构如图 10-43 所示。

温度控制式冷却水量调节阀的调试：工作时，感温包感受的温度若升高，感温包内的介质压力就相应增大，将阀门开大；反之则将阀门关小。通过转动调节旋钮，可以根据要求来调整控制温度。顺时针转动时，调定的温度值增高；反之则降低。

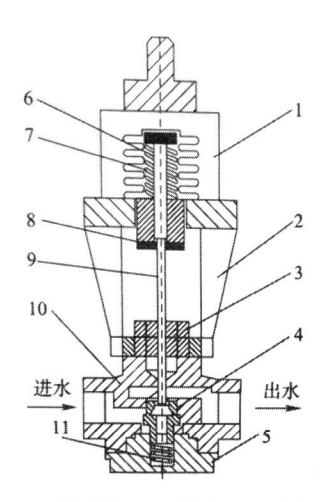

1—高压气室；2—支架；3—填料螺母；4—阀座；5—底盖；6—上顶杆；7—弹簧；
8—调节螺钉；9—下顶杆；10—阀体；11—阀门座弹簧

图 10-42　压力控制式冷却水量调节阀的结构

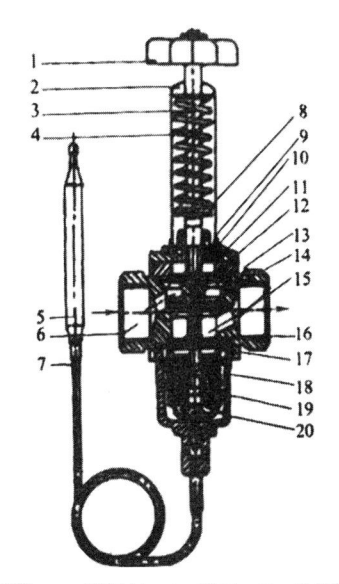

1—手轮；2—杆箍；3—调节杆；4—弹簧；5—感温包；6—进口；7—毛细管；8—弹簧座；9—杆子；10—盖子；
11—圆盘；12—膜片；13—阀体；14—阀座；15—出口；16—膜片；17—圆盘；18—罩壳；19—波纹管；20—弹簧

图 10-43　温度控制式冷却水量调节阀的结构

第五节　船舶制冷装置的管理

一、制冷装置的基本操作

1. 气密试验

初次安装或大修后的制冷装置需进行气密试验，《钢质海船入级规范（2023）》规定气密试验压力为设计压力。

抽空试验是在气密试验合格后进行的，目的在于抽除残存在系统中的气体和水分，检查系统在真空状态下的密封性。可以用专用的真空泵或装置本身的压缩机进行抽空。采用前者时应注意停真空泵前，先关泵与制冷系统连接管路上的阀门，避免泵内滑油被吸入制冷系统和产生回气。

气密试验压力分别为：低压系统中 R22、R717 为 1.7MPa；高压系统中 R22、R717 为 2.2MPa。

气密试验应用瓶装氮气或 CO_2 进行。系统充气达到规定试验压力后，静待 8h，如果压降不超过 0.034MPa，即为合格。如果压力下降，可用肥皂水或起泡洗涤剂找漏，并放气后补焊，修复后重新做气密试验。严禁使用氧气或其他可燃气体进行试压或检漏。具体试验步骤如下：

（1）拆除系统中不能承受试验压力的元件或将其隔离旁通，如蒸发压力调节阀、低压继电器等，高压系统的安全阀应与通舷外的管路脱开，并将阀出口堵死，在系统管路上安装压力表。

（2）关闭压缩机的吸、排截止阀和所有通大气的阀及滑油分离器的回油阀；开启热力膨胀阀的旁通阀和正常工作时应开启的其他各阀。

（3）将气体的钢瓶经减压阀接到系统管路上，然后开启钢瓶阀向系统充气，当压力达到 0.3～0.5MPa 时，检查系统有无明显漏泄，若没有，即可进一步加压至要求的试验压力。

（4）对系统各连接处，如阀杆填料箱、焊缝等处仔细查漏，为了初步检查冷凝器是否漏泄，可以关闭冷却水，开启水室泄水旋塞，在泄水旋塞口检查，如发现漏气，应进一步拆下冷凝器端盖检查。

（5）当查明系统无漏泄后，用冷凝器放气阀将高压系统压力适当降低，接着取下安全阀出口处的临时堵头，检查安全阀是否关严，然后放尽检漏用气体。

2. 抽空试验

（1）采用压缩机抽空，具体试验步骤如下。

1）关闭压缩机的排出截止阀，以隔断与冷凝器的通路和使排出多用孔道通大气。

2）稍开压缩机吸入截止阀，把有能量调节压缩机的能量调节机构置于最小能量调节位置，启动压缩机后逐渐开大吸入截止阀，使抽空过程中的压缩机在很小的排气量下运行，避免因排出多用孔道窄小而造成排气压力和排温过高。

3）把控制箱上的转换开关置"手动"位置或短接低压继电器和压差继电器，避免压缩机因吸入压力或油压过低而自动停机。

4）开启高、低压管道上的各阀，关闭通大气阀。

5）放尽冷凝器中的冷却水，以利于其内部残水的蒸发而被抽除。

6）盘动压缩机数转，如果无受阻情况和有气排出，则可启动压缩机开始抽空。

7）抽空宜分几次间断进行，避免抽吸过快，使管路中的压降太大，不易抽除干净。

8）抽空过程中，应密切监视排压和排温。R22 机和氨气机的排温上限为 145℃，采用压力润滑时，还应监视滑油压力，油压应高于吸气压力 0.027MPa 以上。

9）按《钢质海船入级规范（2023）》要求，氟利昂系统应抽空至绝对压力为 2.1kPa，即真空度为 720mmHg，静待 8h，绝对压力不超过 3.4kPa，即真空下降不超过 10mmHg。当真空度达到规定值时，可先用手指或塞头堵住排出多用孔道，后停机，然后迅速关闭排出多用孔道，以防外界空气倒流入系统。

抽空宜间断进行，所需时间为 18～72h，以便最大限度地抽除系统中的气体和水分。

（2）采用真空泵抽空，具体试验步骤如下。

1）用一台真空泵和一套制冷专用复合压力表，将真空表连接到真空泵的进口处，用制冷剂充注管把真空表接到复合压力表（又叫歧管压力表、双联表）的中间连接口上。

2）用低压充注管连接复合压力表的低压接口和制冷压缩机的吸气多用通道上的通大气口上。

3）用高压充注管连接复合压力表的高压接口和制冷压缩机的排出多用通道阀的通大气口。

4）启动真空泵抽真空。

5）抽真空时，应多次间断进行。

6）抽真空时，制冷系统中的各阀门应全部开启，供液电磁阀及膨胀阀应旁通，即开启旁通阀；制冷压缩进出口多用通道阀应处于三通状态，即多用通道阀通大气检修口，同时与压缩机及制冷系统进、排出管相通。

3. 冷库隔热试验

冷库隔热试验是在冷库内为设计最低温度，保持冷库密封状态，使制冷装置停止工作的条件下进行的，经过 6h 后检查冷库温度的回升情况，冷库隔热试验允许温升值见表 10-4。将制冷机组投入运行，使冷库温度下降到设计要求的最低温度。保温运行至少 12h，总试验时间不少于 24h。冷库处于空载状态，密闭库门，将落水口液封槽加足盐水。停止制冷装置 6h 以上，记录每小时的库温回升值。

表 10-4　冷库隔热试验允许温升值

试验内容	试验公式与变量	
库温与环境初温差/℃	$15+5X$	X=0，1，2，3，4，5，6，7，8，9
6h 内允许库温回升值/℃	$3.6+1.2X$	

4. 制冷装置的启动、运转中的检查及停车

（1）启动。制冷装置在正常情况下，可以自动启动，但制冷装置在拆卸、修复、安装或长时间停机后，需要人工启动。制冷装置启动前应满足要求：压缩机曲柄箱内的滑油油位应在视油镜中间位置或偏上；贮液器内制冷剂液面应在液镜 1/3～1/2 处。开启压缩机排气阀及高、低压系统的相关阀门；检查装置四周有无障碍物；对于新安装或检修装复后首次启动的压缩机，应手动盘车 1～2 圈；对于具有卸载—能量调节机构的压缩机，应将能量调节手柄放在最低的容量位置；检查电源电压，接通电源；启动冷却水泵，对于直接吹风冷却系统，应启动风机，对于间接冷却系统，则应启动冷媒水循环泵；调节压缩机高压、低压、油压差继电器及各温度继电器给定值；检查制冷循环系统所有的管系，确保气密无泄漏。

启动准备工作完毕后，瞬时启动压缩机，并立即停车，观察压缩机、电动机的启动状态和转向，然后反复启动 2～3 次，确认启动正常，即可正式启动。

启动后逐渐打开压缩机吸气阀及贮液器出液阀。如果制冷装置设有卸载—能量调节机构，则应逐步调节到所要求的容量。在启动时，还应观察机器运转、振动情况，系统高、低压及油压是否正常，检查电磁阀、能量调节阀、膨胀阀及回油阀的工作等，直到确认制冷装置工作稳定。

（2）运转中的检查，具体检查步骤如下。

1）检查制冷装置运转中的工作压力，并保持正常。正常值一般为，排出压力，R22 是

1.0～1.5MPa，最高不超过 1.6MPa；吸入压力，具体值与需保持的库温有关，但最低不得低于表压力 0.01MPa；未设油压控制的卸载—能量调节机构的压缩机油压差是 0.1MPa 以上；设有油压控制的卸载—能量调节机构的压缩机的油压差是 0.15～0.30MPa。

2）检查油压差是否正常。油压应高于吸气压力 0.1～0.15MPa。

3）检查电磁阀是否打开。如果用手摸或用红外探测电磁阀外壳有热感和微小振动，则表明电磁阀已经打开。

4）检查压力继电器和油压差继电器的工作压力。低压继电器的校验：逐渐关小吸气截止阀，缓慢降低吸气压力直到压缩机停机，逐渐开大吸气阀直到压缩机重新启动，核对停机和重新启动时的吸气压力是否符合低压继电器断开和闭合压力的要求，如果不符合，则应调整。为准确起见，宜校验三次以上。高压继电器的校验：开足吸气截止阀，关小冷却水泵的排出截止阀，减小冷却水量使排气压力逐渐升高，直到压缩机停机。然后开大水泵的排出截止阀，直到压缩机重新启动。校验停机和重新启动时的排气压力是否符合高压继电器断开和闭合压力的要求，如果不符合，则应调整。油压差继电器的检验：转动油压调节阀的调压螺钉，使油压逐渐下降，直到压缩机停机。核对停机时的油压与吸气压力差值是否在 0.06～0.15MPa 之间，如果不符，则应调整。按动压差继电器的试验按钮，校验延时机构工作的可靠性，要求按动试验按钮后压缩机应延时停机。

5）检查压缩机能量调节装置的工作，如果为手动能量调节装置，可分别置于各能级，用手摸或用红外探测缸的发热情况来判断工作的缸数是否与能级相符。如果为自动能量调节装置，压缩机应全负荷运行，全部缸均应发热。

6）倾听膨胀阀是否有制冷剂流动声，以检查膨胀阀是否畅通。

（3）停车。停车分为正常停车和事故停车，其中事故停车是制冷装置在运行过程中，遇到意外设备故障或因外界影响将对制冷系统带来严重威胁时，所采取的应急措施。

1）正常停车，具体试验步骤如下。

①关闭节流阀或供液总阀，降低蒸发器的压力，以便下一次启动。如果是氟利昂系统，应关闭贮液器或冷凝器的出液阀。

②关吸入阀，当曲轴箱表压降到 0.03～0.05MPa 时，切断电源，关闭排出阀。如停车不当，曲轴箱表压已降到负压，则应使曲轴箱表压上升到 0MPa 以上。

③如果系统有油浸启动变阻器，应将油浸启动变阻器手轮，从运行位置移动到启动位置。对于新系列产品，应将能量调节位置移向 0 位。

④等待 2～3min，将冷却水系统和冷冻水系统关闭，记录停车时间及做好交班准备。如果是长期停车，除全封闭式制冷机外，应将制冷剂收集到贮液器中，即把贮液器或冷凝器出液阀关闭，将蒸发器中制冷剂抽回。此时，除安全阀的截止阀、表阀、均压阀、液面指示器阀开启外，其他阀门均呈关闭状态，然后消除制冷剂泄漏处，做好机器设备的油封工作。并且，每隔半月盘车一次，对于制冷剂阀门，除压紧填料之外，还应把阀帽旋紧。

对于各种制冷装置，在长期停车中，应将系统中的水放掉，以防因环境温度较低而冻坏设备。如果在南方地区，因气温较高，可不必放水，因放水后空气进入，对管内壁腐蚀比有水的情况下要严重。

2）事故停车。遇到下列情况时，应进行紧急停车。

①电源突然中断停车。应立即关闭调节站节流阀，停止向蒸发器供液，避免下次启动时，

因蒸发器内液体过多而产生湿压缩,然后关制冷机吸、排气阀。对于氟利昂系统,安装有供液电磁阀时,可不做处理,拉下电源开关。检查停电原因,确认故障排除后,可重新启动。

②突然停水、停车。由于检修管路或其他原因,冷却水突然中断时,应立即切断电源。停止制冷机运转,避免冷凝压力过分升高。然后关节流阀,制冷机吸、排气阀(对于水冷式氟利昂制冷机,同样要切断电源)。经查明原因并消除后,可再次启动。如因停水,系统或设备安全阀超压跳开,还应对安全阀试压一次。

5. 制冷剂的充入和抽出

(1)制冷剂的充入。制冷剂在高压侧充注时(图10-44),借助充液软管将氟利昂液罐和系统加液阀连接。拧紧接口螺母前,稍微松开液罐阀门以驱赶管内空气,拧紧后、液罐倾斜倒置(一次性用罐则不必),稍开阀门检查配管系统,确认无泄漏后关上贮液器出液阀,打开液罐及充液阀,启动压缩机即向系统充注,由液罐磅秤确定系统是否已达到规定充量。反复操作完成充注后,切断加液阀,打开贮液器出液阀,系统即可正常运转。新装系统或严重缺制冷剂的情况下,高压侧充注是在停机状态下借助压缩机高压排气阀多用通道口装上三通接头,一端接真空压力表,另一端连接充注管,经过干燥过滤器和液罐连接,向贮液器充注。另外需注意,在高压侧充注时,关瓶阀后要将铜管内的制冷剂吸走才能拆管道,否则管内的液态制冷剂很多,会漏入大气中造成污染。

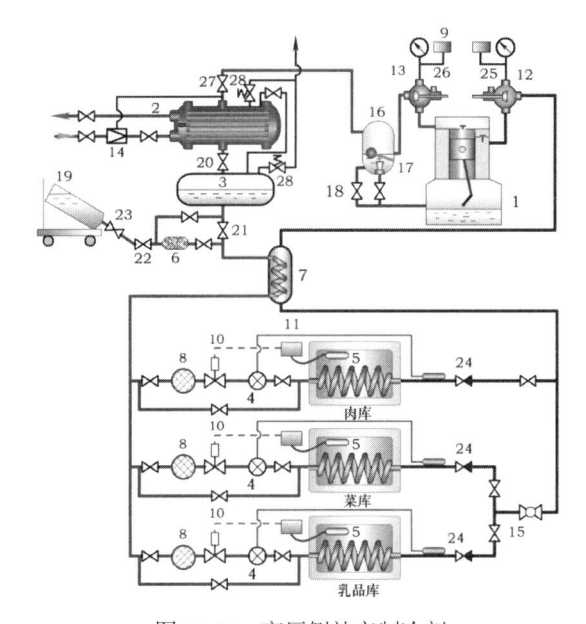

图10-44 高压侧补充制冷剂

制冷剂在低压侧充注时(图10-45),借助压缩机吸气三通阀充注软管接到氟利昂液罐另一端上,充注管路上装有真空压力表以便操作,液罐直立,微开液罐阀门以驱赶管内空气,拧紧接口螺母后调节三通阀,使压缩机仅处于从气瓶吸气状态,启动压缩机,随时调整液罐阀,控制吸气压力不超过 200kPa(表压)。由磅秤确定系统是否已达到规定充注量。为了加速充注速度,可用温水淋浇或浸泡液罐,但不能浸入热水中避免出现危险,充注完毕后关闭液罐阀门,待充注管内压力降到 0kPa(表压)时关闭压缩机,全开三通阀,关闭充注口,取下充注管后拧紧螺母,恢复三通阀至正常工作状态位置,充注即告完成。

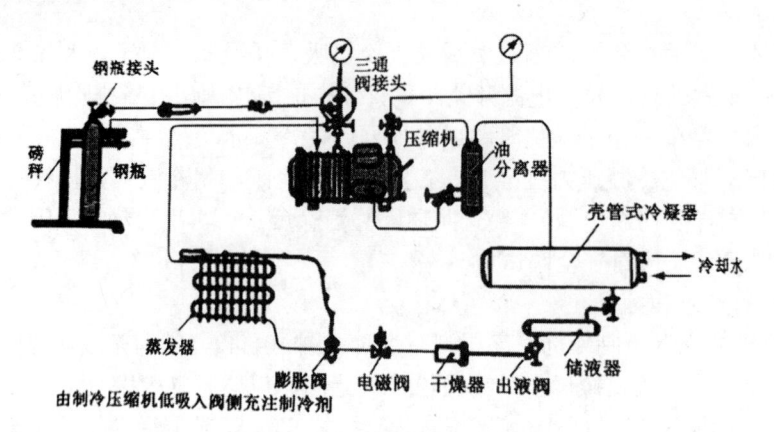

图 10-45　低压侧补充制冷剂

（2）制冷剂的抽出。制冷装置在短期停用或局部检修时，应将系统中的制冷剂收回贮液器中储存。当制冷装置需要全面检修或长期停用时，则应将制冷剂抽回钢瓶保存。图 10-46 为制冷剂的抽出流程，其具体操作如下。

1) 关闭干燥器的出口阀、旁通阀和通往蒸发器的供液阀。

2) 启动压缩机，抽空蒸发器，当吸入压力达到一定的真空压力（77.4kPa）时，停止压缩机。

3) 关闭吸入截止阀，用接管将充剂阀和空钢瓶连接起来（注意驱除接管中的空气）。

4) 打开充剂阀和钢瓶阀，并用冰水喷淋钢瓶，使瓶冷却，则制冷剂会从系统流进钢瓶。当系统与钢瓶压力达到平衡时，可换用另一只空钢瓶继续抽出。

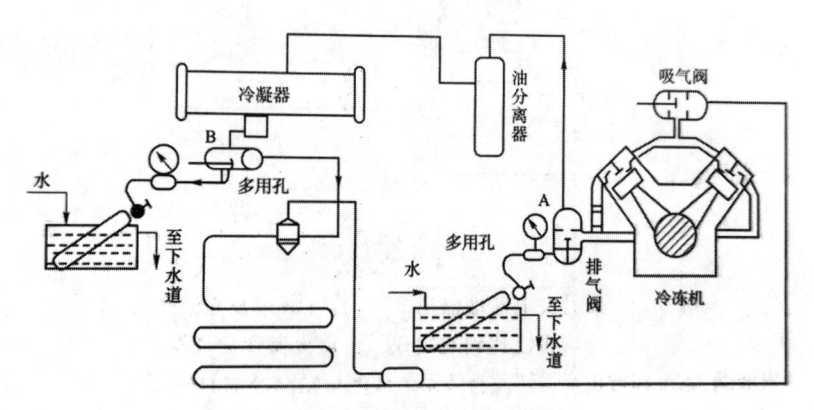

图 10-46　制冷剂的抽出流程

当系统中存留的制冷剂不多、压力较低时，为进一步抽出系统中的残余制冷剂，可用压缩机进行抽吸。为此：①将压缩机排出截止阀的多用通道与钢瓶连接，或利用排气管路上的压力表接头，在其上装一 T 形接头，使其一端与钢瓶连接，另一端与压力表接头连接；②短接或强行闭合低压继电器和压差继电器的触头；③打开钢瓶阀、压缩机的吸排截止阀和制冷系统中的各截止阀，并调大蒸发压力调节阀的开度或通过手动强开机构使之开启；④把压缩机的能量调到最小，然后启动压缩机；⑤缓缓关小压缩机的排出截止阀，并用冰水冷却钢瓶，以使制冷剂充入钢瓶，同时密切注视压力表，防止排出压力过高，对于有易熔塞的钢瓶，则应特别注意防止钢瓶过热；⑥当吸入压力降至 0（表压）或更低时，停止压缩机，关闭钢瓶阀和排出截止阀的多用孔，然后拆除钢瓶。

应该注意，抽出系统中的制冷剂时，所用的钢瓶必须是试压合格的，并装用同一种制冷剂或经彻底清洗的钢瓶。

6. 检漏

制冷装置运行中，由于振动造成的连接部件松动、阀杆填料未压紧、管路腐蚀、压缩机轴封损坏或拆检某些设备后复装不符合要求等，会造成制冷剂的泄漏，所以检漏是经常性的维护工作。制冷剂的检漏一般可采用油迹检漏、卤素检漏灯检漏、肥皂液检漏及电子仪检漏。

（1）油迹检漏。平时做好装置各部分的清洁工作，对于氟利昂制冷装置，出现油迹处即制冷剂泄漏的地方，这是由于氟利昂与油能互相溶解，泄漏的制冷剂中溶有油。

（2）卤素检漏灯检漏。卤素检漏灯是以酒精、丁烷或丙烷做燃料的喷灯。氟利昂气体与该喷灯的火焰接触会分解为氟、氯气体，氯与铜接触便形成氯化铜气体，使火焰的颜色发生变化。因此，通过火焰的颜色是否改变就可判断有无泄漏。使用卤素检漏灯时可旋下底部旋塞，将筒内注满酒精、甲醇、丁烷或丙烷，然后旋紧旋塞，黄铜烧杯内注入酒精，点燃以加热酒精筒和喷嘴，使筒内酒精汽化升温。待杯内酒精快烧完时，稍开调节阀，从喷嘴喷出的酒精蒸汽即被点燃。由于喷嘴的高速喷射，使喷射腔内压力低于大气压，于是吸气软管便能吸入气体。如果阀杆填料和轴封等处泄漏，则火焰的颜色就会由浅蓝色变为淡绿、深绿、紫绿色和亮蓝色。颜色越深，表明泄漏越严重。图10-47 为一种丙烷检漏灯的结构示意。

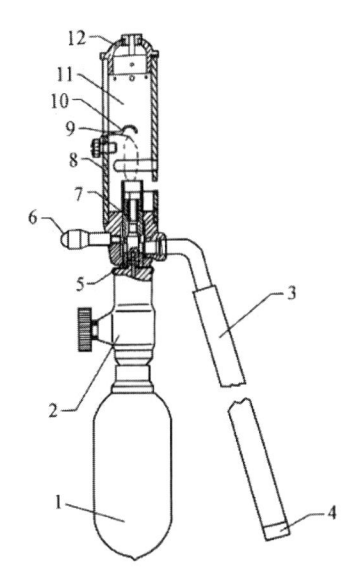

1—丙烷筒；2—调节阀；3—吸气软管；4—滤网；5—喷嘴；6—燃烧筒止动螺钉；7—火口；
8—点火孔；9—火焰高度线；10—铜片；11—燃烧筒；12—顶罩

图10-47 丙烷检漏灯的结构示意

检漏时应注意以下几点。

1）检漏前舱室应很好地通风，以便尽量排出被污染的空气；三氯乙烯和四氯化碳等清洁剂的气体也能使火焰变色，应防止由此引起的误会。

2）泄漏严重时，不宜采用，因这时不易查出泄漏确切部位，检漏时应避免吸入冷剂气体，如果发现火焰呈紫绿色和亮蓝色，就不应再用卤素检漏灯检漏，可改用肥皂液检漏。

3）检漏完毕后，熄火关闭调节阀时，不要关得太紧，避免冷却后卡死或阀体开裂。

(3) 肥皂液检漏。肥皂液检漏是把调成一定浓度的肥皂液涂于可能渗漏部位，观察是否冒气泡来判断有无泄漏。检漏处内部压力需为 0.35～0.40MPa，否则很难查出微小渗漏。此法不适用于零度以下环境。

(4) 电子仪检漏。电子仪检漏是利用使气体电离后测其导电性的原理工作的。对卤素的检漏灵敏度极高，能检出 0.3～0.5 克/年的微漏；对不含氯的制冷剂（R134a 等）灵敏度较低。

7. 滑油的更换和添加

制冷压缩机应按说明书规定的周期换油，但如发现滑油老化、污浊、变黑、黏度下降等问题，也可提前换油。

在氟利昂制冷装置运转正常情况下，压缩机滑油消耗量很小，不会产生缺油现象，如系统短时间内缺油过多（曲轴箱冷冻机油的油位低于 1/3 视液镜），应先检查，确定情况后再进行处理。特别要注意的是应查明原因，避免盲目加入。冷冻机油消耗过快的原因可能有：发生奔油；分离器工作不正常；吸气管布置不当（水平吸气管向下倾 3°～5°；上行吸气管按装置最小制冷量选取内径）；冷冻机油选用不当；系统泄漏严重使冷冻机油损失太多；新加制冷剂会溶解一定量的冷冻机油等。

换油操作如下：关闭吸入截止阀，启动压缩机将曲轴箱抽成真空，以收回溶在滑油中的制冷剂。微开吸入截止阀，使曲轴箱压力回升到 0（表压）或稍高，随即关闭。停止压缩机，切断电源，关闭排出截止阀，打开放油旋塞，放空脏油。打开曲轴箱侧盖，清洗曲轴箱，待晾干后再将侧盖和放油旋塞装复。这样，即可从加油口注入规定牌号的清净的滑油了。滑油装完后，再启动压缩机，并通过排出截止阀上的多用孔道或其他孔道，将曲轴箱中空气抽出，直至曲轴箱达到稳定真空时，停止压缩机，关闭多用孔道，装置即可正常工作。压缩机正常运行中滑油的添加和补充，其方法因各系统加油设施不同而各异，但操作时应注意的共同要点是切忌混入不同牌号的滑油；严防空气混入系统。

在具有装放油阀的压缩机中，只要将装放油阀转至充油位置，并将一根软管的一端插在装放油阀的外接管上，另一端插入油桶内，即可用压缩机的油泵自行吸油。

对于只有加油旋塞的压缩机，可关小吸入截止阀，启动压缩机，使曲轴箱内压力下降到零（表压）或稍高于大气压，然后停止压缩机，拆下加油旋塞，即可用漏斗灌注滑油。

对于某些既没有装放油阀，也没有加油旋塞的小型制冷装置，可利用吸入截止阀的多用孔道加油。为此，需在多用孔道上接入一吸油软管，并稍开多用孔道，用吸气压力驱除软管中的空气，随即捏住吸口。然后关闭吸入截止阀启动压缩机，将曲轴箱抽成稳定的真空，这时把软管吸口插进油桶液面以下，滑油即会自行流入曲轴箱。

在抽空曲轴箱时，必须注意勿使曲轴箱压力下降太快，以防发生奔油。为此，可间断进行抽空，待滑油中制冷剂已大部分被分离出来，不会发生敲缸时，再使之连续运转。

8. 不凝性气体的排除

系统中存在的不凝性气体主要是外界漏入的空气。不凝性气体的存在，不仅会使排气压力和温度升高，增加压缩机的功耗，影响滑油的品质，而且会影响传热，降低装置的制冷量，并将水分带入系统。因此必须设法予以排除。

排除不凝性气体的方法随装置的放气设备不同而异，通常多是通过冷凝器上的空气阀来释放，具体步骤如下：

(1) 关闭贮液器的出液阀。

（2）启动压缩机，把系统中的制冷剂连同不凝性气体一起压入冷凝器中后，停止压缩机。

（3）继续向冷凝器供给循环冷却水，以使制冷剂充分凝结，而不凝性气体则聚集在冷凝器顶部。

（4）打开冷凝器顶部的放空气阀，慢慢放气。用手迎着气流，如感到像风吹一样，表明放出的是不凝性气体；如手上出现油迹并有凉感，则表明已放出制冷剂气体，应立即关闭放空气阀。

应该注意，在压缩机运行工作中不得排放空气，因为那样会把大量制冷剂气体放出；而且最好是在压缩机停机一段时间后，再打开放空气阀，否则放气效果很差。对于某些没有放空气阀的小型装置，则可通过松开高压气体管路顶部的任一接头来放气。

9. 更换干燥剂

常用的干燥剂可分为吸收性和吸附性两类。前者如无水氧化钙、氧化钙等，能将水吸收成结晶水或与水发生化学反应。氟利昂制冷装置一般使用吸附性干燥剂，靠内部的许多细孔吸附水分子，最常用的是硅胶。

当系统中的干燥剂需要更换时，应将其从系统中脱离出来。脱离过程必然有载冷剂的损失，要尽可能地减少。放入新干燥剂时应排出带入的空气。干燥剂为硅胶，蓝色（或白色）颗粒，吸水后变为红色（或蓝色）。当干燥剂变色后，应更换干燥剂。具体步骤如下：

准备好工具及干燥剂；关闭贮液器的出液阀、旁通阀及干燥器的进口阀，打开干燥器出口阀，以回收干燥器及管路内的制冷剂；等制冷压缩机低压停车后，关闭干燥器的出口阀，拆下干燥器；拆下干燥器的端盖，取出卡簧、滤网，将用过的干燥剂倒掉；用挥发性清洁剂（丙酮、四氯化碳）清洁干燥器内壁及滤网；更换新的干燥剂，填满压实，装上滤网、卡簧，检查密封垫圈是否破损，上紧端盖；将干燥器连接在管路上，上紧进口阀接头螺母，微开出口阀接头螺母，打开干燥器进口阀，用制冷剂将干燥器及管路内的空气排出；上紧干燥器出口接头螺母，打开出口阀，关闭旁通阀，使干燥器投入运行；运行一段时间后，将干燥器旁通，从运行系统中隔离出来。

10. 制冷装置的参数调整

制冷装置运行的参数主要有：蒸发温度和蒸发压力；冷凝温度和冷凝压力；压缩机的吸、排气压力；节流前的制冷剂液体温度；两级压缩制冷系统的中间压力等。这些运行参数不是固定的，而是随外界条件（如冷却水温度，被冷却对象的冷负荷）的变化而变化的。所以，在调试制冷装置时，必须根据外界条件和装置的特点，调整各个运行参数，使其在合理、经济和安全的数值下运行。

（1）蒸发温度和蒸发压力。蒸发温度和蒸发压力是根据用户的要求确定的。装置运行的蒸发温度，应根据被冷却介质的温度要求及工作特点来确定。调整蒸发温度，实际上是调整蒸发温度与被冷却介质温度之间的温差。从传热的观点考虑，温差选取的大，其传热效果好、降温快。但是加大温差，就使蒸发温度降低。对压缩机的制冷量而言，当冷凝温度一定时，蒸发温度越低，其制冷量越小，由于冷量不足，进而使被冷却介质温度降不下去。而温差变小，则传热效果差，压缩机制冷量虽然很大，但蒸发器热交换不充分。因此，应根据制冷设备的不同，合理地选择温差。

调整蒸发温度与被冷却介质的温差，实际上就是调节节流阀的阀孔开度。

目前常用的节流阀有手动节流阀、热力膨胀阀、恒压膨胀阀、浮球阀等。在调试运行制冷装置时，主要靠观察蒸发压力的变化来判断节流阀的开度是否适中。若阀开度过小，供液量不足，则蒸发温度和蒸发压力降低，压缩机吸气过热，排气温度亦升高；而供液量过多时，则蒸发温度和蒸发压力都升高，过量的液体，还会使压缩机产生"液击"事故。所以正确控制节流阀的开度是运行中调节蒸发温度和蒸发压力的主要方法之一。此外，当冷却设备负荷和压缩机的容量不变时，如果蒸发器热交换面积设计过小或内、外表面有污垢，则使蒸发温度降低；如热交换面积过大，则蒸发温度升高。若冷却设备负荷和蒸发器热交换面积都不变，压缩机容量增大时，则蒸发温度和压力降低；压缩机容量减少时，则蒸发温度和压力升高。

（2）冷凝温度和冷凝压力。制冷系统的冷凝压力为高压表所指示的压力，用绝对压力表示。在一般情况下，冷凝温度比冷却水进口温度高5~7℃，比强制通风的冷却空气进口温度高10~15℃。当蒸发温度不变时，冷凝温度升高，冷凝压力也升高，压缩机的压缩比增加，输气系数减小，压缩机制冷量降低，而耗电量却增加。此外，冷凝压力升高，压缩机排气温度也升高，若排气温度过高，则使压缩机滑油变稀，影响润滑。当排气温度与滑油闪点接近时，将会使部分滑油炭化并积聚在排气阀门中，影响阀门的密封性。此外，对阀片、端盖弹簧等也均有影响。

冷凝温度过高，从设计角度分析是因为冷凝面积过小。这时，不能在规定的压力下将压缩机排入冷凝器的过热蒸汽全部冷凝为液体，而只能在较高的压力和温度下冷凝。在这种情况下，只能增加冷凝器面积或减少并联系统的压缩机运行台数。

运行过程中，冷凝器内表面有油膜、水垢或系统内有少量空气等不凝性气体，均可使传热热阻增加，使制冷剂蒸汽不能及时冷凝。一般处理方法是定期放油、放空气并根据水质情况定期清除水垢。

降低冷凝温度对制冷装置的运行有利，可以采取的措施有两个：一是降低冷凝器冷却水的进水温度；二是加大冷却水流量。但冷却水温度取决于大气温度和相对湿度，受自然条件变化的影响和限制；而加大冷却水流量简单易行，但加大冷却水流量，引起冷却水泵功耗增加，过高的流速还会加剧水管磨损，故应全面考虑。

此外，冷却水系统是开式循环系统，灰尘、杂物和大气中的腐蚀气体与有害物质会溶解在冷却水中，在阳光作用下造成氧化加剧，以及微生物在水中繁殖，对冷却水系统工作存在严重危害。因此，有关操作规程规定，冷却水系统和冷凝管道必须每年彻底清洗一次，以确保冷凝器的正常工作性能。

（3）压缩机的吸气温度。压缩机的吸气温度对容积式压缩机而言，是指压缩机吸气腔中制冷剂气体的温度。吸气温度高，排气温度亦高，制冷剂被吸入时的比容大，这时压缩机的单位容积制冷量变小；相反，压缩机吸气温度低时，其单位容积制冷量大。但是压缩机的吸气温度过低，可能造成制冷剂液体被压缩机吸入，使往复式压缩机产生"液击"现象。

此外，压缩机吸入管道的长短和包扎保温材料性能的好坏，对过热度的大小也有一定影响。吸气温度一般控制在使制冷装置的吸气过热度为5~10℃，在设有回热器的氟利昂系统中，使吸气过热度为15℃比较合适。因此在系统运行操作中，必须注意压缩机吸气温度的控制，一般是用调节热力膨胀阀的调节螺杆来调节吸气过热度的大小。

（4）压缩机的排气温度。压缩机的排气温度是制冷剂经过压缩后的高压过热蒸气。由于压缩机所排出的制冷剂为过热蒸汽，其压力和温度之间不存在对应关系，因此压缩机的排气温度可从排气管路上的温度计读出。

排出压力一般稍高于冷凝压力,而排气温度较冷凝温度高得多。排气温度除与制冷剂种类有关外,主要与吸气温度、压力及压力比有关,并随着它们的增大而提高。冷凝温度和排气温度过高对压缩机的运行都是不利的,应予防止。

11. 蒸发器融霜

空气中的蒸汽在蒸发器管外温度低于 0℃时,就会在其表面结霜。由于霜层的导热系数低,蒸发器结霜后就会大大削弱它的吸热能力。这时,要保持蒸发器的原有制冷量,就需降低蒸发温度,以加大传热温差,但这样又会导致装置制冷量减少,经济性下降。此外,对空气冷却器来说,如霜层较厚,以致管外肋片间的通道完全堵塞,那就更会使空气冷却器难以正常工作。因此,在蒸发器上结有一定的霜层后,就必须及时进行融霜。融霜的方法很多,大致可归纳如下。

(1) 强制停机融霜。对于库温高于 0℃的蒸发器,只需将压缩机强制停机,霜层就会逐渐融化。但此法的实用性有限。

(2) 淋水融霜。淋水将霜层融化,一般在自动融霜方法出现故障时使用。

(3) 热气融霜。热气融霜就是使压缩机的高温排气流过蒸发器,借以融化霜层。压缩机的高温排气是一种现成热源,利用它进行融霜要比电热融霜经济。虽然热气融霜操作比较麻烦,实现自动化也不如电热融霜容易,但它对空气冷却器和蒸发盘管都能适用,故在船舶制冷装置中应用仍较广泛。

热气融霜可分顺流式和逆流式两种。顺流式就是使融霜热气在蒸发器管中的流向与制冷时的冷剂流向相同。图 10-48 为顺流式热气融霜系统,若 1 号蒸发器需要融霜,则可开启阀 2′、4′,关闭阀 3′,压缩机从 2 号蒸发器抽吸制冷剂回气,经压缩排出后,一部分排气就可顺融霜热气管经阀 2′进入 1 号蒸发器进行融霜,并在逐渐被霜层冷却而凝成液体后,经阀 4′顺融霜回液管流向液体管路,供 2 号蒸发器制冷使用。

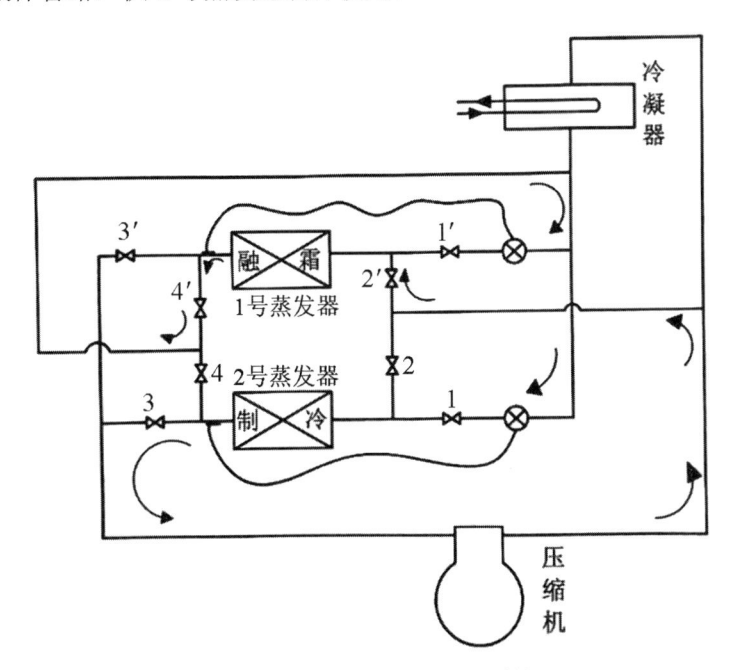

图 10-48 顺流式热气融霜系统

为了保证融霜热气来源，在融霜时应至少有一个蒸发器处于制冷状态，否则压缩机无法吸取制冷剂蒸气。

逆流式热气融霜就是使融霜热气在蒸发器中的流向与制冷时的制冷剂流向相反，如图10-49所示。这种方式的工作原理与顺流式相同，但可省去融霜回液管。

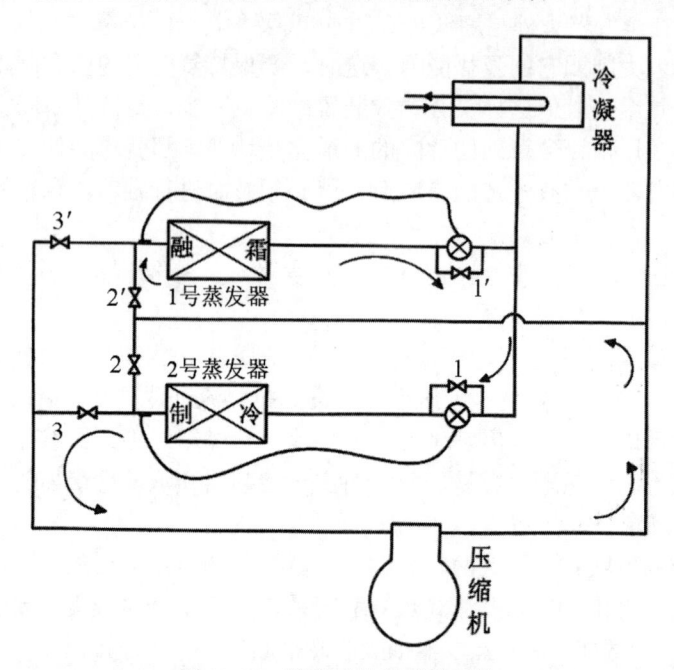

图 10-49　逆流式热气融霜系统

由于融霜时蒸发器已变为加热器，而不再用于冷却空气，故在开始融霜前，应先停止库内空气的循环。例如，对冷风机来说，应关闭风机和进、出口风门，并使其与正在制冷的冷库回气管相隔离，其次，还应尽量将融霜蒸发器中的制冷剂抽空，并将它与制冷剂液体管相隔离，以免融霜加热时，残留在蒸发器中的制冷剂蒸发，吸取热量。此外，操作中还应防止压缩机"液击"。

（4）电热融霜。电热融霜是船上广泛应用的一种适用于空气冷却器的融霜方法，融霜所需的电热器可装在空气冷却器的前面、下面或插在管间。融霜前需先停止向空气冷却器供液，并将其抽空，然后关闭回气管截止阀，以使其与制冷剂回路相隔绝。为了防止融霜时热空气进入冷库，还需停掉风机，关闭风门。此外，融霜时为避免水分在泄水沟中冻结，造成堵塞，还需注意集水盘等处的电加热器工作是否正常。

二、制冷装置的常见故障

1. 压缩机的常见故障及其主要原因

（1）压缩机启停频繁。压缩机启停频繁的原因有：低压继电器的幅差值太小；当库温由温度继电器和低压继电器共同控制时，则可能是因温度继电器的幅差值太小；压缩机的吸、排气阀或接于高、低压管路间的安全阀漏泄；滑油分离器的自动回油阀泄漏；膨胀阀冰塞。

（2）压缩机运行时间过长。压缩机运行时间过长的根本原因在于装置的制冷量不足或冷库的热负荷过大，具体有以下几点：蒸发器结霜太厚或存油过多；系统中制冷剂的循环量不足或液体制冷剂管路不够通畅；吸排气阀片漏泄、活塞环严重漏泄或压缩机无法增载，致使压缩机的实际排气量显著减少；冷库隔热层损坏、库门关不严或放入大量热货，致使热负荷过大；温度继电器、低压继电器或供液电磁阀等控制元件失灵，致库温虽已达到下限，但压缩机不能及时停车。

（3）压缩机运转中有严重异响。压缩机运转中有严重异响的原因有以下几点。

1）气缸突然发出敲击声，多由大量吸入液态制冷剂造成液击，或由压缩机奔油造成油击所引起。

2）由轻渐重的敲击声，往往是因气缸余隙太小，使活塞撞击阀座，或因连杆小端间隙过大而引起的。

3）强烈的金属敲击声，多由缸内具有异物，如断裂的阀片以及松脱或折裂的阀座螺钉等造成。

4）曲轴箱内产生敲击，大都是由连杆大端轴承或主轴承间隙过大以及连杆螺母松脱造成。

此外，飞轮键槽与键的间隙过大、传动皮带太松或联轴节中的弹性圈磨损、机组底脚螺栓松动以及油泵齿轮磨损过度而松动等，均会使压缩机运转中产生异响和振动。

（4）压缩机缸头过热或结霜。使用不同制冷剂以及在不同工况下工作的压缩机，其正常的缸头温度是不同的，如 R22 和氨压缩机的缸头温度高达 80～90℃。压缩机缸头过热的主要原因有：阀片泄漏或安全阀关闭不严，使高压气体漏入吸气腔，造成排气温度不正常地升高，缸头温度随之上升；系统中的不凝性气体过多，排压增加，缸头因而发烫。

缸头结霜（严重时曲轴箱结霜）总是由于大量湿蒸气或制冷剂液体被吸入压缩机，造成这种情况的主要原因有：热力膨胀阀开度调得过大，感温包安装错误或固定松脱，以致感受的温度过高而使阀芯不正常地开大；供液电磁阀泄漏或停机时热力膨胀阀关闭不严，造成启动前在蒸发器中已积有大量的制冷剂液体；启动压缩机时吸入截止阀开度过大或开大得过早。

（5）运行时曲轴箱大量跑油。运行时曲轴箱大量跑油的原因有：压缩机产生奔油；滑油分离器不能有效地分油或正常回油；活塞上的刮油环装反或断裂；活塞环搭口间隙过大或搭口没有错开；选用滑油牌号不对，凝点偏高。

2. 制冷系统的常见故障及其分析

（1）膨胀阀堵塞。造成膨胀阀堵塞的原因主要有以下几点。

1）冰塞。当制冷剂的含水量超过氟利昂对它的溶解度时，水分就会从氟利昂中游离出来，并在温度低于 0℃ 的地方结冰。由于膨胀阀是系统中温度最先降到 0℃ 以下的地方，同时阀孔的通路又相当窄小，所以在膨胀阀处最容易形成冰塞。

一方面，膨胀阀冰塞时，因阀孔通路越来越小，进入蒸发器的制冷剂流量逐渐减少，压缩机的吸入压力也就逐渐降低。另一方面，由于吸入压力降低，压缩机在能量自动调节机构的作用下自动逐步减缸，直至低压继电器动作而停机。停机后，经过一段时间，冰塞处的温度又会逐渐回升到 0℃ 以上而使冰塞局部消融，少量制冷剂又因而得以流入蒸发器，于是吸入压力又要回升，通过低压继电器又会使压缩机重新启动。然而，压缩机工作不久后，又会因吸入压力的降低而自动停机。如此反复，压缩机也就频繁启停。此外，在产生冰塞时，由于流入蒸发器的制冷剂数量减少，压缩机的吸气过热度升高，排气量减少，排气压力也将降低。

消除冰塞的方法如下。

①用热敷法化除冰塞并启用干燥器。为此，应首先将干燥剂换新并把干燥器接入系统，

然后在冰塞部位敷以热毛巾，将冰融化，使水分随制冷剂在系统中循环，并用干燥剂加以吸收。用此法消除冰塞往往不能一次奏效，必须反复进行上述操作才可。

如系统中水分甚多，则可临时外接一大型的氯化钙干燥器进行吸湿。

②用高压氮气吹干系统并换新制冷剂。如系统进入大量水分，采用上述方法难以奏效，则应将系统中的制冷剂全部抽出，再把各大部件的连接件拆开，用高压氮气吹扫系统，再用抽空除水法将整个系统重新干燥，并重新充入质量合格的制冷剂。

③用纯甲醇消除冰塞以应急。在制冷系统中加入占制冷剂总量1%左右的甲醇，能有效消除冰塞。这是因为水与甲醇混合成稀甲醇后，其冰点就会远低于0℃。但甲醇对金属有损害作用，并会使压缩机产生镀铜现象，故除迫不得已的特殊情况外，应尽量避免使用。添加无水酒精也能降低混合液的冰点，从而消除冰塞，但其用量要比甲醇多。

必须强调，用加入甲醇或无水酒精的方法消除冰塞只是一种应急措施，且仅适用于含水量并不太多的情况。在采用此法消除冰塞后，应尽快更换全部制冷剂。

④用"解冻剂"消除冰塞，然后用干燥剂吸除水分和"解冻剂"。当出现严重的冰塞时，可在将冰塞用热敷法融化后向系统充入一定数量的"解冻剂"，并使干燥器旁通。这样，"解冻剂"就会随制冷剂在系统中循环，使冰塞彻底消除。然后将干燥器接入系统，用干燥剂吸除水分和"解冻剂"，以免"解冻剂"长期存留在系统中，对金属产生腐蚀作用。

2）脏堵。膨胀阀脏堵就是脏物在膨胀阀中造成堵塞。脏堵严重时，膨胀阀的进口处就会因制冷剂节流而结霜，有时，脏堵也会发生在阀孔处，其表现特征与冰塞相似。然而，脏堵的症状比较稳定，不会随时间的延长而加重，而且在停机后即使经过较长的时间，情况也不会有所改善；此外用热敷法一般也不能解决问题。

阀孔脏堵时，可将阀反复关死再突然开大，以期利用制冷剂压力将脏物冲掉。如果此法无效，则应对膨胀阀进行拆洗。

3）油堵。油堵均发生在膨胀阀的阀孔处，它是由选用了凝固点太高的滑油引起的，亦即当制冷剂流过膨胀阀的阀孔时，因节流降温，制冷剂中的部分滑油就会凝固和分离出来，并黏附在阀孔的四周，如此逐渐积聚，最后就会造成堵塞。油堵发生在小冰箱和低温箱的膨胀阀中，可用加热阀体的方法来消除。

4）膨胀阀的感温包或传压细管漏泄。膨胀阀的感温包漏泄后，由于作用在膨胀阀膜片（或波纹管）上的开阀力减小，使阀关闭，制冷剂的通路遂被堵塞。

判断感温包是否漏泄的方法是，沿逆时针方向旋转膨胀阀的调节杆，使调节弹簧全部放松，如阀还是不通，再打开手动膨胀阀检验，若此时压缩机的吸入压力随即升高，则可肯定膨胀阀的感温包或传压细管已经漏泄。这时，只能换用新阀。

（2）过滤-干燥器堵塞。即使在安装制冷系统时已注意了管道和设备的清洁，并在安装后进行了仔细的吹除，运行中也不可避免地会因运动机件的相互摩擦、干燥剂的互相碰撞和分解、金属的锈蚀以及制冷剂与滑油的不纯等产生金属颗粒、固体粉末或其他污物。这些污物将会聚集到过滤-干燥器内，并将过滤网堵塞。

过滤-干燥器堵塞时，其两端将有明显的温差，严重时还会在其后端出现结露或结霜现象。发现过滤器-干燥器堵塞后，应将其拆下，用汽油清洗，再用高压氮气（或干燥压缩空气）吹干，并换用新干燥剂。此外，操作时还应注意防止制冷剂的漏泄和空气的混入。

（3）系统中的制冷剂不足。在有贮液器的装置中，由于有贮液器的调节作用，制冷剂的减少一般不会立即影响系统的工作,只有当系统中制冷剂严重不足,致使贮液器的出口不能形成液封时,才会给系统的工作带来影响。但对于没有贮液器的小型制冷装置,由于冷凝器的底部贮液量很少,故系统中制冷剂的少许减少就可能使冷凝器出口不能形成液封,从而对系统的工作带来影响。

当系统中的制冷剂减少到使贮液器或冷凝器的出口不能形成液封的程度时,气体就会进入液管,使制冷量严重下降,过热度提高,蒸发器尾部和吸气管结霜融化,吸气温度升高,缸头发烫;吸入压力和排气压力降低;排气温度升高;液流指示器中可能出现气泡或白色流线,在膨胀阀处还可听见气流声甚至使阀体结霜融化;与此同时,由于蒸发器制冷量不足、库温降不下来,致使压缩机运转不停。

应该指出,膨胀阀的开度不足也会出现与上述类似的现象。但膨胀阀开度不足时,冷凝器或贮液器的液位是偏高的,液管中也不会有闪气发生。为了判别系统中是制冷剂不足还是膨胀阀开度太小,可关闭膨胀阀前的截止阀,开启手动旁通调节阀,如果此时上述现象消除,则说明并非系统制冷剂不足,而是膨胀阀开度过小。

系统中的制冷剂不足,如非充剂不够,则总是由漏泄造成的,故应先进行检漏,并在彻底消除后,再添加制冷剂。

(4)系统中存油过多。系统中有过多的滑油,不仅妨碍冷凝器的传热,同时将减少制冷剂的循环量。其表现为由于流经膨胀阀的制冷量减少,装置的制冷量下降;蒸发器中积存滑油,不仅降低其吸热量,甚至会堵塞部分蒸发器管,使各管表面结霜不均;吸气管表面结霜不均,吸入压力有所下降,压力表指针波动;压缩机气缸因有时突然进入较多滑油而发生敲击。

第十一章 船舶空气调节装置

第一节 船舶空调理论基础知识

船舶航行于各个海域，气象条件复杂多变，要想为船员、旅客提供一个舒适良好的工作和生活环境，就需在现代船舶上装设空气调节装置（简称空调）。

由于船舶空调主要用于满足人们对舒适和卫生的需求，故常称之为舒适性空调。舒适性空调对温度、湿度等空气条件的要求并不十分精确，允许有较大范围的波动，只有某些特种船舶，如科学考察船、先进的军舰等，由于精密仪器、设备和生产工艺上的需要，才要求高精度的空调。

一、舒适性空调参数的要求

1. 温度

对舒适感影响最大的是人体的热平衡。人体散热的主要方式是皮肤传热和汗液蒸发，气温也就成为影响人体热平衡的最重要的条件。空调设计温度：冬季为19～22℃，夏季为24～28℃。从节能角度考虑，舱内外温差保持在6～10℃较为合适，各处温差不超过5℃。

2. 相对湿度

空气的相对湿度对汗液的蒸发具有影响，所以也会影响到人的冷热感觉。在相同的温度下，如果相对湿度太高，则空气潮湿，汗液不易蒸发，会使人感到闷热；反之，若相对湿度太低，则会使人感到口干舌燥。相对湿度在30%～70%的范围内都不会使人明显感到不适。夏季靠空调冷却除湿，室内相对湿度则控制在40%～60%之间；在冬季靠喷蒸汽或喷水加湿，相对湿度则宜控制在30%～40%之间，并防止与室外低温空气接触的舱壁结露。

3. 清新程度

舱室空气的清新程度包括两方面的含义：一是含氧比例，即新鲜程度；二是所含粉尘和有害气体的浓度，即洁净程度。在船舶空调装置中，这一要求是依靠不断供入过滤后的新空气，以排出室内污浊空气来达到的。单从满足人体对氧的需要来说，新鲜空气的供给量只需2.4m³/（h·人）即可，然而要使二氧化碳和烟气等有害气体达到允许的浓度以下，则新风量需达到30～50m³/（h·人）。

4. 空气流速

空气的流动有利于人体汗液的蒸发，使人感到凉爽，但风速不宜过高，使室内空气具有轻微的流动，风速以0.15～0.25m/s为宜，如果人体周围的风速长时间保持在0.35m/s以上，则同样会使人感到不适。

5. 噪声

空调装置工作时产生的噪声会使人感到不舒适，要求距室内空调出风口1m处测试的噪声应为55～60dB（A）。

我国和 ISO 规定的船舶空调装置设计参数见表 11-1。

表 11-1 我国和 ISO 规定的船舶空调装置设计参数

项目	冬季取暖	夏季降温
室内温度	19~22℃	24~28℃
室内外温差	6~10℃	
室内高度温差	不超过 5℃	
相对湿度	30%~40%	40%~50%
风速	0.35m/s	
新鲜空气供入量	30~50m³/（h·人）	
允许噪声	55~60dB	
舱外条件（远洋）	−18℃；80%	35℃；28℃（湿球）
ISO 室内	22℃	27℃；50%
ISO 室外	−20℃	30℃；70%

二、船舶空调装置概况

将空气经过集中处理再分送到各个舱室的空调装置称为集中式空调装置或中央空调装置，船舶一般采用这种空调装置。如图 11-1 所示为船舶集中式空调装置的示意。通风机 7 由新风吸口 6 和回风吸口 4 吸入新风（外界空气）和一部分回风（回风口一般在走廊），两者混合后在集中式空调器 1 中经过滤、加热、加湿（或冷却除湿），然后通过各主风管 2、支风管分送至各舱室的布风器 3，向舱室送风。而舱室中的空气则通过房门下部的格栅流入走廊，部分作为回风，其余排入大气。天气条件适宜时，可采用单纯通风而不对空气进行处理，此时应关闭回风吸口 4，新风经过过滤后直接送入各个舱室，以保持室内空气清新。

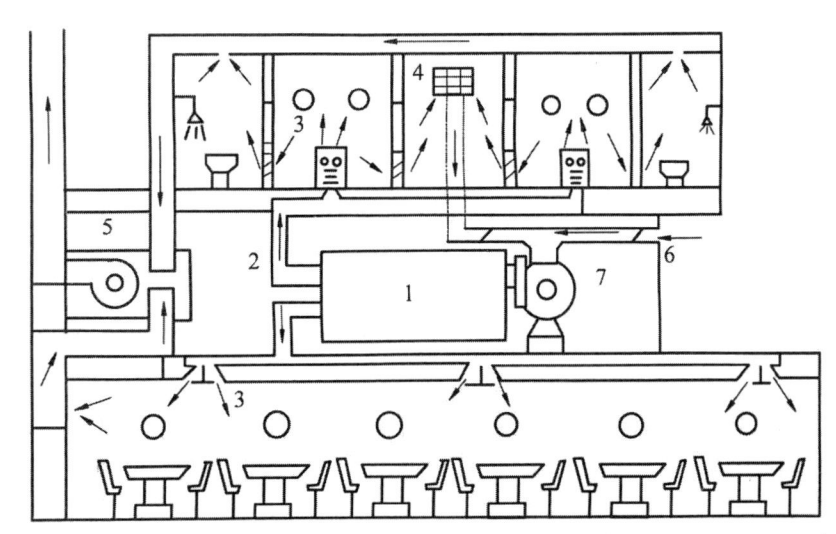

1—集中式空调器；2—主风管；3—布风器；4—回风吸口；5—排风机；6—新风吸口；7—通风机

图 11-1 船舶集中式空调装置的示意

在非空调舱室（厕所、浴室、配餐室等）、公共活动舱室和病房，以及某些较大客船的走廊，都设有抽风口，由排风口经排风系统从高处排入大气。这样，非空调舱室中形成一定的负压，空调舱室的空气就会自动流入，使之达到一定的空调效果，并避免这些舱室的不良气味散发到其他舱室。

第二节 空调舱室的热湿负荷与分区

舱室的负荷有显热负荷、湿负荷和全热负荷。

1. 舱室的显热负荷

单位时间内渗入舱室并能引起室温变化的热量称为舱室的显热负荷（Q_x），单位为 kJ/h。它主要包括以下几个。

（1）渗入热。因内外温差而由舱室壁面渗入的热量，夏季占舱室显热负荷的 26%～31%。

（2）太阳辐射热。因太阳照射舱室外壁而传入的热量，透过玻璃窗的太阳辐射热占 25%～27%。

（3）人体热。室内人员散发的热量，平均每人约为 210kJ/h，一般占 16%～18%。

（4）设备热。室内照明和其他电气设备等所散发的热量，一般占 4%～5%。

夏季，热负荷都是从外界进入舱室的，所以夏季舱室的显热负荷都为正值。冬季，因渗入热变为负值（实际上是渗出热），虽然太阳辐射热、人体热和设备热都为正值，但与渗入热相比，其值很小，故舱室显热负荷为负值。

2. 舱室的湿负荷

舱室在单位时间内所增加的蒸汽量称为舱室的湿负荷（W），单位为 g/h。舱室的湿负荷主要有：

（1）舱内人体散发的蒸汽，为 40～200g/（h·人）。

（2）食物和水的蒸发以及因外界空气进入而带入的湿量。

湿负荷一般都为正值。

3. 舱室的全热负荷

舱室的湿负荷使舱室空气的含湿量增加，也会使空气的熵值增加，可用潜热负荷（kJ/kg）表示。舱室的显热负荷与潜热负荷之和称为全热负荷 Q。

4. 舱室的热湿比和空调分区

舱室的全热负荷与湿负荷之比称为舱室的热湿比，用 ε（kJ/kg）表示，即

$$\varepsilon = \frac{Q}{0.001W}$$

热湿比相同或相近的舱室，可以采用相同的送风参数，只要选用合适的送风量，便可达到相同或相近的室内参数；而热湿比相差大的舱室，如采用相同的送风参数，无论如何调节送风量，都不可能使彼此的室内参数相近，即不可能都在适宜参数区内。

集中式空调装置每个空调器送风量一般为 3000～7500m³/h，最大不宜超过 9000m³/h。每个空调器配上自己的送风系统形成独立的空调区，可自行决定送风参数。

船舶空调分区的原则主要是让热湿比相近的舱室置于同一空调区。货船一般按左、右舷分设两个空调区；因艇甲板以上舱室受日照和海风影响大，也有的船把它划分出来再设一个

空调区。客船空调区可多达几十个，除考虑热湿比差异外，还要考虑等级和上、下层，不得跨越防火分区和水密分区；否则必须加设防火风闸或水密风闸。以便一旦发生火灾或船体破损进水时及时将其关闭，以防止火势扩散或海水漫溢。

5. 船舶空调系统的组成

船舶空调系统一般由四个主要系统组成，即冷源和热源系统、空气处理系统、空气输送和分配系统以及自动控制系统。

（1）冷源和热源系统。

1）冷源系统。冷源系统指用于空气降温减湿的制冷装置。它主要有活塞式、螺杆式、离心式和吸收式等制冷压缩机。

2）热源系统。热源系统通常采用蒸汽、热水或电能对空气进行加热。

（2）空气处理系统。空气处理系统完成对空气的混合、净化、加热、加湿、冷却、减湿以及消声等任务。在空调装置中设置进风口、出风口、调风门、空气过滤器、加热器、加湿器、冷却器、挡水板以及空气混合、分配、消声室等。

（3）空气输送和分配系统。空气输送和分配系统把经过空调装置处理的空气输送和分配到各空调舱室，并将舱室内的污浊空气排出舱外，使空调舱室得到均匀送风和满意的气流分布。它包括通风机、进风和排风管、空气分配器或空气诱导器。

（4）自动控制系统。自动控制系统用于控制空调舱室的空气温度、湿度及其所需冷源和热源的能量供给等。它是保证空调舱室得到良好空气参数和冷、热能量合理供给所不可缺少的设备。

舱外新鲜空气和舱内回风进入空气混合室，经过滤器清除空气中的尘埃，再经风机送至空气加热器、加湿器、冷却器处理，使空气达到要求的送风温度和湿度。然后经挡水板至空气分配室，再沿各送风管经空气分配器或空气诱导器送入舱室，从而完成其空气调节过程。

第三节　船舶空调系统及其设备

一、船舶空调系统的分类

1. 按对空气处理方式进行分类

（1）集中式空调系统。所谓集中式空调系统就是使空气在空调站内的空调器里集中处理，然后沿供风管将其送往各个空调舱室。

（2）独立式空调系统。独立式空调系统就是将空调器直接装在需要的舱室或相邻的舱室内，单独对其服务的舱室进行空气调节。在船上，只有某些特殊的舱室（如机舱集控室、厨房等）才采用独立式空调系统。

2. 按冷却空气方式进行分类

（1）直接蒸发式空调系统。直接蒸发式空调系统就是制冷剂直接在空气冷却器内蒸发，以冷却空气的空调系统。这种系统在空调负荷并不太大、空调面积较为集中的客、货船上用得较多。

（2）间接冷却式空调系统。间接冷却式空调系统就是制冷剂在淡水冷却器内蒸发吸取冷媒水的热量，再由冷媒水在空气冷却器内冷却空气的空调系统。这种系统在空调负荷较大、空调面积大而分散的大型客船上用得较为普遍。

3. 按调节方式进行分类

（1）单风管空调系统。

1）单风管集中式空调系统。图 11-2 为单风管集中式空调系统。经空调器集中处理过的空气，由各支管分送至各舱室的布风器，由于各舱室的供风参数相同，所以，对舱室的个别调节只能靠调节布风器的风门开度，改变供风量来实现。这种系统比较简单，在货船上用得最多，但因使用变量调节，故调节幅度较小，不能始终保证舱室的新风供给量，此外，个别舱室调节时也容易影响其他舱室的供风。

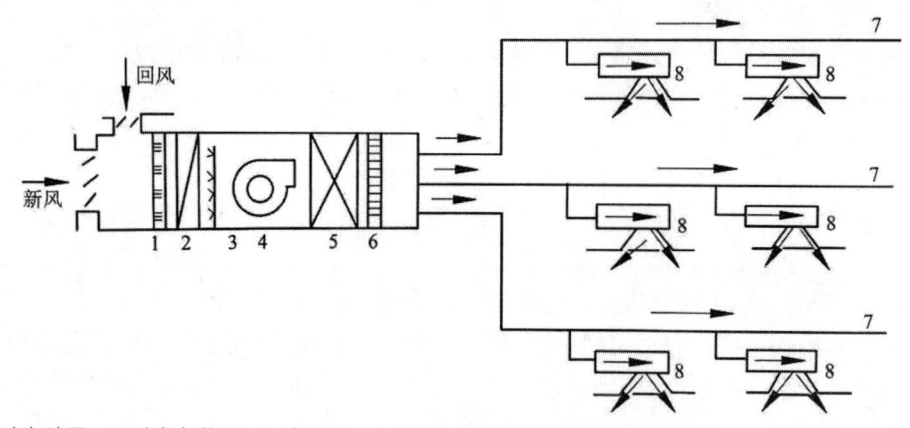

1—空气滤器；2—空气加热器；3—加湿器；4—风机；5—空气冷却器；6—挡水器；7—主风管；8—布风器

图 11-2　单风管集中式空调系统

2）单风管区域再处理式空调系统。单风管区域再处理式空调系统是将几个相邻空调分区的供风在同一台空调器中集中处理，然后根据各分区舱室热负荷的不同，由装在各分区主风管上或空调器分配室各隔离部分的热交换器，对供风温度进行进一步调节，如图 11-3 所示。这种系统由于对热负荷较小的空调区可减小供风温差，故可不必使供风量过分减少，但如需对舱室进行进一步调节，则仍需依靠变量调节，从而使个别调节的幅度较小。该系统适用于空调分区较多的客船。

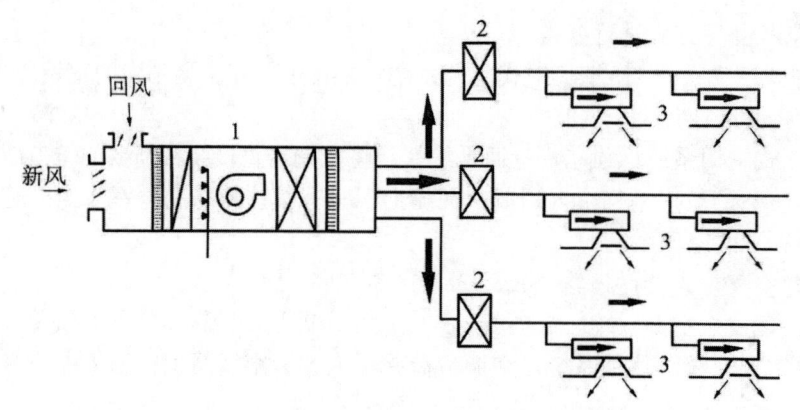

1—空调器；2—分区热交换器；3—布风器

图 11-3　单风管区域再处理式空调系统

3）单风管末端再加热式空调系统。单风管末端再加热式空调系统在空调器中集中处理空气外，在每个舱室的诱导式布风器中还增设了末端电加热器，以便对空气进行再次加热，因此，通过布风器上的调风钮和调温钮即可对舱室进行变量和变质调节，从而使调节幅度增加，但系统的造价也将增高。使用这种系统时，通常，冬季都是用集中式空调器将供风温度加热到 20～30℃，以尽量满足热负荷较低舱室的需要；而对热负荷较高的舱室，则用电加热器来弥补。夏季降温工况时的热负荷则由空调器来承担，对高速系统来说，空调器的供风温度为 11～15℃。

4）单风管末端再加热和再冷却式空调系统。为了使各个舱室无论冬夏都能进行个别调节，故在各舱室的诱导器中加设了既可在夏季通入冷水，又可在冬季通入热水的热交换器，即单风管末端再加热和再冷却式空调系统，如图 11-4 所示。由于末端热交换器在冬季、夏季都承担部分负荷，因而减小了空调器 1 所承担的舱室热负荷，使通过空调器的风量比单风管集中式空调系统减少 1/3～1/2，所以，通常采用全新风，但因各空调舱室都加设热交换器和相应的管路，故造价较高，日常维修工作量较大。这种系统的空调器在降温工况时，供风温度为 12～16℃，在取暖工况时为 15～25℃。

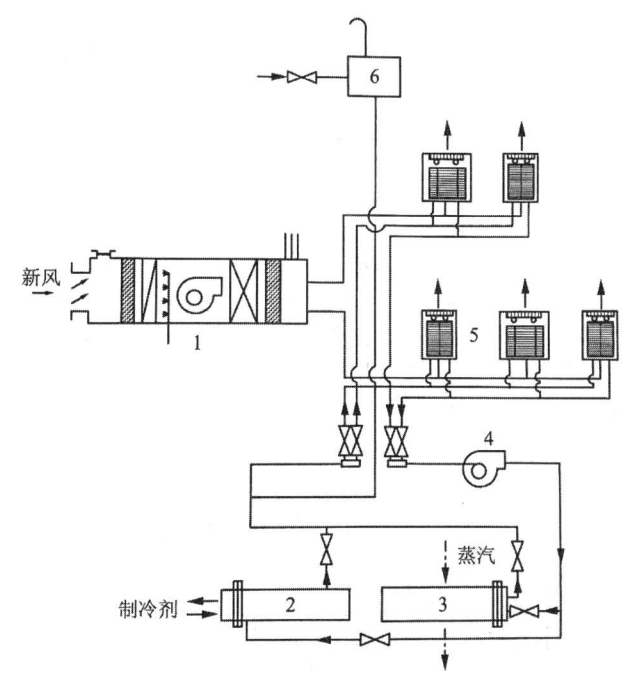

1—空调器；2—水冷却器；3—水加热器；4—循环水泵；5—具有末端加热器的诱导器；6—膨胀水箱

图 11-4　单风管末端再加热和再冷却式空调系统

（2）双风管空调系统。双风管空调系统的集中式空调器由前后两部分组成，一部分供风经空调器前部预处理后即经中间分配室引至舱室布风器；另一部分则经空调器后部再处理后再经后分配室引至舱室布风器，如图 11-5 所示。这种系统能向舱室同时供送温度不同的两种空气，因此，通过调节布风器冷热两个风门的开度，改变冷热风的混合比，就可调节舱室温度。故调节范围较广，并可不影响新风供给量，但必须铺设双风管，故风管质量和体积较大，造价较高。

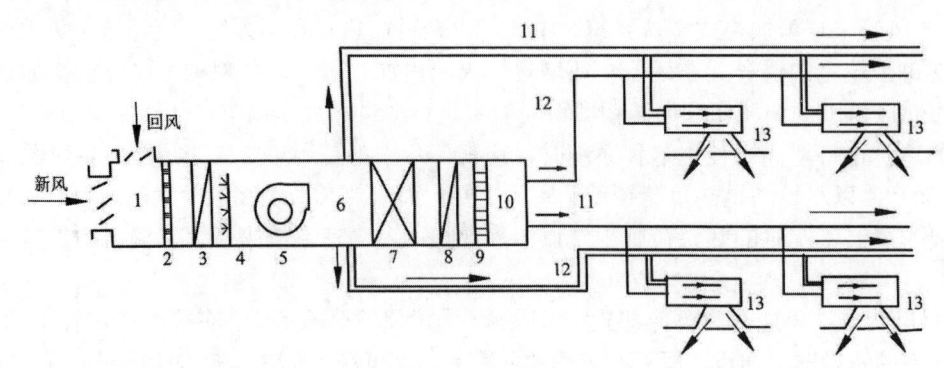

1—进风混合室；2—空气滤器；3—空气预热器；4—加湿器；5—风机；6—中间分配室；7—空气冷却器；
8—空气再热器；9—挡水器；10—后分配室；11—一级送风管；12—二级送风管；13—布风器

图 11-5　双风管空调系统

在冬季取暖工况时，这种系统空调器的一级送风温度应控制在 15℃ 左右，二级送风温度可视外界气候条件而定，一般在 29~43℃ 的范围内；在夏季降温工况时，一级送风温度为进风温度加风机温升（当不装预冷器时），二级送风温度为 11~15℃。

二、集中式空调器

集中式空调器是对空气集中加工处理的设备，在货船上，通常安置于上层甲板的专门舱室空调站里；在客船上，因空调器的数目较多，故多分布在全船各处。以图 11-6 所示单风管系统的空调器为例来说明空调器的各组成部分及其工作情况。

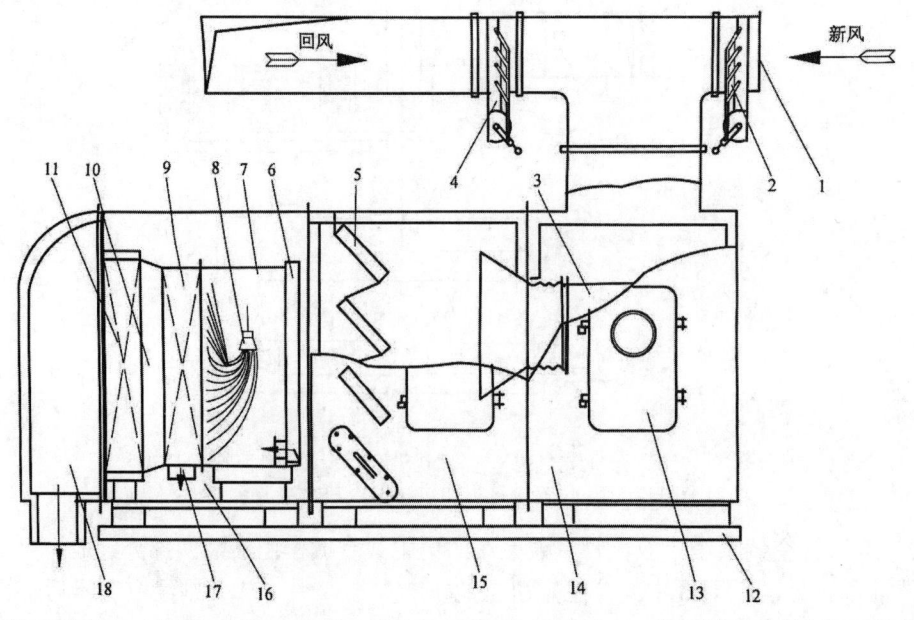

1—新风吸入口；2—新风调节门；3—风机；4—回风调节门；5—滤器；6—空气冷却器的制冷剂回气集管；
7—空气冷却器；8—制冷剂液体分配器；9—挡水板；10—加湿器；11—空气加热器；12—底架；13—检查门；
14—进风混合室；15—消音室；16—空气处理器；17—集水盘；18—分配室

图 11-6　单风管系统的空调器

1. 空气的吸入、过滤和消音

外界新风和空调舱室的回风分别经新风吸入口 1 和走廊里的回风吸入口被风机 3 吸入。在新风和回风吸入口上，都装有铁丝网或百叶窗，以防吸入较大的异物。新风量和回风量的比例可用新风调节门 2 和回风调节门 4 调节，调节门的位置一般在空调试调时就已调定，并做有记号，因此只有在外界气候特别恶劣或春秋季改为通风工况时才临时予以变动。空调器的新风比对不带末端冷却器的系统来说，可在 40%～100%的范围内变动，一般为 70%左右；而对带有末端冷却器的系统来说，则为 60%～100%。后者因供风量可大幅度减小，往往采用全新风。应该说明，即使全部使用新风的空调系统也设有回风口，以便在外界气温特冷或特热以致超过空调装置设计能力时，能用渗入部分回风的方法使舱室保持在适宜的气候范围内。此外，当外界空气污浊时（如风沙天或装卸粉尘货物），也只能暂时主要采用回风。

空调风机大都采用压头较高、噪声较小的离心式风机。为减小空调器室的噪声，现大多把风机安放在空调器内。由于风机工作时所产生的热量将使风机排出的空气温度升高（风机每产生 1kPa 全风压，供风温度约升高 1℃），因此，对风压较高的高速系统来说，为了不使降温工况的供风温度升高，且能提高制冷循环的蒸发温度，通常都把风机布置在空调器的进口，称为压出式空调器。而在低速系统里，由于风机压头较低，空气流经风机的温升较小，故也可把风机布置在空调器的出口，以使空气能比较均匀地流过各换热器，称为吸入式空调器。

风机的静压应能克服空调器和供风系统的阻力；风量可根据降温工况的需要来选取，一般都大于新鲜空气的需要量。为节省通风工况时的功耗，减小噪声，有时也采用带有低速挡的风机。

空调器中的滤器用于滤除空气中的灰尘，以净化舱室的供风，并能保持冷却器和加热器表面的清洁，避免降低传热效果。

在图 11-6 所示的空调器中，滤器由斜插在滤器架上的四块滤板构成。过滤材料采用聚氨酯型穿孔泡沫塑料，滤层厚度一般为 10～15mm。在滤器的前后，通常装有 U 形玻璃管式风压计，以便测量滤器前后的风压差。滤器清洁时，空气阻力为 20～100Pa。若阻力上升达 250Pa 时，说明滤器已经脏堵，即应拆下清洗。若滤器阻力过低，则说明滤层已经破损，必须换新。在有些滤器中也采用金属网格或皱折钢皮作过滤层，并在其表面上涂以厚质矿物油，以黏附流经滤器的空气中的灰尘，从而达到净化空气的目的。

空调器工作时噪声很大，对空调舱室必须采取隔音措施。为了减弱风管传至舱室的风机噪声，在风机出口处还设有消音室 15，利用消音室通道的突然缩小和扩大，即可使气流的低频声得以消减。至于风机所产生的高频声，则可借贴附于空调器内壁的多孔性吸音材料，如厚达 25～50mm 的泡沫塑料或玻璃棉毡等来吸收。

2. 空气的冷却和除湿

一般当外界气温高于 25℃时，应使空调装置按降温工况运行。空气的冷却和除湿在空调装置中是由空气冷却器和挡水器来完成的。

空气冷却器（简称空冷器）由蛇形肋片管构成，按冷却方式的不同可分为直接蒸发式和间接冷却式两种。当空冷器管壁表面的温度高于空气的露点温度时，空冷器只对空气进行冷却，称为干式空气冷却器；若空冷器管壁温度低于空气的露点温度，则空冷器就会对空气既能进行冷却又能进行除湿，称为湿式空气冷却器。显然，管壁温度越低，对空气的除湿作用就越大。但是，对空调用的空冷器来说，则应避免使空冷器的管壁结霜，以免妨碍空气的流动,这样,空冷器管壁的温度就不能低于0℃。对于肋片管式空冷器,其管壁温度通常比管内冷却介质的温度高2~4℃,因此,当空调采用直接蒸发方式时,制冷剂的蒸发温度就应不低于-4℃;而当空调采用间接冷却方式时,冷媒水(淡水)的温度一般都应保持在4~7℃,最低也不得低于2℃,以防冷媒水冻结。

空冷器管壁表面结露所产生的凝水沿管外肋片下流,汇集在底部的集水盘中,然后沿泄水管泄出,如图11-7所示。为了避免空气从集水盘面以上的空隙旁通流过,在集水盘中设有挡板,并在挡板底部开有几个小孔,以便让水流通,这样,当盘内水面高于小孔时,就可阻止空气旁通。在泄水管的出口还设有U形水封或浮子阀,用以防止非降温工况时空气由此漏泄。为了防止凝水被气流携入舱室,在空冷器后面还设有挡水器1,如图11-8所示。挡水器一般采用曲板式,它由许多薄钢片做成的除水曲板组成,当空气流过除水曲板的曲折缝隙时,因气流方向不断改变,气流所携带的水滴就会分离出来并附着在曲板上,然后落到集水盘2中泄出。曲板的出口端常弯成挡水沟,用以挡住水滴。

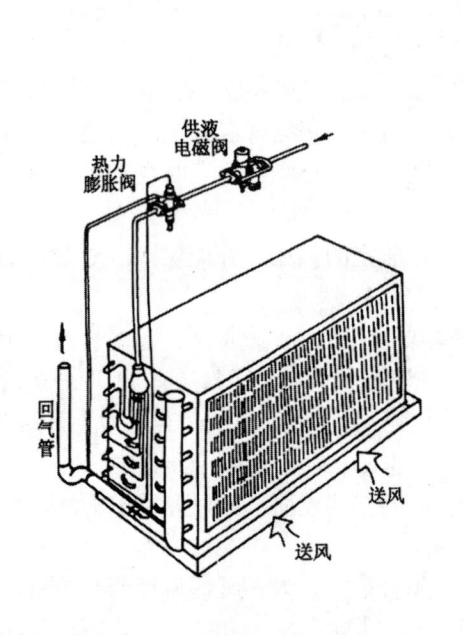

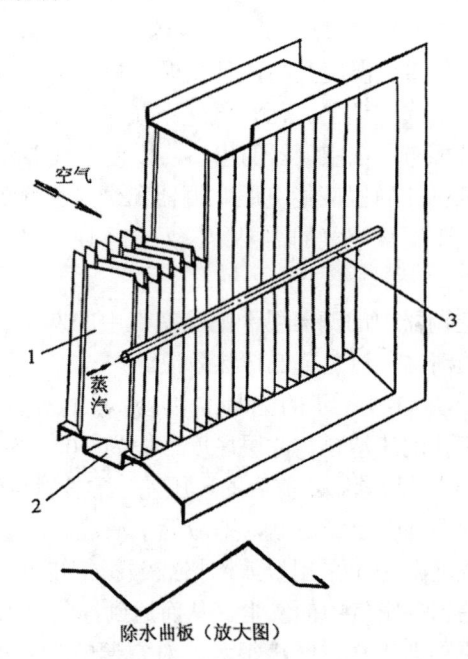

1—挡水器;2—集水盘;3—加湿器

图11-7 直接蒸发式空气冷却器　　图11-8 挡水器

具有一次回风的单风管集中式空调系统的夏季降温工况的 h-d 图如图11-9所示。外界新风(状态点1,由新风参数确定)和回风(状态点2,由回风参数确定)在进口混合室内混合,混合后的状态点3在1、2两点的连线上。该点距新风状态点和回风状态点的距离与新风量 G_1 和回风量 G_2 成反比,即

$$\frac{\overline{3\text{-}1}\text{线段}}{\overline{3\text{-}2}\text{线段}}=\frac{G_2}{G_1}$$

3-4为空气通过通风机时的等湿加热过程(按风机每产生1kPa全风压,温度升高1℃计);4点为空冷器进口状态点,对湿式空冷器来说,空气先按等湿线4-4′冷却到露点温度,再按 $\varphi=100\%$ 线冷却到相当于管壁温度的0点。但对于空冷器管间的空气,其实际冷却终了状态点

则为 4-0 连线上的状态点 5，并一般落在 90%的 φ 线上，所以 4-5 即为流过空冷器的降温去湿过程，供风管虽经隔热包扎，仍难免有渗入热，因此对送风进行等湿加热（一般送风温升为 1~1.5℃），在图上即由 5-6 过程来表示；6-7 为供风在舱内按舱室热湿比线吸热、吸湿过程；7-2 为回风在走廊里的等湿吸热过程，回风温升即为走廊与空调舱室的温差，对与机舱接触的走廊来说，为 3~4℃，对与常温舱室接触的走廊来说，为 1~2℃。

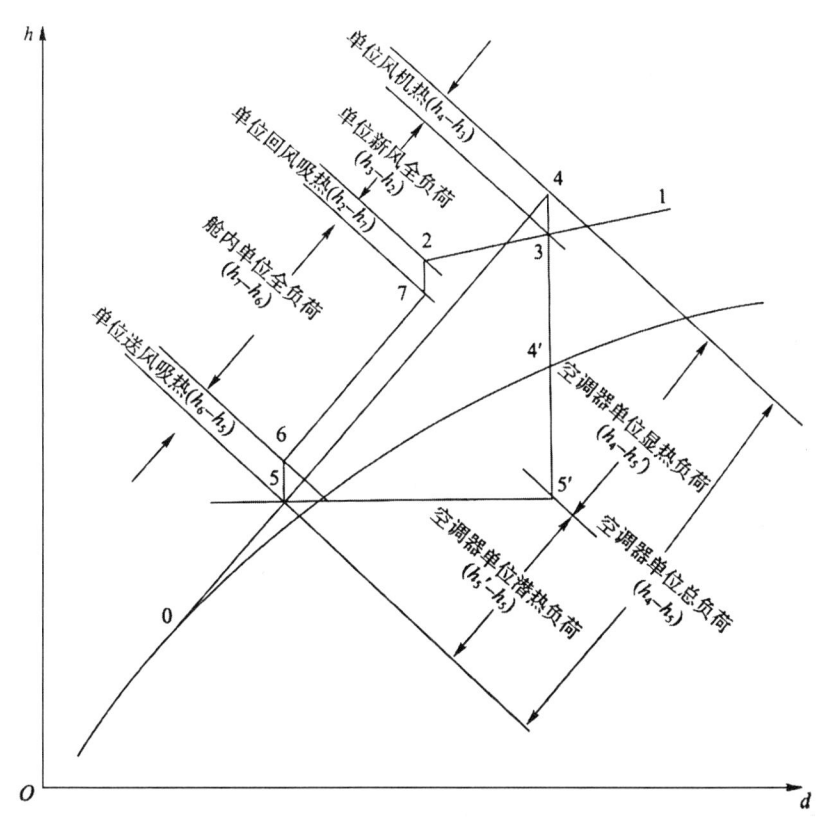

1—新风进口状态点；2—回风进口状态点；3—新风、回风混合后的状态点；4—风机入口（及空冷器进口）状态点；5—空冷器出口状态点；6—舱室供风状态点；7—室内空气状态点

图 11-9 具有一次回风的单风管集中式空调系统的夏季降温工况的 h-d 图

由此可见，在上述降温工况中，空调器的总负荷 Q 即等于风机热、为将新风量为 G_1（kg）的舱外空气降温去湿到回风状态所需的新风全负荷、回风量为 G_2（kg）的回风吸热、舱内全负荷和送风管道吸热的总和。

由图 11-9 可见，由于空调器总负荷包括显热负荷和潜热负荷两部分，因此，不仅在舱内显热负荷较大、舱外空气温度又高时，空调器的显热负荷将会增大，而且当舱内的湿负荷较大、舱外空气的含湿量亦大时，空调器因除湿负担加重同样会导致潜热负荷增加。而增加回风量，相当于使图中的点 3 靠近点 2，则可相应减小舱外新风全负荷，从而使空调器的总负荷随之减小。

3. 空气的加热和加湿

一般当外界气温低于 15℃时，就应使空调装置按取暖工况运行。空气的加热和加湿，在空调器中是由加热器和加湿器来完成的。

空气的加热可采用电加热、蒸汽加热或热水加热等方式。船用集中式空调器大多使用蒸汽加热。加热器由蛇形肋片管组成，如图 11-10 所示。加热蒸汽常用压力为 0.2～0.5MPa。加热蒸汽的凝水经加热器出口处的阻汽器流回热水井。阻汽器只允许凝水流过，如果蒸汽尚未凝结，阻汽器就会自动关闭，以节省蒸汽耗量。

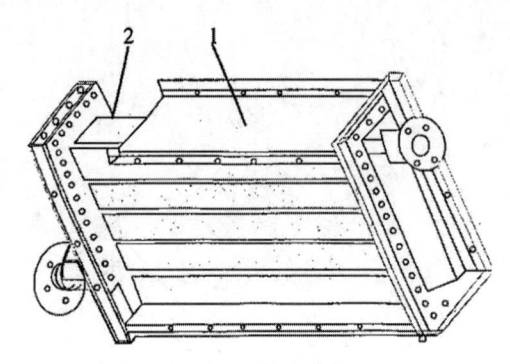

1—外框；2—蛇形肋片管

图 11-10 加热器

在冬季，外界空气的相对湿度虽然很高（常高达 90%以上），但因温度很低，所以实际含湿量很小。例如，要保持舱内温度为 22℃、相对湿度为 40%，空气的含湿量应为 6.5g/kg，但在外界气温为-18℃、相对湿度为 95%时，空气中的含湿量却仅为 0.9g/kg，所以，如果在空调器中将空气加热到 35℃的供风温度，则其相对湿度就要降为 2%～3%。显然，这样干燥的空气送入舱内，就会使人感到口干舌燥。因此，在空调器中加热空气时，就必须同时进行加湿。

加湿可采用蒸汽加湿或喷水加湿，某些小型独立的空调装置中还采用电加湿器。船用集中式空调器绝大多数采用蒸汽加湿。最简单的加湿器就是图 11-11 所示的主要部分为一根镀锌钢管（15～18mm）的喷头式干式加湿器，该管在迎风方向开有一排直径为 1～2mm 的蒸汽喷孔。由于加湿采用的是低压饱和蒸汽，可能会有一些凝水随供风进入舱室，所以这种加湿器的加湿效果较差。为此，又设计了其他各种干式加湿器。

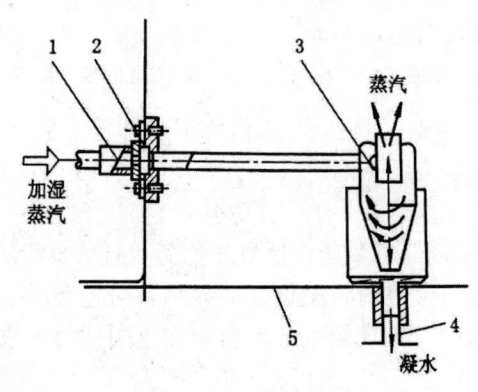

1—蒸汽进口；2—节流孔板；3—喷头；4—泄水管；5—空调器底板

图 11-11 喷头式干式加湿器

喷头式干式加湿器让蒸汽沿圆喷头的切线方向供入，使蒸汽在喷头中旋转，以便将其中的凝水甩出，并由喷头底部泄掉，从而使加入空气中的饱和蒸汽含水量减小。为了防止因加湿蒸汽量过多而导致水滴进入舱内，在喷头的供汽管上还装有限制最大蒸汽流量的节流孔板 2。

加湿器放置在加热器后比较合适，因为此处空气温度较高，相对湿度较小，喷入的蒸汽容易被空气吸收，同时可防止加湿器在进风温度太低时冻结，但也仍需防止加湿过多而造成舱内壁面的结露。取暖工况时，舱内空气的含湿量一般应不超过 6.5g/kg（舱温为 22℃，相对湿度为 40%）。加湿器也可放置在加热器前，但因此处空气温度较低，所以加湿量不能太大，因而限制了舱室湿度的调节幅度。

具有一次回风的单风管集中式空调系统的取暖工况的 $h\text{-}d$ 图如图 11-12 所示。外界新风（新风进口状态点 1）和回风（回风进口状态点 2）在混合室内混合后空气状态点为 3。3-4 为流过通风机的等湿加热过程；4-5 为流过加热器的等湿加热过程；5-6 为流过加湿器的等温加湿过程（蒸汽加湿）；6-7 为送风管中的等湿降温过程；7-8 为供风在舱内按舱室热湿比线降温加湿的过程；8-2 为走廊回风的等湿降温过程。

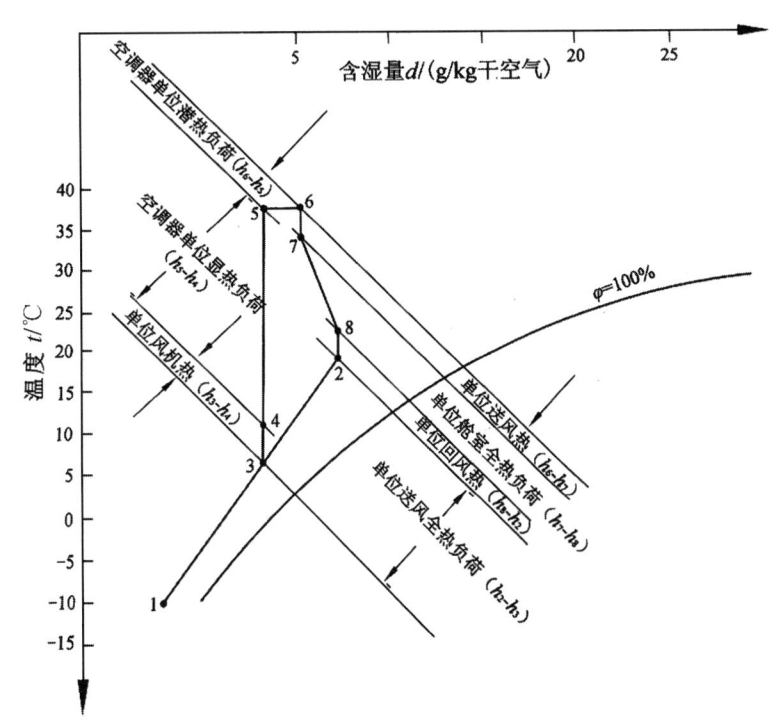

1—新风进口状态点；2—回风进口状态点；3—混合后空气状态点；4—风机出口状态点；
5—加热器出口状态点；6—加湿器出口状态点；7—舱室供风状态点；8—室内空气状态点

图 11-12　具有一次回风的单风管集中式空调系统的取暖工况的 $h\text{-}d$ 图

由图 11-12 可见，取暖工况时空调器的总负荷应等于舱内全负荷、送风热损失、回风热损失、舱外新风全负荷（由新风加热加湿到回风状态所需热量）的总和。其中，加热器承担的负荷全部是显热负荷，而加湿器承担的负荷则是潜热负荷。取暖时，风机热将可减小加热器的负荷，增加回风量同样也可减小舱外新风全负荷。

三、供风管

供风设备主要有供风管和布风器。供风管可按风速的高低分为低速系统和高速系统。低速系统的主风管的风速在 15m/s 以下,常用风速范围为 10～15m/s,进入各舱室支管风速为 4～8m/s。高速系统的主风管的风速在 15m/s 以上,常用风速为 25m/s 左右,有的高达 30m/s,支管风速为 8～15m/s。

供风管以矩形和圆形截面为多,矩形管占据空间高度小,管路分支和交接较方便,常用于低速系统;高速空调系统常用圆形管,因通流截面积相同时其湿周最小,故摩擦阻力小,此外制造、安装和维修均较方便。

低压低速空调系统的供风管采用 0.75～1.0mm 白铁皮制造,高压高速空调系统的供风管则一般采用轻合金材料或 0.5～2.0mm 镀锌铁皮制成,敷设在甲板与天花板之间的夹层空间内,表面有隔热层,以防散热和结露。常用的隔热材料有聚苯乙烯泡沫塑料和矿石棉。隔热层的厚度一般为 20～40mm。在对噪声要求严格的空调系统中,在布风器前的供风管内常加设管式消声器。

空调舱室的回风口常设在走廊上部,供风通常通过舱室门的下部会聚于走廊,形成回风,一部分回风通过回风口被引回空调器再处理,多余部分排放到大气中。

四、布风器

布风器的形式很多,如按工作原理的不同,可分为直布式和诱导式两类。

1. 直布式布风器

直布式布风器是一种将供风直接送入舱内的布风器,其出口都做成有利于供风向四周散开的形状,如喇叭口、格栅等。为了使出风能均匀散布,直布式布风器的出口风速较低(一般为 2～4m/s),供风与室内空气混合较慢,所以供风温差不宜过大,一般在 10℃ 以下,个别可达 15℃ 左右。设有调节风量的风门,当具有末端换热器时,还设有调温旋钮。

图 11-13 为几种常见的单风管直布式布风器。其中图 11-13(a)为球形集散式布风器,转球 1 可用手随意转动,以改变出风角度,而推动扩风罩 3,则可调节风量,直至全部关闭。如将转球全部翻转过来,则扩散风会变为集中风,风速可达 5m/s 左右。其结构简单、价格便宜,舱室温度不够均匀,允许供风温差较小,用于空调精度要求不高的船上。图 11-13(b)为钳形扩散式布风器,其为顶式布风器,多用于货船和客船的住舱。在进风管处设有容积较大的消音箱 8。为使空气散布均匀,将出风口 11 做成喇叭形,并装有挡风板 10。供风量是通过风门调节旋钮 9 使风门升降来实现的。布风器的颈部风速为 2～10m/s,对室内空气有一定的卷吸诱导作用,所以供风温差可提高到 10℃ 左右,因而有利于减小供风量。图 11-13(c)为孔板式布风器,常用于客船的公共舱室。它的特点是在一个很大的消音箱底部的塑料板上钻有许多排列整齐的小孔,孔径为 3～5mm,供风就从这些小孔均匀喷出。可将孔板式布风器分布在舱室天花板的各处,并将未装布风器的天花板部分也都做出这种细孔,以使舱室布置美观协调,并具有吸音效果。其细孔多,供风均匀,供风温差可提高到 10～15℃。可利用天花板顶部的空间扩大供风面积,以降低每平方米孔板的供风量,从而大大减小布风器的阻力。

图 11-14 为双风管顶式直布式布风器。两种温度不同的供风分别由两根供风管 4、5 供入混合消音室 6 中混合,然后从挡风板周围的缝隙中吹出。舱室空气温度可通过调节旋钮 1 联动关小风门 2、开大风门 3(或相反)来调节,也可分设两个调节旋钮,分别调节冷、热风量,从而使调节幅度更大。

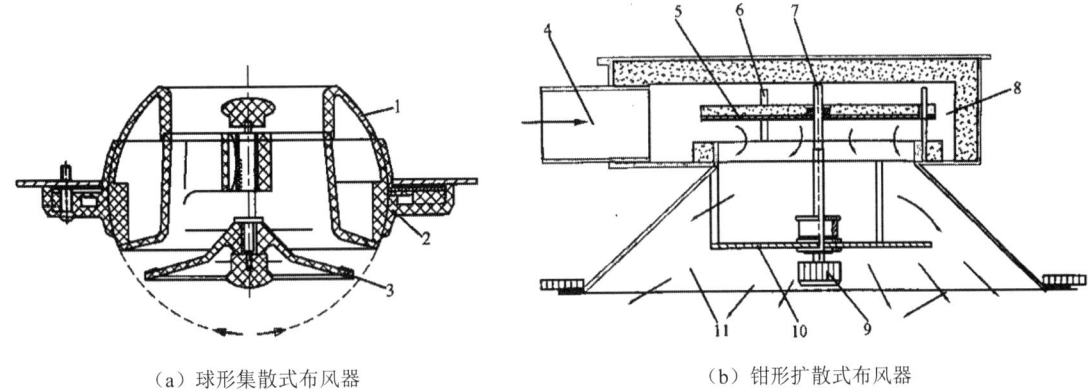

(a) 球形集散式布风器　　　　　　　　(b) 钳形扩散式布风器

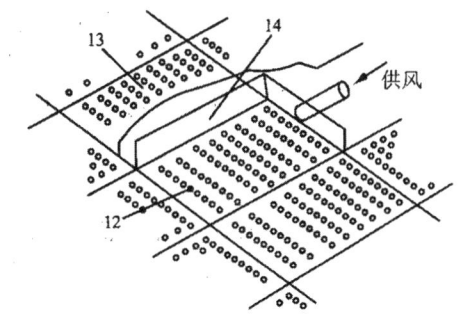

(c) 孔板式布风器

1—转球；2—球托；3—扩风罩；4—进风管；5—调节风门；6—风门导杆；7—调节螺栓；8—消音箱；
9—风门调节旋钮；10—挡风板；11—出风口；12—出风细孔；13—天花板；14—消音箱

图 11-13　单风管直布式布风器

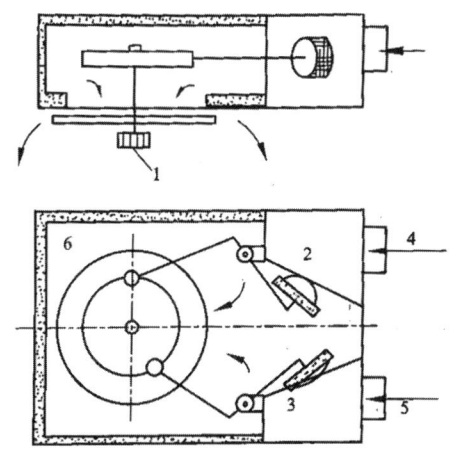

1—调节旋钮；2、3—风门；4—冷风管；5—热风管；6—混合消音室

图 11-14　双风管顶式直布式布风器

2. 诱导式布风器

诱导式布风器简称诱导器。图 11-15 为一种常见的带电加热器的壁式诱导器和两种型号诱导器的性能曲线。诱导器的特点是静压箱 10 中的静压较高，所以供风在通过许多小喷嘴 9（26～46 个）喷出时风速较高，一般可达 20～40m/s，因此，从喷嘴喷出的气流就能把很大一

部分室内空气经外罩正面的进风栅 4 卷吸诱导进来，混合后再一起从顶部出口格栅 6 吹出，供入室内。

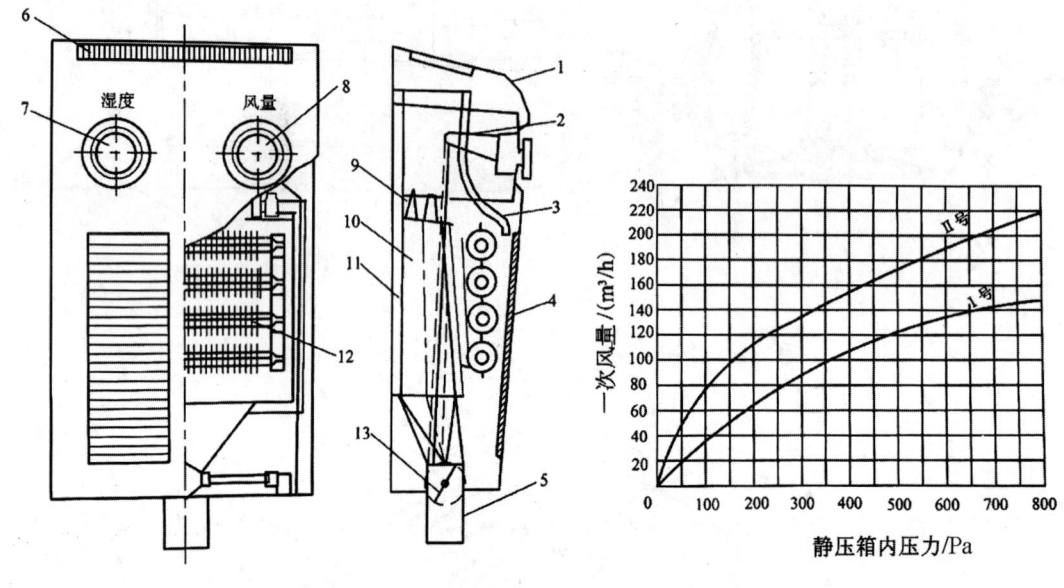

（a）壁式诱导器　　　　　　　　　　（b）两种型号诱导器的性能曲线

1—外罩；2—风门调节传动机构；3—导流板；4—进风栅；5—供风管；6—出口格栅；7—调温旋钮；
8—调风旋钮；9—喷嘴；10—静压箱；11—吸音层；12—电加热器；13—调风门

图 11-15　带电加热器的壁式诱导器和两种型号诊导器的性能曲线

被吸进诱导器的室内空气称为二次风，由供风管 5 供入诱导器的空气称为一次风。二次风量 $V_2\rho_2$（kg/h）与一次风量 $V_1\rho_1$（kg/h）之比 β 称为诱导比。由于气温变化不大，密度变化可以忽略，因此，诱导比为

$$\beta = \frac{V_2\rho_2}{V_1\rho_1} \approx \frac{V_2}{V_1} \tag{11-1}$$

采用诱导器时，由于其卷吸的空气较多，因而可在不影响室温分布均匀的情况下，提高一次风的供风温差，以减小风机的供风量和风道尺寸。而且，诱导比越大，卷吸的二次风越多，一次风的供风温差就可越大。但提高诱导比，主要靠提高喷嘴的出口风速，这就要提高静压箱中的静压，增大风机的风压。一般诱导比以 2～4 较为经济，静压箱中的相应静压为 0.15～0.5kPa。

在诱导器上一般都设有调风旋钮，用以调节供风管上的风门开度，从而改变一次风量。带末端换热器的诱导器还设有调温旋钮，用来改变末端换热器的热负荷，以实现舱室的个别调节。使用时，由于二次风经常带有灰尘，末端换热器很容易脏污，故需定期清洁。

诱导器的主要缺点是噪声较大，可达 50～55dB。一般当噪声大于 45dB 时即会影响人的正常睡眠；此外，诱导器的价格也较贵，因此，目前商船仍以使用直布式布风器为主。

诱导器也可做成顶式布风器的形式。图 11-16 即为我国某 25000t 散货船公共舱室所装用的一种不带末端换热器的顶式诱导器。

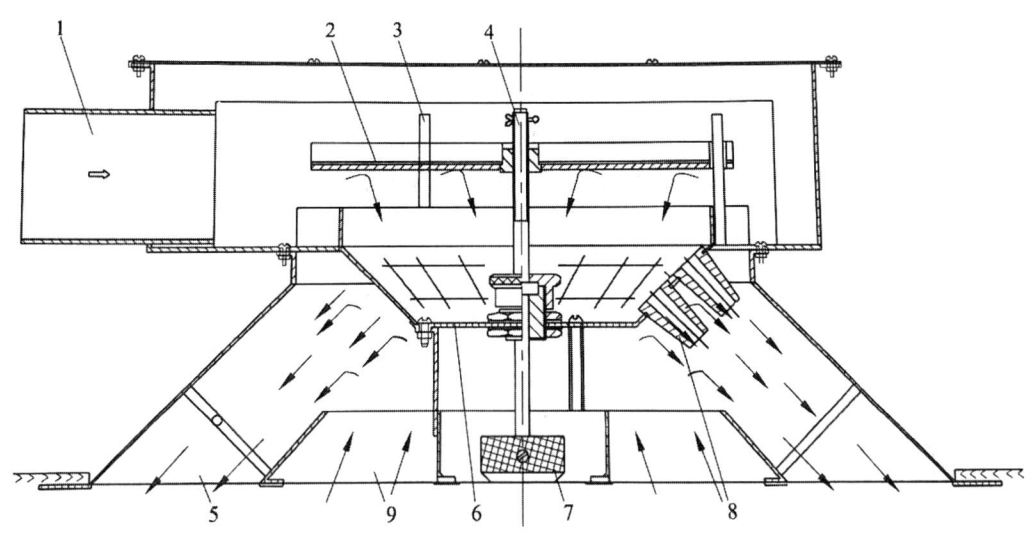

1—供风管；2—调风门；3—风门导杆；4—调节螺杆；5—出风口；6—消音静压箱；
7—调风旋钮；8—喷嘴；9—二次风吸入口

图 11-16 顶式诱导器

第四节　船舶空调系统的自动调节

现代船舶上的空调系统都装有自动调节设备，使系统能随气象条件的变化而自动地进行工况调节，从而维持舱室的空气参数在合适的范围内。空调装置的自动调节主要包括：对降温工况的空气温度进行自动调节，对取暖工况的空气温度、湿度进行自动调节，对系统的静压进行自动调节。

一、降温工况的温度自动调节

1. 直接蒸发式空冷器的温度调节

（1）热力膨胀阀控制送风温度。绝大多数船舶采用直接蒸发式空冷器。在直接冷却系统中，通过热力膨胀阀的自动调节，向空冷器提供给定数量的制冷剂，保证了制冷循环的正常进行，而空冷器又保证了空气得到预定的冷却降温效果。

在空调器进风量一定的条件下，若进风湿度一定，那么空冷器的热负荷也一定。此时如果制冷工况稳定，热力膨胀阀将维持一定开度，保证一定的制冷剂流量，使空调器出来的送风温度一定。但是，当空调器回风温度升高时，空气冷却器热负荷必然增大，制冷剂回气过热度提高，进而使热力膨胀阀开度加大，提高制冷剂流量，使经过空气冷却器的空气降温较大；反之，空调器回风温度下降时，经过上述一系列的反向调节，空气仅得到较小的温降。所以在夏季空调中，借助于制冷系统热力膨胀阀本身的自调特性，可维持空调器一定的送风温度。而当室外气温变化剧烈，空气冷却器热负荷变化过大，或者热力膨胀阀自调特性存在不良状况时，均会使其控制达不到预想的效果。

（2）能量调节机构控制送风温度。能量调节机构根据空冷器热负荷变化，控制制冷系统的能量供给，可调节送风温度。采用能量调节机构控制运行制冷压缩机气缸数量，可自动调节空调系统的能量供给,使空调送风温度稳定在一定范围内。空调系统启动时,如果空冷器热负荷大,蒸发压力和温度较高,压缩机会自动增缸,直到全负荷运转,以最大制冷量供给空气冷却器,空气得以快速冷却。随着空气冷却器热负荷不断下降,蒸发压力和温度降低,能量调节机构使压缩机减缸运转,减少制冷量,空气得到较小的降温。这种调节方法既保证了制冷系统对空气冷却器能量的合理供给,控制了送风湿度,又保证了压缩机运行的经济性。

通常,空冷器热负荷变化范围较大,一般设有大、小两个热力膨胀阀,压缩机采用分级卸载能量调节机构。负荷增加时,吸气压力增加,压力继电器控制自动切换大、小热力膨胀阀,同时压缩机自动增加工作缸数,使送风温度维持在合适的范围内。

(3)温度继电器控制室内温度。为避免舱室温度太低,大多数空调装置还采用控制回风温度的温度继电器和供液电磁阀对制冷装置进行双位调节,这是目前广泛采用的控制方法。温度继电器以感温包作为敏感元件,感温包直接感受空调室回风温度,并通过毛细管把信号传送给温度继电器。温度继电器按给定值操纵供液电磁阀,改变对空气冷却器的冷量供给,实现控制空调室内温度的目的。图 11-17 为降温工况舱室温度的自动控制原理。当各空调室内回风温度超过温度继电器的给定值上限时,温度继电器动作,开启供液电磁阀,空冷器工作,回风与新风混合后得到冷却,保证空调送风要求;反之,当回风温度下降到低于温度继电器的给定值下限时,则关闭供液电磁阀,空冷器停止工作,空调室处于通风换气状态。当回风温度持续上升至温度继电器上限动作值时,再次开启供液电磁阀,空冷器又重新工作,将室温控制在所需温度范围内。由于回风直接反映了室内实际温度,故较利用热力膨胀阀自调特性控制室温更接近温控要求。这种调节方案如图 11-17(a)所示,还有一些装置为了减少压缩机的启停次数,将蒸发器分为两组,并各自设有供液电磁阀和膨胀阀,如图 11-17(b)所示。其中一组由感受新风温度的温度继电器控制,当外界气温较低时,该温度继电器断电,关闭其控制的供液电磁阀,蒸发器工作面积相应减小(压缩机自动卸载);当室温继续降低并达到调定的低限时,感受回风温度的温度继电器切断另一个供液电磁阀,压缩机因蒸发压力降低而停车。

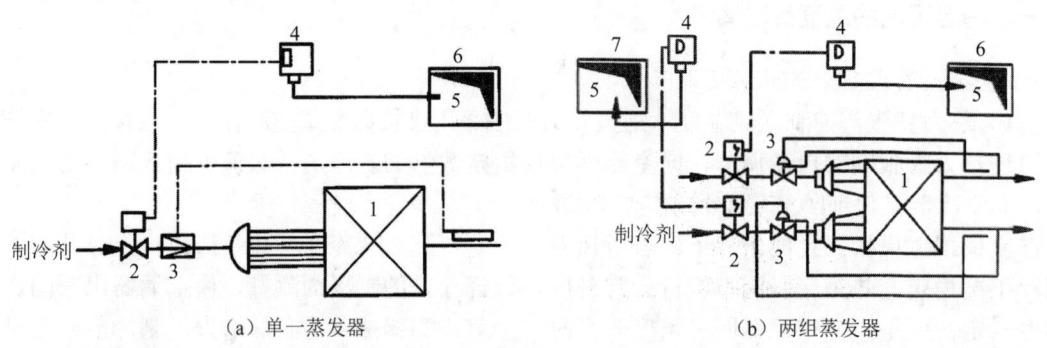

(a)单一蒸发器　　(b)两组蒸发器

1—空冷器;2—电磁阀;3—热力膨胀阀;4—温度继电器;5—温度继电器感温包;6—回风管;7—新风管

图 11-17　降温工况舱室温度的自动控制原理

2. 间接冷却式空冷器的温度调节

间接冷却式空冷器一般根据回风温度(代表舱室的平均温度)自动调节制冷剂流量,从而调节空冷器的换热量,控制空调舱室温度。它既可采用比例调节,也可采用双位调节。但这种调节的滞后时间长,动态偏差较大。也可以将感温元件放置在空调器的分配室内,控制送风温度,但这种控制不适用于双位调节。

图 11-18 为间接冷却式空冷器制冷剂流量调节原理。图 11-18（a）所示为比例调节；图 11-18（b）所示为双位调节；图 11-18（c）所示是将冷却器分为两组，只对其中的一组进行双位调节。

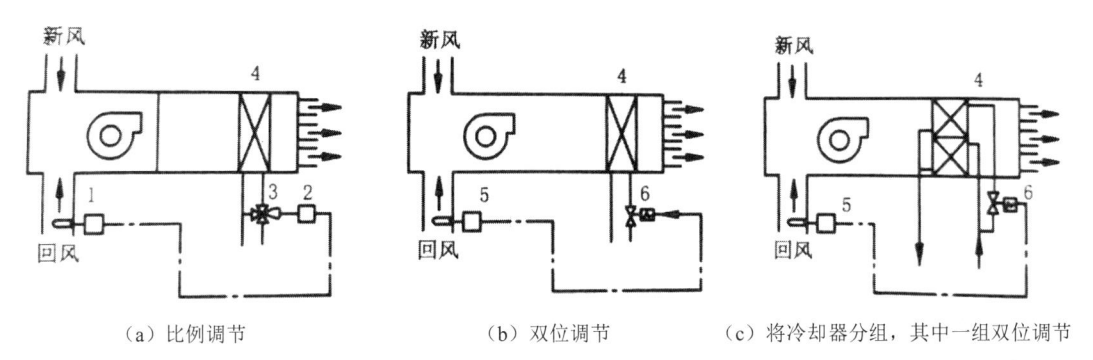

(a) 比例调节　　　　　　　　　(b) 双位调节　　　　　　(c) 将冷却器分组，其中一组双位调节

1—温度传感器；2—比例式温度调节器；3—三通分流阀；4—间接冷却式空冷器；5—温度继电器；6—电磁阀

图 11-18　间接冷却式空冷器制冷剂流量调节原理

二、取暖工况的温度自动调节

冬季送风温度采用改变供入空气加热器的蒸汽或热水流量的方法来调节。

1. 调节方案

图 11-19 为取暖工况的送风温度调节系统，取暖工况温度的自动调节有以下几种方案。

（1）控制送风温度。控制送风温度是空调系统常用的调节方案，其特点是调节滞后时间短，测温点离调节阀较近，可采用比较简单的直接作用式温度调节器。此方案具体有单脉冲信号和双脉冲信号两种调节系统。图 11-19（a）为单脉冲信号送风温度调节系统，感温元件放在空调器出口的分配室内，感受送风温度，将信号送到温度调节器 2。当室外新风温度变化时，送风温度也随之变化，于是送风温度与调节器的调定值发生偏差，调节器发出信号，自动调节调节阀的开度，改变进入空气加热器的蒸汽或热水流量，从而使送风温度大致稳定。但是，外界气候变化还使舱室显热负荷变化，仅控制送风温度不变，室温会产生较大的波动，所以又出现了双脉冲信号温度调节系统。图 11-19（b）为双脉冲信号送风温度调节系统，它有两个感温元件（5、1），分别感受新风温度和送风温度，温度调节器 2 同时接收两个信号，综合后再输出调节信号，操纵流量调节阀。这种系统能够补偿外界气候的变化，室外温度降低时相应提高送风温度，室外温度升高时相应降低送风温度，使室温变动减小，甚至保持不变。室外温度的变化是导致室内温度变化的主要扰动量，在此扰动出现而室温尚未变化时就预先进行调节，称为前馈调节。试验表明，前馈调节能使调节的动态偏差减小，调节过程的时间缩短，调节的动态质量指标得到改善。

双脉冲信号温度调节中送风温度的变化量Δt_d，与室外温度（新风温度）的变化量Δt_w之比称为温度补偿率，即

$$K_T = \frac{\Delta t_d}{\Delta t_w} \tag{11-2}$$

用 K_T 表示新风温度每改变 1℃时送风温度的改变量。前者增加时后者是减少的，上述变化量都取绝对值。

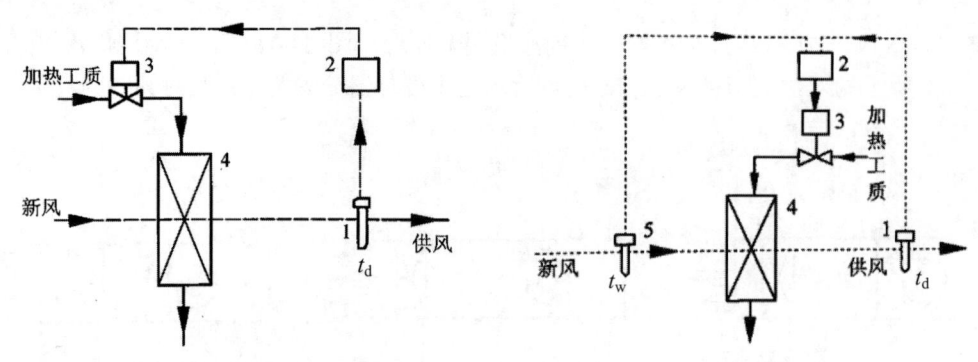

(a) 单脉冲信号送风温度调节系统　　　(b) 双脉冲信号送风温度调节系统

1—送风温度传感器；2—温度调节器；3—流量调节器；4—空气加热器；5—新风扇度传感器

图 11-19　取暖工况的送风温度调节系统

舱室的隔热越差，所要求的温度补偿率就越高。因为在室外温度变化同样的数值时，隔热较差的舱室的显热负荷变化较大，所要求的送风温度的变化也较大。单风管系统的温度补偿率 K_T 为 0.30～0.75，即室外温度每变化 10℃时，就需使送风温度变化 3～7.5℃；而双风管系统由于需要将两种温度不同的送风进行混合，二级送风管送风温度的补偿率也就较高，有的可高达 1.20。舒适性空调对温度控制的精度要求并不很高，一般采用比例调节即可满足要求。

（2）控制回风温度或典型舱室的温度。回风温度大致反映各舱室温度的平均温度，因此，可将感温元件放在回风总管中，当回风温度偏离调定值时，通过改变加热工质流量来改变送风温度，以使回风温度大致不变。这种方法的测温点也不远，仍可采用直接作用式温度调节器；在采用单脉冲信号调节时，比控制送风温度合理；但调节滞后时间较长，动态偏差也较大。因舒适性空调的要求不高，故使用较多。感温元件也可直接放置在有代表性的典型空调舱室内，直接控制该舱室温度。但是选定典型舱室比较困难，而且这种方案测量点离调节阀较远，不能采用直接作用式温度调节器。控制回风温度或典型舱室温度一般采用比例调节；在舱室热容量较大时，也可采用双位调节。

2. 直接作用式温度调节器

直接作用式温度调节器以温包为感温元件，热惯性较大，但其结构简单、管理方便，故在舒适性空调的自动调节中获得广泛应用。

空调加热装置的温度调节器常采用充注甘油之类的液体温包。它利用液体热胀冷缩的特性，将温度信号转变为压力信号。液体温包的容积都较大，这样，毛细管和调节器本体传压部分的液体量相对就少得多，从而可减少输出压力受温包以外温度的干扰。

图 11-20 为具有温度补偿作用的双脉冲信号直接作用式温度调节器，它有两个液体温包，分别为新风温包 2 和送风温包 3，分别感受新风温度和送风温度。调节阀装在空气加热器的进气管上，若室外温度不变而送风温度升高，送风温包中的液体就会膨胀，挤入液缸 11，顶动柱塞 9 压回，使调节阀靠重力落下而开大，以保持送风温度的稳定。此时，因新风温包中的液体体积不变，调节器相当于单脉冲信号调节器，当室外温度升高时，新风温包中的液体受热膨胀挤入液缸，同样也将关小调节阀，使送风温度自动降低，起到补偿作用。双脉冲信号调节器的两个温包有多种规格，温度补偿率 K_T 的大小与两个温包的容积比有关，约为新风温

包与送风温包的容积之比。若容积相同，则气温每下降1℃，送风温度约升高1℃；若送风温包比新风温包大一倍，则气温每下降2℃时大约能使送风温度升高1℃。

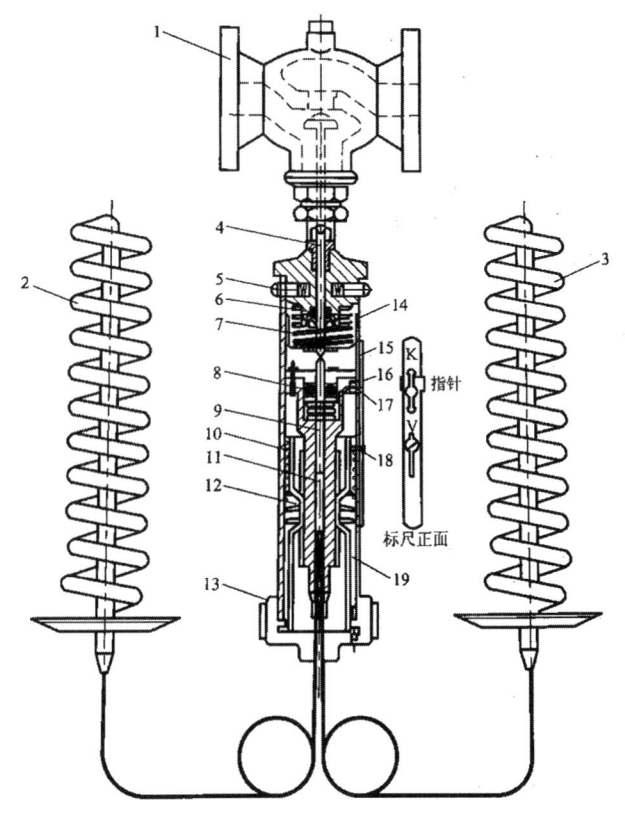

1—调节阀；2—新风温包；3—送风温包；4—顶杆；5—按钮；6—调节阀填料箱；7—弹簧；8—液缸填料；9—柱塞；10—螺纹管隔环；11—液缸；12—螺纹管；13—调节旋钮；14—筒体；15—标尺；16—标尺指针；17—液缸导向螺钉；18—标尺固定螺钉；19—超压保护弹簧

图 11-20 双脉冲信号直接作用式温度调节器

调节器的液缸外壁带有方牙螺纹，液缸拧在螺纹管 12 中。转动调节旋钮 13，带动螺纹管旋转，使液缸上移，于是柱塞上移，调节阀关小，加热蒸汽的流量减小，送风温度降低；反方向旋转，则送风温度升高。液缸移动的程度通过液缸导向螺钉 17 固定在液缸上的标尺指针 16 来指示。

在调节器的标尺 15 上刻有表示调节方向的箭头。在对空调装置进行调试时，认为送风温度合适后，即可松开标尺固定螺钉 18，将标尺移至指针位于圆孔处（见图 11-20 中标尺正视图，在箭头上、下两方刻有的 K、V，分别表示冷、热）。

液缸中的液体漏失会导致柱塞下移，使送风温度提高。可转动调节旋钮，将液缸上移，保持原来的调定值，再将标尺上移，使指针对准箭头的中间圆孔即可。经过几次调整后，若标尺因螺钉的限位而不能再向上移动时，表明液体漏失过多，需向液缸补充液体。

调节器上还装有超压保护弹簧 19。当液缸内压力升高，阀已关闭时，液缸就会在液压作用下带动螺纹管克服超压保护弹簧的张力而自动下移，给液体以膨胀余地，防止温包内液体温度过高而胀破。

有的船舶空调装置还采用了先进的气动或电动的调节系统。它们以金属感温管或热敏电阻作为感温元件,可使调节更加灵敏;而且温度补偿率和比例带都可以调节。这些系统比较复杂,初置费和维修管理的要求亦高,应用不普遍。

三、取暖工况的湿度自动调节

1. 调节方案

(1) 控制回风或典型舱室的相对湿度。图 11-21 (a) 为控制回风或典型舱室相对湿度的双位调节系统的简图。当双位式湿度调节器 10 收到感湿元件 1 发出的湿度信号,表明回风或典型舱室的湿度已降到要求范围的下限时,双位式湿度调节器即会发出调节信号,开启加湿电磁阀 11,舱室内湿度随之增加;而当感湿元件感受的湿度达到上限时,双位式湿度调节器又会关闭电磁阀,于是舱室内湿度即开始下降。这种方案大多采用双位调节,将室内空气湿度控制在 30%~50%即可。

(2) 控制送风的相对湿度。图 11-21 (b) 为控制送风湿度的比例调节系统简图。感湿元件 1 放置在空调器出口的分配室内,用以感受送风的相对湿度,然后将信号送至比例式湿度调节器 2。当送风的相对湿度高于或低于调定值时,调节器会使加湿调节阀 3 相应关小或开大,开度变化与送风湿度的偏差值成比例,使送风的相对湿度控制在一定的范围内。这种方案只要根据送风温度选取合适的相对湿度调定值,即可大致调定送风的含湿量 d。只要送风量和舱室的湿负荷不变,就可控制室内空气的含湿量,湿度仍会产生较大的变化。显然,控制送风湿度的方法不能采用双位调节,一般都采用比例调节。

(3) 控制送风的含湿量(露点)。按照上面的分析,如能直接控制送风的含湿量,同时控制室温,就可控制室内的相对湿度。因为含湿量可由露点确定,故这种方案称为露点调节。图 11-21 (c) 为控制送风露点的空调系统简图。这种系统采用两级加热的方法,即在预热器 7 后再加设喷水加湿器 4。喷水加湿是一个等焓加湿过程,故加湿后的空气温度会有所降低,未能被吸收的水则由泄水管路泄走。喷水加湿后空气能达到的相对湿度一般比较稳定,只要用调节预热器加热介质流量的方法控制住加湿后的空气温度,即可控制送风的含湿量和露点,而不必担心加湿过量。送风的含湿量一般控制为 6~6.3g/kg,即露点为 6~7℃。这种方法用温度调节来代替湿度调节,比较方便、可靠,适用于采用两级加热的分区再热系统和双风管系统。

2. 湿度调节器

船舶空调装置的相对湿度调节器有气动式、电动式、电子式三种,按其测量湿度的传感器种类不同又分为干、湿温包式,毛发式和氯化锂式三种。

(1) 干、湿温包式湿度调节器。图 11-22 为干、湿温包式湿度调节器,它是一种双位式电动调节器。感温元件可采用温包或热电阻,使用时将两个感温元件(一干一湿)同时置于测量点,于是干、湿感温元件的温度差变为温包内充剂的压差,或变为两个热电阻的电阻差值后再转换成电桥的不平衡电压,然后用压差或不平衡电压的大小来反映相对湿度。同时控制电触头的通断,从而控制加湿蒸汽管路上的电磁阀的开启、闭合,实现加湿或停止加湿。必须保证干、湿感温元件清洁和通风良好,湿感温元件的纱布套始终保持湿润。此外,气流速度对相对湿度的测量值影响较大。

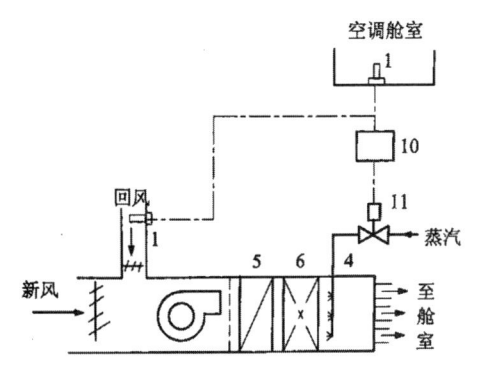

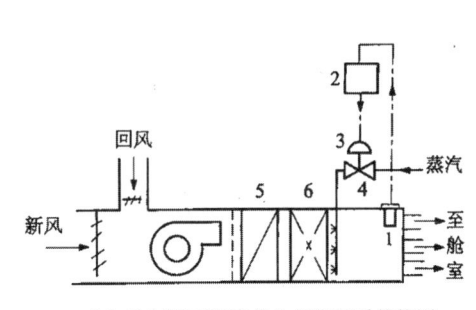

（a）控制回风或典型舱室相对湿度的双位调节系统简图　（b）控制送风湿度的比例调节系统简图

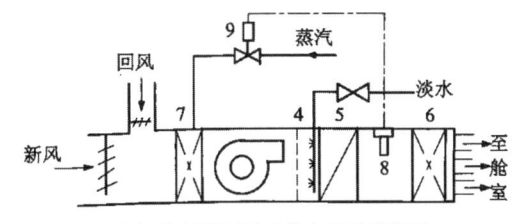

（c）控制送风露点的空调系统简图

1—感湿元件；2—比例式湿度调节器；3—加湿调节阀；4—喷水加湿器；5—冷却器；6—加热器；7—预热器；8—温包；9—直接作用式温度调节器；10—双位式湿度调节器；11—加湿电磁阀

图 11-21　取暖工况的湿度调节系统简图

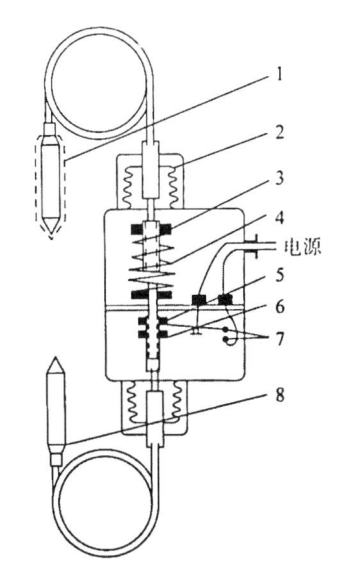

1—湿温包；2—波纹管；3—主调节螺帽；4—弹簧；5—固定螺帽；6—幅差调节螺帽；7—电触头；8—干温包

图 11-22　干、湿温包式湿度调节器

（2）毛发（或尼龙）式气动湿度调节器及其气动调节系统。利用脱脂毛发或尼龙在既定拉力下的伸长率与空气相对湿度有关的特点做成感湿元件，并经放大器、气动执行机构控制蒸汽加湿阀开度，它属于比例调节器。其特点是价格便宜，但这种系统由于维护管理比较复杂，灵敏度低，且使用一段时间后感湿元件会老化或产生塑性变形，故目前使用不多。

（3）氯化锂式电动湿度调节器。图11-23（a）为氯化锂式电动湿度调节器。它的感湿元件 1 是一个绝缘的圆柱体，在其表面缠有两根平行银丝，外涂一层含氯化锂的涂料。两根银丝本身互不接触，仅靠涂料使它们构成导电回路，所以感湿元件的电阻值取决于涂料的导电性。当空气相对湿度变化时，氯化锂涂料的含水量随之改变，因而使其导电性改变，于是通过感湿元件的电流也就成比例地发生变化。此电信号经晶体管放大器 2 放大后，即可通过信号继电器去控制调湿电磁阀 4。当空气相对湿度达到调定值时，信号继电器触头断开，于是电磁阀断电关闭，停止向空调器喷湿；而当相对湿度低于调定值1%时，信号继电器触头闭合，电磁阀通电开启，加湿蒸汽也就喷入空气之中。

氯化锂的电阻值除与含水量有关外，还与温度有关，所以在湿度调节器上还设有调节旋钮 3，以便按照当时的环境温度，依据厂家提供的湿温关系曲线，通过改变调节旋钮位置来调整，如图11-23（b）所示。

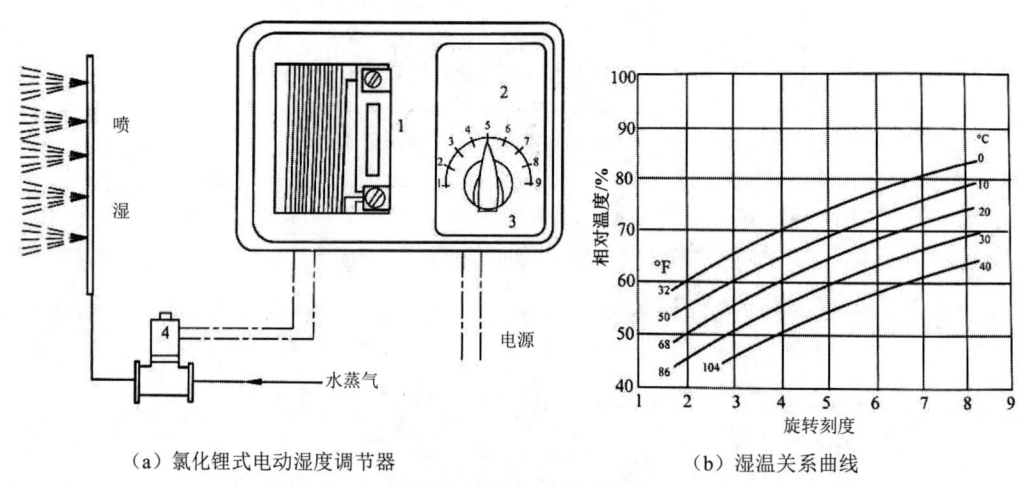

（a）氯化锂式电动湿度调节器　　　　　（b）湿温关系曲线

1—感湿元件；2—晶体管放大器；3—调节旋钮；4—调湿电磁阀

图11-23　氯化锂式电动湿度调节器

氯化锂感湿元件结构简单、体积小、灵敏度高、反应速度快，调节精度在±1.5%以内；但长时间使用后，氯化锂涂料将会脏污或剥落，故需定期检查和清洁。使用时，不要用手接触或擦拭感湿元件，以免影响其工作性能。

四、系统静压的自动调节

在船舶空调装置中，如果在使用中某些舱室布风器风门关小或关死，使供风量减少到超过风机额定风量的15%～20%，则风管中的静压就会明显增高，并因而使其他舱室出现供风量增多、噪声增大的不正常现象，这在中、高速系统中尤为明显。

1. 静压调节方法

空调系统的静压调节方法，可按静压调节器安装位置的不同而分为以下两类。

（1）集中式空调器的静压调节。依靠静压调节器来保持集中式空调器的出口分配室中静压的稳定，具体方法可有以下四种：①风机进口导向叶片节流法，如图11-24（a）所示；②风机出口风门节流法，如图 11-24（b）所示；③风机多余空气泄放法，如图 11-24（c）所示；

④风机多余空气回流法，如图 11-24（d）所示。集中式空调器的静压调节的流量压力图如图 11-24（e）所示。

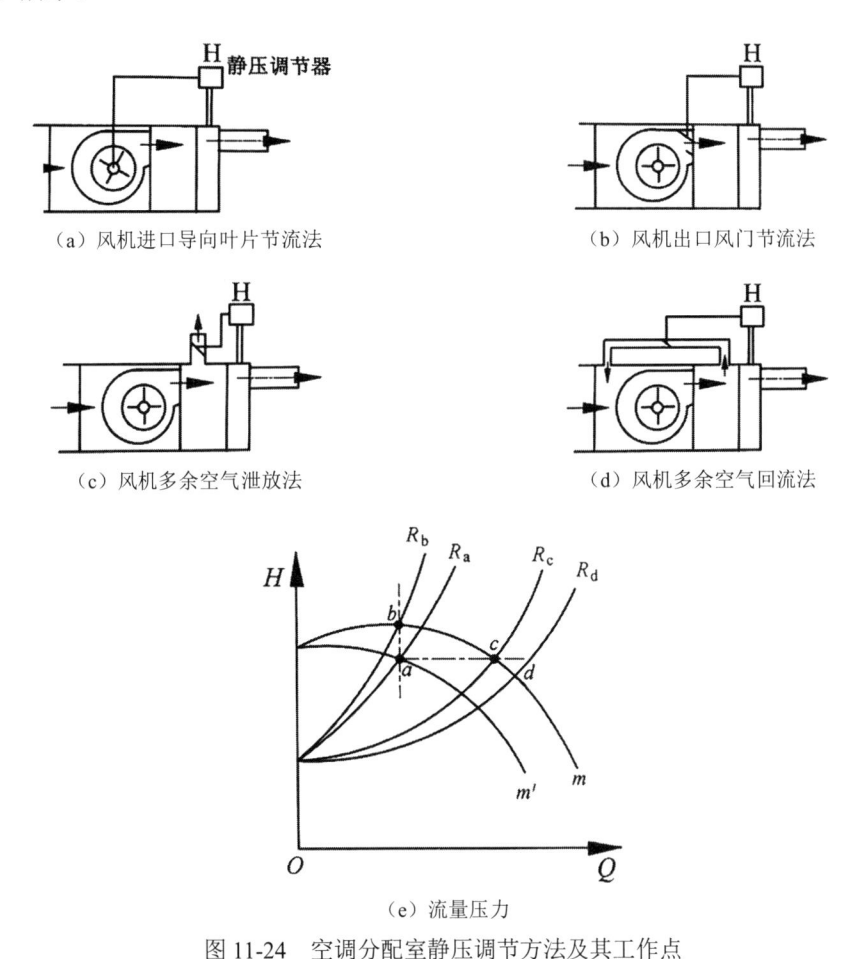

（a）风机进口导向叶片节流法　　　　　（b）风机出口风门节流法

（c）风机多余空气泄放法　　　　　（d）风机多余空气回流法

（e）流量压力

图 11-24　空调分配室静压调节方法及其工作点

（2）风管的静压调节。风管的静压调节方法主要有以下两种：在主风管中装节流风门，如图 11-25（a）所示；在风管中装放泄风门，如图 11-25（b）所示。

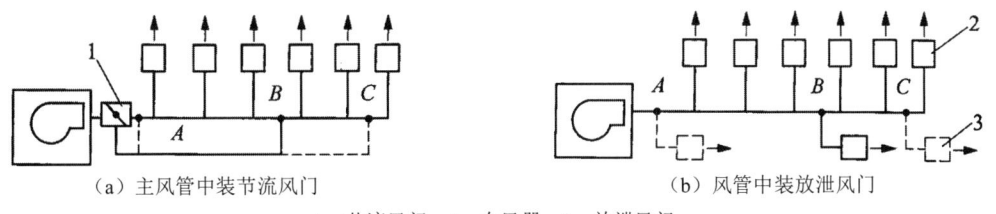

（a）主风管中装节流风门　　　　　（b）风管中装放泄风门

1—节流风门；2—布风器；3—放泄风门

图 11-25　风管的静压调节方法

2. 直接作用式（自力式）静压调节器

图 11-26 为常见的直接作用式静压调节器，主风管中的静压由测压管 3 传至橡胶波纹管 1 中，当静压升高超过调定值时，橡胶波纹管胀开，推动承压板 2，再通过四根顶杆 9 和内体 10 两侧的风门连杆机构 6，克服四根拉伸调压弹簧 7 的初张力，使两扇风门 5 各绕其连杆转轴 8

摆动，相互靠拢，将内体的进风口关小，进行节流，使风门后的静压下降；反之，当静压低于调定值时，依靠一端挂在连杆机构上的四根调压弹簧的收缩将风门开大，使静压回升。

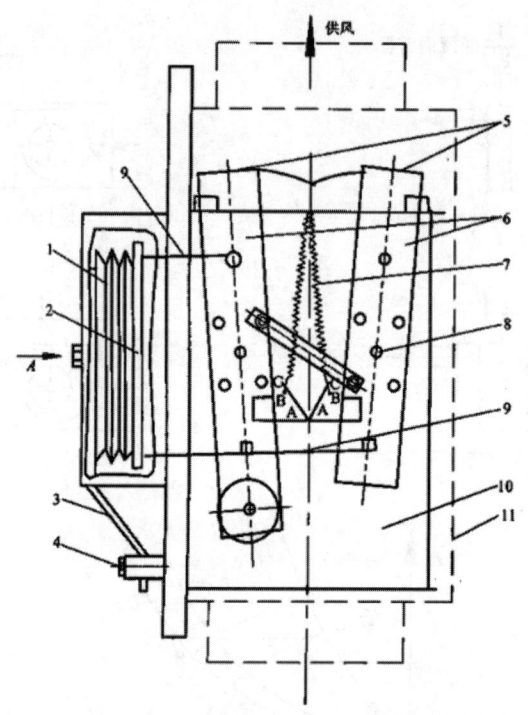

1—橡胶波纹管；2—承压板；3—测压管；4—风压计接头；5—风门；6—风门连杆机构；
7—调压弹簧；8—连杆转轴；9—顶杆；10—内体；11—外壳

图 11-26 直接作用式静压调节器

除直接作用式静压调节器外，还有气动或电动的间接作用式静压调节器。

第五节 船舶空调装置实例和管理

一、双风管空调系统实例

图 11-27 为某远洋货船所用的双风管空调系统，其展示了集中式空调器和空调站的布置，双风管空调器由前、后两级串联而成，采用回流式空调器，并将通风机放在两级中间。单纯通风工况时可用低速挡供应全新风，系统在一般情况下全用新风，当室外温度很低或很高时，可采用回风。一级送风管 11 的供风量，则可根据舱室温度调节的需要由各布风器调节，其余的送风即进入二级空调器，经二级加热器 7 和加湿器 9 加热、加湿后，供入后分配室 10，然后由二级送风管 12 送至各舱室布风器。空气加湿器装在二级加热器的后面，用压力为 0.3MPa 的蒸汽加湿，加湿量可根据湿度计 18 的指示用手动调节阀来调节。一级空调器中没有空冷器，所以在降温工况时，中间分配室中的温度即为室外温度加风机温升，但在二级空调器中则装有直接蒸发式空冷器 6。空气经空冷器后的温度由制冷装置自身的能量调节设备来调节。

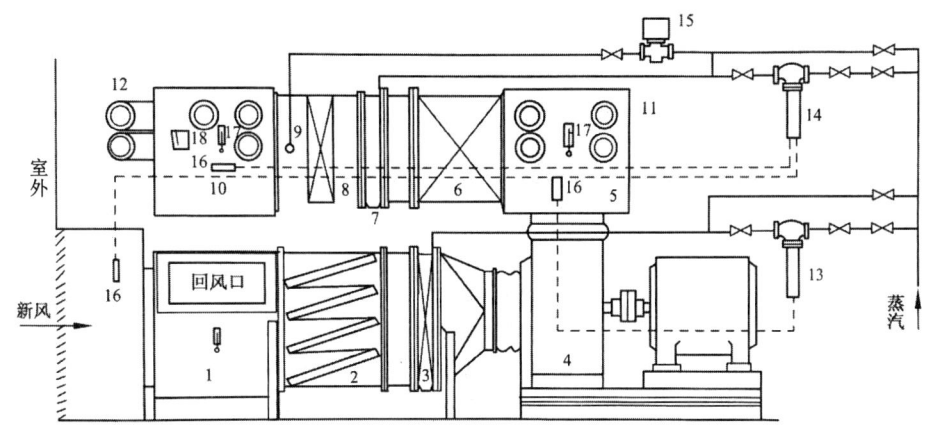

1—进风混合室；2——级滤器；3——级加热器；4—风机；5—中间分配室；6—直接蒸发式空冷器；7—二级加热器；
8—挡水器；9—加湿器；10—后分配室；11——级送风管；12—二级送风管；13——级加热单脉冲温度调节器；
14—二级加热双脉冲温度调节器；15—加湿电磁阀；16—感温包；17—温度计；18—湿度计

图 11-27 双风管空调系统

二、船舶空调装置的管理

1. 降温工况时的管理要点

当外界气温高于 27℃时，空调装置应按降温工况运行。室温与外界气温的温差以不超过 10℃为宜，以免人进、出舱室时感觉骤冷、骤热，以防感冒。管理要点如下。

（1）关闭空调舱室门窗和其他有关的门窗，以防热空气的侵入，降低空调装置的热负荷。运行空调装置前先检查压缩机曲轴箱油位、贮液器液位，盘车，打开、关闭系统有关阀门等。启动顺序：先启动风机，后启动制冷压缩机。因为刚启动时膨胀阀温包降温慢，膨胀阀开度较大，如果风机不工作，则进入空冷器的制冷剂吸热量太小而不能迅速蒸发，容易造成压缩机液击，或因吸气压力过低而停机。为了安全起见，空调制冷压缩机启动时应先稍开吸入截止阀，然后逐渐开大该阀，万一听到液击声，立即关小吸入截止阀。另外，启动压缩机时还要防止奔油现象的发生。停用顺序：短期停用时，先停制冷压缩机，后停风机，以免压缩机液击；长期停用时，先回收制冷剂至贮液器，再停制冷压缩机，最后停风机。

（2）为避免空冷器管壁结霜，直接蒸发式空调制冷剂的蒸发温度最低不低于-3℃，一般为 5~10℃，R22 相应的蒸发压力为 0.48~0.57MPa；当采用间接冷却方式时，如载冷剂用淡水，则温度一般保持为 4~7℃，最低不低于 2℃，以防淡水结冰。正常情况下，膨胀阀不结霜，蒸发器及回气管结露，手触摸时有凉感；膨胀阀一般不应结霜，只有当蒸发温度低至-3℃时，阀后制冷剂分配器中不受空气吹扫的管路可能稍有薄霜，运行中应防止膨胀阀的开度调节得过大而使压缩机发生液击。若制冷剂的蒸发温度已很低，而送风湿度仍然降不下来，则往往是膨胀阀开度调得过小或发生阻塞或系统中的制冷剂不足所致。此时不要任意开启膨胀阀的旁通阀，增大制冷剂的流量，以免负荷降低后，压缩机因旁通阀无自调能力而发生液击。膨胀阀的温包未紧贴回气管、安装位置不正确、未包隔热层等均可能造成阀的开度大，使蒸发压力过高。

（3）用 R22 时压缩机的吸气压力为 0.48~0.57MPa，不得低于 0.40MPa，以免对应的蒸发温度过低；排气压力为 1.10~1.36 MPa，不得高于 1.43MPa；滑油压力应高于吸气压力

0.06~0.15MPa，设有能量调节装置者应高出吸气压力0.15~0.30MPa。正常工作时，压缩机的吸气截止阀只结露水。

（4）送风温度维持在11~15℃，过低的送风温度易使舱室结露或出现气雾现象。保持合适的回风比（回风量与总风量之比）。在满足新鲜空气需要的前提下，采用较高的回风比，可节省能耗。用新风和回风风门开度来调节回风比。一般在空调装置安装后初次调试时已经调定，并标有记号。下列情况下可以改变回风比：春、秋季单纯通风时可采用全新风；气候特别湿热或寒冷超过空调的设计条件时，适当增加回风比，以保持合适的温度、湿度；外界空气污染特别严重时，暂时提高回风比，甚至短时间内采用全回风。

（5）用水作为介质的间接式冷却器，应经常开启其顶部放气阀释放空气，防止形成气囊，阻碍水的正常流动。注意维护滤器过滤网。在滤器前、后通常设有U形玻璃管式风压计，以便测量滤器前、后空气压差。正常时，流经滤器的压降为2~10mmH$_2$O。风机的滚动轴承每运转三个月左右加一次润滑脂。风机如系胶带传动，应调节其松紧程度，防止打滑。

（6）保持承水盘泄水通畅，以免除湿气产生的凝水在空调器内泛滥，被送风带入舱内。空调装置长期停用时，应把制冷系统中的制冷剂收回贮液器中，以减少制冷剂的泄漏风险。

2. 取暖工况时的管理要点

当外界气温低于15℃时，即应按取暖工况运行。管理要点如下。

（1）取暖工况下启动空调器时，应先使用空气加热器，再开风机，以防外界冷空气直接吹入舱室。

（2）使用蒸汽加热空气时，阻汽器后的回水管应经常保持温和。如果很烫，表明阻汽器失效，有蒸汽回流；如果发凉，则说明阻汽器堵塞，必须及时检修。在用热水加热空气时，应定期打开系统中的放气阀放气，以防管内形成气囊，妨碍水的正常流动。

（3）对不带末端加热器的空调系统来说，空调器出口分配室的供风温度应维持在30~40℃之间；对有末端加热器的空调系统来说，则应维持在20~30℃之间。

（4）取暖时，一般在外界气温低于0℃时才需要向空气中加湿。当采用人工加湿时，先用干湿球温度计或毛发湿度计测出某典型舱室的相对湿度，以找到加湿蒸汽阀的适宜开度，并使舱室相对湿度保持在30%即可。若装有湿度自动调节系统，如感湿元件置于舱室中，可将调定值调在相对湿度为30%左右；如装在空调器的分配室中，因该处空气温度高于舱室温度，则应调在10%~15%之间。

（5）停用空调器时，一定要在停止风机前半分钟左右，停止加湿，否则留在风管中的加湿空气就会因温度渐降而在风管壁上结露。这样，在下次启动风机时，这些水滴就会被吹入舱中。

3. 通风工况时的管理要点

通风工况时，应关闭空调器的回风门，全部采用外界新风。若空调风机具有高、低速两挡，则可用低速挡运行，以减少功耗，降低通风噪声。

三、船舶空调器的管理

1. 风机

定期清除吸入滤器和风机内部的灰尘、污垢及水分等，以确保气道的通畅和防止生锈；向轴承定期加注黄油或滑油，以确保良好的润滑条件；对于备用或停机时间长的风机，应定期将转子旋转 120°～180°，以免主轴弯曲变形；风机运行中若出现剧烈振动、轴承过热等情况，应停机检修。

2. 过滤器

过滤器阻塞会使风机的送风量减小，应定期清洁和检查，发现破损及时换新。不同类型的过滤器，其清洗方法亦不同。对于泡沫塑料过滤器，可将滤层抽出，刷去框架上的灰尘和油垢，拍去塑料滤层的灰尘后，再用 0.29MPa 的压缩空气从塑料泡沫较干净的一侧吹向另一侧。对于需除油的铜丝网过滤器，应先用刷子刷去表面油污，再用压缩空气吹干净，污垢较多时，可用热水冲洗或用三氯乙烯洗涤剂清洗，忌用碱水冲洗；用洗涤剂清洗后，需用热水反复冲洗干净，待干燥后再喷上无毒的滤网油（滤网厚度为 35mm 者，用油量约为 $0.3kg/m^2$），安装时应将喷油侧朝向空气进入的方向。

3. 热交换器

按说明书要求定期检查和清洁热交换器，以免其发生阻塞而影响热交换和送风量。用毛刷刷去外表的灰尘、污垢；用表压为 0.29MPa 的压缩空气吹扫或吸尘器抽吸；用洗涤剂溶液冲洗管壁油垢。

四、船舶空调装置常见故障分析和排除

空调系统的故障，可归纳为如下几个方面：风机运行不正常；送风量过大或过小；送风温度或湿度不符合设计要求；空调舱室内空气状态不符合设计要求；等等。

1. 送风量过大或过小

空调装置中，风机所提供的风压除用于把空气输送至一定几何高度外，全部用来克服风管的阻力和保证空气以一定流速从布风器流出，所以风机的运行工况点就取决于风机的特性和风管管路特性，即风管管路特性的变化必然会导致送风量的变化。

在有分支管的风管中，若两支管的阻力损失不同，则空气就会涌向阻力损失较小的支管，而使该支管的送风量增大，另一支管的送风量减小，直至两支管的阻力损失相等、分支处的压力重新平衡。结果，这使各分支管的送风量均偏离设计要求。

（1）送风量过大的原因：①所配风机的风量偏大，可用关小总风门提高风机的工作压力或关小进风门的办法减小送风量；②风机转速高于额定转速；③分支后各分支管的风门开度调节不当，造成风门偏大的分支管送风量过大，应重新调节各分支管的风门，使送风量合理分配至各分支管；④同一分支的分支管部分舱室负荷减小或部分布风器关闭，造成另一分支管的送风量过大，可用关小分支前风门开度的办法进行调节。

（2）送风量过小的原因：①选配风机的风量偏小，应更换风机；②分支后各分支管的风门调节不当，风门偏小的分支管送风量就偏小，应重新调节各分支管的风门，使送风量合理分配；③送风系统不严密，漏风严重，应检查并消除漏风；④因风机电机传动胶带打滑或因电压不足造成转速下降、风机反转、空气滤器堵塞或风门开度过小等问题，使风机的送风量不足，应查明原因并及时消除。

2. 降温工况送风温度过高

（1）空调制冷设备的容量过小或热负荷过大，可增大回风量予以解决。

（2）制冷系统工作不正常，制冷量下降。若压缩机运转正常，而蒸发器不冷、冷凝器不热，则往往是由于过滤器或膨胀阀堵塞，或制冷剂泄漏。

（3）空气为间接冷却，冷媒水的循环量过小。应注意经常排放空气，检查泵的密封间隙和防止吸、排管路阻塞。

（4）空冷器的热交换面积灰或有污垢。应定期清洁，确保空冷器的热交换效果。

3. 取暖工况送风温度过低

（1）空气加热器容量过小；加热蒸汽或热水的温度过低；供入流量过小。可提高加热介质的温度或者流量。

（2）空气加热器的热交换面积灰或有污垢。应定期清除，确保良好的热交换效果。

（3）气温过低，负荷过大。可适当增大回风量。

4. 降温工况空调舱室空气湿度过大

（1）空调器处理的新风量过多或舱室门窗不严。可适当减小新风量，增大回风量，关严门窗。

（2）空气冷却器表面的温度偏高。可降低制冷剂的蒸发温度，使空气冷却器表面的温度低于空气露点。

（3）挡水板的间距过大、折数不够或与边框的缝隙过大，或空气流速过高。应改进挡水板的加工和安装质量，降低空气的流速。

5. 空调器风机启动，压缩机不能启动

（1）电源线的容量不够（太细）或零线误作地线，造成启动电压下降很多。应查明原因，更换电源线或纠正接线错误。

（2）电源电压过低。应提高电源电压。

（3）压缩机过载，保护器烧断。应更换保护器，消除过载因素。

（4）压缩机的电动机断路。应拆检修理电动机。

（5）温度继电器或压力继电器的触头断开，在调高其接通温度后压缩机仍不能启动，可短接其触头，若压缩机可以启动，则说明温度继电器已损坏，应更换。应检查压力继电器，若触头断开，则应排除故障或更换压力继电器。

（6）小型压缩机的启动电容器或运转电容器断路，或启动电容器损坏。检查电路，在消除断路情况后压缩机仍不能启动，则应检查启动电容器是否损坏。对于不分正、负极的电容器，可用万用表电阻挡的×1kΩ或×100Ω挡进行检查，若两支表笔分别碰电容器的两极，表针向零位摆动后慢慢复原，两支表笔交换碰电容器两极，情况仍如此，则电容器是好的；若表针根本不动，则说明电容器已击穿断路；若表针向零位摆动后停止不动，则说明电容器已短路。

（7）转换开关接触不良。应修理或更换转换开关。

6. 空调装置的压缩机间断跳闸

（1）电源的电压过高或过低。应调整电源电压至正常值。

（2）过载保护器失灵。保护器触头断开电流过小，若测量工作电流正常，则应调大断开电流或更换保护器。

（3）电动机的启动继电器的触头断不开，造成工作电流过大，保护器切断电源。应修理或更换启动继电器。

（4）制冷系统冷凝器的冷却水量过小或断水，或冷却风机不转，或冷凝器积满灰尘、污垢，冷凝效果差，造成压缩机的排气压力过高、工作电流过大，保护器切断电源。应检查冷却水系统或风机，确保冷却介质的流量，或清洁冷凝器。

7. 空调系统和空调舱室噪声过大

（1）空调器的风机振动过大。主要原因是风机技术性能不符合要求或安装工艺不符合要求。如风机转子静、动态平衡性能差，风机轴承装配不符合要求或损坏，地脚螺栓松动，风机与水泵的吸震结构差等。应加强风机的减振基础，更换失效的减振器，检查和校正风机叶轮的平衡情况，更换过度磨损或损坏的轴承等。

（2）风管内的风速过高。应调整风量，降低风速。

（3）送风口开度过小，送风速度过大。可开大布风器的风门，使送风口的风速低于 3m/s。

（4）风管结构处理不良，某些过渡段局部阻力变化急剧，将引起噪声。

（5）集中式空调器内与风管中的消声装置设计不良，吸声材料选用不正确等。

8. 船舶空调舱室送风口出现滴水

船舶空调舱室送风口出现滴水或水雾，一个原因是送风温度低于室内空气的露点，另一个原因是挡水板所阻挡的水量太大或挡水板损坏。对于直接蒸发式和水冷式空冷器，承水盘安装不良、泄水管堵塞、空冷器处于负压区而未采取 U 形水封等将造成流水不畅、质量流速大于 3kg/（m²·s）以及未装挡水板等原因，都会造成送风口出现滴水或水雾的现象。排除方法：改变送风温度；堵塞挡水板漏水处；调整挡水板叶片布置。

9. 空调舱室内空气流速过大

空调舱室内空气流速过大（超过 0.35m/s），人会感到不舒服。产生这种现象的原因是：

（1）布风器内静压箱压力过大，喷口尺寸和布置不正确，出口气流速度过大。

（2）调风闸门或回风格栅调节门开度过大，配合不协调，送风量过大且气流组织不均匀等。

10. 自动控制元件失灵

自动控制元件失灵，如不能及时正确地反映工况参数或不能及时调节使工况稳定下来。这说明温度调节器、湿度调节器、静压调节器等有些仪器设备质量差，测量元件布置不正确。所以在空调装置投入运行后，要加强检查和管理，严格按操作程序操作，对发现的问题和提出的解决措施做好记录以供检查。

第十二章 液压甲板机械基础

第一节 理论基础知识

一艘正常运营的船舶必须装备适当的甲板机械，传统的甲板机械主要包括：舵机、起货机、锚机、绞缆机、吊艇机、舷梯升降机、舱盖启闭装置等。特种船还另有特殊设备。本章主要研究常规船舶的液压甲板机械。甲板机械按所用动力不同可分为气动式、蒸汽式、液压式、电动式等。气动甲板机械虽然结构简单、无污染，但仅用于吊艇机、舷梯升降机等小功率甲板机械。蒸汽甲板机械因效率低和管理不便基本已不使用。液压甲板机的优点很多，现代船舶舵机几乎全部采用电液舵机，其他液压甲板机械的应用也十分普遍。

一、液压传动的工作原理

液压传动技术是以液体（主要是矿物油，并假设几乎不可被压缩）为工作介质，通过液压泵/电动机、液压阀、液压缸、液压辅件等元件和控制检测手段，实现能量转换、传递和控制的技术，是重要的基础技术，也是实现现代传动和控制的关键技术之一。液压传动技术以帕斯卡定律为基础，下面以图 12-1 所示的液压千斤顶来简述液压传动的基本原理。

如图 12-1 所示，当向下压杠杆 1 时，小活塞 3 使液压泵缸 2 内的液体经管路 6、单向阀 7 进入大液压缸 9，并使大活塞 8 上升，顶起重力为 W 的重物。适当地选择大、小活塞面积和杠杆比，很小的人力就可以升起很重的负载 W。在液压传动中，压力取决于负载大小，速度取决于流量大小。

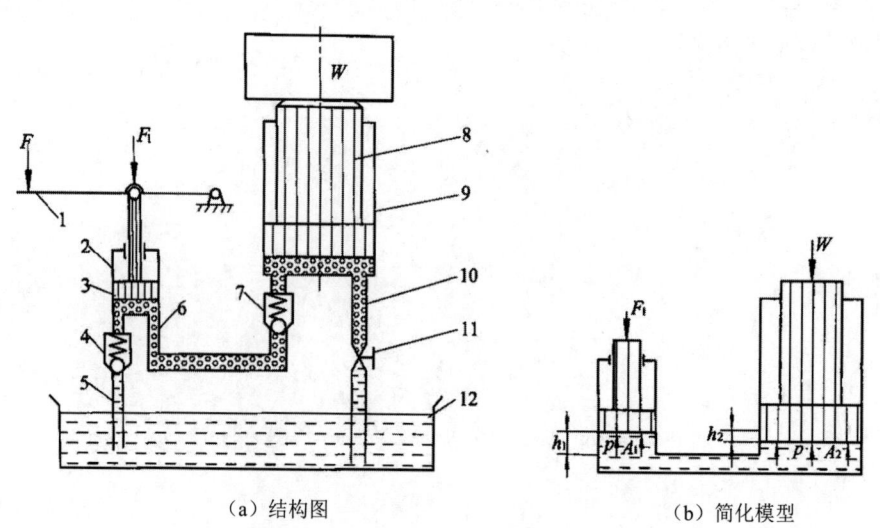

（a）结构图　　　　　　　　（b）简化模型

1—杠杆；2—液压泵缸；3—小活塞；4、7—单向阀；5—吸油管；6、10—管路；8—大活塞；
9—大液压缸；11—截止阀；12—通大气式（开式）油箱

图 12-1 液压千斤顶

二、液压传动系统的组成

液压传动利用液压泵输出的高压液体的压力能来驱动液压缸或液压马达，从而带动工作机械，实现线性或回转运动。因此，液压传动系统必须包括以下元件。

（1）动力元件。液压泵，将机械能转换为液压油的压力能（液压能）。

（2）执行元件。液压缸或液压马达，将液压能转换成带动工作部件运动的机械能。

（3）控制元件。各类液压控制阀，控制液压系统中液压油的流向、流量和压力，以满足工作部件对运动方向、速度和输出力（力矩）的要求。

（4）辅助元件。如油箱、滤油器、蓄能器、压力表、热交换器、油管及连接件、密封件等。

三、液压传动的优缺点

相对直接以电动机驱动的电动甲板机械而言，液压传动主要有以下优点。

（1）液压执行元件的功率质量比大。例如，发电机和电动机的功率质量比仅为165W/kg左右，而液压泵和液压马达可达1650W/kg，是机电元件的10倍。因而液压甲板机械的质量、体积和惯性力相对较小。

（2）执行元件可与动力元件分开或远距离布置，这对大型船舶的甲板机械十分有利；能输出很大的力或力矩；易于实现转动、摆动或直线运动等多种运动形式。

（3）易于大范围内实现无级调速和微速运动（1r/min 以下），即使频繁启停、换向，对电网的冲击也很小。

（4）启动扭矩可高达额定扭矩的98%，便于带负荷启动。

（5）液压油能防锈，润滑性好，且抗冲击，能吸振，使设备运转平稳；易于实现过载保护；因此，液压设备如按要求管理，则使用寿命较长。

（6）液压元件已标准化、系列化和通用化。因此，便于设计选用和更换。

（7）容易把电气、机械和液压元件有机地结合起来，制成机电一体化产品。

液压传动也有以下缺点。

（1）对液压油和系统的清洁及元件的精度要求很高。

（2）故障原因不易查找。

（3）油温和负荷变化时会影响系统中的泄漏量和液体的可压缩性，而造成运动不稳定，也没有精确的传动比。

（4）能量经二次转换，总效率较低。

（5）若漏泄，会污染环境和产生火灾隐患。

但只要注意扬长避短，这些缺点并不妨碍液压机械的广泛应用。

第二节　液压控制阀

液压控制阀按其功能不同，主要分为以下三类。

（1）方向控制阀。控制系统中的油流方向，如单向阀、换向阀等。

（2）压力控制阀。控制系统中的油压，如溢流阀、减压阀、顺序阀等。

（3）流量控制阀。控制液压系统中油的流量，如节流阀、调速阀等。

上述三类阀还可组合成各种复合阀。液压阀在系统中的连接方式除螺纹连接、法兰连接或板式连接外，在集成块的基础上还发展出插装连接和板式叠加连接。

随着液压技术、机械电子技术的发展，用电信号对油流的方向、压力、流量进行控制的比例阀、伺服阀等也在船舶液压甲板机械中得到应用。随着液压元件集成化程度的提高，常将多种功能的阀组合在一个集成块中构成集成阀块，或进一步将它们和液压泵或液压马达集成为一体，使结构更紧凑。某些高压、大流量的船用液压设备还使用了二通插装阀。

一、方向控制阀

1. 单向阀

（1）普通单向阀。普通单向阀（简称单向阀）又称止回阀，它的功用是防止液压系统中的油流反向流动。根据阀芯结构不同，单向阀可分为球阀式和锥阀式两种。图 12-2 为锥阀式单向阀的结构以及单向阀的表示符号。球阀式的阀芯结构及工艺简单，但容易因磨损而使密封性能变差，只适用要求不高的场合。锥阀式在液压系统中应用较广。

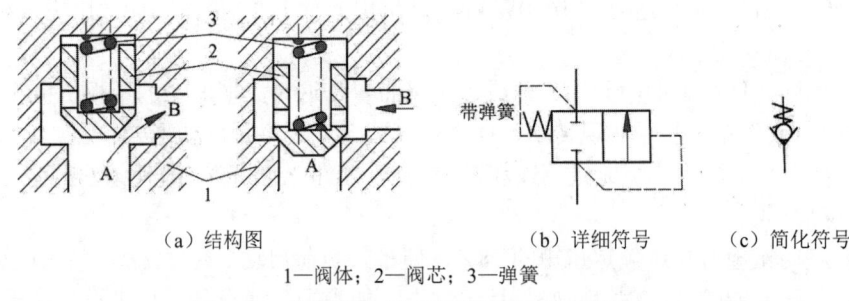

（a）结构图　　　　（b）详细符号　　　（c）简化符号

1—阀体；2—阀芯；3—弹簧

图 12-2　锥阀式单向阀的结构图和图形符号

单向阀中的弹簧在没有油流通过或油液倒流时可使阀芯迅速关闭。但它的存在也增加了启阀阻力，并成为油液流过单向阀时产生的压力损失的主要部分。流过单向阀时的压力损失当然越小越好。为此，在不影响阀灵敏可靠的同时，应把弹簧做得软一些。一般单向阀的开启压力，即阀打开时阀前后的最小压差为 0.035～0.05MPa，全部流量通过时的压力损失通常为 0.01～0.03MPa。

单向阀有时也安装在回油管路中，作为背压阀，以使回油保持一定的压力。这时就要采用较硬的弹簧。背压阀保持的背压一般为 0.2～0.6MPa。

此外，单向阀还可与过滤器、冷却器等并联，作为安全阀，在这些元件因脏堵而压降过大时开启旁通。在这些场合，单向阀被当成压力控制阀，这时需换用较硬的弹簧。细滤器的安全旁通阀开启压力一般不超过 0.35MPa。

（2）液控单向阀。液控单向阀又称液压控制单向阀、单向闭锁阀，是普通单向阀的发展品种，除像普通单向阀能允许油流单向流过外，还能在控制油作用下允许油流反向通过。

液控单向阀是在普通单向阀上增加液控部分，其结构如图 12-3 所示。当油液从 A 口（正向进油腔）向 B 口（正向出油腔）方向流动时，与普通单向阀的功能完全一样。当油液从 B 口反向进入时，由于阀芯锥面压紧阀座而使油流不能通过，此时可从控制油口 X 处接入控制油，将控制活塞顶起，并将阀芯强迫顶开，从而使油流反方向通过，这就是液控单向阀的工作原理。

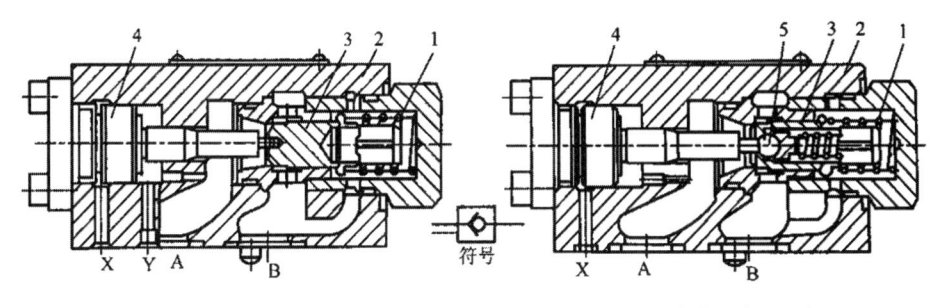

(a) 非卸荷（外泄）式　　　　　　　　　(b) 卸荷（内泄）式

1—主阀弹簧；2—阀体；3—主阀芯；4—控制活塞；5—先导阀

图 12-3　液控单向阀的结构

图 12-3（a）所示的控制活塞右侧的泄油与 Y 口相通，称为外泄式；图 12-3（b）所示的控制活塞右侧的泄油与 A 口相通，称为内泄式。若 A 口不是直接连接到油箱，而是连接到其他元件，则可能会使其回油压力 p_A 较高，若采用内泄式，则需要较高的控制油压，此时应采用外泄式。如图 12-3（a）所示，控制活塞右侧的油液经外泄口 Y 直通油箱，这样 p_A 对控制油压的影响很小。

如果 B 口是通油压 p_B 很高的液压缸出油腔，那么控制油口 X 处需要的控制油压力就会很高，此时则应采用图 12-3（b）所示的内泄式液控单向阀。其控制油压先将仅需较小启阀力的先导阀 5 顶开，B 口的油液即可经主阀芯 3 的小孔向 A 口卸压，从而大大减小随后顶开主阀芯所需的控制油压。

（3）液压锁。在液压系统中，常使用一种布置在同一阀体中的双联液控单向阀来锁紧执行元件，以防止其滑移，这样的双联液控单向阀被称为液压锁。图 12-4（a）所示即为带卸荷阀芯的液压锁。在 A 或 B 口有压力油通入时，不仅能将该侧单向阀芯顶开，使油路接通，而且可借控制活塞 2 先使另一侧的卸荷阀芯 3 开启，再使单向阀芯 4 开启，允许回油流过。当 A、B 口皆无压力油进入时，两侧单向阀芯在弹簧作用下皆关闭，可使油路锁闭。

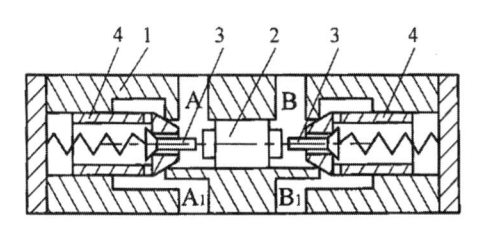

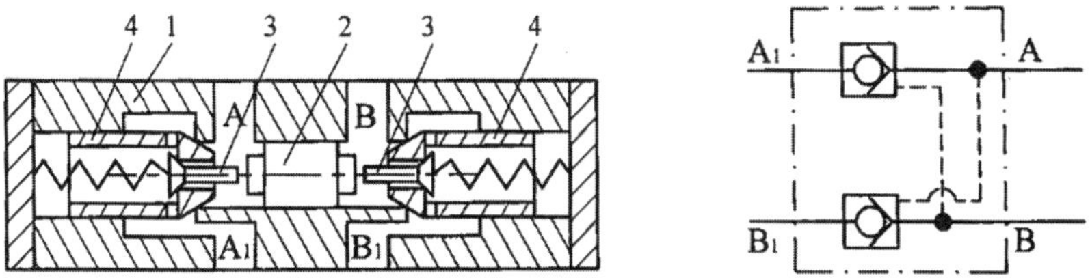

(a) 结构原理图　　　　　　　　　(b) 简化符号

1—阀体；2—控制活塞；3—卸荷阀芯；4—单向阀芯

图 12-4　带卸荷阀芯的液压锁的结构和图形符号

2. 换向阀

利用阀芯对于阀体的相对位移来改变阀中油路的沟通情况，以变换油液的流动方向，这类阀被称为换向阀。根据操作方式的不同，换向阀可分为手动式、机动式、电磁式、液动式和电液式等。根据阀芯工作位置数目的多少，换向阀可分为二位和三位等。根据阀芯控制油路数的多少，则又有二通、三通、四通和五通等区别。下面以常用的三位四通电磁换向阀和电液换向阀为例，说明换向阀的结构和工作原理。

（1）电磁换向阀。电磁换向阀简称电磁阀，它是利用电磁力使阀芯移动，从而改变油流方向的小型换向阀。图12-5（a）为某公司WE型三位四通电磁换向阀的结构。图中，压力油进口用P表示，通油箱或油泵吸口的回油口用T表示；而通执行元件的工作油口则用A、B表示，换向阀的三个工作位置及油路沟通分析如下。

1）当左、右电磁铁2都断电时，阀芯3即在左、右弹簧4的作用下处于图12-5（b）中间位置，此时，阀内各油路P、T、A、B互不相通。

2）当右电磁铁通电而左电磁铁断电时，右端衔铁产生的电磁力使推杆5克服左端弹簧力和阀芯移动阻力将阀芯推到左端位置，油路变换为P与A通、B与T通。如图12-5（b）中符号所示的右位。

3）当左电磁铁通电而右电磁铁断电时，阀芯被推到右端位置，油路变换为P与B通、A与T通，如图12-5（b）中符号所示的左位，执行元件的进排油方向也随之变换。

图12-5所示的换向阀，在阀体内部只开有三条凹槽（称为沉割槽），轴向尺寸较小，质量相对也较小；但这种阀必须利用滑阀两端的油腔作为回油腔，如回油背压较高（例如某些串联使用的换向阀，其回油背压可能较高），则推杆处的O形密封圈就会产生过大的摩擦力，从而使阀动作不灵。因此，使用这种三槽式换向阀，其回油背压不得过高，一般不超过6.5MPa。

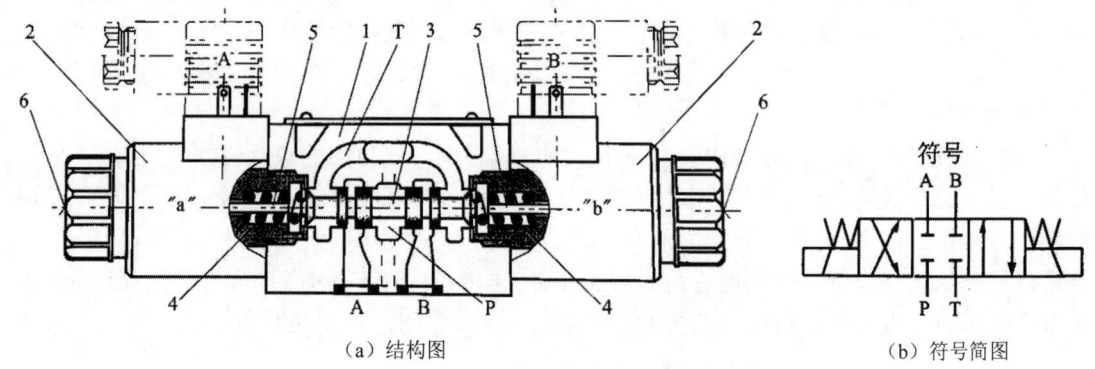

（a）结构图　　　　　　　　　　　　　　（b）符号简图

1—阀体；2—电磁铁；3—阀芯；4—弹簧；5—推杆；6—手动应急按钮

图12-5　WE型三位四通电磁换向阀的结构和图形符号

除三槽式外，换向阀也可采用四槽式、五槽式等。这时，后两种换向阀顶杆活动的油腔有漏油孔直通油箱，且使其保持通畅，没有阻塞，否则会使换向阀不灵。在电磁铁有故障时，可推动手动应急按钮6来移动阀芯，实现换向。

换向阀中的密封，靠阀芯的圆柱形台肩与阀体内侧的配合间隙来保证，配合间隙通常为0.0050～0.0125mm，故对配合面的精度和光洁度要求较高。环形间隙密封难免有少量内漏泄，不同规格换向阀的内漏泄量应不大于最大流量的5%。

滑阀式换向阀处于中间位置或原始位置时，阀中各油口的连通方式称为换向阀的滑阀中位机能。根据阀芯在中位的油路沟通情况，有多种不同中位机能的换向阀。表12-1列举了几种我国常用的三位四通换向阀的滑阀中位机能图形符号及其特点。机能不同的阀在中位时作用不同，有的中位A、B隔断（如O、M型），则执行元件油路锁闭；有的A、B相通（如H、U、Y型），则执行元件浮动，即在外力作用下可随意移动；有的阀中位P、T相通（如H、K、M型），油泵卸荷；有的中位P、T不通（如O、Y、J、U型等），油泵不能卸荷。

表 12-1　常用的三位四通换向阀的滑阀中位机能图形符号及其特点

类型	图形符号	中位油口状况、特点及应用
O 型		P、A、B、T 口全封闭，液压缸闭锁，可用于多个换向阀并联工作
H 型		P、A、B、T 口全通；活塞浮动，在外力作用下可移动，泵卸荷
Y 型		A、B、T 口相通，P 口封闭；活塞浮动，在外力作用下可移动，泵不卸荷
K 型		P、A、T 口相通，B 口封闭；活塞处于闭锁状态，泵卸荷
M 型		P、T 口相通，A 与 B 封闭；活塞闭锁不动，泵卸荷，也可用多个 M 型换向阀并联工作
X 型		P、A、B、T 口处于半开启状态，泵基本上卸荷，但仍保持一定压力
P 型		P、A、B 口相通，T 口封闭；泵与缸两腔相通，可组成差动回路
J 型		B 与 T 口相通，P 与 A 口封闭；活塞停止，但在外力作用下可向一边移动，泵不卸荷
C 型		P 与 A 口相通，B 与 T 口封闭；活塞处于停止位置
U 型		A 与 B 口相通，P 和 T 口封闭；活塞浮动，在外力作用下可移动，泵不卸荷

根据电磁铁适用电源的不同，电磁阀有交、直流两种。交流电磁阀代号为 D，所用电压一般为 220V，也有 380V、36V 的。直流电磁阀代号为 E，使用电压一般为 24V，也有 110V、48V 的。电源电压的波动范围一般不得超过额定电压的 85%～105%。交流电磁阀价格较低，其启动电流可大于正常吸持电流的 4～10 倍，因而初吸力大，但吸合和释放的时间很短（约 10ms），换向冲击较大；且当阀芯卡死或衔铁不能正常吸合时，激磁线圈也易因电流过大而烧

坏。此外，操作频率不宜超过 30 次/min；寿命较短，吸合数十万次到数百万次就会损坏。直流电磁阀则不会因铁芯不能吸合而烧坏，吸合动作约比前者慢 10 倍，故工作可靠，换向平稳，寿命较长，吸合可达数千万次以上，却需要专用的直流电源。

为了减小阀芯的移动阻力和液压侧向力，通常都在阀芯的凸肩上开设数圈环形均压槽，均压槽内的液压力处处相等，起径向力平衡作用。均压槽的深度和宽度一般为 0.3~1.0mm。开均压槽后，作用在阀芯上的液压侧向力基本消除，因此，可不考虑侧向力对阀芯移动的影响。

（2）电液换向阀。电液换向阀是由通径较小的电磁换向阀作导阀和通径较大的液动阀（主阀）叠加而成的，图 12-6 为弹簧对中型电液换向阀的结构和图形符号。

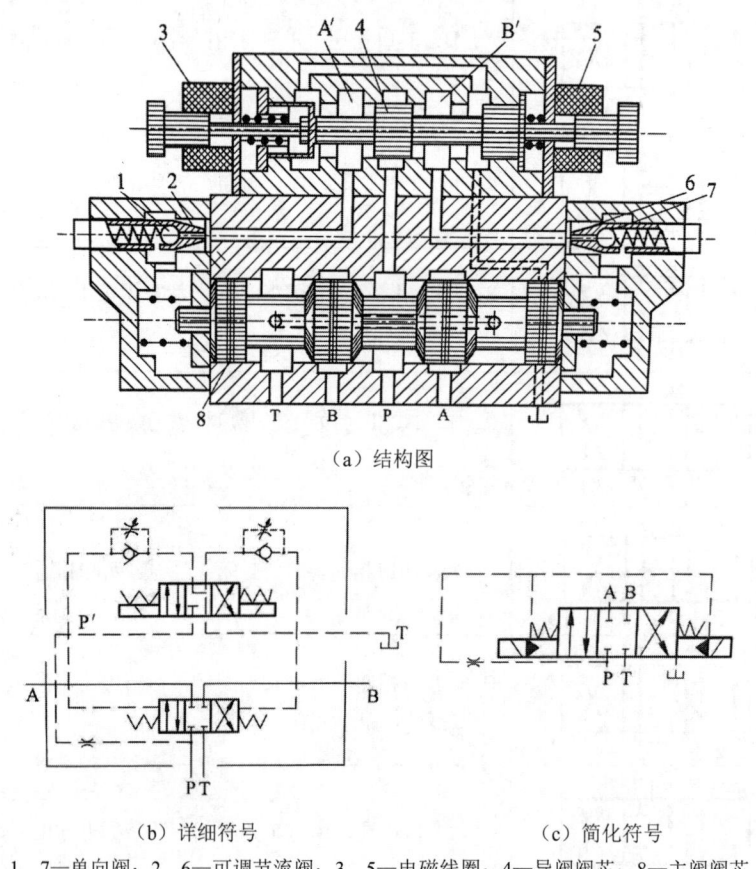

（a）结构图

（b）详细符号　　　　　　　　（c）简化符号

1、7—单向阀；2、6—可调节流阀；3、5—电磁线圈；4—导阀阀芯；8—主阀阀芯

图 12-6　弹簧对中型电液换向阀的结构和图形符号

电液换向阀额定流量超出 60L/min 时，其阀芯质量已经较大，如换向太快，则会引起冲击和噪声，因而在控制油路中就常加装图 12-6（a）所示的阻尼器（由单向阀 1 和可调节流阀 2 或单向阀 7 和可调节流阀 6 组成）。

由图可见，当导阀右端的电磁线圈 5 通电时，导阀阀芯 4 左移，控制油经阻尼器的单向阀 7 进入主阀阀芯 8 的右端控制油腔，而主阀左端的控制油则经阻尼器的可调节流阀 2 流回油箱，于是主阀阀芯克服弹簧力和移阀阻力被推到左端，油路为 P 与 B 通、A 与 T 通（经主阀阀芯内部通孔）。反之，电液换向阀左端电磁线圈 3 通电时，主阀则移到右端，油路为 P 与 A 通、B 与 T 通。弹簧对中型电液换向阀的导阀中位机能选 Y 型，以便导阀两端线圈断电回中时，主阀两端控制油压皆能泄回油箱，而使主阀阀芯在两端弹簧力作用下回中，这也是其称为弹簧对中型电液换向阀的原因。弹簧对中型电液换向阀的电磁导阀应能在中位时使控制油路卸荷，故常采用 Y 型或 H 型。

导阀的泄油如果经阀的内部油道，通主阀的回油口，则称为内泄式；若导阀泄油从单独的泄油口通油箱，则称为外泄式，一般当主阀的回油背压太高时采用外泄式。通过内控、外控、内泄、外泄的不同组合，可分别构成内控内泄式、内控外泄式、外控内泄式和外控外泄式。图 12-6 所示的弹簧对中型电液换向阀为内控外泄式。

（3）梭阀。液压系统中，当需要选择某一路高压油时，常用或门式梭阀，它实际是一种液控二位三通阀。图 12-7 为其结构图及图形符号，它有两个压力油入口 A、C 和一个出口 B。压力油只能由任一入口供入，推动阀芯关闭另一侧入口，即只有相对较高压力的入口油与出口沟通达到高压输出的目的，这种阀一般也被称为高压选择阀。

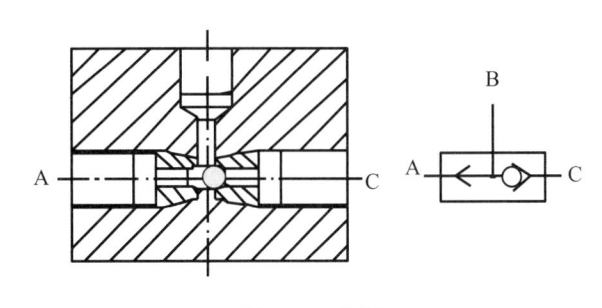

图 12-7 梭阀

二、压力控制阀

1. 溢流阀

溢流阀的功用就是在系统油压超过整定值时泄放油液。根据它在系统中的作用不同，又可分为两种：一种是在系统正常工作时常闭，仅当系统油压超过额定压力时开启溢油，即作安全阀使用；另一种则是在系统工作时常开，并通过改变开度调节溢流量，以保持阀前系统油压的基本稳定，即作定压阀使用。

根据动作原理的不同，溢流阀可分为直动型和先导型两类。

（1）直动型溢流阀。图 12-8 为某公司采用插装连接的锥阀式直动型溢流阀的结构、锥阀放大图和图形符号。当进油口 P 压力升高，以致底部端面的油压力超过弹簧 5 的张力时，锥阀芯就被顶开，使进油口与回油口 T 相通而溢油，从而阻止阀前系统中的油压进一步升高。锥阀外端的阻尼活塞 3 起导向和阻尼作用，可提高阀稳定性。锥阀上部有一个偏流盘 1，盘上的环形槽用来改变锥阀出口液流的方向，一方面以补偿锥阀 2 的液动力；另一方面由于液流方向的改变，产生一个与弹簧力方向相反的射流力。当通过溢流阀的流量增加时，虽然因锥阀阀口增大引起弹簧力增加，但由于与弹簧力方向相反的射流力同时增加，结果抵消了弹簧力的增量，这样，有利于提高阀的通流流量和工作压力。这种结构的出现，使直动型溢流阀不只运用于低压小流量系统。目前，DBD 型直动型溢流阀最高压力可达 40MPa，压力为 31.10MPa 时，流量可达 332L/min，且启闭特性好。转动调节手轮 4 改变弹簧 5 的预紧力，即可改变溢流阀的整定压力。

当溢流阀处于稳定的开启状态时,阀芯上下的作用力是互相平衡的。因此,如果考虑到阀芯的质量和摩擦力不大而将其忽略不计,则 $pA=F_s$,即系统中油压 $p=F_s/A$。然而弹簧的张力 F_s 并非固定不变,它将随阀芯升程的增大而增大,所以溢流阀的开启压力 p_0 也就恒小于达到额定溢流量 Q_H 时的油压力 p_t。p_t 被称为溢流阀的整定压力(或全流压力)。图 12-8(d)为溢流量 Q 与系统油压 p 的关系。图中,整定压力 p_t 和开启压力 p_0 的差值称为稳态压力变化量(简称压力变化量,也称稳态偏差),它表明溢流阀工作稳定时可能出现的压力变动范围,是溢流阀的重要稳态性能指标之一。当然,压力变化量越小越好,最理想的是当 p 达到 p_t 时才溢流,且不管溢流量是多少,压力始终保持在 p_t 值上。但是当系统设计的工作油压较大时,阀的弹簧就必须选得硬一些,这样,不仅调整费力,而且弹簧越硬,压力变化量也就越大。故直动型溢流阀仅适用于低压场合,但因其结构简单、工作可靠,适合作安全阀使用。

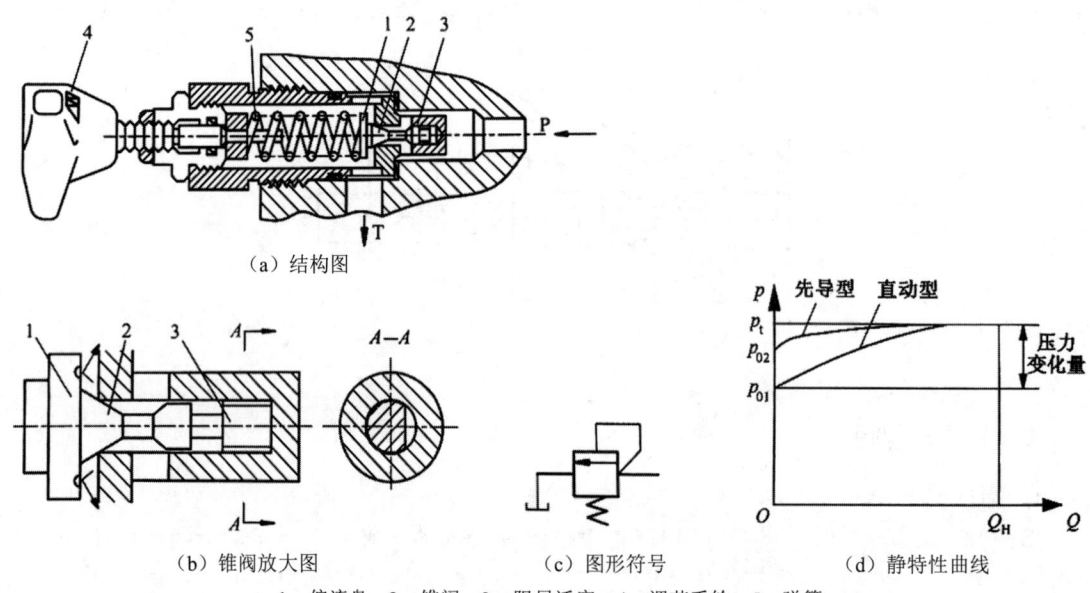

(a)结构图

(b)锥阀放大图 (c)图形符号 (d)静特性曲线

1—偏流盘;2—锥阀;3—阻尼活塞;4—调节手轮;5—弹簧

图 12-8 直动型溢流阀的结构、图形符号及静特性曲线

(2)先导型溢流阀。图 12-9 为先导型溢流阀的结构和图形符号。这种阀由主阀和导阀两部分所组成。主阀芯 5 的底部有阻尼孔 7 与阀套 6 滑动配合,用以控制进油口 P 与溢油口 T 的通断。压力油从进油口 P 进入主阀下方,经阻尼孔通至主阀上方的油腔,然后进入导阀 1 的前腔。导阀实际是一个很小的直动型锥形溢流阀。当油压未达到其开启压力时,导阀关闭,阀内油不流动,主阀上下油压相等,主阀在主阀弹簧 8 作用下关闭,溢油口被隔断。

当系统油压超过导阀的开启压力时,导阀被顶开,使少量油经导阀通流口 A_1、阀盖 3 和阀体 4 左侧的钻孔从溢油口 T 溢出。这时由于阻尼孔的节流作用,主阀下腔的油压 p 高于其上腔的油压 p_1。当系统油压 p 继续升高时,导阀开度增加,其溢流量也随之增加,主阀上下的油压差也就增大。当大到足以克服主阀重力、摩擦力和主阀弹簧的张力 F_s 时,主阀开始抬起,主阀口开启溢油。这时,只要系统油压稍有增加,导阀的开度和流量也就稍有增加,但由于导阀弹簧比较软,即 p_1 增加不多,所以主阀上下的油压差就会增大,主阀的升程也就相应加大,其溢流量也增加,即系统油压就可大体保持稳定。

(a) 结构图

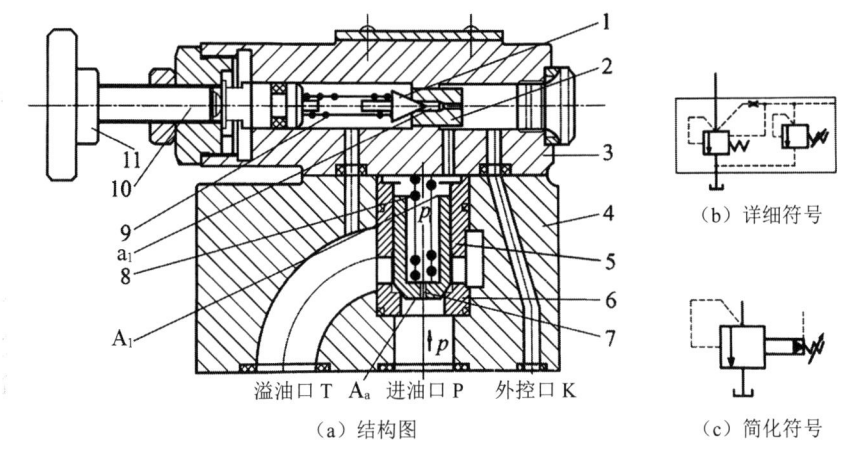

1—导阀；2—导阀座；3—阀盖；4—阀体；5—主阀芯；6—阀套；7—阻尼孔；8—主阀弹簧；9—调压弹簧；10—调压螺钉；11—调压手轮；a_1—导阀通流口；A_a、A_1—主阀下方和上方的承压面积

图 12-9　先导型溢流阀的结构和图形符号

由于主阀上腔始终有油压 p_1 作用，故即使系统油压 p 较高，主阀弹簧也可选得较软；又由于阻尼孔很小，通过导阀的流量也很小，一般为溢流阀全部溢流量的 0.5%～1%，故导阀的承压面积很小，导阀弹簧也比较软；且导阀在工作中升程变化也很小，所以导阀开启后主阀台肩上腔油压变化不大。这样，在主阀开度变化而改变溢流量的过程中，导阀所控制的系统压力变化不大。先导型溢流阀适用于高压系统，其稳态压力变化量也仍然较小，一般不超出整定压力的 5%～10%，而直动型则可达 20%或更高。

当系统中的压力升高时，由于溢油阀动作的滞后，系统油压 p 就会瞬间超过溢流阀的整定压力，并需在阀开启后经历一段过渡过程，然后才能稳定在整定压力上。当溢流量从零到额定流量发生阶跃变化时，其进口压力的动态过程如图 12-10 所示，可以看出，压力首先迅速升高并超过整定值，然后逐步衰减并稳定在整定压力值上。图中，最大峰值压力和调定压力之差 Δp 与阀的整定压力 p_t 的百分比称为压力超调率。压力开始上升，第一次达到调定压力值所需时间 Δt_1 称为压力上升时间，它反映阀的快速响应性能；压力开始上升，到最后稳定在调定压力 p_t 所需时间 Δt_2 称为过渡过程时间；$\Delta t_2 - \Delta t_1$ 称为压力稳定时间；压力由调定压力降到卸荷压力所需的时间 Δt_3 称为压力卸荷时间。

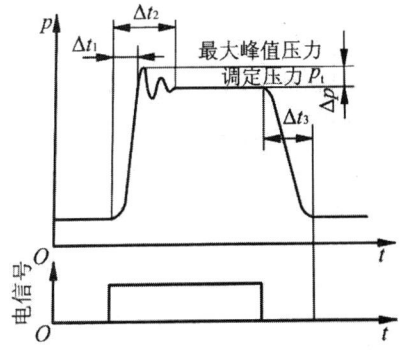

图 12-10　溢流阀的动态特性曲线

如果通过先导型溢流阀的外控口 K ［图 12-9（a）］使主阀上腔泄油，则主阀就会完全抬

起，使系统泄油，这时溢流阀就作为远控卸荷阀使用了，如图 12-11（a）所示。但如将溢流阀导阀压力调至最大，并将先导型溢流阀的外控口 K 用油管连接另一小型直动型溢流阀，由此来控制此阀远控油口的油压，则可实现溢流阀整定压力的远程控制，如图 12-11（b）所示，溢流阀变成远控调压阀。

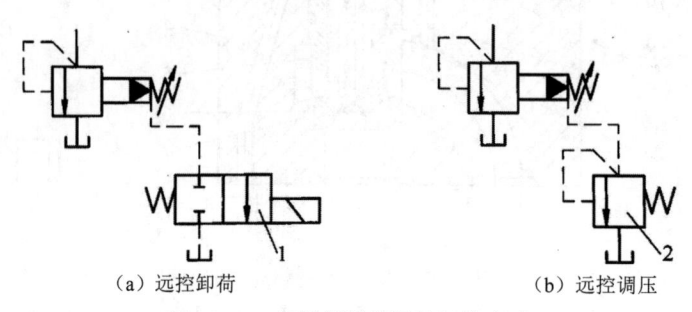

（a）远控卸荷　　　（b）远控调压

图 12-11　先导型溢流阀的远控方式

　　溢流阀的故障往往是由阻尼孔堵塞、主阀卡阻、导阀关闭不严或弹簧失效等造成的。而油液清洁与否对溢流阀的可靠性影响很大。显然，导阀阀座小孔堵塞，溢流阀就将无法开启；而当主阀阻尼孔堵塞时，则主阀的开启压力就会变得很低，且开启后又将难以关闭；导阀严重漏泄、导阀或主阀弹簧失效或漏装、进出油口反接等同样会使油压不能建立且调整无效。如果阻尼孔太大或滑阀与阀孔间漏泄严重，则阻尼作用减弱，并会因此导致压力波动，产生振荡与噪声；此外油液中混有空气或油泵的压力脉动与阀芯弹簧系统发生共振时，同样会产生振动。

　　（3）电磁溢流阀。电磁换向阀和先导型溢流阀组合后，可通过控制其中的电磁换向阀，使溢流阀主阀芯上腔通油箱或其他远控调压阀，则可迅速使溢流阀卸荷或改变设定压力。

　　图 12-12 为国产 Y2 型电磁溢流阀的结构和图形符号。

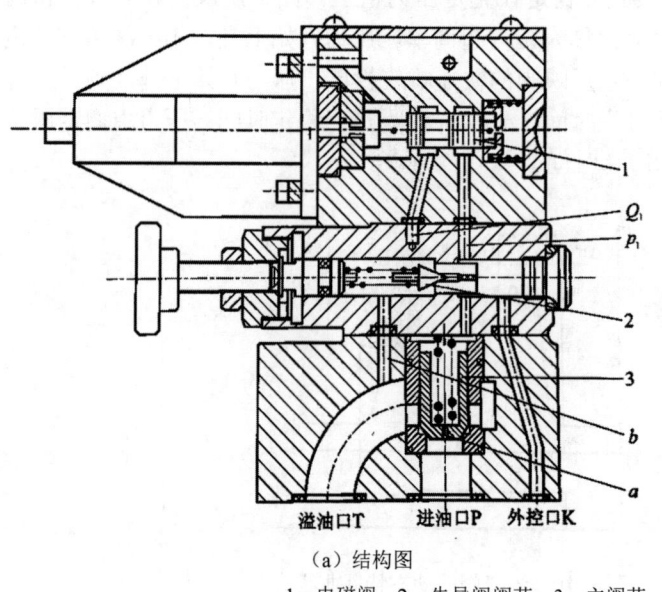

（a）结构图　　　（b）图形符号

1—电磁阀；2—先导阀阀芯；3—主阀芯

图 12-12　国产 Y2 型电磁溢流阀的结构和图形符号

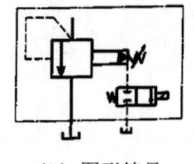

（4）卸荷溢流阀。图 12-13 为 HY 型卸荷溢流阀的结构和图形符号，卸荷溢流阀亦称单向溢流阀，其由先导型溢流阀阀体 13 和单向阀 15 组合而成，并在先导型溢流阀中增加了控制活塞。其工作原理如下：液压泵输出的压力油从 P 口进入，压力为 p，此时主阀处于关闭状态，但油压为 p 的油能顶开单向阀，从 A 口向系统或蓄能器供油，其压力 p_A 稍低于 p；油压为 p_A 的油同时又通过阀体和阀盖 9 中的通道作用于导阀内的控制活塞的右端面。另外，导阀内的控制活塞 7 的左端面作用着经主阀芯 11 下部阻尼孔和阀盖的通道进入的油液，压力为 p_1。

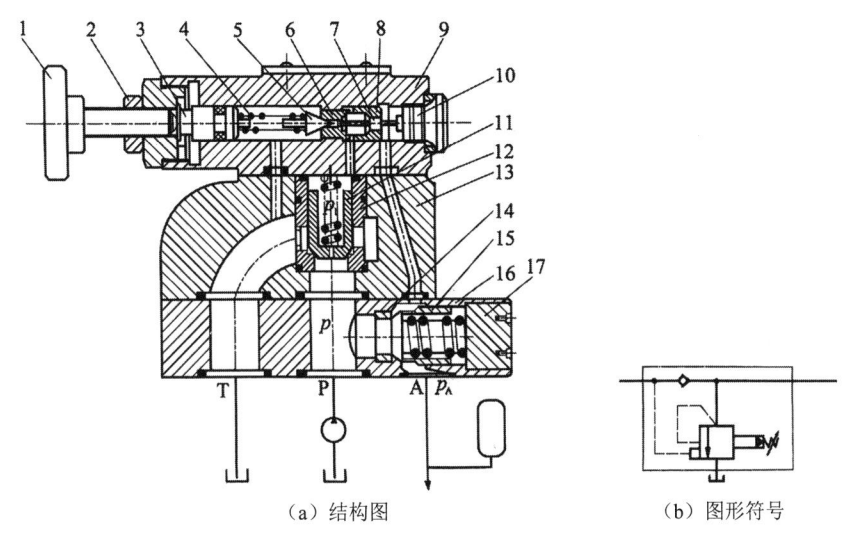

1—调压手轮；2—锁紧螺母；3—调节杆；4—调压弹簧；5—导阀；6—导阀座；7—控制活塞；8—活塞套；9—阀盖；10—螺塞；11—主阀芯；12—阀套；13—阀体；14—单向阀座；15—单向阀；16—单向阀体；17—丝堵

图 12-13　HY 型卸荷溢流阀的结构和图形符号

当 p_1 小于导阀的设定值，即导阀未开启时，活塞左端油压 $p_1=p$，稍大于右端油压 p_A，控制活塞被推向右边。

当蓄能器补充油液已满或系统压力 p_A 升高，致使进口油压 p 升高到使导阀开启，则 p_1 即大致保持不变。若 p 继续升高，则主阀上下油压差（$p–p_1$）增大，直到主阀开启溢流；这时控制活塞右端压力 p_A（近似于主阀芯下腔压力 p）大于左端压力 p_1（相当于主阀芯上腔压力），控制活塞左移，在它的帮助下导阀快速开大，主阀上腔压力 p_1 急剧下降，主阀即全开，使泵卸荷。这时单向阀关闭，A 腔即系统和控制活塞右端保持较高油压 p_A，从而使导阀保持全开。

当蓄能器系统 A 腔的压力 p_A 因油液输出而降低时，导阀 5 在调压弹簧 4 的作用下，克服控制活塞的作用而关闭，主阀随即关闭，卸荷停止。单向阀打开，P 腔又向蓄能器系统供油、升压。

在高、低压泵并联供油系统［图 12-14（a）］和蓄能器供油系统［图 12-14（b）］中，这种卸荷溢流阀都有应用。在图 12-14（a）的系统中，在低压时，大流量泵 1 和小流量泵 2 同时向系统供油，执行元件快速运动。当负载增加、油压升到卸荷溢流阀开启压力时，大流量泵 1 卸荷，小流量泵 2 单独向系统供油，执行元件慢速运动。在图 12-14（b）的系统中，当蓄能器油压达到卸荷溢流阀开启压力时，液压泵卸荷，单向阀关闭；当蓄能器油压降至卸荷溢流阀关闭压力时，液压泵顶开单向阀，重新向蓄能器供油。

2. 减压阀

减压阀的功用是使流经网的油液节流降压，以便从系统中分出油压较低的支路。使用最普遍的是定值减压阀（简称减压阀），它能根据阀出口压力的变化改变阀的开度，使阀后节流减压并保持压力稳定。定值减压阀也有直动型和先导型之分，后者最为常用。还有能使出口的压差或压比保持恒定的定差减压阀或定比减压阀，这些阀通常都采用直动型。

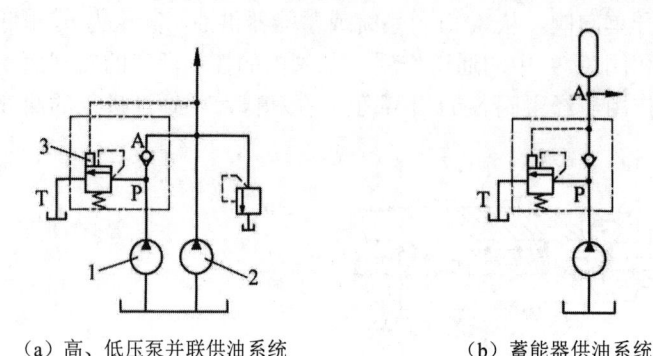

（a）高、低压泵并联供油系统　　　（b）蓄能器供油系统

1—大流量泵；2—小流量泵；3—卸荷溢流阀

图 12-14　卸荷溢流阀的应用

图 12-15 为先导型定值减压阀的结构和图形符号。先导型定值减压阀也由主阀和导阀两部分组成。从进口压力为 p_1 的高压油流，经主阀芯 7 的减压口节流后，压力降为 p_2，由出口流出。出口端经降压的油液，经阀内通道被引到主阀下方的油腔，再通过主阀中心的阻尼孔 9，到达主阀上的油腔，后经上盖中的通孔引至导阀 3 的右腔，该处油压为 p_3。正常工作时，压力 p_3 超过导阀开启压力，导阀被顶开，少量油液经阻尼孔和导阀向泄油口 13 泄油。由于阻尼孔的节流作用，主阀下腔的油压 p_2 高于上腔油压 p_3。由于导阀较小，其调压弹簧 11 较弱，故 p_3 的变化量很小。如果 p_2 升高，主阀上下的油压差随之增大，主阀就会克服弹簧 10 的力而关小，以阻止 p_2 增加；反之，如果 p_2 降低，则主阀就会开大，以阻止 p_2 的降低。主阀弹簧仅需帮助主阀克服移动阻力，而无须与液压力 p_2 平衡，故刚度也不大。这样依靠主阀自动整节流口的开度，可使出口压力基本稳定在调定压力值。

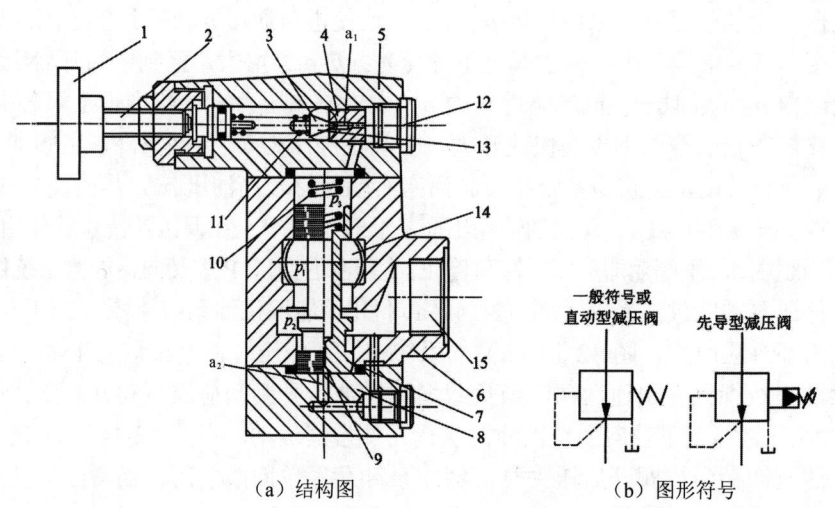

（a）结构图　　　（b）图形符号

1—调压手轮；2—调节螺钉；3—导阀；4—导阀座；5—阀盖；6—阀体；7—主阀芯；8—端盖；9—阻尼孔；10—主阀弹簧；11—调压弹簧；12—外控口；13—泄油口（虚线圆）；14—进油口；15—出油口

图 12-15　先导型定值减压阀的结构和图形符号

转动手轮，改变导阀弹簧的张力，即可改变减压阀的调定压力。当然，如果阀后的压力 p_2 过低，致使导阀关闭，则主阀上、下腔油压相等，主阀就会在主阀弹簧 10 的作用下下移至全开位置，这时就超出了阀的调节范围，因而无法维持阀出口压力的稳定。减压阀的泄油口必须直通油箱（外泄），这与溢流阀（内泄）不同。如泄油背压过高，以致导阀不能开启，减压阀工作就会失灵。减压阀发生故障的原因与溢流阀类似。先导型减压阀也有外控口 12，可实现远程控制。

3. 顺序阀

顺序阀是一种用油压信号控制油路接通或隔断的阀，故也可将其看成一种液动的二位二通阀。由于这种阀常用来以油压信号自动控制油缸或油马达的动作顺序，故称为顺序阀。顺序阀也有直动型和先导型之分，并以直动型较为常见。

图 12-16（a）为直动型顺序阀的结构。液压油从进油口 P_1 引入，油压经控制油路引至控制活塞（此例的控制活塞与主阀芯做成一体）的左方，当其作用于控制活塞上的力超过弹簧调定的张力时，主阀开启，进、出口油路即被接通。

图 12-16（b）为先导型顺序阀的结构，进口油液先经控制油路 a、b 被引至主阀下方，再经阻尼孔 2 引至主阀上方，然后到达导阀前方。当进口油压增大，超过导阀弹簧调定的开启压力时，导阀开启，主阀芯上下油压差克服主弹簧张力，则主阀开启，进、出口油路接通。与其他压力阀一样，先导型顺序阀更适用于较高压力和较大流量的场合。这种控制油压信号直接来自进口的顺序阀，被称为直控顺序阀。如果将下盖转 90°安装，以便把 a 油路堵住，同时卸除外控口 K 的螺塞，并从该处接其他油压信号，以控制阀的开闭，则就改成远控顺序阀了。

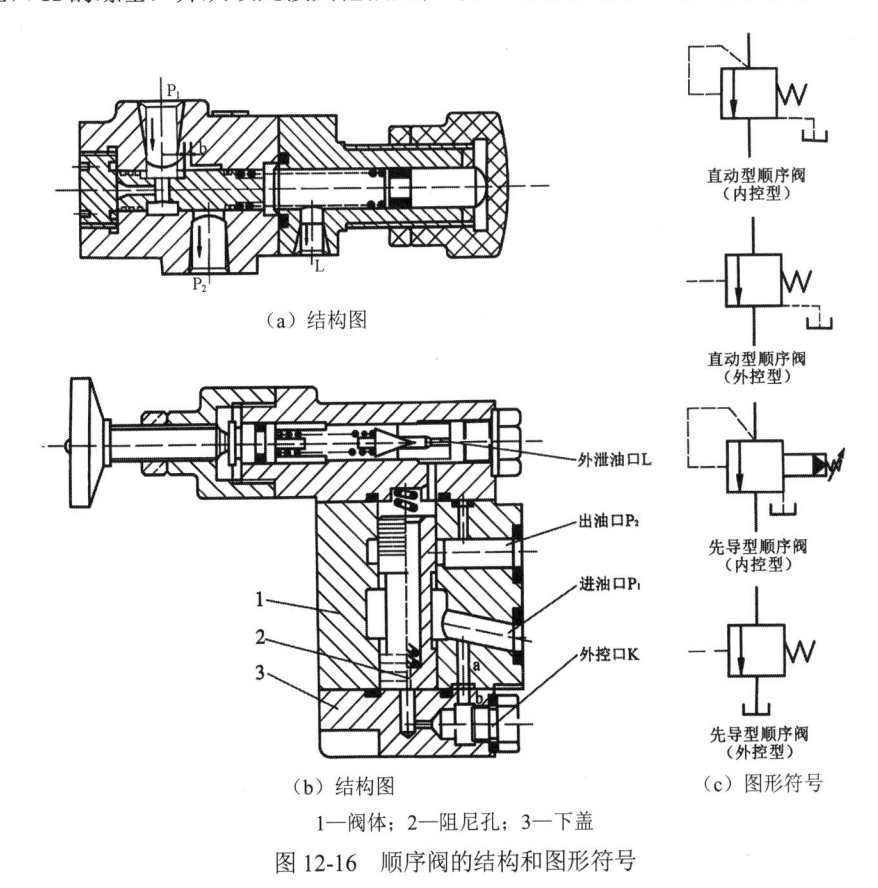

（a）结构图

（b）结构图

1—阀体；2—阻尼孔；3—下盖

（c）图形符号

图 12-16 顺序阀的结构和图形符号

由上可见，顺序阀与溢流阀颇为相似。区别之处仅在于顺序阀的出口油路通往执行机构，阀一旦动作就全开，故进、出口压差一般小于 0.5MPa，因此泄油口必须以外接泄油管接通油箱（外泄）；而溢流阀的出口直通油箱，故可以采用内部泄油，而正常溢流时进油压力和回油压力也就相差很大。

如使远控顺序阀的出口直通油箱，则该阀成为可用外加油压信号而使系统卸荷的卸荷阀。这时泄油可采用通过阀内通道引至出口的内泄法。卸荷阀的代表符号如图 12-16（c）所示。

三、流量控制阀

流量控制阀是靠改变阀的开度以改变通流面积，从而控制流量的控制阀。通常多用于定量泵系统，借以控制执行机构（油缸或油马达）的运动速度。

1. 节流阀

节流阀是一种可借移动或转动阀芯的方法直接改变阀口的通流面积，从而改变流量的阀。节流阀装在定压液压源后面的油路中或定量液压源的分支油路上，起流量调节作用。图 12-17 为可调节流阀的结构、图形符号及其在定压液压源中的应用。

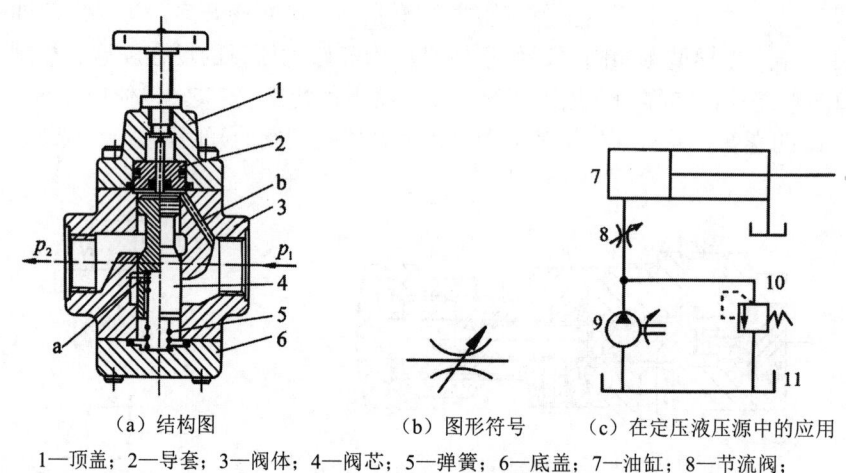

（a）结构图　　（b）图形符号　　（c）在定压液压源中的应用

1—顶盖；2—导套；3—阀体；4—阀芯；5—弹簧；6—底盖；7—油缸；8—节流阀；
9—定量油泵；10—溢流阀；11—油箱

图 12-17　可调节流阀的结构、图形符号及其在定压液压源中的应用

油液通过阀芯 4 下部的径向小孔 a 作用在阀芯下端，同时通过阀体 3 的流道 b 通到阀芯上端，两端的液压力几乎平衡。这样，便可轻便地转动手轮克服弹簧 5 的张力，使有轴向三角槽形状的节流阀芯移动，从而改变节流口的通流面积，并调节流量。

为能单方向控制流量，也采用图 12-18 所示的单向节流阀。当压力油从右端流入时，由于弹簧 6 的张力和油压作用，阀芯 5 压在阀座上，油只能经侧孔 3 从阀体 2 与阀套 1 之间的节流口 4 节流后从左端流出，即起流量调节作用。至于节流口的大小，可通过转动阀套加以调节。当油反向流入时，油压力克服弹簧 6 的张力使阀芯从阀座上开启，相当于流过单向阀，不经节流口节流，这时阀仅相当于一个单向阀。

由上述对节流阀流量影响因素的分析可知，阀前后压差可能变化，故调定后并不能保证流量稳定。在对速度稳定性要求较高的场合，必须采用压力补偿的办法，使节流阀前后压差近似不变。由此衍生出调速阀的概念。

(a) 结构图　　　　　　　　(b) 图形符号

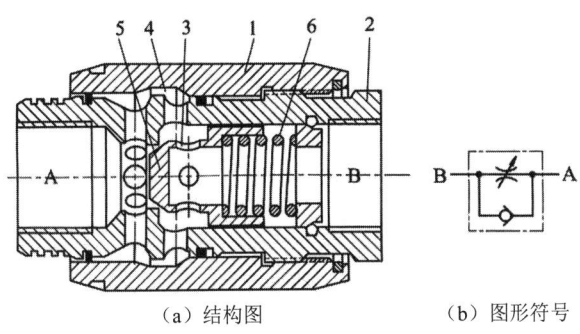

1—阀套；2—阀体；3—侧孔；4—节流口；5—阀芯；6—弹簧

图 12-18　单向节流阀的结构和图形符号

2. 普通型调速阀

普通型调速阀由定差减压阀和节流阀串联而成，在负载变化时定差减压阀能补偿节流阀前后的压差，使之近似不变，从而使通过阀的流量基本恒定。图 12-19 为普通型调速阀的结构和图形符号。

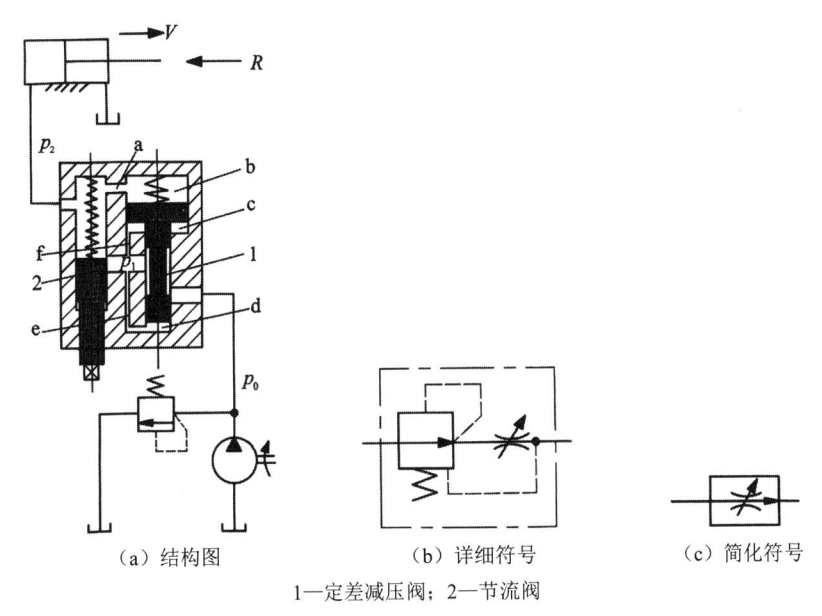

(a) 结构图　　　(b) 详细符号　　　(c) 简化符号

1—定差减压阀；2—节流阀

图 12-19　普通型调速阀的结构和图形符号

来自定压油源，压力为 p_0 的油液，先经定差减压阀 1 节流降压至 p_1，再经节流阀 2 降至 p_2。若使减压阀的阀芯开度依节流阀前后压差（p_1-p_2）的变动而自动调节，以使 p_1 和 p_2 之差基本保持恒定，则节流阀的流量可大体保持稳定。

定差减压阀 1 的工作原理如下：阀芯上端的油腔 b 经孔 a 与节流阀 2 后面的油腔相通，压力为 p_2，而油腔 c 和 d 则分别经孔 f 和 e 与节流阀 2 前方的油腔相通，压力为 p_1。当载荷 R 增大致使 p_2 升高时，减压阀阀芯就会下移，使减压阀阀口开大，于是 p_1 增大；反之，如载荷 R 减小致使 p_2 降低，则阀芯就会因上方油压减小，而在 c、d 油腔油压 p_1 的作用下上移，将阀口关小，p_1 也就随之减小。

由于阀芯的移动阻力不大，弹簧可以做得较软，此外阀芯的移动量也不大，故弹簧张力

F_s 变化不大。这样一来，节流阀前后的压差（p_1-p_2）也就基本保持不变。这种串联式调速阀正常工作时一般最少应保持 0.4MPa 的压力差，其中节流阀压差为 0.1～0.3MPa。

3. 旁通型调速阀

旁通型调速阀由定差溢流阀和节流阀并联而成，亦称溢流节流阀，负载变化时定差溢流阀补偿节流阀前后的压差，使之近似不变，从而使通过阀的流量基本恒定。图 12-20 为其结构和图形符号。

（a）结构图　（b）详细符号　（c）简化符号

1—节流阀；2—定差溢流阀；3—安全阀

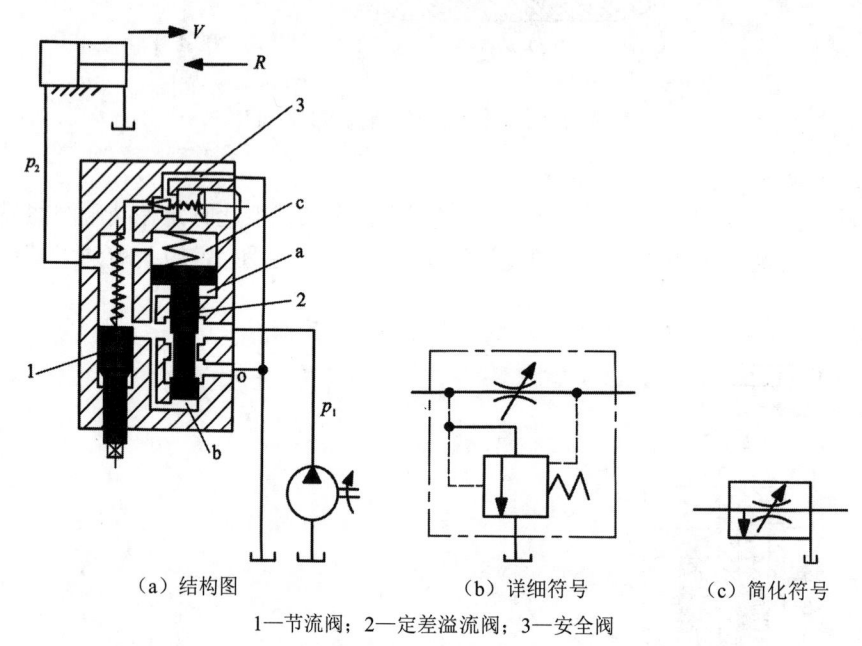

图 12-20　旁通型调速阀的结构和图形符号

来自定量油源压力为 p_1 的压力油，从入口引入，一路绕过定差溢流阀 2 经节流阀 1 控制供往执行机构，而另一路则经定差溢流阀控制由泄油口 o 泄往油箱。

定差溢流阀的工作原理如下：溢流阀下方的油腔 a、b 和上方油腔 c 分别与节流阀的进口和出口相连通，油压分别为 p_1 和 p_2。当 p_2 因负载增加而升高时，阀芯就会下移，使阀口关小，溢流量减小，p_1 便升高；反之，当 p_2 减小时，阀芯就会上移，使溢流量增加，p_1 也就随之减小。弹簧力和阀芯的移动量都不大，故当阀芯处在不同位置时，节流阀前后压差（p_1-p_2）的变化也不大。

由于这种阀不是与定压油源而是与定量油源配合使用的，因此，为防止负载过大时 p_1、p_2 升得太高影响安全，故节流阀的出口一般都装有安全阀 3。

旁通型调速阀因油泵排油都进入阀内，故与普通型调速阀相比，溢流阀阀芯的移动阻力较大，弹簧也较硬，因此，这种节流阀压差（p_1-p_2）较大（0.3～0.5MPa），阀芯位置改变时压差的变动同样较大，故流量稳定性不如串联式。但它能使油泵的排出压力 p_1 随负载而变，故功率损耗较少，油液的发热程度较轻。

上述两种调速阀因能保持节流阀前后的压差基本稳定，故属于压力补偿式调速阀。但如果油温变化较大，以致油的黏度变化较大时，对流量仍会产生影响。因此在要求特别高的场合，就需采用温度补偿式调速阀。

四、比例控制阀

在液压系统中，对液体的压力、流量以及方向进行控制的各类液压阀通常可以分成两大类：一类是通断式或逻辑式液压阀；另一类是伺服阀。伺服阀用于闭环控制的液压系统，具有反馈结构和用电气装置控制的特点，其结构精密复杂，加工、装配和调试要求很高，油污染控制极为严格，因此也出现维修困难、管理技术要求高等问题，在许多装置的使用中受到了限制。也就是说很多液压装置希望采用一种简单、可靠、耐污染及价廉的电-液控制元件。

比例控制阀（也叫比例阀）正是根据这种需要，在通断式液压阀和伺服阀的基础上发展起来的一种新型电-液控制元件。比例阀输入的是电气信号（通常是电流），输出的是液压参数（压力、流量等）。因此只要改变输入电流的大小，就能够实现连续比例地改变输出的压力或流量，它可用在开环系统或闭环系统。比例阀同伺服阀的控制原理是相同的，但是，比例阀的基本结构（主要是主阀的结构）及其主阀的动作原理与通断式液压阀更接近或相同。

根据比例阀控制的参数不同，其可分为：比例压力阀、比例流量阀、比例方向-流量阀、比例复合阀等；根据控制方式不同，其可分为：电磁式比例阀、电动式比例阀、电液式比例阀、手动式比例阀等。各类比例阀在船舶液压甲板机械中均有不同程度的应用，如比例方向-流量阀常用于船舶液压起货机的控制系统中。

图 12-21 为电磁式比例节流换向阀的结构和图形符号。驱动主阀芯的作用是比例电磁铁1、6，失电时，阀芯由两端的弹簧力对中。阀芯位移传感器 9 是一个线性差动变压器，其动铁芯与电磁铁的衔铁相连，能随阀芯左右移动，因而，能把阀芯行程以成比例的电压信号反馈至电压放大器，并和设定值相比较，然后把差值向比例电磁铁输入，实现阀芯位置准确的闭环控制。也有其他原理的位移传感器，如电感式位移传动器，它由电感线圈、动铁芯和测量放大器组成。

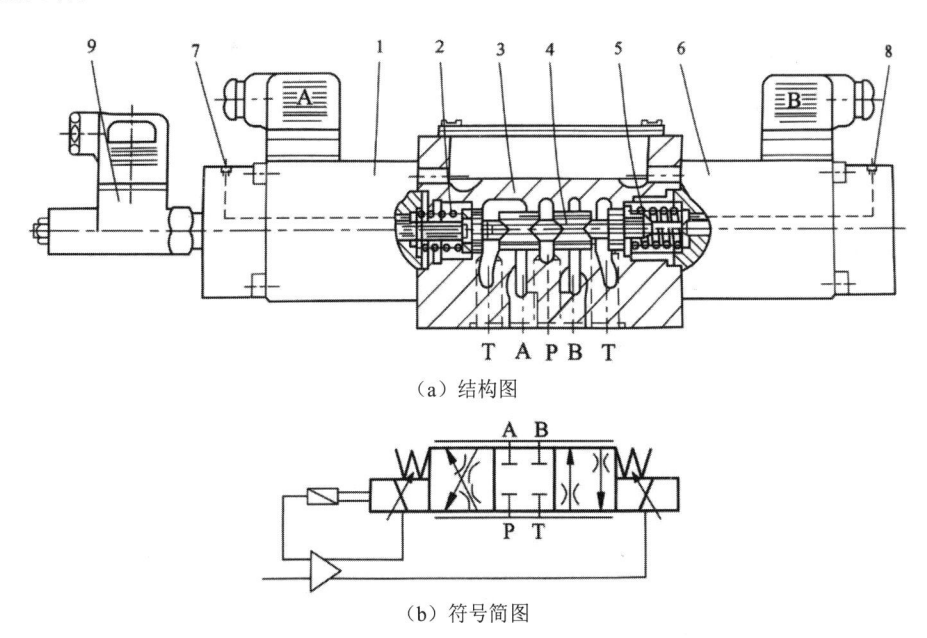

（a）结构图

（b）符号简图

1、6—比例电磁铁；2、5—对中弹簧；3—阀体；4—阀芯；7、8—泄油口；9—位移传感器

图 12-21 电磁式比例节流换向阀的结构和图形符号

电磁式比例节流换向阀的比例电磁铁除克服弹簧力、摩擦力外，还必须克服液动力才能移动阀芯，故只适用于流量不大、压差较低的场合。在流量大的系统中，则采用电液式比例换向阀。

五、插装阀和叠加阀

1. 插装阀

插装阀是20世纪70年代开发的新型液压控制阀。它以标准化的二通插装件为主体，配以各种先导型控制元件，能实现各种液压控制阀的功能，具有结构简单、通用性好、便于实现无管连接和组成集成块的优点。主阀芯大多采用锥阀（也有少数滑阀），密封性好、流阻小、抗污能力强。特别适用于大流量（公称通径25mm以上）、高压（可高达63MPa）的液压系统。选择适当的插装元件，连接不同的控制盖板或不同的先导阀，可组成各种功能的大流量插装阀，在此仅介绍几种插装阀的常见组合的应用。

二通插装阀是插装阀的基本组件，把它插到特别设计加工的阀体内，配以盖板、先导阀，可组成一种多功能的复合阀。因每个插装阀基本组件有且只有两个油口，故被称为二通插装阀，早期又称为逻辑阀。

插装阀基本组件由阀芯、阀套、弹簧和密封圈组成，根据用途不同，基本组件分为方向阀组件、压力阀组件和流量阀组件，图12-22为它们的结构和图形符号。同一通径的三种组件安装尺寸相同，但阀芯的结构形式和阀套座直径不同。三种组件均有两个主油口A和B、一个控制口X。

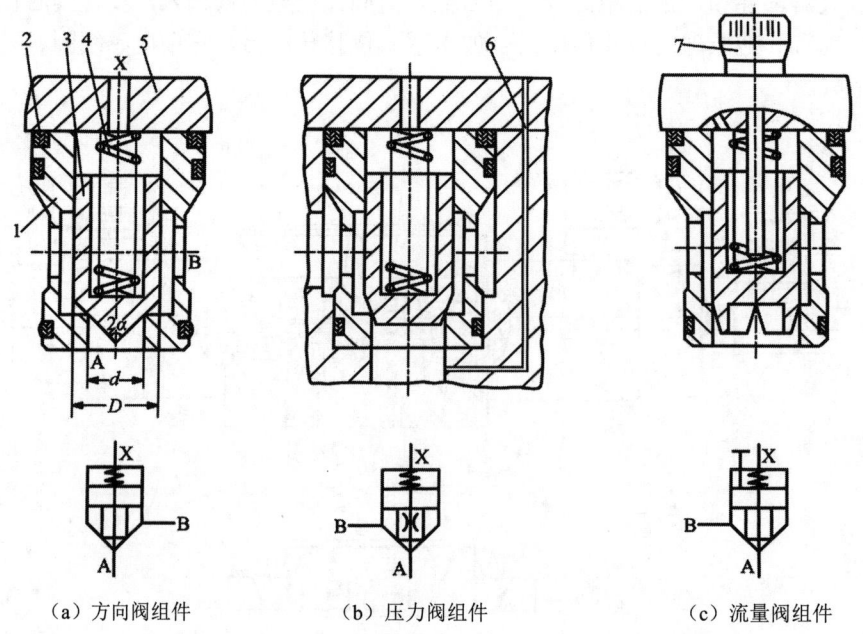

（a）方向阀组件　　（b）压力阀组件　　（c）流量阀组件

1—阀套；2—密封圈；3—阀芯；4—弹簧；5—盖板；6—阻尼孔；7—阀芯行程调节杆

图12-22　插装阀基本组件的结构和图形符号

实际工作时，阀芯的受力状况是通过控制口X的通油方式控制的。X通油箱，阀口开启；X与进油口相通，阀口关闭。改变油口通油方式的阀称为先导阀。先导阀安装在盖板上，控制插装阀控制腔的通油方式，从而控制阀口的开启和关闭。方向阀组件的先导阀可以是电磁滑阀，也可以是电磁球阀。有时还设置防止压力冲击的缓冲阀和选择压力的梭阀。压力阀组件的先导阀包括远程调压阀、电磁滑阀等。流量阀组件的先导阀除电磁滑阀外，还需在盖板上装阀芯行程调节杆 7，以限制、调节阀口开度的大小。

2. 插装阀的应用

插装阀经过适当的控制或把几个插装阀经过适当的组合，可组成各种功能的液压控制阀，如图 12-23 所示。

（1）图 12-23（a）为单向阀。当 $p_A > p_B$ 时，A 与 B 不通；当 $p_B > p_A$ 时，压力油从 B 流向 A。

（2）图 12-23（b）为二位二通电液换向阀。当电磁阀不通电时，无论油口 A 或 B 是否进油，C 腔总是加压，阀芯关闭，A 与 B 不通；当电磁阀通电时，C 腔泄压，A 与 B 相通。

（3）图 12-23（c）所示的插装件阀芯带阻尼孔，构成一种压力控制阀，工作机理与先导型溢流阀相同。

（4）图 12-23（d）所示的插装件阀芯尾部开有几个三角形节流槽，阀盖上有调节螺杆，可调节阀芯升程，与起压力补偿作用的定差减压阀串联，构成一种调速阀，其工作机理与普通调速阀相同。

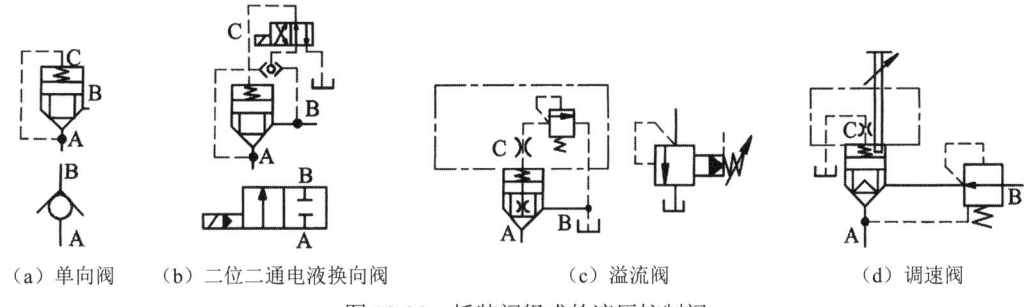

（a）单向阀　（b）二位二通电液换向阀　（c）溢流阀　（d）调速阀

图 12-23　插装阀组成的液压控制阀

3. 叠加阀

叠加阀是叠加式液压阀的简称，早期用作插装阀的先导阀，后发展成为一种全新的阀类。叠加阀的结构特点是阀体既是液压阀的机体，又具有通道体和连接体的功能，每个叠加阀都有四个油口 P、A、B、T，上下贯通。叠加阀不仅起到单个阀的功能，而且沟通阀与阀之间的流道。叠加阀的生产已形成系列，每一通径系列的叠加阀的主油路通道的位置、直径和安装螺钉孔的大小、位置、数量都与相应通径的主换向阀相通。因此，每一通径系列的叠加阀都可叠加起来组成相应的液压系统。在叠加阀系统中，最下面一般为底板，其上有进、出油口及与执行元件的接口。一个主换向阀及相关的其他控制阀可组成一个叠加阀组，主换向阀一般安装在最上方，一个叠加阀组一般控制一个执行元件。如果系统中有几个执行元件需要集中控制，可将几个叠加阀组竖直并排安装在底板上，阀组之间通过底板或油管连接形成总液压回路。

由叠加阀组成的叠加阀系统如图 12-24 所示。叠加阀系统不需要连接管和其他形式的连接体，因而结构紧凑、配置灵活、占地面积小、系统设计和制造周期短，是一种很有发展前途的液压控制阀类。目前已广泛应用于各个领域。

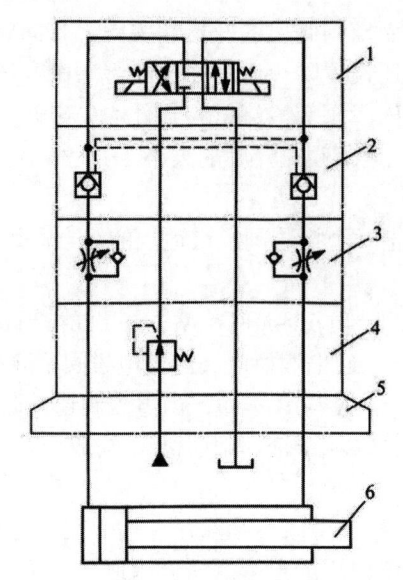

1—电磁换向阀；2—液控单向阀；3—单向节流阀；4—减压阀；5—底板；6—液压缸

图 12-24　叠加阀系统

第三节　液 压 泵

容积式泵能产生较高的压力，且流量受工作压力的影响较小，故适合作为液压泵。常用的液压泵有齿轮泵、螺杆泵、叶片泵和柱塞泵。前两种泵已介绍过，本节只介绍叶片泵和柱塞泵。

一、叶片泵

叶片泵根据转子每转一转吸、压油次数的不同，分为双作用叶片泵和单作用叶片泵。前者为变量泵，后者一般为定量泵。叶片泵主要用于中、低压系统，其单位功率的质量是所有液压泵中最小的。

1. 双作用叶片泵的工作原理和结构

双作用叶片泵的结构如图 12-25（a）所示。它主要由泵体 4、转子 1、定子 2、叶片 3 和配流盘（图中未画出）等组成。当转子和叶片一起按图示方向旋转时，由于离心力的作用，叶片始终向外顶紧在定子的内表面[叶片受离心力及液压力（叶片底部空间一般由排出腔引入压力油）作用]，把定子内表面、转子外表面和两个配流盘形成的空间分割为若干块密封容积。定子的内表面由八段曲线组成：两段半径为 r 和两段半径为 R 的圆弧，以及连接这四段圆弧的过渡曲线。现观察其中任意两叶片间的密封容积：当这两叶片都在小半径 r 圆弧区内时，密封容积最小；而当两叶片都在大半径 R 圆弧区内时，密封容积最大。因此随着转子的旋转，叶片在转动的同时在叶槽内往复滑动，每一块密封容积周期性地变大和缩小，并通过位于转子两端面的配流盘的配流窗口吸油和排油。

当叶间构成的密封腔室位于吸、排窗口之间的封油区时，与吸、排窗口都不通，这时叶片顶端与定子圆弧曲面接触，叶间腔室容积不变，不存在困油问题。但在设计上应保证定子圆弧段的圆心角 β 不小于配流盘吸排窗口间的密封区的圆心角 α；同时密封区的圆心角 α 不小于两叶片间的圆心角 θ，否则会使吸、排口沟通，造成严重漏泄。各夹角的关系如图 12-25（b）所示。

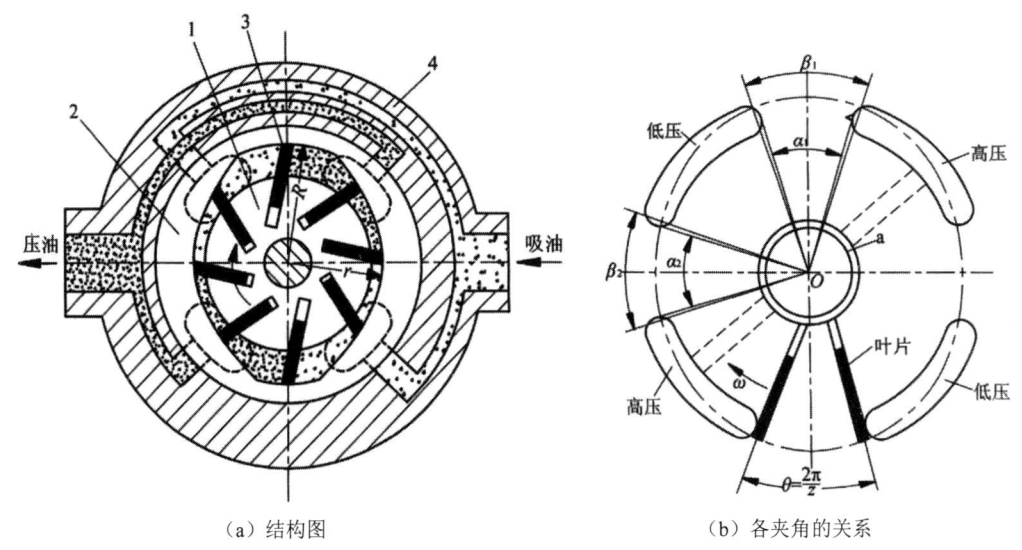

（a）结构图　　　　　　　　（b）各夹角的关系

1—转子；2—定子；3—叶片；4—泵体

图 12-25　双作用叶片泵的结构

由于定子曲线的制约，转子转一转，每个密封容积变化两个循环，所以密封容积每转内吸油、压油各两次，故称为双作用泵。双作用使排量增加一倍，流量也相应增加。

叶片泵的轴向间隙对容积效率影响最大。一般取转子端面和配流盘的轴向间隙为 0.015～0.03mm（小型泵）或 0.03～0.045mm（中型泵）。叶片比转子宽度小 0.005～0.01mm。转子与配流盘接触面有擦伤时可重新研磨，但叶片和定子端面也需要同时研磨，以确保合适的轴向间隙。

叶片与叶槽的间隙太大也会使漏泄增加，但太小则叶片不能伸缩自由。叶片与叶槽需要经过选配，间隙为 0.015～0.03mm，以在有油润滑时叶片靠自重缓缓落入槽底为宜。工作一段时间后各叶片与叶槽的磨损不同，拆修时，应该按照原来的配对关系装复。

双作用泵吸、排油窗口对称于旋转中心，定子及转子上的液压力完全平衡，属于卸荷式叶片泵。为保证转子所受的径向力平衡，双作用叶片泵的叶片数应取偶数。通常取叶片数 $z=12$，理论上可使流量完全均匀；但工作压力超过 10MPa 时，为提高转子强度，则常取 $z=10$，这时流量均匀性比前者稍差。

图 12-26 为普通双作用叶片泵吸、排侧配流盘的结构。吸入侧和排出侧的配流盘都有两个吸入口 S，这样使叶间腔室在吸入区可两侧同时吸入，以降低吸入流速和流阻，降低产生气穴的可能性。一般吸入口流速为 4～5m/s，最大不超过 6m/s。排油则仅通过排出侧配流盘的排油窗口 d 进行。为使叶片两侧所受轴向液压力得以平衡，在吸入侧配流盘上对应排油窗口的位置开有形状相同但不通的"盲孔"d'。

配流盘端面开有环槽 c，且让排出侧配流盘上的 c 槽通过小孔与排出腔相通，以便将压力油引入叶槽内叶片底部空间。这样，在吸入区叶片顶部作用的是吸入油压，所以能使叶片迅速伸出而贴紧定子，但也会增大叶片对定子的压应力。

(a) 吸入侧　　　　　　　　　　　　　(b) 排出侧

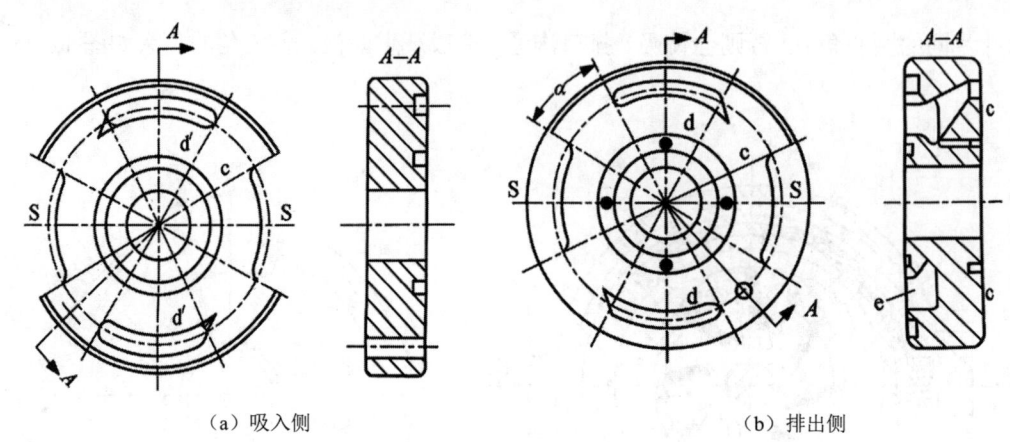

S—吸入口；c—环槽；d—排油窗口；d′—盲孔

图 12-26　双作用叶片泵吸、排侧配流盘的结构

如图 12-27 所示，双作用叶片泵转子的叶槽以往常采用相对于旋转方向前倾一个角度 θ。叶槽前倾后减小了在排出区定子反力 N 与叶槽之间的压力角 α，通过对叶片进行受力分析可知，这样可以减小叶片所受的弯曲力矩和在叶槽中缩回时的摩擦阻力，但泵不允许反转。不过实践证明，引入叶片底部的油压因配流孔道存在流阻而比叶片顶部油压低，形成的液压差在压油区有助于叶片缩回，故目前有些叶片泵的叶片完全为径向安装，也一样能正常工作，这样的叶片泵可以改变转向，实现反向吸排工作。

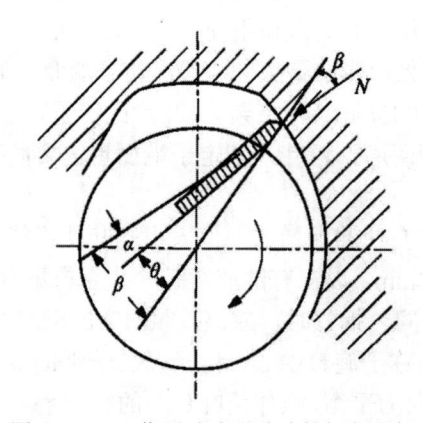

图 12-27　双作用叶片泵叶片的倾角和倒角

从图 12-27 中还可看出，叶片顶端的一侧被加工成倒角，安装叶片时沿转向看倒角朝后，这样可使叶片在从吸入区转到排出区前的密封区域内时，顶端有较大部分面积朝向吸入区，承受吸入压力，有助于叶片贴紧定子。

配流盘的排出窗口在叶片转入端处开有三角槽，它使叶间容积从密封区转入排出区时，逐渐地与排出窗口相通，这在一定程度上可避免压力骤然增加而造成的液击和噪声，以及因液体受高压时有一定的压缩性而引起的流量脉动。

图 12-28 为 T6CE 型双联叶片泵，其额定压力为 17.5MPa。在一个泵体内装两副定子、转子和叶片，同轴转动，油路并联。有一个共同的进油口和两个独立的出油口。图中，泵的吸入口 S 设置在泵体 8 上，排出口 P_1、P_2 分别设置在前、后端盖 5、9 上。由吸入侧配流盘 10、

定子 1、排出侧配流盘 11、转子 2、叶片 3 和柱销 4 组成。配流盘和定子用四个螺栓 12 组装在一起，相互之间用定位销 13 精确定位。两个转子由一根泵轴 6 驱动。叶片内部加工出两个通孔，使叶片顶部与底部相通，故叶片上、下端油压始终保持平衡。每个叶片底部被圆柱销支撑。圆柱销截面积约为叶片底面积的 20%，可在转子的销孔内滑动，与孔的配合间隙约为 0.005mm。有油道将排出腔液压油引至圆柱销底部转子的环形油腔中，迫使圆柱销将叶片顶紧在定子曲面上，又不致在吸入区顶紧叶片的液压力太大。这对防止吸入区定子曲面过度磨损十分有利，因此可做成高压叶片泵。两泵输出流量可以相等或不等。在某些系统如轻载高速、重载低速系统中，应用这种泵可以节省电动机数量，减小功率损耗，减少油液发热，简化油路。因此双联叶片泵得到了比较广泛的应用。

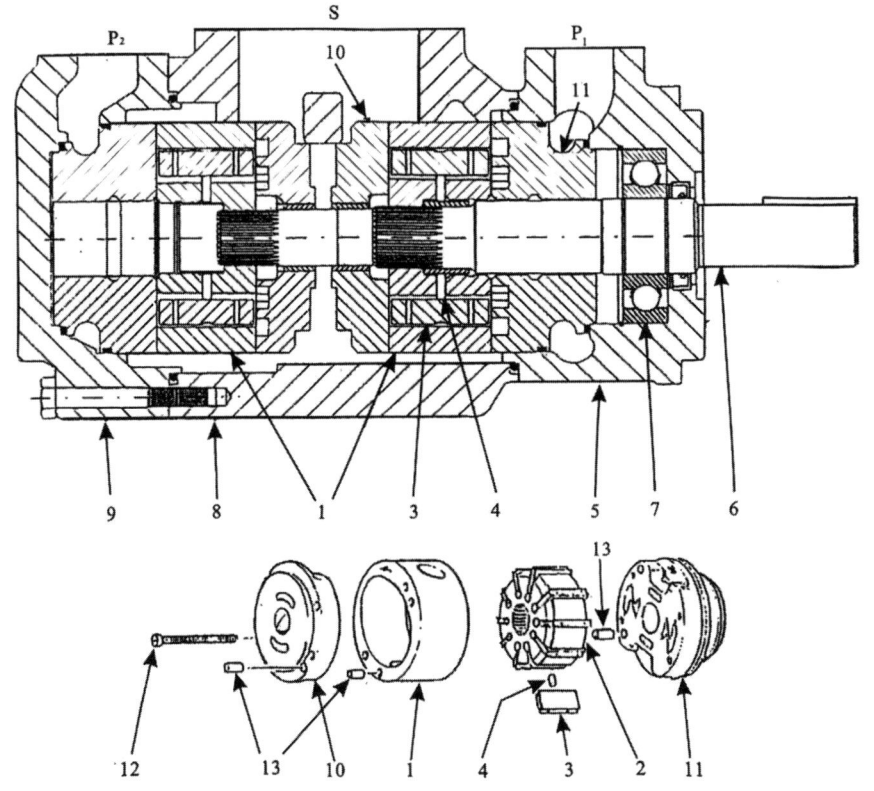

1—定子；2—转子；3—叶片；4—柱销；5—前端盖；6—泵轴；7—轴承；8—泵体；9—后端盖；
10—吸入侧配流盘；11—排出侧配流盘；12—螺栓；13—定位销

图 12-28　T6EC 型双联叶片泵

2. 单作用叶片泵的工作原理和结构

单作用叶片泵的结构如图 12-29 所示，其与双作用叶片泵显著的不同之处是，单作用叶片泵的定子内表面是一个圆形，转轴的中心与定子圆心存在偏心距 e，两端的配流盘上只有一个吸油窗口和一个压油窗口。由图可见，转子逆时针旋转时，叶片间腔室的容积在右半转不断增大，而在左半转不断减小，因此能分别从贴紧定子和转子两端面的配流盘上的吸、排窗口吸油和排油，而且转子旋转一周，叶片在槽内往复滑动一次，每个叶片间的密封腔室吸、排油一次，故称为单作用泵。

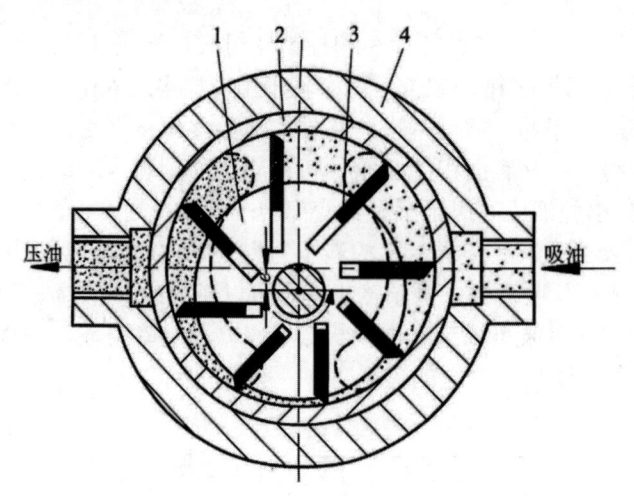

1—转子；2—定子；3—叶片；4—泵体

图 12-29 单作用叶片泵的结构

为了保证密封性，单作用叶片泵的相邻叶片所占圆心角应略小于吸、排窗口间密封区的圆心角。当转子经过该区域时，叶片间腔室的容积先后略有增大和缩小，而又处于封闭区，因此稍有困油现象，解决措施是在配流盘排出窗口的叶片转入侧边缘开三角槽。

转子回转时，处于压油区的叶片在离心力和叶片底部液压力的作用下使叶片顶部紧贴定子内表面，而研究表明，处于吸油区的叶片在离心力的作用下足以使叶片顶部紧贴定子内表面。因此，为了避免叶片顶部对定子产生过大的压力，在结构上，将配流盘上与叶片底部叶槽相通的环槽（参考图 12-26 的环槽 c）分成两段，在排出区和部分密封区较长的一段通排出腔，而在吸入区较短的一段则通吸入腔。

单作用叶片泵工作时转子受到来自压油腔的单向液压力，使轴承承受不平衡的径向载荷，属非卸荷式叶片泵。故其工作压力不宜太高，通常不超过 7MPa。但改变单作用叶片泵偏心距的大小和方向，即可做成转速恒定而流量、流向可变的无级变量泵。这是一个颇有价值的特点，可利用这个特点做成限压式叶片泵。

图 12-30 为采用内反馈的限压式叶片泵的结构及其流量特性曲线。图中，叶片泵的配流盘的中线相对定子的中线顺旋转方向偏转了一个 θ 角，于是，排油压力对定子 2 的作用力 F 便在定子中线水平方向产生分力 F_x。当 F_x 小于补偿弹簧 7 的预紧力时，定子与转子的偏心距 e 保持最大值，泵的实际流量随排出压力增加而稍有降低，如图 12-30（b）流量特性曲线中的 AB 段所示。

当排压大于 p_B 时，F_x 增大到足以克服补偿弹簧的张力，使定子向减小偏心距的方向移动，泵的流量随排压增加而迅速降低，如图 12-30（b）流量特性曲线中的 BC 段所示。

当排压升至 p_C 时，偏心距减小到使泵的理论流量等于泵内漏泄量，则泵的实际流量将减为 0，泵的排压达到了最大值，如图 12-30（b）流量特性曲线中的 C 点所示。

如果用补偿器调节螺钉 6 增加补偿弹簧 7 的预紧力，则 p_B、p_C 值增大，流量特性曲线 BC 段向右平移，如 $B'C'$；反之，向左平移。如果调节最大流量调节螺钉 3，则可以改变泵的最大偏心距，即改变泵的最大流量，那么，流量特性曲线 AB 段就相应地上下平移。显然，内反馈限压式变量泵只能单向变量。

(a) 结构图　　　　　　　　　　(b) 流量特性曲线

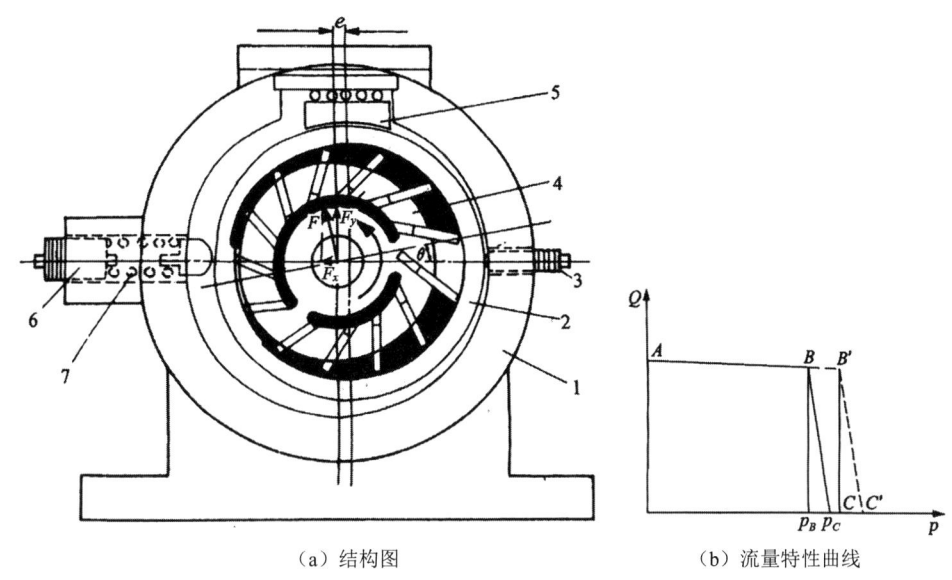

1—泵体；2—定子；3—最大流量调节螺钉；4—转子；5—滑块；6—补偿器调节螺钉；7—补偿弹簧

图 12-30　内反馈限压式叶片泵的结构及其流量特性曲线

限压式叶片泵也可以采用外反馈，这时配流盘中线与定子中线重合，用排出油压来控制变量活塞，以改变定子对转子的偏心距，改变泵的排量。

3. 叶片泵的特点

（1）运转平稳，噪声低，流量均匀，仅次于螺杆泵。

（2）体积相对较小，在所有液压泵中单位质量功率比最大。

（3）与柱塞泵相比结构较简单，装配、维修较方便。

（4）双作用泵所受径向液压力平衡，轴承寿命长；密封性好，容积效率 η_v 通常为 80%～90%，最高可达 97%。总效率 η 一般可达 75%～84%，比柱塞泵稍差（$\eta_v \geq 92\%$，$\eta \geq 82\%$）。单作用叶片泵因径向液压力不平衡，故泵的工作压力和寿命受到限制，容积效率要低些，一般为 58%～92%，流量均匀性也比双作用叶片泵稍差，但它易于实现无级变量。

（5）适用转速范围较窄，一般多在 600～2000r/min 范围内。转速太低则叶片不易压紧定子表面，太高则吸入时易吸空。

（6）对液压油的黏度和污染程度比齿轮泵和螺杆泵敏感。适宜的工作黏度为 17～37mm^2/s，最高不超过 80mm^2/s。油温最高允许升至 70℃。泵进口应设 10～150μm 的滤油器，系统的滤油精度应不小于 30μm，高压叶片泵要求滤油精度为 25μm，超高压叶片泵要求为 10μm。

（7）不允许采用皮带、链轮等会产生径向力的传动方式。与电动机直接连接时同轴度应小于 0.05mm。

二、斜盘式轴向柱塞泵

柱塞泵应归入回转式而非往复式容积泵，其可设变向变量机构，能在转速和转向不变的情况下改变油流的方向和流量。它按柱塞布置的方向不同分为径向柱塞泵和轴向柱塞泵两类，后者又有斜盘泵和斜轴泵之分。径向柱塞泵因尺寸大、转速低、性能参数较差，在船用液压机械中已少有采用。

1. 工作原理

图 12-31 为斜盘式轴向柱塞泵的结构与受力分析，其工作原理可借该图进行说明。泵轴 1 以键与缸体 3 相连，在缸体上沿轴向均匀地加工出一圈油缸，各缸中设有柱塞 4，靠其作用于底部的油压或用机械的方法，始终贴紧在斜盘 5 上，而斜盘 5 则可绕 O 点偏转，即其轴线相对于泵轴线的倾角 β 可以改变。缸体的左端面紧抵在配流盘 2 上。配流盘用定位销与泵体 9 固定，并在其上开有两个弧形的配流窗口 6，以使各相应的油缸分别与泵的吸排油口 7、8 相沟通。

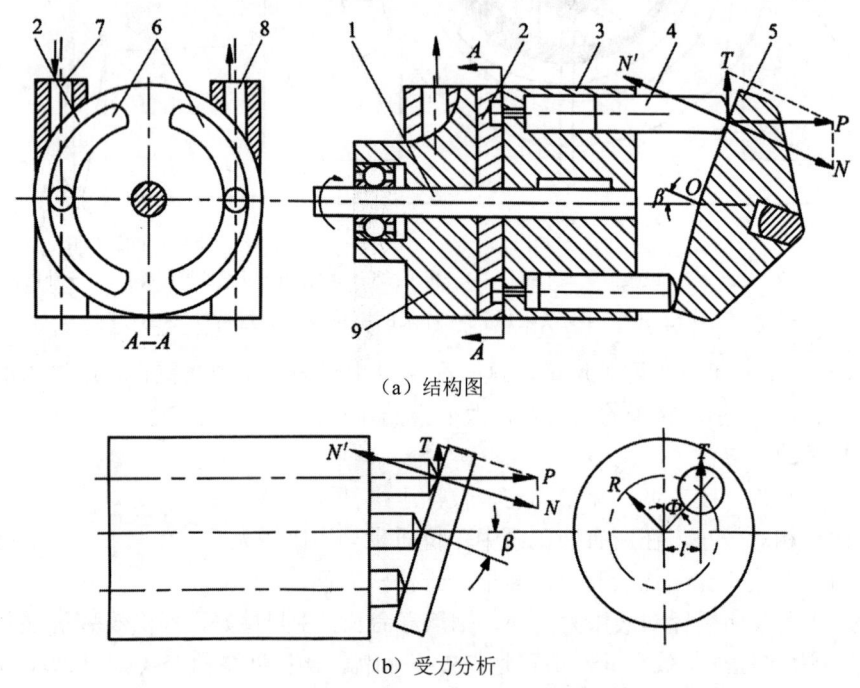

(a) 结构图

(b) 受力分析

1—泵轴；2—配流盘；3—缸体；4—柱塞；5—斜盘；6—配流窗口；7、8—吸排油口；9—泵体

图 12-31 斜盘式轴向柱塞泵的结构与受力分析

当原动机经泵轴带动缸体做顺时针方向（从斜盘端看）回转时，如使斜盘处在图示的倾斜方向，那么，柱塞在自下而上转过左半周的过程中，必将从油缸中逐渐退出，使油缸底部的封闭容积逐渐增大，经左侧窗口由吸排油口 7 吸油；而当柱塞自上而下转过右半周时，则又会压入油缸，使缸内容积不断减小，将已吸入的油液经右侧窗口从吸排油口 8 排出。

由上可知，在泵的结构尺寸和转速一定时，改变斜盘倾角 β 的大小，即可改变泵的流量，而当斜盘的倾斜方向改变时，泵的吸排方向随之改变。当 $\beta=0$ 时，$Q=0$。轴向柱塞泵的瞬时流量是脉动的。轴向柱塞泵的柱塞个数一般多取为 7 个，流量大时也可取 9 个或 11 个。

2. 结构实例

（1）CY14-1B 型斜盘式变量泵。图 12-32 为我国自行设计的 CY14-1B 型斜盘式变量泵，公称压力为 31.5MPa。

1）本体结构。传动轴 1 通过花键连接缸体 3。定心弹簧 4 的作用：一是将缸体压向配流盘 2，以保证两者间初始密封；二是通过弹簧内套、钢球、回程盘 5 将滑履 13 压向斜盘 12。缸体和柱塞 14 带动与柱塞外端铰接的滑履，在斜盘上回转。斜盘倾斜时，柱塞即在油缸中做往复运动。由原理可知，油液便通过配流盘的两个配流窗口和外泵体 16 的油液通道实现吸油和排油。

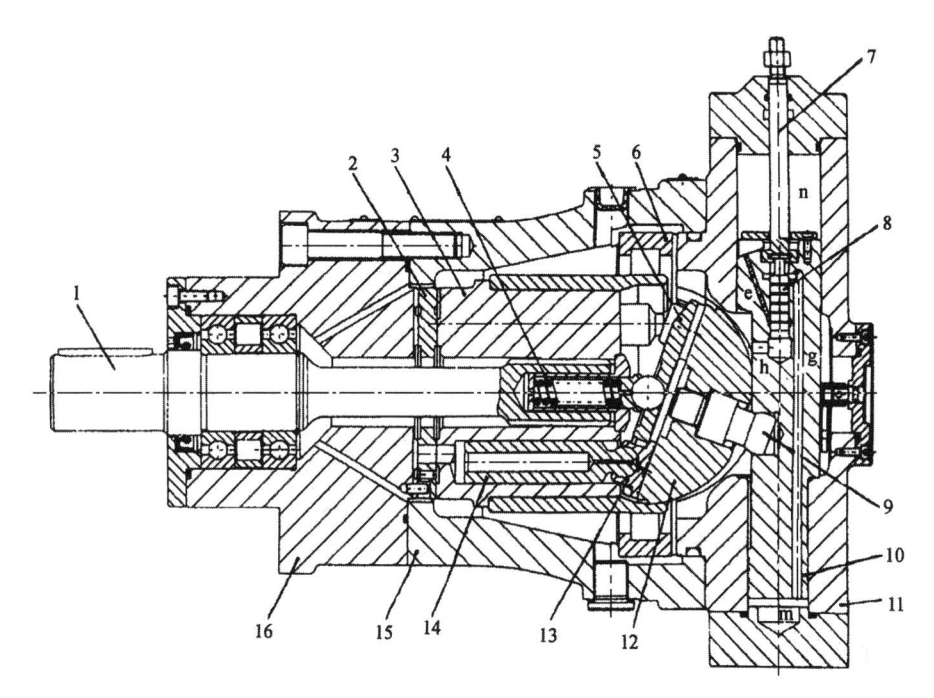

1—传动轴；2—配流盘；3—缸体；4—定心弹簧；5—回程盘；6—大轴承；7—控制杆；8—伺服滑阀；
9—销轴；10—差动活塞；11—变量壳体；12—斜盘；13—滑履；14—柱塞；15—中泵体；16—外泵体

图 12-32　CY14-1B 型斜盘式变量泵

泵的内漏泄主要发生在配流盘与缸体之间、柱塞与缸体之间、滑履与斜盘和柱塞球头之间（柱塞球头和滑履均有小孔通油以助润滑）。漏入泵体中的油液起润滑、冷却作用。因此，要求泄油能够连续地从中泵体 15 顶部的泄油孔泄回油箱，以带走热量。泄油孔在顶部是为了防止泵体内泄油漏空。

2）变量机构。斜盘式变量泵采用液压伺服变量机构控制泵的流量和流向，图 12-33 为液压伺服变量机构及其图形符号，下面结合图 12-32，分析其工作原理。

变量壳体 11 内装有差动活塞 10，后者上端又装有伺服滑阀 8，伺服滑阀上端通过 T 形槽与控制杆 7 相连。控制油常由主泵的排油通过泵体的通道 c 经单向阀供给（内控），或辅泵供到变量壳体下腔 m（外控）。差动活塞（或伺服滑阀套）与伺服滑阀配合面有上、下两道环槽。当伺服滑阀不动，正好遮盖住上、下环槽时，差动活塞因上端油腔被封闭而停住不动，其控制的斜盘倾角即不变，于是泵的排量既定。

当伺服滑阀下移[在图 12-33（b）中伺服滑阀 8 左移]挪开上部环槽时，控制油得以进入油腔 n，差动活塞因上端受力面积比下端大，即在控制油压作用下下移，直至上部环槽重新被伺服滑阀遮住为止；反之，当伺服滑阀上移[在图 12-33（b）中伺服滑阀 8 右移]，挪开下部环槽时，n 腔的控制油经油道 e、h 泄至泵壳内，差动活塞即在下端油压作用下上移，直至下部环槽重新被伺服滑阀遮住为止。这时由于斜盘的倾斜方向与前述相反，泵的吸排方向也就随之改变。油泵流量的大小可由差动活塞带动传动机构从刻度盘上示出。

(a) 液压伺服变量机构　　　　(b) 图形符号

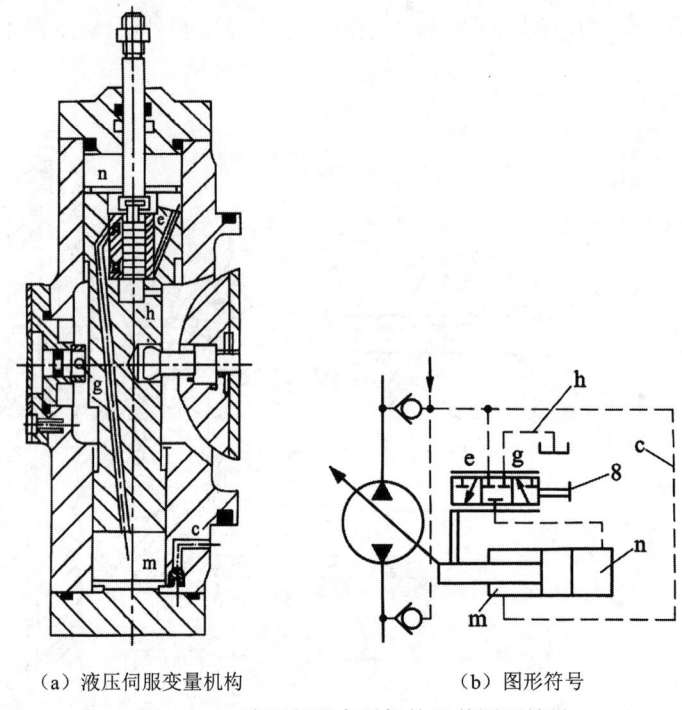

图 12-33　液压伺服变量机构及其图形符号

当变量机构是内控形式时，则泵在中位运转时因无压力油可供，这时要使差动活塞离开中位，需靠控制杆直接拉动，因此，这种情况伺服滑阀所需拉力比辅泵供油时要大。但总的来说，移动伺服滑阀所需的力较小（约 10N）。控制杆可以靠手动、电动或机械方式控制。若以比例电磁铁等电-机械转换元件控制，则构成电液比例变量泵。

3）配流盘。配流盘是柱塞泵中一个很重要的零件，它的状况将直接影响泵的容积效率、噪声、使用寿命等。不同类型的轴向柱塞泵的配流盘虽然有所差别，但其基本构造和各部分的功能是相同的。下面以图 12-34 所示的 CY14-1B 型泵使用的配流盘的结构来说明配流盘的功能和特点。

①配流盘的功用。从图 12-34 中可以看出，它具有隔离和分配吸、压油的作用。配流盘上两个弧形窗口分别与泵体上的两个吸、排油腔相连通。在吸、排油窗口之间称为封油区，它将吸、排油窗口隔开。配流盘的第二个作用是承受缸体传来的轴向载荷，以及两者间的轴向密封。为此，配流盘表面设有内、外封油带 9、10，封油带一方面用来防止配流盘窗口中油液的径向泄漏，同时利用封油带上的油压平衡缸体传来的压紧力，起到支撑缸体的作用。

配流盘的辅助支承面 8 用来增大配流盘和缸体的接触面积，以减少接触应力，降低磨损。配流盘上的环形卸荷槽 3 通过内封油带与泵壳腔相通，以便把封油带外的油压力降为泵腔内压力。

②柱塞泵的困油现象及其危害。为了保证柱塞在转过吸、排配流窗口之间的封油区时不致将两个配流窗口沟通，配流盘上封油区圆心角 α ［不包括过渡区阻尼孔（图 12-34 中的 5）或三角槽所占的夹角部分］必须大于油缸弧形配油孔的包角 β（它是柱塞孔与配流盘窗口之间的过渡通油道，其高度等于配流盘窗口的宽度，宽度约等于柱塞的直径。采用这种形状的通油孔可以减小配流盘的径向尺寸，但加工复杂）。这样，在油缸弧形通油孔越过封油区时，该

油缸就会形成一个封闭空间。该空间的容积随缸体转动仍会变化，故会产生困油现象。在油缸配油孔离开封油区时，则因突然接通排油窗口或吸油窗口而造成油压突变，发生液击，产生很大的噪声。

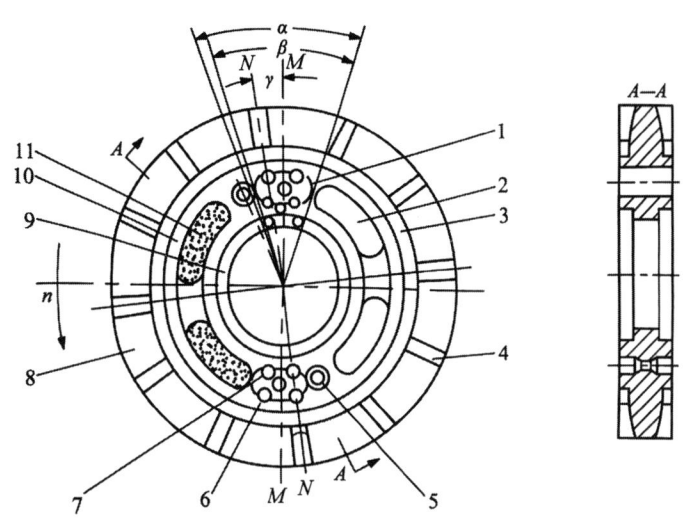

1—缸体底部弧形配油孔；2—排油窗口；3—环形卸荷槽；4—径向浅槽；5—过渡区阻尼孔；6—封油区；
7—过渡区盲孔；8—辅助支承面；9—内封油带；10—外封油带；11—吸油窗口

图 12-34　CY14-1B 型泵的配流盘结构

为了消除上述弊端，CY14-1B 型泵的配流盘采用了非对称负重叠型结构。所谓非对称型配流盘，就是指配流盘的中线 N-N 相对于斜盘中线 M-M 朝缸体旋转方向偏转了 γ 角。此外，在配流盘上还钻有阻尼孔（有的泵则采用三角形节流槽）与相应的吸、排腔相通。阻尼孔是指离配流窗口的油缸转入端不远的直径约 1mm 的通孔，它靠背面外泵体上的油槽可与邻近的配流窗口相通。而所谓负重叠型，就是 α 与 β 之差为 $-1°\sim 0°$（如 $\alpha-\beta=0°$，即属零重叠型；当负重叠角甚小时，也可看作零重叠型）。由于采用了这种结构，当油缸的配油孔即将与吸（排）油窗口断开时，就已开始与沟通另一油腔的阻尼孔重叠，这样就可消除困油现象，又可使油缸中的油液经阻尼孔逐渐地与另一配油口相通，压力变化就比较平缓，从而避免了液击及其所引起的振动与噪声，对容积效率影响也不大。由于这种泵采用了非对称型配流盘，故只能按规定方向旋转。

（2）通轴式轴向柱塞泵。图 12-35 为通轴式轴向柱塞泵（简称通轴泵）的一种典型结构。它与非通轴泵的主要不同之处在于：通轴泵的主轴采用了两端支承，斜盘通过柱塞作用在缸体上的径向力可以由主轴承受，因而取消了缸体外缘的大轴承。该泵无单独的配流盘，而是通过缸体和后泵盖端面直接配油。通轴泵结构的另一特点是在泵的外伸端可以安装一个小型辅助泵（通常为内齿轮泵），供闭式系统补油之用，因而可以简化油路系统和管道连接，有利于液压系统的集成化，这是近年来通轴泵发展较快的原因之一。

图 12-35（a）所示的通轴泵是一种限压式泵，限压特性表现在：变量泵排出压力低时以全流量工作，当排压超过调定值时则流量迅速减少到泵和系统所需的漏泄量，以维持执行元件进油压力近似不变及输出的力或扭矩近似恒定。这与用定量泵加溢流阀的方案相比，泵的功率消耗要小很多。

这种泵的斜盘倾角由轴线与传动轴 1 平行的变量柱塞 8 来控制。由于其力臂较长，故用较小的控制力即可满足需要。当油泵的排压较小时，因不能克服压力补偿弹簧 6 的张力，故压力补偿阀芯 7 保持原位，变量柱塞右侧油腔中的油液即经压力补偿阀芯、泄油管道 a 泄入泵壳之内，因此，复位弹簧 9 就会将斜盘推到最大流量的位置。但当排出压力升高到超过压力补偿弹簧的整定值时，则压力补偿阀芯 7 就会上移，使泵排出的压力油液通入变量柱塞右侧的油腔，克服复位弹簧的张力，使斜盘向流量减少的方向偏转。这样，如果排出压力 p 再升高，泵的流量 Q 就会迅速减小，可使排出压力保持在一定范围内，成为限压式变量泵。p-Q 特性曲线 ABC 如图 12-35（b）所示。转动调节螺栓 5，增大压力补偿弹簧的张力，即可调节限压数值，使特性曲线 BC 段右移；相反，调松压力补偿弹簧，则 BC 段左移。改变复位弹簧的刚度，则 BC 段的斜率可以改变。

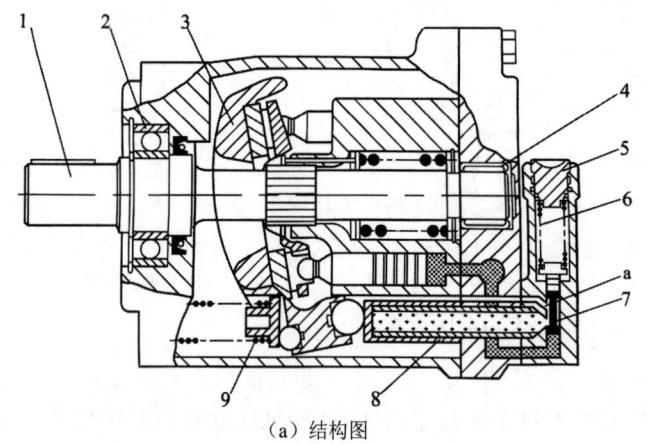

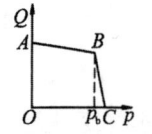

（a）结构图　　　　　　　　　　（b）p-Q 特性曲线

1—传动轴；2、4—轴承；3—斜盘；5—调节螺栓；6—压力补偿弹簧；
7—压力补偿阀芯；8—变量柱塞；9—复位弹簧；a—泄油管道

图 12-35　通轴式轴向柱塞泵的典型结构及特性曲线

三、斜轴式轴向柱塞泵

1. 工作原理

图 12-36 为 A7V 型恒功率变量斜轴式轴向柱塞泵的结构。斜轴式轴向柱塞泵与斜盘式轴向柱塞泵不同的是传动轴轴线与柱塞缸体轴线之间倾斜了一定的角度 γ，因此，称为斜轴式轴向柱塞泵。其工作时原动机的动力由输入轴 18 输入，通过传动盘 19、连杆 20 和柱塞 21 带动缸体 1 旋转。由于输入轴和缸体的中心线存在着夹角，柱塞在缸体的柱塞孔内做往复运动。柱塞向左运动时，密封容腔容积增大，通过配流盘 2 的吸油窗口吸油；柱塞向右运动时，密封工作容腔容积减小，通过配流盘的排油窗口排油。

配流盘与缸体以球面相互配合，并用中心连杆 23 左端的弹簧 22 向缸体施以预压紧力，推向泵盖端，使缸体、配流盘与泵盖形成密封配合面。配流盘用定位销（图中未示出）与泵盖固定，使其不能转动和移动。缸体与配流盘之间的运动磨损，由带预紧力的弹簧自动补偿，以保证密封效能。

中心连杆本身起着定心作用，此外，图中的球面配流盘结构，又对缸体起着辅助定心的作用，从而使缸体的外面可以不设置承受倾覆力矩的大轴承。连杆的大端球头部与传动盘球形铰接，小端球头部亦与柱塞球形铰接。小端球铰运动副由柱塞与缸体柱塞孔间的间隙漏油来进行润滑，这些漏油又经连杆上的中心孔，到达连杆大端球铰运动副间隙，进行润滑。

改变倾角 γ 的大小和方向，即可改变泵的排量和吸、排油的方向。增大斜轴倾角 γ，可以显著增大柱塞行程，从而提高泵的排量。因此，现在制造的斜轴泵其倾角 γ 一般在 20°～45°之间。

2. 结构实例

A7V 型液压泵有恒功率变量和恒压变量两种变量形式。该泵具有压力高、体积小、质量小、转速高、耐冲击等优点，传动轴能承受一定的径向负荷。吸油压力（开式）为 0.09～0.15MPa。这类液压泵采用标准化设计，同样规格参数的不同型号泵中，机芯统一，能够互换使用，适用于起重、运输、船舶等各种液压机械的开式液压系统。

A7V 型恒功率变量斜轴式轴向柱塞泵的结构如图 12-36 所示。从图中可清楚看到，泵的配流盘与缸体的配流表面为球面，其背面也为球面，可在变量壳体上很好地密封贴合滑动，使油流通过变量壳体输入、输出而完成泵的吸、排油工作。

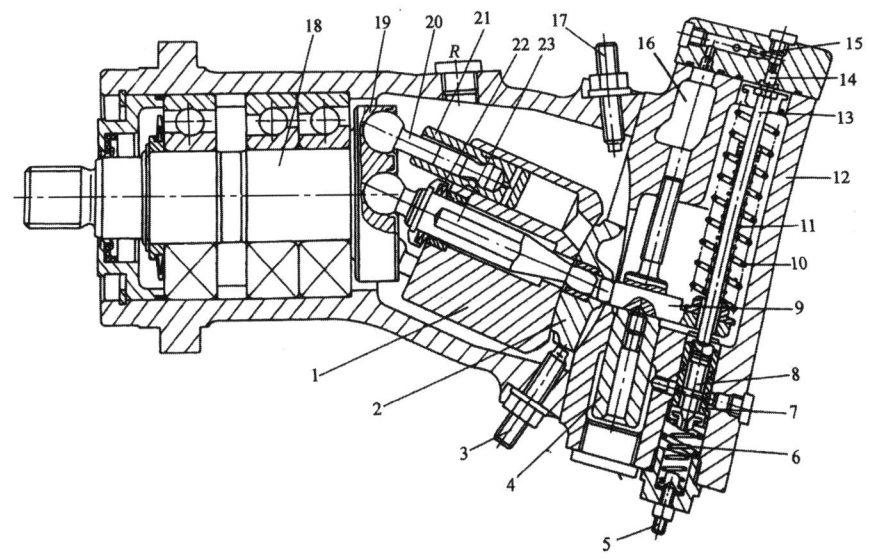

1—缸体；2—配流盘；3—最大摆角限位螺钉；4—变量活塞；5—调节螺钉；6—调节弹簧；7—阀套；8—伺服滑阀；9—拔销；10—外弹簧；11—内弹簧；12—变量壳体；13—导杆；14—先导活塞；15—节流孔；16—变量活塞小端油缸；17—最小摆角限位螺钉；18—输入轴；19—传动盘；20—连杆；21—柱塞；22—弹簧；23—中心连杆

图 12-36　A7V 型恒功率变量斜轴式轴向柱塞泵的结构

A7V 型恒功率变量斜轴式轴向柱塞泵的变量工作原理如图 12-37（a）所示（标注参考图 12-36），其图形符号如图 12-37（b）所示，变量活塞小端油缸 16 与泵的压油管腔相通，在泵刚启动时，压力油推压变量活塞 4 带着拔销 9，同时在变量外弹簧 10 的共同作用下，保持配流盘和缸体处于最大偏角 γ_{max} 的位置，使其输出流量为最大。

外弹簧和内弹簧 11 按双曲线关系设计。在伺服滑阀 8 的下端设置了调节弹簧，用来调节对先导活塞 14 的预紧压力，从而获得不同功率的输出特性曲线及始点。

泵的排油经泵壳体内的油道［图 12-37（a）中虚线所示］引至变量活塞小端油缸，并经节流孔 15 作用在先导活塞的端面上，同时又被引至伺服滑阀的两个台肩之间。

当泵的排压不高时，油压作用在先导活塞的推力未超过调节弹簧的预紧力时，将不会压缩外弹簧，拔销、变量活塞，配流盘仍处于最大流量位置。流量特性曲线呈现水平状态，如图 12-37（c）所示。

当泵的排压升高到 p_A 时，先导活塞的推力超过了调节弹簧的预紧力和外弹簧的压紧力后，伺服滑阀 8 下行开启 a 与 b 通道，压力油进入变量活塞的大端，因变量活塞大、小两端的油压相等，大端因油缸截面较大而产生向上推力，推动拔销带动配流盘和缸体绕 O 点转动，减小倾角 γ，从而减小泵的流量输出，满足了输出油压升高而保持恒功率的需要。与此同时，拔销又压缩外弹簧，使先导活塞和伺服滑阀复位，实现了行程反馈。

当泵的压力继续升高时，上述过程再次重复，泵的输出流量进一步减小。其流量改变如图 12-37（c）中的线段 AB 所示，斜率由外弹簧决定。

当泵的缸体倾角（流量）减小到外弹簧与内弹簧之间的长度差值 $S_p=0$ 时，泵的排压升高到 p_B，先导活塞的推力克服弹簧 6、10 和 11 的合力后，伺服滑阀再一次开启，泵的流量进一步减小。如图 12-37（c）中的线段 BC 所示，其斜率由外弹簧和内弹簧的合成刚度决定。调节弹簧 6 的调整力的大小决定了变量特性曲线平移的位置，即 A 点的位置。A7V 型泵只要调定了调节弹簧 6 的预紧力，变量线段 AB 的始点一经确定，其流量特性曲线形状就自然而然地确定了。

当油压进一步升高到 p_C 时，缸体摆角减小至最小摆角限位螺钉 17 所限定的位置，泵排量达到最低，流量不再改变，如图 12-37（c）中线段 CD 所示。可见，这种泵的流量特性曲线是与双曲线近似的折线 ABCD，$p \cdot Q \approx$ 定值，可近似实现恒功率控制。

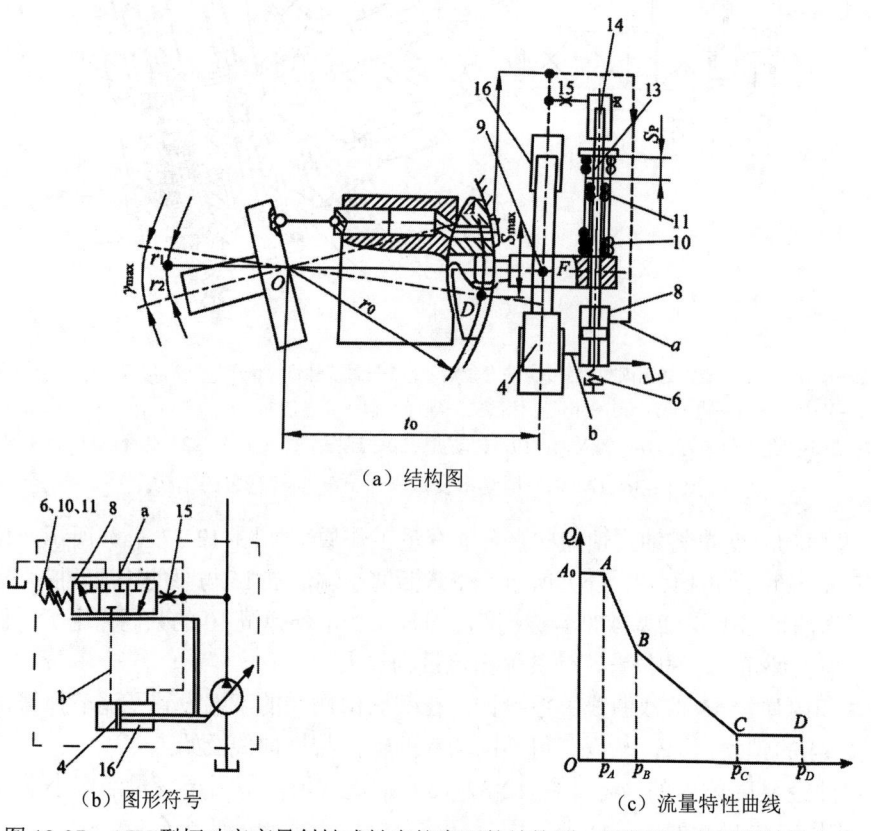

（a）结构图

（b）图形符号

（c）流量特性曲线

图 12-37　A7V 型恒功率变量斜轴式轴向柱塞泵的结构图、图形符号和流量特性曲线

斜轴泵与斜盘泵相比，具有以下特点。

（1）传动盘铰接机构替代了斜盘泵中的滑履，因此结构强度和耐冲击性能更好。

（2）斜轴泵的连杆相对柱塞的偏摆角度小，工作时柱塞对油缸壁面的侧压力比斜盘泵小得多，不仅磨损小，而且缸体的最大摆角可提高到 20°～40°（斜盘泵的斜盘倾角一般不大于 15°），所以变量范围增大，功率质量比提高。

（3）输入轴不穿过配流盘，缸体直径较小，漏泄和摩擦损失因而减小，效率提高。

（4）滤油精度要求比斜盘泵低，抗污染性能较好。一般为 25μm，斜盘泵为 10～15μm。

（5）结构和制造工艺比较复杂，造价比较高。

四、液压泵的注意事项

正确使用与管理液压泵对保证泵的工作可靠、延长其使用寿命至关重要。尤其变量油泵属于精密机械，使用时主要应注意以下各项。

（1）泵轴与电动机轴应用弹性联轴节直接相连，轴线同心度误差不得超过 0.1mm。泵轴上严禁安装皮带轮、齿轮、链轮等，以免承受径向负荷。

（2）变量柱塞泵的内部流道比较复杂，允许的吸入真空度不大，吸油高度一般小于 125mm，有的型号泵则不允许自吸。如果吸入压力过低，不仅容易产生气穴现象，使容积效率降低，而且因轴向柱塞泵的柱塞就要全靠铰接端强行从缸中拉出，故易造成损坏。因此，推荐采用辅泵供油。

（3）对于初次使用或刚经拆修的泵，启动前必须向泵壳内灌油。安装时，应使泵壳回油管的位置高于各轴承；对于用油经泵壳强制循环冷却的泵或在泵壳回油管上加设滤器时，必须注意泵壳内的油压，使其不大于 0.2MPa，以保证泵壳的密封和变量机构的正常工作。

（4）不许在关闭排出阀的情况下启动。

（5）不宜使泵在零位长时间运转。因为泵空转时不排出油液，各摩擦面也因此得不到漏泄油液的润滑和冷却，容易使磨损增加，并使泵壳内的油液发热。

（6）必须选用适当品种的工作油，并不得随意改换和混用。工作时，油压和油温（黏度）应不超出规定。

（7）必须注意保持油液清洁。轴向泵因采用间隙自动补偿的端面配油方式，油膜很薄，滤油精度一般比径向泵要求高。如果油中含有固体杂质，不仅会使磨损加剧和容积效率降低，而且可能阻塞泵内通道（例如柱塞中的细小通孔），或造成卡阻以及变量机构失灵等故障。

（8）泵内零件多经淬火，硬度很高，且经研配，拆装时不应用力捶击和撬拔，并应防止换错偶件。装配前各零件应用挥发性洗涤剂清洗并吹干，而不宜用棉纱擦洗。

第四节 液 压 马 达

一、液压马达的分类

1. 按工作原理分类

就工作原理而言，任何容积泵（结构上有吸、排单向阀者除外），如对其输入压力油，都能被驱动回转而成为液压马达。因此，液压马达可分为齿轮式、叶片式、柱塞式和螺杆式等。

但泵的使用大多是不可逆转的,而液压马达一般都是可以正、反转的。

2. 按转速分类

液压马达按额定转速不同分为高速和低速两大类,额定转速高于 500r/min 的属于高速液压马达,额定转速低于 500r/min 的属于低速液压马达。高速液压马达的主要特点是转速较高、转动惯量小,便于启动和制动,调速和换向的灵敏度高。通常高速液压马达的输出转矩不大,所以又称为高速小转矩液压马达。高速液压马达的基本形式是径向柱塞式,例如单作用曲轴连杆式液压平衡式和多作用内曲线式等。此外在轴向柱塞式、叶片式和齿轮式中也有低速液压马达的结构形式。低速液压马达的主要特点是排量大、体积大、转速低,因此可直接与工作机构连接,不需要减速装置,使传动机构大为简化。通常低速液压马达输出转矩较大,所以又称为低速大转矩液压马达。

此外,液压马达也可以按排量是否可变,分为定量液压马达和变量液压马达;按转向是否可变,分为单向液压马达和双向液压马达。因此,液压马达常有单向定量、双向定量、单向变量和双向变量等形式。

二、液压马达的主要性能参数

从液压马达的输出来看,其主要性能参数表现为转速、扭矩、输出功率等。

1. 转速

如供入液压马达的油流量为 Q_M(m^3/s),液压马达每转排量(简称排量)为 q_M(m^3/r),则液压马达理论转速为

$$n_t = 60 Q_M / q_M \tag{12-1}$$

液压马达工作时存在内部漏泄,扣除漏泄损失后的有效流量,故液压马达的实际转速为

$$n = 60 Q_M \eta_v / q_M \tag{12-2}$$

2. 扭矩

如液压马达的进、回油压差为 Δp,称为工作压差,则液压马达的输入功率 $P_1 = \Delta p Q_M$。当不考虑液压马达任何能量损失时,其理论角速度 $\omega_t = 2\pi n_t / 60 = 2\pi Q_M / q_M$,设理论输出扭矩为 M_t,则其理论输出功率 $P_{2t} = M_t \omega_t = 2\pi M_t Q_M / q_M$,如设 $P_1 = P_{2t}$,即 $\Delta p Q_M = 2\pi M_t Q_M / q_M$,可得

$$M_t = \frac{\Delta p q_M}{2\pi} \tag{12-3}$$

实际上,液压马达各相对运动部件存在摩擦损失,油液在液压马达内流动还存在压力损失(水力损失),它使得液压马达实际输出的扭矩 M 小于理论输出扭矩 M_t,二者之比称为机械效率,用 η_m 表示,即 $\eta_m = M / M_t$。故液压马达的实际扭矩为

$$M = \frac{\Delta p q_M}{2\pi} \eta_m \tag{12-4}$$

3. 输出功率

同时考虑液压马达的漏泄损失、摩擦损失、水力损失,其总效率 $\eta = \eta_v \eta_m$,液压马达的实际输出功率 P_2 等于实际扭矩 M 和实际角速度 ω 之积,即

$$P_2 = M \cdot \omega = \frac{\Delta p q_M}{2\pi} \eta_m \cdot 2\pi \frac{Q_M}{q_M} \eta_v = \Delta p \cdot Q_M \eta \tag{12-5}$$

液压马达的工作性能如下。

（1）液压马达的实际转速 n 主要取决于供入液压马达的油量 Q_M、液压马达的排量 q_M（即每转所需的油量）和容积效率 η_v。因此，要改变液压马达的转速，可采用的方法有容积调速——采用变量式油泵改变其流量，或采用变量马达，改变其排量。也可采用节流调速——通过流量控制阀改变供入液压马达的油量。

（2）液压马达实际输出的扭矩 M 主要取决于液压马达的排量 q_M、工作压差 Δp 和机械效率 η_m。液压马达的回油压力变化很小，故液压马达负载越大，液压马达进油压力就越高。

（3）在液压马达额定扭矩、转速和功率既定的前提下，提高其最大工作压力，则可减小其 q_M、Q_M，使液压元件和管路的尺寸相应减小，但对元件的精度、强度、密封性和油液清洁度都会提出更高要求。

（4）增大液压马达的容积，亦即提高液压马达的排量 q_M，则可在工作压力不变的情况下增大扭矩，转速则相应较低，从而构成低速大扭矩液压马达。

三、活塞连杆式液压马达

活塞连杆式液压马达是一种径向柱塞式低速大扭矩液压马达，国外称斯达发（Staffa）B200 型液压马达，图 12-38 即为这种液压马达的结构。五个油缸（也有七个油缸的）在圆周上径向均布，构成星形壳体 5。各油缸都装有活塞 18。活塞与连杆 16 的小端铰接，而连杆大端则以自己的凹形圆柱面紧贴在与输出曲轴 1 制成一体的偏心轮外缘上，并用一个抱环 6 箍住，使其不与偏心轮脱离。输出轴的一端通过十字滑块 9 与配流轴相接，并带动配流轴 11 一起旋转，配流轴的圆柱面上加工有 A、B、C、D、E 五个工作槽，用六道密封环 14 分隔。其中环形槽 A、B 通过配流壳体 8 的孔道与法兰连接板 10 上的对应油口 A_1、B_1 相通，并经配流轴内的孔道分别通过配流槽 D 的两侧油腔 A_2、B_2（如图 12-39 标注所示），然后通过壳体的油道向各缸配油。随着配流轴的转动，两油腔 A_2 和 B_2 即可通过壳体上的通道，与各油缸轮流相通。

活塞连杆式液压马达的旋转过程可用图 12-39 来说明。当液压马达的偏心轮处在图示位置时，如经 A_1 口输入油液，并使 B_1 口与油箱相连，则油液就要经 A_2 腔进入 1 号油缸和 2 号油缸。这样，作用在两活塞上的油压力 F_1 和 F_2 就会通过连杆的轴线传递到偏心轮上，并直指偏心轮的圆心 O_1。由于 O_1 与输出轴的中心 O 之间具有偏心距，所以，由 F_1 和 F_2 产生的合力，就会对输出轴形成转矩，使其做逆时针方向回转，而 4 号和 5 号油缸中的油液则经 B_2 腔和 B_1 口排往油箱。当进油缸的活塞在油压的推动下到达下止点时，由于配流轴的随同转动，进油缸也就开始与进油的 A_2 腔错开，而即将与 B_2 腔接通，以准备排油，就如图中 3 号油缸所处的位置。而当活塞到达上止点时，该油缸又会与排油腔错开，并即将接通进油腔，如图中 5 号油缸即将到达的位置。所以，一旦配流轴在进油缸油压的推动下开始转动，就会造成各油缸按顺序不断地进油和排油，因而使液压马达得以持续运转。活塞连杆式液压马达的回油背压应大于 0.2MPa，转速越高则背压应越高，否则活塞从上止点回行后半行程减速时，连杆的抱环和球承座 17 可能因活塞惯性力过大而损坏。

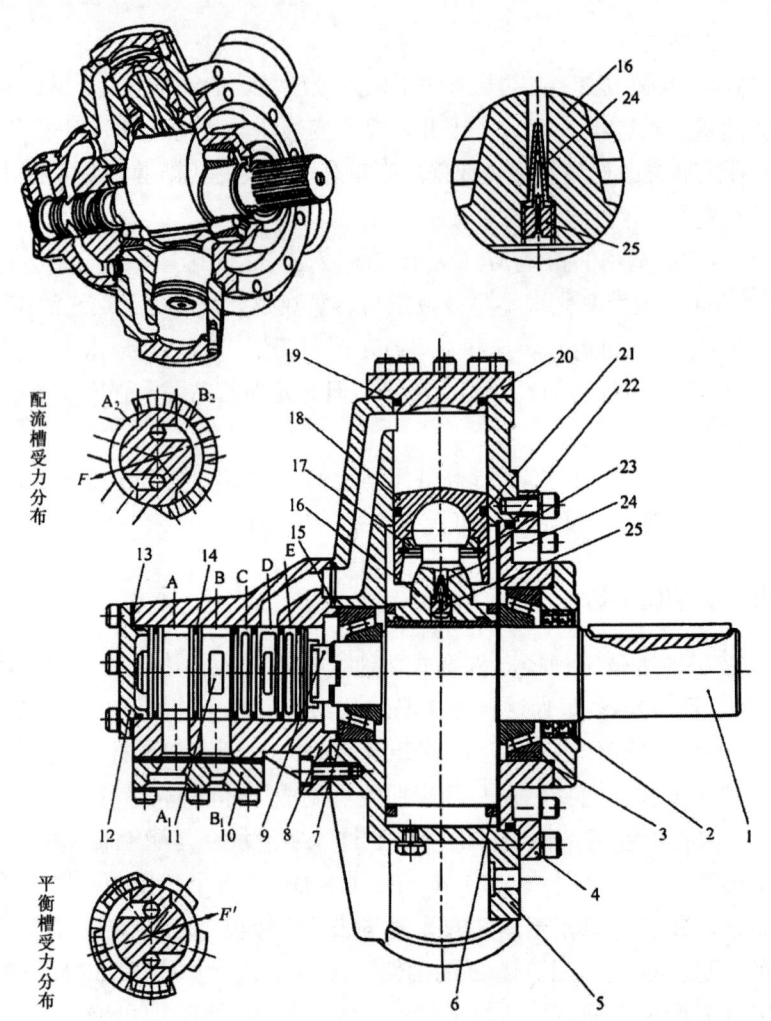

1—曲轴；2—油封；3、7—轴承；4—壳体盖；5—壳体；6—抱环；8—配流壳体；9—十字滑块；10—法兰连接板；11—配流轴；12—端盖；13—调整垫片；14—密封环；15—调整环垫；16—连杆；17—球承座；18—活塞；19、22—密封圈；20—油缸盖；21—活塞环；23—弹性挡圈；24—过滤帽；25—节流器

图 12-38　活塞连杆式液压马达的结构

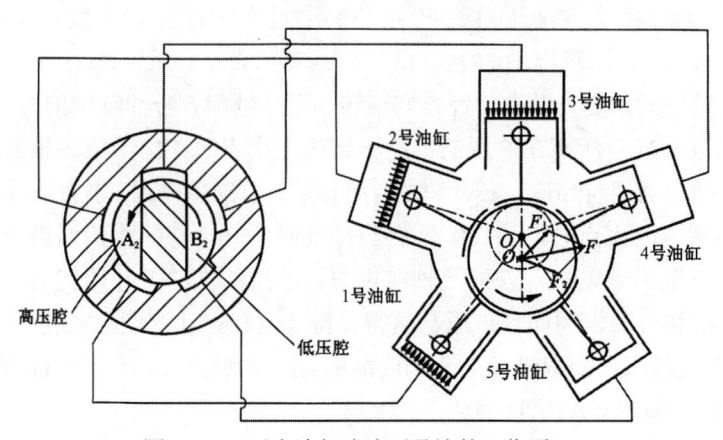

图 12-39　活塞连杆式液压马达的工作原理

显然，如果改变液压马达进、排油的方向，那么，液压马达在图 12-39 所示位置时，油液就要从 B 口经 B_2 腔进入 4 号油缸和 5 号油缸，而 1 号油缸和 2 号油缸中的油液则从 A 口经 A_2 腔排回油箱，于是液压马达要反向回转。液压马达在初次工作时，必须在壳体中注满油液，而工作过程中漏入壳体的油液，则经泄油管接回油箱，以保证液压马达的润滑和冷却。活塞连杆式液压马达的瞬时排量是随输出轴的转角而变的，因而使它在进、排油压差恒定时产生转矩脉动，在转矩恒定时产生油压差脉动；而当输入流量恒定时则产生角速度脉动。五缸活塞连杆式液压马达的转矩和转速的脉动率（最大和最小转矩或转速之差与其平均值之比）约为 7%。

活塞连杆式液压马达结构虽然简单，但工艺性较差（球铰副的加工以及缸体流道的铸造和清理都较困难）；球铰以及连杆与偏心轮接触比压大，工作时容易磨损和咬死，故需使用黏度较高的油液，同时，转矩和转速的脉动率大，润滑油膜易遭破坏，低速时（$n<10r/min$）还会产生爬行现象——液压马达在工作转速过低时出现的时快时慢，甚至时动时停的现象。马达在额定负载下不出现爬行现象的最低工作转速称为最低稳定转速。结构改进后的活塞连杆式马达最低稳定转速可低达 2~3r/min。而且，由于摩擦面多，启动时润滑条件差，故启动转矩小，只及额定转矩的 80%~85%。此外，由于配流轴径向受力不平衡，故漏泄损失较大，容积效率也较低。

如果把曲轴固定，进、回油管接在配流轴上，即可做成壳转式马达（亦称车轮马达），这样的马达可直接将壳体制作成绞车的卷筒，这类马达在船用起货机中常有应用。

四、静力平衡式液压马达

静力平衡式液压马达是在活塞连杆式液压马达的基础上发展而来的，也是五缸布置，所以习惯称为五星轮式马达，国外称为罗斯通（Roston）马达。

1. 结构和工作原理

图 12-40 为一种双列的静力平衡式液压马达的结构。从图中可见，滑套在偏心轮外面的五星轮 4 作为柱塞 5 和偏心轮 10 之间的连接机构，配流轴和输出轴做成一体，成为曲轴 3。此外，从配流套 1 引入的油液经曲轴 3 的内部钻孔，穿过偏心轮和五星轮，一直通入空心柱塞，因而也就取消了壳体 2 中的流道。这是静力平衡式液压马达与活塞连杆式液压马达在结构上的不同之处。

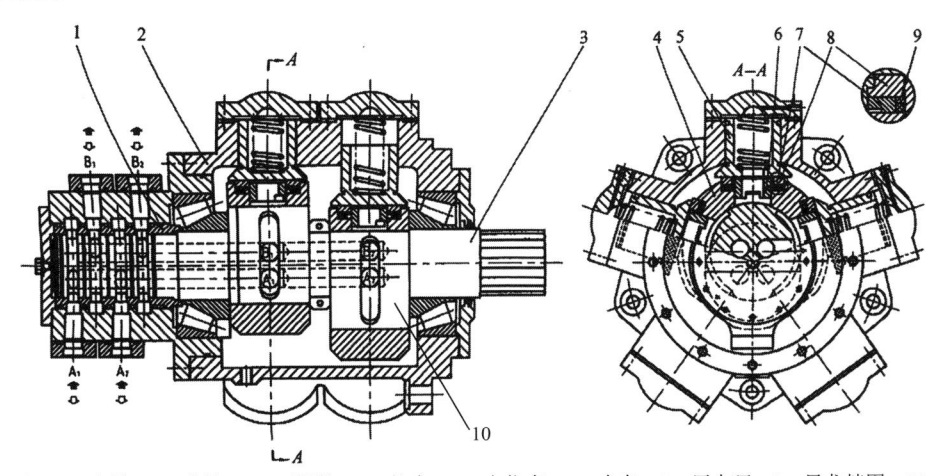

1—配流套；2—壳体；3—曲轴；4—五星轮；5—柱塞；6—定位套；7—内套；8—压力环；9—尼龙挡圈；10—偏心轮

图 12-40 双列的静力平衡式液压马达的结构

从图 12-40 中可以看到，在柱塞的底部还设有压力环 8，它和五星轮的配合间隙较大，具有足够的浮动余地，故可补偿缸体、柱塞和五星轮等的加工误差，保证柱塞底部端面的密封。在压力环下面，还装有尼龙挡圈 9 和 O 形密封圈，其最大压缩量由内套 7 的高度确定。压力环由定位套 6 固定，而定位套则用弹簧挡圈来固定。

静力平衡式液压马达的工作原理可用图 12-41 来说明。当压力油从 A_1 口供入，经曲轴的内部钻孔进入偏心轮和五星轮之间的 a_1 腔时，b_1 腔就将经 B_1 口与油箱相通。由于作用在偏心轮上的油压，其合力通过偏心轮的中心 O'，因此会对曲轴的中心 O 形成一顺时针方向的转矩，使曲轴沿顺时针方向回转。而滑套在偏心轮上的五星轮，由于受柱塞底部端面的约束，则只能做平面运动而不能转动。随着输出轴的转动和五星轮的相应位移，1 号、2 号和 5 号油缸的空间容积就将增大，于是压力油液也就会从 a_1 腔经五星轮和柱塞中的通道进入其间；与此同时，3 号油缸和 4 号油缸中容积则不断减小，其中的油液也就经 B_1 口不断排出。所以，只要对 A_1 口始终供送压力油液，并使 B_1 口一直与油箱相通，那么，液压马达的曲轴就会持续运转。

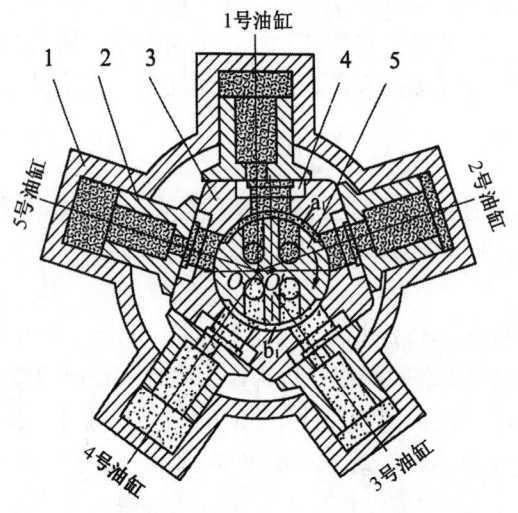

1—壳体；2—柱塞；3—五星轮；4—压力环；5—偏心轮

图 12-41　静力平衡式液压马达的工作原理

2. 主要部件的静力平衡

静力平衡式液压马达与活塞连杆式液压马达的一个重要区别，就在于柱塞和五星轮基本上不传递油压力，而只是起保证进油空间和排油空间密封的作用。因此，只要将压力环和五星轮的尺寸选择得当，则柱塞、压力环和五星轮上承受的油压就可基本实现静力平衡。

由图 12-42 可见，当压力环外径与柱塞外径相等时，由于压力环内径到外径的压力分布将因漏泄而按线性规律减小到零，所以，作用在柱塞顶面的压紧力也就比底面的撑开力略大，该不完全平衡的油压力和弹簧力（很小，用以保证启动时的密封）一起，使柱塞紧贴在压力环和密封圈上，从而既保证了密封良好，又不致在相对滑动时产生严重磨损，但柱塞上下方的液压力在工作过程中并不能始终保持同心，故将形成一侧倾力矩，使柱塞与缸壁的磨损加剧，机械效率降低，甚至有使柱塞和压力环脱开的危险。这是静力平衡式液压马达的主要弱点之一。压力环底部的液压力虽也略大于其顶部的油压作用力，但不存在侧倾力矩，至于五星轮，只要宽度选取合适，就可使内圆弧面上进油窗口的油压作用力等于压力环孔内的油压作用力，以至于完全处于静力平衡的"悬浮"状态。

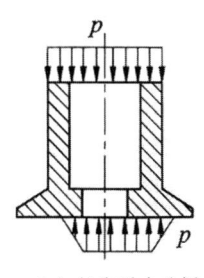

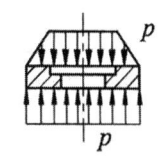

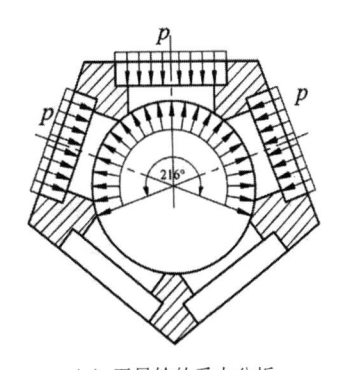

（a）柱塞受力分析　　　　（b）压力环受力分析　　　　（c）五星轮的受力分析

图 12-42　柱塞、压力环、五星轮的静压平衡

由于油压作用在油缸和曲轴上的力是作用力与反作用力的关系，是不能平衡的，因此，当采用单列油缸时，曲轴的轴承就会受径向负荷。而采用双列结构时，由于两偏心轮的偏心彼此间隔180°，因而就可使径向负荷接近抵消。此外，双列液压马达还可借停止一列油缸的进油，并使相应的吸、排油窗口（A_1、B_1 或 A_2、B_2）与油箱相通的办法，将每转排量 q_M 减半，从而达到使马达轻载、转速提高一倍的目的。

3. 主要优缺点

（1）主要元件（柱塞、压力环、五星轮）实现了油压静力平衡，使主要滑动面摩擦力显著减小，采用双列式可使轴承负荷大为减轻，工作寿命延长。

（2）瞬时排量较均匀，转矩脉动率比连杆式小，最低稳定转速约为 2r/min。

（3）取消了带球铰的连杆，壳体内无流道，工艺性改善，还可以做成双出轴式或壳转式。

（4）与连杆式相比，静力平衡式所需空间较大，在排量相同时外形尺寸和质量较大。

（5）柱塞侧向力较大，为同参数连杆式液压马达的7～14倍，使缸壁磨损加剧。日本研制的SH型液压马达将缸体和柱塞置于五星轮中，柱塞完全不受侧向力。

五、内曲线式液压马达

1. 结构和工作原理

内曲线式液压马达是一种多作用的径向柱塞式液压马达。这种液压马达结构形式很多，但工作原理基本相同。图 12-43 为一种内曲线式液压马达的结构。

输出轴 1 与转子（油缸体）3 用螺栓相连，并由定子 2 和端盖 7 上的滚动轴承支承。在转子中，沿径向均匀地分布着若干油缸。每个油缸都配有一个柱塞 4，柱塞的头部顶在横梁 5 上。横梁可在转子槽内横向滑动，而其两端则安装着带有滚针轴承的滚轮 6。滚轮紧贴在定子的内工作表面上，并在其上滚动。定子的内工作表面由几段均匀分布且形状相同的特定曲面所组成，称为导轨。而导轨曲面的段数也就决定了液压马达的作用次数。在图示的液压马达中共有八段导轨，因此，该液压马达即为八作用式液压马达。转子套装在固定不动的配流轴 10 上。在配流轴的圆周上均匀分布着 $2K$ 个配流窗口（K 为作用次数）。配流窗口彼此相间地分为数目相等的两组，每一对相邻的窗口都分属两组而彼此不通，并总是相反地各自对应于导轨的升降段。工作时，每一配流窗口都可与转子油缸底部的油孔轮流相通。同时可经轴内的通道分别与外接油孔 A、B 相连在各段导轨曲面另一侧（这时该侧曲面即称为排油段）的 3 号、4 号、8 号、9 号油缸，因正与排油窗口相通而排油。排油压力一般要求保持在 0.5～1MPa 之间，以使处在排油段上的滚轮不会与导轨相脱离。它虽将产生阻碍转动的转矩，但因其值很小，故不会阻碍液压马达转动。

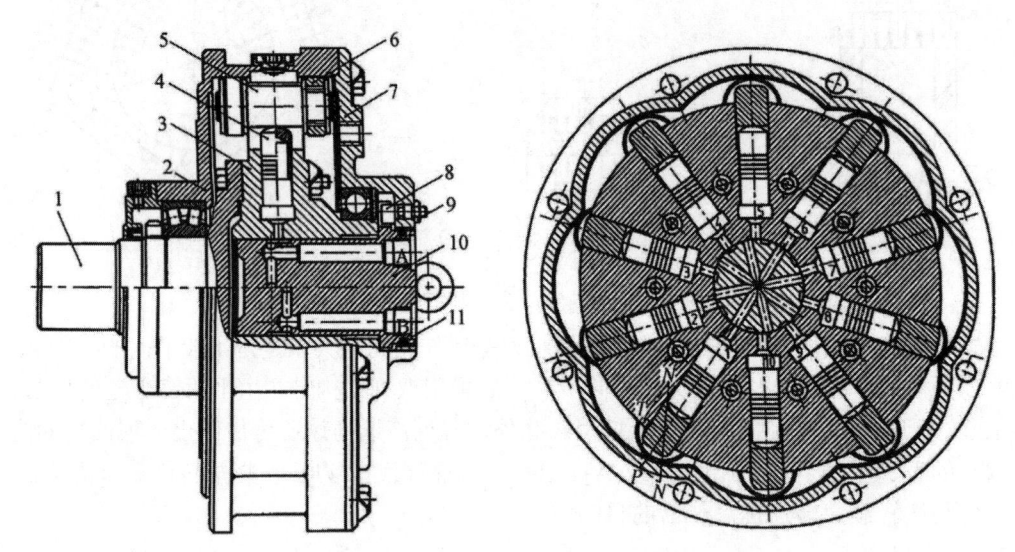

1—输出轴；2—定子；3—转子；4—柱塞；5—横梁；6—滚轮；7—端盖；8—偏心销；
9—锁紧螺母；10—配流轴；11—密封圈

图 12-43 内曲线式液压马达的结构

当液压马达处在图示位置时，如将压力油从油孔 A 通入，则油液就会从配流窗口进入 1 号、2 号、6 号、7 号油缸。由于这些油缸的滚轮此时正处在各段导轨的同一侧曲面上（这时该侧曲面即称为工作段），所以，通过上述各段油缸中的柱塞、横梁和滚轮作用在导轨曲面上的油压力 p，这些缸像 1 号油缸那样，将 p 分解为 N、T 两个分力。其中，导轨法向的分力 N 与导轨对滚轮的反作用力 N_1 相平衡，而切向分力 T 则迫使油缸做顺时针方向的旋转，带动输出轴转动。

可见，只要对 A 油口不断地供送油液，同时使 B 油口通畅地排油，则液压马达就会沿顺时针方向持续转动，并经输出轴输出扭矩。而当改变油液的进、排方向时，导轨曲面的工作段和排油段会互相转换，使切向分力 T 的方向与上述相反，从而使液压马达反转。

2. 调速方法

内曲线式液压马达也可通过改变每转所需进油量的方法，实现有级调速。常用的方法有以下两种。

（1）改变有效作用次数。图 12-44 为这种方法的调速原理。该图是一个六作用、八柱塞、双速液压马达的展开图。它与单速液压马达的不同之处，就是将两组进油窗口之中的一组再等分为二，以构成 A、A′、B 三组，并各用一条通路接至配流轴外，然后由双速换向阀进行控制。当换向阀向左移动后工作在右位，则 A 组进油，A′组和 B 组通油箱，这时只有处在导轨 2 段、4 段、6 段的油缸能进入压力油液，于是，六作用变成了三作用，而每转排量也将减少一半。这种工况就属于轻载高速工况。但如将换向阀右移至图示位置，则 A、A'两组进油，B组排油，这时，无论油缸转动到导轨的哪一段上，均可进入油液，故作用次数和每转排量都将比前述工况增加一倍，因而转变为重载低速工况。

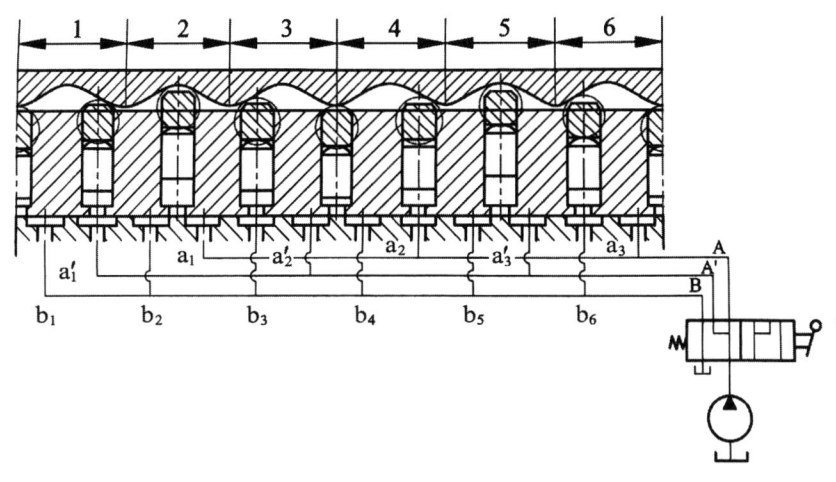

图 12-44　内曲线式液压马达改变有效作用次数的调速原理

（2）改变柱塞列数。实际使用的内曲线式液压马达以单排者居多，但也有做成双列、三列者。对于具有多列柱塞的液压马达，只要改变各列之间的组合，也能实现有级调速。

3．特点

（1）选用合适的导轨曲面，能使瞬时进油量保持不变，获得均匀的扭矩和转速，同时具有良好的低速稳定性，最低稳定转速可达 0.5r/min 左右。

（2）只要柱塞数目和作用次数 K 的最大公约数 m>2，全部柱塞就可分为受力状态完全相同的 m 组，作用在壳体、油缸体和配油轴上的径向力完全平衡。这对适用更高工作压力和提高机械效率十分有利，启动效率可达 98%。

（3）可做成双列或三列结构，而且每一柱塞的作用次数 K=4～10（前两种液压马达 K=1），故可实现较大的马达排量 q_M 和输出扭矩。如果改变多列油缸的进油列数，或改变一列油缸的有效作用次数，则可做成有级变量液压马达。如用滑阀改变多列油缸的进油列数或将一列油缸配油轴内的进油通道做成两根，也可做成有级变量液压马达。

（4）如将轴转式液压马达的油缸体（转子）固定，而允许定子和配油轴转动，则可做成壳转式油马达。

（5）零件数目较多，对工艺和材料的要求较高，尤其是内曲线部分受柱塞滚轮的较大压力，表面处理的要求高。

六、叶片式液压马达

叶片式液压马达的基本结构与叶片泵相似，但为了保证启动前叶片能贴紧定子内表面，马达必须有叶片压紧机构，否则无法启动。另外，马达需正、反转，因此马达的叶片一律径向放置，叶片顶端左右对称，两个进、出油口口径相同。轴承处的泄油必须单独通油箱。

图 12-45 为日本某公司出品的三作用中压（7MPa）叶片式液压马达的结构。它的定子 2 的内表面包括三段大圆弧面和三段小圆弧面及彼此间的过渡曲面构成的三个工作腔室。每一

过渡曲面处皆有配流窗口与马达的外接油口 A、B、C、D、E 相连通，由紧贴马达安装的控制阀来控制各油口的油路沟通状况。控制阀有两种形式：一种是手动换向节流控制阀，马达三腔同时工作，可实现无级调速；另一种除手动换向节流外，还能根据负载大小手动或自动换挡，实现三级变量调速。转子 3 的叶片槽内共装有 12 个叶片 7，叶片与叶槽配合间隙一般为 0.02～0.03mm，叶片顶部镶有尼龙密封条。转子两端面开有若干圆弧形的挺杆槽，每对挺杆相交的部分截面减半，彼此错开，因而不妨碍弧形挺杆在槽内滑动，如图 12-45（b）所示。挺杆两端钻有孔，内设补偿弹簧 6，将叶片压紧在定子曲面上。马达两侧端盖 14、16 内侧有油道，使叶槽底部始终与叶片顶部相通，油压保持一致。泄漏到两端轴承作润滑用的油可经泄油管 15 引回油箱。

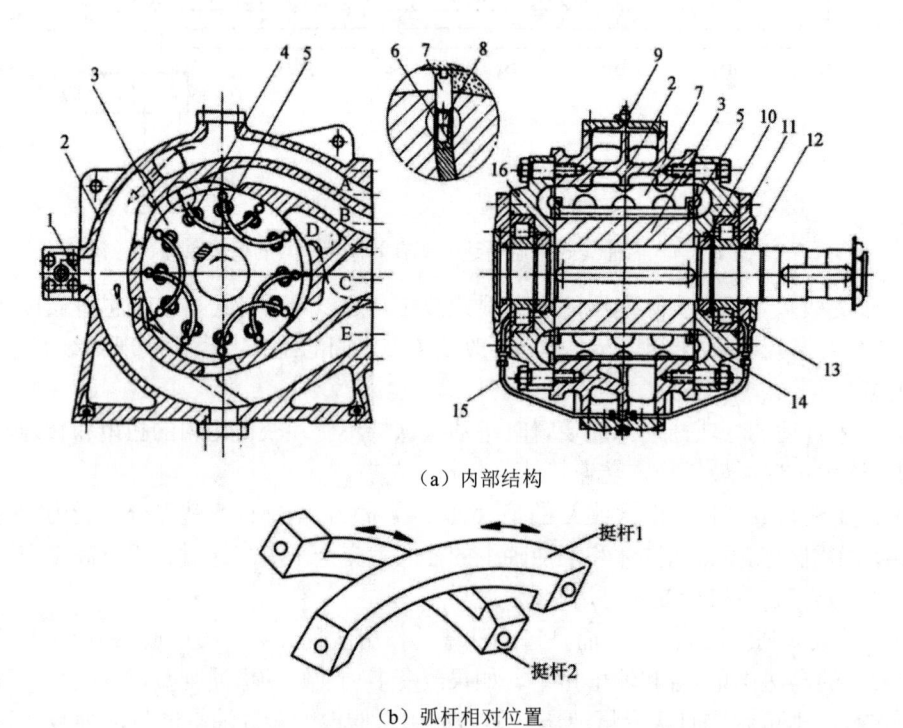

（a）内部结构

（b）弧杆相对位置

1—安全阀；2—定子（壳体）；3—转子；4、5—弧形挺杆；6—补偿弹簧；7—叶片；8—柱销；9—放气塞；10—定距环；11—轴承盖；12—轴封压盖；13—弹簧卡环；14—前端盖；15—泄油管；16—后端盖

图 12-45　带弧形挺杆的三作用叶片式液压马达的结构

叶片式马达与柱塞式马达、齿轮式马达相比，运转平稳，噪声小，转动惯量小，输出转矩比较均匀，单位排量的质量最小，而且调节方便。但其容积效率较低（小于 90%）；一般工作压力仅在中、低压范围；叶片顶端对定子内表面摩擦力较大，机械效率（小于 85%）、启动效率（80%～85%）较低；低速稳定性稍差（n_{min} 为 4～6r/min）；油液污染度比齿轮式马达敏感。

保持叶片始终顶在定子表面上，除采用弧形挺杆的方法外，还可采用摇臂挺杆叶片压紧机构，如图 12-46 所示。在转子两端，面宽度为 a 的凹槽内装有摇臂 7，它两端借助于挺杆 9 和补偿弹簧 4 保持每对叶片的初始密封的情况。另外，也可在马达叶片底部设压缩弹簧来保持叶片顶部密封。

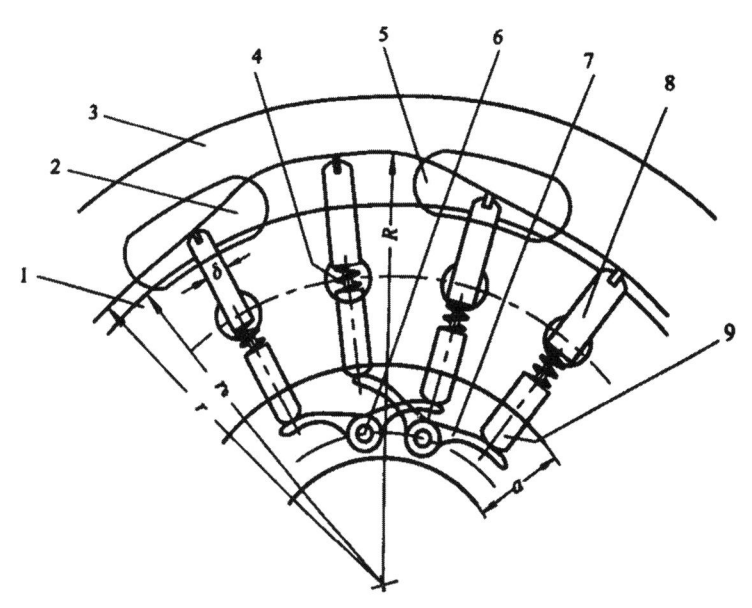

1—转子；2、5—配流窗口；3—定子；4—补偿弹簧；6—柱销；7—摇臂；8—叶片；9—挺杆

图 12-46 摇臂挺杆叶片压紧机构

七、液压马达的使用注意事项

液压马达除压力和转速不得超过其规定数值以外，使用中还应注意保证其正常工作所需的各项条件。

1. 保证机件的正常运转

（1）必须保证输出轴与被拖动机械的同心度，或者采用挠性连接。

（2）轴上承受的径向负荷不能超过规定数值，不能将皮带轮、齿轮等传动零件直接安装在不能承受径向负荷的轴上。

2. 保证油流状态正常

（1）某些液压马达，特别是内曲线式液压马达，必须使回油口具有足够的背压才能正常工作。背压的数值通常在 0.5～1MPa 的范围内。转速越高，所需背压也越高。

（2）泄油管连接的位置应能保证液压马达壳体中的油液即使在停车后也不会漏失，以使液压马达工作时能够得到润滑和冷却。壳体内的油压通常应保持在 0.03MPa 以下，一般不超过 0.1MPa。为此，需将泄油管单独接回油箱，而不与系统的回油管路相连接。

（3）在油路系统中必须采取适当措施，以防止在制动时产生剧烈的液压冲击而损坏元件。

3. 液压油必须符合要求

（1）油的黏度应适当。

（2）一般工作油温不宜超过 50℃；最高不超过 65℃；短时高油温在 80～90℃之间。

（3）在低温场合，启动时应先进行轻负荷运转，待温度上升后再使之正常运转；还应注意勿将热油突然供入冷态的液压马达中，以防发生配合面咬伤事故。

（4）液压油品种不得随意更换或掺用，并注意保持清洁，防止污染。

第五节　液压辅助元件

液压系统中除动力元件、执行元件、控制元件外，滤油器、油箱、蓄能器、压力表、密封装置、管件等，都称为液压系统辅助元件。它们是构成液压系统所必不可少的。

一、滤油器

滤油器在液压系统中的主要作用是滤去油液中的杂质污物，使油液保持清洁。降低故障率，延长液压油和装置的使用寿命。

1. 滤油器的性能参数

（1）过滤精度。现在各国已普遍采用国际标准 ISO 16889，以过滤比来评定液压滤油器的过滤精度。

过滤比 β_x 是滤油器上、下游单位体积油液中大于某一给定尺寸 x 的固体颗粒数 N_u、N_d 之比，即

$$\beta_x = N_u / N_d \qquad (12\text{-}6)$$

式中：N_u——上游油液中大于某一给定尺寸 x 的颗粒数目；N_d——下游油液中大于同一尺寸 x 的颗粒数目。

当某一尺寸 x 的过滤比 β_x 值为 20 时，则 x 可认为是滤油器的公称过滤精度。若某一尺寸 x' 的过滤比 $\beta_{x'}$ 值为 75 时，则 x' 即为滤油器的绝对过滤精度。

（2）额定流量和额定压力。额定流量是指滤油器在压降不超过额定值时所允许通过的最大流量。滤芯的有效过滤面积越大，则额定流量越大。额定压力是滤油器所允许的最大工作压力。它取决于滤油器外壳及其密封装置的耐压能力。

（3）压力降。滤油器通常标示以额定流量通过指定黏度、密度的油液时的初始压降。随着使用时间的增长和累积的污垢量增加，压降从初始压降逐渐增加，在达到饱和压降后，继续使用则压降将急剧增加。因此，达到饱和压降时应清洗或更换滤芯，有指示、发讯装置的，此时应发出堵塞信号。滤油器带安全旁通阀时，其开启值比饱和压降约大 10%。一般来说过滤精度高则压降较大。

滤芯的强度应能承受饱和压降和可能的液压冲击，但只要不是完全堵塞，就无须承受系统最大工作压力，故强度较低的如纸质滤芯也可用于高压系统。

（4）纳垢量。纳垢量是指滤油器达到饱和压降时所滤除和容纳的污垢量（g）。纳垢量越大，滤器的工作寿命越长。

2. 滤油器的主要类型

按工作原理不同，液压系统所用滤油器主要分为表面型滤油器、深度型滤油器和磁性滤油器。

（1）表面型滤油器。表面型滤油器靠介质表面的孔隙阻截液流中的杂质颗粒，常用的有金属网式和金属线隙式（金属线绕在框架上）。其特点是过滤精度低、纳垢量小，但压降小，可清洗后重新使用。为便于清洗，油液都从外向内流过过滤材料。

（2）深度型滤油器。深度型滤油器过滤层有一定厚度，内有无数曲折迂回通道，杂质的

滤除发生在过滤介质的纵深范围内。其特点是过滤精度高、纳垢量大，但压降较大、不易清洗。主要类型有（金属粉末）烧结式、不锈钢纤维型和化学纤维型等。纸质滤油器可认为是介于表面型和深度型之间的中间型，有时也粗略地将其划为深度型滤油器，其结构如图12-47所示。

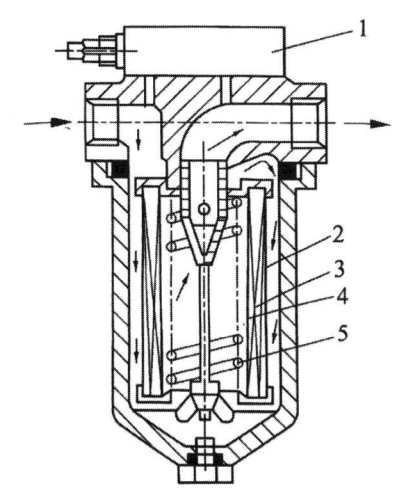

1—压差报警器；2—粗孔钢板网；3、4—金属丝滤纸网；5—支承弹簧

图12-47 纸质滤油器的结构

（3）磁性滤油器。磁性滤油器利用永磁材料吸附油液中的铁磁性杂质（吸附式）。

3. 滤油器在液压系统中的位置与作用

图12-48为滤油器在液压系统中的位置。

（1）安装在泵吸入管路上（图12-48中的吸油滤油器1）。这种安装方式一般使用过滤精度较低的金属网式或线隙式滤油器，滤去较大的污染物，保护液压泵。为保证泵吸入充分，不致产生气穴现象，要求其压力降不超过0.02MPa，其额定流量应为泵流量的2倍以上。

（2）安装在压力管路上（图12-48中的压油滤油器2）。这种安装方式能够保护系统中除泵和溢流阀以外的元件。由于滤油器承受高压和冲击，要求有足够的强度。为了防止滤油器堵塞引起泵过载或滤芯破坏，在滤油器上一般设置堵塞指示器或并联一个单向阀。单向阀开启压力略大于滤油器的最大允许压差。

（3）安装在液动机回油管路上（图12-48中的回油滤油器3）。可以滤掉液压元件磨损后产生的金属屑和橡胶颗粒，保护液压系统；允许采用滤芯强度和刚度较低的滤油器，允许滤油器有较大的压降；与滤油器并联的单向阀起旁通作用，防止油液低温启动时，高黏度油通过滤芯或滤芯堵塞等引起的系统压力升高；滤油器必须能通过对液压泵的全部流量。

（4）安装在泵的旁路溢流阀出口（图12-48中设在分支油路的滤油器4）。这种安装方式又称局部过滤，只是让系统部分流量通过，故其容量可以减小，也不承受多大压力。但溢流阀出口背压增加，会使其调压精度降低。

（5）单独过滤系统（图12-48中的滤油器5）。在液压起货机系统或大型液压系统中，采用低压泵和滤油器组成过滤系统，可以不间断地清除油中污染物。

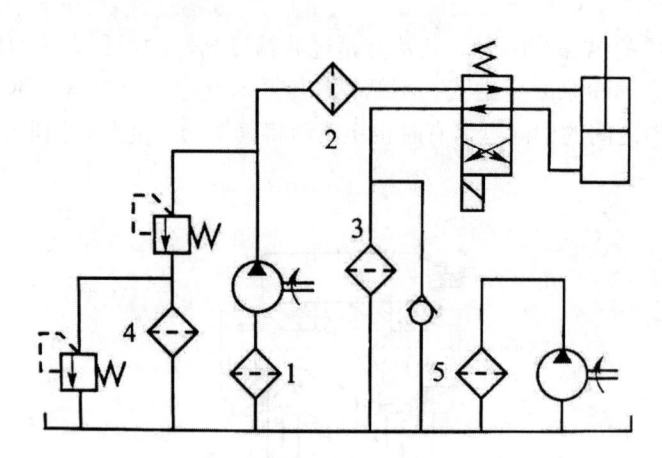

1—吸油滤器；2—压油滤器；3—回油滤器；4—设在分支油路的滤油器；5—滤油器

图 12-48　滤油器在液压系统中的位置

（6）外过滤系统。在重要的液压系统中，经常配置一个独立的滤油装置（如滤油车），可以视情况对系统中油液进行外过滤，清除油液中的污染物，此种过滤方式效果明显，在船舶液压系统中使用较多。

液压系统中除了整个系统按需设置滤油器，还常常在一些重要元件（如伺服阀、比例阀等）的前面单独安装一个专用的精滤油器来确保它们的正常工作。

4. 使用注意事项

滤油器是液压油清洁度的基本保证，除在系统中设置必要的滤油器外，正常的维护工作不可缺少，在正常情况下每工作 500h 应清洁或更换滤芯一次，清洁或更换滤芯时，应对滤壳内部进行仔细清洁。当系统进行大修后，或液压油遭受污染后，可视情况缩短滤芯的清洁周期或更新周期。在日常管理中，要时常注意滤油器进出口压差，或滤油器上的压差指示器的工作状况，检查压差指示器的工作状况一定要在系统正常运行时进行。

二、油箱

油箱在液压系统中的主要功能是，储存系统所需的足够油液；散发系统工作中产生的一部分热量；分离油液中的气体和沉淀污物。

按照油箱内压力状态的不同，油箱可以分为开式油箱和闭式油箱两种。开式油箱盖上安装空气滤清器，使液面与大气相通，其余部分必须保持严密，防止灰尘进入。闭式油箱又称压力油箱，内部通入低压压缩空气（一般为 0.05MPa 左右），以提高液压泵的吸入口压力。图 12-49 为开式油箱的结构。

为了确保液压系统的正常工作，油箱必须满足如下要求。

（1）油箱容积应能储存足够的油液以满足液压系统正常工作的需要，应便于箱内元件的拆装和检修。为利于油液冷却和分离污垢，总希望油箱大些，一般为泵每分钟吸油量的 2~5 倍。系统停止工作时，油箱中的油位高度不超过油箱高度的 80%。

（2）整个油箱内壁应涂有防锈保护层，因潮气会使油箱生锈。所采用的保护层应与所用油有相容性。

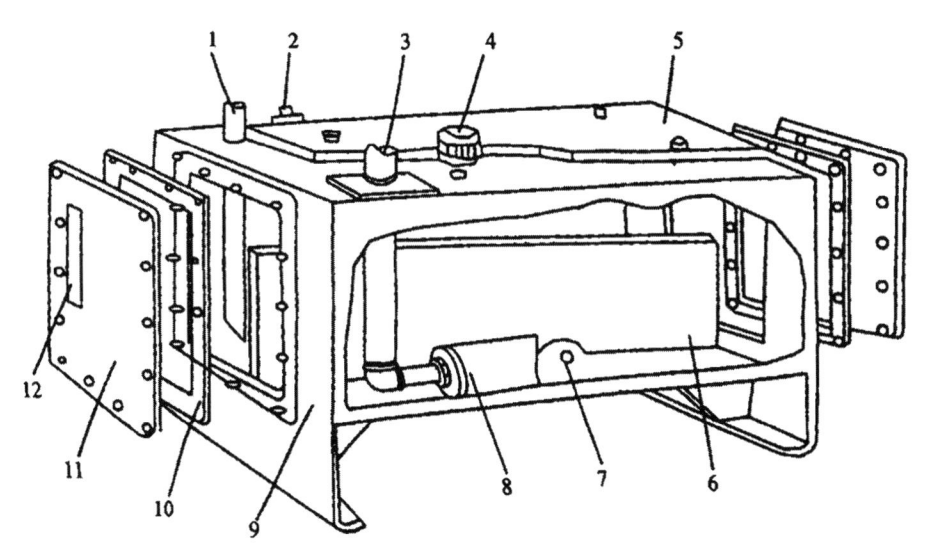

1—回油管；2—泄油管；3—吸油管；4—空气滤清器；5—电机底座；6—隔板；7—泄油口；
8—滤油器；9—箱体；10—密封垫；11—侧盖板；12—液位计

图 12-49 开式油箱的结构

（3）箱体由隔板将泵吸入管和系统回油管隔开。这两种管间的距离应安排得尽量远些，使系统回油必须经过一定距离的途径进入泵吸入区，从而有利于油液散热、油液中气体的分离和污垢的沉淀。隔板高度通常为油面高度的 2/3。

（4）油箱的通气孔应有空气滤网及孔罩，管接头的密封良好，应能防止外部污物的渗入，保证泵的正常工作。

（5）油箱底部宜做成凹形，最底处设有放油塞。箱盖应易于拆卸，以便清洁油箱。油箱侧面应设置液位指示器指示液面位置，并有温度计指示油箱温度。

（6）泵的吸油管和回油管管口应在油面之下适当深度，否则油会混入空气和起泡沫。如需避免泄油通道增加阻力或产生虹吸现象，泄油管出油口可放在油面之上。吸油管与箱底距离应大于管径的 2 倍，与侧壁距离大于管径的 3 倍，管口装滤油器。回油管出口与箱底距离应大于管径的 3 倍，端头切成 45°角，斜切口的方向通常使出油流向箱壁而背离泵进油管。

油箱在使用过程中，一要注意透气孔处滤油器的清洁；二要定期或在启动系统前打开油箱底部的放残阀放去残液；三要每年彻底清洗油箱一次。在有条件时，清洗油箱的同时，应对箱内油液进行一次外过滤。

三、蓄能器

蓄能器是一种能蓄存和释放液压油液压能的元件。在液压系统中有三种用途：在短时间内与液压泵一起供给系统大量油液；使系统保持一定的油压力；吸收压力冲击和压力脉动。

蓄能器有多种类型，气囊式蓄能器是最常用的蓄能器，图 12-50 为常用的气囊式蓄能器及其图形符号。壳体 2 是一个耐压的无缝钢瓶，内有一个耐油橡胶制成的气囊 3，内部常充以氮气。下部有一个弹簧控制的菌形阀 4，正常工作时常开，油排空则关闭，防止气囊被挤出。

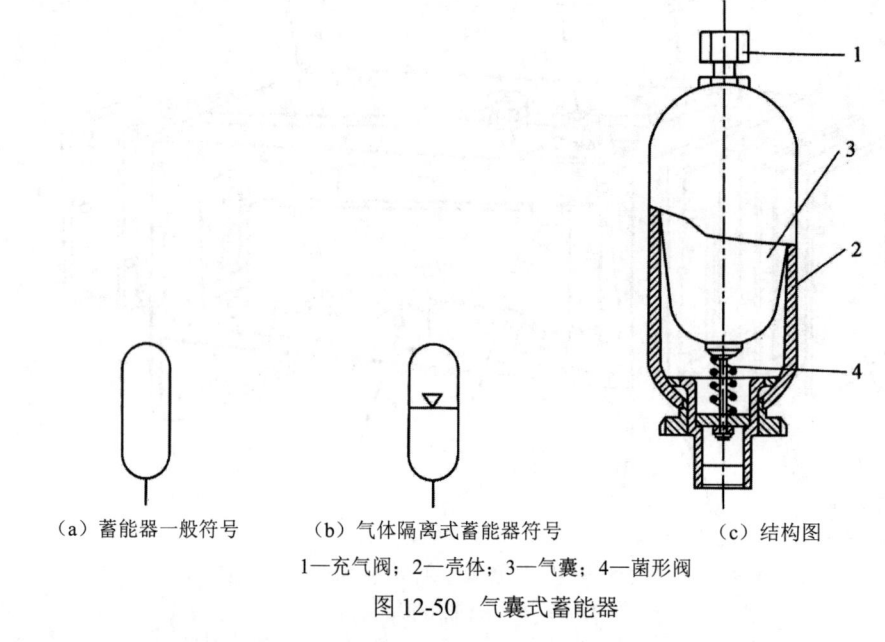

（a）蓄能器一般符号　　（b）气体隔离式蓄能器符号　　（c）结构图
1—充气阀；2—壳体；3—气囊；4—菌形阀
图 12-50　气囊式蓄能器

安装和使用蓄能器必须注意以下几点。
（1）油口向下垂直安装，以免杂质沉淀其中妨碍工作。
（2）装在管路上的蓄能器需用支架固定，但不能用焊接固定。
（3）蓄能器与管路之间应安装截止阀，以便需要时能与系统隔断。
（4）蓄能器与液压泵之间应安装单向阀。
（5）气囊式蓄能器内禁止充氧气或空气。
（6）至少每隔六个月检查一次压力。方法是在蓄能器油口附近管路上设压力表，用泵向蓄能器充油至压力足够高后停泵，让压力油流出，观察油压下降，降到某值时菌形阀关闭，则油压迅速下降，该压力即现存气体压力，如低于设定值太多，则应补气。

四、油冷却器

一般说来，因机械整体的体积和空间使油箱的大小受到限制，或要把液压油的温度控制得更低，而使油箱散热面积不够时，必须使用油冷却器来控制油温。油冷却器可分为水冷式和气冷式两大类

1. 水冷式油冷却器

水冷式油冷却器通常都采用壳管式，其构造是把直管形冷却管装在一外壳内，两端用可拆卸的端盖（管帽）封闭，金属隔板装置在内，使液压油产生垂直于冷却管的流动以加强热传导。冷却管通常由小直径管子组成，材料可用铝、钢、不锈钢无缝钢管，但为增加传热效果，一般采用铜管，并在铜管上滚牙以增加散热面积。

2. 气冷式油冷却器

气冷式油冷却器由风扇和许多带散热片的管子构成。油在冷却管中流动，风扇使空气穿过管子和散热片表面，使液压油冷却。其冷却效率较水冷式油冷却器低，但在冷却水不易取得或水冷式油冷却器不易安装的场所，只能采用气冷式。

3. 油冷却器安装的场所

油冷却器安装在热发生体附近，如溢流阀出口，且液压油流经油冷却器时，压力不得大于 1MPa。有时必须以安全阀来保护，以免高压冲击而损坏。对于装置很大且压力很高的液压系统，应使用独立的冷却系统。

第六节 液 压 油

液压系统的能量和信息传递是通过受压流体实现的，系统中的受压流体通常称为工作介质，即液压油。液压系统所用液压油一般为矿物油，它不仅是液压系统传递能量的工作介质，而且起润滑、冷却和防锈的作用。液压油质量的优劣直接影响液压系统的工作性能，它是影响液压元件与系统性能和寿命的重要因素。因此，液压油的合理使用和污染控制极为重要。

一、液压油的要求和使用

1. 液压油应满足的要求

如果说液压泵是整个液压系统的心脏，那么液压油就是整个液压系统的血液。它对液压系统有很大的影响，液压系统能否可靠、有效而经济地工作在相当程度上取决于液压油的性能。有的液压设备工况条件十分恶劣，如高温、潮湿、粉尘、海水腐蚀等，这就对液压油提出了更高的要求。因此，对液压油的主要要求有以下几点。

（1）适宜的黏度和良好的黏温性。在液压系统工作温度变化范围内，黏度随温度变化越小越好。选用液压油首要的考虑因素是黏度。若黏度太高，则流动阻力大，液压泵排出压力会过高，使装置的机械效率下降；而且使泵的自吸能力降低，启动时可能会吸空。若黏度太低，则漏泄量增加，容积效率下降，油更容易发热；而且黏度过低则油膜承载能力下降，会导致磨损增加。液压油的黏度指数应在 90 以上。天然矿物油最高黏度指数约为 115，加入专门添加剂甚至可提高到 170 以上。

（2）润滑性能好。除液压元件外，其他一些有相对滑动的零件也要用液压油来润滑，可加入添加剂增加其润滑性能。

（3）有良好的抗泡沫性和消泡性。液压油要具有能够迅速而充分地放出气体并不致形成泡沫的性质。可在液压油中加入消泡添加剂，改善液压油的消泡性。

（4）具有良好的化学稳定性。液压油与空气中的氧气或其他含氧物质发生反应后生成酸性化合物，能腐蚀金属；液压油遇水发生分解变质称为水解稳定性，水解变质后的液压油黏度降低，腐蚀性增加。因此对液压油的要求是在储藏和工作过程中不易氧化变质，防止对液压元件起腐蚀作用。

（5）凝固点低、流动性好。为保证能够在寒冷气候情况下正常工作，需要液压油的凝固点低于工作环境的最低温度，保证低温流动性。

（6）闪点高。液压油的开口闪点要高于 135℃，要能满足防火要求；倾点（在试验条件下能流动的最低温度，比凝固点高 2~3℃）至少要比最低油温低 7~8℃。

（7）与橡胶材料相容性好，不会使密封件、软管变形、变质。

（8）纯净，清洁度高，不含或少含杂质。

2. 液压油的种类及其性能

液压传动与控制技术的广泛应用，对液压油提出了更新更高的要求，促进了液压油的发展。用于液压传动与控制的液压油种类很多，其分类方法也各有不同。根据我国国标 GB 11118.1—2011《液压油》的规定，适用于船舶液压机械的国产液压油主要有：

（1）L-HL（抗氧防锈液压油）。加入抗氧、防锈、抗泡沫等添加剂的精制矿物油，使用寿命比机械油长1倍，主要适用于低压齿轮泵系统，适用环境温度为0℃以上，最高使用温度为80℃。

（2）L-HM（抗磨液压油）。在 L-HL 油基础上增加了抗磨添加剂，有较好的抗磨性，适用于各种液压泵的中、高压系统，适用环境温度为-10~40℃。

（3）L-HV（低温液压油）。在 L-HM 基础上改善其黏温性，适用于环境温度变化大和工作条件恶劣的低、中、高压液压系统。每种产品符号后的数字为黏度等级，相当于 40℃时运动黏度变化范围的中心值。

（4）L-HS（超低温液压油）。具有更良好低温特性的抗磨液压油。该油是以合成烃油、加氢油或半合成烃油为基础油，同样加有高性能的黏度指数改进剂和降凝剂，具备更低的倾点、更高的黏度指数（>130）和更优良的低温黏度。同时具有抗磨液压油应具备的一切性能和良好的低温特性及剪切安定性。该产品适用于严寒区-40℃以上、环境温度变化较大的室外作业中、高压液压系统的机械设备。

（5）L-HG（液压导轨油）。是在 L-HM 液压油基础上添加抗黏滑剂（油性剂或减摩剂）构成的一类液压油，适用于液压及导轨为一个油路系统的精密机床。

3. 液压油的选择

正确、合理地选择液压油，对液压系统适应各种工作环境的能力、延长液压系统和液压元件的寿命、提高液压系统的工作可靠性等都有重要的影响。选择液压油时应优先选用加有专门添加剂的专用液压油，其抗氧化安定性、防锈性、抗磨性和抗泡沫性较好。选择液压油一般可从以下几方面来考虑。

（1）液压泵的种类。液压泵是液压系统中最主要元件，对黏度要求比较严格。若黏度选的不当，则会造成泵的迅速磨损，使容积效率下降，还可能破坏泵的吸入条件，通常根据液压泵的要求来选择液压油的黏度。常用液压泵使用黏度范围见表12-2。

表12-2 常用液压泵使用黏度范围

液压泵类型	工作压力/MPa	37.8℃运动黏度/($mm^2 \cdot s^{-1}$) 工作温度0~39℃	37.8℃运动黏度/($mm^2 \cdot s^{-1}$) 工作温度40~80℃	适用品种和黏度等级
叶片泵	≤7	30~50	40~75	HM 油，32、46、68
	>7	54~70	55~90	HM 油，46、68、100
螺杆泵	72	19~29（50℃黏度）	25~49（50℃黏度）	HL 油，32、46、68
齿轮泵	10~32	30~70	110~184	HL 油，32、46、68、100、150（中、高压用 HM）
径向柱塞泵	14~35	30~128	65~270	HL 油，32、46、68、100、150（高压用 HM）
轴向柱塞泵	14~35	43~77	70~172	HL 油，32、46、68、100、150（高压用 HM）

注：寒冷地区室外工作环境温度变化大，应选用 L-HV 油。

（2）液压系统的工作压力。一般工作压力较高时宜选择黏度较高的液压油，以免系统漏泄过多；工作压力较低时，选择黏度较低的油，以减少压力损失。

（3）液压系统的环境温度。根据环境温度选择具有合适黏度的液压油。

（4）液压系统中的运动速度。工作部件运动速度高时液压油流速高，流阻损失大，而漏泄率则相对减少，故宜选择黏度较低的液压油；反之，选择黏度较高的液压油。船舶液压装置说明书中对所用液压油的品种一般都有推荐，可参照执行。如需更换品种，应选择性能相近者。不同品种和牌号的液压油不得混合使用，以防变质。

（5）选择合适的液压油品种。液压传动系统中使用的液压油品种很多，主要有机械油、变压器油、气轮机油、通用液压油、低温液压油、抗燃液压油和抗磨液压油等，机械油最为广泛采用。如果环境温度较低或温度变化较大，应选择黏温特性好的低温液压油；若环境温度较高且有防火要求，则应选择抗燃液压油；如果设备长期在重载下工作，为减少磨损，可选用抗磨液压油。选择合适的液压油品种可保证液压系统正常工作，少发生故障，还可提高设备寿命。

在无专用液压油时，应急时可用普通机械油或透平油代替。普通机械油价格较低，但精制程度差，稳定性不佳，容易氧化变质，只可在环境温度 0～40℃，工作压力低于 7MPa 时作为代用液压油。透平油也可作代用液压油，它比机械油价格高，但酸值低、杂质少，抗乳化性和抗氧化安定性好，使用寿命比机械油长。但它和机械油的凝固点都较高（一般不低于–15℃），不适用于环境温度较低的场合。

船用液压系统液压油的选用：液压舵机采用舵机专用液压油（低凝型）；液压起货机、系泊设备一般采用抗磨液压油；减摇装置、可调螺旋桨液压系统一般采用高性能的航空液压油。值得一提的是，选用液压油时一定要参阅液压系统使用说明书提出的要求，遇到困难时可与液压油供应商讨论解决。

液压油的牌号及其技术性能指标可查阅相关液压手册。

4. 液压油的保管

（1）保存场所从防污染角度看，舱内保存液压油为最理想状态。有时条件有限，也可以短时间露天保存。但在船舶上一般不推荐将油桶存放在甲板上，因甲板上昼夜温差大，油易氧化，湿空气易凝水，易受海水侵蚀，造成油桶锈蚀。另外在风浪中航行时，油桶很容易被风浪打入海中。所以，推荐将甲板机械所用液压油存放在桅屋中，并注意通风与水密。

（2）保存温度。液压油的保存温度一般以–20～30℃为宜，而且要远离热源，避免阳光直晒，以防液压油氧化。

（3）保存容器。液压油盛装容器以桶为多，为防止尘埃，水分沉积在桶口周围，桶以横放为宜。否则，应在桶口处采取防污措施。在长期储存中，一般每隔 3 个月左右要把桶回转一次。

（4）保管期限。对液压油的保管期限虽没有明文规定，但液压油的氧化是从产出日就已开始，所以备用液压油的数量应该按实际需要而定，并要做到分批保管，按次序使用，以免存放过久，液压油变质而无法使用，造成经济损失。

二、控制液压油的污染

1. 液压油质量恶化的原因

油液中水、空气、杂质以及热能是引起液压油中的添加剂耗损、失效和基础液压油氧化的根本原因，而液压油中的金属颗粒对液压油氧化会起催化作用，加速液压油的劣化。因此，污染和氧化是导致液压油性能恶化的最重要原因。

系统液压油中含有固体杂质可能会导致阀件卡死以及油泵和液压马达运动时的磨损和擦伤。如果杂质的颗粒直径与运动时的间隙相当而其硬度又与零件相近，则油泵和液压马达运动时也可能卡死。液压油中石英砂之类的矿物质污染对零件的磨损作用更甚于金属颗粒。而液压油中含水（特别是海水）则会腐蚀设备和管路，恶化液压油的润滑性能，还会使产生"气穴现象"的可能性增加。显然，液压系统的设计工作压力越高，运动副的间隙越小，对污染控制也就越要严格。

液压油在通常温度范围（-30～40℃）和与空气接触不多时，其理化性质的改变是很慢的。这时，金属（特别是有色金属）、水、机械杂质（磨损物等）以及焦炭、沥青等也将显现出强烈的催化作用，而压力增大、大压差节流、摩擦副单位负载过大等又都会导致液压油发热，加速氧化过程，还会破坏分子结构，降低液压油的黏度和润滑性。此外，液压油氧化还会产生有机酸和污渣沉淀，使液压油的黏度增加，润滑性、抗氧化性和防腐蚀性变差，甚至可能造成通道堵塞和阀件卡阻。

2. 液压油污染的控制

影响液压油污染量的各种因素之间的关系可用公式表示：工作液压油污染量=初始污染量+侵入污染量+新生污染量-滤除污染量。因此，要使工作液压油的污染程度在可接受的限度以内，应注意以下主要环节。

（1）新系统或大修后要严格冲洗。新系统中的液压油往往比运行1000h后的系统的液压油更脏。因此，新系统或大修后必须用油循环冲洗，为此，有些系统专门设计有独立的循环净化回路。

冲洗时尽可能采用大流量，使油在管路中呈紊流状态。在清洗过程中应使各运动件以最大速度或行程连续动作，并用铜锤适当敲震管路和各焊口多次。冲洗完后洗涤油的回收量应不少于95%。

循环冲洗系统需设置高精度滤油器（用绝对精度5～10μm的滤油器可获得满意的效果），开始时要勤洗滤油器，一般每5～10min洗一次滤油器，以后间隔渐长，直至滤芯上杂质很少。

（2）防止污染物进入系统。

1）防止固体杂质进入工作液压油。其主要措施如下。

①在油箱呼吸孔安装高效能的空气滤清器。

②采用性能可靠的密封装置。

③新加液压油的污染度应比液压系统的要求低1～2级。国内外研究表明，大部分新液压油的颗粒污染等级超过了液压系统所允许的等级，因此，注入系统的新液压油必须经过精滤。补液压油时应通过专用的清洁软管，最好用滤油车补液压油。液压油桶应盖紧后贮藏。

④拆修液压元件时要特别注意清洁。清洗过的元件和拆开的管口要用清洁的塑料布包盖。元件清洗后应用压缩空气吹干。

⑤定期清洁油箱。

2）防止水分进入系统。液压系统进入水分的途径主要有油箱和冷却器，所以，油箱应尽可能置于能关闭严密的室内。若采用海水冷却要特别注意防止水管锈穿而漏水。另外，加油用的设备和软管不应有水。

3）防止空气进入系统。其主要措施如下。

①油箱油位应在要求范围内，泵的吸入管口与系统回油管口必须始终在油面之下。

②防止泵吸入管漏泄和吸入滤器堵塞，闭式系统要有足够高的补油压力。

③初次充油时要排空系统中的空气。

充油时系统进油速度不宜太快。系统高处各放气旋塞、压力表接头等均应松开，直至流出不含气泡的整股油流时再关闭。放气作业可能要重复多次，且改换排油方向，直至任何部位都放不出气体。

（3）精细过滤及放气、泄水。过滤对保证液压系统的可靠性起重要作用。一般按系统中对杂质敏感度最大的元件来选择过滤精度。一般高压系统（>20MPa）要求是 10～15μm；中高压系统（10～20MPa）是 15～25μm；中压系统（6.3～10MPa）是 20～40μm；低压系统（<6.3MPa）是 30～50μm。有条件的场合建议使用高精度滤油器，实践证明这样可显著降低故障发生率，元件使用寿命可提高 4～10 倍。

液压系统工作时，总会有磨损物和氧化物生成，应定期拆检、清洗滤器。并从滤芯污垢情况初步判断油液污染程度及污染物类型。

发现滤芯上有金属碎末或磁芯上有较多铁末时应特别警惕，这可能表明系统内液压泵或马达部件有损坏。

若发现系统里空气太多，执行元件动作会滞后，可通过管路高处放气，必要时从油箱底部泄放阀泄放水和污垢。

3. 定期检查液压油质量

液压油使用一段时间后质量会恶化，使故障发生率显著增加。换油过早又会造成经济上的损失。船舶液压系统要规定液压油的使用期限是困难的，因为液压油随工作条件（压力、温度、负载等）、液压设备和系统的类型及所用材料、管理好坏等差异极大，无法统一规定，应根据油样检查和化验的结果决定是否需要换油。

定期检查液压油质量主要通过采集油样，并对油样分析化验判定。采集的油样必须具有代表性，否则会造成误判。为此，采样时应首先备妥干燥、洁净的瓶子和耐油塑料管（可用汽油清洗后吹干），并在回油管路的压力表接头上接上一个可与塑料管相连接的螺纹接头，以备取样。采样前应先使设备空转一段时间，待液压油被搅匀、油温升至正常温度后即可采集油样。应该注意，从采样管中最初流出的油液不宜留作油样。供化验用的油样通常约需 1L，采样时可取 2～3L。取样后，应将瓶子盖严，贴上标签，并注明采样地点、设备名称和编号、采样部位、油的品种和牌号、液压油开始工作日期和采样日期等。

对采集的油样也可先在现场进行简易判断：进行外观检查，查看颜色与新油有无差异；有无水分和沉淀；有无异常臭味；与新油比较，看摇动后泡沫消失的快慢。表 12-3 列出液压油污染变质情况的外观判断法与处理措施，可供参考。

表 12-3 液压油污染变质情况的外观判断法与处理措施

外观颜色	气味	状态	处理措施
透明，无变化	正常	良	照常使用
透明，但颜色变淡	正常	混有别种油液	检查黏度，如符合要求，可继续使用
变浑浊或发白	正常	混有空气或水	分离、除水，换一半或全部油

续表

外观颜色	气味	状态	处理措施
变深发黑	有异味	氧化变质	全部换油
透明但有小黑点	正常	混入杂质	过滤后使用或换油
透明而闪光	正常	混入金属粉末	过滤或换油

对油样进行污染鉴定的方法还有，用两块透明玻璃片夹住油滴试样，透光观察。此外，也可采用滤纸滴油法，即用直径为 1.8mm 左右的金属丝将油样沾起并滴在 240 目的滤纸上，待滤纸吸干油滴后，看其所形成的滴痕。由于油液在滤纸上将从中心向周围渗透、扩散，并将固体粒子积留在中心部位，故中心部位颜色较深，而扩散出去的部分则颜色较浅。显然，若油液并未变质，整个滴痕的颜色就较均匀，否则就会生成颜色明显有别的环形斑痕，而且斑痕越明显，变质的程度就越严重。如果滴痕呈棕色或灰色，则表明油中已生成胶质、沥青或炭渣。具体的判断方法见表 12-4。

表 12-4 滤纸滴油判断油液污染

滤纸的油样滴痕	污染程度
中心部位颜色较浓，环形分界线清楚	大粒子多，污染程度大
中心部位扩展很宽	小粒子多，污染程度大
无明显中心，只见扩散	污染程度小

油中是否有水溶性酸碱的判断：可用少量水与油样一起搅拌、摇荡，并待其静置分层后，再用 pH 试纸试验水层的酸碱性。油中是否含水还可以用以下方法判断：滴油于炽热的铁块上，如有"嗞嗞"声，则表示油中有水。

以上判断方法虽然简便，但往往不够科学。精确的做法是根据油样化验得到的性能指标确定油中是否有水溶性酸碱。

经验表明，液压油一旦氧化就必须全部更换，如保留 10% 的旧油掺入新油混用，反而使新油寿命缩短一半。此外，液压泵、马达损坏换新后，如不彻底清洗系统和换液压油，寿命将不超过 6 个月。因此，液压系统换液压油时，须将油箱、管路中的液压油全部放掉，然后拆卸总回油管，严格清洗元件、油箱及滤油器，待检查合格后加入新油，按规定调整液压系统，并将新换液压油的理化性能数据记录在专用表格中，便于今后比较。不同品种的液压油不得混合使用。

第十三章 液压舵机

第一节 舵的作用原理和舵机的基本要求

舵是控制船舶航向的关键设备，是船舶液压机械中最重要的设备之一，液压舵机是舵系统正常工作的前提。舵是船舶操纵设备，其工作的可靠性直接关系到船舶的安全。工作过程中应正确操作液压舵机，在发生故障时需要进行必要的调试，使之符合规范要求。

为了更好地掌握正确操作与调试液压舵机的能力，需要熟悉液压舵机的基本组成、工作原理和基本技术要求等相关知识，应进一步熟悉液压舵机维护管理方法，对常见故障进行分析判断和排除，正确调试舵机。

一、舵设备的组成和舵的类型

舵垂直安装在螺旋桨的后方。早期船舶都采用平板舵，目前为了提高舵效和推进效率，除一些内河小船外，大都采用由钢板焊接而成的空心舵，称为复板舵。这种舵由于水平截面呈对称机翼形，故又称为流线型舵。

舵的类型很多，图13-1为四种典型的海船用舵。舵叶的偏转由操舵装置（通常称为舵机）来控制。舵机经舵柄1将扭矩传递到舵杆3上，舵杆由舵承10支承，它穿过船体上的舵杆套筒4带动舵叶7偏转。舵承固定在船体上，由滑动或滚动轴承及密封填料等组成。此外，舵叶还可通过舵销5支承在舵柱8的舵托9或舵钮6上。

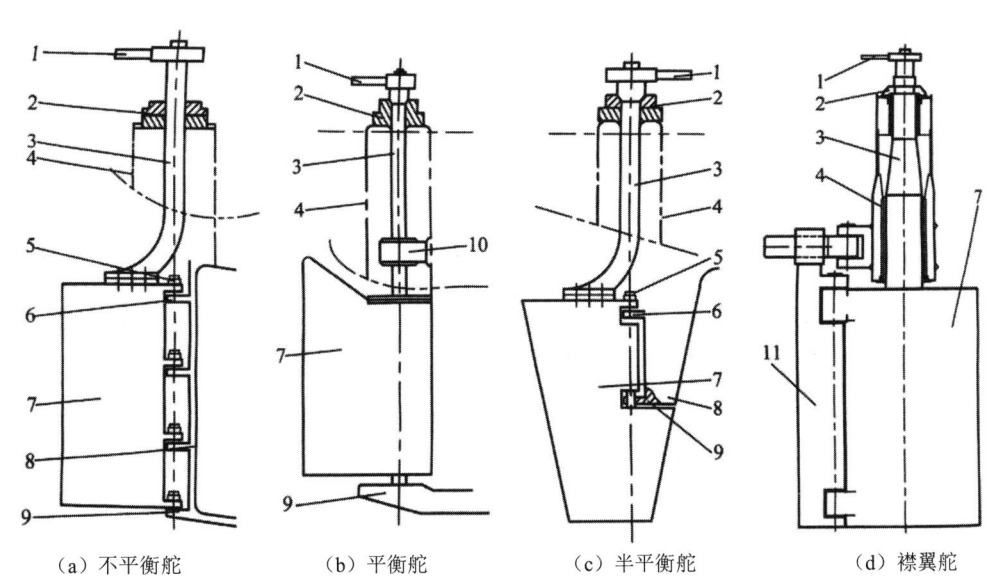

(a) 不平衡舵　　(b) 平衡舵　　(c) 半平衡舵　　(d) 襟翼舵

1—舵柄；2—上舵承；3—舵杆；4—舵杆套筒；5—舵销；6—舵钮；7—舵叶；8—舵柱；9—舵托；10—舵承；11—辅舵

图13-1　海船用舵

舵杆轴线一般就是舵叶的转动轴线。舵杆轴线紧靠舵叶前缘的舵，称为不平衡舵［图 13-1（a）］；舵杆轴线位于舵叶前缘后面一定位置的舵称为平衡舵［图 13-1（b）］；而仅于下半部做成平衡舵形式的舵即称为半平衡舵［图 13-1（c）］。后两种舵在舵杆轴线之前有一定的舵叶面积，转舵时水流作用在它上面产生的扭矩可以抵消一部分轴线后舵叶面积上的扭矩，从而减轻舵机的负荷。

还有一种转折舵，称为襟翼舵［图 13-1（d）］，它在主舵后方设一辅舵11，在转舵时不仅主舵转动，辅舵也同时转动，二者转动的方向一致，但辅舵的转动角度比主舵的转动角度大，其流体动力特性在小舵角时可以得到极大改善。

二、舵的作用原理和转舵扭矩

1. 舵上的水作用力及其对船舶运动的影响

船舶航行时，如舵叶处于正舵位置，即舵角（舵叶与船舶中线的夹角）$\alpha=0°$时，则舵叶两侧所受的水作用力相等，对船的运动方向不产生影响。但如将舵叶向某舷偏转任一角度 α，则其两侧的水流就会如图 13-2 所示那样，不再保持对称，水流绕流舵叶时的流程在背水面就要比迎水面长，背水面的流速也较迎水面大，而其上的静压力也较迎水面要小。这样，舵叶两侧所受水压力的合力（称为舵压力）F_N 垂直于舵叶，并作用于舵叶的压力中心 O，指向舵叶的背水面。除 F_N 外，水流对舵叶还会产生与舵叶中线方向一致的摩擦力 F_f。所以，当舵叶偏转舵角 α 后，在舵叶的压力中心 O 上，就会产生一个大小等于 F_N 与 F_f 合力的水作用力 F。

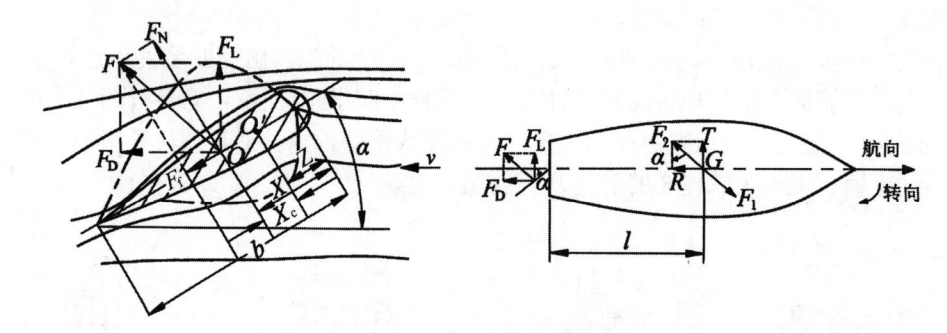

图 13-2 舵的水动力及其对船舶的影响

舵上的水作用力 F 对船舶重心 G 形成的转矩称为转船力矩，用 M_s 表示：

$$M_s \approx F_L \cdot l = \frac{1}{2} C_L \rho A v^2 l \tag{13-1}$$

式中：C_L——升力系数，其大小随舵角 α 而变，并与舵叶的几何形状有关，由模型试验测定；ρ——水的密度，kg/m³；A——舵叶的单侧浸水面积，m²；v——舵叶处的水流速度，m/s；l——舵杆轴线至船舶重心的距离，m。

2. 舵的水动力矩和转舵扭矩

舵压力 F_N 对舵杆轴线所产生的力矩称为舵的水动力矩，用 M_α 表示。由图 13-2 可见，舵的水动力矩为

$$M_\alpha = F_N \cdot X_c = \frac{1}{2} C_N \rho A v^2 X_c \tag{13-2}$$

式中：X_c——舵压力中心至舵杆轴线的距离，m。

对于平衡舵，$X_c = C_x b - Z$，其中 C_N、C_x 为舵叶压力系数、压力中心系数，其大小随舵角 α 而变，并与舵叶的几何形状有关，由模型试验测定；b 为舵叶平均宽度，m；Z 为舵杆轴线至舵叶导边的距离，m。

操舵装置施加在舵杆上的扭矩称为转舵扭矩，用 M 表示。舵匀速转动时，转舵扭矩应等于水动力矩 M_α 和舵各支承处的总摩擦扭矩 M_f 的代数和，即 $M = M_\alpha + M_f$。M 以方向与舵转向相同为正，而 M_α、M_f 以方向与舵转向相反为正。显然，M_f 始终为正值，对于平衡舵，一般有 $M=(0.15\sim 0.20)M_\alpha$。正车回舵或倒车偏舵时，$M_\alpha$ 为负，此时会出现负转舵扭矩。

舵机的公称转舵扭矩是指在最大舵角输出的最大扭矩，必须依据船在最深航海吃水以最大营运航速前进时，将舵转至最大舵角所需的扭矩来决定，并能按规范要求满足倒车时的转舵需要。

通过上述分析可以得出以下结论。

（1）舵的转船力矩 M_s 比水动力矩 M_α 大得多，它们都与舵叶的单侧浸水面积 A 及舵叶处水流速度 v 的平方成正比。因此，舵叶浸水面积增加和航速提高，都能使转船力矩（舵效）增加，但这时转舵扭矩和舵机负荷也增加。在内河航行时，逆水靠离码头可增加转船力矩。

（2）正航偏舵时水动力矩 M_α 和转船力矩 M_s 随舵角 α 变化的规律如图 13-3 所示。转船力矩随舵角增加而增加，当达到某一舵角时将出现最大值。海船吃水较深，转船力矩达到最大值时的舵角在 30°～35° 之间；而河船舵叶该舵角一般在 35°～45° 之间。目前海船舵机规定的最大舵角是 35°，河船最大舵角可以更大一些。

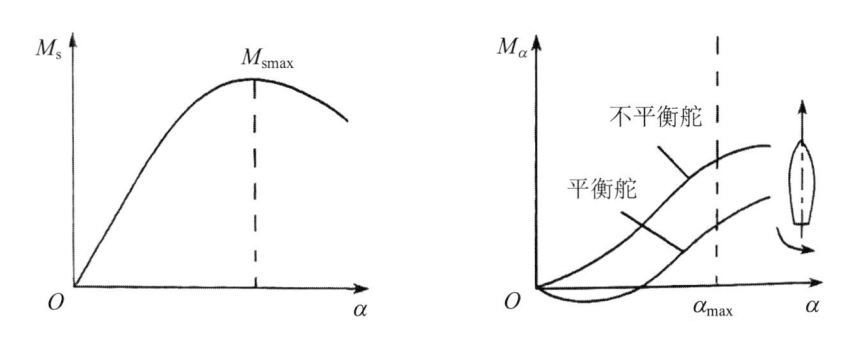

图 13-3 转船力矩和舵的水动力矩与舵角的关系

（3）现代船舶大多采用平衡舵。这种舵的水动力矩 M_α 随力臂 X_c 减小而减小，使舵机需要的功率减小，但转船力矩几乎不受影响。

平衡舵在小舵角时水动力矩会出现负值，转舵时水动力矩会帮助转舵，这是由于压力中心位于舵杆中心线前。选用适当的平衡系数（K）可以减小舵机的额定功率和常用舵角（小于 20°）的功率消耗，一般 $K=0.15\sim 0.35$。

（4）倒航时舵叶后缘变成导边，压力中心与舵杆中心线的距离变大，但倒航航速一般不超过正航最大营运航速的一半。实践表明，流线型平衡舵倒航时的最大水动力矩一般为正航时最大值的 60% 左右。

三、舵机的基本要求

《钢质海船入级与建造规范（2023）》根据《国际海上人命安全公约（SOLAS 公约）》的

规定，对舵机提出了明确要求，即舵机必须具有足够的转舵扭矩和转舵速度，并且万一在某一部分发生故障，应能迅速采取替代措施，以确保操舵能力。其基本要求如下：

（1）必须具有一套主操舵装置和一套辅操舵装置，或主操舵装置备有两套以上的动力设备。当其中一套失效时，另一套应能迅速投入工作。

主操舵装置应具有足够的强度和能力，能在船舶处于最大航行吃水并以最大营运航速前进时将舵自任何一舷35°转至另一舷的35°，且能在不大于28s的时间内将舵自任何一舷的35°转至另一舷的30°。此外，在船以最大速度后退时应不致损坏。

辅操舵装置应具有足够的强度，且能在船舶处于最大航行吃水并以最大营运航速的一半或7节（取其大者）前进时，在不超过60s的时间内将舵自任一舷的15°转至另一舷的15°。

在主操舵装置备有两台以上相同的动力设备并符合下列条件时，也可不设辅操舵装置〔10000t（载重吨）以上的油船、化学品船、液化气体船和70000t（载重吨）以上的其他船必须如此〕：当管系或一台动力设备发生单项故障时应能将缺陷隔离，以使操舵能力能够保持或迅速恢复，对于客船，当任一台动力设备不工作时，或对于货船，当所有动力设备都工作时，应能满足对主操舵装置的要求。

（2）主操舵装置应在驾驶台和舵机室设有控制器；当主操舵装置设置两台动力设备时，应设有两套独立的控制系统，且均能在驾驶台控制。但如采用液压遥控系统，除10000t（载重吨）以上的油船（包括化学品船、液化气船，下同）外，也可不设第二套独立的控制系统。

（3）对于舵杆直径大于230mm（不包括冰区加强）的船，舵机必须设有替代动力源。替代动力源可以是应急电源，或是位于舵机室的专用的独立动力源。它应能在必要时于45s内向一套舵机动力设备及其控制系统和舵角指示器自动提供动力，对于10000t（载重吨）以上的船舶，应至少可供其工作0.5h，对其他船舶要求为10min。

（4）对10000t（载重吨）以上的油船尚有附加要求：当发生单项故障（舵柄、舵扇损坏或转舵机构卡住除外）而丧失操舵能力时，应能在45s内恢复。

（5）操舵装置应设有有效的舵角限位器。以动力转舵的操舵装置，应装设限位开关或类似设备，使舵在达到舵角限位器前停住。

（6）对于能被隔断的、由于动力源或外力作用能产生压力的液压系统，任何部分均应设置安全阀。安全阀开启压力应不小于1.25倍最大工作压力；安全阀能够排出的流量应小于液压泵总流量的110%，在此情况下，压力的升高不应超过开启压力的10%，且不应超过设计压力值。

第二节　液压舵机的基本组成和工作原理

现代船舶几乎全部采用液压舵机，电动舵机仅用于一些小型船舶。液压舵机是利用液体的不可压缩性及流量、流向的可控性来达到操舵目的。根据液压油流向变换方法的不同，液压舵机可分为泵控型和阀控型两类。

一、泵控型液压舵机

泵控型液压舵机的基本组成包括接收驾驶台转舵信号的伺服油缸，提供动力油的变向变量泵，驱动舵叶的转舵机构，以及液压系统中的控制阀件等。图 13-4 为泵控型液压舵机的工作原理。泵控型液压系统都采用双向变量液压泵和闭式系统。图中两台并联的双向变量泵 1 工作时由电机 14 驱动，可单独或同时从某侧的转舵油缸 5 吸油，向另一侧油缸排油，油压差作用于柱塞 6，通过滑块 7 来推动端部呈叉形的舵柄 8，使舵柱和舵叶转动。泵的转向和转速不变，供油方向和流量由油泵控制杆 4 控制泵的变量机构偏离中位的方向和大小来决定，实现对舵叶运动的控制。

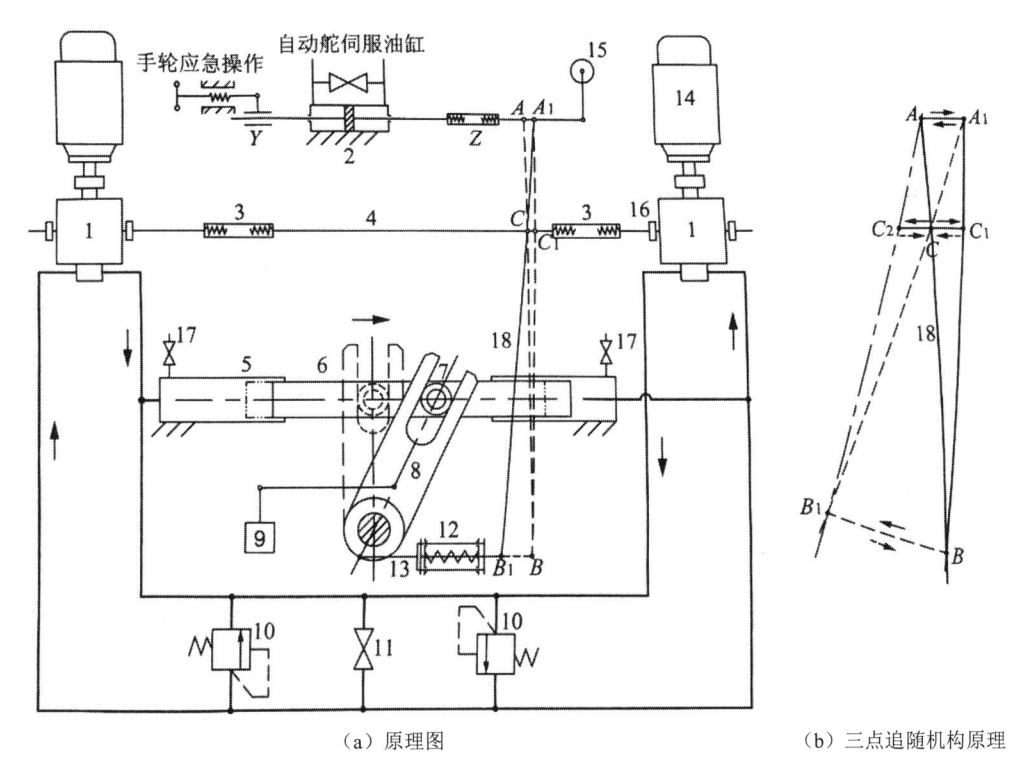

（a）原理图　　　　　　　　　（b）三点追随机构原理

1—双向变量泵；2—伺服油缸；3—调节螺套；4—油泵控制杆；5—转舵油缸；6—柱塞；7—滑块；8—舵柄；
9—舵角指示器的发送器；10—安全阀；11—旁通阀；12—储存弹簧；13—舵角反馈杆；14—电机；
15—反馈发讯器；16—泵变量机构限位器；17—放气阀；18—浮动杆

图 13-4　泵控型液压舵机的工作原理

图 13-4（b）为曾广泛用于泵控型液压舵机的浮动杆追随机构的原理。浮动杆 18 的 A 点（操纵点）由舵机的控制系统（本例通过伺服油缸）控制，给出与驾驶室的指令舵角相同的操舵角（有标牌指示）；在 C 点（控泵点）与泵的变量机构油泵控制杆铰接；而在 B 点（反馈点）通过储存弹簧 12、舵角反馈杆 13 与舵柄相连，接收舵叶实际舵角的反馈信号。

当操舵角与实际舵角均为 0°时，浮动杆的 A、B 点都处在相应于 0°的中位，使 C 点及泵的变量机构也处于中位，泵空转不排油，封闭了转舵油缸的油路。由于油液基本上不可压缩，若不漏泄，柱塞、舵柄就会保持不动，舵叶就停在中位（0°舵角）。

此时，如果驾驶室给出某一左舵的指令舵角，通过控制系统使伺服油缸 2 的活塞右移，反馈发讯器 15 向控制系统反馈活塞位移的信号。当活塞行至所给出的操舵角与指令舵角相同的位置时，伺服油缸进、排油立即中断，操纵点 A 移到 A_1 点停住。若舵尚未转动，反馈点仍

在 B 点位置，浮动杆绕 B 点转动，控泵点就会从 C 点移动到 C_1 点，带动泵变量机构油泵控制杆离开中位，泵开始从右侧油缸吸油，排到左侧油缸，推动柱塞右移，通过滑块、舵柄向左转舵。随着舵叶偏转，舵角反馈杆拉动浮动杆的反馈端左移，此时操纵端保持在 A_1 点，不动，浮动杆绕 A_1 点，转动。当舵叶转到实际舵角与操舵角相同时，反馈端移到 B_1 点，控泵点又被带回到中位（C 点），泵再次停止供油，封闭转舵油缸，舵就停住。浮动杆的动作过程如图 13-4（b）中所示：ACB—A_1C_1B—B_1CA_1。

回舵时，如从上述情况返回正舵，浮动杆的操纵端从 A_1 点返回并保持在 A 点，浮动杆绕 B_1 点转动，它的控泵点及泵变量机构向左离开中位，使泵从左侧油缸吸油，向右侧油缸排油，推动舵叶反向回转。当舵叶回到中位时，在反馈杆的作用下，浮动杆的反馈端重新回到 B 点，控泵点以及泵变量机构又返回中位，泵再次停止供油，舵停在正舵位置。实际上，工作中 B 点不是在 A 点动作完成后才动作，而是 C、B 点连续追随 A 点动作。浮动杆追随机构可使转舵过程开始和结束时泵的流量逐渐增大和减小，可减轻液压冲击。

为加快转舵速度，通常操舵角与实际舵角的偏差不大时，泵的变量机构就移到最大排量位置，这时控制杆受泵变量机构限位器 16 的限制不能再前移，于是大舵角操舵时，在舵叶转动使浮动杆 B 端移动前，A 点便会无法连续移动，即大舵角操舵动作不能一次性完成。为解决这一问题，在舵角反馈杆上设了可双向压缩的储存弹簧，当浮动杆 A 端的移动使 C 点的位移受限后，B 端就能压缩储存弹簧而移动，使浮动杆绕控泵点摆动，以便 A 端能继续移动，大舵角操舵得以连续完成。随后随舵叶偏转，受压缩的储存弹簧逐渐释放，待其恢复原长后，舵的偏转才会拉动浮动杆 B 端，使 C 点以及泵的控制杆返回中位停止转舵。可见，加装了储存弹簧后，不但大舵角操舵得以连续进行，而且转舵时泵能长时间以最大流量供油，加快了转舵速度。

图 13-5 为一种储存弹簧的结构。显然，储存弹簧的刚度和预紧度必须适当。若其张力过大，浮动杆 A 端的操纵力有限，则反馈杆与刚性杆无异，大舵角操舵无法一次连续进行；若储存弹簧张力过小，则可能泵控制杆未达最大位移时 B 点已开始压缩储存弹簧而移动，泵即不能以最大流量供油，甚至不能供油，便不能正常转舵。储存弹簧的张力可用调节螺母 11、13 调节。

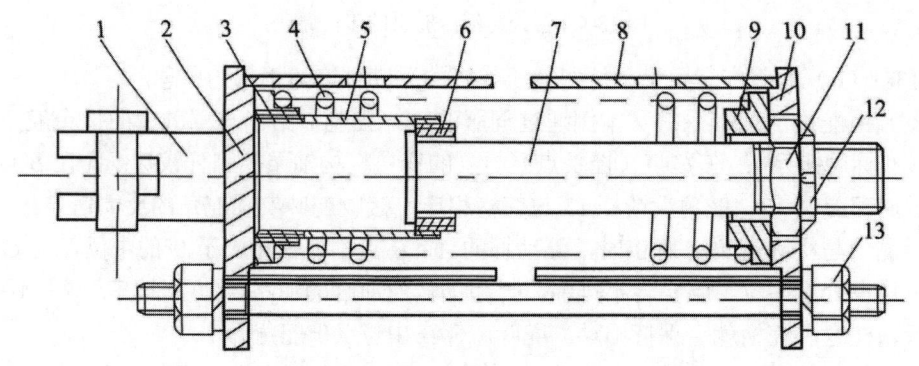

1、7—连接杆；2、10—端盖；3、9—弹簧座；4—弹簧；5—导套；6—导套端盖；
8—外套；11、13—调节螺母；12—锁紧螺母

图 13-5 储存弹簧的结构

手动操作舵机或应急机旁操作舵机时，可以在 Y 处（图 13-4）插入插销，在机旁通过手轮操舵。

这种泵控型液压舵机的控制系统有两部分：控制舵机室受动元件（例如伺服油缸活塞）的电气控制系统和控制泵变量机构的浮动杆追随机构。反馈发讯器是由舵机室受动元件带动的。新型舵机为简化设备和调试，趋向于取消浮动杆，以电气控制系统直接控制泵变量机构，或直接采用电液比例变量泵，这时反馈发讯器直接由舵柄或舵杆带动。

为了防止海浪或冰块等冲击舵叶时，造成舵杆上的负荷过大、系统油压过高和使电机过载，在油路系统中装设了安全阀 10（图 13-4，亦称防浪阀）。当舵叶受到冲击致使任一侧管路的油压超过安全阀的整定压力时，安全阀就会开启，使油泵的两侧管路旁通，于是，舵叶也就会偏离所在位置，同时带动浮动杆的 B 点，使 C 点离开中位，油泵因而排油。当舵上的冲击负荷消失后，安全阀关闭，舵叶在油泵的作用下又会返回，并将 B 点带回原位。所以，液压舵机能够很好地适应冲击负荷，安全阀还能防止油泵因工作油压过高而过载。

通过放气阀 17（图 13-4）可对系统放气，或者连接压力表监视系统的工作油压。为了了解舵叶所处的实际舵角，便于舵机的调试和驾驶人员对船舶的操纵，除了有与舵柄或舵杆相连的指针可指示实际舵角，还应设电动舵角指示器在驾驶台、集控室、舵机室以及轮机长、船长住舱等处显示舵角。舵角指示器通常是一对由路相连的自整角机，两者的指针始终保持同步。图 13-4 的舵柄上连接有舵角指示器的发送器 9。

二、阀控型液压舵机

阀控型液压舵机的基本组成包括接收转舵信号的电液（电磁）换向阀，提供转舵动力油的定量泵，驱动舵叶的转舵机构，实际舵角反馈发讯器，液压阀件，等等。图 13-6 为一种阀控型液压舵机的工作原理。工作时，定量泵连续运转，吸、排油方向不变，转舵油缸 6 的供油由 O 形三位四通电液换向阀 3 控制。当驾驶台给出指令舵角时，换向阀某侧电磁线圈通电，阀芯偏离中位，工作在相应的左位或右位，油液进入相应的转舵油缸，油缸的另一侧则通油箱，推动舵杆和舵叶转动。由舵杆（或舵柄）带动的舵角反馈发讯器 7 将实际舵角信号送回电气控制系统，当舵叶转动的实际舵角与指令舵角一致时，电液换向阀的电信号消失，阀芯回到中位，泵的输出油经卸荷溢流阀 2 卸荷，转舵油缸的油路被锁闭，舵叶停转。若驾驶台给出相反的指令舵角，则换向阀的另一侧线圈通电，阀芯偏移的方向和转舵方向与前述相反。

根据《钢质海船入级与建造规范（2023）》的要求，阀控型液压舵机电液换向阀前后的油路应各设一组安全阀，前者可防止液压泵过载，后者作防浪用。图 13-6 中的液压泵过载保护由卸荷溢流阀实现，同时在不转舵时，可使液压泵卸荷；防浪保护由防浪安全阀 5 实现。膨胀油柜 8 可向系统补油或容纳受热膨胀的油。

阀控型液压舵机的液压系统大多采用开式，液压油回至油柜，泵从油柜吸液压油。开式系统油的散热好，但液压油受污染的机会要多些。阀控型液压舵机采用单向定量泵，系统及其控制相对简单，造价较低。其缺点是不转舵时泵仍以全流量排液压油，经济性稍差，液压油发热较多，适用功率比泵控型小。

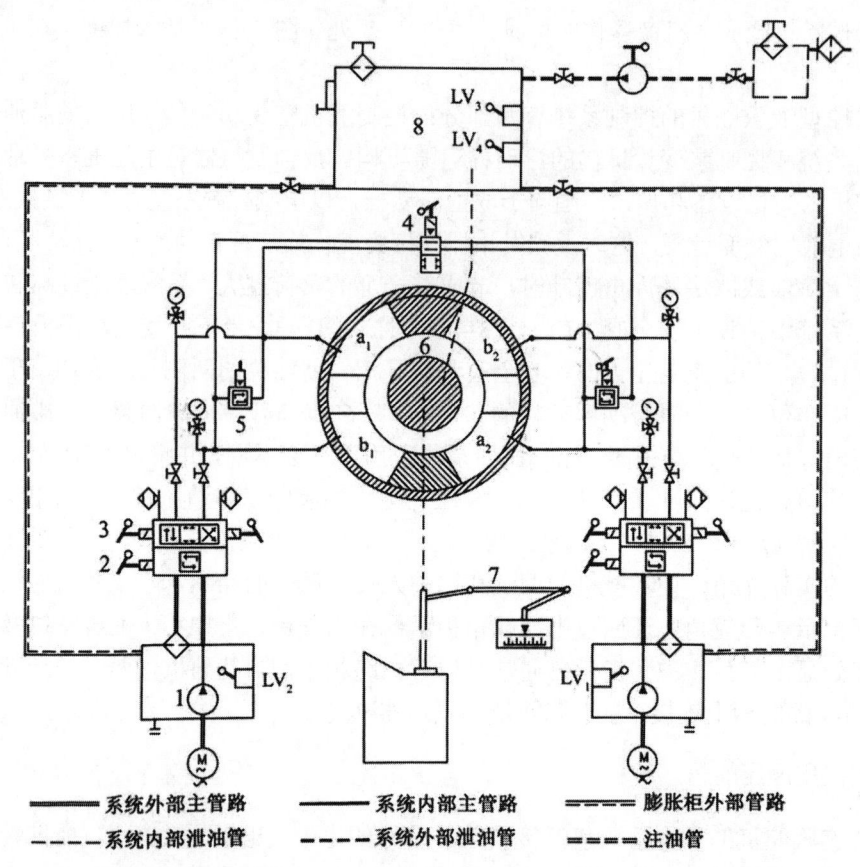

1—定量泵；2—卸荷溢流阀；3—电液换向阀；4—隔离/旁通阀；5—防浪安全阀；
6—转舵油缸；7—舵角反馈发讯器；8—膨胀油柜

图 13-6 阀控型液压舵机的工作原理

第三节 液压舵机的转舵机构

在液压舵机中，转舵机构用来将油泵供给的液压能转变为转动舵杆的机械能，以推动舵叶偏转。根据动作方式的不同，转舵机构可分为往复式和回转式两大类。前者主要有十字头式、拨叉式、滚轮式和摆缸式；后者主要有转叶式、弧形撞杆式、球形转子式。

一、往复式转舵机构

往复式转舵机构可依其传动特点不同分为滑式、滚轮式、摆缸式、筒状活塞式、平行连杆式及齿扇齿条式等，其中前三种应用较多，现分述如下。

1. 滑式转舵机构

滑式转舵机构是应用最广的一种传统形式，目前仍广泛采用，它又有十字头式和拨叉式之分。十字头式转舵机构主要由转舵油缸、插入油缸中的撞杆以及与舵柄相连接的十字形滑动接头等组成。一般当转舵扭矩较小时，常采用图 13-4 所示的对向双缸单撞杆的形式，而当转舵扭矩较大时，则多采用四缸双撞杆的结构，如图 13-7（a）所示。

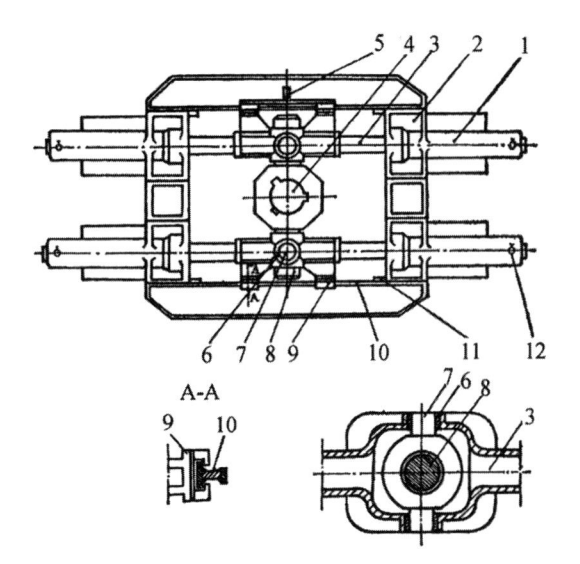

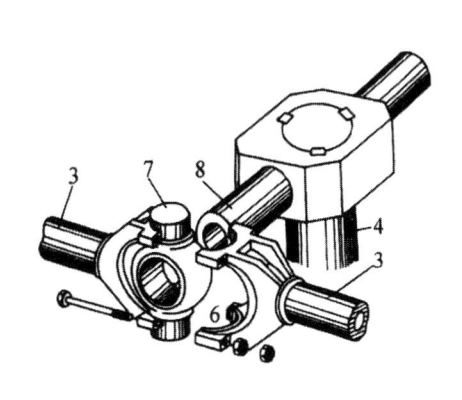

(a) 四缸双撞杆结构　　　　　　　　(b) 十字头结构

1—油缸；2—底座；3—撞杆；4—舵杆；5—舵角指针；6—十字头轴承；7—十字头耳轴；
8—舵柄；9—滑块；10—导板；11—行程限制器；12—放气阀

图 13-7　十字头式转舵机构

为了将撞杆的往复运动转变为舵柄的摆动，在撞杆与舵柄的连接处，设有图 13-7（b）所示的十字形滑动接头。由图可见，两撞杆 3 用螺栓通过叉形端部连在一起，形成上、下两个轴承。两轴承抱着十字头耳轴 7，而舵柄 8 则与耳轴垂直，并横插在十字头的中央轴承中。因此，当撞杆在油压推动下移离中央位置时，十字头就会一边随撞杆移动，一边带动舵柄偏转，继而带动舵杆转动。显然，随着舵角 α 的增加，十字头将在舵柄上向外端滑移，而舵柄的有效工作长度，即舵杆中心到十字头中心的距离 R 也就随 α 的增大而增大。

撞杆的极限行程由行程限制器（挡块）11 加以限制，它能在舵角超过最大舵角 1.5°时限制撞杆继续移动。这时油缸底部的空隙应不小于 10mm。在导板的一侧还设有机械式舵角指针 5，以便驱放油缸中的空气。

滑式转舵机构的受力分析如图 13-8 所示。当将舵转至任意舵角 α 时，为了克服水动力矩所造成的力 F_Q（与舵柄方向垂直），在十字头上就将受到撞杆两端油压差的作用力 F_p。由于力 F_p 与 F_Q 的作用方向不在同一直线上，导板必将产生反作用力 N'，以使 F_p 和 N' 的合力 F_Q 恰与力 $F_{Q'}$ 方向相反，从而产生转舵扭矩以克服水动力矩和摩擦扭矩。这样，与舵柄方向始终垂直的力 F_Q 就应为

$$F_Q = \frac{F_p}{\cos\alpha} = \frac{\pi D^2 p}{4\cos\alpha} \tag{13-3}$$

式中：D——撞杆直径，m；p——撞杆两端的油压差，Pa。

这时转舵力臂 $R=R_0/\cos\alpha$，为舵杆中线到撞杆中心线的距离。因此，滑式机构产生的转舵扭矩为

$$M = z\frac{\pi D^2 p}{4\cos\alpha} \cdot \frac{R_0}{\cos\alpha}\eta_\mathrm{m} = \frac{\pi D^2 z p R_0 \eta_\mathrm{m}}{4\cos^2\alpha} \tag{13-4}$$

式中：z——油缸对数；η_m——机械效率，滑式机构一般取 0.75～0.85。

在撞杆直径 D、舵柄最小工作长度 R_0 和撞杆两侧油压差 p 既定的情况下，滑式转舵机构所能产生的转舵扭矩 M 将随舵角 α 的增大而增大，如图 13-9 所示。显然，这种扭矩特性恰好与舵的水动力矩的变化趋势相适应。因此，当公称转舵扭矩既定时，滑式转舵机构的尺寸或最大工作油压就可比其他转舵机构更小，亦即舵机所需的额定功率更小。

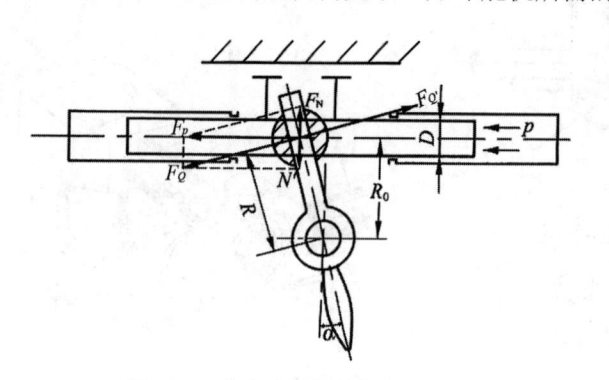

图 13-8　十字头式转舵机构的受力分析

图 13-9　转舵机构的转舵扭矩特性

十字头式转舵机构具有以下特点。

（1）转舵扭矩特性良好，承载能力较大，能可靠地平衡撞杆所受的侧推力，可用于转舵扭矩很大的场合。

（2）撞杆和油缸间的密封大都采用 V 形密封圈，如图 13-10 所示。这种密封圈由夹有织物的橡胶制成。安装时开口应面向压力油腔，以使工作油压越高，密封圈撑开越大，从而更加贴紧密封面，故密封可靠，磨损后还具有自动补偿能力。此外，密封漏泄时较易发现，更换也较方便。

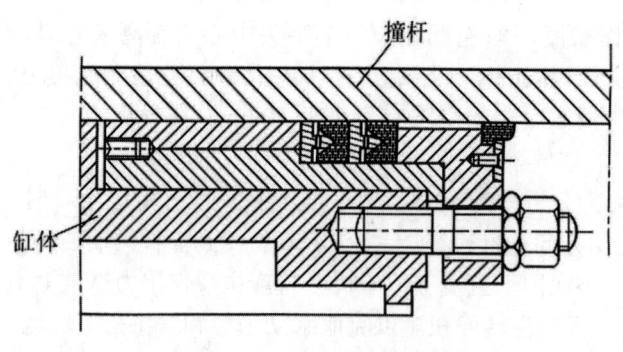

图 13-10　撞杆油缸的密封

（3）油缸内壁除靠近密封端的一小段外，都不与撞杆接触，故可不经加工或仅进行粗略加工。

（4）油缸为单作用，必须成对工作，故尺寸、质量较大。而且撞杆中心线通常都按垂直于船舶首尾线方向布置，故舵机室也需具有较大的宽度。

（5）安装、检修比较麻烦。在滑式转舵机构中，拨叉式也得到了广泛的应用，如图 13-11 所示，它使用整根的撞杆，并在撞杆中部带有圆柱销，销外套有方形（或圆形）滑块。撞杆移动时，滑块一面绕圆柱销转动，另一面在舵柄的叉形端部中滑动（或滚动）。

与十字头式转舵机构相比较，拨叉式转舵机与其转舵扭矩特性相同。但使用拨叉式转舵机时，侧推力可直接由撞杆本身承受而无须导板，故结构简单，加工及拆装都较方便；此外，当公称转舵扭矩较小时，由于以拨叉代替十字头，撞杆轴线到舵杆轴线间的距离 R_0 可缩减 26%，撞杆的最大行程也因而得以减小，所以，在公称转舵扭矩和最大工作油压相同的情况下，拨叉式的占地面积将可比十字头式减少 10%～15%，质量亦相应减小 10%左右。但是，当公称转舵扭矩较大时，则仍以采用十字头式为宜。

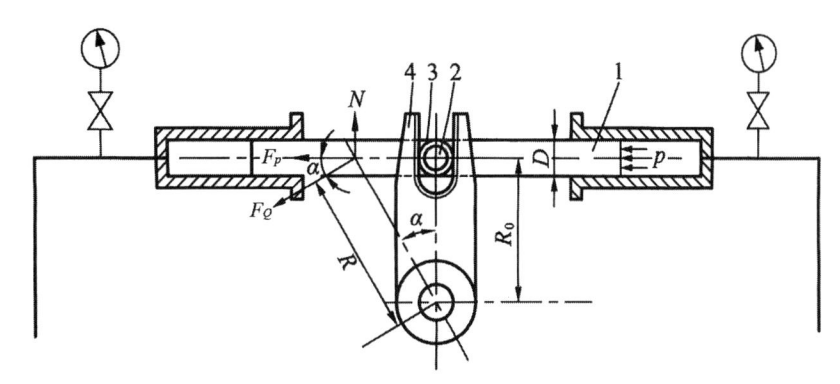

1—柱塞；2—圆柱销；3—圆柱形滑块；4—舵柄

图 13-11　拨叉式转舵机构

2. 滚轮式转舵机构

滚轮式转舵机构如图 13-12 所示。滚轮式转舵机构的结构特点是用装在舵柄端部的滚轮代替滑式转舵机构中的十字头或拨叉。工作时受油压推动的撞杆，以其顶部直接顶动滚轮，迫使舵柄转动。

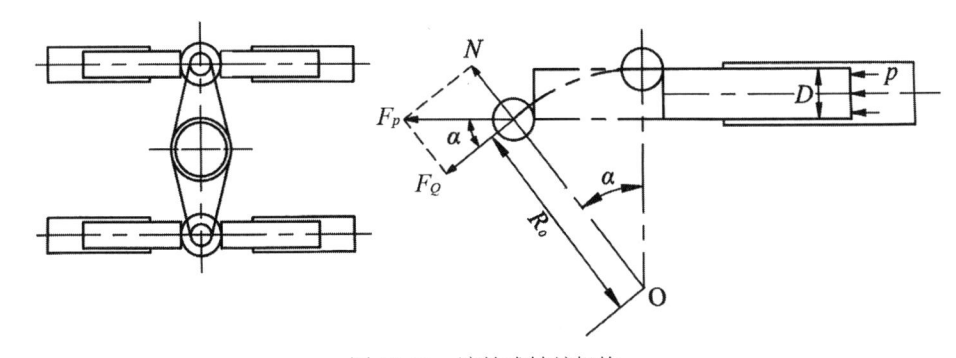

图 13-12　滚轮式转舵机构

这种机构不论舵角 α 如何变化，通过撞杆端面与滚轮表面的接触线作用到舵柄上的推力 F_p 始终垂直于撞杆端面，而不会产生侧推力。由图可见，推力 F_p 在垂直于舵柄轴线方向的分力可写为

$$F_Q = F_p \cos\alpha = \frac{\pi}{4}D^2 p \cos\alpha \tag{13-5}$$

因此，滚轮式转舵机构所能产生的转舵扭矩为

$$M = zF_0 R_0 \eta_m = \frac{\pi}{4}D^2 zp \cos\alpha R_0 \eta_m \tag{13-6}$$

式中：R_0——滚轮中心到舵杆轴线的距离，m。

上式表明，在主要尺寸（D、R_0）和最大工作油压既定的情况下，滚轮式转舵机构所能产生的转舵扭矩将随 α 的增大而减小，即转舵扭矩特性在坐标图上是一条下倾的曲线（图13-9）。在最大舵角时，舵的水动力矩较大，而滚轮式转舵机构这时所能产生的转舵扭矩反而最小，只达到与主要尺度（D、R_0）和最大工作油压差 p 相同的滑式转舵机构的55%左右。因此，在实际工作中，随着舵角 α 的增大，这种转舵机构的工作油压也就比滑式转舵机构增加得快。

3. 摆缸式转舵机构

摆缸式转舵机构如图13-13所示。它的主要结构特点就在于采用了与支架相铰接的两个摆动式油缸1和双作用的活塞杆2（也可用单作用）。转舵时，利用活塞在油压作用下所产生的往复运动和两油缸的相应摆动，即可通过与活塞杆铰接的舵柄，推动舵叶偏转。由于转舵时缸体必须做相应的摆动，故油缸两端的油管必须采用有挠性的高压软管。

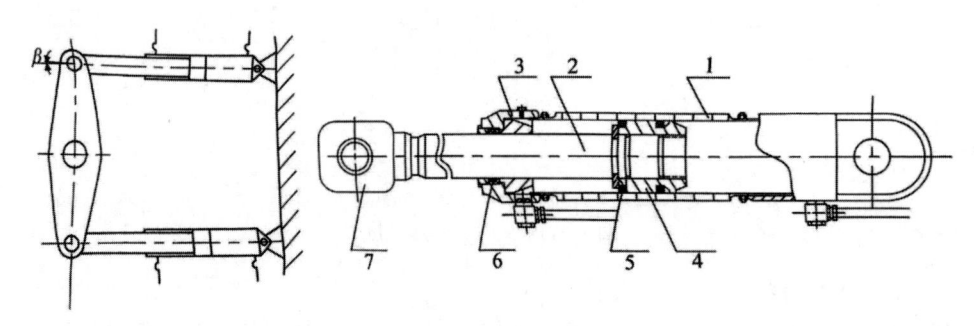

1—油缸；2—活塞杆；3—端盖；4—活塞；5—活塞环；6—密封环；7—接头

图 13-13　摆缸式转舵机构

由图可见，摆缸式转舵机构转舵时，油缸摆角 β（即任意舵角时，油缸中心线与中舵时舵柄的垂直线间的夹角）将随油缸的安装角（即中舵时的油缸摆角）和舵角 α 而变。一般常使中舵时 β 最大，而最大舵角时 β 为0或接近于0。但不论舵角 α 如何，β 角总是很小，如果将其忽略不计，则摆缸式与滚轮式转舵机构的转舵扭矩特性也就基本相同。

二、回转式转舵机构

关于回转式转舵机构，本书只介绍转叶式转舵机构。转叶式转舵机构有三转叶式和双转叶式两种。当油缸容积和最大工作油压相同时，三转叶式可提供更大的转舵扭矩，而双转叶式可允许有更大的转舵角度。图13-14为三转叶式转舵机构，内部装有三个定叶5的油缸体2，通过橡胶缓冲器安装在船体上。而用键与舵杆上端相固接的转子3则镶装着三个转叶4。由于转叶与缸体内壁及上、下端盖之间，以及定叶与转子外缘和上、下端盖之间，均设法保持密封，故转叶和定叶将油缸内部分隔成为六个小室。当油泵如图中箭头所示方向工作时，经油管 6 分别从三个小室吸油，并把油排入另外三个小室，则转叶就会在液压力作用下通过转子带动舵杆和舵叶偏转。

转叶式转舵机构的内部密封问题是其薄弱环节，以往所用工作油压都不超过4MPa，故限制了它在大功率舵机中的应用。近年来，随着密封材料和密封形式的不断改进，最大工作油压已可达10～15MPa，转舵扭矩也提高到3000kN·m左右。然而，对于普通单缸体转叶式机构，一旦内部密封损坏或发生其他故障，丧失操舵能力，就无法将故障部分隔离而迅速恢复操舵能力。

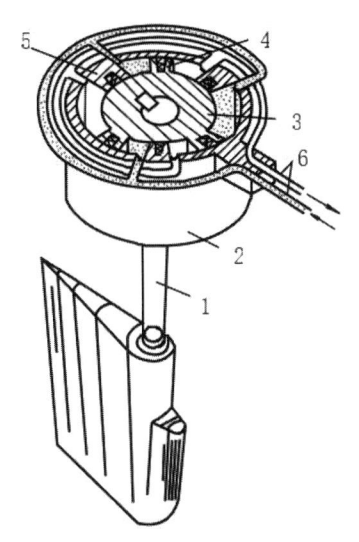

1—舵杆；2—缸体；3—转子；4—转叶；5—定叶；6—油管

图 13-14　三转叶式转舵机构

第四节　液压舵机的遥控系统

现代的船舶舵机一般都同时装有可由驾驶台遥控的随动操舵系统和自动操舵系统。所谓随动操舵系统，是指在操舵者发出舵角指令后，不仅可使舵按指定方向转动，而且在舵转到指令舵角后还能自动停止的操舵系统。而自动操舵系统，则是在船舶长时间沿指定航向航行时使用，它能在船因风、流及螺旋桨的不对称作用等造成偏航时，靠罗经检测并自动发出信号，使操舵装置改变舵角，以使船舶能够自动保持既定的航向。此外，一般还同时设有非随动操舵系统，它只能控制舵机的启停和转舵方向，当舵转至所需舵角时，操舵者必须再次发出停止转舵的信号，才能使舵停转。非随动系统通常既可在驾驶台，也可在舵机室操纵，以备应急操舵或检修、调试舵机之用。

根据从驾驶台到舵机室传递操舵信号方法的不同，舵机的遥控系统可分为机械式、液压式和电气式等几种，电气式又按控制对象不同分为伺服油缸式和伺服电机式。现代船舶大多采用电气式遥控系统。

一、伺服油缸式舵机遥控系统

伺服油缸式舵机遥控系统由电气遥控和液压伺服两部分组成。前者将驾驶台发出的操舵信号传递到舵机室；后者将信号转换成伺服油缸活塞杆的位移，然后通过浮动杆追随机构控制主油泵的变量机构，以实现远距离操舵。

图 13-15 为安修斯式舵机遥控系统的液压伺服系统工作原理，该系统是一种典型的伺服油缸式舵机遥控系统，它适用于带浮动杆追随机构的泵控型舵机。

装置启动后，辅泵（叶片泵）7 连续转动，定向定量地排出压力油，经单向阀 6、旁通型调速阀 4 供至电磁换向阀 3。电磁换向阀的阀芯位置取决于由驾驶台经电气遥控系统控制的电磁线圈 S_1 和 S_2 的通电情况（必要时也可用手动应急控制），压力油经 P、A 或 P、B 导入伺服油缸的相应空间，使伺服活塞向相应方向移动。伺服活塞杆的一端经浮动杆追随机构操纵舵机变量油泵。活塞杆的另一端与电反馈装置（自整角机）相连，随时将活塞位置的信号反馈到驾驶台的操舵设备。此外，在活塞杆的相应部位还设有最大操舵角的机械限位器。当处于中位时，P、T 相通，油泵卸载，A、B 油路不通，油缸锁闭，伺服活塞不动。

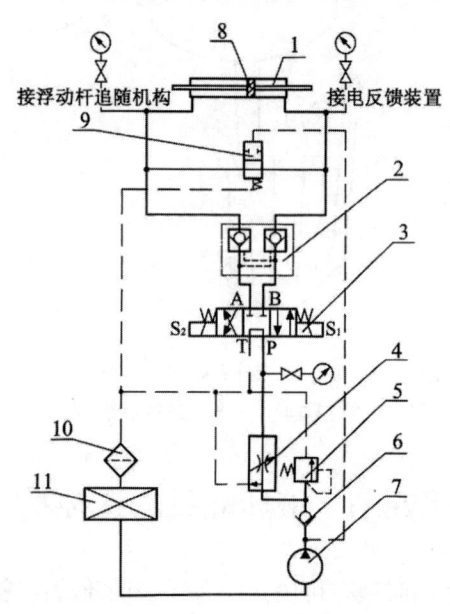

1—伺服油缸；2—锁闭阀；3—电磁换向阀；4—旁通型调速阀；5—安全阀；6—单向阀；
7—辅泵；8—伺服油缸活塞；9—液控旁通阀；10—滤器；11—油箱

图 13-15 安修斯式舵机遥控系统的液压伺服系统工作原理

当驾驶台发出的指令舵角与伺服活塞位置所代表的操舵角相比偏右舷时，需向右操舵（包括向右转舵和从左舵回舵）。这时，电磁线圈 S_1 通电，电磁换向阀被推至极左位置，来自辅泵的压力油经 P、B 供入油路锁闭阀 2 右端，顶开右端锥阀，进入伺服油缸 1 的右侧；同时，还使油路锁闭阀的左端锥阀被顶开，使油缸左侧油液经锁闭阀和电磁换向阀的 A、T 油路，回到油箱 11。这样，伺服油缸 1 在两侧油压差作用下左移，一方面操纵舵机油泵使舵向右偏转，另一方面则输出电反馈信号。当活塞行至相当于指令舵角的位置时，由于电反馈装置送回的信号正好与舵角指令信号相抵消，电磁线圈 S_1 断电、电磁换向阀回中，锁闭阀的两锥阀关闭，形成液压锁，将伺服活塞锁住。于是，舵叶在浮动杆追随机构的作用下，将自动地把舵转到并稳定在指令舵角。如果要求向左转舵（包括转左舵和从右舵回中），则电磁线圈 S_2 通电，油路 P、A 及 B、T 相通，伺服活塞右移。

单向阀的开启压力为 0.6～0.8MPa，保证工作时即使电磁换向阀在中位，单向阀前的油压仍能使液控旁通阀截断。

阀控型舵机的遥控系统与此类似，只不过用电磁换向阀直接控制主油路的转舵油缸而已，电反馈信号发送器直接与舵柄相连，反馈舵角信号。

上面介绍的只是遥控系统设在舵机间的液压伺服装置，驾驶台与舵机室之间操舵电气信号传递与反馈的电路原理省略。

二、直流伺服电机式舵机遥控系统

以伺服电机为执行元件的舵机遥控系统可以采用直流伺服电机，也可采用交流伺服电机。图 13-16 为 AEG 式直流伺服电机式舵机遥控系统工作原理，该系统是一种典型的用平衡电桥控制的直流伺服电机式遥控系统，它适用于带浮动杆追随机构的泵控型舵机。

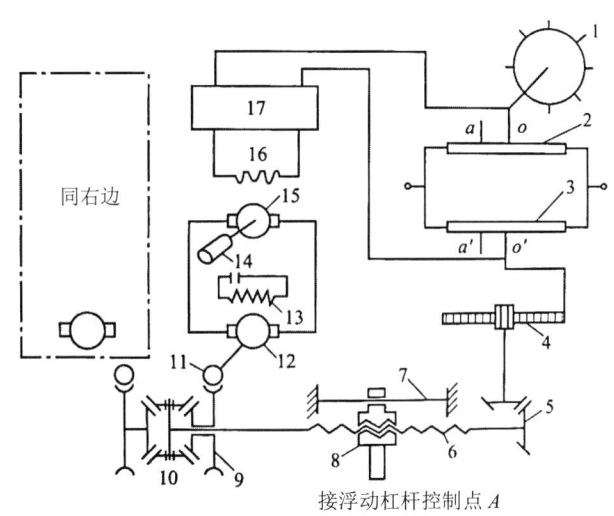

1—舵轮；2—操舵电位计；3—反馈电位计；4—齿轮、齿条机构；5—锥齿轮副；6—丝杆；7—导杆；
8—滑块螺母；9—蜗轮；10—行星齿轮；11—蜗杆；12—直流伺服电机；13—直流电动机励磁绕组；
14—交流电机；15—直流发电机；16—直流发电机励磁绕组；17—放大器

图 13-16　AEG 式直流伺服电机式舵机遥控系统工作原理

舵机室设有交流机组：交流电机 14 驱动直流发电机 15，发出直流电，再去驱动直流伺服电机 12。直流伺服电机经蜗杆 11、蜗轮 9 及行星齿轮 10 带动丝杆 6 转动。丝杆上所套滑块螺母 8 因受导杆 7 的限制不能转动，但可在丝杆上移动，从而拉动浮动杆控制点 A，控制变量泵，使其向相应方向排油转舵。与此同时，丝杆的转动还经锥齿轮副 5 和齿轮、齿条机构 4 使反馈电位计 3 的触点移动，向操纵系统送出电反馈信号。

当操舵电位计 2 和反馈电位计的触点处于相应的位置（例如中位 o 与 o'）时，直流发电机励磁绕组 16 没有电流通过，输出电压为 0，直流伺服电机不动。当舵轮 1 转动某一角度，给出相应的指令舵角时，操舵电位计上滑动触点从 o 移到 a 点，电桥失去平衡，a 与 o' 之间出现电位差，此偏差信号经放大器 17 放大，使直流发电机励磁绕组流过一定方向的电流，直流发电机 15 产生一定方向的电压，于是直流伺服电机转动，并移动浮动杆操纵点 A。当 A 点移动到与指令舵角相应的位置时，反馈机构带动反馈电位计的滑动触点从 o' 移到 a'。因为 a' 与 a 是等电位点，电桥重新平衡，偏差信号消除，直流伺服电机因励磁消失而停止转动。另外，浮动杆追随机构将使舵叶转到与 A 点位置相应的舵角上。

当舵轮带动操舵电位计触点反向移动时，直流发电机励磁绕组的励磁电流方向相反，直流伺服电机将接受直流发电机产生的反向电压而反转，带动 A 点做与上述操舵方向相反的运动。操纵点 A 偏离中位的方向和大小，始终准确地与舵轮给出的指令舵角方向和大小相对应，再通过浮动杆追随机构将舵转到与指令舵角相应的舵角。

三、交流伺服电机式舵机遥控系统

前述安修斯式舵机遥控系统采用液压伺服系统，而 AEG 式舵机遥控系统在电路中又带有触点，这些都会增加维护管理的工作量，并使发生故障的几率增加。此外，由于上述两种系统都采用浮动杆追随机构，也还会增加机械元件的数量和安装调试的工作量，而且增加了一次机械反馈环节又将使控制精度降低。特别是当一台主泵变量机构卡阻时，为了保证操舵的需要，就必须使该台主泵与浮动杆脱开，否则另一台主泵也将无法操纵，这种情况显然不能满足规范关于万吨以上油轮必须能在 45s 内排除单项故障的要求。因此，比较先进的舵机遥控系统大多采用了无触点控制，并倾向于取消浮动杆追随机构。

下面介绍的 HSH 式舵机遥控系统（图 13-17）即这方面的一个例子。它通过自整角机产生操舵电信号，经放大后控制舵机室里的交流伺服电机，然后直接拉动变量泵伺服变量机构的伺服滑阀，以控制泵的吸排方向和流量，从而实现遥控的随动操舵。因此，在只用一台油泵操舵时，另一台油泵的变量机构就不会随之动作，因而万一某台工作油泵伺服滑阀卡住时，就可迅速实现油泵的换用。当然，必要时也可同时使用两套泵组，以便加快转舵速度。

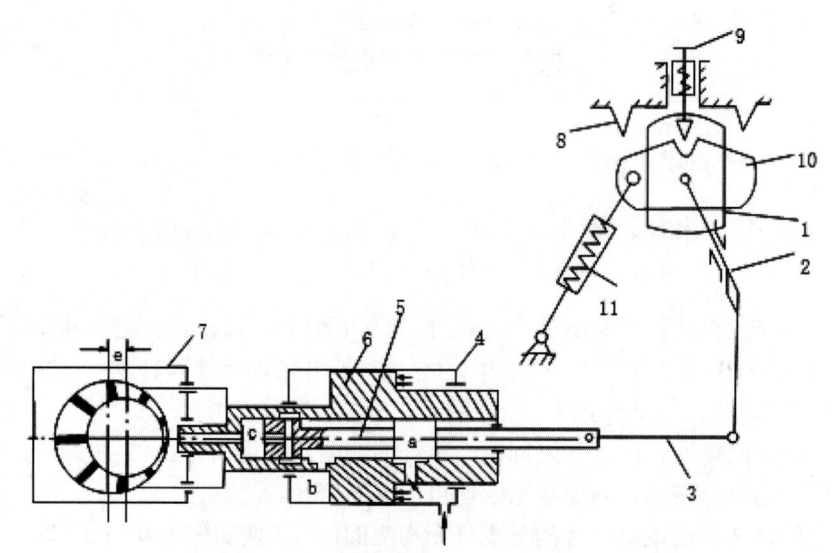

1—执行电机；2—角杆；3—连杆；4—液压放大器；5—伺服滑阀；6—差动活塞；7—径向柱塞泵；
8—止动螺钉；9—止摆装置；10—法兰盘；11—回中弹簧

图 13-17 HSH 式舵机遥控系统变量泵液压伺服机构简图

第五节 液压舵机实例

前面已经介绍了液压舵机的基本工作原理及其主要组成部分，为能完整地认识舵机的整个系统和工作性能，现选择船上应用较多和具有典型意义的几种液压舵机实例加以介绍。

一、泵控型川崎舵机

泵控型舵机用双向变量泵作主泵，一般都采用闭式液压系统，工作油液不回油箱，而回到变量泵的吸入端，只需向系统补充少量油液来弥补其泄漏。

采用拨叉式转舵机构的川崎舵机，有泵控型和阀控型两个系列。图 13-18 为泵控型川崎舵机的液压系统，控制系统通过伺服油缸驱动浮动杆来控制主泵。

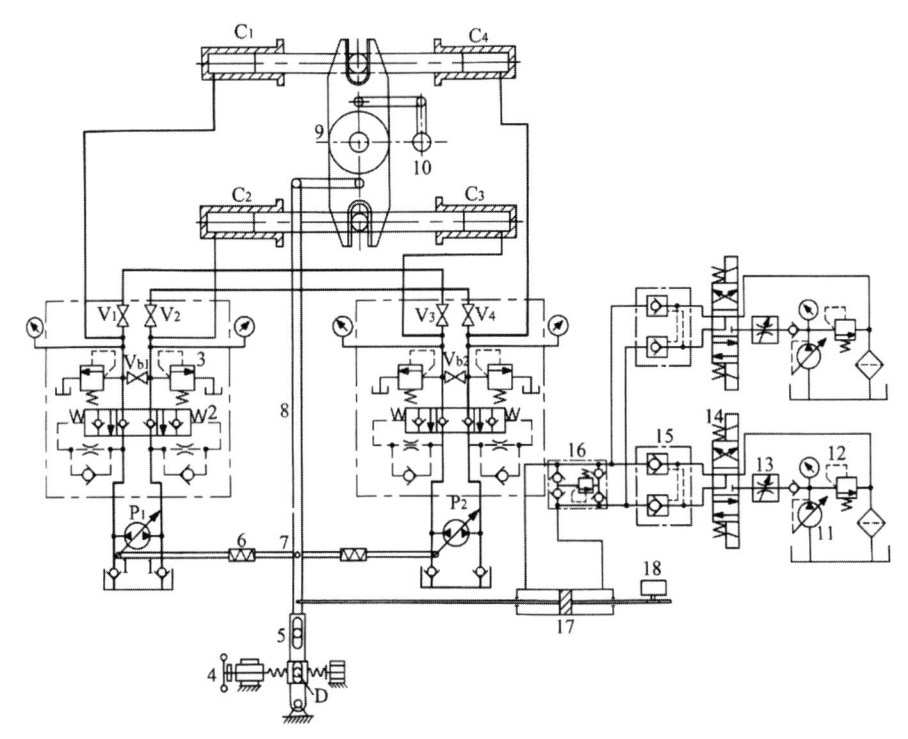

1—补油单向阀；2—主油路锁闭阀；3—主油路安全阀；4—手轮；5—手动操纵杆；6—储存弹簧；7—主泵控制杆；8—浮动杆；9—舵柄；10—舵角发送器；11—辅泵；12—辅油路安全阀；13—调速阀；14—电磁换向阀；15—辅油路锁闭阀；16—双向溢流阀；17—伺服油缸；18—反馈发讯器；D—手动操纵插销孔；P_1、P_2—主泵；V_1、V_2、V_3、V_4—连通阀；V_{b1}、V_{b2}—旁通阀；C_1、C_2、C_3、C_4—转舵油缸

图 13-18 泵控型川崎舵机的液压系统

1. 主油路和工况选择

两台变向变量主泵 P_1、P_2 和各自的集成阀块，分别与转舵油缸 C_1、C_2 和 C_3、C_4 组成两组工作对（即 C_1、C_2 一个为缸进油，另一个为缸排油，可以实现转舵；C_3、C_4 也如此）。两个集成阀块中共有四个连通阀 V_1、V_2、V_3、V_4，通常都常开，使转舵油缸 C_1、C_3 和 C_2、C_4 各成一组（即 C_1、C_3 同时进油或同时排油；C_2、C_4 也如此），分别与主泵的两条油路相通。正常航行时，用一台主泵向两组油缸（四缸）供油转舵，其流量即能满足在 28s 内将舵由任一舷 35°转至另一舷 30°的要求，并能达到额定转舵扭矩。进出港或在窄水道航行时可双泵并联工作，转舵扭矩不变，转舵速度可加快一倍。

阀块中还设有旁通阀 V_{b1}、V_{b2}，用于系统隔离。例如油缸 C_1 漏泄时，可开启 V_{b1} 使油缸 C_1、C_2 旁通，并关闭 V_1、V_2 将它们隔离，然后使用 P_2 泵组和油缸 C_3、C_4 转舵。在此应急工作方式下，舵机能产生的最大转舵扭矩将减少 50%，因此若航速未降低，必须避免大舵角操舵，以免超负荷。这时转舵速度与单泵四缸工作相比，在主油路安全阀 3 未开启的前提下约加快一倍。

这种舵机系统可有 5 种工作模式，见表 13-1。

表 13-1　川崎舵机系统的工作模式

使用主泵	工作模式	油缸状态 C₁、C₂	油缸状态 C₃、C₄	连通阀状态 V₁、V₂	连通阀状态 V₃、V₄	旁通阀状态 V_b1	旁通阀状态 V_b2	说明
P₁、P₂	机动航行	使用	使用	开	开	关	关	额定转舵扭矩，转舵速度加倍
P₁	定速航行	使用	使用	开	开	关	关	额定转舵扭矩，额定转舵速度
P₂	定速航行	使用	使用	开	开	关	关	额定转舵扭矩，额定转舵速度
P₁	应急操舵	使用	旁通	开	关	关	开	转舵扭矩减半，转舵速度加倍
P₂	应急操舵	旁通	使用	关	开	开	关	转舵扭矩减半，转舵速度加倍

可见，川崎舵机能够满足对舵机基本性能的要求，不必另设辅操舵装置。

闭式系统都需要补油回路。因为主泵排出侧压力油难免有泄漏（如主泵内漏由泵壳泄回油箱），所以，进入转舵油缸的油液体积比主泵从另一油缸中吸走的体积要少，也就是说柱塞的位移就不足以补偿被主泵所吸走的油液，这样就会使主泵吸入压力降低，产生气穴现象和使泵的容积效率降低。川崎舵机的主泵置于油箱内，两个油口处都设有补油单向阀 1，吸入压力降低时能从油箱中吸入油液予以补充。

每个集成阀块内设置的一对主油路安全阀能起到超压保护和防浪作用。

2. 主油路的锁闭

主油路锁闭阀 2 是一对靠主泵油压启阀的带卸荷阀的双联液控单向阀，即液压锁。该阀在两种情况下，能将主泵出口油路锁闭。

（1）舵转到指令舵角，主泵停止供油时，两侧单向阀在弹簧作用下自动关闭，防止舵压力使转舵油缸内的油液经主泵漏泄而跑舵。

（2）锁闭备用泵油路，防止倒流而影响转舵。

3. 控制系统

川崎舵机采用伺服油缸式舵机遥控系统，两套独立的阀控型开式液压伺服系统互为备用，均向伺服油缸 17 供油，工作原理与前节所述（图 13-15）基本相同。不同处是辅泵 11 为恒压式变量泵。伺服油缸活塞位移时，与活塞杆相连的反馈发讯器 18 输出反馈信号，当活塞移到与指令舵角相应的位置时，Y 型三位四通电磁换向阀 14 回到中位，辅油路锁闭阀 15 封闭伺服油路；辅泵的排压升高，排量迅速减小，这样的设计可减少功率消耗和油液发热。辅油路锁闭阀还能隔离备用的辅油路，又不影响彼此快速切换。辅油路安全阀 12 在辅泵出口作安全阀用，平时处于常闭状态。

储存弹簧 6 不设在浮动杆的反馈杆上，而是在两主泵的控制杆上各设一个，这种创新设计的优点是，如果某台主泵变量机构卡阻，在换用另一台主泵后，浮动杆仍能正常工作。

如果需要应急操舵或进行舵机调试，则可在手动操纵插销孔 D 处插入插销，用手轮 4 直接控制浮动杆 8 来控制舵角。这时，双向溢流阀 16 的作用是使伺服油缸两侧沟通，而不至于妨碍手动操纵。为了在正常操舵时不受影响，双向溢流阀的调定压力一般应比辅油路安全阀高 10%～15%。

二、阀控型哈特拉帕舵机

阀控型液压舵机采用定量油泵为主油泵，一般都使用电气遥控系统操纵电磁换向阀或电液换向阀，控制油液流向和转舵方向。油路可以采用闭式、半闭式或开式。

哈特拉帕舵机也有泵控型和阀控型。新的泵控型舵机采用电气遥控系统控制电液比例变量泵，阀控型则通过电气遥控系统控制主油路的电液换向阀。下面介绍图 13-19 所示的阀控型哈特拉帕舵机的闭式液压系统的特点。

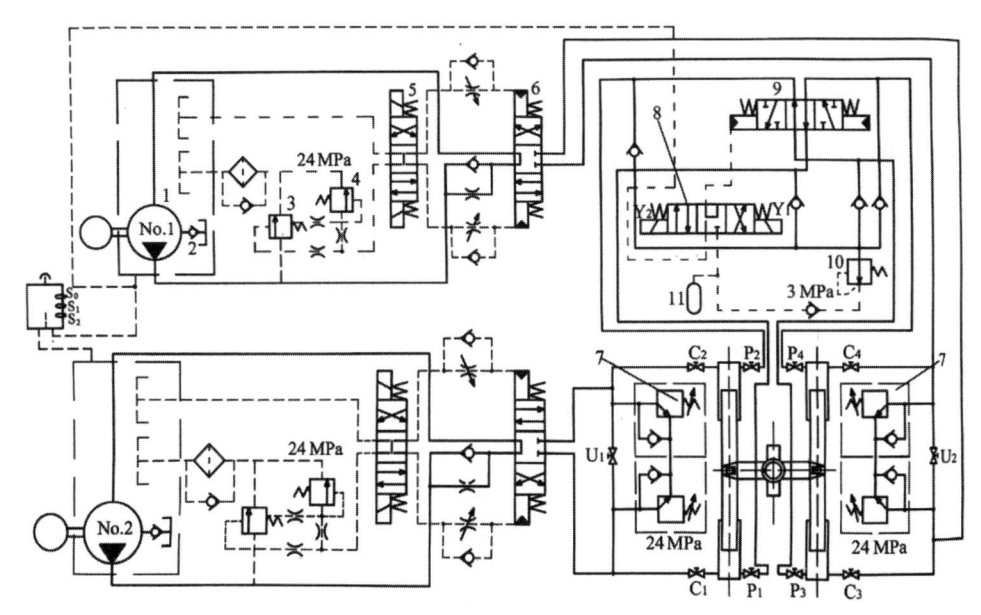

1—主泵；2—补油单向阀；3—溢流阀（主阀）；4—溢流阀（导阀）；5—电磁换向阀（导阀）；6—液动换向阀（主阀）；
7—双向溢流阀；8—自动隔离阀（导阀）；9—自动隔离阀（主阀）；10—减压阀；11—蓄能器

图 13-19　阀控型哈特拉帕舵机的闭式液压系统

1. 工作原理

该舵机采用 M 型液动换向阀 6 控制转舵油液的流向，同时也兼作主油路锁闭阀，并用电气遥控的 H 型电磁换向阀 5 作液动换向阀的导阀。油泵的安全阀采用先导型溢流阀（主阀 3 和导阀 4），整定压力为 24MPa。当电磁换向阀处于中位时，因溢流阀 3 的外控油口直通油箱泄油，故主油泵卸荷。当电磁换向阀因某侧电磁线圈通电而离开中位时，溢流阀 3 就会因外控油口经电磁换向阀而直通油箱的油路已被隔断，故其开启压力即会改由溢流阀 4 的整定值来决定。于是，主泵排油压力升高，其排油一方面经电磁换向阀去控制液动换向阀的偏移，另一方面则直接经液动换向阀所控制的油路去转舵，直到舵到达指令舵角时，舵柄上的电反馈信号发送器即将反馈信号传送到操舵仪，使电磁换向阀因电磁线圈断电而回中位，于是，主泵重新卸荷。

高置油箱比系统的最高点至少要高出 0.5m，故可经单向阀向系统补油。这种系统只有在转舵时工作油液才进行封闭循环，而在停止转舵时，泵的排油就会全部排入油箱，因而有利于油液散热。

2. 工况选择

该舵机设有手动工况选择阀：缸阀 $C_1 \sim C_4$，泵阀 $P_1 \sim P_4$，旁通阀 $U_1 \sim U_2$。正常工作时 U_1、U_2 常闭，其余阀常开。当用 No.2 泵带 1、2 号油缸工作时，应关闭 P_1、P_2、U_1，而使其余阀全开；而当用 No.1 泵带 3、4 号油缸工作时，则应关闭 P_3、P_4、U_2，而使其余阀全开。

3. 自动安全切换装置

该舵机在两组油缸之间装有自动安全切换装置，它在必要时自动地使一对油缸与主油路隔断，并彼此旁通，而舵机仍能继续工作，以满足《钢制海船入级规范（2023）》对海船舵机的要求。

这种装置的工作原理如下：当舵机某一套系统（如 No.1 系统）因油管破裂或其他原因而严重失油时，其补油箱中的液位就会降低，导致开关 S_1 动作报警。如果漏泄继续，则经过 30s 左右或更长的时间（视漏泄程度而定）后，液位开关 S_2 也会动作，自动转换工作油泵，并使导阀 8 的线圈 Y_1 通电，使阀左移，变换阀油路的沟通情况。于是主油路来油经单向阀、再经减压阀 10 将油压降至 3MPa 后，经导阀控制并推动液动换向阀右移，使与故障系统直接相连的 3 号、4 号油缸与正在工作的主油路隔离并旁通。这时，舵机也就自动地转换为仅以 1 号、2 号油缸进行工作。

舵机液压系统应备有保持液体清洁的装置；每个液压液体贮存器应设低液位报警器；应设有一个固定的贮油柜，其容量至少满足一个动力传动系统（包括工作油箱）；哈特拉帕舵机能满足上述要求。

与泵控型舵机相比，阀控型舵机所用的泵和系统一般比较简单，初置费用较低，其缺点是换向时液压冲击比泵控型系统大，阀工作的可靠性也不如泵控型；停止转舵时主泵流量并不减少（虽然排压较低），油液发热稍多，经济性要差一些。阀控型系统一般适用于中小功率场合。

阀控型舵机也可采用开式系统。开式系统的油液在油箱中可以较好地散热和沉淀杂质，但需要的油箱容积较大，空气和杂质进入系统的机会较多，大多用于功率较小的场合。

第六节　液压舵机的管理

一、舵机管理注意事项

1. 油位

工作油箱中油位应经常保持在油位计显示范围的 2/3 左右。如油位增高，可能是油中进入过多空气或油冷却器漏水；如油位降低过快，则表明有漏油处，应查明修复，然后经滤器向油箱补油。

2. 油温

工作时最合适的油温是 30~50℃。油温高于 50℃时应使用油冷却器。油箱油温（泵进口处）通常应不高出室温 30℃以上，且一般应不超过 60℃。当油温超过 70℃时，油液的氧化变质速度将显著加快，一般应停止工作，查明原因，加以解决。

油温低于 10℃时不宜启动，室温太低时应启用舵机室加热器。如油温低于 10℃但尚不低于–10℃，而又急需启动，可让油泵在油路旁通的情况下空载运转一段时间，或实行小舵角操舵，直至油温升到 10℃以上再正常使用。

3. 油压

在主油路中，主泵排出油压应不高于说明书标定的最大工作油压，而主泵吸入侧的油压应不低于由补油条件（闭式系统）或吸油条件（开式系统）所确定的正常数值。辅油路中各处油压应符合设计要求。油压表阀平时应保持关闭,只在检查时打开,以减少损坏机会。

4. 滤器

运行中应经常注意滤器前后压差,及时清洗或更换滤芯(依其种类而定)。对于初次使用的舵机,更应注意清洗滤器。若在清洗滤器时发现金属屑,必须密切注意其属性及增长情况,如金属屑数量继续增加,则表明系统内部有部件损坏。

5. 润滑

油缸柱塞等滑动表面应保持清洁,并浇涂适量工作油。若舵机长期停用,则应涂布润滑脂。对于需加油的摩擦部位,工作中应适时适量加油,如果设有油杯,应及时补充润滑油(脂),油杯中有油芯的应定期用煤油或苏打溶液清洗。

6. 泄漏

舵杆的舵承填料不应渗水,油箱、油缸、阀件、油管及接头等处不应漏油。柱塞和活塞杆表面应敷有一层薄油,但不滴油;如有滴油,若调紧压盖无效,则应在合适的时候换新V形密封圈。更换时应拆开填料压盖2mm左右,用手摇泵或主泵以小流量工作,借油压将V形密封圈慢慢挤出。安装时只许用竹、木质工具填充填料,以防损伤柱塞滑动表面、内套密封面和填料本身。

7. 噪声

如有舵机异常声响,应立即查明原因,设法处理。

8. 机械过热

泵和电机等不应有过热现象。轴承部位的温度一般比油温高10~20℃为正常。

9. 联轴节

启动时可先盘动泵的联轴节,以确认泵无卡阻。工作泵联轴节下如发现橡胶碎末,则表明对中不良,导致橡胶圈破碎,必须停泵校正,并换新橡胶圈。在舵机使用期间,备用泵的联轴节不应反转。

10. 阀和固定螺帽

使用中应检查各放气阀、旁通阀和截止阀以及各固定、连接螺帽,防止因振动而离开正确位置或松动。另外,在必要时必须测量转舵机构各磨损部位的间隙,校准、调试安全阀或其他液压控制阀。在电气方面,应定期测量绝缘,检查和清洁触头、换向器,检查防止各接头松动。

二、舵机使用前的检查

船舶开航前,应会同驾驶部门,认真做好舵机使用前的准备工作。

(1)检查舵和舵机,确保其工作正常,确认在其运动部件附近没有其他妨碍运转的外物。

(2)用手转动油泵,确保油泵各运动部分没有卡阻现象,且工作正常。

(3)检查并确保系统各阀件都处于正常开关状态。

(4)检查各摩擦部位润滑情况,并向各油杯和各运动连接部位注油或加油。

(5)检查各密封处的密封情况,并确保其工作正常。

(6)检查电气设备,看其是否可靠。

(7)检查舵角指示器的工作,看其是否与实际舵角相符。

在证实上述所有部分工作正常后,就可接通电源,启动油泵。

三、舵机系统的清洗和充油

舵机安装完毕正式充油前，必须对油箱和系统进行彻底清洗。最好用专门的清洗油进行清洗，并将其加热到 30～40℃。清洗油的黏度应足够低，以求对脏物有较强的溶解和冲洗能力。一般选用 30～40℃时黏度为$(13～25)×10^{-6}\,m^2/s$ 的环烷基油较为适宜。如清洗油不易从系统里放尽，则需要在其中添加防锈剂和抗氧化剂，并注意它与液压油的相容性。清洗系统时应使用临时油泵用热清洗油对系统循环冲洗，并使清洗废液通过一专门滤器，直至滤器不再滤出污染物时。清洁油箱时不得使用容易残留纤维的织物和容易破碎的泡沫塑料来擦抹，油箱的内壁也不得涂敷可能脱落的油漆。

应根据不同舵机的具体情况，按说明书的要求来进行充油。一般步骤如下。

（1）开启系统中各放气阀（或松开压力表接头）、旁通阀及其他各截止阀。

（2）经滤器将工作油加入补油箱（闭式系统）或循环油箱（开式系统），使达到最高油位。如油泵系初次使用，也必须向泵内灌注洁净的工作油。当系统设有手摇泵时，应用其向系统充油；也同时拆开油缸顶部的适当接头，经滤器向系统灌油，以加快充油的速度；需要时也可启动主泵（如变量泵应尽量采用小流量）进行充油，但应随时注意向油箱补油。

（3）关闭转舵油缸的旁通阀，在机旁操纵主泵，间断地轮流向左、右两侧转舵（变量泵应尽量采用小流量），并反复开启压力侧的放气阀，尽可能放尽系统中残留的空气，直至舵机转动平稳且不存在异常噪声为止。

在系统空气排尽以前，不要让泵长时间地连续排油，以免将空气搅入油液，那样将很难再将空气放尽。

（4）新装的舵机应在充油后以 1.25 倍的设计压力对转舵油缸和主油路系统进行液压密封性试验。

四、舵机的试验和调整

每次开航前应同值班驾驶员分别在舵机室和驾驶台一起试舵。试舵时，在驾驶台用遥控按钮启动一套油泵机组，用遥控系统先后向一舷及另一舷做 5°、15°、25°、35°的操舵试验，判断舵机及其遥控系统、舵角指示器是否能可靠地工作。然后换用另一套油泵机组做同样的试验。如有备用遥控系统，也应试验。CB*3129—1982《液压舵机通用技术条件》对舵的控制及舵角指示、限位有以下要求。

（1）电气舵角指示器的指示舵角与实际舵角之间的偏差应不大于±1°，且正舵时须无偏差。

（2）采用随动方式操舵时，操舵角的指示舵角与舵停住后的实际舵角之间的偏差应不大于±1°，而且正舵时须无偏差。

（3）不论舵处于任何位置，均不应有明显跑舵（稳舵时舵偏离所停舵角）现象。在台架试验中，当转舵扭矩达到公称值时，往复式液压舵机的跑舵速度不得超过 0.5°/min；转叶式液压舵机应不超过 4°/min。

（4）采用液压或机械方式操纵的舵机，滞舵（舵的转动滞后于操舵动作）时间应不大于1s，操舵手轮的空转不得超过半圈，手轮上的最大操纵力应不超过 0.1kN。

（5）电气和机械的舵角限位必须可靠。实际的舵角限位与规定值之差不得大于±30°。如随动舵的实际舵角与指令舵角零位不符，舵角偏差超过±1°，则需对操纵系统进行调整。

对于不设浮动杆追随机构的电气遥控系统，应检查和调节系统的各个环节。当舵轮处在零位时，操舵信号发送器的输出即应调整为0；当舵叶在零位时，反馈信号发送器的输出也应调整为0；而在操舵轮位于其他舵角时，只有当舵叶转至相应舵角时反馈信号发送器才应与操舵信号发送器给出的电信号抵消，这时电路中各相敏整流电路及放大器的输出也应该为0。

对于设有浮动杆追随机构的控制系统，则应首先使遥控系统在舵机室的执行元件以及变量油泵和舵叶三者同时处于中位。具体调整步骤如下：

（1）停用驾驶台的遥控机构，采用机旁操舵，使遥控系统在舵机室的执行元件处于中位。

（2）启动左舷油泵，如舵停止时并不处于零位，则应松开左泵变量机构拉杆的锁紧螺帽，然后转动调节螺套，使主泵变量机构动作，直至舵叶能够停在零位时为止。

（3）换用右舷油泵，如舵不能停在零位，则用同样的方法调节变量机构的拉杆（注意保持左泵与拉杆的相对位置不变）直至舵停在零位时为止。

（4）将锁紧螺帽拉紧，再次验证两泵的工作，直至确认无误为止。

五、舵机常见故障

1. 舵不能转动

（1）遥控系统失灵：此时机旁操纵正常。

（2）主泵不能供油：可换用备用泵加以验证。

（3）主油路旁通或严重泄漏：此时主泵吸、排油压相近。

（4）主油路不通或舵转动受阻：表现为主泵排出油压高，安全阀开启。

2. 只能单向转舵

（1）遥控系统只能单向动作：如果改用机旁手动操舵则正常。

（2）变量泵只能单向排油：如果换用备用泵则可正常工作。

（3）主油路单方向不通或旁通。

3. 转舵时间达不到规定要求

（1）主泵流量太小。

（2）遥控系统动作太慢：改用机旁操舵后转舵时间即可符合要求。

（3）主油路有旁通或泄漏。

4. 滞舵（舵叶的转动滞后于操舵动作）

（1）主油路中混有较多气体。

（2）遥控系统动作迟滞。

（3）泵控型系统主油路泄漏或旁通严重。

5. 冲舵（舵转到指令舵角后冲转过头）

（1）泵变量机构不能及时或不能回中。

（2）遥控伺服油缸的换向阀或阀控型系统主油路的换向阀不能回中。

（3）遥控伺服油路闭锁不严（油路泄漏或旁通）。

（4）控制系统的反馈部分有故障。

（5）主油路锁闭不严。

6. 跑舵（稳舵期间舵偏离所停舵角）

跑舵多半是因为主油路锁闭不严或遥控系统工作不稳定；此外，两台泵共用一套浮动杆控制的变量泵中位调节不一致或调好后松动，在双泵同时工作时也会产生舵停不稳的现象。

7. 舵机有异常噪声和振动

（1）液体噪声。工作油液中产生气穴所引起。可能是闭式系统放气不彻底或补油不足；也可能是开式系统油箱中的油位太低，滤油器堵塞或吸油管漏气；此外当油温太低、油黏度太大时，也可能产生液体噪声。

（2）油泵机组异常噪声。可能是泵和电动机对中不良，轴承或泵内其他运动部件损坏。

（3）管路或其他部件固定不牢。

（4）转舵油缸柱塞填料过紧。

（5）某些形式的主油路锁闭阀在舵受负扭矩作用而转动较快时，也易产生敲击。

（6）舵杆轴承磨损或润滑不良。

8. 舵不准

转舵停止时实际舵角与指令舵角误差超过±1°，调整方法参见"舵机的试验和调整"部分。

第十四章 起 货 机

第一节 船用起货机的主要类型和要求

船舶载运货物的装卸虽可用港口的起货设备来进行,但并非所有港口都具有足够的吊货机械,同时也需考虑船舶在开阔水面过驳及吊运物料、备件等的需要,因此,一般干货船上仍需安装起货机。对大多数的杂货船、散货船等来说,船用起货机的可靠性和工作效率对缩短港泊时间、加快周转、降低运输成本都具有重要意义。

一、船用起货机的主要类型

按所用动力分类,船用起货机主要有电动起货机和液压起货机;按起货设备分类,有吊杆式起货机和回转式起货机。本章主要介绍应用最广泛的船用液压回转式起货机。

液压回转式起货机常按音译称为克令吊,如图 14-1 所示。它将操作室 9 和主起升机构绞车 5、变幅机构绞车 4、回转机构 6、吊臂(巴杆)8 及索具等组装成一体,置于甲板上的回转座台上。主起升机构绞车和变幅机构绞车分别通过吊车顶滑轮组、吊臂滑轮组卷动钢索,去牵动主吊钩 12 或辅吊钩 13 和吊臂;立式布置的回转机构则控制小齿轮,与固定在回转座台内的大齿圈啮合转动,从而带动整个吊车在回转座台上回转。

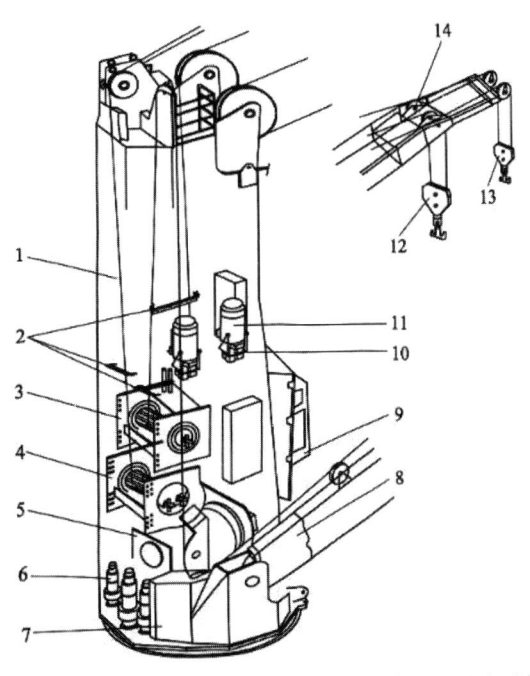

1—钢丝绳;2—松绳保护装置;3—辅起升机构绞车;4—变幅机构绞车;5—主起升机构绞车;6—回转机构;7—油箱;8—吊臂;9—操作室;10—泵站;11—主电动机;12—主吊钩;13—辅吊钩;14—吊臂顶

图 14-1 液压回转式起货机

克令吊比吊杆式起货机占用甲板面积小，操作灵活，可360°回转，能为前、后货舱工作，能准确把货物吊放到指定地点，装卸效率高，投入工作迅速。但克令吊结构复杂，管理要求高，初投资高。一般认为船舶经常靠港而每次起重量超过5t时，采用克令吊是合适的。

二、对船用起货机的基本要求

1. 技术要求

（1）能以额定的起货速度吊起额定负荷。

（2）能依操作者的要求方便、灵敏地起落货物。

（3）能依据起吊轻货、重货、空钩或货物着地等不同情况，在较广的范围内调节运行速度，并具有良好的加速和减速特性。

（4）不论在起货和落货的过程中，都能根据需要随时停止，并握持货重，即能可靠地制动。

上述各项技术要求实际上规定了任何起货机都必须具有足够的功率；必须具有反转或换向的能力；必须能够调速和限速，并需相应设置手动、脚踏、离心、电力或液压的制动设备和某种机械性的固锁装置，以便有效刹车制动，从而确保安全。

当然，一部优良的起货机，除上述各项基本要求以外，还应具备结构简单、操纵容易、工作可靠、便于维修以及防水、防冻和易于取得备件等优点。

2. 试验要求

（1）每台起货机应按表14-1规定的试验负荷进行试验，试验程序应经同意。臂架应放在经审查批准的设计图纸所规定的最大臂幅位置。试验应使用具有质量证明的重物悬挂于吊钩上，重物吊离甲板后保持悬挂时间不少于5min。如起升全部试验负荷不现实时，可减少试验负荷进行试验，但在任何情况下所采用的试验负荷，应不小于1.1倍安全工作负荷（Sate Working Load，SWL）。

表14-1 克令吊或吊杆规定的试验负荷

安全工作负荷/t（kN）	试验负荷/t（kN）
SWL≤20（196）	1.25×SWL
20（196）<SWL≤50（490）	SWL+5（49）
SWL>50（490）	1.1×SWL

（2）试验时，起货机应在试验负荷下进行慢速起升、回转与变幅试验，同时还应进行相应机构的制动试验。可行走的克令吊还应在试验负荷下进行慢速全程行走试验。

（3）对具有不同臂幅、不同安全工作负荷的起货机，一般应在不同臂幅的各个试验负荷下进行试验。对要求减少中间臂幅试验负荷的试验，将予以特别考虑。

（4）对超负荷保护装置、超力矩保护装置应进行动作试验。

（5）起货机经超负荷试验后，应进行安全工作负荷下的操作试验，试验起升、回转与变幅的各挡运转速度以表明各机构处于良好工作状态。

（6）起货机试验后应进行全面检查，是否有变形或其他缺陷存在。

三、回转式液压起货机的安全保护装置

在液压系统和电路的设计上，常考虑回转式液压起货机的安全保护措施，越是先进的起

货机，各种安全保护措施越周全，管理人员对此必须充分掌握，以便在克令吊因工作（如某些安全保护装置卡死或移位等）而造成操纵失灵时，能迅速和及时地排除故障。起货机一般有以下安全保护装置。

1. 液压系统工作状况保护

（1）补油低压保护。当补油压力低于系统设定时（当液压系统缺少液压油或系统局部脏堵等），压力继电器就会动作，使起升和回转机构无法动作，并在控制手柄离开中位时发出报警。

（2）控制油低压保护。当控制油压低于设定值时（此时各类控制动作将会失灵），相应的压力开关就会动作，切断主电机控制电路，同时报警。

（3）起升高油压保护。当起升机构超载致使高压管路中的油压升高到设定值（如30MPa）时，相应的压力继电器就会动作，如压力升高持续3s，则会使起升动作中断，同时发出报警。

（4）高油温保护。当液压油泵组的油温高于设定值（如80℃）时，电路中的温度继电器就会断电，使主电机断电并报警。

（5）低油位保护。当主油箱油位低于设定值时，油位继电器就会断路，并在持续3s后，使主电机断电并报警。

2. 设备连锁保护

（1）通风连锁保护。启动起货机电机之前，必须打开机组的通风门，否则，连接通风门的限位开关不能闭合，无法启动电机。

（2）油冷却器连锁保护。启动电机之前，还必须将油冷却器风机的电源打开，以便由电路中相应的温度继电器加以控制，否则，无法启动主电机。

（3）电机的自动加热。在起货机的电机中设有电加热器，工作时只要将其手动开关闭合，就会使电动机在启动前和暂停工作期间因常闭触头闭合而投入工作，以保护电机不受潮气侵袭。

3. 电气工作状况保护

（1）主电机过电流保护。当主电机电流高于额定值一段时间后，热敏电阻元件就会动作，使主电机断电并报警。

（2）主电机高温保护。当主电机温度上升到一定值（如155℃）时，电机绕组内的热敏元件就会动作，使主电机断电而停机。

（3）电子放大器高温保护。当电子放大器温度高于一定值（如85℃）时，热敏电阻切断控制回路并发出报警。

（4）控制电流过高保护。当控制电流大于额定电流时，则主开关跳闸。

除上述各种安全保护外，在电气回路中还设有短路保护和过载保护。

4. 机械限位保护

（1）吊钩高位保护。在起升吊钩或降落吊臂的过程中，当吊钩接近吊臂前端时，即会使电气限位开关动作，这时相应的控制电路断开，从而，阻止吊钩的继续起升或吊臂的降落。

（2）吊货索滚筒终端保护。当吊货索滚筒在吊钩起升过程中，钢丝缆绳卷满或吊钩下降过程中，钢丝绳索只剩下3圈时，都会使各自的限位开关动作，从而使起升过程或吊钩降落过程终止。

（3）吊臂限位保护。在采用油马达作变幅机构执行元件的起货机中，还设有吊臂的高位和低位限制，并只有在作业开始和结束时用钥匙闭合相应的手动开关，才能在最低限位角下操纵吊臂，并且当变幅绞车钢索松弛时吊臂俯下的操作亦不能进行。此外，上述的限位保护也有靠在液压系统中设置顶杆式机械控制滑阀来实现的，对于这样的起货机，使用时必须注意防止顶杆和滑阀的卡阻。

第二节　起货机的液压系统

起货机的液压系统与其他液压传动系统一样，也可按额定工作油压的高低而分为高压系统、中压系统和低压系统。通常压力分级标准是，低压系统，压力为 2.45MPa 以下；中压系统，压力为 2.45~7.84MPa；高压系统，压力为 7.85~31.4MPa。此外，也可将压力为 7.84~15.7MPa 的液压系统称为中高压系统。

对克令吊而言，其液压系统可依据具体功能和负载特性的不同分为起升机构液压系统、回转机构液压系统以及变幅机构液压系统。对某些可移动的甲板吊车，还有移吊机构、支撑机构等辅助液压系统。

一、起升机构的典型液压系统

起货机的起升机构，其负载的主要特点是静力负荷（货物的重力）较大，而动力负荷（惯性力）则通常较小。因此，对这类机构液压系统的主要要求就是能握持货重，使其不会自行下滑，并能控制落货速度，以防因重力作用而加速下落。另外，无论重物在起升、下降或停在空中时，重力负荷始终单方向存在。

1. 采用定量泵与定量液压马达的开式起货系统

图 14-2 为采用定量泵与定量液压马达的开式起货系统原理图，其工作情况如下。

（1）换向和调速。采用定量泵与定量液压马达的开式起货系统采用了定量泵 3，如要求液压马达 8 改变转向，使重物起升或下降，就必须手动操纵换向阀 5。换向操作切记过猛，否则，因起货机惯性较大，在启动、停止、换向时就会产生较大的液压冲击。虽然系统中设有溢流阀 4，但其开路后有一定滞后时间，仍可能造成管路、密封件和仪表的损坏。

当液压系统由定量泵和定量油马达（或油缸）组成时，要调节油马达的转速（或油缸活塞移动速度），必须改变管路中油液的流量（节流调速）。为了操纵方便，一般都用换向阀兼作流量控制阀。根据换向阀结构不同，利用换向阀进行节流调速可分为串联节流调速、并联节流调速、溢流节流调速。由于采用节流调速法，油泵排出的多余油液必须重返油箱，并使供至执行机构的油液经过节流，故功率损失不可避免，并导致油液发热。因此，这种调速方法仅适用于功率不大及调速要求不高的系统。

（2）限速和制动。起货机在起升、下降或停止时始终存在由重力产生的单向静载荷，在下降过程中，重力实际成了油马达的驱动力矩。因此，下降时的限速和停止时的锁紧是这种液压系统必须考虑的特殊问题。下面介绍几种常见的限速方法。

1）用单向节流阀限速。图 14-2 为用单向节流阀限速的开式系统。在起升工况时它能让压力油自由通过，而在下降工况时能对回油进行节流。这时，回油量因重力形成的油马达的回油压力 p_b 有限而受到限制。要想加快下降速度增加换向阀向右的位移以增加油马达的进油压力，从而提高油马达的回油压力 p_b 和流量。显然，利用这种限速方法在轻载下降或油温降低时，要想达到一定的下降速度就得加大 p_a，以致油泵的功率增加，经济性差，仅适用于重力载荷变化不大、功率较小或工作不频繁的阀控型开式系统。

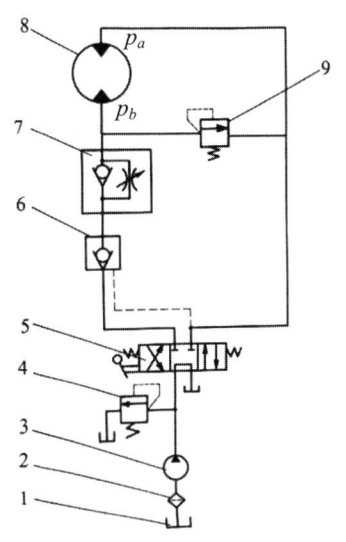

1—油箱；2—滤器；3—定量泵；4—溢流阀；5—换向阀；6—液控单向阀；
7—单向节流阀；8—液压马达；9—制动溢流阀

图 14-2 采用定量泵与定量液压马达的开式系统原理图

开式系统无论采用什么方案限制重物下降速度，都是在油马达（油缸）的回油管上进行节流。这会导致节流损失和增加油液发热，称为能耗限速。

2）用平衡阀限速。开式液压系统限制重物下降速度的另一种方案是在液压马达的下降排油管上装设平衡阀（尽量靠近马达出口），这种阀有直控和远控之分。图 14-3 中的平衡阀 4 为直控式平衡阀，它由一只单向阀和一只内控的压力控制阀构成。货物下降时，液压马达出口压力 p_b 作用在平衡阀控制口 c，当压力大于设定值时，平衡阀 4 工作在左位，ba 接通，重物 G 降落。一旦重物开始下降，油压 p_b 降低，平衡阀 4 关闭。因而，落货过程中可能出现抖动、爬行现象。

使用远控平衡阀限速，因平衡阀的控制油压 p_c 较低，而且油液黏度、下降速度和载荷变化时都保持不变，作为开式系统的限速方案，经济性较好。

开式系统无论采用哪种方法限制重物下降速度，都是在执行元件的下降回油管上节流，所以，总会导致额外的节流损失，重物的位能因无法回收而转化为油的热能，故称为能耗限速。

在起升机构的开式液压系统中，执行元件下降工况的进油管路在何种工况下都不会承受太高的油压，而在执行元件出口到下降限速阀件之间这段油路，在任何工况下都承受较高油压。因此，平衡阀和单向节流阀等限速阀件安装时往往紧贴着执行元件的下降工况回油口，以免两者之间的管路破裂而使重物坠落。

3）制动。液压装置的制动包括停止指令给出后，执行元件的减速和停止后的锁紧两重含义。常用的制动方法有液压制动和机械制动两种。前者是在运动中使执行元件的两端主油路隔断，于是执行元件排油端的油压会迅速升高，从而产生制动力（或扭矩）使执行元件制动。后者是常闭式机械制动器产生的摩擦力起作用，通入制动器油缸的压力油克服弹簧力从而松闸。

开式液压系统在换向阀回中后，虽能有效实现液压制动，但因油液在液压马达中也难免存在一定的漏泄，故若要保证货物悬在空中而不会慢慢下滑，还必须在起货机中装设机械制动器。机械制动器可在系统实现液压锁闭后再进行抱闸，以避免制动器磨损过快。为此，需在图 14-3 中的制动器 7 的管路上，装设单向节流阀 8。液压马达启动时，油泵排出的压力油液经单向节流阀中的单向阀可自由通入制动器油缸，以克服其中弹簧的张力，使制动器即刻松闸，但在停车时，则制动器油缸的泄油，就必须经过节流阀的节流，因而即可使制动器在液压马达已被液压制动后，再进行抱闸。这种可延时抱闸的制动器，就称为非工作性制动器。有时，为了缩短制动时间，减少货物的下滑路程，即使在系统能够实现液压制动的情况下，也能使制动器在液压马达完全停止之前就抱闸（减小单向节流阀 8 的节流程度）。如果取消图 14-3 中的单向节流阀 8，使控制油直通制动器 7，那么制动器泄油将不加限制，从而可无延时抱闸，这样的制动器被称为工作性制动器或即时抱闸制动器。它工作时可协助减速，缩短制动时间，减少重物下滑距离。

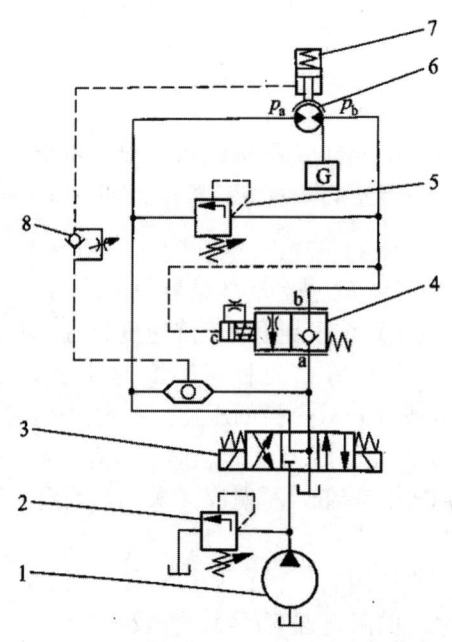

1—单向定量泵；2—安全阀；3—换向节流阀；4—平衡阀；5—制动溢流阀；6—液压马达；
7—制动器；8—单向节流阀

图 14-3　用平衡阀限速的阀控型开式液压系统

（3）限压保护。起货机在吊货时，油泵的排油压力主要取决于液压马达的负荷。为了防止起货机超负荷时因油泵排压过高导致原动机过载或装置损坏，故需在油泵的出口处设有安全阀，如图 14-3 中的安全阀 2 所示。

起货机落货制动时，执行机构的排油油压会因换向阀回中、排油路突然锁闭以及货重和惯性力的影响而瞬间升高。为了防止油压因液压制动而过分升高，在高低压管路之间，还需设置制动溢流阀，如图 14-3 中的制动溢流阀 5 所示。

考虑到起货机无论起货和落货时，货重都始终单一方向地作用于起货卷筒，因此，在起货过程中进行液压制动时，执行机构排油一侧的油压不会过分升高，故制动溢流阀只需单方向作用即可，而无须像舵机液压系统中那样采用双向溢流阀。

为了缩短起货机的制动时间，制动溢流阀 5 的调整压力一般应比安全阀 2 稍高。

综上可见，定量泵与定量液压马达的开式液压系统虽然设备简单，油液在油箱中亦能较好地散热和沉淀杂质，但必须采用节流的方法进行调速和限速，工作时能量损失较大，油液容易发热，且空气渗入机会较多，也易导致油液变质，故多应用于压力较低、功率较小或不经常工作的场合。

2. 采用变量泵与定量液压马达的闭式起升系统

系统采用定量泵时，可以是开式系统，也可以是闭式系统，但当采用变向变量油泵时，就必须组成闭式系统。图 14-4 为泵控型闭式（半闭式）起升液压系统。

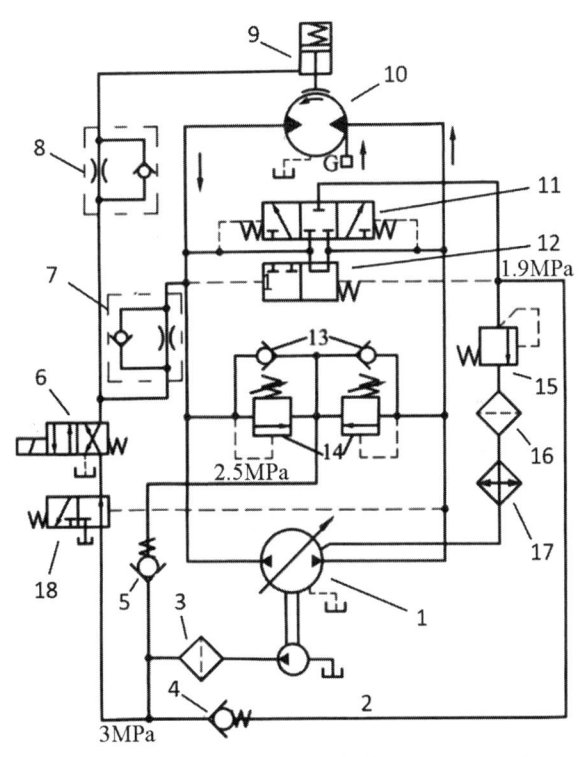

1—主泵；2—辅泵；3、16—滤器；4、5—弹簧加载单向阀；6—刹车控制阀；7、8—单向节流阀；9—制动器；10—液压马达；11—低压选择阀；12—中位旁通阀；13—单向阀；14—安全阀；15—背压阀；17—油冷却器；18—失压保护阀

图 14-4 泵控型闭式（半闭式）起升液压系统

（1）换向和调速。系统采用变向变量泵供油，只需改变油泵的吸排方向即可使液压马达换向。由于油泵在变向过程中，其流量总是由大变小，再向反方向由小变大，故采用变量泵的液压系统有利于减轻换向时的液压冲击，换向过程比较平稳。

调速是采用改变油泵排量的办法，即容积调速法。显然，如不计系统中的容积损失，则油泵的流量将全部通过液压马达，因而就可写出

$$n_1 q_1 = n_2 q_2 \tag{14-1}$$

式中：n_1、q_1——油泵转速和每转排量；n_2、q_2——液压马达的转速和每转排量。

由此，液压马达的转速为

$$n_2 = n_1 \frac{q_1}{q_2} \tag{14-2}$$

即液压马达的转速与油泵的每转流量成正比。因此，当油泵变量时，起货机的转速也就随之改变，并可实现无级调速。容积调速不产生额外的节流损失，经济性比节流调速好，油液发热亦少。

下面讨论变量泵一定量液压马达系统容积调速的特性。根据式（12-3），液压马达的理论扭矩可写为

$$M_2 = \frac{pq_2}{2\pi} \tag{14-3}$$

对任何定量液压马达来说，其每转排量 q_2 都为定值，而负荷增加时，从泵输入液压马达的油压 p 随转矩 M_2 增大，但因系统所允许的最大工作油压已由安全阀 14 调定，而与转速 n_2 无关，故液压马达转速改变时所能产生的最大输出转矩不变（实测会因机械效率随转速改变而稍有改变），称为恒转矩调速。

油泵的输出功率

$$P_1 = pQ_1 = \frac{pq_1n_1}{60} \tag{14-4}$$

如不考虑管路损耗，则 P_1 是液压马达的输入功率。显然，当系统的最大工作油压或液压马达的最大输出转矩不变时，油泵的最大输出功率会随油泵的流量，亦即随液压马达的转速成正比变化。

上述讨论的变量泵一定量液压马达系统容积调速特性可用曲线表示，如图 14-5 所示。

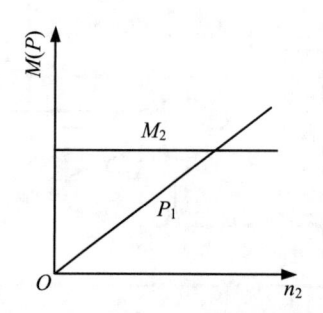

图 14-5　变量泵定量马达系统调速特性

由上述分析可见，油泵原动机的功率必须根据油泵的最大流量（这时液压马达转速最高）来选取。这样，当液压马达的转速低于最大转速时，油泵就将一直轻载工作，因此，这种系统功率利用率低。

为了提高功率利用率，并在不增加原动机功率的同时扩大调速范围，以提高工作效率，就需采用由变量泵和定量液压马达组成的恒功率调速系统。图 14-6 为变量泵和定量的恒功率调速系统的简图和容积调速特性曲线。图中示出，这种系统是利用变量泵的排出压力 P（与载荷成正比）控制泵自身装有的恒功率变量机构，使油泵排量 q_1 的调节与载荷成反比，即轻载时因 P 较小，油泵排量 q_1 可增大，于是液压马达转速 n_2 也就变大；而重载时则因 P 较大，油泵排量 q_1 可变小，转速 n_2 就随之减小。这样既实现了轻载时液压马达高速运转，加快货物的起落速度，从而提高功率的利用率，同时又能在调速范围内使油泵的最大输出功率保持不变，从而实现恒功率调速。

(a) 系统简图　　　　　　　　　(b) 容积调速特性曲线

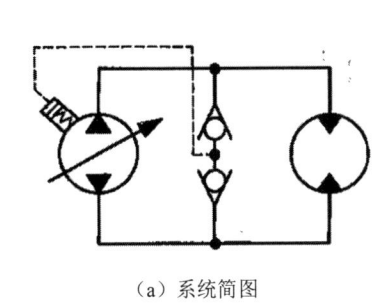

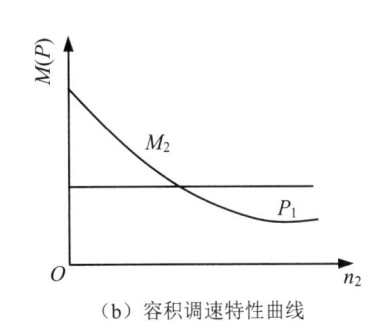

图 14-6　变量泵和定量马达的恒功率调速系统

　　(2) 限速和制动。闭式系统不论其采用的油泵和油马达是否可以变量，在限制下降速度的原理上，都与开式系统有本质的不同。这是因为在闭式系统中，当货物下降时，油马达在货重造成的转矩作用下，将转变为油泵，将排油供入主泵 1 中，驱动主泵使其变为油马达，带动与主泵同轴并正在工作的其他油泵，或者强迫主泵的电动机超速转动，将能量反馈给电网，从而使油马达的转速受到限制。显然，如果通过变量机构，使主泵的排量变小，则油马达的下降转速也就变小，而当油泵的排量为零时，理论上，油马达的转速也就降低为零。

　　如上所述，闭式系统在油泵变量机构处于中位时，理论上能实现液压制动。然而，实际上，当油泵变量机构采用机械杠杆式的远距操纵时，由于各传动杆件之间难免存在一定的间隙，造成误差，因而油泵并未真正回到中位。为了解决油泵的回中误差，在图 14-4 的系统中加设了中位旁通阀 12。这样，每当油泵操纵手柄回到中位时，由于刹车控制阀 6 随之断电，使中位阀中的控制油液泄往油箱，于是，中位旁通阀在阀中弹簧的作用下，连通油泵的吸、排管路，从而使油泵旁通卸载。当操纵手柄离开中位时，刹车控制阀 6 立即通电，使控制油得以推动中位阀，将吸、排管路隔断，起货机也就开始正常工作。采用上述方法，虽然解决了油泵因回中误差而继续供油的问题，但停车时，中位阀也将同时使油马达的进、排油管彼此相通，因而不能利用油泵回中的方法来进行液压制动。为此，在起货机上又装设了制动器 9。显然，在这种情况下，制动器 9 就须做成工作性制动器，即制动器油缸将能在停车时迅速泄油而立即抱闸，而启动时则进油缓慢，以便让中位阀先行隔断，并待管路中建立起油压后再行松闸，从而避免重物的瞬间下坠。

　　电磁阀还可在装置意外失电时，使制动器因控制油液的迅速泄出而抱闸，从而防止货物的跌落。

　　为防止启动松闸后因中位阀失灵不能隔断或停车时因制动器失灵不能抱闸而发生坠货事故，系统中还设有单向节流阀 7。当发生上述情况时，由于油马达的排油必须通过单向节流阀的节流才能旁通，因而可限制货物的坠落速度。此外，液压马达 10 在下降停车时还将产生液压制动作用，借以减轻制动器的负担。

　　(3) 限压保护。分析起货机闭式系统的工作情况可知，图 14-4 中右边的管路是高压管路，左边的管路是低压管路。因此，为防止起货机因超载而导致系统油压过高，原则上只需设一个安全溢流阀即可，但为防止意外，在多数情况下，仍然装设了双向安全溢流阀。

　　对采用变量油泵的闭式系统来说，如系统不装中位阀即可依靠油泵回中的方法来进行液压制动，则安全溢流阀也就可兼用为制动溢流阀。

　　(4) 失压保护。系统因油泵到油马达之间的高压管路较长，假如吊货时这段管路破损，则会发生坠货事故。为了防止可能发生的这种危险，故在制动器的控制油路上，还设有失压保护阀 18。由图 14-4 可见，失压保护阀为一个液动二位三通阀，它由高压管路中的油压控制，只要该管路中的油压达到辅泵的补油压力，就会开启。当管路失压时，由于弹簧张力的作用，阀芯即被推向左端，使制动器油缸卸油抱闸（此时刹车控制阀工作在左位），即起到失压保护作用

（5）系统的补油和散热。在闭式系统中，为补偿油液的漏泄，必须从低压侧进行补油，同时还必须考虑油液的散热和冷却问题。

油液的散热和冷却，常通过更换部分油液的方法来实现。为此，在系统中装设了低压选择阀 11。工作时，低压选择阀在油泵吸、排油压差的作用下被推向一端，以使低压一侧管路中部分油液恒能经背压阀 15、滤器 16 和油冷却器 17 泄出（对只有一根油管始终是高压管路的系统，低压选择阀也可采用二位阀），而新的油液则由辅泵 2 经滤器 3 和单向阀不断补入。显然，为能确保部分油液的更换和冷却，背压阀的调定压力就须比弹簧加载单向阀 4、5 都要低。

根据发热情况的不同，有的系统补油量可多达主泵流量的三分之一，这样的系统也常称为半闭式系统。

综上可见，在变量泵与定量油马式的闭式系统中，因采用容积调速，调速时将不产生额外的节流损失，而且在落货时还能进行能量反馈，故工作经济性大大提高，同时也减少了油液的发热，因而能更好地适应高压。此外，油液污染和进入空气的可能性也大大减小，但系统采用变量油泵，设备比较复杂，初置费也因此提升。

3. 采用变量泵和变量油马达的闭式起货系统

采用变量泵和变量油马达的闭式起货系统与前述第二种系统的主要区别在于用变量泵（有级或无级）替代了定量泵，因而在调速方式和特性上也就有所不同。图 14-7 为变量泵和变量油马达的闭式系统。

在调节过程中，实际上是对最大功率进行限制的一种容积调速方法。但可分为两个不同的阶段，即在起货机负荷较大时，使变量油马达保持最大排量不变，以便能产生最大输出转矩；而系统的调速则是利用改变油泵流量的方法来达到的。这时的调速方法与变量泵—定量油马达的系统相同。调速特性为恒转矩调速，调速范围可从低速到中速，如特性曲线 [图 14-7（b）] 的左半部所示。当负荷较小时（轻载或落货）则又改变为使油泵保持不变的最大流量，同时利用减小马达排量的方法来调速。调速范围可从中速到高速，调速特性为恒功率调速，如同特性曲线 [图 14-7（b）] 的右半部分所示，即油泵的最大输出功率不变，油马达所能产生的最大输出扭矩则随转速的增加而降低。

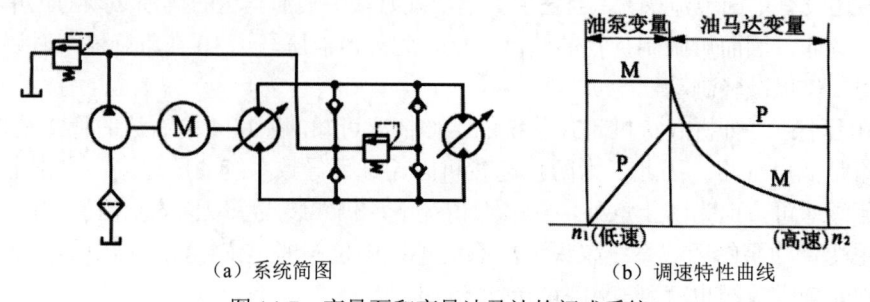

（a）系统简图　　　　　　　　（b）调速特性曲线

图 14-7　变量泵和变量油马达的闭式系统

变量泵和变量油马达的闭式系统调速范围宽，功率利用率高，但无级变量油马达设备复杂，造价也高，并使操纵复杂化。目前，多采用有级变量油马达，这种油马达的每转排量 q_2 可分为二挡或三挡。以二挡为例，轻载时，q_2 减小一半，那么，在同样的油泵流量下，油马达的转速将提高一倍。如果，油马达的转矩不变，则油压和油泵的功率也将提高一倍，因而可提高工作效率、增加功率利用率。当然，这时油马达所能产生的最大转矩也将减小一半，因此，减小 q_2 的高速挡就只能在轻载时使用。假如负载过重，则某些油马达会自动转为低速挡或安全溢流阀开启。图 14-8 为变量泵一双速马达液压系统简图。

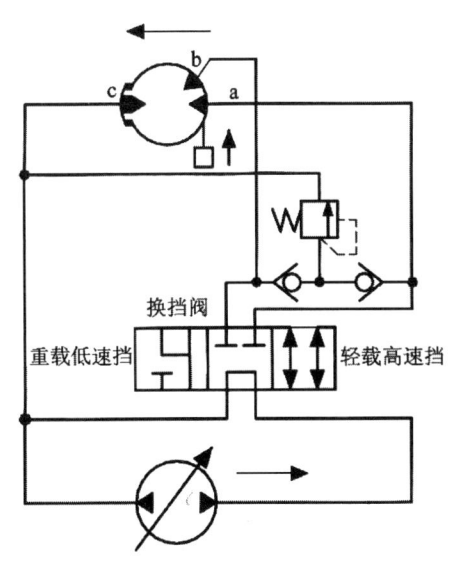

图 14-8　变量泵—双速马达液压系统简图

起升时，如果图中换挡阀在左位，马达两个油口 a、b 同时进油，油口 c 回油，马达以全排量 q_2 工作，由式（14-4）可知，这时马达可输出的最大扭矩较大；而由式（14-3）可知，马达可达到的最高转速则较小，这就是重载低速挡。当换挡阀移到右位时，马达只有 a 口进油，b、c 口同时回油，马达排量 q_2 减小一半，故可输出的最大扭矩减至重载时的 50%，调速范围则增加至重载时的 200%，属轻载高速挡。下降时，换挡通常置于轻载高速挡，和轻载起升一样有较大的调速范围。

这种系统在轻载时若误用重载挡，工作速度会太慢；而重载时若误用轻载挡，则因马达 q_2 太小，工作油压会很高而使安全阀开启，因而无法工作。为了保证及时、正确地换挡，现在大多采用自动换挡阀，在马达负荷变化而使进油压力改变时自动换挡，即重载时自动转到低速挡，轻载时自动换到高速挡。

二、回转机构的典型液压系统

起货机的回转机构和行走机构的负荷特点是静力负荷（左右回转或来回行走时的阻力）双向存在，但一般数值不大，而动力负荷（回转或行走起始与制动时的惯性力）则相对较大。所以，这类机构的液压系统必须能防止在机构制动和反转时出现严重的液压冲击。为此，在液压系统中就应设置机械制动器或液压制动阀组，以吸收或消耗巨大的惯性动能。

下面就回转类机构中比较典型的开式和闭式系统，分别加以说明。

1. 回转机构的典型开式液压系统

图 14-9 为回转机构的典型开式液压系统。图中，制动溢流阀组 3 包括一个制动溢流阀和四个单向阀。制动或换向时，换向阀 2 虽已迅速切断油路或变换了油流方向，但是油马达 4（或油缸）却因机构惯性的作用，仍然保持原来的运转状态，排出并强制油液顶开制动溢流阀，于是油马达的出口压力也就要升高到制动溢流阀调定的开启压力。而经溢流阀节流降压后的油液，则由制动阀组中的单向阀引回油马达的进口。至于油马达因此而造成的内部漏泄（或油缸两边的流量差额）则靠接通回油管路来补偿。这样一来，在油马达的进、出口之间产生了一个与油马达回转方向相反的压力差——制动压力，使油马达转变为泵的工作状态，从而对机构作用一个制动转矩，使之逐渐停止。显然，制动压力的大小取决于制动溢流阀的调整压力。因此，制动溢流阀的调整压力一般就应比安全溢流阀的调整压力略高一些。

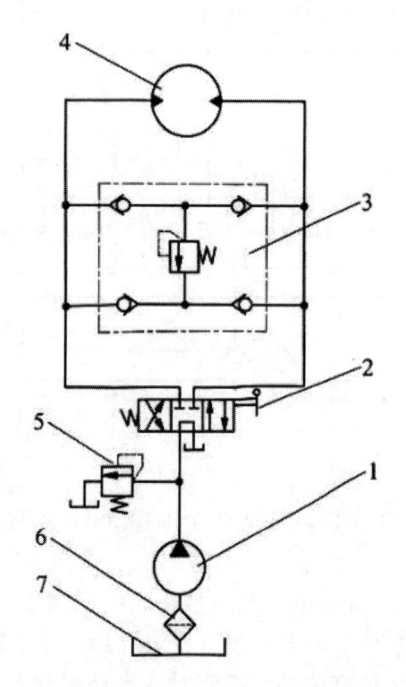

1—油泵；2—换向阀；3—制动溢流阀组；4—油马达；5—安全阀；6—油滤器；7—油箱

图 14-9 回转机构的典型开式液压系统

2. 回转机构的典型闭式液压系统

图 14-10 为回转机构的典型闭式液压系统。它用双向安全阀 5 兼作制动阀，所以与图 14-4 所示的系统大致相同。制动时，为了避免制动器发热，系统利用单向节流阀 3、6 延迟中位阀 11 和制动器 7 的动作时间，以使机构的动能在制动过程中大部分通过双向安全阀 5 转化为热能。当然，这将会引起系统油温的升高，所以，系统油液的冷却问题十分重要。为此，在系统中还用选择阀 4 配合补油，以便使主油路不断排出热油，同时又经低压管路不断补入冷油，因此，只要辅泵 15 的流量和冷却器 10 的容量足够，且工作正常，就能避免系统的油温过高。

起货机变幅机构的液压系统，无论是用油缸或油马达变幅，其负载特点和起升机构类似，所以，不再赘述。

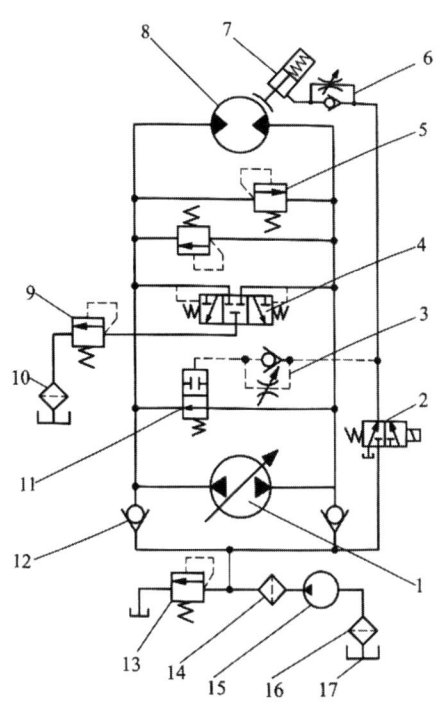

1—双向变量泵；2—二位三通电磁换向阀；3、6—单向节流阀；4—选择阀；5—双向安全阀；7—制动器；
8—定量油马达；9—背压阀；10—冷却器；11—中位阀；12—并联单向阀；13—辅泵溢流阀；
14—精滤器；15—辅泵；16—粗滤器；17—油箱

图 14-10　回转机构的典型闭式液压系统

另外，从液压系统功率调节方法来分析，可把前述几种典型液压系统归类为恒功率变量泵液压系统、恒功率变量马达液压系统、限制最大功率液压系统等。

第三节　液压起货机的操纵机构

液压起货机的操纵机构应能轻便灵敏，并在一定距离外操纵阀控型系统的换向滑阀或泵控型系统油泵的变量机构，以实现起货机的换向和调速。根据传动方式的不同，液压起货机的操纵机构可分为机械式、液压式和电液式等几种。机械式操纵机构由操纵手柄和一系列传动件组成，结构简单但操纵费力，各接头磨损后难以保证准确传动，已很少采用。下面介绍液压式和电气式两种。

一、液压式操纵机构

液压式操纵机构按动力不同分为手动式和辅泵供油式两种。前者包括操纵和补偿两个部分，由主、从操纵油缸，蓄能器，手摇泵等元件组成，与舵机液压远操机构原理相同，在功率较大的装置中，操作费力，现已不常采用。本书主要介绍使用较普遍的辅泵供油式操纵机构。

在功率较大的装置中，为了操纵轻便省力，普遍采用辅泵供油，作为操纵的动力。下面介绍一种由辅泵供油并利用双联手动比例减压阀控制的液压操纵机构。

手控双联比例减压阀实际是一对手控调压的直动式减压阀。其输出油液的方向和油压的大小由手柄扳动的方向和摆角的大小来决定。图 14-11 为手控双联比例减压阀。该先导控制阀包括操纵杆 1、两个减压阀和壳体 5。每个减压阀由控制阀芯 8、控制弹簧 7、复位弹簧 6、柱塞 4 等组成。

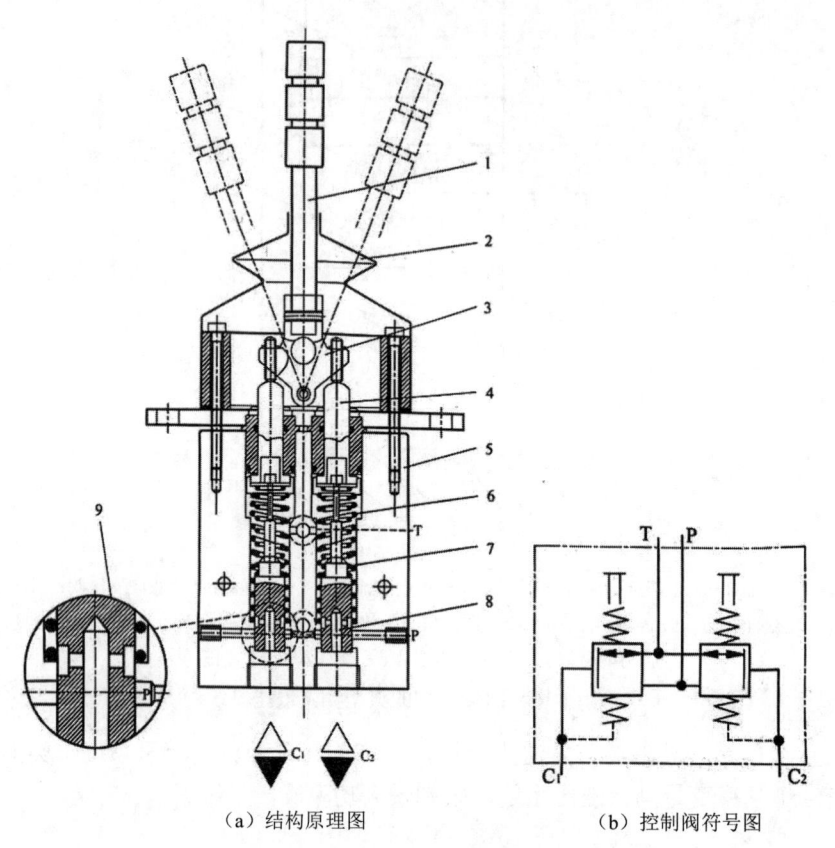

(a) 结构原理图　　(b) 控制阀符号图

1—操纵杆；2—防尘罩；3—凸轮；4—柱塞；5—壳体；6—复位弹簧；7—控制弹簧；8—控制阀芯；9—阀芯孔

图 14-11　手控双联比例减压阀

无操作动作时，复位弹簧将操纵杆保持在图示的中位，这时控制油口（C_1 或 C_2）通过阀芯孔 9 与回油口 T 相通。当操作手柄向某侧倾斜，克服复位弹簧和控制弹簧的张力向下推动柱塞时，该侧控制弹簧便推动控制阀芯下移，隔断控制油口（C_1 或 C_2）与回油口 T，同时通过阀芯孔使控制油口（C_1 或 C_2）与进油口 P 相通 一旦油出口（C_1 或 C_2）压力与控制弹簧的张力平衡时，控制油压稳定，便开始控制。

考虑到复位弹簧仅用于手柄回中时促使阀芯回零，张力较弱，可以忽略，因此即可认为控制油口（C_1 或 C_2）输出的油压 p_A 与平衡弹簧的张力 p_s 存在如下关系

$$p_A = p_s / a \tag{14-5}$$

式中：a——阀芯下端面的受压面积。

由于 p_s 与手柄的转角和推力大致成正比，所以在 a 既定的情况下，控制油口（C_1 或 C_2）输出的油压 p_A 近似地与手柄的转角和推力成正比。这样，扳动手控比例减压阀控制液控换向节流阀或双向变量油泵，即可使起货机实现启停、换向和调速。在液压系统中，常以图 14-11（b）所示的控制阀符号图表示。

二、电气式操纵机构

起货机电气式操纵机构是液压甲板机械新一代的操纵机构，它传递的是电气控制信号，因此，操作轻便，不受距离影响，特别适用于远距离操纵。可用便携式控制器在甲板上遥控。

1. 应用电磁比例换向阀的电液式操纵机构

目前应用的电液式操纵机构常采用由比例电磁铁做成的电磁比例元件。比例电磁铁是一种直流电磁铁，它与普通电磁铁的差别在于它所产生的电磁力与输入电流信号的大小成比例。用比例电磁铁控制的换向阀称为电磁比例换向阀。应用比例电磁铁还可制成其他各种电磁式比例元件，例如电磁比例减压阀、电磁比例调速阀以及用比例电磁铁代替调节螺栓的电磁比例溢流阀等。

图 14-12 为可供定量泵开式系统换向和调速用的电液比例换向阀及其代表符号。图中，导阀 3 由两端的比例电磁铁 2、4 控制。当向其中任意一端的电磁铁输入大小不同的电流信号时，导阀即会向相应的方向输出不同的油压。例如当左端比例电磁铁通电时，导阀 3 的阀芯就会被推向右侧，这时由 P 口而来的压力油液一方面经控制油路 c 供送到主阀 5 的右腔，另一方面通过控制油路 b 引入导阀 3 的右端。起初由于电磁力大于液压力，故阀芯继续右移，阀口不断开大，节流作用随之减小，但与此同时，引入阀芯右端的液压力也相应增加。因此当导阀向右移动了某一距离后，由于电磁力与液压力相互平衡，导阀也就稳定不动。同理，当右端比例电磁铁通电时，导阀也就会随着输入电流信号的大小而向左移动某一对应的距离。由此可见，导阀输出的控制油压，其方向与大小取决于哪一端电磁铁通电以及电流信号的强弱，而输出的油压又与主阀两端的弹簧张力相平衡。因此，通电情况及电流强弱的不同，也就决定了主阀位移的方向和大小，从而实现了对油流方向和油压高低的控制。

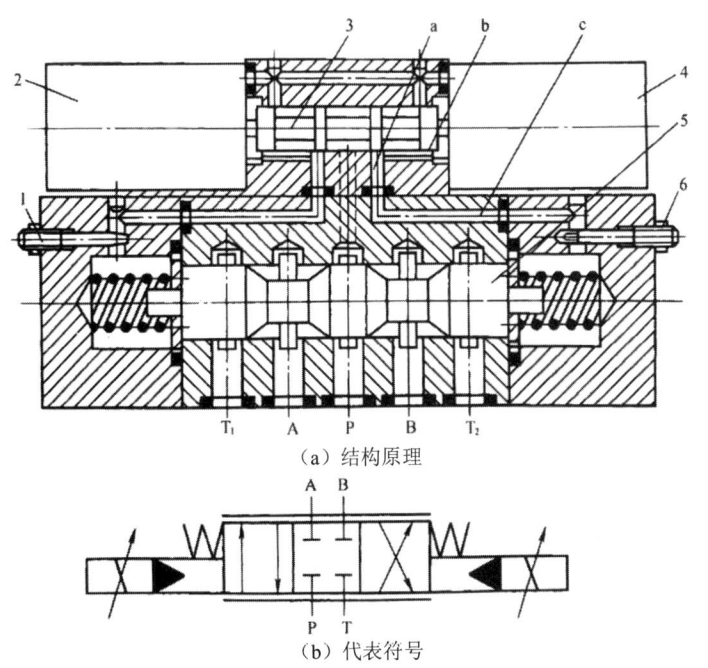

(a) 结构原理

(b) 代表符号

1、6—调节螺钉；2、4—比例电磁铁；3—导阀；5—主阀；a、b、c—控制油路

图 14-12 比例阀控制的电液式操纵机构

2. 应用电磁行程控制器的电液式操纵机构

图 14-13 为一种在闭式液压系统中应用电磁行程控制器的电液式操纵机构。当操纵手柄输出不同的电流信号时，比例电磁铁控制的电磁行程控制器就会产生一个与输入信号成比例的位移，将伺服滑阀 5 移到相应的位置。现假设伺服滑阀向右移动，于是，控制油液同时进入差动油缸 2 的左、右两侧，因油缸右侧的作用面积较大而使油缸向左动，一方面控制油泵的吸排方向和流量，另一方面带动伺服滑阀的阀套，使之做与伺服滑阀同向的移动。因此，当差动油缸移动了相应的距离后，伺服滑阀与其阀套的相对位置也就重新回到中位，油缸停止移动。所以，通过电磁行程控制器 3 控制伺服滑阀和差动油缸的位移，即可控制油泵的吸排方向，并使油泵的流量与操纵手柄的位移成比例。

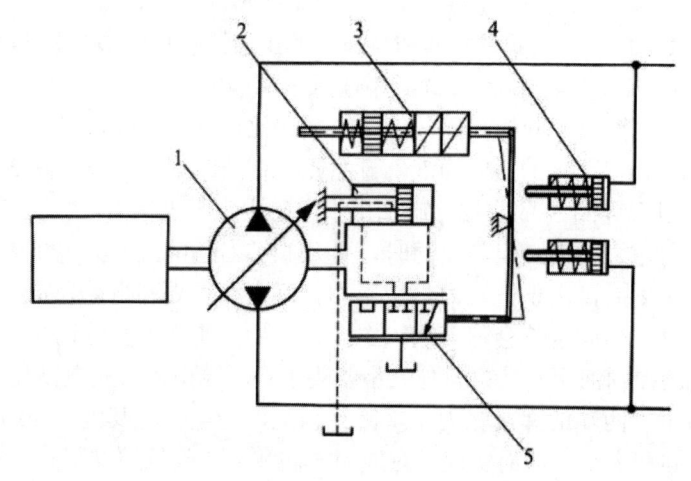

1—变量泵；2—差动油缸；3—电磁行程控制器；4—恒功率控制器；5—伺服滑阀

图 14-13　应用电磁行程控制器的电液式操纵机构

为了实现恒功率控制，系统中还设有恒功率控制器 4。当负荷越大时，高压油管中的工作油压也就越高，恒功率控制器油缸中的活塞将会产生更大的位移，因而可通过限制伺服滑阀最大位移量的方法，限制油泵的最大流量，从而实现自动恒功率控制。

3. 应用电磁比例泵的电气操纵机构

在泵控型液压系统中，可对电磁比例泵进行远距离控制。通过改变输入电磁比例泵的控制电流方向与大小，即可改变泵的排油方向和流量，实现换向和容积调速。

第四节　回转式液压起货机实例

麦基嘉 L 型回转式起货机由南京中船绿洲机器有限公司通过引进技术与麦基嘉公司合作生产，是国产新建船舶上采用较多的一种液压起货机。该型起货机液压系统由起升、变幅、回转和控制与补油四大油路组成，图 14-14 为 L 型回转式起货机的液压系统原理图。

1. 起升与控制、补油系统

（1）控制与补油油路（图示元件标注为 4---）。

（2）起升油路（图示元件标注为 1---）。

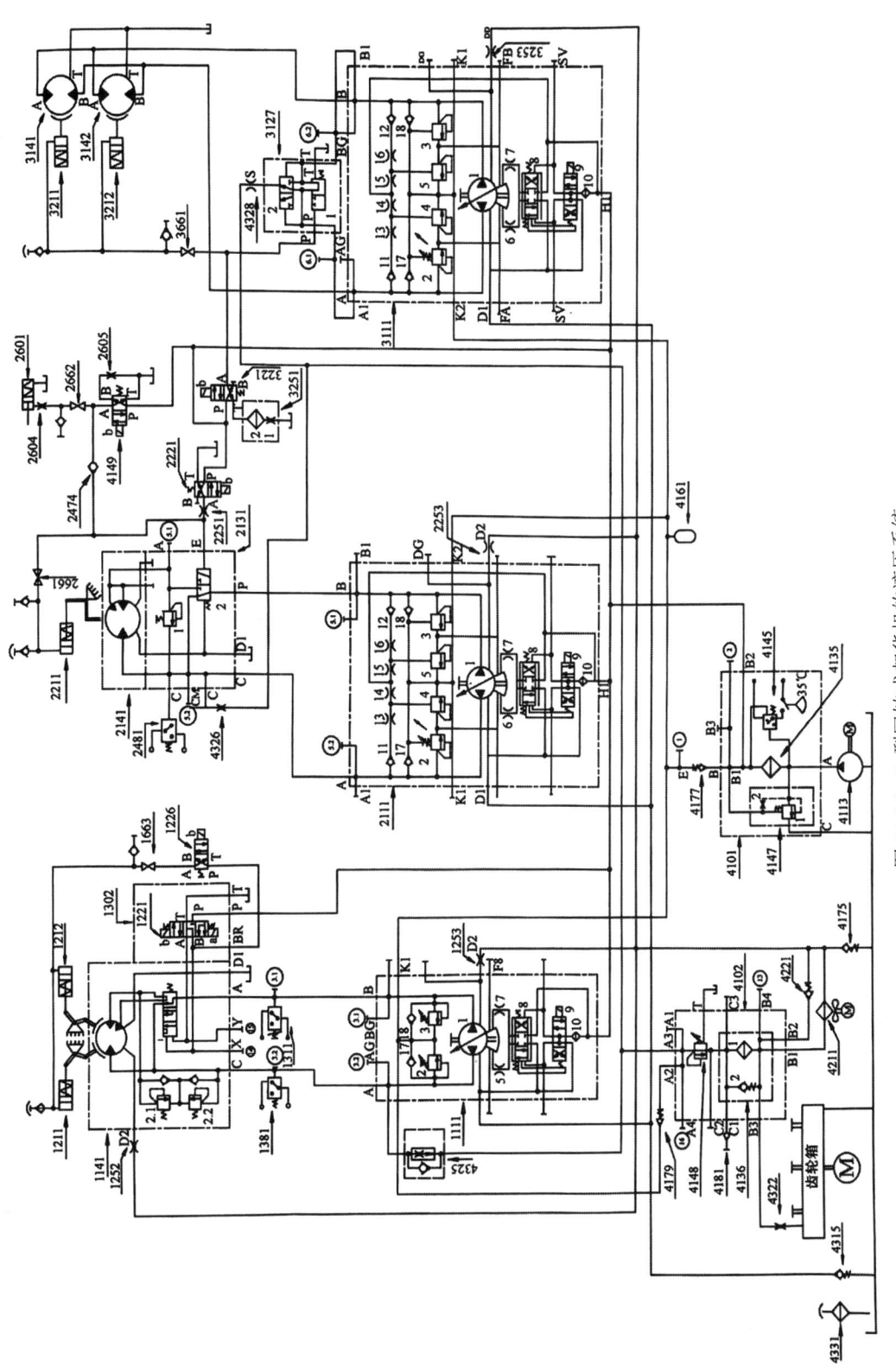

图 14-14 L型回转式起货机的液压系统

1) 停止工况。当操纵手柄置于中位时，阀1111-9无输入信号位于中位，阀1111-8也位于中位，主泵1111-1变量机构在零位不对外供油，此时，阀1226、1221中的电磁铁均无电，位于图示位置，机械刹车抱闸，双速阀1141-1位于图示位置，主泵进出口经阀1141-1的图示位置沟通，以消除泵的零位误差，液压马达停转。

2) 低速起升工况。操纵手柄置于低速起升位置。阀1221a电磁铁有电，控制油经阀1221下位，有两路控制油作用在阀1141-1的左端，使其换位至中间位置；阀1226电磁铁有电，有一路控制油经阀1226右位进入机械刹车1211、1212使其松闸；阀1111-9有信号输入而离开中位，阀1111-8也换位，使主泵1111-1向B管供油，经阀1141-1中位同时进入液压马达的两个进口，使液压马达向起升工况运行。此时的起重量为25t，起升速度由主泵的供油量控制在0~25m/min内。主泵的供油量由阀1111-9的输入电压大小来控制，而电压信号大小则由操纵手柄进行控制

3) 高速起升工况：操纵手柄置于高速起升位置。阀1111-9、1111-8的动作与低速起升工况相同，主泵1111-1向B管供油；1226电磁铁有电，控制油进入机械刹车，使其保持松闸；此时阀1221b电磁铁有电，阀1141-1的左端只有一路控制油作用，另一路卸荷，因此使阀1141-1换至左位，使液压马达的一个进口进油，而另一个油口与回油管相通，使液压马达的排量减小1倍，而转速则增加1倍，起重量约为低速工况时的40%。

起升油路的下降工况动作原理与上述起升工况相似，不同的只是控制阀1111-9的电压控制信号极性相反，使主泵向A管供油，液压马达的转向与起升工况相反。

2. 变幅系统（图示元件标注为2---）

变幅油路与回转油路共用一个操作手柄。小吨位起货机采用开式油路，大吨位起货机（8t以上）采用闭式油路。

图示变幅回路由主泵2111-1（斜盘式轴向柱塞泵）与液压马达2141（麦基嘉63-11100型）组成闭式系统。吊臂的上升、下降速度由主泵2111-1控制，主泵变量机构控制与起升油路相同，油路的最大工作压力由阀2111-2、2111-3设定（2111-2的设定压力为10MPa，2111-3的设定压力为26MPa），阀2131-1为变幅液压马达的缓冲阀，油路中的热油释放由节流阀4326进行，油路的补油从单向阀2111-17或2111-18补入。

当操纵手柄置于中位时：阀2111-9比例电磁铁无信号输入，主泵2111-1的变量机构在零位不对外供油，同时阀4149、2221电磁铁均失电而处于图示位置，机械刹车2211抱闸，棘爪液压缸2601也处于外伸状态，插入变幅绞车的棘轮中，起双重保护作用，防吊臂跌落。阀2131-2由于无控制油处于图示位置（左位），将液压马达油口封闭，起液压制动作用，同时将主泵两油口接通以消除主泵的零位误差。

当操纵手柄离开中间位置时：阀4149电磁铁有电而换向，使控制油经阀4149左位进入液压缸2601使其内缩与棘轮脱开。阀2221电磁铁有电，工作在下位，使控制油分两路，一路先将阀2141-2推至右位，使泵的进出口分别与液压马达的进出口相通；另一路经阀组2251、2661进入机械刹车2211使其松闸。若此时将操纵手柄向吊臂上升或下落位置动作，阀2111-9比例电磁铁有信号输入，控制主泵向液压马达供油，使液压马达按操纵手柄给定的信号（上升或下落）方向旋转，达到吊臂变幅的目的。图示油路，主泵向B管供油为吊臂上升工况。该型起货机的最小工作半径为3.4m，最大工作半径为24m。

3. 回转系统（图示元件标注为 3---）

与变幅系统的主泵相同，回转机构采用两台高速轴向柱塞式液压马达减速后驱动各自的小齿轮方式，刹车为内置摩擦片式制动器，使回转机构的结构更加紧凑。回路采用闭式系统，回转速度由主泵 3111-1 来控制。

当操纵手柄（与变幅油路共用一个操纵手柄）置于中位时：阀 3221 电磁铁失电，刹车 3211、3212 中的控制油经阀 3221 下位、滤油器 3251 回油箱，在弹簧力的作用下，使动、静摩擦片接触，将液压马达输出轴抱住，同时阀 3127-1 位于图示位置，使主泵的两个油口互通，以消除泵的零位误差。

当操纵手柄离开中位时：阀 3221 有电，辅泵输出的控制油经阀 3221 上位后分为两路，一路进入阀 3127-1 的控制端而使其换至左位，将主泵两油口相互断开，而分别与液压马达进出油口相通；另一路进入刹车 3211、3212 使其松闸，给阀 3111-9 输入相应信号，主泵 3111-1 对外供油，驱动液压马达按操纵手柄的给定信号方向旋转。此时，若 B 管为高压，则阀 3127-2 位于图示位置（右位），使低压管 A 管中的部分热油经阀 3127-2 的右位、阀 4148，滤油器 4136-1、冷却器 4221 净化、冷却后回油箱，以防止工作油温度过高，回转油路释放的油由辅泵补油路经单向阀 3111-17 或 3111-18 补入。回转油路中最大工作压力由阀 3111-2、3111-3 设定（均为 29.5MPa）。

4. 安全保护装置及附件

（1）压力保护。为保证起货机安全、可靠运行，该型液压起货机中除在起升绞车、变幅绞车和回转机构中设有机械刹车外，在各油路中还设有各种压力保护阀、背压阀等。油路中压力值可通过相应的测压点测量，并可通过相应的压力阀进行调定。

在液压系统中设有压力控制器，它能检测油压力的高低，并发出相应的信号。其作用是限压、防过载，以及防油路压力过低起安全保护作用，具体各压力控制器的作用与调定值分述如下。

压力控制器 1311 的设置是为防止起升油路误用高速挡与防止起升油路过载。它的设定压力为 23.5MPa。在高速起升工况，若起重负载超过 10t 时，压力控制器 1311 动作，自行将起升油路工作状态从高速工况转入低速工况，即阀 1221b 电磁铁失电，阀 1221a 电磁铁有电，使阀 1141-1 从左位转至中位。在低速工况时，若起重量超过压力控制器设定值 23.5MPa（相对应起重负载 25t）时，压力控制器动作，自动切断起货机的主电源，使主、辅泵电机停转。

压力控制器 1381 检测起升油路低压侧管路，失压时起保护作用，设定压力为 0.7MPa，当起升油路低压管压力低于设定值时，使阀 1226 电磁铁失电，机械刹车抱闸起安全保护作用。

压力控制器 2481 检测变幅油路低压侧管路，起失压保护作用，设定压力为 1.2MPa，当油路中压力低于设定值时，使主、辅泵电机停转

压差、温度控制器 4145 安装在油箱上，压差控制功能是控制滤油器 4135 的进出口压差，当压差大于设定值（0.15～0.3MPa）时，发出滤油器堵塞信号。温度控制器是检测辅泵出口的油温，当油温高于设定值（35℃）时，启动冷却器 4211 的冷却风机与机房通风机进行降温冷却。

（2）油液净化。该液压系统中的油液净化功能主要依靠辅泵油路中的滤油器 4135、4136-1 进行，过滤精度约 15μm，油液的污染度控制在 NAS8 级以下，此外，在电磁比例阀 1111-9、2111-9、3111-9 的进口设有滤油器，以防颗粒杂质进入造成比例阀、伺服液压缸卡死。在回转

机构机械刹车的回油路上设有滤油器 3251-2，用以防止摩擦盘式制动器在工作过程中产生的磨损物进入系统，污染油液。当系统油液污染度超过要求时，可将辅泵开关放在冬季工况上，单独开启辅泵对油液循环过滤，此时应视情况及时更换滤芯，以提高过滤效果。有条件时，最好采用外部过滤装置（例如移动式滤油车），对油液进行净化处理。

（3）附件及参数。

1）背压阀。系统中设有 7 个背压阀，以控制系统中的局部压力。

2）固定式节流元件。它们主要用作控制油路、补油路中的流量分配，以及限定主油路中热油释放量，固定式节流元件均为孔板型，安装在管路的接头处。

第五节　液压起货机的管理

液压起货机管理中主要应注意：限制液压油的污染、保持工作油温适宜、限制液压油的漏泄、防止装置超负荷、消除异常的噪声和振动，其他液压甲板机械的管理同样应注意这些方面。

一、日常管理

为了安全、高效地使用起货机，应根据起货机润滑图（Lubricating Chart）定期加注润滑油。

1. 使用前检查项目

（1）检查液压系统油箱的油位。

（2）检查回转机构齿轮箱的油位。

（3）检查起升、变幅绞车的油位。

（4）检查油滤器的脏堵情况。

（5）检查各限位开关的功能。

（6）检查钢索松弛保护开关。

（7）检查吊钩、卸扣等的状态。

2. 运行 50 小时后的检查项目

检查油箱和电源转环。

3. 每个月检查项目

（1）检查逃生装置。

（2）检查起升、变幅绞车的功能。

4. 每运行 200 小时或 2 个月后的检查项目

（1）检查泵的泄漏。

（2）打开盘式刹车油缸、回转齿轮箱、各绞车的泄放堵头，放油，并检查。

（3）检查回转轴承螺栓的松紧，如有松动，则按照说明书要求上紧。

（4）检查钢索接口是否紧固。

5. 运行 200 小时以后的检查项目

（1）回转齿轮箱换油（第一次换油）。

（2）起升、变幅绞车第一次换油。

6. 每运行 500 小时或每 6 个月的检查项目
（1）检查油冷却器。
（2）检查钢索及其卡爪磨损程度及其紧固情况。
（3）检查钢索滑轮。
（4）检查攀爬保护机构。
（5）检查钢索松弛保护装置的磨损情况。
（6）检查电气设备，包括电源滑环。
（7）检查控制箱加热元件。
（8）检查起货机基座和各焊接点。
（9）检查吊臂搁置台。
（10）检查液压系统，包括辅泵进口压力，控制油压力，过载保护压力控制器 1311、1312 等。
（11）取油样并化验（每 6 个月化验一次油样）。
（12）检查伺服油泵正余量。
（13）检查回转机构的侧隙，轴承密封。
（14）检查滤油器堵塞指示值。
（15）检查起货机外部攀爬通道。
（16）检查应急逃生梯。

7. 每 1000 小时或一年的检查项目
（1）检查逃生装置，应该由有资质的人员检查，或送回设备服务商检查。
（2）回转齿轮箱换油。
（3）绞车油样化验并换油。
（4）检查油箱及其空气滤清器，必要时更换。
（5）检查液压蓄能器。
（6）检查盘式刹车的泄漏和刹车扭矩。
（7）检查回转机构齿轮、轴承。

8. 每 2000 小时或两年的检查项目
（1）油箱放空，清洁，检查浮子开关是否工作正常、辅泵电缆电机是否正常，加满清洁液压油，更换所有滤油器。
（2）检查回转机构及其刹车油缸漏油、刹车扭矩、刹车盘磨损等情况。

9. 每四年的检查项目
（1）检查回转机构轴承、主起升绞车的紧固螺栓，并上紧。
（2）更换前咨询设备服务商。

10. 每五年或运行 5000 小时的检查项目
（1）更换盘式刹车片。
（2）检查液压软管。

11. 每十年的检查项目
更换所有液压软管。

二、高速液压马达故障分析

高速液压马达故障分析见表 14-2。

表 14-2　高速液压马达故障分析

故障现象	可能原因	措施
马达不转	机械停止	检查系统压力，是否达到安全阀启阀压力，如是，则卸载超载负荷
	马达进出口压差不够，不能输出足够扭矩	检查系统压力，如有必要重新调整溢流阀压力
	没有足够液压油进入马达	检查液压系统，检查马达的外漏（T 接头）
马达转向不正确	马达进出油管连接不正确	重新连接管路
马达爬行	供油压力或流量波动过大	在系统或供油单元中，查找原因
马达噪声大	补油压力太低	重新调整补油压力，可在接头处检查压力
	马达内部故障	检查马达泄漏油
刹车扭矩不足	刹车片过度磨损	更换磨损的刹车片
刹车不能松闸	刹车松闸压力低	通过接头检查油压
	刹车油缸密封或活塞损坏	更换损坏元件，注意恢复弹簧预紧力
马达不能变量	控制油压太低	通过接头检查油压，并调整
	由于油液污染，使阀 1221 卡住	检查阀芯，并清洁
	阀 1221 失电	检查电气系统

第十五章 锚机、绞缆机和救生艇筏释放装置

第一节 锚 机

一、锚设备的功用和组成

船舶驶达港口，常因等候泊位、引水、接受检疫、避风或过驳等而需在港外停泊，为能克服停泊时作用在船体上的水流力、风力和船舶纵倾、横倾时所产生的惯性力，以保持船位不变，就需在船上设置锚设备。此外，锚设备还可帮助船舶安全离靠码头，或使船舶紧急制动。

锚设备由锚、锚链、锚链筒、制链器和锚机等组成。利用锚机收放锚和锚链，即可起锚或抛锚。

锚机主要由原动机、传动机构和锚链轮等组成。锚机按所用动力的不同，可分为蒸汽锚机、电动锚机和液压锚机；按链轮轴线布置的方向不同，可分为卧式和立式，较大型船舶多用卧式锚机。锚设备一般设置在船首，有些船舶在船尾也有设置。

在船首的锚设备布置如图 15-1 所示，主要包括锚 1、锚链 5、止链器 3 和锚机 6。

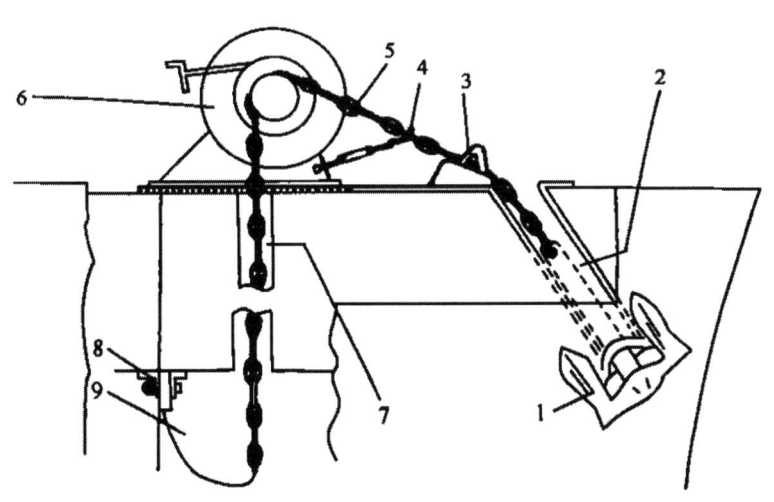

1—锚；2—锚链筒；3—止链器；4—制链钩；5—锚链；6—锚机；7—锚链管；8—弃锚器；9—锚链舱

图 15-1 在船首的锚设备布置

图 15-2 为卧式锚机的基本结构，工作时电动机 1（图示为电动机）通过蜗轮减速器 3 转动绞缆卷筒 5（锚机通常同时设有绞缆卷筒），再通过齿轮减速转动锚链轮 4。用于绞缆时可用离合器手柄 7 使锚链轮的牙嵌离合器 6 脱开。抛锚可脱开离合器，靠锚链自重进行；必要时也可将离合器合上，由于蜗轮减速器有自锁作用，抛锚速度受原动机转速限制。带式刹车手柄 2 可收紧刹车带实现制动。

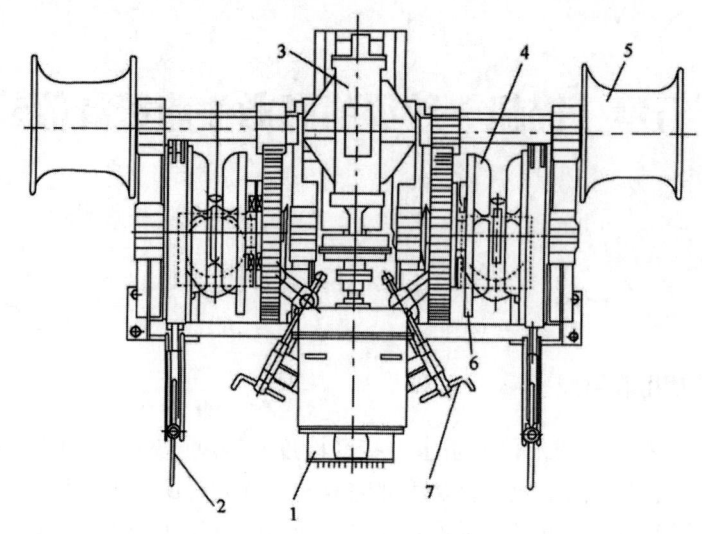

1—电动机；2—带式刹车手柄；3—蜗轮减速器；4—锚链轮；5—绞缆卷筒；6—牙嵌离合器；7—离合器手柄

图 15-2　卧式锚机的基本结构

二、锚机应满足的要求

根据《钢质海船入级与建造规范（2023）》规定，锚机应满足的一般要求如下。

（1）应由独立于其他甲板机械的原动机或电动机驱动。对于液压锚机，其液压管路如果和其他甲板机械的管路相连接，则应保证锚机的正常工作不受影响。

（2）所有动力操纵的锚机都应能倒转。

（3）在船上试验时，锚机应以不小于 9m/min 的平均速度将一只锚从水深 82.5m 处（三节锚链入水处）拉起至 27.5m 处（一节锚链入水处）。

（4）应具有足够的功率，且能连续工作。在满足（3）所要求的速度下，能连续工作 30min；在过载拉力（不小于 1.5 倍工作负载）作用下连续工作 2min，此时对速度不作要求。

（5）链轮与驱动轴之间应装有离合器，离合器应有可靠的锁紧装置。

（6）对液压锚机系统和所有受压部件应进行压力试验。液压泵试验压力为 1.5 倍最大工作压力；系统和其他受压部件试验压力为 1.25 倍设计压力。

（7）制动器刹紧后，应能承受锚链断裂负荷 45%的静拉力，或能承受锚链上的最大静载荷。其受力零件应永久不变形，其制动装置也不应有打滑现象。

（8）锚机装置应装有有效的止链器，止链器应能承受相当于锚链的试验负荷，且其应力应不大于材料屈服点 90%。

（9）电动机和传动装置应设有防止超力矩和冲击的保护。

三、液压锚机实例

1. 低压自动换挡液压锚机

图 15-3 为日本某公司出品的低压液压锚机的液压系统示意。这种锚机采用阀控型闭式液压系统，液压泵 1 为单作用叶片式定量泵，出口有单向阀 3 和安全阀 2（调定压力 4.5MPa）。对小型锚机，常采用单作用液压马达 5；对于大、中型锚机，常采用三作用叶片式自动有级变

量马达（如图15-4所示）。膨胀油柜6通液压泵进口，要求高于绞车4～6m，膨胀油柜起补偿油温变化引起的油液波动的作用。另设有可向系统和膨胀油柜加油的补油柜10和手摇泵9。

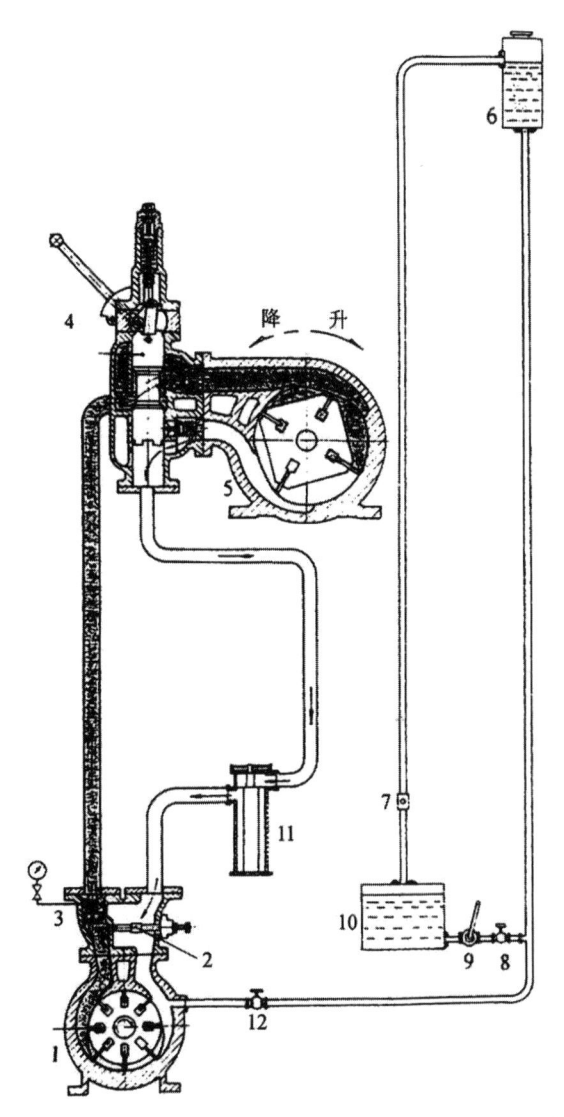

1—液压泵；2—安全阀；3—单向阀；4—控制阀；5—液压马达；6—膨胀油柜；
7—观察镜；8、12—截止阀；9—手摇泵；10—补油柜；11—回油滤器

图15-3　低压液压锚机的液压系统示意

系统的控制阀 4 是手控的开式过渡三位四通换向节流阀，用以实现阀控换向和并联节流调速。抛锚时可用控制阀作能耗限速。手柄回中虽可以液压制动但因叶片式马达本身有内漏泄，要使锚悬挂停住需用手控带式刹车或止链器机械制动。

2. 中压自动换挡液压锚机

日本 IHI 公司出品的中压（7MPa）自动换挡液压锚机采用类似上例的阀控型闭式系统，液压泵采用双作用叶片泵，高置油箱通过补油单向阀向液压泵进口补油。图15-4为其所用的三作用自动变量叶片式马达的工作原理。其工作原理如下。

（1）停止。当控制杆 9 处于中位（垂直）时，控制阀阀芯 8 处于图 15-4（b）所示 N 位置。液压泵供油从马达进油管 P 直接通回油管 T 回油箱，不能顶开单向阀 12，故马达不动。如果马达承受的负载扭矩欲驱动马达顺时针转，由于 A、B、C 油腔均被单向阀 12、13、14 等封闭，所以形成的油压将产生液压阻转矩。但马达难免有内漏泄，若无机械制动，马达会在负载扭矩作用下慢慢转动。

（2）起锚。向起锚方向扳动控制杆使控制阀阀芯上移，阀芯处于图 15-4（b）所示 UL 位置，其凸肩 m_5、m_4 逐渐将 P 通 T 的回油口关小，供油压力升高，当超过马达负载形成的油压时，顶开单向阀 12，经上、下进油口 P_1、P_2 分别向油腔 A、B 和 C 供油，驱动马达逆时针回转；三腔的回油则分别经油口 E 和 D（后者被阀芯凸肩 m_3 开启与 E 相通）通回油管 T。此时马达三个工作腔同时进油，以全排量 q_w 工作，所能产生的扭矩较大，而转速较低。随着手柄扳动使 P 通 T 的回油口逐渐关闭，则进油流量逐渐增加，马达转速提高，这是用开式过渡滑阀实现并联节流调速。

继续扳动控制杆使阀芯上移，凸肩 m_3 将 P_2 通 C 的供油截断，阀芯位置处于图 15-4（b）所示 UM 位置，C 腔将形成低压而使单向阀 14 开启，部分低压回油从 E 腔被吸回 C 腔。这时 C 腔不产生驱动扭矩，马达仅双腔进油，排量减为 $\frac{2}{3}q_w$，转速升至中速。

进一步扳动控制杆提升阀芯，阀芯位置处于图 15-4（b）所示 UH 位置，则凸肩 m_2 将进 B 口的供油截断，B 腔形成低压使单向阀 13 开启，又有部分回油从 E 腔经单向阀 14、13 返回 B 腔，这时 B、C 腔皆不产生驱动扭矩，马达仅单腔进油，排量减为 $\frac{1}{3}q_w$，转速升至高速。以上两种情况是容积调速。

马达单腔高速工作时，若因负荷较大而油压升至低压限速阀 10 的调定值时（阀 10、11 的环形承压面较小，图中表示不明显），低压限速阀开启使 A 腔与 B 腔通，马达会转入双腔中速工作。双腔工作时若油压随负荷进一步增大，达到高压限速阀 11 的调定值，则高压限速阀 11 开启使 B 腔与 C 腔相通，马达转入三腔低速工作。

由液压马达的理论转速和扭矩公式可知，设三腔进油时马达所能承受最大扭矩是额定扭矩 M，能达到的最大转速是额定转速 n_1，是低速挡；双腔工作时则理论上可承受的扭矩为 $\frac{2}{3}M$，转速为 $150\%n_1$，是中速挡；单腔工作可承受的扭矩为 $\frac{1}{3}M$，转速为 $300\%n_1$，是高速挡。但由于存在摩擦扭矩，实际输出扭矩比理论值小；而由于工作腔减少使内漏泄减少，所以实际转速会比理论值稍高。

（3）抛锚。向抛锚方向扳动控制杆，阀芯下移，凸肩 m_3、m_4 逐渐将 P 通 T 的回油通道关闭，阀芯位置处于图 15-4（b）所示 D 位置，供油压力上升将单向阀 12 开启，凸肩 m_1、m_2 分别关闭从 P_1 口（A、B）和 P_2 口（C）进油，A、B 油腔彼此相通，C 腔通过单向阀 13 与 A、B 腔沟通，而 m_3 将 P_2 向 D 口供油的油路开启。D 腔的供油进入马达 C腔，提供马达反转用油。同时，通过油路作用在远控平衡阀 16 的凸肩承压面上，当供油压力达到远控平衡阀 16 的开启压力使之开启时，A、B 腔和 C 腔（顶开单向阀 13，经远控平衡阀 16）的油通 E 腔。泄油被 A′、B′腔吸入或泄回油箱。这时，只有 D 腔进高压油，马达 C 腔工作，且反转，是高速小扭矩工况。

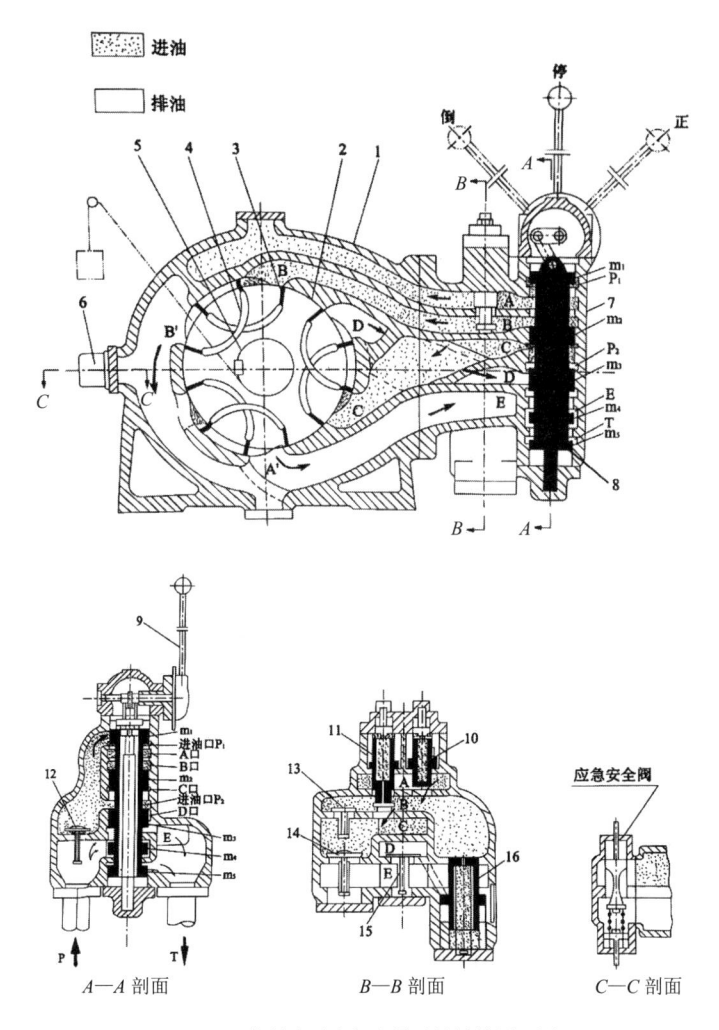

(a) 三作用自动有级变量马达结构原理图

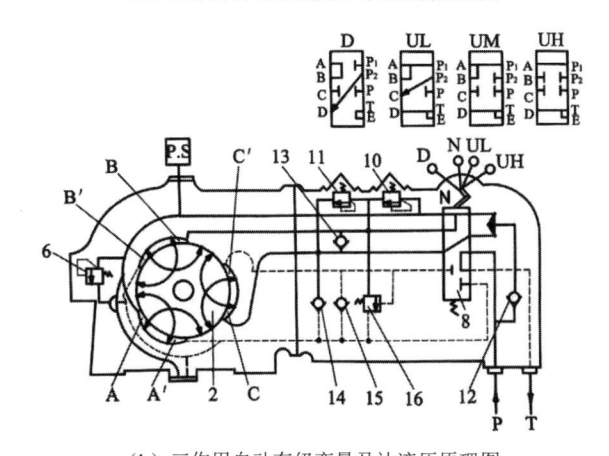

(b) 三作用自动有级变量马达液压原理图

1—壳体；2—转子；3—叶片；4—挺杆；5—马达轴；6—安全阀；7—控制阀阀箱；8—控制阀阀芯；
9—控制杆；10—低压限速阀；11—高压限速阀；12、13、14、15—单向阀；16—远控平衡阀

图 15-4　IHI 三作用自动有级变量叶片式马达的工作原理

当马达在负荷作用下快速倒转时,如果突然将手柄回中急停,此时由于 P 与 T 相通而油压突然降低,单向阀 12 关闭,D 腔停止供油;于是远控平衡阀关闭,A、B、C 腔油压急剧升高,产生液压制动扭矩。当制动油压高于马达安全阀 6 的调定压力时,为保护马达不致承受过高油压,安全阀 6 开启使油路旁通,直至因制动形成的冲击油压下降后再关闭,起到安全保护作用。

第二节 绞 缆 机

一、系泊设备概述

船舶为停靠码头、系带浮筒、旁靠他船和进出船坞等所使用的机械设备,总称为系泊设备或绞缆设备。

系泊设备主要由绞缆索、带缆桩、导缆孔或导缆钳、绞缆机以及绳车、碰垫等组成。利用绞缆机收绞缆索,即可使船舶系靠。

同样,绞缆机可按所用动力的不同可分为蒸汽绞缆机、电动绞缆机和液压绞缆机;按卷筒轴线位置的不同,可分为卧式和立式(绞缆绞盘);按缆绳工作方式的不同,分为普通绞缆机和自动调整张力绞缆机(简称自动绞缆机)。

有些船舶的液压绞缆机往往与液压起货机和液压锚机使用同一液压系统,以简化装置和系统。而大多数船舶是在船尾设独立的电动或液压绞缆机,船首通常由锚机附带绞缆卷筒。

图 15-5 为一绞缆机的结构简图。电动机 2(或液压马达)通过齿轮减速机构 3 驱动主卷筒 4 和副卷筒 6 转动。主卷筒在卷绞的同时还能储绳,它既能绞缆,又能靠手动带式刹车 5 来调节绞缆(缆绳张力太大时允许刹车打滑松缆,以免拉断,这种绞车的刹车力需要定期试验),若是自动绞缆机则绞缆时无须刹紧刹车。副卷筒只能卷绞缆绳,收储缆绳需靠另设的绳车。

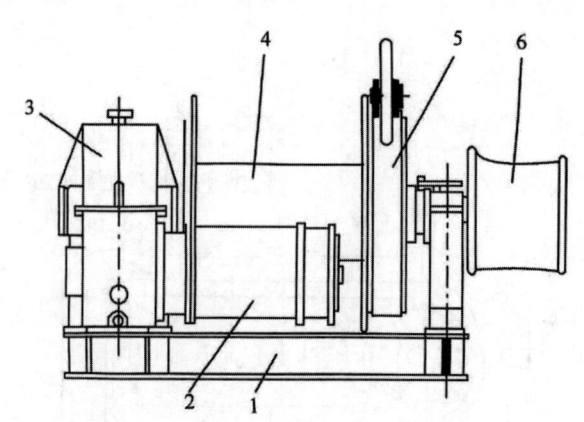

1—底座;2—电动机(或液压马达);3—齿轮减速机构;4—主卷筒;5—刹车;6—副卷筒
图 15-5 绞缆机的结构简图

对绞缆机的基本要求是,应能保证船在受 6 级以下风时(风向垂直于船体中心线)仍能系住船舶,其额定负荷(拉力)应该根据船舶的吨位,按规范选取。额定负荷时的绞缆速度一般为 15～25m/min,空载绞缆速度一般在 30m/min 以上。

二、液压自动调整张力绞缆机

液压自动绞缆机形式很多，就使用压力而言，可分为高压型（13.7～31.4MPa）和低压型（2.9～5.9MPa）。如从控制方式看，则又分为用压力调节阀控制的定量泵式或变量泵式以及带蓄能器的定量泵式或变量泵式和带压力伺服器或压力继电器等几种。

1. 用压力调节阀控制的定量泵式自动绞缆机

图 15-6 为定量泵式自动绞缆机原理，其系统主要由油泵 1、压力调节阀 2、油马达 3 和卷筒 4 等组成。卷筒 4 由油马达 3 驱动。油马达的动力来自油泵，而其输出转矩则由压力调节阀调定。当缆绳张力减小时，油泵供入的压力油驱动油马达旋转，使卷筒卷入，缆绳张力和系统油压随之上升，直至张力达到某一规定数值时，油马达即停止转动。此时，油泵的工作油，除少量用作油马达漏泄的补油外，其余全部经压力调节阀返回油箱 5。假如缆绳张力上升，并超过设定值，则油马达在缆绳的牵动下反转，卷筒就会放出缆绳。此时，油马达变为油泵工况，与油泵同时向同一管路排油，汇合后经压力调节阀返回低压侧。

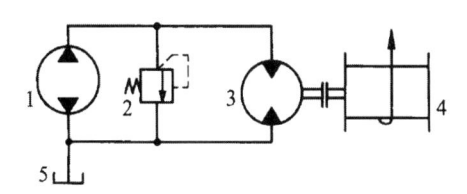

1—油泵；2—压力调节阀；3—油马达；4—卷筒；5—油箱

图 15-6 定量泵式自动绞缆机原理

图 15-7 为这种自动绞缆机的特性。图中，符号①、②、③、④、⑤是压力调节阀刻度盘上表示缆绳张力数值的符号。现以缆绳张力调定在 5t 力×8m/min 时的特性曲线加以说明（压力调节阀的刻度盘调节在⑤）。

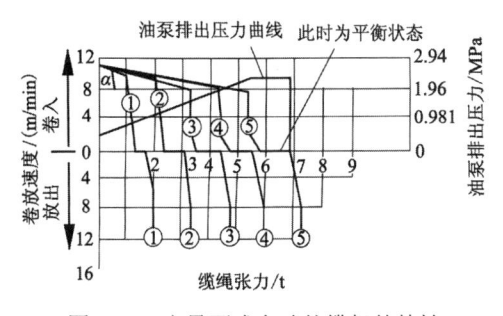

图 15-7 定量泵式自动绞缆机的特性

当缆绳张力在 0～5t 力以下时，缆绳卷入，对应的卷入速度为（8m/min+α）。随着缆绳的卷入，缆绳的张力逐渐增加，卷入速度相应变慢，α 逐渐减小，油泵排出压力逐渐上升。当缆绳张力接近 5t 时，压力调节阀就会因油泵排出压力进一步上升到调定压力而大量溢流，使卷入速度显著下降，直至张力接近 5t 力时，卷入速度下降为 0，达到平衡状态。此后，若张力进一步上升，但尚不足以克服绞缆机的液压阻力和摩擦阻力，则暂时的平衡状态仍将继续，直到张力增加到 6.8t 力时，平衡状态才被破坏，于是卷筒又开始倒转，并放出缆绳，放出的速度则随缆绳的张力而变。缆绳的放出，一方面防止了张力的过分增加，使张力得以维持在规定范围以内，另一方面，还将使油马达中的工作油压随之上升，直到最后与缆绳张力达到新的平衡。

这种自动绞缆机结构简单，但工作时有大量高压油流经调节阀，使油温升高，故需充分冷却。此外，油泵总在大流量下工作，很不经济，因此，只适用于功率较小的场合。

2. 带蓄能器的定量泵式自动绞缆机

如图 15-8 所示，系统主要由蓄能器、换向阀、压力控制阀、油马达、溢流阀、油泵、压力继电器等组成。系统的自动绞缆原理与前述的自动绞缆机相同，不同之处仅在于增加了蓄能器与压力继电器而已。图 15-8 中，蓄能器 1 用以缓冲系统因负荷变化而引起的冲击；压力继电器 9 的工作原理为，当蓄能器中的油压降低到压力继电器的低压调定值时，油泵 7 启动，向蓄能器补油，直至蓄能器中的油压升高到压力继电器调定的高压值时，油泵又断电停止。这样，利用蓄能器和压力继电器，即可实现油泵的间歇工作，从而使自动绞缆机的功耗减小。自动绞缆机油泵所需的功率一般较低，但油泵的工作时间较长，因此，在自动绞缆机设有专用的小容量油泵。在一般绞缆时，采用大泵或使大、小油泵并联工作。除此之外，也可在系统中设蓄能器，以使油泵能够间歇工作，从而减少功耗。

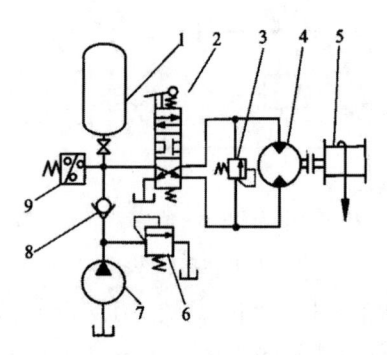

1—蓄能器；2—换向阀；3—压力控制阀；4—油马达；5—卷筒；6—溢流阀；7—油泵；8—单向阀；9—压力继电器

图 15-8 带蓄能器的定量泵式自动绞缆机原理

3. 泵控型自动绞缆机

泵控型自动绞缆机主要由变量泵、压力调节阀、油马达和卷筒等组成。其中变量泵的变量机构可以选用伺服油缸式。如当缆绳张力增大时，油压随之升高，于是，推动变量泵伺服油缸中的活塞移动，油泵流量因而减少，卷入速度也就变慢，即变量泵的排量随着工作油压调整；也可选用压力继电器控制变量泵的变量机构，进行双位调节，如图 15-9 所示。

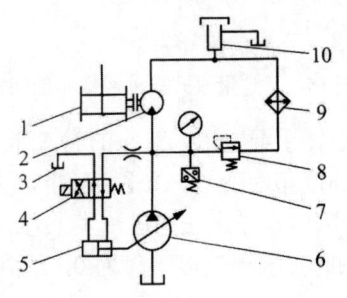

1—卷筒；2—油马达；3—油箱；4—电磁阀；5—变量机构油缸；6—油泵；7—压力继电器；
8—溢流阀；9—冷却器；10—膨胀油箱

图 15-9 带压力继电器的变量泵式自动绞缆机原理

当缆绳张力小于压力继电器 7 的调定值时，因系统油压较低，故压力继电器接通，使电磁阀 4 有电，阀工作在左位。于是，泵以最大流量工作，快速卷入缆绳。随着缆绳的卷入，张力逐渐增加。当张力增加到调定值时，压力继电器动作，使电磁阀失电，变量机构伺服油缸两侧进、排油的方向随之改换，将泵的流量降至最小，以补充油马达中的泄漏。此时，油马达停止转动，处于平衡状态，而油泵供来的油液经溢流阀 8、膨胀油箱 10 返回油箱 3。假如缆绳的张力进一步增大到放出缆绳设定值，那么，油马达 2 就会反转，变成油泵工况，绞缆机放出缆绳。这时，系统油压增高，使溢流阀进一步开大。

此后，若缆绳张力减小，则溢流阀也逐渐关小，直至张力下降到压力继电器动作，又会使电磁换向阀左移，将油泵转至最大流量工作，并收卷缆绳，从而实现对缆绳张力的自动调节。

三、液压绞缆机实例

图 15-10 为奈尔三菱重工自动绞缆机的液压系统原理，它采用由压力调节阀控制的定量泵系统。

1. 主要参数

主卷筒额定负荷（第二层）为 120kN；额定速度（第二层）为 15m/min；空载速度（第二层）为 37m/min；所需功率为 29.4kW；缆绳直径与长度为 $\phi55mm \times 200m$；卷筒转速为 16.5r/min；自动收放缆绳的张力（第一层）为 80~160kN；自动收缆速度不大于 2.5m/min；低压溢流阀的压力调节范围为 10.5~13.4MPa；对应的缆绳张力为 140~180kN。绞缆卷筒额定负荷为 120kN；额定速度为 15m/min；空载速度为 32m/min。

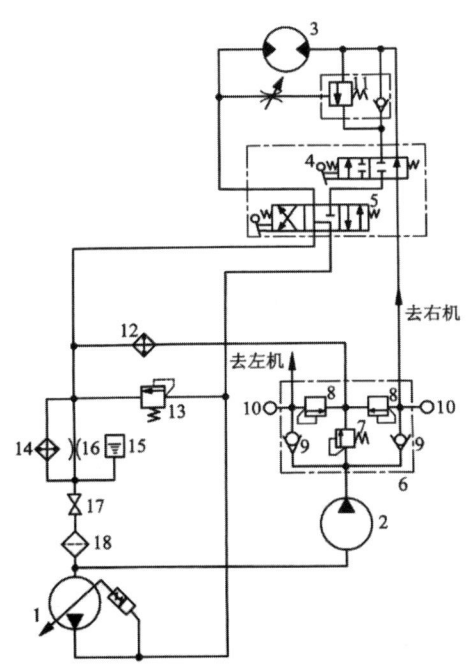

1—主泵；2—自动绞缆油泵；3—油马达；4—自动调节张力转换阀；5—操纵阀；6—自动调节张力阀块；
7—低压溢流阀；8—高压溢流阀；9—单向阀；10—压力表；11—平衡阀；12、14—冷却器；
13—主泵溢流阀；15—高置油箱；16—节流阀；17—截止阀；18—滤器

图 15-10　奈尔三菱重工自动绞缆机的液压系统原理

2. 主要设备

(1) 主泵 1。恒功率大流量轴向柱塞泵，工作压力为 13.7MPa，流量为 0～389L/min。

(2) 自动绞缆油泵 2。高压小流量内齿轮泵，工作压力为 13.7MPa，流量为 54.5L/min

(3) 油马达 3。活塞连杆式油马达，转速为 0～110r/min。工作油压：起锚时 10.8MPa，系缆时 13.7MPa。

(4) 自动调节张力转换阀 4。它与操纵阀 5 铸成一体，控制操纵手柄，可将其转至"自动"位置或"人工"位置。

(5) 自动调节张力阀块 6。自动调节张力，各个阀件全部组合在这一阀块上，其主要组成及功能为低压溢流阀 7：调至收缆张力的最大值；高压溢流阀 8：调至放缆张力的起始值；单向阀 9：用以防止放缆时从油马达回流的压力油倒流至低压溢流阀；压力表 10：显式电动机供油压力。

3. 动作说明

使用自动绞缆时，首先停止主泵，将操纵阀的手柄置于中间位置，并将自动调节张力转换阀的手柄置于"自动"位置（阀的右位），然后启动自动绞缆油泵，即可进行自动绞缆。

(1) 收缆工况。当缆绳张力较小时，从自动绞缆油泵来的压力油进入自动调节张力阀块，然后经单向阀进入油马达，使油马达转动，进行收缆。这种工况一直进行到与缆绳张力相对应的工作油压，达到低压溢流阀的调定值时为止。而从油马达排出的油液，则经操纵阀和冷却器 14 返回自动绞缆油泵的吸入口。

(2) 停止工况。在收缆工况中，工作油压随缆绳张力的增大成比例地增加。当缆绳张力达到相应于停止收缆的油压时，油马达和卷筒停转。若缆绳张力进一步增加，至大于低压溢流阀的调定压力时，低压溢流阀开启，从自动绞缆油泵排出的压力油，除少量补充油马达的漏泄外，其余则完全经低压溢流阀返回。而来自油马达的压力油，则因被单向阀锁闭，不能进入低压溢流阀，因此，油马达和卷筒一直保持停转，直至缆绳张力上升到开始放缆时的张力（高压溢流阀的调定值）。

(3) 放缆工况。若缆绳张力进一步上升，以致油压超过高压溢流阀的调定值时，则高压溢流阀开启，来自油马达的压力油会经高压溢流阀、冷却器 12 和操纵阀又返回油马达。因此油马达倒转，并放出缆绳。这时，油泵排出的压力油除少量补充油马达的漏泄外，其余全部经低压溢流阀、冷却器 12、14 和滤器 18 等返回油泵。放缆时，油马达按油泵工况工作，高压溢流阀的开度与缆绳张力和系统油压相对应。若缆绳张力异常增大，则高压溢流阀的开度也随之增大，使放缆速度加快，缆绳张力也就因而得以维持在规定的范围内。

通过调节溢流阀 7 或 8 的弹簧预紧力，就改变低、高压溢流阀的调定值，则可改变收放缆绳的起始张力。

(4) 手动工况。如将绞缆机用于一般人工绞缆，则必须停止自动绞缆油泵，并将自动调节张力转换阀的手柄置于"人工"位置（阀的左位），然后启动主泵，这时因操纵阀处于中央位置，故油马达不转，缆绳也就不会收放。

收缆时，应将操纵阀推向左端，这时，从主泵排出的高压油经操纵阀、自动调节张力转换阀和平衡阀 11，进入油马达；而油马达的回油，则经操纵阀被主泵吸回。放缆时，应将操纵阀拉向右端，这时，从主泵排出的高压油经操纵阀反向进入油马达；而油马达的回油，则经平衡阀、自动调节张力转换阀和操纵阀被主泵吸回。

第三节 救生艇筏释放装置

救生艇筏的释放装置是用来存放、释放和回收救生艇筏的专用配套设备，又称降落设备，俗称吊艇架。当船舶遇险时能否快速地释放救生艇筏，其释放装置性能的好坏起着决定性作用。

每艘救生艇均应配置一副独立的释放装置，每副释放装置装配一个吊艇机以保障释放和回收救生艇筏工作能迅速、安全地进行。救生艇筏的释放装置比较多，限于篇幅，本节主要介绍常用的几种救生艇释放装置、配备原则、主要结构及维护保养方法。

1. 救生艇释放装置

救生艇平时存放在释放装置上，释放装置按形式的不同一般可分为旋转式、摇倒式、重力式和自由降落入水式等。

（1）旋转式释放装置。旋转式释放装置用于艇重不超过 1400kg 的情形，它是由两根顶端弯曲并能 360°转动的吊，通过吊艇索来吊起救生艇的。释放时需用人力将艇首、尾端通过转动吊柱分别转出舷外再降落至水面。此类释放装置结构简单、无须动力，但操作过程费时、费力，仅适合较小的船舶使用。旋转式释放装置如图 15-11 所示。

（2）摇倒式释放装置。

1）弧齿式释放装置。弧齿式释放装置是由前、后两根吊柱装置组成的，每根吊柱下端成扇形弧齿状，弧齿的中心用螺栓固定在释放装置底座上，扇形弧齿的外齿与底座下部的齿槽相啮合。吊臂的形式有直杆形和 S 形等，直杆形吊臂设在艇的两端外侧，而且需要将吊艇钩设在艇首、尾顶端；S 形吊臂则可将艇直接搁在释放装置下的木墩上，艇的首、尾吊艇钩设置在艇的首、尾部即可。弧齿式释放装置如图 15-12 所示。

2）推杆式释放装置。推杆式释放装置主要由两根活动的吊柱组成，每根吊柱由一根螺杆与吊柱支架相连，螺杆的下端与螺纹套筒相啮合，螺纹套筒与底座相连。释放时，人力摇动套筒上的手柄，螺杆便随之伸出套筒使吊柱向舷外推出，吊柱上的救生艇也一同被推出舷外，再松出吊艇索即可将艇降至水面。推杆式释放装置如图 15-13 所示。

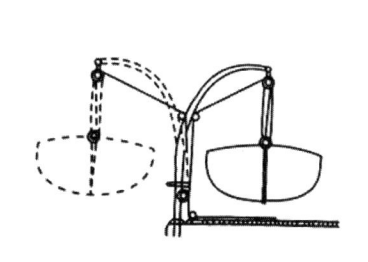

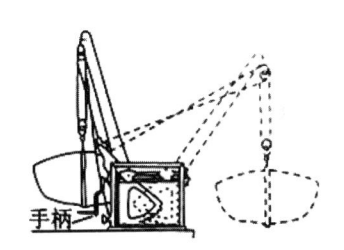

图 15-11 旋转式释放装置　　图 15-12 弧齿式释放装置　　图 15-13 推杆式释放装置

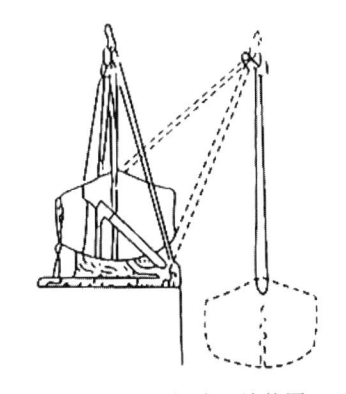

（3）重力式释放装置。当救生艇艇重超过 2300kg 时，则应采用重力式释放装置。重力式释放装置按吊艇架的形式不同可分为滑轨式、叉形支撑式和直杆式三种。

吊艇架重力式释放装置如图 15-14 所示。

(a) 滑轨式 (b) 叉形支撑式 (c) 直杆式

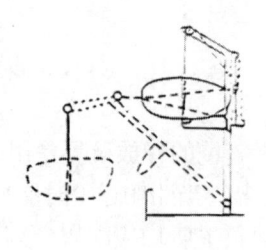

图 15-14 吊艇架重力式释放装置

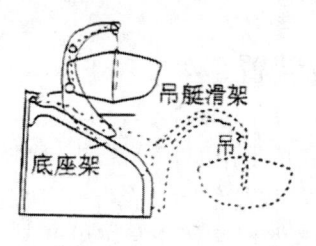

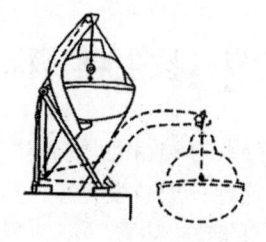

无论哪种形式的重力式释放装置的制造和试验，均应经过中国船级社认可，并满足国际救生设备规范的要求。

（4）自由降落入水式释放装置。自由降落入水式释放装置配套使用自由降落入水式全封闭救生艇。该形式的降落装置主要装配于干舷高度在 12~20m 之间的高干舷船舶。艇内装配有特制的座位，并设有艇内减振装置。自由降落入水式释放装置装配在船舶尾部，以斜置的支架存放救生艇。船舶只配备一艘自由降落入水式救生艇。

1) 基本要求。自由降落入水式救生艇释放装置的各项性能参数和指标均符合《国际海上人命安全公约》的 1983 年及 1999 年修正案、IMO 第 66 届海安会通过的国际救生设备规则和中国船级社（船检局）《海船法定检验技术规则（1999 年）》中各项规定和要求。

在紧急状况下，当船舶处于横倾 20°、纵倾 10°的恶劣状况下时，释放装置能将满员的救生艇释放到海平面；当艇处于横倾 5°、纵倾 2°的状况下时，作为辅助的收放装置，可以依靠液压传动驱动力，利用油缸推动吊艇臂倒向艇外，将满员的救生艇带至舷外并利用液压绞车将救生艇放入海平面。同理，也可利用液压绞车将满员的救生艇从海平面上吊放到释放装置的滑道上。

另外，一旦船舶遇难沉没，如满员的救生艇未能及时释放到海平面，而随船一起沉入海水下，当船舶下沉到 3~4m 处时，释放装置上的固艇装置和静水释放装置可在静水压力作用下自动释放救生艇，救生艇依靠其浮力自动脱离遇难船舶而漂浮到海平面，再依靠自身的动力驶往安全地带。

2) 技术参数。
①装置工作负荷：满足额定乘员安全起降的要求。
②绞车起重负荷：满足额定乘员安全起降的要求。
③装置下放负荷：最小 30kN，最大满足额定乘员安全起降的要求。
④自由降落核准高度：15m（船舶在最轻载航行状态从静水表面至救生艇在释放状态时的救生艇最低一点的最大距离）。
⑤降落滑道角度：35°（救生艇滑道与水平面形成的角度）。
⑥装置安装高度：15m。
⑦起升速度：5.0m/min。
⑧设计工况：横倾 20°、纵倾 10°。
⑨设计航速：大于或等于 6kN。
⑩登艇方式：尾门登艇。
⑪环境温度：–20~45℃。

自由降落入水式释放装置如图 15-15 所示。

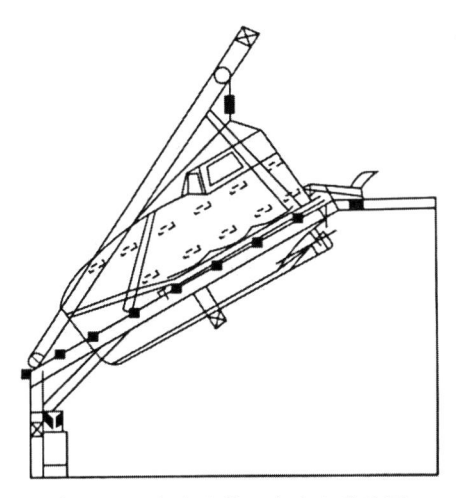

图 15-15　自由降落入水式释放装置

（5）新型救生艇及释放装置介绍。

1）平台式释放装置。平台式释放装置与其他形式释放装置不同的是，它不设置吊放艇的吊架，而是由一个立式安装在登乘甲板舷外的吊艇平台取代。其吊艇机动力装置、刹车装置等大型设备均置于平台上面，减少了登乘甲板的拥挤，方便了人员的登乘活动。此类释放装置主要装配于客船和科学考察船。平台式释放装置如图 15-16 所示。

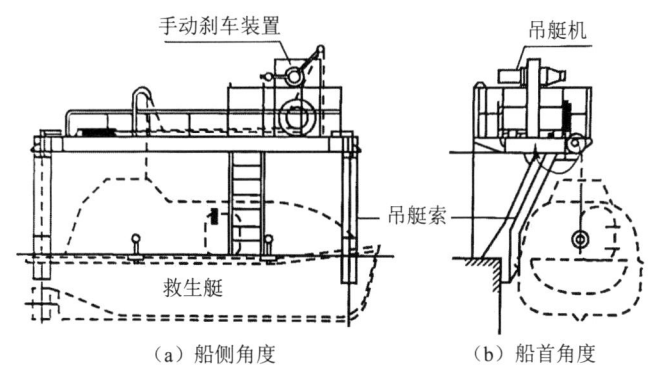

图 15-16　平台式释放装置

2）救生艇应急自动释放自浮设备。救生艇应急自动释放自浮设备由自动脱绑装置和自动脱钩装置两部分组成，能满足依靠吊艇架形式释放救生艇在紧急状态下自动脱开降落设备的要求。即当母船在海上发生事故，突然下沉时，该设备能使救生艇在无人操作的情况下自动脱掉绑扎的钢索、自动脱钩并自浮，从而提高了船员获救的可能性。

3）全电脑信息管理救生艇。英国皇家救生艇协会 2007 年 12 月 4 日在威尔士展示了一种新型救生艇，它的速度是普通救生艇的两倍，艇体进行了特别加固，可以更有效地保护艇上人员的安全。它的驾驶室配备了全新的电脑信息管理系统，很多指令可以通过遥控完成，这意味着船员在航行中不必在艇上来回奔忙，降低了事故风险，而且这个电脑系统还能在风浪中自动调整。

2. 释放装置辅助设备

（1）吊艇机各部分名称及作用。吊艇机是回收救生艇的动力装置，由动力装置（电动机或压缩空气驱动）、齿轮箱、制动器、手摇装置、吊艇索滚筒等组成。

1）动力装置。吊艇机通常用电或压缩空气作为动力源，由船舶提供电源或压缩空气产生机械动力。

2）齿轮箱。齿轮箱用于改变原动机的转速比，即改变人力操作与电动操作艇机回收救生艇时的机械转速比。

3）离合器。离合器为人力或电动回收救生艇时的转换装置。

4）制动器。每一台吊艇机有两套制动装置，一套为手动制动器，另一套为自动调节救生艇降落速度的制动器，以保障救生艇的降落速度控制在 0.4~0.6m/s 之间。正常情况下由人工控制救生艇释放速度。

5）手摇装置。吊艇机收回救生艇。吊艇机工作除电（气）动装置外，同时设有手摇装置，以备在缺乏动力源时可通过人力转动进行收回。使用手摇装置人力转动吊艇机回收救生艇时，应将离合器置于"手动"位置。

6）吊艇索滚筒。吊艇索滚筒为两个对称设置在吊艇机下方两侧并同步运转的圆形滚筒，是分别盘绕吊艇索的装置。滚筒的直径至少为吊艇索直径的 16 倍。

图 15-17 为重力式吊艇机结构及实物。

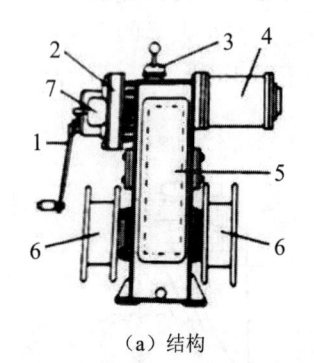

（a）结构　　　　　　　　　　　　（b）实物

1—制动器；2—离合器；3—控制手柄；4—电动机；5—传动齿轮箱；6—滚筒；7—手摇装置

图 15-17　重力式吊艇结构及实物

释放救生艇时，解除所有固船绳索和安全插销后，抬起吊艇机上的制动器，救生艇靠自身重力开始下降，并可通过调整制动器来控制释放艇的速度。

回收救生艇时，电动机带动两侧滚筒同步转动，两根吊艇索分别有序盘绕在滚筒上，依靠它将救生艇收回于吊艇架上。当吊艇架恢复到原来位置时，吊艇架底座上的限位开关切断C278 电源，以防止吊艇索过度受力而发生危险。吊艇机还附有手摇装置，当吊艇机失去动力源时，可利用人工方式将救生艇绞起。

吊艇机均采用齿轮传动式，在艇机下端设有两个存放吊艇缆绳的滚筒，使两根吊艇索同时以等速收进或松出。设计时，引导滑轮与导缆滚筒之间距离至少为 2m，以保障吊艇索能规范地缠绕。回收艇时，吊艇索于滚筒上应排列整齐且不多于两层。

（2）吊艇索、吊艇滑车及吊艇钩。

1）吊艇索。吊艇索应为柔软的并有足够韧性的镀锌钢丝索。吊艇索长度应能在船舶最小吃水并向任何一舷横倾达 20°时足以到达水面。

2）吊艇滑车。吊艇滑车是吊艇索与救生艇连接的专用设备。吊艇滑车滑轮的直径（自滑车槽口底部计量）为钢丝绳的 12 倍。吊艇滑车的下端装有供连接吊艇钩用的圆环，当吊艇架倒下后，滑车上的凹形槽即从吊艇架顶端的固定钩中脱出并随救生艇及吊艇索一起下降。图 15-18（a）为吊艇滑车。

3）联动式吊艇钩。为保障在风浪中艇首、尾能同时迅速脱钩，目前大多数救生艇都装备有联动脱钩装置，当艇降落至水面瞬间，拉动联动脱钩拉杆或拉索即可使艇首、尾同时脱钩。当自动脱钩失败时，仍可使用手动方法脱钩。联动脱钩装置的拉环均漆成红色，并有铭牌标示："危险！脱钩拉环。"

图 15-18（b）为联动式吊艇钩，其主要由吊艇钩、眼板、平衡锤、平衡锤眼环、吊艇链环、龙骨、传动索等组成。

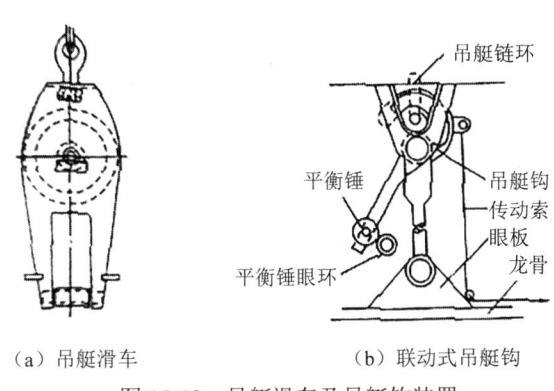

（a）吊艇滑车　　（b）联动式吊艇钩

图 15-18　吊艇滑车及吊艇钩装置

（3）救生艇定位索具。

1）稳索。吊艇架上设有两根用来固定救生艇的稳索。艇在存放位置时，该索在艇的首、尾适当部位横向缠绕艇体后系固于吊艇架上。平时应系牢，防止因船舶摇摆致使艇体晃动而撞击损坏。

2）止荡索。止荡索亦称定位索，其上端固定于吊艇架弯曲部位的弧顶眼环处，下端系在吊艇滑车内侧耳环处。救生艇在释放时，止荡索用于限制救生艇的横向摆幅，使艇不致因船的摇摆而偏离舷边和碰撞大船。止荡索长度应使救生艇在释放时，艇缘刚好平行于船舶登艇甲板。

3）收紧索。收紧索是救生艇与船之间的横向连接索。当救生艇释放到船舶登艇甲板位置时，由首、尾艇员分别递上带滑轮的两根收紧索，一端系在吊艇架适当位置，另一端系于救生艇首、尾舷羊角上，由首、尾艇员分别控制收紧后，使救生艇缘与登艇甲板平行紧靠，便于人员登乘。

3. 救生艇释放装置的一般要求

（1）每具降落设备在船舶纵倾达 10°并向任何一舷横倾到 20°时，装备齐全和满载全部乘员的救生艇筏或救助艇应能安全降落。

（2）油船、化学品液货船和气体运输船，如按《国际防止船舶造成污染公约》（MARPOL73/78）公约，和国际海事组织建议的倾角超过 20°时，其所配备的救生艇降落设备应能在该船舶处于最后横倾角的情况下在较低的船舷仍能进行操作。

（3）降落设备不应依靠除重力或不依赖船舶动力的储存机械动力以外的任何方式来降落其所配属的处于不同状态的救生艇筏或救助艇，这些状态包括满载、装备齐全和轻载状态。

（4）降落和回收装置应能使该设备的操作人员一人在甲板上操作。在救生艇降落及回收期间，操作人员在船上操作位置应能观察到艇筏的动态。

（5）每具降落设备的构造应仅需要最少的日常维护量。一切需要船员进行定期维护的部件，应容易接近和容易维护。

（6）降落设备的绞车制动器应具有承受下列负荷的足够强度：

1）试验负载不小于 1.5 倍最大工作负载的静力试验。

2）以最大速度下降，做试验负载不小于 1.1 倍最大工作负载的动态试验。

（7）除绞车制动器外，降落设备及其附属设备的强度，应能承受不小于 2.2 倍最大工作负载的静力试验。

（8）构件、滑车、吊艇索、眼板、链环、紧固件和其他一切用作连接降落设备的配件，应用不小于最小的安全系数来设计，这个安全系数根据规定的最大工作负载和结构所选用材料的极限强度来决定。适用于一切吊艇架和绞车构件的最小安全系数应为 4.5，适用于吊艇索、吊艇链、链环和滑车的最小安全系数应为 6。

（9）每具降落设备应尽可能在结冰情况下保持有效。

（10）救生艇降落设备应能收回载有艇员的救生艇。

（11）降落设备的布置应能使人员安全地登上具有适当要求的救生艇筏。

（12）回收艇筏的手动装置，在救生艇筏和救助艇下降时或使用动力吊起时，绞车的转动部分应不使用手动装置手柄或手轮旋转。

（13）满载的救生艇筏和救助艇降落下水的速度，应不小于由下列公式得出的速度：

$$S=0.4+0.02H$$

式中：S——下降速度，m/s；H——从吊艇架顶部到最轻载水线的距离，m。

快速救助艇满载乘员和属具后的降放速度和吊起速度应不低于 0.8m/s，也不高于 1m/s。

（14）救生艇筏或救助艇的设计，应考虑紧急刹车过程中的惯性力和降落装置的强度。主管机关应在降落设备上制定最大下降速度，以确保不超过该速度。

（15）每具降落设备应有制动器，使载足全部乘员及属具的救生艇筏和救助艇在降落中能刹住并可靠地系住；如有必要，还应有防水和防油保护。

（16）手控制动器的布置应始终处于制动状态，除非操作者将机械装置的制动控制器保持在"脱开"位置上。

（17）吊艇索应有足够的长度，应于船舶最轻载航行并在不利的情况下，即纵倾 10°和向任何一舷横倾至 20°时，使救生艇能到达海面。

（18）救助艇登乘和回收装置应允许安全而有效地搬运担架病人。如果使用重型动索滑车构成危险，为了安全起见，应设有供恶劣天气下使用的回收环索。

4. 自由降落设备的其他要求

（1）每艘自由降落救生艇应能在入水后立即朝正前方前进，当载足属具和在下列负载状态下从核准高度自由降落、船舶纵倾 10°并向一舷横倾 20°时，应碰不到船舶：

1）载足全部乘员。

2）载足乘员以使重心移至最前方位置。
3）载足乘员以使重心移至最后方位置。
4）只有操作船员。
（2）每艘自由降落救生艇应装设一套脱开系统，它应：
1）具有两个独立的、只能从救生艇内操作脱开装置的激活系统，并标有明显的颜色。
2）无装载或被批准的乘员定额200%正常负载时能脱开艇。
3）应使救生艇的乘员在降落过程中不致感到过度的冲击力。
（3）具有足够斜度和长度的刚性释放架结构，以保证救生艇有效地离开船舶。
（4）其结构应有防腐蚀保护和在救生艇降落过程中防止发生摩擦起火或碰击火花。
5. 救生艇释放装置的检查及维护保养

救生艇作为重要的船舶救生设备一直是港口国监督检查的重点。近年来，随着世界港口国监督检查水平的日益提高，对救生艇的检查范围逐渐从仅限于救生艇属具的检查深入到救生艇释放装置的检查。现在船舶救生艇方面的滞留缺陷很少是救生艇属具的不足或到期，而多是释放装置方面的缺陷，并且，救生艇释放装置的有效性是保证救生艇安全迅速下水、确保紧急情况下成功救助的必要条件。因此，救生艇释放装置的检查和维护应引起广大船员的足够重视。

（1）释放装置检查维护职责。救生设施的日常检查主要由三副负责，但船舶所有高级船员和普通船员都有维护保养设施、设备的责任和义务。

（2）释放装置检查主要内容及维护方法。

1）外观性检查。

①检查内容。

a. 救生艇吊艇架结构、底座、吊钩连接处、板材是否有锈蚀情况。
b. 吊艇架有无轴线错位或变形（年限较长的吊艇架）。
c. 吊艇架架托与艇体是否有脱开现象。
d. 吊艇索、导缆柄、安全销等是否锈蚀或锈死。
e. 吊艇机和电源情况。

②维护方法。

a. 锈蚀处应根据具体情况进行防锈处理或修补和换新。
b. 吊艇架若有轴线错位或变形，应告知船舶公司或船东，请进厂家修理。
c. 吊艇架架托与艇体有脱开现象时，应立即复位。
d. 吊艇索应定期涂抹防护黄油，并视情况除锈和涂抹防护油。
e. 吊艇机防护罩应盖好，吊艇机电源应处于断开位置。

2）操作性检查。

①降放艇检查（重力式吊艇设备）。降落设备是否依靠重力或船舶动力储存机械动力的任何方式来降落其所服务的救生艇筏或救助艇。检查中，检查人员可以关闭船舶主电源，测试降落装置是否与应急配电板相连接，是否可用。

②降落装置布置检查。降落机械装置的布置是否由一个人从船舶甲板上某一位置或从救生艇、救助艇内部某一位置来开动；在甲板上操作降落机械装置的人员是否能看到救生艇。除了自由降落下水救生艇，一般救生艇的降落机械装置有两套或三套：一套应可由一个

人在船舶甲板舷侧某一个位置操作；一套应能在救生艇内部某一个位置来操纵；一套是利用绞车的重力块操纵。前两者属于公约强制性要求。特别是最前者，它意味着在甲板舷侧上操纵救生艇降落的人应能看到救生艇释放降落的全过程。

③制动装置检查。降落设备的绞车制动器（刹车）是否有承受一定负载的足够强度。1998年7月1日《国际救生设备规则》增加了对救生艇降落速度上限的要求，其规定降落设备可以依靠救生艇的自身重力，或者独立于船舶动力之外的船舶储存机械动力。

为防止救生艇在应急情况下出现异常，保证船员在救生艇降落过程的安全平稳，绞车制动装置起着非常重要的作用。当救生艇以较快速度降落接近艇甲板平面时，可示意绞车进行刹车制动。若救生艇无法控制下落或滑落非常长的一段距离才能停住，则可以说明绞车制动有问题。通常情况下，绞车制动装置应处于制动状态。

做放艇试验时，船员开始抬起绞车制动器的重力块，若只听到绞车转筒轴的空转声音，而救生艇却没有下降。经过几次反复操作后，救生艇才能正常下降。产生这种情况的原因通常是制动器中的刹车片或弹簧变形、错位。通过反复操作、设备振动，刹车片又恢复了正常。这是制动器中刹车片或弹簧老化失效的征兆，严重的将可能导致救生艇无法下降。应尽快打开绞车检查修理。

④救生艇内快速降落装置的检查。除救生艇外舷侧甲板有一套救生艇降落操作装置外，还应有一套供船员在救生艇内操作的降落装置。仔细观察可供艇内操纵降落的绳索是否已经连接妥当，操纵装置上滑轮是否牢固可用。

⑤自动脱钩装置检查。一般的救生艇上有两套自动脱钩装置。一套位于救生艇内操纵台附近，由人工拉动操纵手柄进行操纵，可以检查快速降落装置操纵手柄上用来防止误操作的保险栓是否拴牢、有无损坏断裂。另一套在吊艇钩末端，当艇下水受到冲击时，重力块动作，吊艇钩自动脱开。所以，检查重点应放在仔细查看自动脱钩装置的艇钩和保险扣上有无锈蚀，若有锈蚀，将会影响自动脱钩的效果。

⑥限位开关检查。动力收回吊艇架大多使用油马达。为防止吊艇索或吊艇架受到过度应力导致吊艇架或艇的变形，应在吊艇架上装限位开关，用于吊臂回到原位时自动切断回收动力。根据工作方式不同，限位开关分为电动和气动两种，分别依靠电磁阀、空气开关工作，当吊臂接触到限位开关的触臂时，限位开关立即发生动作。常见的缺陷包括触臂卡死或开关内部损坏导致限位开关无法动作，触臂角度调节不当引起限位开关动作过早，吊臂复不到位。

（3）释放装置缺陷的处理原则。救生艇降落设备方面的缺陷将严重影响到救生艇的随时可用，属于重大船舶缺陷，船舶可能被滞留。对于上述检查中发现的缺陷，原则上应要求船舶所有者在开航之前解决；对于降落设备布置等涉及重大缺陷需修理项目的认定，船舶应及早、如实、准确地报告船舶所有者，由船级社和相关职能部门加以确认，并进行及时修理。另外，对于有些配件在本港无法购置或无法解决的缺陷，船级社和相关职能部门可能允许其驶往下一个港口纠正，但他们同时会通知下一个港口跟踪检查。

第十六章 船舶辅助锅炉

第一节 理论基础知识

一、锅炉在船舶中的应用

锅炉是通过燃烧把燃料的化学能转化为热能，使锅炉内的水变成蒸汽或热水的设备。在以蒸汽轮机为主机的船上，产生高温、高压过热蒸汽驱动主蒸汽轮机的锅炉称为主锅炉，是船舶动力装置的重要组成部分。在以柴油机为主机的船上，锅炉产生的饱和蒸汽仅用于加热燃油、滑油及满足日常生活的需要，或驱动蒸汽辅机，这种锅炉称为辅助锅炉（简称辅锅炉）。

柴油机干货船一般设一台饱和蒸汽压力为 0.5~1.0MPa、蒸发量为 0.4~2.5t/h 的辅锅炉。在柴油机为主机的油船上，因加热货油、驱动货油泵等蒸汽辅机以及洗货油舱等需要大量蒸汽，一般都设两台辅锅炉，蒸发量常在 20t/h 以上。以柴油机为主机的大型客船，一般也设两台辅锅炉，以满足日常生活所需的大量蒸汽。

二、锅炉的主要性能指标

1. 蒸发量（产气量）

锅炉每小时产生的蒸汽量称为蒸发量，用符号 D 表示，单位是 kg/h 或 t/h。通常标注的是在设计工况下的额定蒸发量。

2. 蒸汽参数

当锅炉供应饱和蒸汽时，蒸汽参数用蒸汽压力（单位为 MPa）来表示；当锅炉向外供应过热蒸汽时，用蒸汽压力和蒸汽温度来表示。锅炉一般标注名义工作压力，实际使用的工作压力范围上限可稍超过它，但不应超过锅炉的最大许用工作压力（设计压力）。

3. 效率

在锅炉中，由水变为蒸汽所得到的有效热量与向锅炉内所供应的热量之比称为锅炉效率，用符号 η 表示，即

$$\eta = \frac{\sum D(h_q - h_g)}{BQ_D} \tag{16-1}$$

式中：$\sum D$——锅炉供应的各种参数蒸汽的蒸发量之和，kg/h；B——每小时燃料消耗量，kg/h；Q_D——燃料的低热值，kJ/kg；h_q——所供蒸汽的比焓，kJ/kg；h_g——给水比焓，kJ/kg。

把给水变为蒸汽的有效利用热量又可用向锅炉供入的热量减去各种热损失来表示，所以锅炉效率又可表示为

$$\eta = \frac{BQ_D - B(Q_1 + Q_2 + Q_3 + Q_4)}{BQ_D} = 1 - (q_1 + q_2 + q_3 + q_4) \tag{16-2}$$

式中：Q_1——排烟热损失，kJ/kg，是每燃烧 1kg 燃料所产生的排烟所带走的热量构成的热损

失。这是锅炉各种热损失中最大的一项，其值取决于排烟的数量和温度。额定工况的排烟相对热损失 $q_1=Q_1/Q_D$=10%～20%。

Q_2——气体不完全燃烧热损失（亦称化学不完全燃烧热损失），kJ/kg，是锅炉烟气中尚存的未能完全燃烧的气体如 CO、CH_4、H_2 等未能发出的热量。燃烧正常时化学不完全燃烧相对热损失 $q_2=Q_2/Q_D$=0.3%～0.5%。

Q_3——机械不完全燃烧热损失，kJ/kg。燃油未完全燃烧时形成一些可燃的固体碳粒，其中包括油热分解后产生的炭黑及油滴燃烧后残留的焦粒等，这些可燃的固体粒子未能燃烧而构成的热损失称为机械不完全燃烧热损失。在燃烧正常时可认为机械不完全燃烧相对热损失 $q_3=Q_3/Q_D$=0，燃烧不良时 q_3 可达 0.5%～1%。

Q_4——散热损失，kJ/kg，是锅炉由于温度高于周围大气而向四周环境所散失的热量。相对散热损失 $q_4=Q_4/Q_D$ 随锅炉蒸发量的增加而减小，在中小型锅炉中仅次于排烟热损失。一般锅炉 q_4=2%–5%。当 D=2t/h 时 q_4 约为 2.6%；当 D=100t/h 时 q_4 只有 0.3%左右。

4. 受热面积

锅炉的受热面积除蒸发受热面积（炉水被加热产生饱和蒸汽的受热面积）外，还可能包括过热器、空气预热器、经济器（预热给水）等附加设备的受热面积，单位为 m^2。辅锅炉通常没有上述附加设备，其受热面积即为蒸发受热面积。

5. 蒸发率（产汽率）

锅炉的蒸发率表示单位蒸发受热面积每小时产生的蒸汽量，单位为 kg/（$m^2 \cdot h$）。蒸发率用于评价锅炉蒸发受热面的平均传热强度。蒸发率越高，锅炉结构越紧凑。

6. 炉膛容积热负荷

炉膛容积热负荷表示每单位炉膛容积在单位时间内燃料燃烧放出的热量，用符号 q_v 表示，即

$$q_v = \frac{BQ_D}{3600V} \tag{16-3}$$

式中：V——炉膛容积，m^3。

燃油锅炉在燃油耗量和热值一定的条件下，q_v 值越大，意味着炉膛相对容积越小，因而燃油在炉膛内燃烧停留时间越短，炉膛内的烟气平均温度也越高。q_v 是影响燃烧质量、锅炉效率、工作可靠性以及锅炉尺寸和质量的一个重要参数。

选择燃油锅炉的主要依据参数是蒸发量和蒸汽参数；废气锅炉的依据参数则是受热面积和蒸汽工作压力。

第二节　船舶辅锅炉的结构

一、燃油锅炉

1. 立式横烟管锅炉

燃油燃烧产生的高温烟气在受热面管内流动，管外是水，则称为烟管锅炉。图 16-1 为一种曾普遍使用的立式横烟管锅炉。不同型号的蒸发量为 1～4.5t/h，最大蒸汽工作压为 1.0～1.7MPa。

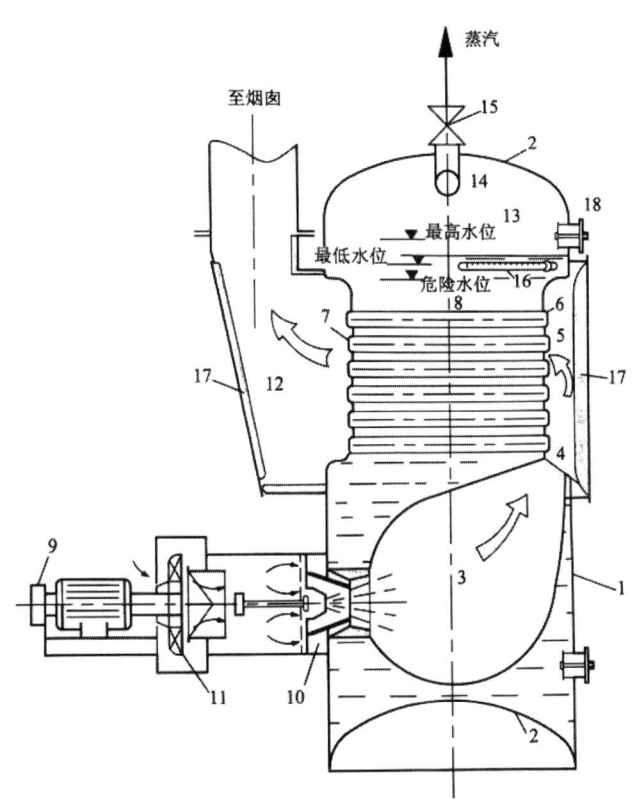

1—锅壳；2—封头；3—炉胆；4—出烟口；5—燃烧室；6—后管板；7—前管板；8—烟管；9—电动油泵；10—燃烧器；11—鼓风机；12—烟箱；13—汽空间；14—集汽管；15—停汽阀；16—内给水管；17—检查门；18—人孔门

图 16-1 立式横烟管锅炉

立式横烟管锅炉有一个直立的圆筒形锅壳 1，其直径为 1500～2600mm，由锅炉钢板（20号或 15 号钢）卷制焊接而成。为能较好地承受内部蒸汽压力，其顶部和底部均为椭圆形封头 2。整个锅炉的高度为 3.7～6.3m。在锅壳中的下部设有由钢板压成的球形炉胆 3。炉胆顶部靠后有圆形出烟口 4，与上面的燃烧室 5 相通。燃烧室与烟箱 12 之间设有管板 6 和 7，两管板之间装有数百根水平烟管 8。烟管由直径为 38mm、45mm 或 51mm 的无缝钢管制成。管与管板可以扩接或焊接相连。锅壳内部分成两个互相隔绝的空间，炉胆和烟管里面是烟气，外面是水。

设在炉前的电动油泵 9 通过燃烧器 10 的喷油嘴向炉胆内喷油，同时由鼓风机 11 经风门将空气送入炉内助燃。油被点燃后，在炉胆内燃烧，高温火焰与烟气中的热量主要通过辐射方式经炉胆壁传给炉水。未燃烧完的油和烟气经出烟口向上流至燃烧室继续燃烧，然后顺烟管流至烟箱，最后从烟囱排入空气。烟气在烟管中的流速越高和扰动越强烈，对管壁的对流放热能力就越强，因此在烟管中常设有加强烟气扰动的长条螺旋片。由上述可见，烟管锅炉中的炉胆、燃烧室和烟管都是蒸发受热面。

锅壳中水位高出蒸发受热面，在水面以上为汽空间 13。炉水由于吸热沸腾而汽化，在水中产生大量蒸汽泡。蒸汽逸出水面后聚集在汽空间中，经顶部的集汽管 14 和停汽阀 15 输出，由蒸汽管道送至各处使用。

炉内的水不断蒸发成蒸汽，致使水位降至最低工作水位时，水位自动调节器动作，启动给水泵,给水就经给水阀和内给水管 16 补入。因给水泵的给水量大于蒸发量,故水位开始上升,当水位升到最高工作水位时,调节器又发生作用,停给水泵。

在燃烧室背后和烟箱前面都有可开启的检查门 17,以便于清除积存在烟管中的烟垢,或维修损坏的烟管。在锅壳上部设有人孔门 18,以便工作人员进入锅壳内部进行维修和清扫积存的污垢。在锅炉下部则设有手孔门。

为了减少锅炉的散热损失和降低周围环境温度,并防止工作人员烫伤,锅壳外面包有隔热材料层,最外面是一层薄铁皮外罩。不包隔热材料的锅炉是不允许工作的,因为冷空气吹到锅壳上会使锅炉受到损伤。

烟管锅炉特点:蒸发率和热效率低;相对体积和质量较大,适用工作压力较低,蒸发量较小;点火和升汽的时间长;蒸汽压力和水位变动慢,容易调节;对水质要求低。

2. 立式直水管锅炉

若锅炉的受热面管内流动的是水或蒸汽和水的混合物,而烟气在管外流过,则称为水管锅炉。立式直水管锅炉体积小、产气快、蒸发率高、循环水流动强而有力、循环效率高、管内炉水积垢微少,除了定期检验,平时无须特别保养与维护。

图 16-2 为一种立式直水管锅炉,锅炉外形是立式圆筒形锅炉,锅炉本体由三部分组成。锅筒有上、下两个,用锅炉钢板卷制而成,上锅筒 1 顶部是椭圆形封头,下面是炉膛 4,在炉膛顶部和上锅筒的侧面开有两个人孔门 15,便于人员进入锅筒内部进行检修。上、下锅筒之间采用直立管子连接。管子与管板之间用焊接或扩接,管子内充满水,烟气在管外横向冲刷水管。

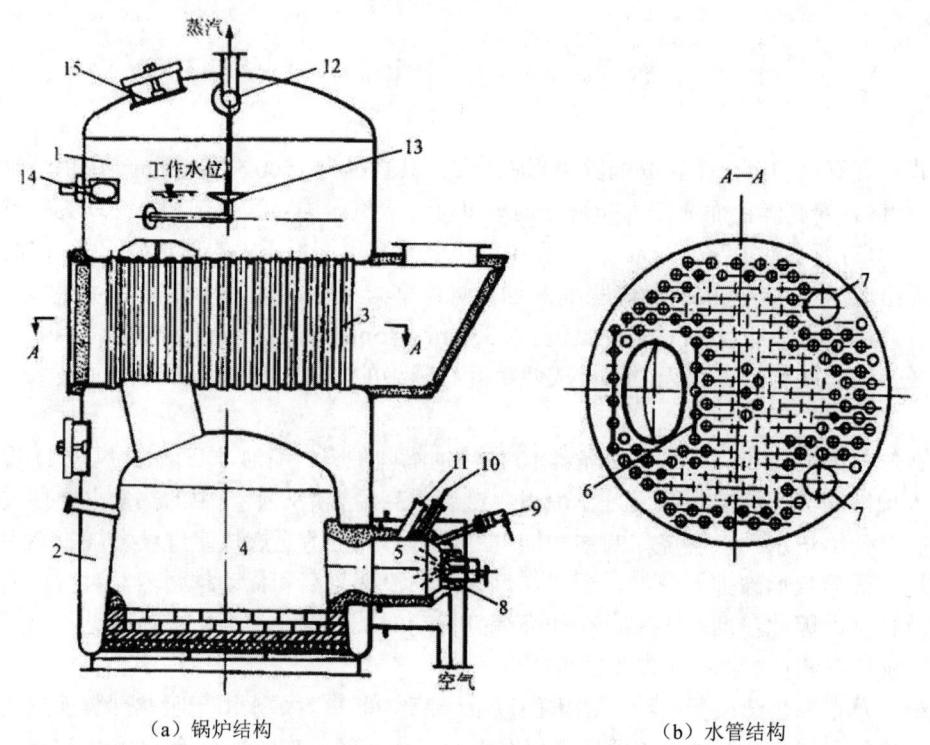

(a)锅炉结构　　　　　　　　　(b)水管结构

1—上锅筒;2—下锅筒;3—直立水管束;4—炉膛;5—预燃室;6—挡烟墙;7—下降水管;8—喷油调风装置;9—电火花点火器;10—点火喷油嘴;11—火焰感受器;12—汽、水分离器;13—浮渣盘;14—自动水位调节器;15—人孔门

图 16-2　立式直水管锅炉

燃油和空气在预燃室 5 内混合燃烧后，再进入炉膛，使得炉膛燃烧过程更为完善，热负荷趋于均匀，炉膛中产生的高温烟气对炉膛四周辐射放热，烟气温度降低以后从炉膛出口进入管群，在进口边缘处的几根管子上焊有隔板，使烟气充分冲刷蒸发管群，提高了烟气流速和冲刷系数，从而提高了锅炉热效率。由于烟气横向冲刷管束，且管束采用了较细的管子，因此受热面蒸发率比立式火管锅炉高。由于预燃室的存在，在燃烧重油和低负荷时也能获得良好的燃烧。

此类锅炉都有大直径的下降管。当炉水受热产生蒸汽并且蒸汽上升以后，由大直径下降管向下锅筒 2 补充炉水，形成了良好的水循环，提高了锅炉的工作可靠性。该类型锅炉管理和维修方便，万一有个别管子烧坏，可采取应急措施，用一定锥度的钢塞涂上白铅油后堵塞在破损管的两端，然后用手锤敲紧，堵塞后锅炉可继续运行。

3. D 形水管锅炉

D 形水管锅炉以其本体形状类似英文字母"D"而得名，如图 16-3 所示。其结构较合理，经济技术指标也较高。D 形水管锅炉在油船上应用得较多，其本体由汽包、水筒、联箱、炉膛、水冷壁、主蒸发管束、下降管、燃烧器等部件组成。

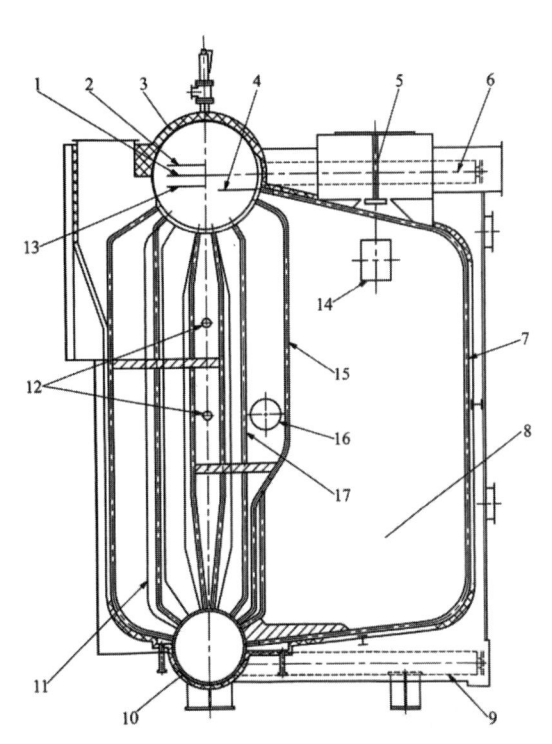

1—正常水位；2—高水位；3、10—上、下锅筒；4—燃油切断水位；5—燃烧器；6、9—上、下联箱；7、15—水冷壁；8—炉膛；11—下降管；12—吹灰器；13—低水位；14—检查孔；16—人孔门；17—主蒸发管束

图 16-3 D 形水管锅炉

（1）水和蒸汽空间。汽包和水筒前后横置，前端均有圆形人孔门 16。垂直布置在炉膛 8 四周，以焊接方法连接汽包、上联箱和水筒、下联箱的密集管排称为水冷壁，是锅炉的辐射受热面，吸热约占全部受热面传递热量的 1/3，同时保护炉墙不致过热烧坏。为了防止水冷壁管子中发生汽水分层现象，水冷壁管子水平倾角应大于 30°，最小不得小于 15°。

沸水管也称蒸发管，布置在水冷壁 15 后面的炉膛出口侧，管子两端与汽包和水筒用胀管法固定。它与烟气的换热方式主要是对流。烟气横向冲刷管束，设计上应避免出现烟气冲刷不到的滞流区。前三排的管距应不小于 250mm，以防结渣堵塞烟道。沸水管束受热面积所占比例虽然较大，但平均蒸发率较低，为 15～20kg/（$m^2 \cdot h$）。

汽包、上联箱和水筒、下联箱之间还连有设在炉墙外、不受热的供水管，其中的水比水冷壁和沸水管中的汽水混合物的密度要大，成为水自然循环的下降管。

（2）燃烧和烟气空间。炉膛是燃油燃烧的场所，顶部装有燃烧器 5，底部和烟气出口侧设置 2 个泄放孔，用于水洗时泄水。锅炉前部安装两套专门给蒸发管束吹灰的手动操作蒸汽吹灰器 12。

烟气在炉膛内的理论燃烧温度可达 1700℃ 左右。水冷壁 7 的下部分前后排成较疏的管束，烟气从下部离开炉膛后，从隔板分隔的流道扫过主蒸发管束 17。炉膛出口烟气温度不宜太高，以免高于烟气中灰分的熔点温度，使灰分融解，黏附在蒸发管束的管壁上形成积渣；同时又不能太低，以免燃烧过程进行得不充分。D 形水管锅炉炉膛出口烟气温度约为 1100℃。烟气在上部离开蒸发管束进入烟道处的温度约为 420℃。

炉墙是炉膛和高温烟道处的锅炉外壳，要求其耐高温和抵抗灰渣侵蚀，并有很好的隔热性能；为了防止外界空气漏入炉膛或烟气漏至炉舱，还须保持气密。炉墙由耐火层、隔热层和气密层叠加而成，其结构如图 16-4 所示。

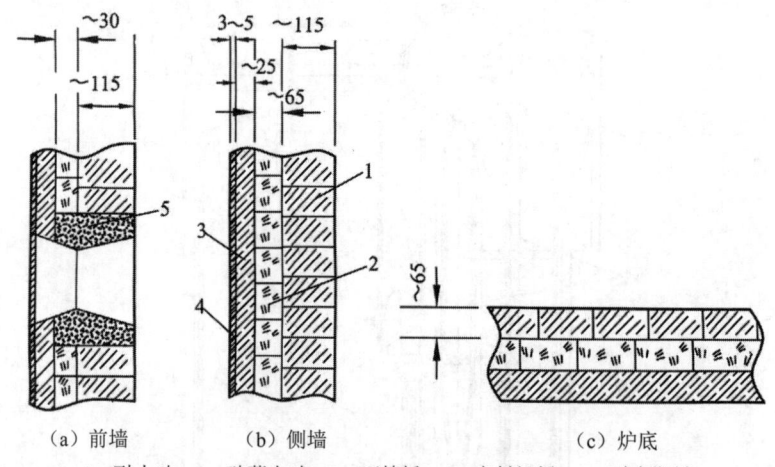

（a）前墙　　　（b）侧墙　　　（c）炉底
1—耐火砖；2—硅藻土砖；3—石棉板；4—密封钢板；5—耐火塑料
图 16-4　锅炉炉墙的结构

与火焰接触的耐火层通常采用耐火砖 1，隔热层可用硅藻土砖 2 或石棉板 3。在新式锅炉中，只设一层兼有耐火和隔热性能的矿物玻璃纤维成型板，其主要成分为氧化铝和氧化硅，这样不但质量小，施工也简单。最外面的密封层是薄钢板或镀锌钢板。风口等不规则造型部位可用耐火塑料 5 或异形耐火砖砌成，前者抗灰渣侵蚀能力不及耐火砖。炉底的耐火层受灰渣侵蚀严重，一般均由耐火砖砌成，厚度可以减半。

低温烟道处的锅炉外壳称为炉衣，仅由隔热层和密封层组成。密封层由 3mm 厚的薄钢板制成，内设耐热纤维板或矿渣棉的隔热材料。

《钢质海船入级规范（2023）》规定，炉墙和炉衣外表面温度不应大于 60℃，以免烫伤工作人员，同时可避免散热损失过大。

新式的水管锅炉在耐火隔热层外面采用了双层罩壳的炉墙结构，它的两层壳板中间通以去往燃烧器助燃的空气。由于风机送来的助燃空气比炉膛烟气压力高，从而排除了烟气漏至炉外的可能，而且在提高助燃空气温度的同时，可减少锅炉散热损失，故隔热层可以减薄。

(3) 尾部受热面。在 D 形水管锅炉烟道的后部，有的在蒸发受热面之后安装有经济器（加热给水）和空气预热器。由于它们能回收锅炉排烟的余热，减少排烟所带走的热量，因而锅炉效率得以提高。研究表明锅炉效率随着排烟温度的降低而提高。

由于尾部受热面使锅炉装置的尺寸、造价增加，管理工作（吹灰、防低温腐蚀等）也增加，所以一般适用于蒸发量较大、蒸汽参数较高的大中型锅炉。图 16-3 所示的 D 形水管锅炉未设尾部受热面。

水管锅炉相对于烟管锅炉有以下特点：①由于水冷壁构成的辐射受热面所占比例大，而且烟气在沸水管束中横向流动，流速较大，故蒸发率较高，一般为 30～50kg/（$m^2 \cdot h$），设计紧凑的辅锅炉可超过 70kg/（$m^2 \cdot h$），而强制循环的水管锅炉可达 90～120kg/（$m^2 \cdot h$）。水管锅炉的效率较高，一般辅锅炉可达 80%～85%，有些带尾部受热面的可高达 92%以上。②水管锅炉没有又厚又大的锅壳，蓄水量小，单位蒸发量的相对体积、质量较小。蒸发量最大可达 100t/h，工作蒸汽压可高达 10MPa。③因为水管锅炉炉水有一定的循环路线，加之蓄水量少，结构刚性又小。故点火升汽时间较短，一般为几十分钟。

4. 针形管燃油锅炉

针形管是一种高蒸发率的元件，外管相当于立式烟管，套装在其中的内管（针形管）下端和汽包的水空间相通，上端和汽包的汽空间相通。内管外壁上焊接大量钢棒，在烟气温度较高的下部钢棒长度较短，上部的钢棒较长。工作时来自炉膛的烟气经内、外管的夹层向上流入烟箱，烟气既直接加热汽包中的水，又冲刷钢棒，将热量传给内管的水。内管中的炉水吸热产生蒸汽，并经上侧管进入汽包，形成良好的汽、水自然循环回路。因此，针形管燃油锅炉的效率较高，有资料表明：一个蒸发量为 1500kg/h，工作压力 0.7MPa 的针形管燃油锅炉，在 100%负荷时的效率可达 82.1%。

图 16-5 为一种带针形管的船用燃油锅炉。这种锅炉的炉膛 4 呈圆筒形，炉膛上面是汽包 2，下部有一个环形联箱 10（水筒），两者间通过围绕在炉膛周围的水冷壁 6 和若干根部不受热的下降管 7 连接，形成良好的自然水循环。拱形的炉膛顶部可防止炉水中的杂质存积在汽包底部而引起局部过热。辐射热由炉膛周围的水冷壁吸收，对流换热通过汽包内一圈特殊的针形管 3 实现。

这种锅炉上部虽然有一些立式烟管，但其主要的蒸发受热面（水冷壁和针形内管）具备水管锅炉的特征。

二、废气锅炉

柴油机船的大型低速二冲程柴油主机的排气温度一般为 250～380℃，四冲程中速柴油主机的排气温度可达 400℃。而蒸汽在压力为 0.5MPa 时，其饱和蒸汽温度为 165℃；压力为 1.3MPa 时也仅为 194℃。所以装设用柴油机排气余热来产生蒸汽的废气锅炉，不仅能节约燃油，还可起到柴油机排气消音器的作用。一艘万吨级油船，利用废气锅炉产生的蒸汽来加热货油舱，每月可节省燃油 50t 左右。废气锅炉产生的蒸汽量在满足加热和日常生活使用之外一般还有剩余，有的船还将多余蒸汽用于驱动一台辅汽轮发电机。

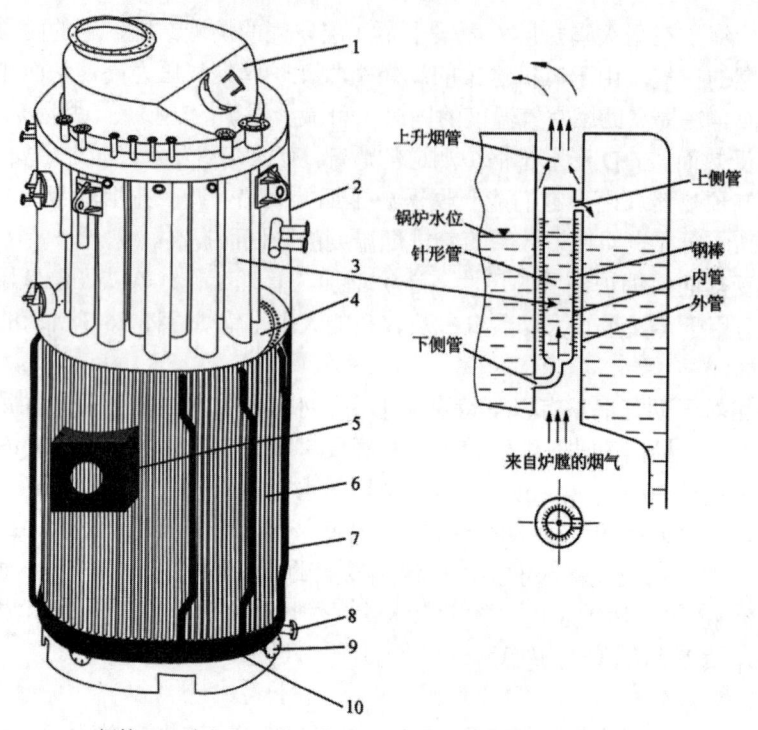

1—烟箱；2—汽包；3—针形管；4—炉膛；5—燃烧器；6—水冷壁；
7—下降管；8—泄放阀；9—下排污管；10—环形联箱

图 16-5　针形管船用燃油锅炉

1. 废气锅炉的结构形式

（1）立式烟管废气锅炉。图 16-6 为海船上常用的立式烟管废气锅炉。由图可见，在圆筒形锅壳 1 中贯穿着数百根烟管 2，锅筒两端的封头 3 兼作管板。为了使封头不致变形和减少一般烟管所承受的拉力，管群中有少量厚壁管子与封头强固连接，这些管子称为牵条管 4。此锅炉的上、下两端还装有出口和进口联箱。柴油机排气自下烟箱流经烟管，然后从上烟箱排出。当主机为双机时，一般在进口联箱中加一隔板，有两个进气口，形成双路进气。

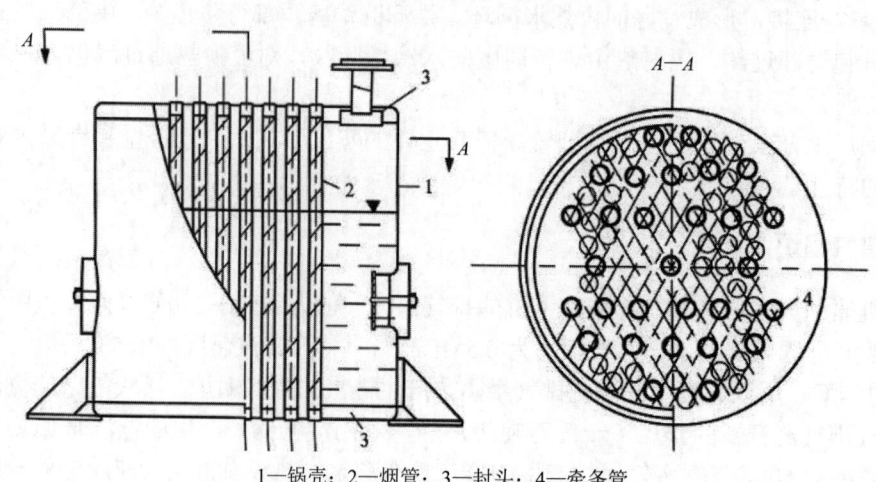

1—锅壳；2—烟管；3—封头；4—牵条管

图 16-6　立式烟管废气锅炉

（2）强制循环盘香管式废气锅炉。图 16-7 为强制循环盘香管式废气锅炉。整台锅炉由许多水平放置的盘香管组成，每一根盘香管的进、出口分别与两个直立的联箱相连。柴油机排气在管子外侧流过；炉水由专门的循环水泵从汽水分离筒吸入，压送到进口分配联箱 3，再进入各盘香管被加热，然后由出口集合联箱 4 汇集后流回汽水分离筒进行汽水分离。

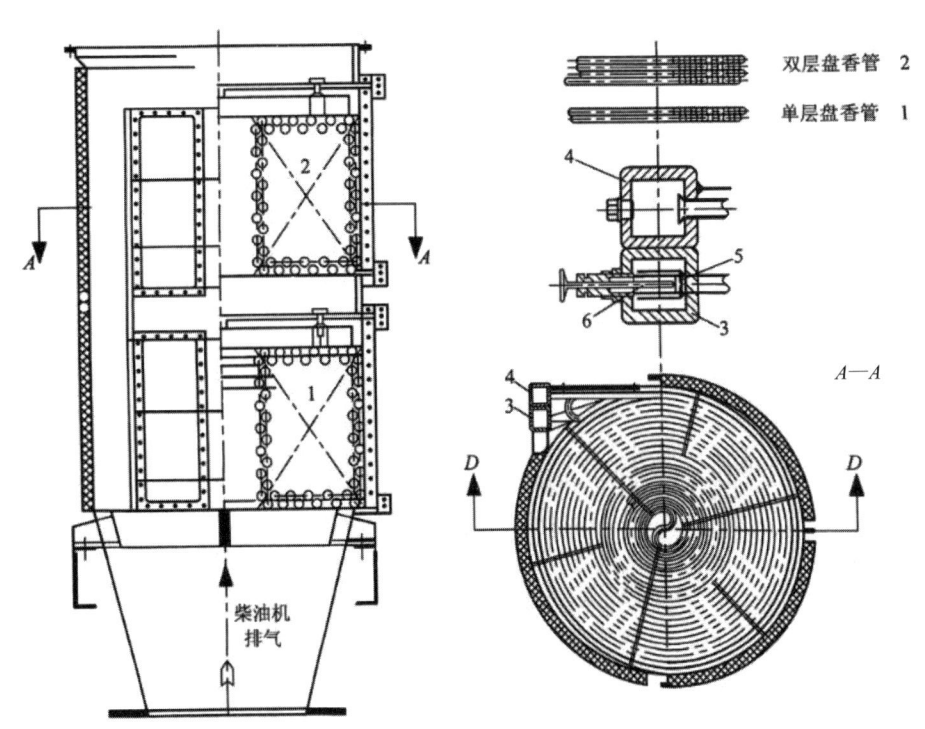

1—单层盘香管；2—双层盘香管；3—进口分配联箱；4—出口集合联箱；5—节流孔板；6—调节阀

图 16-7　强制循环盘香管式废气锅炉

烟气流过盘香管时温度逐渐降低，故上、下各层盘香管的吸热量相差甚大，炉水的汽化程度不同，致使流阻相差很大，会产生偏流（下层吸热多的进水少），甚至进水量发生脉动。因此，各盘香管进口设有口径分几档的节流孔板 5 及调节阀 6，使靠上层的盘管进口节流程度大，进水量少，调节各层进水量至出口湿蒸汽干度均在 0.1 左右为宜。

这种锅炉盘香管中的水是强迫流动，蒸发率大、体积紧凑，但是其受热面管内的水垢清除比较困难。

（3）翅片管式废气锅炉。图 16-8 为翅片管式废气锅炉。在废气锅炉本体 1 内，布置有多组垂直并列的翅片管 2，各组翅片管的进、出口分别与水平布置的进口联箱 3 和出口联箱 4 相连。两个联箱分别与进、出口管相连。

在有联箱的一侧，各水管都被焊接到废气锅炉本体上，而水管的另外一端是浮动的，以便各管有热胀冷缩的余地。各组翅片管紧贴在一起，构成了废气锅炉的主体。相邻的上、下两层水管之间由弯管 7 相连。废气锅炉本体上覆盖有隔热层，并包有铁皮外罩 8。整个废气锅炉坐落在钢架 9 上，而上、下两个废气烟箱 10 则分别焊接于本体上、下两端的法兰上。本体的侧面分布有上、中、下三个检修导门 11，而正面则分布有三个蒸汽吹灰器 12，各检修导门与蒸汽吹灰器位于同一高度，以方便检修和清洁。

(a) 水管结构　　　(b) 垂直并列

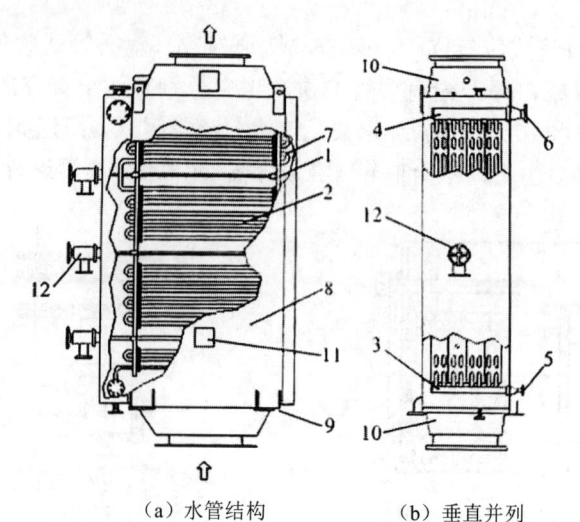

1—本体；2—翅片管；3—进口联箱；4—出口联箱；5—进口接头；6—出口接头；7—弯管；
8—铁皮外罩；9—钢架；10—废气烟箱；11—检修导门；12—蒸汽吹灰器

图 16-8　翅片管式废气锅炉

在工作过程中，柴油机排气在翅片管的外侧流过，而水则由专门的循环水泵从燃油锅炉水腔吸入，泵送到废气锅炉进口联箱，再进入各翅片管内部被加热，然后以汽、水混合物的形式由出口联箱汇集，并送回燃油锅炉进行汽、水分离。

翅片管式废气锅炉与强制循环盘香管式废气锅炉相比，翅片的作用较大幅度地增加了单位工质的换热面积，因而具有更高的效率，应用较多。

2. 废气锅炉蒸发量的调节

废气锅炉的蒸发量取决于主机的排气量和排气温度，即主机的功率。在正常航行时，主机功率是稳定的，而船舶对蒸汽的需要量却随着航区和季节的不同而变化，因此废气锅炉的蒸发量需要调节。

（1）烟气旁通法。在废气锅炉进、出口间加设一个旁通烟道，并在废气锅炉入口和旁通烟道入口处安装开、闭相互联动的两个调节挡板，如图 16-9 所示。

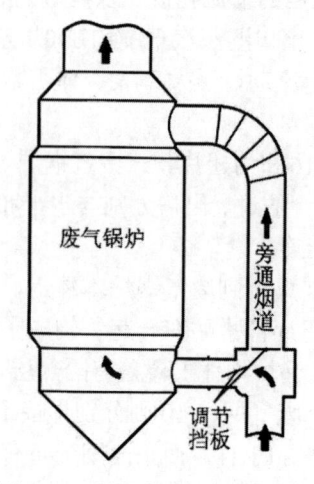

图 16-9　烟气旁通法调节蒸发量

（2）改变有效受热面积法。为了适应不同蒸发量的需求，立式烟管废气锅炉可以选择不同的工作水位以改变有效受热面积。强制循环盘香管式往往在进口联箱上将盘香管分为 2～3 组，需减小蒸发量时可停止上面 1～2 组的供水，只让下面的盘香管工作。由于盘香管弹性大，且烟气温度一般低于碳钢允许工作温度（450℃），故管中无水流过也不致损坏管子。但废气锅炉一般也不宜完全无水"空炉"工作，以防烟管受热面上积存的烟灰着火烧坏管子。如果因给水系统故障不得已"空炉"工作，应注意以下事项：①开启废气锅炉的泄放阀和空气阀；②用吹灰器将烟管表面积灰吹除干净；③烟气温度必须低于 350℃；④重新通水时应避免"热冲击"，即先降低主机负荷以减小传热温差，循环水必须逐渐引入，并检查阀和接头的连接有无松动。

（3）蒸汽冷凝法。当产汽量超过蒸汽耗量使锅炉压力升高时，蒸汽压力调节阀会开启，多余蒸汽向大气冷凝器泄放，锅炉蒸汽压力不再升高。在组合锅炉中，常常采用这种方法调节锅炉的压力。

3. 废气锅炉与燃油锅炉的联系

燃油锅炉与废气锅炉之间的联系方式大致有三种。

（1）二者独立。燃油锅炉与废气锅炉有各自的给水管路，由给水泵分别从热水井供水，所产生的蒸汽由各自的蒸汽管道输出至总蒸汽分配阀箱处才汇集，其系统如图 16-10（a）所示。这种方式运行管理比较方便，所以应用较多。不过当废气锅炉水位调节系统失灵时，因其位置较高，航行时的管理就比较麻烦。

（2）废气锅炉为燃油锅炉的一个附加受热面。在这种情况下给水仅送至燃油锅炉，由强制循环水泵将燃油锅炉的炉水抽送至废气锅炉使之加热蒸发，并将汽、水混合物压回燃油锅炉。经汽水分离后，蒸汽由燃油锅炉的蒸汽管输出。这种废气锅炉为强制循环式，其系统如图 16-10（b）所示。当废气锅炉的蒸发量满足不了航行用汽需求时，可与燃油锅炉合作向外供汽，油船即采用此种方式。这种废气锅炉的水位不需调节，但应多设一台或两台热水循环泵。

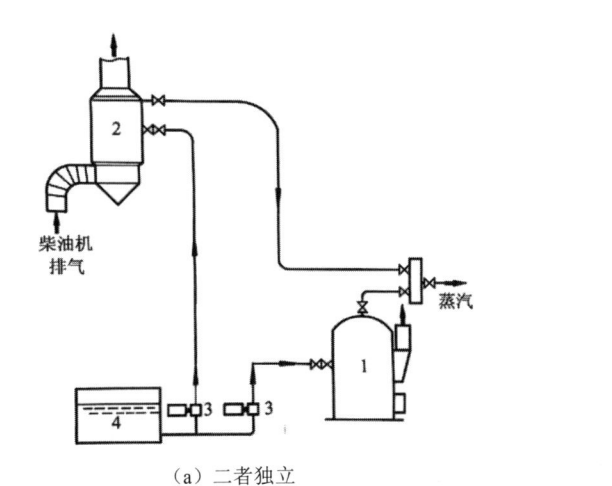

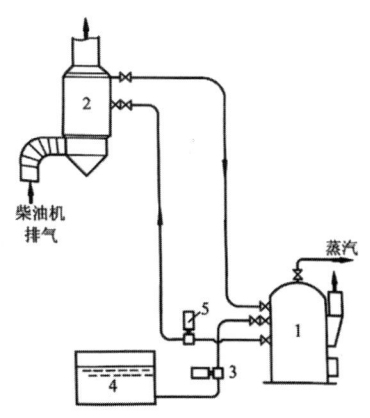

(a) 二者独立　　　　　　(b) 废气锅炉为燃油锅炉的一个附加受热面

1—燃油锅炉；2—废气锅炉；3—给水泵；4—热水井；5—热水循环泵

图 16-10　燃油锅炉与废气锅炉的联系

（3）组合式锅炉。组合式锅炉是将燃油锅炉与废气锅炉合为一体，只能安放在机舱顶部，因此要求有可靠的远距离水位指示和完善的自动调节设备。这种方式目前在船舶上应用最多，典型结构如图 16-11 所示。图 16-11（a）为立式筒状结构。废气锅炉侧采用光烟管，燃油锅炉侧采用针形管作为对流换热面。图 16-11（b）为锅炉的本体的上锅筒、中锅筒和下锅筒三部分。废气锅炉的水管在上锅筒和中锅筒之间；燃油锅炉的水管在中锅筒和下锅筒之间，水管两端和管板通过胀接和焊接固定。锅筒之间还设有较粗的下降管。燃油锅炉炉膛底部敷设绝热层。废气锅炉和燃油锅炉的烟箱侧面开有清灰孔，以便清灰和检查。汽水系统两部分共用。航行时所需蒸汽由废气锅炉产生，若废气锅炉的产汽量不能满足需求，则燃油锅炉自动点火升汽补充。

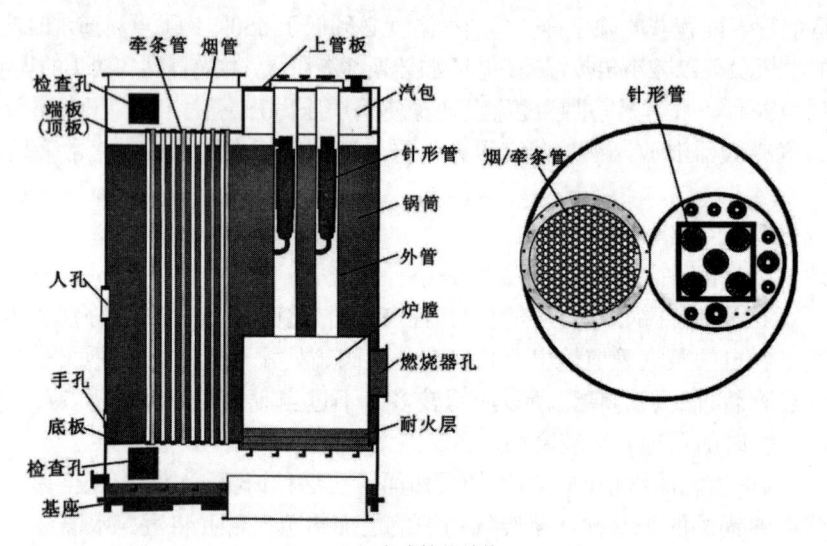

(a) 立式筒状结构

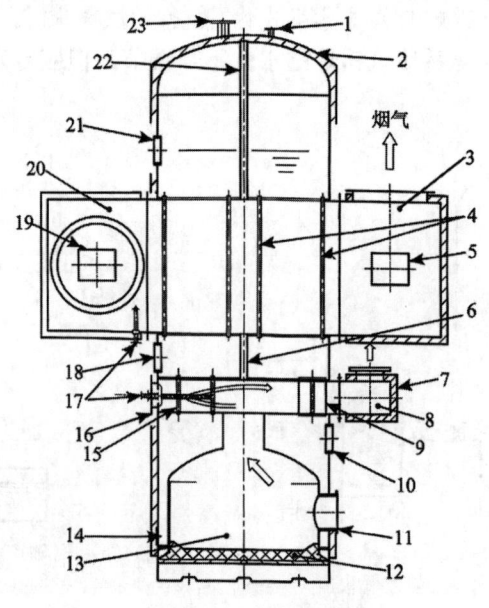

(b) 上锅筒、中锅筒和下锅筒

1—压力表、空气阀等；2—绝热层；3—主机排烟出口烟箱；4—水管；5、7、14、19—清灰孔；6、22—牵条；8—燃油锅炉排烟出口烟箱；9—下降管；10、18、21—人孔；11—燃烧器安装管；12—耐火层；13—炉膛；15—水管；16—吹灰器阀；17—吹灰器；20—主机排烟进口烟箱；23—主汽阀、安全阀等

图 16-11 组合锅炉

三、锅炉附件

锅炉附件是保证锅炉正常工作所必需的若干阀件和装置的总称。例如，水位计、安全阀、给水阀、给水管、给水处理装置、上下排污阀、炉水化验取样装置、空气阀等。下面主要介绍水位计和安全阀。

1. 水位计

锅炉工作时随时了解其中的水位是极为重要的。每台锅炉都规定有最高工作水位、最低工作水位和最低危险水位。正常工作时，锅炉水位应处于最高工作水位与最低工作水位之间。如水位调节失灵或给水系统发生故障，当水位降至最低工作水位之下的最低危险水位，则自动控制系统发出报警信号，并使锅炉自动熄火，以防止锅炉干烧。

根据《钢质海船入级规范（2023）》，锅炉最低工作水位一般应符合以下规定：水管锅炉应高出最高受热面不小于 100mm；横烟管锅炉应高出燃烧室或烟管顶部不小于 75mm，多回程的可适当减少；混合式锅炉应高出热水管不小于 50mm；竖烟管锅炉应不低于 1/2 烟管高度。当船舶横倾 4°时，最低工作水位仍应符合上述要求。

每台锅炉通常装有两只水位计，分置于左右两侧。在船舶摇摆和倾斜时，可通过比较两只水位计中的水位来判断锅炉内的水位。若一只水位计损坏，则应加强水位监视，并尽快伺机换新；若两只水位计损坏，则应立即熄火。

为了提高水位计的承压能力，可用在金属框盒内镶嵌耐热钢化平板玻璃来代替玻璃管。设计压力小于或等于 0.78MPa 的锅炉可采用玻璃管水位计，但应装设防护设施。

图 16-12 为玻璃板式水位计。为了能清晰地显示水位，平板玻璃靠水侧刻有沟槽，这样，有水的部分会因光的折射作用显得发暗。在装配玻璃板式水位计时，玻璃板与金属框架之间的接触面应研得很平，保证充分贴合。在拧紧框架螺钉时，要交叉均匀拧紧，不然玻璃板将会因扭曲变形产生较大的内应力，受热后容易碎裂。压力较高的锅炉可在玻璃板式水位计的平板玻璃靠水一侧加衬云母片，以保护平板玻璃不受炉水腐蚀。

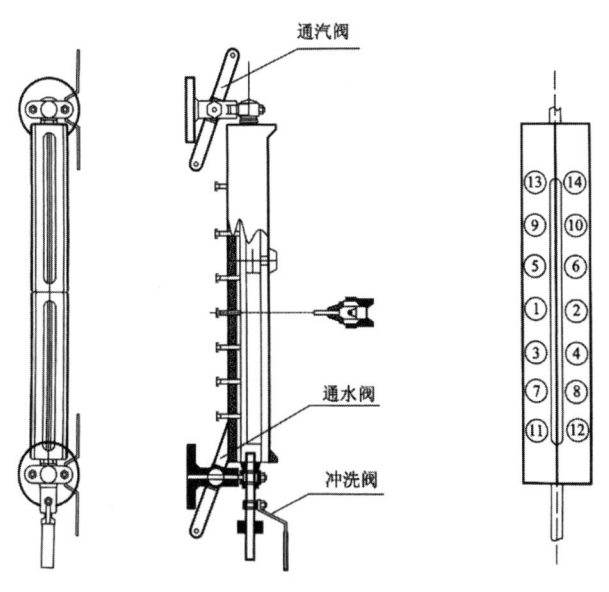

图 16-12 玻璃板式水位计

在检修完毕、点火升汽后，或若发现两只水位计的水位不一致，或水位长期静止不动，应对水位计进行冲洗，以免通水或通汽管道堵塞。主锅炉或有专人监管的油船锅炉，通常每4h冲洗一次水位计。冲洗步骤如下。

（1）冲洗水通道。关通汽阀，开冲洗阀几秒钟即关，应听到有水冲出的响声。

（2）冲洗汽通道。关通水阀，开通汽阀几秒钟即关，应听到有汽吹出的响声。

（3）"叫水"。关冲洗阀，慢慢开通水阀，水位应升至水位计顶部。如无水出现，则炉水已位于水连通管以下，锅炉已严重"失水"。

（4）恢复正常。开通汽阀，水位降至水位计中段，表明情况正常。若水位在顶部不降，即表明已"满水"。

冲洗水位计时，通水阀和通汽阀同时关闭的时间要尽量短，以防周围空气使玻璃冷却，随后通入汽、水时玻璃因骤然变热而破裂。换新玻璃时应先稍开通汽阀，让玻璃暖一下，再开大通水阀和通汽阀。

2. 安全阀

当外界对蒸汽的需要量突然减少或炉内燃烧过于强烈时，锅炉蒸汽压力会上升，若燃烧调节不及时，蒸汽压力可能会超过额定蒸汽工作压力较多。为了防止压力过高造成损伤甚至发生爆炸，锅炉一定要装设安全阀，它是锅炉重要的安全附件。其动作的可靠性和性能好坏直接关系到设备和人身的安全，因此对其有专门的要求。

（1）对安全阀的要求。根据《钢质海船入级规范（2023）》，对锅炉安全阀的要求主要有：每台锅炉本体应设两个安全阀，通常组装在一个阀体内；蒸发量小于 1t/h 的辅锅炉可仅装一个；对于装有过热器的锅炉，过热器上亦应至少装一个安全阀；锅炉安全阀的开启压力可大于实际允许工作压力的 5%，但不应超过锅炉设计压力；过热器安全阀的开启压力应低于锅炉安全阀的开启压力；安全阀开启后应能通畅地排出蒸汽，以保证在通汽阀关闭和炉内充分燃烧的情况下，烟管锅炉在 15min 内，水管锅炉在 7min 内蒸汽压力的升高值应不超过锅炉设计压力的 10%。所以安全阀不但应有足够大的直径，而且开启后应该稳定且具有较大的提升量。安全阀排气管的通流面积对升程在安全阀直径的 1/4 以上者，应不小于安全阀总面积的 2 倍，对其他安全阀应不小于 1.1 倍。安全阀要动作准确，并保持严密不漏。任何安全阀的直径应不大于 100mm，但亦应不小于 25mm。安全阀都是经过验船师调定后铅封的，船员不能随意重调，除非经船级社特许。

（2）安全阀的工作原理。辅锅炉一般都用直接作用式安全阀。安全阀都是经过船级社调定后铅封的，船员不能随意重调，除非经过船级社特许。

船舶锅炉一般采用直接作用式安全阀，如图 16-13 所示。阀盘 2 被弹簧 1 紧压在阀座上，当蒸汽压力大于安全阀的开启压力时，阀盘被顶开，排出蒸汽。转动弹簧上座 4 上部的调节螺栓 3，改变弹簧的预紧力，就可以调整安全阀的开启压力。安全阀的开启压力比额定工作压力稍高。

当安全阀开启时，由于弹簧受到进一步的压缩，弹力增强。如此时蒸汽的上顶力不能超过弹簧的弹力，则阀盘稍一抬起，就立即被压下关闭，但刚一关闭，弹簧又恢复原状，于是阀盘又要被蒸汽顶开。因此，阀盘就将上、下不停地跳动，不但蒸汽不能畅通流出，而且使阀盘气密性受到破坏。为了改变这种情况，在阀盘周围伸出一圈唇边 5，使阀盘在开启后受蒸汽的作用面积加大，从而获得足够大的上顶力，以保证安全阀开启后能迅速达到较大的升程而且工作稳定。在阀盘上部还设有套筒 6，当阀开启后，除了给阀盘导向外，还使阀上方不会受到蒸汽压力作用。上述方法虽解决了安全阀开启后的稳定问题，但因开启后，阀盘受蒸汽作用的面积已大于开启前的面积，所以当锅炉蒸汽压力恢复正常时，阀盘还不会关闭。只有当蒸汽压力进一步下降时，阀盘才能自动关闭，即安全阀的关闭压力不可避免地要低于开启压力，这一差值称为启闭压差，也称为关阀压力降低量。

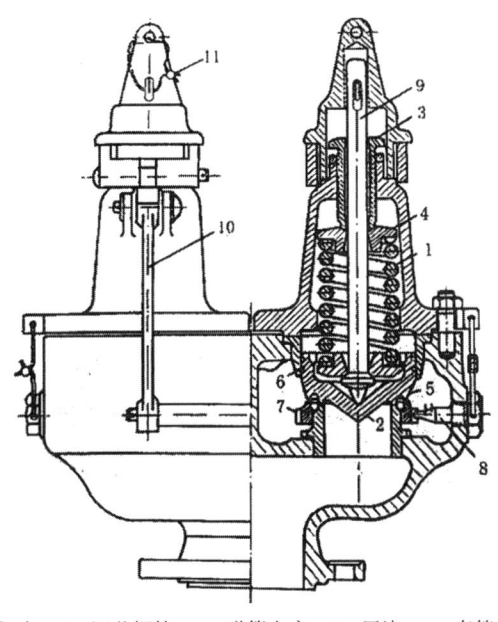

1—弹簧；2—阀盘；3—调节螺栓；4—弹簧上座；5—唇边；6—套筒；7—调节圈；
8—调节圈固定螺栓；9—阀杆；10—手动强开杠杆；11—铅封

图 16-13　直接作用式安全阀

安全阀的阀盘提升量越大，关阀压力降低量也越大。为此，在阀座上装有调节圈 7，用以将阀的稳定性和降低量调节到最恰当的程度。当调节圈升高时，蒸汽流通面积减小，作用在阀盘上的顶力就增大，因而使阀的提升量加大，压力降低量也加大。当调节圈下移时，蒸汽流通面积增加，使升程减小，压力降低量也减小。所以通过调整调节圈的位置，安全阀获得既开启稳定、又降低量小的特性。

安全阀顶部设有手动强开机构，并用钢丝绳通至机舱底层及上甲板层，必要时用人力强行开启安全阀放汽。平均每月手拉强开安全阀一次，防止安全阀长期不起跳而咬死。

锅炉本体经修理或定期检验时，要通过水压试验来检验其结构强度及水密性。水压试验压力大大超过了安全阀的开启压力，所以要采用专门的夹具将安全阀的阀杆顶紧，以免被水压顶开。绝对不许用加大弹簧力的方法来关紧安全阀，因为过度压缩弹簧会使它损坏。

第三节　船舶辅锅炉的燃油设备及系统

一、燃油在锅炉中的燃烧情况

1. 燃油燃烧

在燃油锅炉中，经雾化后喷入炉膛的燃油油滴先被加热而蒸发成油蒸气，再和空气混合直到被点燃。油燃烧实际上是油蒸气的燃烧。在燃烧过程中，油蒸发和扩散的速度远小于燃烧的速度，若能增加蒸发和扩散速度，就可以提高燃烧速度。试验证明，油滴燃烧完所需要的时间为

$$T = d_0^2 K \tag{16-4}$$

式中：d_0——油滴的直径，mm；K——燃烧速度常数，mm^2/s，主要取决于燃料的性质，不同的燃油相差不大。

由此可见，油滴燃烧完所需要的时间与其直径的平方成正比。例如，最大油滴的直径为平均油滴直径的 5 倍，它的燃尽时间是平均直径油滴的 25 倍。可见雾化质量对燃烧有重要影响。燃料在炉膛内停留的时间一般为 1~2s，因此油滴过大是不适宜的。目前一般倾向于尽量改善雾化质量，将平均油滴直径减小到 100μm 以下。

锅炉内实际油雾的燃烧情况如下。

（1）炉膛内气流速度比较高，油滴质量比较大，不能完全随气体分子一起脉动，和气体之间产生了相对运动，使火焰向油滴的传热加强，油滴的蒸发加快，从而加快了燃烧。气流速度越高，油滴燃烧速度也越快。实践证明，在雾化质量相同的条件下，如果燃烧器出口风速过低，在火焰尾部可以发现大量火星，这是有未烧完的大油滴在继续燃烧的表现；但是，如果风速较高，这种火星就可能不出现，这表明风速高可以使燃烧加快。

（2）炉膛内的温度和氧气浓度是不均匀的。炉膛温度高则油蒸发得快，可使燃烧加快；炉膛温度太低则不能保证稳定燃烧，甚至可能熄火。所以要求锅炉在低负荷时，炉膛出口烟气温度不低于 1000℃。而氧气浓度低则将使燃烧速度减慢，为了实现低氧燃烧，油雾和空气必须混合得很均匀。

烧重油与烧轻质油不同的是，重油蒸发速度慢，火焰内部的油滴在缺氧条件下，会热分解产生油焦；焦壳阻碍了内部重油的蒸发，使它的温度升高，更促进了焦壳的生成。焦壳内部产生的气体最终使焦壳破裂，喷出的气体和油液很快烧完，剩余的固态焦壳和煤粉相似，燃烧速度慢，为使它能完全燃烧，应当保证火焰尾部有足够高的温度，并供给足够的氧气。

2. 空气过剩系数

1kg 燃油的可燃物质恰好与空气中的氧全部发生氧化反应，所需的理论空气量用 V_0（m^3/kg）表示（以标准状况计，约为 $11m^3$）。实际上，燃油在炉膛内燃烧时由于与空气混合不均匀，空气中的氧分子不可能都有机会与燃油中的可燃成分接触，因此就会有部分可燃成分没有机会完全燃烧，造成化学不完全燃烧损失。为了使燃油完全燃烧，就要向炉膛内多送入一部分空气，使燃烧在有多余氧的情况下进行。平均供给 1kg 燃油的实际空气量 V，与所需的理论空气量 V_0 之比称为空气过剩系数，用 α 表示，即

$$\alpha = V/V_0 \tag{16-5}$$

空气过剩系数 α 是保持锅炉经济运行的重要指标。α 越大则风机的耗能越多，锅炉的排烟损失也越大；但 α 太小则锅炉的不完全燃烧损失又可能太大。燃油锅炉合适的空气过剩系数一般为 1.05~1.2。

3. 燃油在炉膛中的燃烧过程

燃油在炉膛中的燃烧是以火炬的方式进行的。燃烧过程可分为以下两个阶段。

（1）准备阶段。雾化的油滴被迅速加热、汽化，与空气相混合，同时进行热分解。

（2）燃烧阶段。油气与空气的混合气体的浓度达到一定数值，并被加热到一定温度，遇明火着火燃烧。

燃烧器由喷油器和配风器等组成，一般装在锅炉前墙或顶部。喷油器将油雾化成细小油滴，并使油雾以一定的旋转速度从喷油嘴的喷孔中喷入炉内，形成有一定锥角的空心圆锥。油雾在前进中不断与空气掺混，离喷嘴越远，油雾层厚度越大，而浓度越小。

空气经配风器进入炉膛，被挡风罩或挡风板分为两部分。一部分紧贴着喷油器吹出，称为一次风（根部风），它的作用是保证油雾一离开喷油器就有一定量的空气与之混合，以减少产生炭黑的可能性，并使喷油器得到冷却；另一部分风从外围沿炉墙喷火口进入炉膛，称为二次风，其作用主要是供给燃烧所需的大部分空气。

空气可经配风器的斜向叶片形成与油雾反向旋转的气流，以利于油的蒸发和与空气的混合。旋转气流在离心力作用下向外扩张，形成一定的扩张角。气流旋转越强烈，扩张角越大。这样气流中心便形成低压，吸引炉膛内高温烟气回流，形成回流区。也有的燃烧器采用圆环形挡风板分隔一次风、二次风，气流并不旋转，只靠挡风板后形成的低压区造成回流。回流区内高温烟气加速了油雾的升温、蒸发、分解和与空气混合，进而着火燃烧。

油气和空气混合形成的可燃气被点燃后形成的燃烧带称为着火前沿。它一方面要向燃烧器方向扩展，另一方面又随气流向炉膛内流动，当两者速度相等时，着火前沿便稳定在一定位置。可见，喷油器前的火炬可分为两个区域：准备区和燃烧区。在准备区内进行油雾与空气混合物的加热、汽化和分解。

4. 保证燃烧质量的主要因素

综上所述，要使燃油在炉内燃烧得好主要取决于以下因素。

（1）油的雾化质量良好。油液雾化得越细，分布均匀性越好，则油滴的蒸发速度越快，与空气混合也越好。

（2）要有适量的一次风和二次风。以一次风量占总风量的 10%～30%、风速在 10～40m/s 之间为宜。风量太小则油雾在着火前就会在高温缺氧条件下裂解，产生大量炭黑，烟囱冒黑烟；风速太多又会因火炬根部风速过高而着火困难，甚至将火炬吹灭。二次风量大小关系到空气过剩系数合适与否，直接影响不完全燃烧损失和排烟损失。

（3）油雾和空气应该混合均匀，着火前沿的位置和火焰长度应合适。着火前沿如离燃烧器太近，则可能使喷火口和燃烧器过热烧坏；太远又会因气流速度衰减，与油气混合的强烈程度减弱，以致火炬拖长，燃烧不良。

（4）炉膛容积热负荷要合适。炉膛容积热负荷太高会使油在炉膛停留时间太短来不及完全燃烧；太低又不能保证足够高的炉膛烟气温度，也不利于完全燃烧。

二、燃烧器

燃烧器主要由喷油器、配风器、电点火器及火焰感受器等部件组成。

1. 喷油器

燃油是通过喷油器（俗称油枪）喷进炉内的。喷油器有两个作用：一是控制喷入炉内燃油的数量；二是将燃油雾化，保证其在炉膛内的燃烧质量。喷油器的形式很多，对其主要要求如下。

（1）有较大的调节比（最大喷油量与最小喷油量之比），以适应不同蒸发量的需求。

（2）获得尽可能小的油滴。油雾中油滴大小是不均匀的。从有利于燃烧的角度出发，希望直径为 50μm 的油滴能占 85% 以上，并且不要出现直径为 200μm 以上的大油滴。

（3）油雾的分布要有一个适当的雾化角。油雾离开喷油器后，燃油向前喷射，有轴向速度；同时旋转，有切向速度。所以油雾离开喷油器后立即扩张，形成空心的圆锥形，其圆锥的顶角称为雾化角。雾化角应稍大于经配风器出口空气流的扩张角，使供入的油雾能与空气均匀混合；同时雾化角也应与喷火口配合恰当，过大油雾会喷在喷火口上产生结碳，过小则从油雾锥体外漏入的空气不能与油雾很好地混合。

（4）油雾流的流量密度分布要合适。单位时间内，通过垂直于油雾流轴向速度的单位面积上的燃油体积，称为油雾流的流量密度，单位为 $cm^3/(cm^2 \cdot s)$。流量密度沿着圆周方向的分布应当均匀，并避免在油雾流中心部分有较大的流量密度，因为中心部分是回流区，过多的油喷入回流区对燃烧不利。

此外喷油器还要结构简单，运行可靠，操作和调节方便，检修和清洗容易，并易于实现自动控制。

常用的喷油器有以下几种。

（1）压力式喷油器。压力式喷油器前端的喷嘴对喷油量的大小和雾化质量起着决定性的作用，如图 16-14 所示，它由喷嘴体 1、雾化片 2 和喷嘴帽 3 组成。

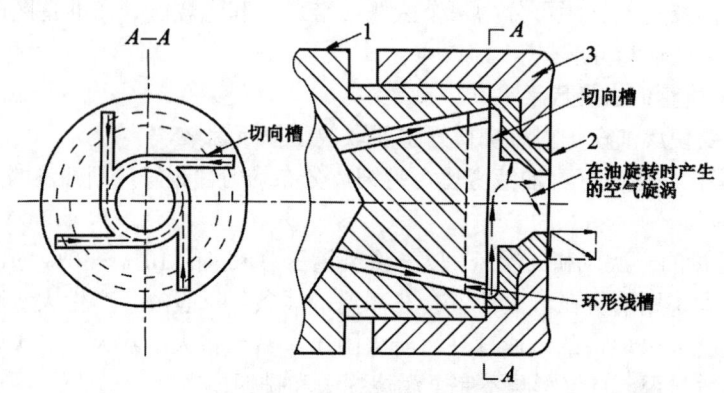

1—喷嘴体；2—雾化片；3—喷嘴帽
图 16-14 压力式喷油器的喷嘴

油泵把燃油压入喷油器，经喷嘴体上 6~8 个通孔到达前端面的环形槽，然后沿雾化片的四条切向槽进入锥形的旋涡室，产生强烈的旋转。随着旋转半径不断缩小，切向速度迅速增加，在中心处形成低压，将喷孔外的气体吸入，成为中央有气体的旋涡，最后油从前端喷孔喷出，呈空心圆锥形。旋转越强烈，则雾化角越大。

油从喷油器喷出后，由于油流本身的紊流脉动以及与空气的相互撞击，雾化成细小的油滴。影响压力式喷油器雾化质量的主要因素有以下几个。

1）油压。油压越高，则油的喷出速度越快，紊流脉动越强烈，雾化质量就越好。但油压超过 2MPa 后，雾化质量的改善并不明显，耗能却增加，因此，保证良好雾化的最低油压在 0.7MPa 左右。

2）喷孔直径。直径越小，形成的油膜越薄，雾化质量越好，故喷嘴的喷油量不宜过大。

3）油旋转的速度。在旋涡室旋转越快，喷出的圆锥体可达到的直径就越大，能形成的油膜也越薄，同时油流中的紊流脉动也越强烈，有利于雾化。

4）油的黏度。黏度越小，油流分子间的摩擦力越小，在旋涡室和雾化片内的速度衰减就越小，油膜就越容易破碎，雾化质量就越好。一般要求雾化前燃油的黏度不高于雷氏黏度 R.W.No.1（38℃）为 70s（约相当于 16mm^2/s），而 R.W.No.1（38℃）为 60s 左右（约相当于 13mm^2/s）时为最佳黏度。因此，R.W.No.1 为 100s 的柴油加热至 55～60℃即可，R.W.No.1 为 1500s 的中间燃料油应加热至 105～110℃，而 R.W.No.1 为 3500s 的重油需加热至 115～120℃。

船舶对蒸汽的需要量会有很大的变化，变化幅度可为 10%～100%，为了避免燃油系统频繁启停点火，要求喷油器的喷油量也能随之改变。压力式喷油器调节喷油量的方法有以下两种。

1）改变喷油压力。压力式喷油器的喷油量与油压的平方根成正比。喷油器的油压最高在 2～3MPa 之间，而为了保证雾化质量，最低油压在 0.8～1.0MPa 之间，因此改变油压调节油量时，其调节比不宜超过 2，否则不能适应锅炉负荷的变化幅度，燃烧器会较频繁启停。

2）改变工作的喷嘴（或喷油器）数目，或换用喷孔直径不同的喷嘴（或喷油器）。压力式喷油器的喷油量与喷孔的截面积成正比。一台锅炉常配备有不同规格的雾化片，喷孔直径从 0.5～1.2mm 分为几档，可根据燃油品种和锅炉的蒸发量选用。为了燃烧不中断，采用这种调节方法的锅炉必须采用多喷嘴喷油器或设多个喷油器，属于有级调节形式的压力式喷油器带有喷油阀，可防止油压不足时喷油；并带有 1～3 个喷嘴，可实现分级燃烧。图 16-15 为带喷油阀的双喷嘴压力式喷油器。

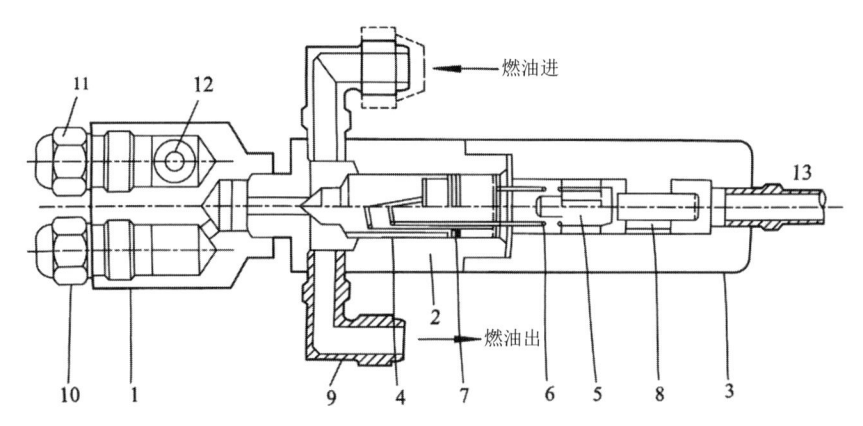

1—喷嘴接头；2—喷油器体；3—喷油器盖；4—喷油阀；5—弹簧座；6—弹簧；7—O 形密封圈；8—调节螺栓；9—循环油管接头；10—1 号喷嘴；11—2 号喷嘴；12—2 号喷嘴供油管接口；13—泄油管

图 16-15　带喷油阀的双喷嘴压力式喷油器

锅炉燃油泵所排出的燃油经过加热器后，传至喷油器的进口管接头。在喷油器的出口管上装有电磁阀，该阀开启时燃油压力较低，不能顶开喷油阀 4，燃油从出口管接头回至燃油泵进口，燃油空载循环，使喷油器始终保持合适的温度。当出口电磁阀关闭时，油压迅速升高，作用在喷油阀上，克服弹簧 6 的张力将阀顶开，油即经 1 号喷嘴 10 喷出。喷嘴的工作原理与图 16-16 所示类似。其内部装有旋流器（雾化片），进口端有的还装有过滤元件。O 形密封圈 7 后的漏油可通过喷油器尾部的漏油管引回油泵进口。

这种喷油器使用时应注意检查和保持喷油阀的密封性能。冷炉启动时油温不足，油黏度太大，这时若启动油泵，即使电磁阀瞬时开启也会产生高油压，可能顶开喷油阀。正确的做法是在启动油泵前先使油加热器通电加热，然后瞬时启动油泵，使油在管内稍作移动，重复数次后再使油泵连续工作，则油压可以正常。

（2）回油式喷油器。回油式喷油器由压力式喷油器改进而成。图 16-16 为有集中回油孔和分散回油孔的回油式雾化器的喷嘴。它由喷嘴帽 1、雾化片 2 和旋流片 3（相当于压力式喷油器的雾化片）、分油嘴 4、进油管 6 和中间的回油管 7 等组成。

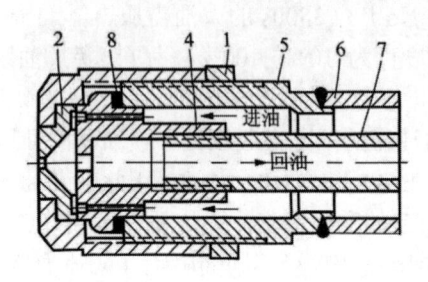

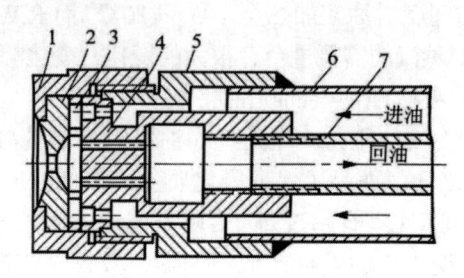

（a）有集中回油孔　　　　　　（b）有分散回油孔

1—喷嘴帽；2—雾化片；3—旋流片；4—分油嘴；5—喷嘴座；6—进油管；7—回油管；8—垫片

图 16-16　回油式喷油器的喷嘴

工作时，供油压力在任何负荷下基本保持不变，使送进喷油器的油量也大致不变。但是燃油由旋流片的切向槽流至旋涡室后，一部分油从分油嘴中部的回油管经回油阀被引回油柜，实际喷入炉内的燃油仅为剩余那部分。

回油式喷油器的雾化原理和压力式喷油器相同。随着回油阀开度加大，回油压力变低，则回油量增加，喷油量减少；但是因进油量几乎不变，油在切向槽内的速度也不变，故喷油量虽然变了，但油的旋转速度不变，不影响油的雾化质量。但喷油少时回油热量增多，其调节比一般不超过 3。

（3）蒸汽式喷油器。图 16-17 为蒸汽式喷油器的 Y 形喷油嘴，工作压力为 0.6～1MPa 的蒸汽从气孔 8 中高速喷出，被加压至 0.5～2MPa 的燃油从油孔 7 中流出时被"吹"碎。单个喷油器最大喷油量可达 10t/h，船舶锅炉通常所用的为 1～1.5t/h，油压一般为 0.5～2.0MPa，一般每 1kg 油耗蒸汽为 0.01～0.03kg。冷炉点火时可用压缩空气代替蒸汽帮助雾化。在清洗时要特别注意保持每个油孔和气孔畅通。

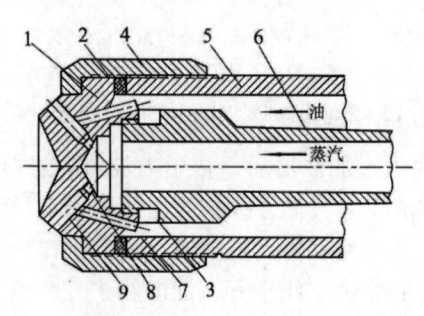

1—喷嘴体；2、3—垫圈；4—喷嘴帽；5—外管；6—内管；7—油孔；8—气孔；9—混合孔

图 16-17　蒸汽式喷油器的 Y 形喷嘴

这种喷油器的优点是结构简单；雾化质量较好，平均雾化粒度可达 50μm；喷油量改变时，不影响雾化质量和雾化角，调节比可达 20。缺点是要耗汽，工作时噪声较大。

（4）转杯式喷油器。图 16-18 为采用转杯式喷油器的燃烧器的结构简图。电动机 5 通过传动装置 6 带动中央轴 2 高速旋转，转速为 3000～6000r/min 或更高。燃油靠重力流入装在中央轴上与之一起高速旋转的圆锥形转杯中。在中央轴上还装有雾化风机叶轮 3，它排出的雾化风（一次风）从转杯的外缘吹出。转杯有几种不同的锥度，可控制火炬的形状，以适应不同炉膛轮廓的要求。燃油在离心力的作用下，在杯的内壁形成油膜并沿转杯内壁向炉膛方向甩出，油膜被一次风撕碎成雾状。保证燃烧的二次风另有风机供给。雾化燃油的一次风量占全部风量的 15%～20%，可由一次风风门 7 调节。

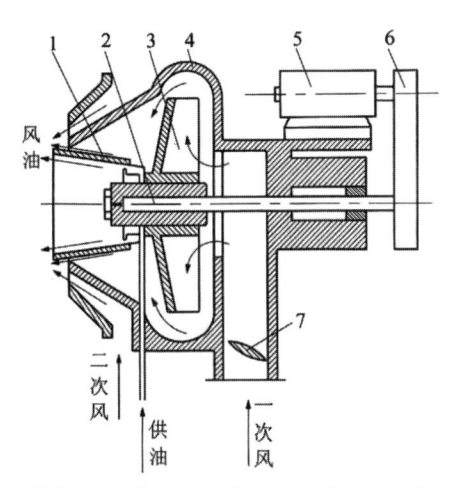

1—转杯；2—中央轴；3—雾化风机叶轮；4—外壳；5—电动机；6—传动装置；7—一次风风门

图 16-18　采用转杯式喷油器的燃烧器的结构简图

其优点是调节方便（只需改变进油量），减少油量则转杯内油膜变薄，雾化更好，调节比可达 20 以上；油不通过喷孔之类狭窄流道，对杂质不敏感，适用劣质燃油，即使燃油温度仅为 30～40℃，同样可得到良好的雾化效果，所需油压也低。其缺点是结构比较复杂，价格较高。

2. 配风器

配风器的作用是分配一次风和二次风的风量，创造条件使助燃空气与油雾充分混合，促使油雾迅速汽化和受热分解，以利于稳定和充分地燃烧。好的配风器除了能调节和分配风量，还应具备下述能力。

（1）在燃烧器前方产生一个适当的回流区，以保证及时着火和火焰稳定。回流区与喷油器出口距离应适当。太近则容易烧坏喷火口和燃烧器，而且喷出的油雾未来得及与一次风充分混合，燃烧预备期太短，会使燃烧恶化；太远又会使着火前沿后移，同样会燃烧不良。合适的回流区要靠配风器设计合理和风速适当才能保证。

（2）油雾在燃烧器出口与空气的早期混合必须良好。离燃烧器出口约 1m 以内是燃烧燃油最多的地方，这里氧气不足，最容易发生不完全燃烧。为了使早期混合良好，要使气流扩张角小于燃油雾化角，这样空气才能以较高速度进入油雾中；还应使空气与油雾的旋转方向相反（或空气不转）。喷油器在喷火口的位置也必须合适。如果喷油器位置太靠前，如图 16-19（a）所示，由于气流一出喷火口即开始扩散，油雾在离喷火口较远时才能与空气混合，使火炬拉长；如喷油器的位置太靠后，如图 16-19（c）所示，油雾会喷在喷火口上结碳；图 16-19（b）

所示油雾的外缘与喷火口相切才合适，这样油雾在喷火口内就与气流相交而混合，此时气流速度高，混合较充分。

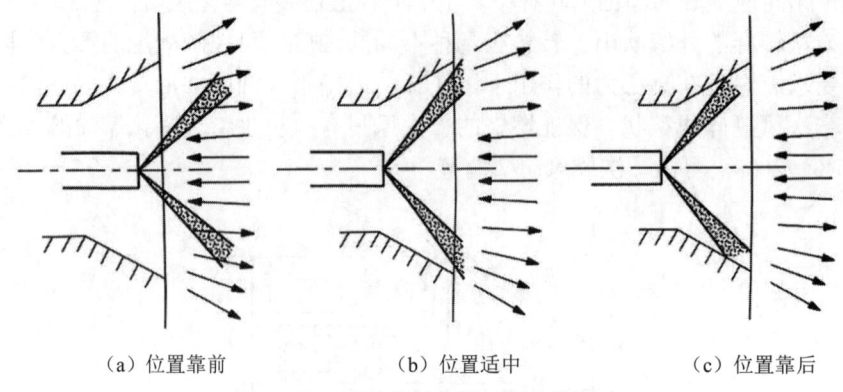

（a）位置靠前　　　　　　（b）位置适中　　　　　　（c）位置靠后

图 16-19　喷油器的位置对混合的影响

（3）要有足够大的风速，使燃烧后期也有良好的混合作用。喷油器喷出的油雾集中在环形截面上，进入高温的炉膛后很快就蒸发，产生大量油蒸气，会排挤空气。因此在喷油器出口区域油雾与空气的混合不可能很均匀，在油雾密集或大油滴集中的地方就容易缺氧而发生热分解。这就要求后期混合作用也要强烈，否则，火焰尾部地区缺氧会使未完全燃烧的气体和炭黑不能继续燃烧。

使气流旋转可以加强燃烧早期的混合，但由于气流旋转造成的扰动很快就会衰减，因此要使整个燃烧过程的混合都能加强，根本措施是提高气流轴向速度。大中型锅炉的该速度要求提高到 35～60m/s，这就需要降低配风器的阻力。提高气流速度也是提高炉膛容积热负荷和采用低空气过剩系数燃烧的需要。

配风器根据二次风旋转与否可分为旋流式和直流式（或称平流式）。直流式配风器结构简单，阻力小，便于提高二次风的轴向风速，风速提高后所需风压仍与旋流式配风器相近。

（1）旋流式配风器。图 16-20 为叶片固定型旋流式配风器。这种配风器的特点是二次风经固定的斜向叶片 1 旋转供入，少量的一次风则是经挡风罩 3 上的风孔供入。用拉杆 7 移动挡风罩的轴向位置则可调节一次风的风量。

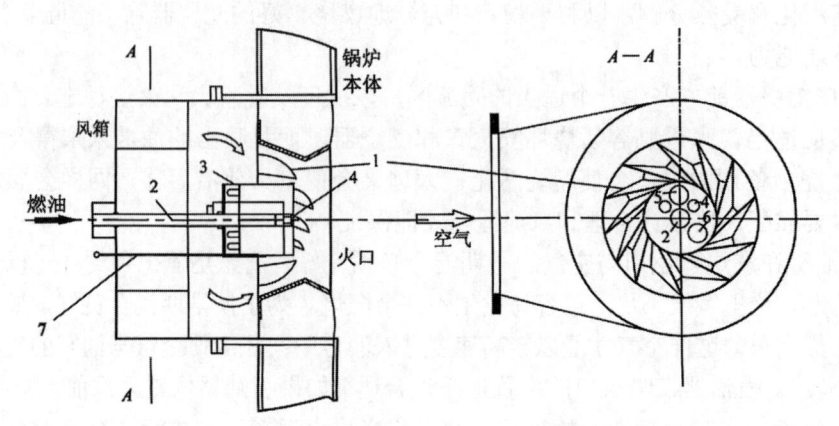

1—斜向叶片；2—喷油器管架；3—挡风罩；4—电点火器；5—火焰感受器；6—看火孔（人工点火孔）；7—拉杆

图 16-20　叶片固定型旋流式配风器

旋流式配风器也可设计成叶片可调式，其二次风经可调叶片切向旋转供入，调节叶片角度改变通流面积即可改变二次风量。而一次风却是经固定叶片轴向旋转供入。

（2）直流式配风器。直流式配风器的二次风不加旋转直接送入燃烧室，图 16-21 为有两个喷油嘴，可实现二级燃烧的小型直流式配风器。由通风机送入风道的空气，少部分从挡风板 7 中央的圆孔吹出，形成一次风；其余大部分从挡风板外缘与调风器罩筒之间的缝隙吹出，形成二次风。挡风板后的低压区形成回流，使着火前沿位置合适。有的挡风板上也适当开有小孔和径向的缝隙，允许少量空气漏入。

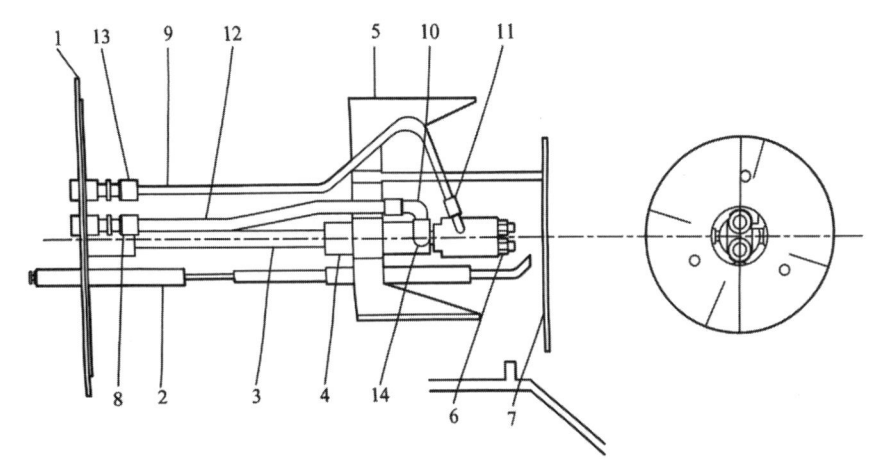

1—燃烧器端板；2—点火电极；3—漏油管；4—喷油器；5—整流格栅；6—喷油嘴；7—挡风板；
8、13—直通接头；9—高压供油管；10、11—L 形接头；12—循环油管；14—弯头

图 16-21　小型直流式配风器

有的直流式配风器在火焰根部即喷嘴出口处装有稳焰器，它是一个轴向叶轮，通过一定量的旋流风作为根部风可改善风油的早期混合，同时产生一个大小和位置合适的回流区，以保持着火前沿稳定。

3. 电点火器及火焰感受器

船舶锅炉的自动点火装置，大部分采用点火变压器，将交流电升压至 5000~10000V，利用高压电尖端放电产生火花，从而点火。产生电火花的部件称为点火电极，它是两根直径为 2mm 的镍铬合金丝，镍铬合金丝用耐高压电的瓷套管绝缘，固定在燃烧器上，两个电极端部间距为 3.5~4.0mm。电压越高或铬镁丝直径越细，则要求两个电极的间距越大。点火器顶端发火部分应伸至喷油嘴前方偏离中心 2~4mm，要注意防止油雾喷至点火电极上，同时防止电火花跳到喷油嘴和挡风罩上。

火焰感受器是用于监视锅炉火焰的自动化元件。在锅炉点火过程或正常燃烧过程中，一旦出现点火失败或中途熄火，火焰感受器立即停止向锅炉喷油并发出声、光报警。光敏电阻是锅炉上最常使用的火焰感受元件，它是由涂在透明底板上的光敏层，经金属电极引出线构成的，图 16-22 为光敏电阻结构示意。光敏层是由铊、镉、铅等硫化物或硒化物制成的。光敏电阻在受到光照时阻值减小，在光敏电阻两端所加电压不变的情况下，流过光敏电阻的电流加大。光敏电阻不能承受高温，否则会影响使用寿命。因此，光敏电阻火焰感受器装有散热片，并用空气进行冷却。为观察炉膛火焰情况，燃烧器通常还设有看火孔。

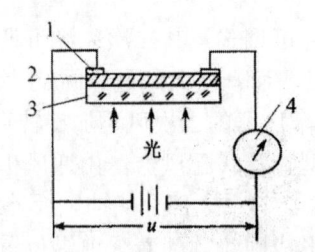

1—金属电极；2—光敏层；3—透明底板；4—电流表

图 16-22　光敏电阻结构示意

除了喷油器、配风器、电点火器，自动化的燃烧器还设有火焰感受器（光电元件），通常还设有看火孔（可兼作人工点火孔）。现代船用辅锅炉的燃烧器很多采用整装式燃烧器，它将油泵、风机、电加热器（有的不设）、点火装置等组装成一体，十分紧凑。

4. 管理要点

（1）安装燃烧器时应使喷油器中心线与喷火口轴线一致。在安装完毕后应检查与喷火口的内周径向距离是否相等，以免火焰偏斜喷射在喷火口或炉墙上。

（2）防止喷油器漏油。漏油可以根据炉膛底部积油量判断。压力式喷油器可能是因为喷油阀关闭不严，也可能是雾化片平面精度不够或喷嘴帽未拧紧，工作时部分燃油未经过雾化片而直接流出；回油式喷油器还可能是因为停用时回油阀漏油。

（3）防止喷孔结焦。喷孔结焦可通过燃烧火炬不对称或其中有黑色条纹来发现，这时应将喷油器取下，拆出雾化片浸在轻柴油内，待结焦泡软后用硬木片或竹片刮去。不能用刮刀、锯条、钢丝刷等工具清除雾化片上的结焦。

（4）修复或更换磨损的雾化片。喷油器使用一段时间后（一般 500h 以上）应拆下，在专门的试验台上检查其喷油量、雾化角和喷出的油雾圆锥是否变形。喷油量超过额定值约 10% 时，应将雾化片更换或研磨减薄，减少其切向槽的深度，使喷油量减少。若各槽磨损不均匀，会使喷出的油雾圆锥形状歪斜。雾化片磨损严重时应予以更换。

（5）雾化片备件应充足。雾化片大多用耐高温、耐磨的合金钢，如 $3Cr_3$、$4Cr_{13}$、$1Cr_{18}Ni_{19}Ti$、Ti 等做成，加工要求很高。特地加工既费时间，费用又高。若喷孔直径相差 0.01mm，会使每小时喷油量改变若干千克。进入旋涡室处要求平滑相切，加工不佳往往接合处形成一台阶，会使雾化质量变差。

（6）在装备多个燃烧器时，为了使不工作的配风器导向叶片不致被炉内火焰烤坏变形，风门关闭时应留有一定的间隙（0.5~2mm），以便漏入少量空气起冷却作用。

三、燃油系统组成及工作原理

锅炉燃油系统包括从日用油柜至锅炉燃烧器的管系及相关设备，其作用是供应需要数量的燃油和保障燃烧的质量。使用不同形式的燃烧器，或燃用种类不同的燃油，系统会略有不同；不同品牌的产品也会略有不同。现今船用辅锅炉日常工作时多使用与主柴油机相同的重油（燃料油），只有冷炉启动或准备停炉前才使用柴油。

1. 采用回油式喷油器的锅炉燃油系统

图 16-23 为采用回油式喷油器的锅炉燃油系统，它可以连续调节喷油量，一般无须停炉。日用油柜 1 中的蒸汽加热管可使燃油预热。油柜底部还有泄放口和承接漏斗，以便及时检查

沉淀出来的水和杂质,将其泄放至污油柜。燃油泵 2(常用齿轮泵)将燃油从日用油柜经滤油器 3 吸出后泵送至燃油加热器 4 加热,加热温度由直接作用式燃油温度调节器 16 控制蒸汽流量来调节(用柴油时可不加热)。当主电磁三通阀断电时,加热后的燃油经旁通管道 11 返回油泵进口(或日用油柜)。当燃油温度加热至符合要求时,主电磁阀即可通电,使燃油经过手动速闭阀 5 后泵送至主喷油器 6 点火燃烧。在紧急情况下可用手动速闭阀迅速切断供油,该阀也可通过钢丝绳在甲板位置远距离切断燃油。

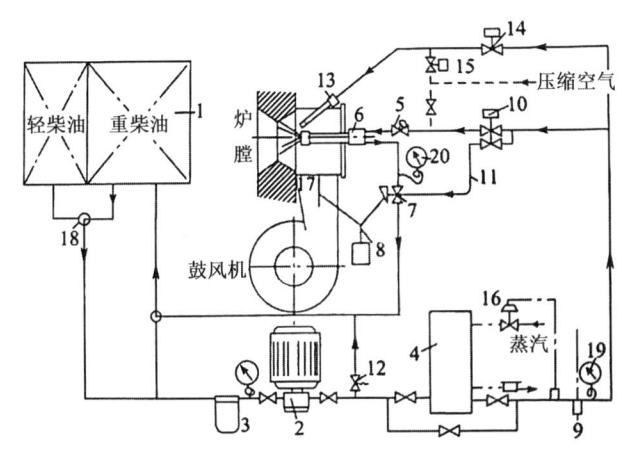

1—日用油柜;2—燃油泵;3—滤油器;4—燃油加热器;5—手动速闭阀;6—主喷油器;7—回油调节阀;8—比例操作器;9—燃油温度继电器的感温管;10—主电磁阀;11—旁通管道;12—安全阀;13—压力式点火喷油器;14—辅电磁阀;15—压缩空气电磁阀;16—燃油温度调节器;17—风道挡板;18—换油旋塞;19—燃油压力表;20—回油压力表

图 16-23 采用回油式喷油器的锅炉燃油系统

在冷炉点火时应转换三通阀(即换油旋塞 18),使锅炉燃油泵与柴油日用柜接通,燃烧器启动经预扫风后,辅电磁阀 14 开启,压力式点火喷油器 13 由电点火器点燃。只有当蒸汽压力产生并将重油预热至要求温度时才将三通阀转换至重油日用柜,并用点火喷油器的火焰将主喷油器点燃。此外,在长时间停炉之前也需要改烧柴油,以防停炉后重油在燃油管道内凝结,造成下次启动困难。

压力式点火喷油器每小时喷油量与最低蒸汽用量相适。当蒸汽用量少、蒸汽压力达到上限时,辅电磁阀开启,压力式点火喷油器开始喷油,由炉内火焰点燃,主电磁阀断电,这样炉内可维持不断火。当用汽量增加、蒸汽压力降到下限时,主电磁阀通电,主喷油器就由压力式点火喷油器的火焰点燃,然后辅电磁阀关闭,压力式点火喷油器停止工作。只有在完全停炉后重新点火时,才由电火花使压力式点火喷油器用柴油点火。

回油式喷油器的喷油量可通过回油调节阀 7 的开度调节。该阀由比例操作器 8 根据蒸汽压力自动控制。当蒸汽压力超过额定工作压力时,自动使回油调节阀开大,回油压力(由回油压力表 20 显示)降低,喷油量即可减少;同时联动操作使风道挡板 17 关小,以保证空气过剩系数合适。当蒸汽压力达到上限或水位过低、油压过低、风压过低(有的锅炉包括油温过低)以及运时突然熄火或点火时失败,都可以通过安全保护系统使主电磁阀断电,使燃油不能继续喷入炉内。当燃油系统由于某种原因造成油压过高时,燃油即能顶开安全阀 12 溢流至油柜。

此燃油系统中设有吹扫喷油嘴的压缩空气管,用来在停止喷油时自动吹扫,防止喷油嘴因有残油而结焦堵塞。

2. 采用旋杯式喷油器的锅炉燃油系统

图 16-24 为采用旋杯式喷油器的锅炉燃油系统。该系统由冷炉点火系统和正常燃烧系统组成。冷炉点火系统主要包括柴油日用柜、滤油器、点火油泵、点火供油电磁阀、点火燃烧器等；正常燃烧系统主要包括重油日用柜、流量计、滤油器、供油泵、燃油加热器、燃油压力调节阀、油/气流量比例调节器、空气分离器、供油电磁阀、主燃烧器以及各关键点的油温、油压传感器或调节器等。正常燃烧时，燃油从重油日用柜 2 经滤油器 3，被燃油泵送至燃油加热器 5 加热。当主电磁阀 7 断电关闭时，加热后的燃油经燃油压力调节阀 6 返回油泵进口或油柜。当燃油温度加热至符合要求时进行点火操作，主电磁阀通电，燃油送到旋杯式喷油器燃烧。在紧急情况下可用速闭阀迅速切断供油。喷油器的喷油量可通过燃油压力调节阀调节，同时，油/气流量比例调节器联动操纵风道挡板 12，使油气比例适当，以保证空气过剩系数合适。当蒸汽压力达到上限，或水位低至危险水位、油压过低、风压过低（有的锅炉包括油温过低）以及运行时突然熄火或点火时未能将油点燃，都可以通过安全保护系统使主电磁阀断电，燃油立即停止喷入锅炉内。

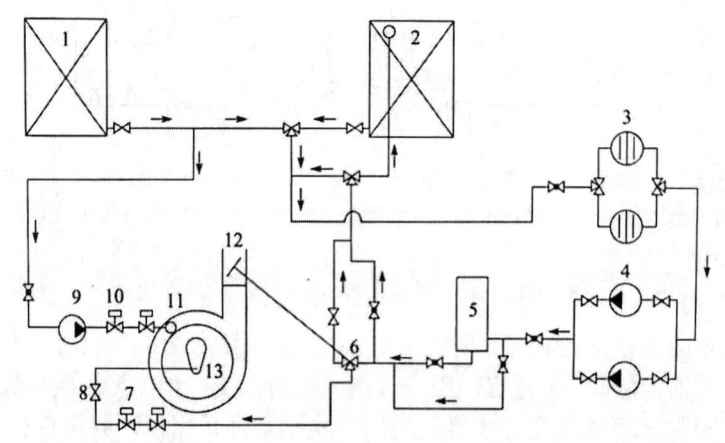

1—柴油日用柜；2—重油日用柜；3—滤油器；4—燃油泵；5—燃油加热器；6—燃油压力调节阀；
7—主电磁阀；8—速闭阀；9—点火油泵；10—辅电磁阀；11—点火喷油器；12—风道挡板；13—主喷油器

图 16-24 采用旋杯式喷油器的锅炉燃油系统

在冷炉点火时如燃油由蒸汽加热，则重油因无蒸汽而无法预热，这时只能用柴油。此时，锅炉燃油泵应与柴油日用柜 1 接通，只有当重油预热至要求温度时才能进行转换。此外，燃用重油较长时间在停炉之前几分钟，也需要改烧柴油，以防止停炉后整个燃油管系充满重油，在管道内凝结而造成下次启动困难。

3. 采用双喷嘴压力式喷油器的锅炉燃油系统

图 16-25 为采用双喷嘴压力式喷油器的锅炉燃油系统。

油柜底部有泄放口和承接漏斗，以便检查油柜中的水和杂质，将其泄放至污油柜。重油日用柜 2 有预热燃油的蒸汽加热管。冷炉启动时，电动机带动燃油泵 6 和同轴的通风机运转。从柴油日用柜 1 来的油经粗滤器 3、空气分离器 5 进入燃油泵，再经燃油电加热器 8 和细滤器 12、循环油管 15 进入双喷嘴喷油器 16。这时常开电磁阀 14 未通电处于开启状态，油压不足以顶开 1 号喷油器的喷油阀，燃油经常开电磁阀回到空气分离器；而常闭电磁阀 11 关闭，油管 17 不向 2 号喷油器供油。此时风机靠本身的抽力将燃烧器的手调小风门开启，进行预扫风。

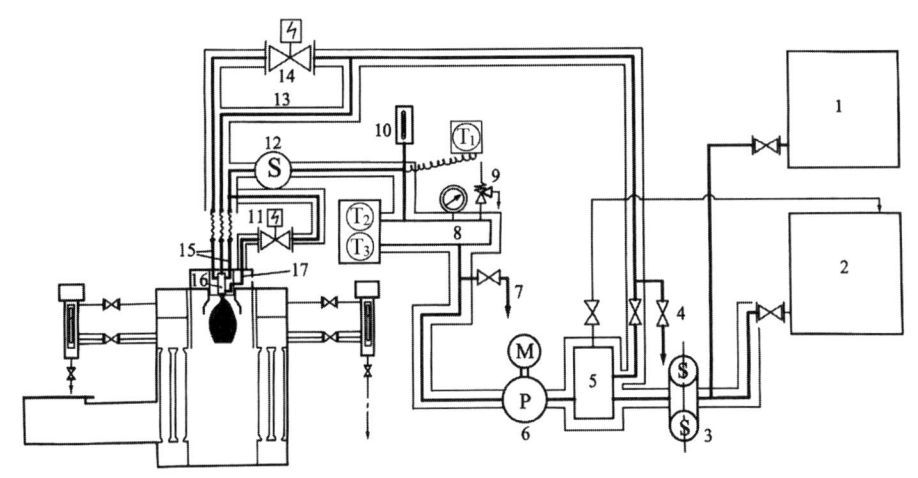

1—柴油日用柜；2—重油日用柜；3—粗滤器；4—放气阀；5—空气分离器；6—燃油泵；7—泄放阀；
8—燃油电加热器；9—安全阀；10—温度计；11—常闭电磁阀；12—细滤器；13—泄油管；14—常开电磁阀；
15—循环油管；16—双喷嘴喷油器；17—油管

图 16-25 采用双喷嘴压力式喷油器的锅炉燃油系统

预扫风结束后，电点火器通电点火；然后常开电磁阀通电关闭，1号喷油器前油压升高，顶开喷油阀后喷入炉内被点燃；继而风伺服器将大风门打开，常闭电磁阀 11 通电开启，使 2 号喷油器也投入工作。当锅炉升汽后将重油日用柜中的重油预热到要求温度时，可以改烧重油。在停炉前应改烧一段时间柴油，让整个系统包括空气分离器内都充满柴油时再停炉。

锅炉工作时自动调节系统随蒸汽压力变化（如压力为 0.5~0.7MPa），通过开关常闭电磁阀使 2 号喷油器投入或停止喷油来调节锅炉的喷油量。如停用 2 号喷油器后喷油量仍然很多，蒸汽压力上升到上限（如压力为 0.75MPa）时常开电磁阀断电，1 号喷油器也停止喷油，整个燃烧器停止工作，此时两扇风门皆自动关闭，防止冷空气进入炉膛内。待蒸汽压力下降到下限（如压力为 0.5MPa）后，喷油器再重新点火工作。T_2、T_3 分别为高油温继电器和低油温继电器，在油温过高或过低时会发出警报并使燃油电磁阀断电停止喷油，经后扫风后整个燃烧器停止工作。

四、燃烧方面的常见故障

1. 运行中突然熄火

锅炉蒸汽压力未到上限而熄火的主要原因有：
（1）日用油柜中燃油用完。
（2）油路被切断，例如燃油电磁阀因线圈损坏而关闭。
（3）燃油中有水。
（4）供风中断或风量严重不足（包括风道积灰严重堵塞）。
（5）自动保护起作用（如危险水位、低油压、低风压或火焰感受器失灵等）。

2. 点不着火

点不着火，除上述原因外，还可能由于以下几点：
（1）风量过大。
（2）喷油器堵塞。

（3）电点火器发生故障（点火电极与点火变压器接触不良、点火电极表面被结炭沾污、点火电极间距离不当、点火电极与燃烧器端部位置不当、点火变压器损坏）。

3. 燃烧不稳定

由于燃油雾化不良、油温低、油压低、风门调节不当、风压波动、油中有气或水、燃烧控制系统工作不良、配风器位置不当等引起燃烧不稳定。这时可采取调整风压、风门开度或者燃烧器位置，减小燃油压力后再慢慢增加等措施使燃烧恢复正常。

4. 炉膛内燃气爆炸

炉膛内燃气爆炸是燃油锅炉的一种危险事故，一般在点火或热炉熄火后发生，亦称"冷爆"。这是因操作不当，使大量燃油积存于炉膛底部，蒸发以后在炉膛内形成可燃气体，一旦被点燃，突然产生大量烟气，压力剧增而爆炸。这可能使火焰从燃烧器向外喷出，严重时能使烟气挡板飞出或把锅炉外壳炸开，危及人身安全及引起火灾。

炉膛内燃气爆炸的原因主要有：

（1）点火前预扫风和熄火后扫风不充分或点火失败后重复点火前没再进行充分的预扫风。

（2）停炉后燃油系统的阀件有漏泄，使燃油漏入炉膛又被余热点着或积存在底部，下次重新点火时预扫风不足。

为了防止锅炉发生燃气爆炸事故，对锅炉的燃烧器及燃油系统应采取下列措施。

（1）预扫风要充分，点火失败后要重新预扫风再点火。

（2）紧急停用时需先关速闭阀，扫风结束后再停风机。

（3）万一需要人工用火把点火，操作要正确，即燃油系统准备好后，先稍开风门供小量风；然后将火把（可用铁棍缠油棉纱）点燃，侧身从燃烧器点火孔伸至喷油器前，开速闭阀，点着火后再将风门开大到合适的位置。

（4）加强对燃油系统及燃烧自动控制装置的检查，发现漏油或其他问题及时修理。

5. 锅炉喘振（炉吼）

发生锅炉喘振主要是因为燃烧不稳定，导致炉膛内压力波动。其产生的主要原因有：

（1）供油压力波动，或燃油雾化不良，大油滴滞燃。

（2）风量不足或风压波动。

第四节 船舶辅锅炉的汽、水系统和常见故障

锅炉的汽、水系统包括蒸汽系统、凝水系统、给水系统和排污系统等。在水管锅炉中，水和汽、水混合物连续不断地通过蒸发受热面循环流动。水管锅炉的水循环方式有：一种是利用水与汽、水混合物的密度差使汽、水混合物经蒸发受热面循环流动，叫自然循环；另一种是利用泵使汽、水混合物经受热面强制循环。自然循环的优点是设备简单，无须专门的循环泵，目前大多数船舶锅炉采用自然循环。

一、炉水的自然循环

1. 自然循环的基本原理

上锅炉的水冷壁管与对流管束受到高温烟气的辐射和包围，大量热量经过管壁传给炉水，使它加热、汽化。管壁温度介于烟气与炉水温度之间，只比炉水温度稍高一些，这是因为炉

水对金属管壁有良好的冷却作用。管壁把热量传给炉水后，在管壁上要形成小气泡，这种气泡必须及时离开，并让汽、水混合物把热量带走，才能保证炉水对管壁的有效冷却。如果形成的气泡停留在管壁上，由于蒸汽与管壁之间的热交换远比水差，管壁就不能得到良好的冷却，会造成过热而烧坏。为了使汽、水混合物及时地离开受热面，必须建立可靠的水循环。水管锅炉炉水自然循环示意如图 16-26 所示。

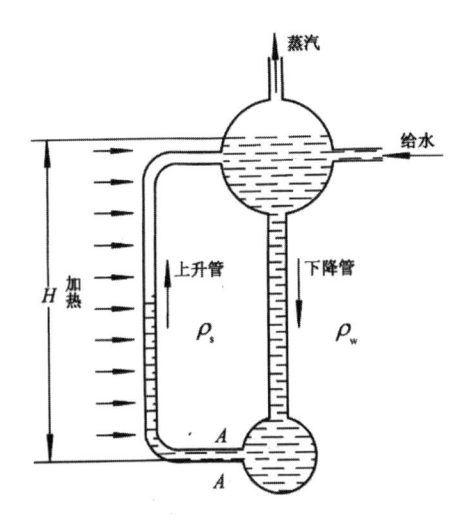

图 16-26 水管锅炉炉水自然循环示意

由图 16-26 可知，炉水自然循环的简单回路由上、下两个锅筒和两组管束组成。左边的管束受到高温烟气的加热，管中产生蒸汽，称为上升管。右边管束被低温烟气加热或不加热，里面不产生蒸汽，称为下降管。由于左边管子里形成了汽、水混合物，比重较小。右边管子里是饱和水或接近于饱和状态的水，比重较大。由于两边管子里流体的比重不同，左边管内的汽、水混合物就自然上升，右边管子里的水就自然下降，回路中的水和汽、水混合物就产生了自然循环。

产生自然水循环的循环动力是下降管与上升管的水和汽、水混合物的压力之差，以符号 Δp 表示，有

$$\Delta p = H(\rho_w - \rho_s)g \tag{16-6}$$

式中：H——从上升管出口中心到水筒中心的高度；ρ_w——下降管内水的密度，kg/m³；ρ_s——上升管内汽、水混合物的平均密度，kg/m³；g——重力加速度，m/s²。

2. 保证自然水循环良好的措施

为了防止蒸发受热面过热烧坏，除了避免受热面热负荷过大和结垢严重，主要是保证水循环良好，即要求上升管有足够的循环倍率 K：

$$K = G/D \tag{16-7}$$

式中：G——上升管入口处进水流量，kg/h；D——上升管出口处蒸汽流量，kg/h。

循环倍率 K 越大，则上升管出口的蒸汽干度 $x=D/G=1/K$ 越小。当 $x<0.5$ 时，管壁有完整的水膜，管内壁的放热系数 α_2 约为 18000W/(m²·K)，管壁相对水沸点的温升仅 33℃ 左右。而当 $x \geq 5$ 时，管壁很薄的水膜随时可能被中心的气流撕破，形成细微水滴被带走，称为雾状流动。这时放热系数 α_2 就下降至 1500W/(m²·K) 左右，管内壁温升将达 396℃ 左右，一般船

用锅炉蒸发受热面大多采用低碳钢,允许工作温度大约为450℃,这时有可能烧坏管子。因此,为了安全起见,应保证循环倍率$K>4$($x<0.25$)。

不同位置的上升管热负荷是不同的。热负荷大的上升管(如水冷壁、前排沸水管)含汽量多,由式(16-7)可知,循环动力大,进水流量和循环流速也大,这种现象称为自然循环的自补偿能力。热负荷小的上升管循环流速也小,换热特别弱的(例如管外积灰或管内结垢严重)可能出现循环停滞(一般认为$K=1$即属循环停滞)甚至循环倒流的情况,这样的管子会因冷却不良而烧坏。

为了保证良好的水循环,在设计和管理上应注意以下几个方面。

(1) 尽量减少或避免下降管带蒸汽。下降管带蒸汽多会增加流动阻力,减小循环动力。因此,最好采用不受热的下降管。某些小型水管辅锅炉也有在烟气温度较低处用一些管径较粗(水受热相对较少)的管作下降管的。下降管处水位高度为150~200mm(大于4倍管子内径);入口水速应小于3m/s,避免进口阻力太大;与上升管出口间距应大于250mm,或两者之间设隔板,防止串汽;给水管应布置在下降管进口附近,使其进水有较大的过冷度。

(2) 避免上升管受热不均现象加重。为此,应保持燃油雾化良好,防止残油进入蒸发管束区后继续燃烧造成局部过热;应防止部分受热面上结存灰渣严重,要及时除灰;设多个燃烧器的炉膛,增减使用时应按规定顺序进行。

(3) 避免上升管流动阻力过大。上升管的管径选得小虽可加大换热面积,但为避免流阻过大亦不宜选得太小;在上升管高度既定条件下管长应尽量短;使用中应避免结垢严重。

(4) 尽量避免用汽量突然增大或减小,引起工作蒸汽压力急剧降低或升高。前者会使下降管中炉水闪发成汽,后者会使上升管中蒸汽凝结,这都会使循环动力突然降低。

(5) 运行中不宜在下锅筒进行下排污,这会破坏水循环。

二、影响蒸汽带水的因素和汽水分离设备

由汽包引出的饱和蒸汽带水过多,就会使蒸汽品质下降。蒸汽携带的炉水含有的盐分可能腐蚀汽、水管路和设备;若饱和蒸汽用于驱动蒸汽辅机,带水过多也会引起这些机械的水击;对于装有过热器的锅炉,蒸汽所带水会在过热器中汽化,水中的盐分沉积在过热器的内壁上,会使过热器管子烧坏。

1. 影响蒸汽带水的因素

图16-27为锅炉汽包的结构简图。汽包下部充满炉水,从上升管束中流出的汽要穿透这一水层进入汽包的蒸汽空间。水与蒸汽的分界面到集汽设备之间的距离叫分离高度,用H表示。

影响蒸汽带水量的主要因素有以下三个。

(1) 分离高度。分离高度越大,重力分离作用越强。然而分离高度为0.5~0.6m后,对蒸汽干度的影响很小。这是因为在既定负荷下蒸汽上升速度已定,足够细小的水滴受气流推动产生的升力和浮力之和已超过其重力,高度再大也无法分离。应注意的是,由于在汽包的沸水中存在大量气泡,汽包中的实际水位要比水位表指示水位高。

(2) 锅炉负荷(蒸汽用量)。蒸汽用量增加时,需加强燃烧,水的含汽量增加,蒸发平面升高,分离高度降低;同时上升管流出的汽、水混合物冲击水面使炉水飞溅数量增加;再加上蒸汽流速也增大,故蒸汽带水量增加。每台锅炉都有其临界负荷,超过临界负荷时上述因素使本可分离的比较大直径的水滴也被蒸汽携出,蒸汽携水量剧增。

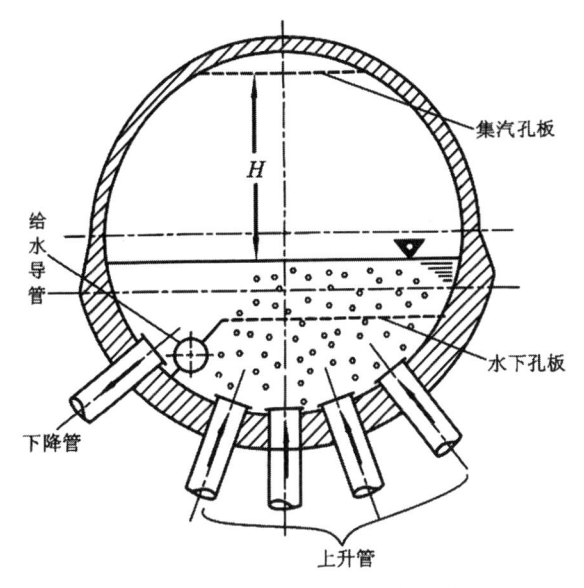

图 16-27　锅炉汽包的结构简图

(3) 炉水含盐量。当炉水含盐量达到某一极限值时，炉水表面就会形成很厚的泡沫层，即所谓汽、水共腾，这一极限值称为临界含盐量。临界含盐量随锅炉工作压力升高而降低，这是因为压力升高时泡沫的体积变小，泡膜变厚，泡沫寿命得以延长，更容易产生汽、水共腾。锅炉的临界含盐量见表 16-1。

表 16-1　锅炉的临界含盐量

锅炉工作压力/MPa	≤1	1～2.5	2.5～4.9	4.9～6
临界含盐量/（mg/L）	1000	700	400	350

2. 汽水分离设备

由于在汽包内借助分离高度对蒸汽携水进行重力分离有一定的局限，故需要在汽包内装设一些汽水分离设备以提高分离效果。辅锅炉对蒸汽品质要求不高，一般采用比较简单的汽水分离设备，常用的有水下孔板、集汽管和集汽板。

(1) 水下孔板（图 16-27）。当汽、水混合物由水空间引入汽包时，可利用水下孔板均衡蒸发平面负荷。水下孔板使蒸汽在上升过程中受到一定的阻力，在孔板下形成汽垫，因而蒸汽能比较均匀地从孔板的各个小孔中穿出，并降低了汽、水混合物的动能。孔板放置在汽包水空间，一般在最低水位以下 100～150mm。通过孔板的蒸汽流速为 3～4m/s。为避免蒸汽带入下降管中，孔板距下降管进口的距离应为 300～500mm。

(2) 集汽管。聚集在汽包顶部的蒸汽一般通过集汽管引出，其结构如图 16-28 所示。集汽管 1 沿汽包纵向布置，顶部开有许多进汽缺口 4，两端封死。饱和蒸汽出汽口 3 可在集汽管中部或一端。为了沿汽包长度方向均匀地收集蒸汽，进汽缺口离出汽口较远处较密，近处较稀。有的集汽管两侧装有波形百叶窗式挡汽板 2，以增加汽水分离作用。

(3) 集汽孔板（图 16-28）。集汽孔板结构简单，加工方便，流动阻力较小，用它代替集汽管可以距水面更高，但其分离的效果不如集汽管。

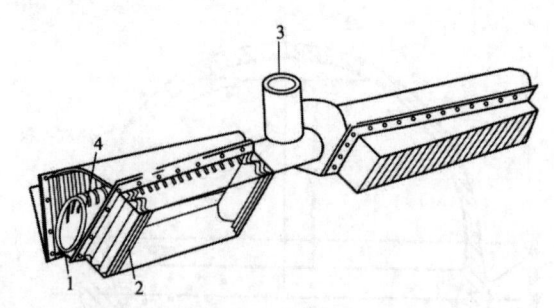

1—集汽管；2—波形百叶窗式挡汽板；3—饱和蒸汽出汽口；4—进汽缺口

图 16-28　带波形挡板的集汽管

锅炉运行时为了防止供应的蒸汽湿度过大，管理上必须注意以下几点。

（1）防止水位过高，尤其不宜在高负荷下高水位运行。因为，高负荷时水位表中指示的水位要比汽包内实际水位低得多；高负荷时蒸汽逸出的速度增大，更易携带出较大的水滴。

（2）严格控制水质，避免含盐量高引起汽、水共腾。

（3）锅炉供汽量不宜增加过快，以防汽包内压力骤降，而导致气泡急剧增多，水位上升，分离高度减小。

三、锅炉的蒸汽、凝水、给水和排污系统

辅锅炉和废气锅炉所产生的蒸汽，通过管道输送至各用汽处。绝大部分蒸汽在工作之后成为凝水，由凝水系统流回热水井，再由给水泵经给水系统送回锅炉。另外，锅筒还需要进行表面排污和底部排污。现结合图 16-29 所示的某柴油机船的组合锅炉的蒸汽、给水、凝水和排污系统，说明锅炉汽、水系统的组成和工作情况。图 16-29（a）为燃油辅助锅炉以及废气锅炉的汽水系统图，辅助锅炉与废气锅炉各自独立。图 16-29（b）为组合式锅炉汽水系统。

1. 蒸汽系统

蒸汽系统的任务是将锅炉产生的蒸汽按不同压力的需要送至各用汽设备。燃油辅锅炉和废气锅炉所产生的蒸汽通过锅炉顶部的主停汽阀 1 沿蒸汽管送至蒸汽总分配联箱。经此总联箱，一部分蒸汽送至油舱加热蒸汽分配联箱，然后分送至各油舱、油柜供加热用。另一部分蒸汽则经减压阀减压后送至低压蒸汽分配联箱，然后送至空调装置、热水柜或供厨房和其他生活杂用。

蒸汽分配联箱上应有接岸供汽管，与位于上甲板左舷、右舷的标准接头相通，以备修船时若锅炉停汽，可由岸上或其他船舶供汽。蒸汽分配联箱底部装有泄水管，用以在刚开始供汽时暖管泄放凝结水，以免通汽时管道发生水击。

如果燃油辅锅炉和废气锅炉是各自独立、并联供汽的，则蒸汽分配联箱通各自的蒸汽管路应设单向阀以免蒸汽倒流。在通废气锅炉的蒸汽管路上应设蒸汽压力调节阀 2，当废气锅炉产汽量供大于求时，向大气冷凝器泄放多余蒸汽。

2. 凝水系统

凝水系统的任务是回收各处的蒸汽凝水，并防止油污混入水中被带入锅炉。加热油、水和空气的蒸汽，在加热管中放出热量后凝结成水，并经各加热设备回水管的阻汽器流回。因为阻汽器可能会有一些蒸汽漏出，并且当凝水流出阻汽器时，因压力降低，也可能产生二次蒸汽。所以，一般凝水在进入热水井前先经大气冷凝器冷却，使其中的蒸汽凝结，然后才流回热水井。

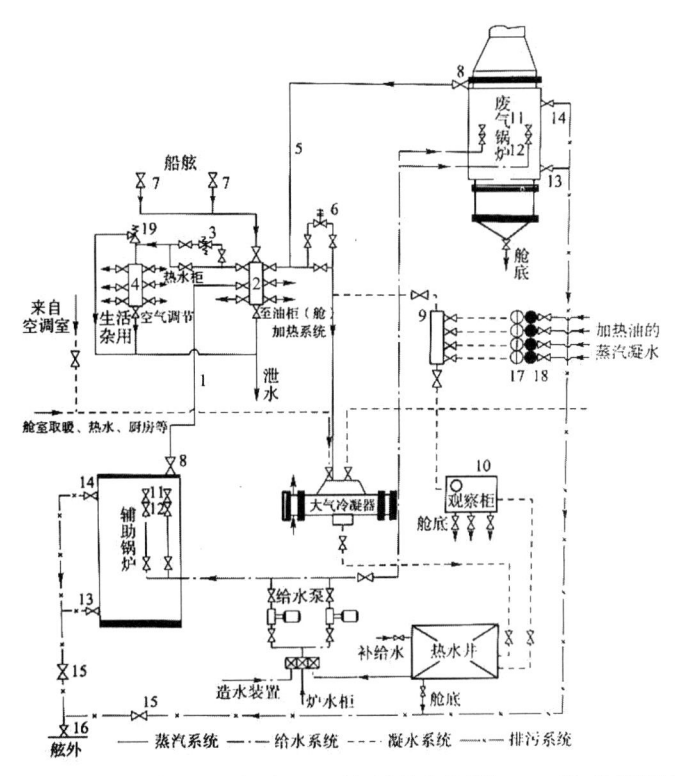

1—燃油锅炉主蒸汽管；2—蒸汽总分配联箱；3—减压阀；4—低压蒸汽分配联箱；5—废气锅炉蒸汽管；6—蒸汽压力调节阀；7—接岸供汽管；8—停汽阀；9—凝水回流联箱；10—凝水观察柜；11—给水截止阀；12—给水止回阀；13—底部排污阀；14—表面排污阀；15—排污调节阀；16—舷旁排污阀；17—阻汽器；18—滤器；19—安全阀

（a）燃油辅助锅炉汽、水系统图

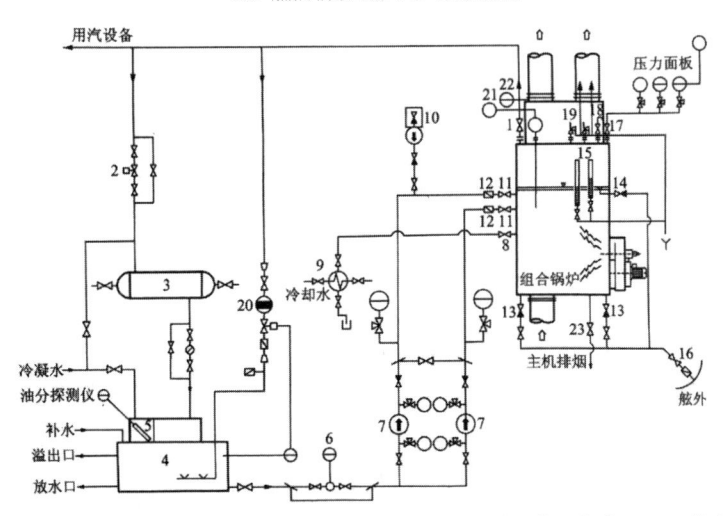

1—主停汽阀；2—蒸汽压力调节阀；3—大气冷凝器；4—热水井；5—油分检测传感器；6—盐度计；7—给水泵；8—取样阀；9—水样冷却器；10—给水投药泵；11—给水截止阀；12—给水单向阀；13—下排污截止止回阀；14—上排污截止止回阀；15—左（右）舷水位计；16—舷旁通海阀；17—压力表显示板截止阀；18—空气阀；19—安全阀；20—热水井温度控制器；21—远程水位指示器；22—排烟温度报警器；23—泄放阀

（b）组合锅炉汽、水系统图

图 16-29　锅炉汽、水系统

在加热油的蒸汽凝水中，万一因加热管或接头不严而有油漏入，可能会把油带进锅炉中。炉水中有油对锅炉是很危险的，因为导热性很差的油会黏附在锅炉受热面上或渗入水垢中，妨碍炉水对受热面的有效冷却，致使受热面管子变形或爆裂。为了尽量减少油污进入锅炉的可能性，应使加热油舱（柜）的蒸汽凝水首先进入凝水柜。通过凝水柜的观察窗若发现观察柜中水面有油，则需将回水放入舱底，待查明原因予以消除之后，重新清洗凝水柜，才允许新的干净凝水进入热水井。本系统安装有油分检测传感器 5，它随时监测凝水中的含油量。凝水回路中的阻汽器对于保持锅炉的蒸汽压力以及阻止蒸汽进入凝水具有非常重要的作用。

3. 给水系统

给水系统的任务是向锅炉供给数量足够和品质符合要求的给水。为了可靠起见，每台锅炉都要有两条给水管，其中一条作为备用。如图 16-29 所示，每条给水管紧靠锅炉处装有一个给水截止阀 11 和一个给水单向阀 12。截止阀必须装在锅炉与止回阀之间，以便在修理给水管路和设备时将锅炉隔断。其安装方向应注意能在必要时将其关闭，而炉水不致溢出。不允许用此阀对给水量进行节流调节，以免阀盘遭水流冲蚀而关闭不严。装设截止止回阀的目的是防止给水泵不工作时，炉水沿给水管向炉外回流。

给水的温度较低，若进入锅炉后聚集在某处或直接与受热面接触，会使该处产生较大热应力。锅筒设有内给水管，它是一根位于锅炉工作水面之下，在下半圆处开有很多小孔的水平管，通过它补水可使给水分布均匀。本系统在热水井上设置热水井温度控制器 20，它通过蒸汽加热，使热水井的水温基本保持不变，这样可以减少水的含氧量，并使给水温度不至于过低。

锅炉给水泵 7 从热水井 4 吸水，通过给水管路向燃油辅锅炉或废气锅炉供水。给水泵至少设有两台，以备使用。蒸发量较小的辅锅炉多采用电动旋涡泵间断供水；蒸发量大的锅炉可选多级离心泵节流调节，连续供水。不论采用哪种供水方式，每小时供入锅炉内的给水量和从各处流回的凝水量也常是不平衡的，所以凝水管路和给水管之间要有热水井作为缓冲存水容器。热水井还有过滤水中固体杂质和油污、补水和投放炉水处理药剂等用途。

现代船舶常把热水井做成一个组合模块，它将热水井、凝水柜、大气冷凝器、锅炉给水泵及连接这些设备的管路、阀件及附件组合在一个公共底座上，出厂前对组件进行密封性试验和运转试验，装船后只要将外部接口与蒸汽凝水系统相应部分接通，便可工作。图 16-30 为热水井模块管系原理。来自大气冷凝器或油舱等的凝水首先进入凝水柜，凝水柜设有观察镜和油分探测仪，可观察和监测凝水情况，如有油污混入，可打开排油口，将有油的凝水泄放。凝水从凝水柜底部引入过滤室，过滤室中填充聚氨酯过滤材料，过滤精度为 40～60 目。热水井设有液位计、温度计，水位降低后，利用浮球阀能向箱内自动补水，必要时可开启手动补水阀补水。热水井出水口管路装有盐度计和采样口、加药口。

4. 排污系统

锅炉工作一段时间之后底部可能聚集泥渣，投放除垢药物后也会产生沉淀物，因此锅炉底部设有下排污截止止回阀 13（图 16-29）。下排污可定期在投放除垢药物后过一段时间进行。通常要求在熄火半小时后或锅炉负荷较低、压力降至 0.4～0.5MPa 时进行，因为此时炉水比较平静，有更多的泥渣沉积在底部。水管锅炉为防止从底部放走大量炉水破坏正常的水循环，所以不允许在锅炉正常工作时进行下排污。每次排污时间不能过长，一般阀全开时间不超过 30s，每次排污量为 1/3～1/2 水位表高度。

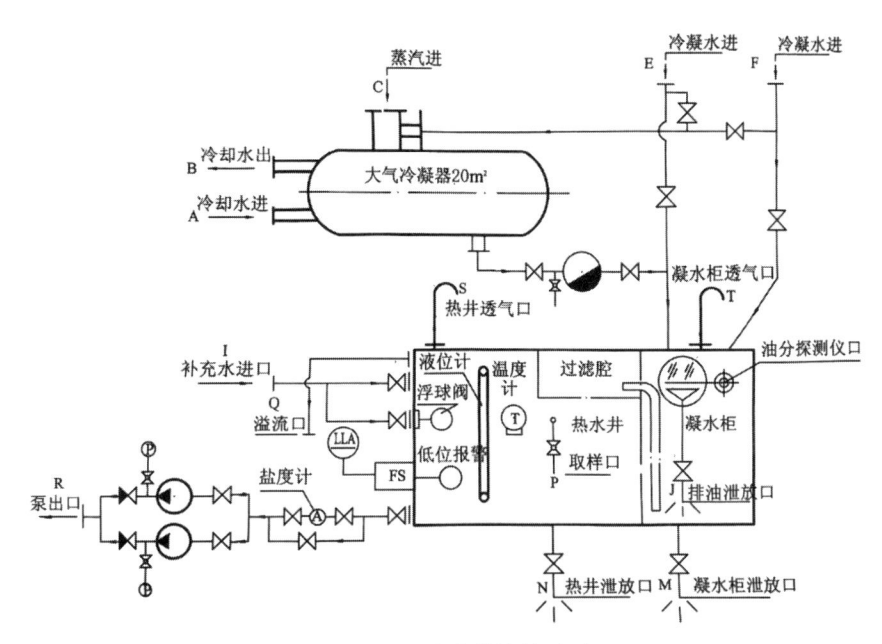

图 16-30 热水井模块管系原理

此外，若发现炉水含盐量或碱度过高，发生汽、水共腾，或者大修后初次使用，漂浮在水面上的泡沫和悬浮物太多，或者炉水进油，则可通过锅筒上部的上排污截止止回阀 14（图 16-29）进行上排污。

上排污漏斗设在高于锅筒最低水位 25mm 处，水经其内部接管和上排污阀泄出。漏斗的数目和安装位置应便于将全部液面上的污物排除。上排污的排水量和排污次数视炉水化验结果而定，可在需要时随时进行，但一般应在投药前，以免药物在起作用前损失；24h 内可排污 1~2 次，每次排污时间为 30~60s。上排污前应先将炉水加至接近最高水位，排污时注意水位变化，水位降至浮渣盘即停。如果认为一次排水量不够，可重复上述操作。若含盐量太高靠上排污难以符合要求，应停炉换水。

废气锅炉也要进行排污（强制循环水管锅炉除外）。

排污阀的通径一般为 20~40mm。如需调节排污流量，应在管道上另装一调节阀。排污时应先打开舷旁通海阀 16（最后开管内会发生水击），再全开排污阀，最后开调节阀；停止排污时应先关调节阀，再关排污阀和舷旁通海阀，以防它们遭水流冲蚀而密封性变差。

四、汽、水系统常见故障

除了已讲述的自然水循环故障、蒸汽携水过多，锅炉汽、水系统常见的故障还有失水、满水和受热面管子破裂等。

1. 失水

锅炉水位低于最低工作水位时称为失水。失水是锅炉的一种严重事故，可能使上部受热面因失去炉水冷却而烧坏。发现失水时要冷静处理，如关闭水位计上通汽阀仍能"叫水"进入水位计，则表明水位仍在水位计通水接管之上，可迅速加大给水；如"叫水"不来，千万不能向炉内补水，以防炽热的受热面突遇冷水而爆裂，甚至引起锅炉爆炸。这时应立即停炉，待冷却后进一步检查受热面损坏程度，并查明和排除给水不足的原因。

2. 满水

水位高过最高工作水位时称为满水。满水会使所供蒸汽大量携水，导致水击、腐蚀管路设备等危害。发现满水时应立即停止送汽，进行上排污，直到水位恢复正常；同时开启蒸汽管路和设备上的泄水阀泄水；然后查明水位自动控制系统故障，予以排除。

3. 受热面管子破裂

因结垢严重、水循环不良等导致管壁过热，或腐蚀严重，都可能引起受热面管子破裂。它会使水位、蒸汽压力迅速降低，烟囱冒"白烟"（水雾），有时能听到异常声音（往往被舱内噪声掩盖）。有的锅炉结构可从烟箱的泄放阀中放出水来。

如裂缝不太严重，仅为微小渗水，可暂时监视使用，谨防裂缝扩大。如水位下降较快，应立即停炉。但除已严重失水者外，在受热面温度降低前应继续给水，保持锅炉的正常水位，以防受热面因大量失水而被烧坏。停炉待锅炉冷却后，即可将其中的水排尽，进入炉内堵管。

水管锅炉管子破裂多发生在靠近炉膛热负荷高的水管，比较容易发觉。如破裂管在中间，则较难寻找。应在锅炉尚有蒸汽压力时先观察漏水破管的大致位置，待停炉放水后，再用木塞堵住管子下端，从上端灌水寻找。

受热面管破裂如暂时不能换管，可临时堵管使用。堵塞水管锅炉水管的钢塞应具有一定锥度，涂上白铅油后，塞在破管的两端，然后用手槌敲紧，再借助工作蒸汽压力，即可保证一定的严密性。

如果发现针形管泄漏，应按照下面的方法进行临时性修理。首先停炉，使锅炉自然冷却并降至常压，放空炉水。然后进入锅炉烟箱，在相关的针形管外管侧面切割一个透气孔，如图16-31所示。用钢丝刷清洁针形管外管内侧，选用和烟管等厚度的钢板，切割一块直径和针形管外管一样的圆形钢板，并把上边缘倒角30°按图示位置焊接上密封板。然后进入炉膛，用上述同样的方法，钻孔、焊接下密封板。这种临时性修理方法只允许密封泄漏针形管的数量在10%以下，否则必须进船厂进行永久性修理，而且相应的蒸发量也要减少烟管锅炉，可用两端带螺纹和盖板的堵棒将破裂管堵死。堵管时，在堵棒的盖板和管板之间垫上石棉垫，收紧螺帽即可。堵管的数目不宜过多，以免影响加热的均匀性。堵管后应进行水压试验，证实不漏后才能再点火升汽。

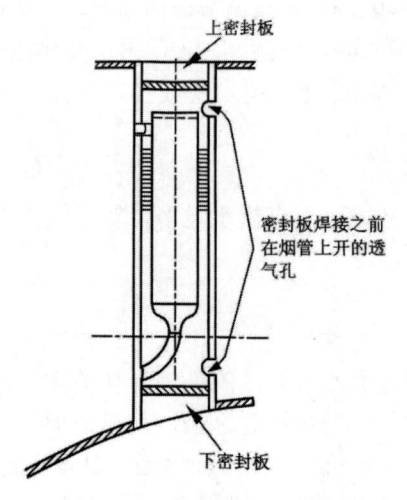

图16-31 针形管的临时修理

第五节　船舶辅锅炉的运行和维护管理

一、船舶锅炉的冷态点火

锅炉的点火包括热态点火和冷态点火。热态点火是指锅炉在正常的压力和温度条件下的点火；冷态点火是指经过较长时间的停炉或者锅炉大修以后，锅炉处于完全冷却的条件下的点火。这里讲的点火是指锅炉的冷态点火。

1. 船舶锅炉点火前的准备工作

（1）船舶锅炉的内部和外部检查。

1）锅炉周围保持清洁，锅炉间的通风良好，通风孔或通风机开启。

2）所有的阀门均处于正确的开关状态。空气阀、给水阀、压力表和水位表阀应开启；排污阀应关闭；蒸汽阀关闭后再开启 1/4 圈，防止受热后咬死。确认没有异物遗留在锅炉内，所有的附件、检查孔、阀件均已装复，螺栓已经上紧。锅炉燃烧器安装合理，风机和电动机的转向正确，风门和传动装置动作灵活。

（2）船舶锅炉附属设备的检查。

1）热水井及其滤网清洁，供水系统的阀门开关正确。对于可以自动切换的供水系统，两条供水管线的阀门均应处于开启状态。供水泵转向正确，试运行没有漏水、漏油、噪声大和温度高等现象。

2）供油系统的阀门开关正确，供油泵试运转正常，燃油加热器运行正常。检查轻、重油日用柜的液位及油温并进行放残。燃油管路的阀门开关正确，确保滤器清洁，如果管路中存在空气，应设法放掉空气。锅炉在冷态点火时应尽量使用轻油，检查燃烧器各部件的安装是否正确，火焰感受器玻璃是否清洁。

（3）船舶锅炉的上水。在上水时，检查热水井水位、水温、水质是否正常，热水井与炉内水空间壁面温度应相近，如果两者温差超过 50℃，应缓慢进行补水，避免向炉内补入大量冷水，从而产生过大的温度应力，补水应清洁确保无油迹并按规定加入水处理剂。烟管锅炉应上水至水位计的最高水位，以便能够在升压后，通过底部排污，分数次将位于锅炉底部温度较低的炉水放掉，促使整个锅炉中的水温均匀。水管锅炉应上水至水位计的最低水位，因为在产生蒸汽后，水管锅炉的炉水中含有较多气泡，从而使水位上涨至正常水位。对于有过热器的船舶锅炉，切忌上水过高，否则会造成蒸汽大量带水，引起过热器腐蚀和损坏。对于有省煤器的锅炉，在上水时应将省煤器充满水并保持畅通，否则在点火后，省煤器将处于干烧状态或由于水加热后膨胀而遭到损坏。

上水结束观察半小时，水位不变才能确认承压部件没有发生漏水。如果水位降低或上升，应查明原因，及时消除故障。在船舶无倾斜的状态下，两只水位计的水位应在同一高度。

2. 点火升汽

确认锅炉一切正常后方可进行点火操作，锅炉冷态点火的操作应十分谨慎，为了便于控制预扫风及后扫风的时间，最好先采用手动点火。冷态点火加热速度务必不能太快，因为锅炉材料的温度快速而不均匀地升高，会产生过大的热应力。启动新炉或耐火层修理后启动锅炉，因为耐火层较湿，加热太快可能因水分迅速蒸发和膨胀而使耐火层产生裂纹。因此冷态点火应手动控制，小火燃烧，待蒸汽压力升至比工作压力低 0.05MPa 时，再改用自动操作。

燃油锅炉点火前，一定要先开启风机进行预扫风，将锅炉内积存的油汽彻底吹除。否则积存的油汽遇明火有爆炸的危险。正常运行时的预扫风时间一般在 35s 左右，冷态点火时可将预扫风的时间适当延长，以便尽可能驱除炉膛内的油汽。冷态点火时由于炉膛内的温度较低，有可能引起点火失败，如果发生点火失败，再次点火时仍需进行预扫风并延长预扫风的时间。当出现多次点火失败时，应查明原因并排除故障后再点火。万一点火时发生爆炸回火，立即关闭油泵和燃油速闭阀，以免酿成火灾。在某些特殊的情况下可能会使用点火棒进行点火，切记点火时点火棒不要正对着点火孔，应从侧面进行点火，以防爆燃时被从点火孔内喷出的火焰烧伤。正确的点火棒点火过程为：将点燃的点火棒伸入炉内紧贴燃烧器前端的下方 200mm 处，然后缓慢地开启油阀，喷油点火。

点火成功后应检查火焰的颜色、形状、稳定性。正常的火焰呈现亮橙色，轮廓清晰，火焰稳定、无闪烁，排烟呈浅灰色。刚点完火开始工作时，由于炉膛内温度低影响燃油蒸发，可能造成燃烧不良，烟囱冒黑烟；但随着炉膛内的温度升高，燃烧会趋于正常。

点火后开始阶段水循环差，燃烧强度尤其不能过大。炉水沸腾产生气泡后水循环会加强，锅炉各部分温度也渐趋均匀，方宜提高燃烧强度。因此升汽前的阶段应烧得慢些，蓄水量越大的锅炉此阶段应越长，蒸汽压力开始上升后燃烧可以加强。为了限制锅炉在点火升汽阶段炉水温度及蒸汽压力的上升速度，锅炉操作说明书一般都规定了点火升汽的时间表，应遵照执行。

若无时间表，点火可以参照如下程序进行：首次点火后 1h 内每烧 1~2min 熄火 8~10min 后再点火，以后每次可适当延长燃烧时间和减少熄火时间，直至锅炉压力达到 0.1MPa 方可连续小火燃烧。锅炉起压后，顶部的空气旋塞会有气体冒出，等到有大量的蒸汽冒出时关闭空气阀。大蒸发量 D 形水管锅炉从冷炉点火到满压所需时间正常操作一般需 2~3h；蒸发量小的烟管锅炉约需 2h，水管锅炉因水循环良好只需用 15min 左右。其中从点火到产生蒸汽压力的时间约占整个点火升汽时间的 2/3。如不控制燃烧，从冷炉点火至产生蒸汽压力的时间，一般烟管锅炉仅需半小时，有的水管锅炉仅需 6min，这种快速升汽对锅炉保养十分不利。

当蒸汽压力升至 0.05~0.1MPa 时，应检查人孔、手孔、水位计、排污阀、法兰、阀门等接头是否渗漏。当温度升高后，上述接头会伸长变松，需要重新拧紧。如有渗漏，不能处理时应停止运行。对于人孔和手孔，无论渗漏与否，均需再适当拧紧螺母，并冲洗玻璃板水位计一次，防止出现假水位。冲洗水位计时，必须缓慢进行，不要正对水位计的玻璃板，以免玻璃板由于忽冷忽热而破裂伤人。操作时要戴防护手套，以免烫伤。

当蒸汽压力升至 0.1~0.2MPa 时，应检查压力表的可靠性，冲洗压力表的存水弯管，排出弯管中的存水，直到排出蒸汽为止，防止因污垢堵塞而失灵。冲洗压力表时，要注意观察压力表的指示情况，对各连接处再次检查有无渗漏现象。再拧紧一次人孔、手孔螺母。操作时应侧身，用力不宜过猛，禁止使用长度超过螺栓直径 15~20 倍的扳手去操作，以免将螺栓拧断。在蒸汽压力继续升高后，禁止再次拧紧螺栓。

当蒸汽压力升至 0.3MPa 时，试验给水设备及排污装置。对锅炉进行上排污可以清除锅筒表面的杂质和油脂。上排污应在锅炉高水位时进行。在排污前应向锅内上水，排污时要注意观察水位，不得低于水位计的最低安全水位线。排污完毕，应严密关闭每一排污处的两个排污阀，并检查有无漏水现象。对通风及燃烧情况进行调节，当蒸汽压达到锅炉额定工作压力时，应校验安全阀是否灵敏、可靠，然后铅封，同时再冲洗一次水位计。

3. 供汽

供汽前应对蒸汽管路进行暖管和疏水工作。其方法是将蒸汽阀稍开，供汽加热蒸汽管路，同时开启蒸汽系统中各泄水阀进行泄水。暖管的时间不宜过短，不得少于15min，否则管壁和管路上法兰及螺栓会产生较大的热应力；另外管路中存在凝水，当开大蒸汽阀正式供汽时，管路中会出现"水击"现象，可能损坏阀门、管路和设备。有些锅炉规定在升汽的同时就进行主蒸汽管的暖管工作，锅炉压力升至工作压力时，暖管工作已经结束，可立即投入使用。

如果要求两台锅炉并联工作，应先使两者蒸汽压力相同后再并汽。如果升汽后的锅炉要与工作中的锅炉并汽，后投入工作的锅炉的蒸汽压力应比主蒸汽管路中的蒸汽压力高出0.05MPa再并汽。注意维护蒸汽阀站上的减压阀，防止其失去减压作用损坏低压蒸汽设备。如果阀站中设有过量蒸汽释放阀，应使其处于良好的工作状态。锅炉的安全阀应每个月进行一次手动强开试验。脱落的蒸汽管路绝热包扎应及时修补，盘根泄漏的阀门应及时更换盘根，关闭不严密的阀门及时进行研磨或者换新。漏汽的蒸汽管路应拆下焊补，如果暂时无法进行焊补，可以用铅皮进行临时包扎。

二、船舶锅炉运行中的管理

船舶辅锅炉在正常运行期间，必须监视汽压、水位、水温、油位、油温、油压、炉膛内火焰的情况及排烟的颜色，并经常检查各部件和系统是否工作正常。日常的维护管理主要包括：锅炉水位控制、汽压和汽温的监视和调节、燃烧质量控制、炉水处理、锅炉附件的维护、锅炉的排污、防止受热面积灰和低温腐蚀等。

1. 锅炉的水位控制

锅炉水位的控制极为重要，锅炉水位的变化会使汽压和汽温产生波动，甚至发生满水和失水事故。对于船舶辅锅炉，绝对不允许干烧，废气锅炉在正常条件下一般也不允许干烧。锅炉给水泵应保持良好的工作状态，给水管路的阀门特别是止回阀应定期研磨，使其能够关闭紧密、无漏泄。给水管路止回阀漏泄可以通过触摸给水管路的方法进行判断，如果给水管路的温度很高，且越接近锅炉温度越高，则说明止回阀漏泄。水位计应经常冲洗，一般每4h冲洗一次。在运行中的锅炉水位必须经常保持在水位计的中间位置，最高水位不可超过水位计的3/4，最低水位不得低于水位计的1/4。对于周期性无人值班船舶，至少每天冲洗水位计一次。通过冲洗水位计判断锅炉是"轻微缺水"还是"严重缺水"，如果锅炉属于"严重缺水"，应立即停止锅炉燃烧，严禁向锅炉补水。如果强行补水，由于温差过大，会产生巨大的热应力。如果锅筒或炉胆被烧红，大量的水会突然蒸发变成蒸汽，体积剧增，压力突然升高，会造成水冷壁爆管或汽包破裂，引起锅炉的爆炸事故。注意控制热水井的温度，避免由于水温过低引起过大的热应力。

如果锅炉处于高水位，则应降低锅炉负荷；若水位还不下降，需进行上排污，放掉部分炉水。在表面排污时，应注意锅炉水位，以防失水。

注意保持控制水泵的浮子或电极棒清洁，必要时应对浮子或电极棒进行清洗。两套供水设备应轮换使用，轮换时间不宜过长，以免备用的设备因长时间不用而损坏。

2. 蒸汽压力的监控

锅炉工作时，必须经常监视压力表的指示值，保持蒸汽压力稳定在正常范围内，不得超过最高允许工作压力。蒸汽压力超过上限值,锅炉应该自动停止燃烧,如果锅炉不能自动停止燃烧,应关闭主油路速闭阀熄火,并查明原因予以纠正。如果蒸汽压力超过安全阀的开启压力而安全阀未开,必须用手动强开机构开启;如果安全阀虽然自动开启,但蒸汽压力却降不下来,则应立即停炉。对于以上情况,应重新检查、调试安全阀,安全阀应每月进行一次手动强开试验。检查蒸汽分配箱上减压阀后的蒸汽压力,防止减压阀失效而损坏低压蒸汽设备。

锅炉在燃烧时,如果蒸汽压力始终低于工作压力下限值,很长时间达不到上限值,可根据锅炉补水情况大致判断是不是锅炉蒸发量过大。如果是,则应找出导致蒸发量过大的原因(是用汽量过大还是系统漏泄)。如果锅炉蒸发量基本正常,则可能是燃烧调节不当或系统供油量不足,需重新调整或检查供油管路。

保持蒸汽压力还与合理选择雾化片的喷孔直径和恰当比例的助燃空气有密切的关系。对于采用比例调节的自动锅炉,必须调整好风、油配比。

3. 燃烧质量控制

锅炉在运行中,必须注意火焰的颜色、火炬的形状、排烟的颜色等。燃烧良好时,火焰中心在炉膛中部,火焰均匀地充满炉膛但不触及四壁;火焰高低合适,不冲刷炉底,也不延伸到炉膛出口处;着火点距燃烧器出口处适中,以免烧毁喷油嘴和炉膛出口。一般火焰中心呈橙黄色,火焰尾部无黑烟,整个火焰轮廓清晰,外圈无雪片状火星,火焰以外烟气透明。如果炉内火焰发白、炉膛内极透明,烟色淡得几乎看不见,则表明空气量太多。如发现火焰呈暗红色,火焰伸长跳动并带有火星,炉内模糊不清,烟色加深以至浓黑,则表明空气量太少或燃油雾化不良,与空气混合不好。如果发现锅炉冒白烟,很可能是锅炉换热面漏泄所致。应经常检查锅炉的排烟颜色、因其与燃烧的好坏密切相关。在港口时尤其应引起轮机人员的重视,如果锅炉冒黑烟,可能会受到有关环保部门的处罚。

4. 燃油系统的管理

对燃烧设备和系统实施定期维护;注意保持燃油柜的油位和油温正常,定时开启油柜泄放阀,泄放沉淀的水和污渣;保持燃油系统的油压和油温在规定范围内,加热器应及时清洁;检查燃油滤器的压差,必要时及时清洗;及时清洁和维护喷油器,使之雾化良好,检查喷油器的位置和雾化角是否合适,以免在喷火口稳焰器和喷油器顶端结炭;风机及风道应及时清洁,风门调节机构定期注油保持活络。此外,为了提高燃烧效率,尽可能降低空气过剩系数,并保证空气与油雾充分混合,以利于节约燃料。

燃油特别是轻柴油在使用中有一定的危险性。所以,应该很好地了解燃油的性能,慎重使用。燃油在燃烧时,先蒸发成气态,随后与空气混合,点火燃烧。如果对燃油预热,其加热温度不能超过闪点;否则容易引起自燃。

燃油使用时的注意事项如下。

(1)因燃油是液体,容易从管子、泵、油柜等微小的缝隙中漏泄出来。对于漏泄处,可以用漆、石墨和甘油的调和物涂塞,达到止漏目的。

漏出的燃油会蒸发成气态,并与空气混合,当浓度达到1.2%~6.0%时,由于火花等原因,点火会引起爆炸。

(2)在开式油柜或其他开式容器里,燃油的加热温度不得高于闪点,否则会发生危险。因此,燃油的加热温度值应严格控制比闪点低4℃。

(3)溢出的油滴等必须及时擦掉;否则油滴会蒸发成气态,有引起爆炸的危险。

（4）含油的清洁布、棉纱等物不得乱放，应放在密闭的箱内保存，否则也会引起事故。船舶辅锅炉油柜必须定期测量记录其消耗量，适时地驳运。

5. 锅炉低温腐蚀的防止措施

锅炉的低温腐蚀是指在烟气温度较低区域（约500℃以下）的受热面烟气侧的一种腐蚀。低温腐蚀是因为受热面的壁温低于烟气中硫酸蒸汽的露点，管壁上结有酸露而引起的，常发生在空气预热器的空气进口端和给水温度低的经济器中，也会发生在蒸发受热面的末端。

燃油中含有硫燃烧后形成的SO_2，其中一部分进一步氧化成SO_3，SO_3和烟气中的蒸汽结合成硫酸蒸汽。烟气中硫酸蒸汽的露点称为酸露点，它远高于烟气中蒸汽的露点。烟气中硫酸蒸汽含量高，酸露点就高。这样，当受热面壁温低于酸露点时，就会在管壁上凝结形成酸露，使管壁腐蚀。有数据表明，当壁温比酸露点低20～40℃时，酸凝结得最快，腐蚀最强；以后随壁温下降，腐蚀速度放慢；当壁温达到烟气中蒸汽的露点时（大约60℃），由于大量蒸汽的凝结，硫酸浓度达到腐蚀性最强的40%～50%范围，烟气中大量SO_2直接溶解在水膜中形成亚硫酸溶液，腐蚀速度再次急剧加快。

可以采取如下的措施预防低温腐蚀。

（1）对装有空气预热器的锅炉，可以采用装设空气再循环管道的方法来提高空气入口温度，即让一部分热空气与冷空气混合后，再送入空气预热器，以提高管壁温度使之不低于蒸汽露点温度。也可以采用旁通烟道或旁通空气道的方法，当锅炉点火升汽或处于低负荷运行时，将烟气或空气旁通，不经过空气预热器。

（2）改善燃烧。采用低空气过剩系数的燃烧方式，它能减少SO_2的进一步氧化，从而减少硫酸的生成，有效地降低酸露点。当$\alpha=1.15\sim1.2$时，烟气中SO_2的浓度为15～25ppm，酸露点为150～180℃；当$\alpha=1.1$时，酸露点约为130℃；当$\alpha=1.01\sim1.02$时，烟气中SO_2的浓度为4～8ppm，酸露点为60℃。良好的燃烧还能使生成的SO_3在离开炉膛前尽量分解。

（3）要及时进行吹灰，经常保持受热面的清洁，尽量减少其对生成硫酸的催化作用。在停炉检修时，要清除受热面上的铁锈和积灰。

（4）选用低硫油。根据国际海事组织发布的公约要求，自2020年，燃油含硫量不高于0.5%，而排放控制区域规定硫含量不高于0.1%，随着低硫燃油的使用，必将减少低温腐蚀。

6. 其他方面

在锅炉运行中，还要注意以下方面：维持自动控制及保护装置处于正常状态，电气元件尽量不受潮，以免烧坏；各种保护装置必须经常检查；火焰感受元件、水位感受元件及点火电极棒须经常清洁，以免产生故障；定期对炉水进行化验，并进行投药处理；经常进行上、下排污；查看凝水观察柜是否有油；防止锅炉受热面积灰。

三、船舶锅炉的停炉保养

锅炉运行时靠热力除氧和化学除氧，水中含氧很少，若保持炉水碱度合适，则钢铁的锈蚀甚微。然而，放完水的锅炉经过一昼夜就会生锈。钢铁在空气中的锈蚀是因为相对湿度较高表面出现薄膜（受表面粗糙度和脏污程度影响很大），空气中的氧和其他腐蚀性气体、氯离子等溶入液体而产生。相对湿度小于30%通常不会产生锈蚀，相对湿度大于70%，钢铁表面会出现薄的液膜，容易腐蚀。相对湿度大于80%时，钢铁粗糙表面可产生厚度小于0.1mm的液膜。湿空气接近饱和时，即使光滑的钢铁表面也能形成可察觉的液膜。因此，锅炉停用时必须视情况采用适当的保养方法。

1. 减压保养法

减压保养法适用于停炉期限不超过一周的船舶锅炉。减压保养时保持锅炉的余压在 0.01～0.1MPa 之间，炉水温度稍高于 100℃，炉水中不含有氧气。由于锅炉内的压力高于周围环境的压力，故可以阻止外界空气进入。为了保持炉水的温度，可以定期在炉膛内生微火、间断点火或利用相邻锅炉的蒸汽加热炉水。

减压保养前应加水至最高工作水位，以免因锅炉内水冷却收缩而看不到水位。压力降低后，炉水中悬浮杂质和泥渣会沉淀，应进行下排污。排污后化验炉水，视需要加入水处理药剂。减压保养期间通过间断点火来保持炉内低蒸汽压力时，如果点火次数过于频繁，可以将蒸汽压力适当提高，但升压最多至工作蒸汽压力下限即熄火。若升压过高，熄火后可能因炉膛散热而使蒸汽压力继续升高顶开安全阀。

2. 满水保养法

满水保养法适用于短期（1～3 个月）停用的船舶锅炉。满水保养法就是将锅炉的汽水空间全部充满不含氧的碱性水，以防腐蚀。它的操作要点是彻底排除锅炉中的空气和使炉水保持合适的碱度，使 pH 值在 9.5～10.5 之间。

满水保养时，先打开锅炉上的空气阀，向锅炉泵送加了碱性药物的蒸馏水或凝结水。水加满前点燃一个燃烧器，将炉水加热至沸腾，使水中的药剂混合均匀，并且尽量减少溶解的氧气，同时利用产生的蒸汽将锅炉中的空气从空气阀驱除。待空气阀连续冒出蒸汽时熄火，用给水泵将水加满，然后关闭空气阀，在锅炉中建立 0.3～0.5MPa 的压力。炉水冷却后，压力可降低至 0.18～0.35MPa，能保证空气不漏入锅筒内。

碱性药物可采用氢氧化钠和碳酸钠，保持碱度为 300mg/L，相当于 7.5mmol/L。水垢已经清除时也可用磷酸钠。否则它将与水垢反应使磷酸根离子的含量下降，并使炉水中充满悬浮的泥渣。炉水中磷酸根离子的含量应保持 100～200mg/L 之间。

如果满水保养已超过 1 个月，但需继续保养，必须放掉部分水再加热除氧，然后化验炉中碱度和磷酸根离子的含量，决定补水时是否需要加药。

当锅炉需要恢复使用时，必须放空碱性炉水，用淡水冲洗，然后按照要求投入使用。

3. 干燥保养法

如果锅炉停用时间较长或需要内部检修，或环境温度可能降至冰点以下，则应采用干燥保养法。干燥保养法的要点是保持锅炉的内部干燥，防止潮气造成锅炉腐蚀。经验证明，干燥保养法对停用一年以内的锅炉防蚀是有效的。

采用干燥保养法应在锅炉蒸汽压力降至 0.3～0.5MPa（温度 140～160℃）时放空炉水；保持炉膛严密，防止冷空气进入使炉膛散热太快；然后打开锅筒上的人孔盖和联箱上的手孔盖，用余热（废气锅炉可用柴油机的排气）使锅炉内水分蒸干（相对湿度小于 30%），在关闭人孔盖和手孔盖之前，可以在锅筒内放置一盘燃烧的木炭，以耗尽封闭在锅炉内部的氧气。若停用时间长，则应在锅炉内放置干燥剂（如无水氯化钙 1kg/m^3）。有的干燥剂吸湿后对钢板有腐蚀作用，故应盛在开口容器内，不得与锅炉钢板直接接触。

也有使锅炉内部充满氮气或用专用腐蚀抑制剂的方法来保养停用的锅炉。其具体操作方法可以根据相关的说明书进行。

四、船舶锅炉炉水处理

定期对给水和炉水进行化验与处理，可显著减轻水垢的生成，防止发生腐蚀和汽、水共腾，有利于锅炉安全高效运行和延长使用年限。

1. 锅炉水质控制的主要项目

低压锅炉水质控制的主要项目包括硬度/碱度和含盐量。

（1）硬度。水的硬度即水中 Ca^{2+}、Mg^{2+} 的浓度，单位是 mmol/L。Ca^{2+}、Mg^{2+} 在水中常以碳酸盐、硫酸盐、硅酸盐或氢氧化镁等形式存在。它们的溶解度较小，水温升高溶解度还会降低。补给水进入锅炉后受热蒸发，可以浓缩 30～300 倍，钙镁的难溶化合物极易在受热面上浓缩而析出，形成水垢。水垢的危害包括以下三个。

1）导热系数很小，为钢铁的 1/30～1/50。受热面结垢后壁温急剧增加，钢铁每毫米厚壁温升高约 6℃，而水垢每毫米厚引起的壁温升高可达 65～85℃。结垢严重还会堵塞管子或堆积在下联箱中破坏水循环，更引起受热面壁温升高。温度过高会导致钢管蠕伸变形，甚至烧裂。

2）结垢后传热差会使锅炉排烟温度升高、效率降低、燃料耗量增加。锅炉受热面每结 1mm 厚的水垢，热效率可降低 5%以上。

3）水垢后，下炉水可浓缩上万倍，会促使电化学腐蚀作用加强，引起所谓"垢下腐蚀"。

为了减少水垢的生成，低压锅炉一般要求硬度不大于 0.04mmol/L。常用的方法是炉水中加入正磷酸钠（$Na_3PO_4 \cdot 12H_2O$，也称磷酸三钠）或磷酸二钠（$Na_2PO_4 \cdot 12H_2O$），它们在水中离解后生成的磷酸根与 Ca^{2+}、Mg^{2+} 结合生成分散的胶状沉淀，当炉水 pH 值为 10～12，过剩 PO_4^{3-} 在要求范围内时，能生成松软而无附着性的泥渣，可通过下排污除去。因此现有的炉水处理方法只测量和控制水中过剩 PO_4^{3-} 的浓度，而不再直接控制硬度。

（2）碱度。水的碱度是水中 OH^-、CO_3^{2-}、HCO_3^-、PO_4^{3-} 的浓度（mmol/L）。炉水碱度应控制在适当的碱度范围内（pH 值为 10～12），有利于抑制电化学腐蚀。如炉水碱性不足，且溶有较多 O_2、CO_2、盐和 Cl^-，将会促进锅炉受热面发生电化学腐蚀。但是炉水的碱性太强，也会破坏金属表面氧化层保护膜，反而加剧腐蚀。在高碱度溶液和高应力的作用下，如果炉水中缺少硝酸盐、磷酸盐这些保护性盐类，则锅炉金属结晶之间会产生细微裂纹，称为苛性脆化。苛性脆化通常发生在铆钉接缝处，当锅炉由焊接代替铆接后，苛性脆化已很少见，偶尔在管口扩接处尚有发生。

锅炉水处理常用磷酸钠降低炉水硬度，同时提高炉水碱度。有时为了迅速提高碱度，也使用碳酸钠，它提高碱度的效果为 1kg 碳酸钠大约可抵 4kg 磷酸钠。万一投药不当使碱度太大，则需上排污并补充淡水，使碱度下降。

（3）含盐量。含盐量太高会引起汽、水共腾，恶化蒸汽品质，加剧管路设备腐蚀。海船炉水的含盐量以氯盐居多，故通常化验氯离子浓度来反映含盐量的多少，单位用 mg/L（NaCl）或 mg/L（Cl^-），1mg/L（NaCl）=0.606mg/L（Cl^-）。如果加入某些水处理药，如磷酸钠、硝酸钠（用于除 O_2）太多，Cl^- 浓度虽不增加，但含盐量会增大。当含盐量太大时，应该用上排污和加强补水的办法来降低。因此，限制补给水的含盐量也是非常重要的。

蒸发量较大、工作压力较高的锅炉应每天化验一次炉水，以便控制上述各项指标在要求的范围内。蒸发量小、工作压力较低的辅锅炉可 2～3 天化验一次。因为水中只要有足够的过剩

PO_4^{3-} 浓度就可以保证炉水的硬度和碱度合适。故现在有的炉水处理方法是，以测量和控制水中过剩 PO_4^{3-} 浓度来代替硬度和碱度的测量和控制。必要时也要化验港口或水舱的补给水。

投药的船舶，应在投药后 4h 取样。取炉水水样应通过冷却器。没有安装冷却器的船舶，取样时应使用干净的、可以减少炉水蒸发的器皿，以免影响水样的浓度。取样前，用炉水洗涤取样器皿 2～3 遍。取出水样后，应迅速装入玻璃瓶中，盖上瓶塞，冷却至 30～40℃后可以进行化验。2010 年实施的《船用辅锅炉水质要求》（GB/T 24947—2010）中规定的给水和炉水水质标准，可供在船舶水质控制中参考，准确指标应参照锅炉生产厂家及船舶公司的要求与规定，表 16-2 为蒸汽锅炉水质标准。

表 16-2 蒸汽锅炉水质标准

项目	给水			炉水		
额定压力/MPa	≤1.0	1.0～1.6	16～2.5	≤1.0	1.0～1.6	16～2.5
总硬度（以 Ca^{2+}、Mg^{2+}计）/（mg/L）	<1	<1	<1	—	—	—
总碱度（以 OH^-、CO_3^{2-} 计）/（mg/L）	—	—	—	≤450	≤350	≤350
盐度（C）/（mg/L）	≤10	≤10	≤10	≤600	≤600	≤600
pH 值（25℃）	7～9	7～9	7～9	10～12	10～12	10～12
悬浮物/（mg/L）	≤5	≤5	≤5	—	—	—
溶解氧/（mg/L）	≤0.1	≤0.1	≤0.05	—	—	—
溶解固形物/（mg/L）	—	—	—	<4000	<3000	<2500
含油量/（mg/L）	≤2	≤2	≤2	<20	<15	<15
含铁量/（mg/L）	≤0.3	≤0.3	≤0.3	—	—	—
亚硫酸盐（SO_3^{2-}）/（mg/L）	—	—	—	10～30	10～30	10～30
磷酸（PO_2^{2-}）/（mg/L）	—	—	—	10～30	10～30	10～30

2. 锅炉水质的测定方法

目前，船舶辅锅炉炉水化验的实际做法是大多数船舶采用化学药剂公司提供的简易方法进行，即每天取水样，待样品冷却后立即按照药剂公司提供的化验说明书的方法进行化验，并将结果记录在药剂公司提供的记录表上，然后按照结果进行相应的投药作业。这种药剂一般都具有控制锅炉水的碱度、硬度和泥渣等综合性能。因此，具体操作时十分简便。在实际操作中，请仔细阅读药剂公司提供的说明书，并按照其中的方法进行。

3. 锅炉水处理药剂

目前世界各船舶公司采用的控制标准、化验方法和处理药剂不尽相同，但大同小异。国外各化学品公司提供的船用低压锅炉水处理方法大多采用单一的混合药剂，主要成分亦多为磷酸钠，根据酚酞碱度决定投放量，可同时提高碱度、降低硬度、增加泥渣流动性而防止其生成二次水垢。我国海运公司采用磷酸三钠或磷酸二钠（后者在碱度已够时使用）为主要药剂，掺配栲胶使用。栲胶外观呈黄棕色，是粉状或块状的酸性天然有机物，可溶性、毒性很低，其主要成分是单宁（占 65%～70%）。单宁可吸附和凝聚炉水中 Ca^{2+}、Mg^{2+}，阻止炉水中 Ca^{2+}、Mg^{2+} 以水垢的形式沉析出来，使它们变成流动性好的泥渣而随下排污排出炉外。同时单宁在碱性介质中能吸附水中氧以及与过剩 PO_4^{3-} 一起组成中性保护膜,防止了金属表面的腐蚀。拷胶用量按下列要求投放:初次投放量为每吨水 80g;日常补给水投放量为每吨水 100g。

磷酸三钠的用量计算:凡新装炉水,按锅炉水容量吨数,每吨投药 0.5kg,投药运行 4h 以后,取水样化验碱度,并按下列公式进行调整:

$$G = V(A-B) \cdot K \qquad (16-8)$$

式中:G——磷酸三钠用量,g;V——锅炉工作水位的水容量,t;A——总碱度控制值,10 毫克当量/升;B——总碱度的实测值,毫克当量/升;K——磷酸三钠的当量系数,为127。

4. 锅炉汽、水共腾及处理

锅炉运行时,锅筒上部蒸发面会产生泡沫,泡沫层会因积累而不断加厚,当泡沫层达到某一高度时,锅炉内呈现出汽、水界面不分,水中带汽、汽中带水的状态,这种蒸汽携带大量水滴而使蒸汽品质显著恶化的现象称为汽、水共腾。汽、水共腾发生时一般会产生以下现象:水位计内的水面剧烈波动;上锅筒输出的饱和蒸汽的湿度与蒸汽含盐量均明显升高;可能引发蒸汽管道的水击事故,发出很大的敲击声。

(1)汽、水共腾的原因。汽、水共腾的原因:一是水质不良,即炉水中碱性物质、油污、盐分过高导致炉水起沫;二是供气量突增使气压下降过快,引起水位瞬间上升;三是水位过高;四是燃烧强度过大。

在沸腾状态下,纯净水的水面不会形成泡沫。水中起泡物质的浓度较高时,水面上会形成泡沫层。容易引起水面起泡的物质为有机物、微小粒径的渣和悬浮物、溶解固形物与碱性物质等。一般情况下,炉水水面的起泡大多是溶解固形物或碱性物质的浓度过高所致,而其他起泡物质的浓度不容易达到起泡的浓度。溶解固形物浓度升高,炉水的黏度就升高,炉水的表面张力增大,气泡不容易破裂,导致气泡层变厚。气泡破裂时飞溅出的水滴总量增多,且水滴群中能随蒸汽一起流动的最大直径的水滴的份额也增多,最终导致蒸汽携带水滴的总质量增多,引发汽、水共腾。

当锅炉超负荷运行时,锅筒内蒸汽湿度会呈高次方曲线的规律急剧增加,从而导致锅筒输出的饱和蒸汽湿度及饱和蒸汽含盐量急剧增加。

当汽、水共腾发生时,水位计中显示的水位高度实际是锅内水面与气泡层折合成液体水高度的总高度。由于气泡的产生与消亡是动态的,所以水位计中显示的水位高度就剧烈变化,造成水位计内的水位面剧烈波动。当汽、水共腾事故发生时,由于水面上泡沫层增厚,致使锅筒内的蒸汽空间高度降低,也导致锅筒内饱和蒸汽湿度急剧增高。

(2)汽、水共腾事故的处理。当发生了汽、水共腾,但未引发蒸汽管道水击事故时,应按以下的操作进行处理。

1)减小燃烧强度,降低锅炉的蒸发量。当锅炉蒸发量降低时,上升管内产生的气泡数量减少,则上锅筒内的气泡量减少。锅炉蒸发量降低后,减少了由于气泡破裂而飞溅出的水滴的量,可以降低锅炉内饱和蒸汽的湿度。锅炉蒸发量降低后,锅炉内蒸汽上升速度降低,则水滴的飞升直径变大,即蒸汽携带的水滴的数量减少。由此也可以降低饱和蒸汽的湿度。

2)停止向炉内加药。锅炉化学药剂多含有 Na^+、K^+ 或有机物,这些物质会使炉水表面泡沫的产生量增多。故当汽、水共腾事故发生时,应暂停向锅内加药,以减少水面泡沫的生成量。但对于消泡剂类的药剂,因其有助于减少炉水表面泡沫的生成,仍需继续加入锅炉内。

3）全开蒸汽管道上的手动疏水阀。此项操作的目的是将汇集于蒸汽管道内的水及时排出，防止由于管道内积水过多而引发蒸汽管道水击事故。

4）全开表面排污阀。此项操作是为了将上锅筒水面下能引起发泡的高浓度的物质，如溶解固形物、碱性物质等，以最快速度排出，使炉水水质迅速好转，以减少由于炉水的水质差而导致的泡沫产生量，消除发生汽、水共腾事故的根源。

5）缩短炉水水质监测的间隔时间。在锅炉正常运行时，炉水水质一般较稳定，炉水水质监测的时间间隔通常为 1～2d。当锅炉发生汽、水共腾时，由于完全开启了表面排污阀，炉水水质处于不稳定状态，此时需要及时判断炉水的水质是否达到合格标准。

6）冲洗水位计并校对锅筒上的两只水位计的水位是否相同。由于在汽、水共腾时，水面泡沫层内黏附了大量的浮渣、铁锈等固体杂质，这些固体杂质随泡沫流入水位计，沉积于水位计的连通管内，容易造成水位计的假水位。

五、船舶锅炉水垢的化学清洗

锅炉运行中即使注意保持水质良好，长时间运行后仍有可能结水垢，故应定期检查结垢情况。通常垢层厚度不大于 0.5mm 时不清洗；大于 0.5mm（有过热器）或大于 1mm（无过热器）且所占面积比例较大时应设法清除水垢，水垢厚度一般不应大于 4mm。清除锅炉水垢习惯称为"洗炉"。早先以人工用机械除垢，劳动强度大，现已很少采用，目前多用化学清洗法除垢。此外，新装和大修后的锅炉都需要清洗（碱煮），以除去金属水侧表面的油脂、焊渣和其他杂质。

1. 碱洗法

碱洗又称"碱煮"或"煮炉"，是用碱性溶液在高温下与垢层发生化学反应，使之成为松散或易溶的物质脱落；新装或大修后的锅炉必须碱煮，将金属表面的油脂皂化、灰尘（硅化合物等）清除，并生成磷酸铁和氧化铁钝化膜防蚀。碱煮无须让溶液强迫循环流动，不需要专用设备，安全并且较容易操作。

碱煮除垢特别适合以碳酸盐垢为主的低压小容量锅炉。碱溶液应根据水垢的成分按锅水容积来配制。若基本上是碳酸盐垢，可用氢氧化钠溶液（2～3kg/m³）和含结晶水的磷酸三钠溶液（下同）（20～30kg/m³）；若含硅酸盐垢，则需将氢氧化钠溶液浓度提高至 10～20kg/m³，磷酸三钠溶液浓度降至 5～10kg/m³，且提高清洗温度和延长清洗时间；若含硫酸钙垢，则可用碳酸钠溶液（10～20kg/m³）和磷酸三钠溶液（5～10kg/m³）。以上用药量皆是按 3mm 厚水垢计算的，垢层厚度有出入则酌情增减。为加快碱溶液与水垢化学反应的速度，碱煮应在较高的温度下进行。根据工作蒸汽压力不同，锅内蒸汽压力应达表压 0.5～2MPa（相应温度 158～214℃），全过程需 24～48h。

碱煮除垢的程序如下。

（1）为提高煮炉效果，减少药剂消耗，煮炉前用压力水冲洗除去泥渣、腐蚀产物和松软的水垢。

（2）将配制好的碱溶液充入锅炉至最高水位和中间水位之间。

（3）点火升压，额定蒸汽压力低于 0.78MPa 的锅炉维持 0.3～0.4MPa 蒸汽压力，额定蒸汽压力更高的锅炉维持 50%额定蒸汽压力。

（4）煮炉 10h（垢厚大于 3mm 可延至 16h），其间每隔 2h 用各下排污阀排污 1min，排除脱落的垢渣。当水位低至接近最低可见水位时，熄火泄压，补充药液恢复水位。降压与再点火升压的温度变化可加快垢层脱落。煮炉期间应每2h采水样化验溶液碱度和磷酸根离子浓度，控制碱度不小于50mmol/L，磷酸根离子浓度不小于200mg/L。

（5）再将蒸汽压力升至约为额定蒸汽压力的75%，继续煮炉10h（垢厚大于3mm可煮12~16h）。仍每隔2h用各下排污阀排污1min，测水样和熄火泄压、补药液。

（6）煮炉结束时熄火降压，大量下排污，当压力消失后放尽碱液。

碱煮只能使大部分水垢松脱而非溶解，故煮炉后必须用压力水彻底地冲洗清除脱落的垢渣，否则可能堵塞炉管和联箱。要注意不要使下排污阀因杂质残留导致漏泄。

对于新炉或大修后的锅炉，碱煮的溶液可加磷酸三钠（4~5kg/m³）；蒸汽压力升至工作压力后保压3~4h，开上排污阀排除油污和浮渣；重新补水煮炉2h，熄火后停5min再上排污排除残余的浮渣；然后开下排污阀排污；当蒸汽压力降至接近大气压力时开空气阀、人孔门，让锅炉冷至约100℃时用清水冲洗锅炉水侧，清除残余杂质。最后应重点检查和清洁下排污阀，沉淀的杂质容易聚集阀内导致漏泄。

2. 酸洗法

清除水垢最彻底的办法是酸洗。酸能与各种钙、镁盐（或氢氧化物）形成的水垢发生化学反应，使之变为可溶物质。酸能渗入水垢内层起溶解反应，因此除垢很快。此外，酸洗还能使铁、铜的腐蚀产物（氧化物）经化学反应变成可溶物质，有除锈作用。

酸洗前除应查明水垢的分布情况和确定其类别，必要时可进行水垢成分分析。低压锅炉以碳酸盐垢为主，一般用盐酸清洗；但有时除碳酸盐垢外也可能含有靠盐酸难溶的硅酸盐、硫酸盐垢，则应先碱煮使之转换为盐酸可溶的物质，并在盐酸中添加氢氟酸或氟化氢铵等助溶剂清洗。

盐酸能使金属表面的保护膜完全溶解，对金属有腐蚀作用，故酸洗溶液中必须添加缓蚀剂，这也不能保证对锅炉完全不腐蚀。锅炉在酸洗时的腐蚀速率会超过正常运行时的上千甚至上万倍，故防垢优于除垢，碱洗能满足要求则不酸洗。

《锅炉化学清洗规则》（TSG G5003—2008）规定，酸洗的间隔不得少于两年，并只在符合下列条件之一时锅炉才考虑酸洗。

（1）受热面被水垢覆盖80%以上，且平均水垢厚度不小于1mm（无过热器）或不小于0.5mm（有过热器）。

（2）锅炉受热面有严重锈蚀。钢铁锈蚀的产物是高价氧化铁，在锅炉运转中成为氧的提供源，每1kg氧化铁可提供300g氧，可使1.05kg钢铁腐蚀。

严重腐蚀的锅炉不能用盐酸清洗。这类锅炉往往有孔蚀甚至晶间腐蚀，Cl^-进入腐蚀孔和晶间很难洗出，会进一步造成严重的腐蚀，曾有过锅炉被"洗穿"的先例。这种情况可用醋酸、羟基醋酸加甲酸等弱酸清洗。酸洗技术较复杂，国家规定应经省级以上锅炉压力容器安全监察机构的不同等级的考核认可，才允许对相应压力等级的锅炉进行酸洗。

酸洗工艺分静态浸泡清洗、氮气鼓泡清洗和循环清洗。低压小容量蒸汽锅炉结垢以碳酸盐为主，用盐酸清洗时垢中产生大量CO_2，有使垢松散崩解的效果。静态浸泡清洗也能取得较高的除垢率，是最经济的酸洗工艺。高压（不小于7.8MPa）和中压锅炉的水垢中碳酸盐含量较低，静态浸泡清洗除垢率有时不足70%，用循环清洗除垢率则可达95%以上，但需采用专用的酸洗循环系统，费用较高。静态浸泡清洗加氮气鼓泡清洗有较好的冲击搅动作用，使除垢速度和除垢率较单纯静态浸泡清洗明显提高，可代替循环清洗以降低费用。若水垢以铁的氧化物为主（40%以上），则用氮气鼓泡清洗也难收到预期效果，应采用循环清洗。

酸洗前应在汽包内堵塞蒸汽引出管、仪表管等，以免酸雾侵入；拆除锅筒内有妨碍的设备；必要时可将人孔门、排污阀等临时更换以防腐蚀；还应装入与被洗金属材质相同的腐蚀指示片。酸洗前先用水冲净内部积垢，之后的主要工序包括以下三个。

（1）点火升温至 90℃以上，碱煮 8h，除油，并使不溶于一般酸的硅酸盐和硫酸钙垢转型。以碳酸盐垢为主的低压小容量锅炉此项可免。

（2）盐酸清洗。通常 4～6h 可完成，水垢较厚的接触酸液时间一般不超过 2h。此阶段严禁点火加热酸液，以防过热和爆炸。

（3）用碱液（药量与新炉碱煮相同，水温保持在 90～95℃之间）钝化处理 8h 以上。经过酸洗而未被钝化的钢铁表面可能在 1h 内出现锈迹。

上述每道工序后均需用水冲洗。

当垢层大于 3mm 时，崩落的垢片可能来不及溶解而堵塞水管、联箱，洗完应该用压力水冲洗，保证所有水管畅通。酸洗完毕后除观察判断除垢效果外，还应测量腐蚀指示片，求得的酸洗平均腐蚀速度应小于 $6g/(m^2 \cdot h)$，且腐蚀量不大于 $72g/m^2$。如果所选用的缓蚀剂无毒、无害，酸洗后的废液可在澄清、中和后排放。钝化效果应达到在 80%以上相对湿度的常温下至少 15 天无锈蚀。但如果较长时间不投入运行，尤其是暴露在高温、高湿、有盐雾的空气中，钝化膜将被破坏，锅炉难免腐蚀，应该用前述的干燥保养法或满水保养法防锈。

六、船舶辅锅炉的检验

1. 检验间隔期

主水管锅炉（包括再热锅炉）、重要用途的所有其他锅炉和工作压力超过 0.35MPa 或受热面积超过 $4.5m^2$ 的非重要用途锅炉（生活锅炉），其内部检验每 5 年内不少于 2 次，5 年内 2 次最大间隔期应不超过 3 年。主火管锅炉，在 10 年内锅炉内部检验每 5 年内不少于 2 次，最大间隔期应不超过 3 年。其后锅炉内部检验每年 1 次，可给予不超过 6 个月的锅炉内部检验展期。船舶的每次年度检验应对锅炉进行外部总体检查。检验由专职的验船师进行，但这项工作与使用管理有密切关系，所以轮机人员要熟悉。

2. 锅炉检验项目

锅炉的内部检验应包括锅炉、过热器、经济器和空气加热器及其相关的下列项目。

（1）鼓、板、管、牵条管，必要时可要求对其厚度进行测量以确定其安全工作压力。

（2）必要时，可要求对压力元件进行液压试验。

（3）锅炉、过热器和经济器的附件应拆开进行检验。

（4）安全阀在蒸汽压力下进行整定，其整定压力应不大于设计压力。但废气锅炉安全阀可由轮机长在海上进行整定，并将结果报告船级社。

（5）为强制循环锅炉或经济器服务的泵应拆开进行检验。

（6）燃油燃烧系统在工作情况下进行总体检验，燃油柜的阀和管及甲板控制机构和燃油泵到燃烧器间的油管，应进行总体检验。

（7）对于那些因结构原因不能直接对锅炉壳板、汽水鼓和联箱进行内部目视检验的，验船师在安全工作压力下凭借遥控、目视仪器、超声波等检验或用 1.25 倍工作压力的液压试验替代。

（8）仪表和自动化设备应进行检验和试验。

锅炉的外部检验应包括下列项目。

（1）锅炉底座、绝缘、附件、防撞防摇装置、管系、燃烧装置、安全保护装置包括应急切断装置等，确认其处于良好工作状态。

（2）安全阀在工作压力下进行校核。

3. 船舶锅炉的内部检验步骤

（1）内部检验前的准备。进入锅炉检查前，如果有其他并联的锅炉在使用，应隔断它连通其他锅炉的蒸汽管路和给水管路，用铁丝等将相关的截止阀绑住，并挂上告示牌，谨防误开造成严重人身事故。锅筒内有人工作时，锅筒外应有人照应。进入锅筒之前，一定要对内部进行充分的通风，以保证足够的空气。锅筒内不允许用明火照明，照明用工作灯的电压不应超过24V。禁止在锅筒内吸烟。带入的工具和物件要清点登记，并用小盒存放，出锅筒时要逐一核对。无关用品和易燃物不准带入锅筒内。进行锅筒内部检查时，汽水分离设备、给水管、排污管等内部附件如果妨碍检查，可以暂时拆卸。

（2）锅炉内部检验的主要内容。

1）水垢和水处理状况。当炉水处理良好时，金属表面仅附有一层薄而疏松的水垢，用钢丝刷就可刷掉。如果水垢厚度超过2mm，呈结晶状态，并牢牢地附在金属表面上，则说明炉水硬度太高，过剩磷酸根离子不足，钙、镁离子没有完全转变为泥渣。如果水垢厚而不紧密，是略带半透明的大晶粒，放在淡水中2~3h后极易破碎，则是易溶盐构成的，这是炉水含盐量过大所致，原因可能是排污不够或海水漏入给水系统。如果水垢坚硬光滑呈薄瓷片状，则说明炉水中含有硅盐，这种水垢的导热性很低，最危险。如果锅筒水位线附近壁上黏附有油污，则从油污区的宽度和油污层的厚度可以判断进入锅炉的油污量。如果油污量较多，应予以清洗，查明原因并解决。如果在锅筒水位线以上壁面黏附有泥渣，则说明炉水可能发生了汽、水共腾，应加强上排污，降低炉水的含盐量。若底部堆积泥渣很多，可能是下排污不足或下排污管布置不合理。

2）腐蚀与裂纹以及管子变形。检查锅炉内部的腐蚀和裂纹应在水垢未清除之前进行。因为有些腐蚀裂纹能够通过水垢的表面特征显示，除垢后反而不易觉察。如有细微的裂纹存在，水垢的颜色在该处会呈深红色或深褐色的条纹，而其余地方则为均匀的淡黄色。如果是局部腐蚀，那么腐蚀区域上的水垢由于含有氧化铁成分，也会变为局部的深色。如果腐蚀是处于活化阶段，则水垢呈褐色，轻轻一敲便掉下来，在水垢的下层有黑色氧化铁；如果水垢牢固地贴附在麻点上，颜色也较淡，则是已停止腐蚀的老麻点。

检查先从锅筒的蒸汽空间开始，蒸汽空间筒壁的腐蚀比较少见，容易腐蚀的是水位波动处的壁面。人孔和安装附件的孔口边缘的内侧最容易出现裂纹。补焊的地方也容易出现腐蚀和裂纹，应用手锤敲击检查。人孔盖及其横梁上的孔的变形一般是由于过度上紧螺母所致。注意检查锅筒封头弯角处以及给水管与锅筒连接处是否有裂纹。应特别注意腐蚀的深度和范围的大小，如发现深度较大，应测量其深度。对于管端，可用电灯照射和放大镜观察来确定有无腐蚀和裂纹。发现有裂纹的管子应更换。所有检查的结果应做记号并记录。

对于受热面管子，要检查是否有鼓包、变形和腐蚀麻点。管子的鼓包和变形可以从管外检查，腐蚀麻点可能发生在管子的内部和外部，所以除了从表面观察，还应通过锅筒管口处的腐蚀情况间接地判断管子内部的腐蚀。如果腐蚀麻点的深度达到管壁厚度的一半，就要考虑是否需要将这些管子切割一部分进行检查，以确定是否需要换管。受热面管子最容易损坏的是靠近炉膛的几排管子和水冷壁管子,这些管子的外部损坏可以在炉膛中观察到。管子变形的允许值为管子下垂量不超过管径的两倍,管距变化为25%~35%。还应检查管端扩接处有无漏泄,这可通过烟气侧有无盐渍来判断。如发现有漏泄,可以再次扩管。如果漏泄严重或再扩管仍无效,则需换管。

测量局部腐蚀麻点深度的方法常用的有以下两种。

1）压铅法。将软铅合金压入麻点内,用手锤敲平,然后取出测量其厚度。

2）金属浇铸法。将低熔点的金属（如焊锡）熔化后注入麻点中,凝固后取出,并测量其厚度。对于大面积的均匀腐蚀,可用测厚仪测定受热面现存的壁厚。锅筒、联箱等厚度普遍减薄超过原厚度10%时,应重新验算强度,必要时降压使用。如腐蚀减薄量不超过原厚度的30%（弯边处不超过20%）,可采用堆焊修补,但面积不允许超过2500cm^2,个别腐蚀凹坑最大直径不超过3倍厚度,相邻凹坑距离不小于120mm。减薄量超过上述规定也可焊补。所有焊补应采取相应的工艺预热工件或焊后保温,以防骤冷硬化,增加应力。

裂纹有表面裂纹和穿透裂纹两种。除了可从水垢的颜色间接地显示裂纹的位置,还可用下列两种方法判断是否有裂纹。

1）煤油白粉法。先用14%的硫酸溶液浸湿需要检查处,然后用煤油浸湿,待25min后擦干,再涂上白粉,如有裂纹,则煤油会透过白粉显示出裂纹的轮廓。

2）超声波探伤法。超声波探伤仪用来发现平行于锅筒表面的内在裂纹。因为裂纹对应力特别敏感,所以原则上不允许有裂纹存在。如发现仅是少数几处有裂纹且未穿透筒壁,征得验船师同意后可用补焊方法修理,焊补前应将原裂缝处铲除。若多处出现裂纹而且其深度又大,或裂纹发生在管板管孔间,则应考虑予以更换

4. 船舶锅炉蒸汽工作压力下的检验

蒸汽工作压力下的检验的目的是确定蒸汽、水是否漏泄以及安全装置是否可靠运行,包括以下项目。

（1）锅炉本体的焊缝、附件、人孔盖、手孔盖等与锅炉连接处不得有漏汽现象。

（2）船舶锅炉给水阀、主蒸汽阀等所有阀件或旋塞的启闭应灵活可靠。

（3）燃油、调风装置工作正常,燃油总管的速闭阀能可靠地快速关闭。

（4）水位表、排污装置工作正常。

（5）炉衣绝热完好,炉衣外表温度不应超过60℃。

（6）压力表、水位表工作正常,压力表应按规定定期校验,验船师应确认其有效性。

（7）锅炉安全装置的效用试验：极限低水位、点火故障、风压低等能自动停炉并发出声光报警。

（8）报警装置的效用试验：高水位（若有）、低水位、燃油低温、燃油压力低、高温（若有）、低压（若有）、高压等报警。

5. 船舶锅炉的临时检验

船舶锅炉在下列情况下应申请临时检验。

（1）船舶锅炉停用一年以上,需恢复使用。

（2）船舶锅炉在使用中发生重大事故,如缺水、过热、变形、裂纹等。

（3）锅炉舱失火,船舶锅炉移装、移位、重装或船舶失事后船用锅炉浸水等。

（4）船舶锅炉增加或减少重要设备或改变船用锅炉性能。

（5）船舶锅炉改变燃烧方法。

（6）船舶锅炉原缺陷有明显发展。

6. 船舶锅炉的水压试验

（1）一般规定。当船舶锅炉新装船而原设计不能进行内部检验、重大修理后仅进行了部分内部检验、锅炉长期停用后重新启用时或验船师认为必要的情况下，需要进行锅炉的水压试验。水压试验的目的是检查锅炉本体的结合缝是否完好、焊缝有无缺陷、管子和管板的扩接是否完好等。进行水压试验前，验船师根据内部检验和修理情况决定是否全部或部分拆除炉衣、炉墙。水压试验尽可能在周围高于5℃时进行，低于5℃时注意防冻。水压试验的水应保持高于周围露点的温度，以防锅炉表面结露难于检查，水温一般以30~70℃为宜。船舶锅炉整体水压试验至少应装有两个经校验合格的压力表，确认连接管路畅通及阀门处于开启位置，避免压力指示不准而造成超压。水压试验压力为1.25倍锅炉设计压力，如锅炉损坏经过重大修理后进行水压试验，试验压力为1.5倍锅炉设计压力。

（2）水压试验的程序：

1）关闭主蒸汽阀、所有排污阀和泄放阀，安全阀要用专用夹具（不能靠压紧安全阀弹簧）锁紧，取下所有不能承受试验压力的零件和仪表。将相关的出口阀锁紧和闷堵，确认没有工具和物料遗留在炉内。

2）打开空气阀，向锅筒内充水，确认排污阀和泄放阀无泄漏。空气阀溢水后关闭。

3）开启压水泵缓慢升压，压力升高速度不超过0.25MPa/min，达到工作压力后，进行各项检查。必须有专人监视压力表读数，防止超压。

4）确认在工作压力下各项目正常、无渗漏后，继续升压至1.25（1.5）倍的工作压力，至少维持20min，然后降压并保持在工作压力下进行全面检查，试验完毕后缓慢降压。

5）试验中发现炉内有异常响声或损坏时，立即停止试验，查明原因并消除故障后再试验。

6）若在试验中没有发现裂纹、永久变形或者泄漏，则认为水压试验合格。

七、炉膛墙面耐火砖的维修

炉墙表面与火焰接触的耐火层通常采用耐火砖。耐火砖之间有一定的接缝，在锅炉正常工作时可以受热膨胀，这个接缝绝不能堵死。但是在工作过程中，由于多种因素也会导致耐火砖出现额外的裂缝。这些裂缝是否需要修理，需要根据具体情况判定：如果锅炉工作时裂缝能够完全闭合，就不需要修理；不能完全闭合，就需要修理。对于小面积的临时维修，可以用耐火水泥进行填充修理。修理后的耐久性与位置有关，越靠近高温处，耐久时间就越短。对于垂直位置的临时修理，在允许的情况下，可以开设燕尾槽后填充耐火水泥进行修理，如图16-32所示为垂直位置耐火砖的维修，这样可以使耐火水泥与原来的耐火砖贴合更牢固。

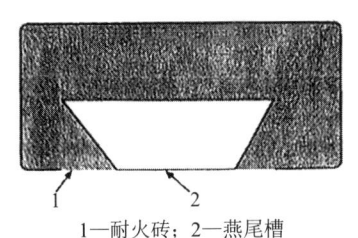

1—耐火砖；2—燕尾槽

图16-32 垂直位置耐火砖的维修

第六节　热油锅炉及热供热系统

一、热油锅炉的特点

热油锅炉也称有机热载体锅炉，它将燃料燃烧产生的热能传递给有机热载体，有机热载体被加热到一定温度后泵入用热设备，释放热量后的有机热载体再返回锅炉重新被加热，循环往复向外界供热。热油锅炉供热系统具有以下特点。

（1）在常压下热油的初馏点比水的蒸发温度要高得多，在320℃下仍不汽化并保持常压，而此温度的饱和蒸汽的压力已高达11.29MPa。因此热油锅炉的工作压力一般不高于1MPa，能以低压的供热系统取代高压的供热系统，可以降低设备和管道的投资，容易保证运行的安全性和可靠性。

（2）热油传热均匀，导热系数较高。在100℃时，饱和蒸汽的导热系数为0.0237W/（m·K），热油的导热系数为0.09W/（m·K），是蒸汽的3.8倍。

（3）热油的热稳定性好，对普通碳钢设备和管道基本上无腐蚀作用，不需要采取类似蒸汽系统的给水软化脱盐、除氧等复杂的处理过程，因此容易管理。

（4）液相循环供热，无须汽水分离和冷凝设备，无冷凝热损失，供热系统热效率较高。

（5）容易实现精确的温度控制。

二、热油锅炉供热系统

1. 系统的组成及工作过程

图16-33为某船热油锅炉供热系统原理。

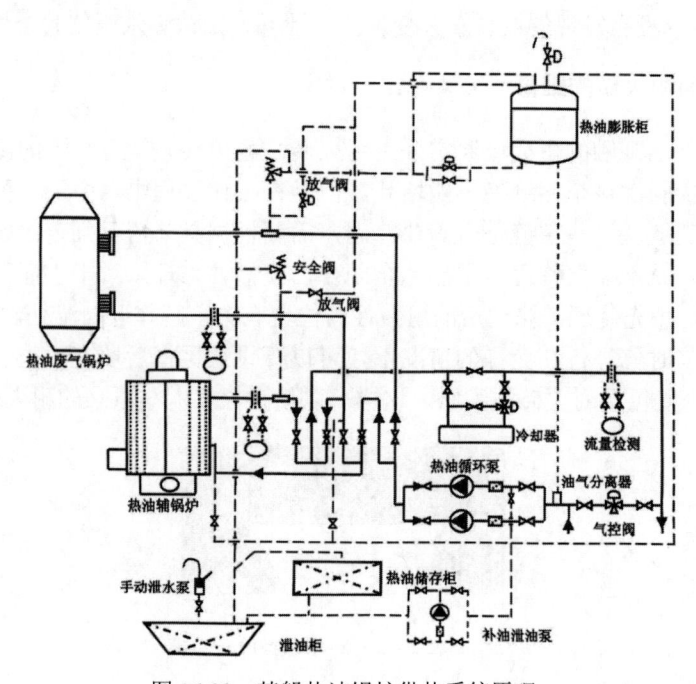

图16-33　某船热油锅炉供热系统原理

热油循环泵排出的油液经过单向阀后首先进入热油废气锅炉的上部，从其下部流出后进入热油辅锅炉的下部，再由其上部流出，然后进入用热设备，热油在用热设备处释放热量后返回到热油循环泵。在辅锅炉和废气锅炉中，热油和烟气的流动方向为逆流，这样有利于传热。热油首先吸收主机废气的热量，如果废热不能满足要求，辅锅炉将自动点燃。如果废气锅炉或辅锅炉出现故障，可以通过开关相应的阀门将出现故障的设备从系统中隔离。

由于热油锅炉进油口紧邻着热油循环泵出油口，所以锅炉本体是整个循环系统压力最高的区段，而用热设备的工作压力较低。系统中的回油是经过热油循环泵吸入加压后才被送进锅炉中加热升温的，所以热油循环泵的工作温度较低。油气分离器布置在循环回路中压力最低区域，并通过膨胀管与高位膨胀柜连通。过滤器紧接在热油循环泵入口处，以便滤去热油在高温下形成的聚合物和残渣。

2. 系统装置

（1）热油膨胀柜。热油膨胀柜（简称膨胀柜）主要作用是容纳热载体受热后引起的膨胀量，防止系统超压；补充系统中的热载体；在新油装入系统后，在升温过程中排除锅炉和系统中气体；向锅炉及系统中注油；在突然停电时，膨胀柜中的冷介质可以置换锅炉中的热介质，防止锅炉过热；置于高位，可以保证热油循环泵的吸入压头。

膨胀柜有开式和闭式的两种，均应装一只液位计。开式膨胀柜可不装安全阀；但与系统可以隔断时，应在系统上设安全阀。闭式膨胀柜应安装安全阀，如与系统可以隔断，则在系统和膨胀柜上均应装安全阀。闭式膨胀柜还应安装压力表。

膨胀柜必须具有足够的容积才能容纳热载体的膨胀量。一般要求膨胀柜的调节容积应不小于锅炉和系统中热载体在工作温度下因受热膨胀所增加容积的 1.3 倍。膨胀柜一般不得安装在热油锅炉的正上方，膨胀柜的底部与热油锅炉顶部的垂直距离应不小于 1.5m。膨胀柜应设有遥控的速开阀，发生应急情况时可以通过速开阀将柜内的热油释放到泄油柜。为防止热油高温氧化，膨胀柜内的热油的温度不得超过 70℃。系统与膨胀柜连接的膨胀管应尽量不用弯头，必须转弯时弯曲角度不宜小于 120°。膨胀管上不得安装阀门且不得有伸缩部分。

（2）热油储存柜和补油泄油柜。储存柜容积应该至少为系统中热油容积的 40%，补油泄油柜的容积应至少足够容纳系统中可以隔断部分的最大容积。热油储存柜和补油泄油柜均应设置手动的泄水泵，便于泄放油柜底部的水分。

（3）热油循环泵。该泵流量不足会导致系统释放热量不足，还会导致热油在管内油膜加厚，致使热油过热结焦和早期老化，甚至发生爆管事故。油泵启动阶段的升温速度以 50℃/h 为宜。

（4）过滤器。滤去热油在高温运行下形成的聚合物和残渣。

（5）油气分离器。油气分离器安装在用热设备的回油管路上，膨胀管路连接在油气分离器的底部并通向膨胀柜。系统升温过程中热油的膨胀量可以通过膨胀管进入膨胀柜。系统运行中的油气也可以通过该管路进入膨胀柜。

3. 系统的控制

（1）安全阀。安全阀的出口通过管路和泄油柜相通，开启压力设定为 1.0MPa。

（2）温度控制器。温度控制器的温度检测器安装在辅锅炉的热油进口和出口，出口温度作为温度控制器的控制输入脉冲。通过热油进口温度检测器也可显示进口热油温度。系统还设置一个超温控制器，其设定温度为热油最大允许工作温度 250℃。

（3）流量控制器。流量控制器的检测装置分别安装在热油废气锅炉和辅锅炉的热油出口管路。检测装置检测通过一个节流口的压差，在100%的流量下，压差为0.035MPa，如果压差下降到0.025MPa，热油辅锅炉将停止燃烧并发出警报。热油缓慢升温至150℃左右时，检测节流口压差可超过0.025MPa。

（4）溢流控制装置。溢流控制装置由流量检测器、气控三通阀和截止阀组成。

（5）油位浮子开关。膨胀柜上装有油位浮子开关，当膨胀柜内的油位下降到最低的控制位置时，油位浮子将发出警报信号，热油辅锅炉和循环泵停止运行。当膨胀柜内的油位恢复正常后，油位浮子开关才能复位。油位浮子开关设有试验按钮。

三、热油的选用

热油的选用首先要考虑工作温度要求及热油的最高使用温度，热油严禁超温使用，并且所选择的热油允许最高使用温度应比供热温度高10~15℃。选择热油时，还应考虑热油的性能特性指标，如密度、黏度、闪点、酸值、残炭、比热容、导热系数、馏分、水分和最高温度下的蒸气压。

对热油的要求包括：无毒，无臭，无污染，无任何毒性，无致癌物，无难闻气味；挥发性小，安全可靠，闪点在200℃左右，自燃点在500℃以上；酸度低，pH值接近7，对设备无腐蚀性；热稳定性好，抗氧化性强，在不高于最高使用温度下使用，其热分解速度极慢。年添加量仅5%左右。

第七节　船舶废气锅炉的管理

一、典型废气锅炉系统

废气锅炉是船舶使用较早且成功利用主机排烟废热进行能量回收的设备。废气锅炉蒸汽系统可设计成不同的形式：单供汽压力或双供汽压力；带给水预热器或不带给水预热器；单一的废气锅炉或废气锅炉与燃油锅炉组成混合式锅炉等。由于二冲程超长行程柴油机热效率高达55%，使排烟温度下降。目前大型低速机在额定负荷下增压器后的排气温度为240~270℃，降低负荷运转时将会更低些，因此可利用的排气余热减少，在废气锅炉产生的饱和蒸汽不能满足船舶加热系统的需要时，燃油辅锅炉可作为补充。

MANB&W公司推出两种典型的废气锅炉系统。其一为标准废气锅炉系统，如图16-34所示。该系统用于产生饱和蒸汽，供加热使用。废气锅炉由单一的蒸发器组成，是简单的单压蒸汽系统。给水直接泵送到燃油锅炉，废气锅炉与燃油辅锅炉之间有循环水泵并共用一个汽鼓。也可各自采用单独汽鼓，则一个锅炉故障时另外一个锅炉仍可运转。该系统组成简单，投资成本低，能够完全满足船舶加热所需蒸汽量的要求，因而得到广泛应用。其二为带透平发电机的废气锅炉系统，如图16-35所示。该废气锅炉系统更先进些，它是带有给水预热器、蒸发器和过热器的单压蒸汽系统。其蒸汽除了用于加热，还可以用于驱动透平发电机，系统中燃油辅锅炉的汽鼓一般也作为共用汽鼓。废气锅炉可独立工作，也可与燃油锅炉同时工作。燃油锅炉不管是否投入工作，其汽水空间始终供废气锅炉使用。给水经热交换器供入燃油锅炉，再由经济器循环泵供入废气锅炉经济器，与废气逆流换热后回到燃油锅炉水空间，再由经济器循环泵供入废气锅炉蒸发器，与废气顺流换热后回到燃油锅炉汽空间进行汽、水分离后产生饱和蒸汽。此饱和蒸汽一部分供用汽设备使用后回到热水井；另一部分供入过热器，与废气逆流换热后产生压力更高的过热蒸汽，用来驱动透平发电机，然后经冷凝器冷凝后回到热水井。该系统能产生两种不同压力的蒸汽，故也称为双压力系统。可以看出这种系统的废热利用率更高，符合低碳绿色环保的潮流。

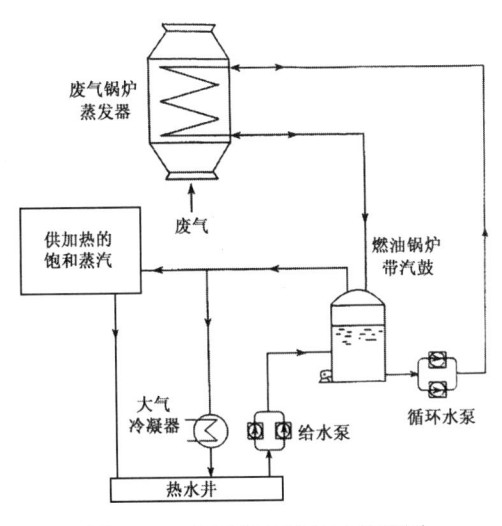

图 16-34　标准废气锅炉系统简图 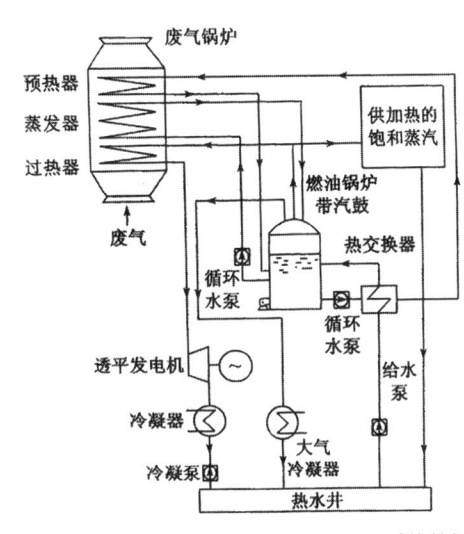　　图 16-35　带透平发电机的废气锅炉系统简图

二、废气锅炉烟灰积垢与着火的分析及预防

燃油不完全燃烧生成的炭粒极易附着在受热面上，燃烧不良时可能占积灰的 80%～90%。此外，燃油含有 0.3% 左右的灰分，其中含有硫、钒、钠，它们的化合物熔点很低，会在高温受热面的烟气侧形成积灰；当燃油灰分含钙时，燃烧后生成的氧化钙与二氧化碳作用成为硫酸钙，形成的灰渣很牢固。受热面有酸露时，管壁湿润更易沾灰。

船舶对节能和降低营运成本的要求，导致船舶主机燃用更加劣质的燃油，并用废气锅炉作为最简单常用的废热回收装置。一方面，柴油机追求更低的油耗和更高的热效率，因此，柴油机的排烟温度进一步降低，而加热蒸汽需求量的加大要求必须设法提高废气锅炉的换热量，即进一步加大换热面积，降低烟气流速；另一方面，随着石油的进一步精炼，渣油中的沥青、残碳、硫分等杂质进一步增多，所有这些都使废气锅炉的积灰有增加趋势。如管理不善，将会导致废气锅炉发生着火事故。

废气锅炉着火原因要从燃烧三要素进行分析，即可燃物、氧气和火源。废气锅炉分为烟管废气锅炉与水管废气锅炉，烟管废气锅炉一般采用直立烟管，管内径为 30～100mm，通常这类锅炉烟气流速较高，使其具有较大的换热量和自清洁能力。尽管烟管也有可能被积灰堵塞，也需要定期清洗，但烟管外被水包围，这类废气锅炉只要保证正常水位，一般不会着火。然而水管废气锅炉积灰着火的可能性就较大。

1. 积灰形成与废气锅炉着火

（1）积灰的形成。烟气积灰的形成主要与三个方面因素有关：烟气流速、烟气温度、烟气成分。柴油机排烟带走的废热占燃料燃烧热值的 1/5～1/4，现代大型柴油机效率不断提高，对排气背压有较严格的要求，一般不高于 350mm 水柱，在设计阶段都不高于 300mm 水柱，而排烟在废气锅炉中的压降只能是全部压降中的一部分。为防止排气背压过高，一般取烟气流速不大于 35m/s。为增加换热量，近些年水管废气锅炉均采用肋片管、针形管增加换热面积，但同时增加了积灰的可能。

1）烟气流速的影响。由于锅炉排气速度低时，自清洁能力差，积灰比较容易沉积在换热面上。实践证明，所有排烟速度小于 10m/s 的废气锅炉均有积灰着火的危险，而流速大于 20m/s 的废气锅炉积灰着火的可能性大大减少。

2）烟气温度的影响。随着柴油机效率的提高，增压器后的排气温度降为 240~270℃，而在提高废气锅炉换热量的同时，烟气加热炉水后排出废气锅炉的温度也进一步减低。图 16-36 为某类型废气锅炉的 T-Q 图，即在某排烟温度下，如 250℃时，烟气排出废气锅炉的温度与换热量之间的关系曲线。

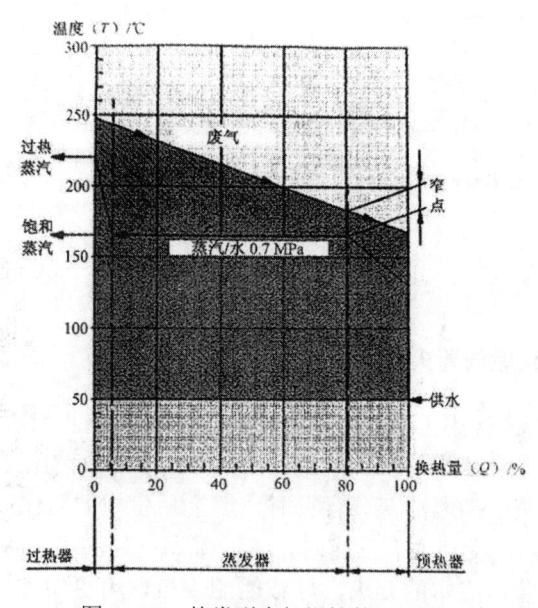

图 16-36 某类型废气锅炉的 T-Q 图

废气锅炉窄点是废气与饱和蒸汽之间的最小温度差，即废气离开蒸发器时的温度和饱和蒸汽之间的温度差。窄点是用来表示废气锅炉利用效率的一个参数。当废气锅炉窄点由 15℃ 变为 10℃和 5℃时，蒸汽量分别增加 5%和 10%，而废气锅炉受热面积分别增加 41%和 130%，因此造成废气流动压力损失增大，在压降限制的废气锅炉中适当降低烟气流速，而低废气流速对形成烟垢有特别明显的影响。

烟气离开废气锅炉时的温度取决于柴油机的排气温度，也与废气锅炉设计与工作时的窄点有很大关系。烟气中的灰分能否沉积到换热面上，除与其速度有关外，还与其黏性有关，如排气温度较低，特别是达到酸露点时，烟灰比较黏，容易沉积；相反，当温度较高时，烟灰处于较干的状态，不太容易黏结在一起，所以，比较容易被吹出炉体。

3）烟气成分的影响。烟气成分与积灰形成有很大关系，如果柴油机燃烧优质柴油，且燃烧充分，则烟气中能够产生沉积的灰分就很少；反之，现代船舶柴油机燃用劣质燃油，使烟气中含有相对较多的硫、钒、钠等灰分。加之机动航行时由于燃烧不充分，部分未完全燃烧的燃油、气缸油随排烟排走。而在燃烧不充分时的低负荷情况下，排气速度也较低、排气温度低，因而加剧积灰的形成。有试验表明，肋片管式废气锅炉的积灰中，有70%为可燃成分。烟气中未燃烧的碳氢化合物，大型柴油机可达300ppm，且与燃油喷射系统的维护管理、燃油种类、气缸油的供给量有很大关系。

（2）烟气中的氧含量。提高柴油机效率方法中最直接有效的方法就是改善燃油燃烧，而为能使燃油充分燃烧，一方面是提高雾化质量，另一方面是提高空气过剩系数。因而，柴油机排烟中是含有相当比例的氧气的，而这些氧气足够为积灰着火助燃所用。典型柴油机排放气体中氧气含量高达14%。

（3）着火温度的形成。锅炉积灰着火可能分为2~3个阶段，锅炉积灰的着火通常为有限的着火，在极端情况下可能发展为高温火焰。

1）积灰的点燃。积灰的点燃产生于有足够的氧气，可燃积灰暴露在足够高的温度下并产生可燃蒸汽，可能被火花或火焰点燃。积灰点燃温度可能在300~400℃之间，当积灰中存在未完全燃烧的燃油时，点燃温度可能降低到150℃，在极端情况下可能达到120℃，甚至在主机停车以后，因为废气锅炉中有燃烧的颗粒，都有可能发生着火。

2）积灰的轻微着火。积灰的轻微着火基本发生在低负荷下的机动航行阶段，着火产生的热量可被循环的炉水或蒸汽带走，一般不会发生重大损害，但应密切注意。

3）高温着火。在某些条件下，轻微着火可能发展为大火。一旦积灰烧起来后，废气锅炉不能将燃烧热量及时排除，当温度达到650℃时，大量可燃成分燃烧。当温度达到1000℃时，漏入的蒸汽可能分解为氢和氧，并产生"氢燃"，在此情况下，局部温度会进一步升高到1100℃，而使换热面中的铁发生燃烧，称为"金属燃"，直至全部受热面烧毁。

2. 避免废气锅炉积灰着火的对策

废气锅炉积灰着火有设计原因和管理原因，因此应从设计和管理两方面避免积灰着火。

（1）设计上的对策。

1）烟气流速的设计。可知，保持烟气速度在20m/s左右对减少积灰形成至关重要，因而在设计时要保证排烟在废气锅炉段有足够的压降，尽量减少排烟在废气锅炉以外管段的压降。例如，300mmH$_2$O的主机排烟压降，废气锅炉至少应占有150mmH$_2$O的压降，只有这样，才能保证排烟在废气锅炉中的流速。不可为提高换热量过分增加换热面积而降低烟气流速。很多船舶废气锅炉会依据冬季可能会遇到的低温进行设计，而对于全球航行的船舶，要充分考虑极限气温的概率，如果时间很短，则宁可选用换热面积小一点的废气锅炉。

另外，在废气锅炉烟气进口段应设计成烟气能够较均匀进入废气锅炉的流畅形状，防止出现局部烟气流速较低和积灰增加的情况。

2）烟气排出废气锅炉温度的设计。烟气温度直接影响积灰的干度和黏性，正常情况下，烟气排出废气锅炉的温度，应高于蒸汽饱和温度15℃以上，最好能达到20℃，烟气在废气锅炉出口温度应不低于165℃，否则可能出现硫酸凝结增加。因此，在尽量提高废热利用率的同时，要充分考虑换热面积灰问题，即烟气排出废气锅炉温度不可过低。

3）关于使用烟气旁通的设计。早期的废气锅炉，有很多采用烟气旁通法作为调节废气锅炉蒸发量的方法之一，在船舶蒸汽耗量较少时，为防止锅炉工作压力过高，采用将部分主机排烟旁通的方法。这种方法的危害是导致废气锅炉内烟气流速和温度降低，增加烟灰的沉积，因而现代船舶几乎不采用这种方法调节废气锅炉蒸发量。然而，如果船舶处于特殊航区，机动航行时间相对较长，则应该设计安装烟气旁通装置，在主机负荷低于 40%最大连续额定功（Service Maximum Continuous Rating，SMCR）时，将主机排气经旁通管路排走，以防止废气锅炉烟灰沉积。当主机负荷高于 40%SMCR 时，再将主机排烟经过废气锅炉，以保证足够的烟气流速和烟气温度。

（2）管理上的措施。

1）尽量提高主机燃烧质量。主机燃烧质量的好坏直接关系到排烟的成分，尤其是在换气质量差、燃烧室密封不好、燃油雾化质量不佳时，直接导致烟气中不完全燃烧产物增多。管理上应注意柴油机扫气压力、温度在合适范围，定期测试各气缸的压缩压力与爆发压力。维护增压器、空气冷却器处于最佳工作状态，保证气口、气阀清洁，保证燃油雾化质量，确保组织良好的燃烧。尽量减少烟气中的炭粒及未完全燃烧的燃油与气缸油。对于燃油辅锅炉，同样应注意燃油雾化质量和风油配比，以保持较好的燃烧质量。

2）按要求进行锅炉吹灰。燃油锅炉和废气锅炉在设计时保证蒸发管束间有较高的烟气流速，因而有自清洗能力。但经过长期工作，尤其是燃用劣质燃油或燃烧不良，烟管积灰是难免的。废气锅炉定期吹灰能够减少可燃积灰的堆积，从根本上防止积灰着火。同时废气锅炉吹灰还能减少柴油机排气背压，改善气缸内的燃烧。在设计时尽量采用压缩空气吹灰，因为压缩空气压力较蒸汽压力高，吹洗效果较好。

锅炉受热面积灰可用吹灰器吹除。吹灰器是若干根以压缩空气或锅炉蒸汽为工作介质的带喷嘴的吹灰管，用来吹除受热管烟气侧表面的积灰。吹灰器有控制进气的阀门和泄放凝水的泄放阀，在锅炉外有手轮可使吹灰管在既定范围内转动或移动，也有的吹灰器是电动的。

关于吹灰频度，主管轮机员应该定期检查受热面的积灰情况和吹灰效果，同时观察被吹扫加热管的表面状况，相应调整吹灰气压和频率。吹灰过于频繁，气压和流速过高，气体中有水都可能引起管子表面锈蚀或腐蚀。对于燃油锅炉，一般是在排烟温度比烟灰已清除时排烟温度高 10~20℃时，或风压损失明显增大时；对于小型锅炉，一般是增加 10~20mmH$_2$O 时，应该除灰。对于废气锅炉应观察主机定速航行时锅炉烟气进、出口压差，一般来说每天都要进行吹灰。

实施吹灰时应注意以下几点。①吹灰器耗气量较大，吹灰期间应保持足够高的吹灰介质压力，如蒸汽吹灰前应加强锅炉燃烧，提高蒸汽压力；压缩空气吹灰前应启动两台主空压机。在换用下一个吹灰器前，应让压力恢复到最初水平。废气锅炉吹灰时尽量在主机处于较高负荷下进行，因为此时主机排烟速度较高，可将吹下的烟灰及时排除。对于某船舶，如因航次需要，主机使用较低负荷运行时，应定期（每天或每两天一次）短时间（如 1h）高负荷运转，并配合吹灰工作。②蒸汽吹灰要先开进汽阀暖管并泄水，空气吹灰供气后也要开管系泄放阀，泄掉可能有的凝水，用带水的气体吹灰可能损伤受热面。另外，要坚持废气锅炉烟气侧投药，增加烟灰的干度，降低烟气黏度，减少积灰沉积。③按烟气流动方向逐个开启吹灰器蒸汽阀，每个吹灰器吹扫数秒可循环重复 3~4 次。力求吹扫全面，避免局部区域未被吹扫造成各受热管束传热不均，引起水循环不良。④吹灰完成后关进汽阀，开吹灰管泄放阀。吹灰器蒸汽阀要关严，避免蒸汽漏入烟道。⑤吹灰应尽量选择甲板上的风向和风速适宜时进行，避免吹出的烟灰落在甲板上。⑥每次开航后，经过低速的机动航行到定速航行，应及时吹灰，为确保吹灰效果，应尽量提高吹灰介质压力。

定期进行锅炉水洗。尽管锅炉平时通过吹灰会减少积灰形成，但由于时间久了，换热面上还是会有部分积灰形成，而且会越积越多，以致部分换热面过热，增加积灰着火的可能性。

随着积灰的增加，废气锅炉蒸发量会大幅下降，柴油机排气背压明显上升，燃烧效果变差，排烟温度上升，直至产生恶性事故。锅炉水洗可较为彻底地清除换热面上的积灰，水洗时应注意清洁吹灰时不易吹到的部位，水洗时尽量彻底，防止湿积灰没有清除干燥后更加坚硬，下次更不容易清除。水洗后应及时干燥，以防止在换热面上产生腐蚀。

（3）水洗应注意的事项。

1）在燃油锅炉熄火、废气炉停，柴油机温度降至低于110℃后再进行。

2）水洗时要开启炉膛底部的泄水阀，及时将污水泄放。从进水冲灰到污水泄出，时间上存在滞后，注意别进水太快，以防泄放口堵塞。水洗时热的金属表面会产生蒸汽，应留心不要被烫伤。

3）冲洗可用淡水或海水，用海水冲过后必须再用淡水彻底清洗，以免金属表面沉积盐分。可用压力水柜的压力水冲洗或用增压泵适当提高水压，效果会更好。使用温度为65～70℃、压力为1.3MPa的温水最为有效。

4）污水对钢板有腐蚀作用，故水洗不宜持续时间太长，也不要中途停止，否则湿润的灰渣干后会变得更硬，以后更难清除。

5）应防止弄湿附近的电气设备，炉膛的耐火砖应罩以帆布，以防吸水过多。

6）洗完后炉膛底部须用碱水清洁，所有污水和脱落的积灰必须从炉内清除，然后可每隔15min交替点火和熄火，缓慢烘干耐火砖墙，否则残留的烟灰和水会产生强腐蚀性的硫酸。

（4）手工除灰。手工除灰包括用小锤、凿子、刮刀等工具来除灰，也可以用压缩空气喷枪吹除吹灰器吹扫不到的区域的浮灰。手工清除的积灰不应随意丢弃，应收集起来以备有关部门检查。坚硬的灰渣不宜用工具用力敲击。老锅炉的钢板有脆化倾向，不宜手工除灰。

（5）除灰剂除灰。除灰剂分为硝酸盐和铵盐两大类。硝酸盐除灰的机理如下。

1）在高温下它会分解析出氧气，并能降低可燃性烟灰的着火点，促使大量烟灰氧化烧掉。

2）硝酸盐和灰分中的金属盐类生成低熔点共晶体，使硬质灰垢变得疏松干燥，易于脱落，使其能随废气通过烟道或由烟灰吹出过程将其消除。

3）硝酸盐在高温下分解出来的亚硝酸盐对钢板有一定的钝化作用，可减缓锅炉的腐蚀。铵盐除灰的机理是，它在高温时会放出NH_3，使烟气中的有害物质氧化成氮气和水。除灰剂中的碱金属盐类在高温下产生的碱金属阳离子，附在灰粒表面上使灰粒不凝聚，扩大烟灰氧化表面，使其完全燃烧。

锅炉除灰剂操作简便。对于炉膛呈负压的锅炉，可将棒状除灰剂从点火孔或前检查孔直接投入正在燃烧的炉膛内；对于炉膛呈正压的锅炉或因结构因素不便投放时，可采用喷枪，利用压缩空气使粉状药剂呈雾状喷入正在燃烧的火焰中。投药时炉膛温度要高于1000℃，投药后应保证燃烧20～30min，否则达不到应有的效果。除灰剂用量为每天燃油耗量的1/1000，初次投药可为常用量的2～3倍。废气锅炉吹灰剂的投放应在每天吹灰前0.5h进行。

第十七章　船用海水淡化装置

第一节　理论基础知识

水的含盐量一般以 mg/L 为单位。海水中总含盐量平均为 35000mg/L。海水所含各种盐的比例大体不变，其中最多的是 NaCl（77.7%）和 $MgCl_2$（10.9%），水中的含盐量越大，其导电性越好。用水的导电性来检测其含盐量很方便，常以 mg/L（NaCl）来表示含盐量（便于配制标准溶液来标定），也可以用 mg/L（Cl^-）来表示含盐量（1mg/L NaCl=0.606mg/L Cl^-）。在船上，随着淡水使用场合的不同，对它的数量和质量要求也就不同。

通常，含盐量为 1000mg/L 以下的水称为淡水。船舶海水淡化装置是从海水中提取淡水的专门设备，它为船舶提供和补充符合一定水质标准的淡水，以满足船舶动力装置冷却、锅炉给水以及船员和旅客的饮用、洗涤等生活用水。

一、船舶对淡水的要求

船舶对淡水品质的要求如下：柴油机冷却水只要是淡水即可；洗涤水应不含传染疾病的微生物，未被放射性微粒污染，没有恶臭味，氯离子浓度不大于 300mg/L（Cl^-），硬度不大于 7 毫克当量/升；饮用水必须是清澈的，无不良气味，不含任何对人体健康有害的杂质、病菌等，含盐量不大于 1000mg/L，氯离子浓度不大于 500mg/L（Cl^-），pH 值为 6.5～8.5。海水淡化装置所产的淡水几乎不含矿物质，故作为饮用水时还需要进行矿化处理才可以供船员长期饮用；锅炉给水对水质的要求最高，我国对船用锅炉给水的要求标准是含盐量小于 10mg/L。因此，船舶海水淡化装置所产淡水应首先满足锅炉给水的要求。

船舶对淡水的需求量：对于柴油机船舶，动力装置用水每天每千瓦为 0.2～0.3L；锅炉给水按锅炉蒸发量的 1%～5%计算；生活用水每人每天为 150～250L。

海水淡化装置的主要作用就是通过特殊手段降低海水的含盐量，使之成为符合要求的淡水。目前开发的海水淡化技术有 20 多种，其中蒸馏法、反渗透法、冷冻法、电渗析法达到了工业规模的生产应用。而现在船用海水淡化装置采用的主要方法是蒸馏法和反渗透法。其中蒸馏法为传统的海水淡化方法，为大部分远洋船舶所采用，而随着人类对半透膜研究的逐渐深入，反渗透海水淡化装置将有更加广泛的应用前景。

现代远洋船舶所装设的海水淡化装置的最高容量视主机功率而定，一般每 7500kW 左右装设一台造水量为 20～25m^3/d 的淡化装置，就足以满足动力装置和 50 名左右船员的生活需要。至于大型客船，则视情况装设几台较大的海水淡化装置，也可以满足要求。

二、真空沸腾式海水淡化装置和真空闪发式海水淡化装置的工作原理

海水在蒸发时盐分会滞留在海水中或自行析出，蒸汽中是不带有盐分的。蒸馏法就是通过在蒸发器中加热海水，使海水蒸发产生蒸汽，再在冷凝器中使蒸汽凝结成淡水的一种海水

淡化方法。船用蒸馏式海水淡化装置通常都采用真空式，即海水的蒸发和蒸汽的冷凝都在较高的真空状态下进行。真空蒸馏的优点如下。

（1）可充分利用船舶余热，提高装置的经济性。当装置真空度为93%时，海水相应的沸腾温度为38.7℃，温度为60~80℃的柴油机缸套冷却水可以作为装置的热源。

（2）减少结垢，有利于装置管理。降低沸腾温度不仅能减少蒸发器换热面上的积垢，而且能防止硬垢的生成，有利于装置长期高效地工作。

（3）有利于蒸汽净化，提高淡水品质。装置真空度越高，蒸汽密度越小；蒸汽与水滴的密度差越大，越有利于水滴的分离。

船用真空蒸馏式海水淡化装置，根据海水汽化方式的不同，可分为真空沸腾式和真空闪发式。

1. 真空沸腾式海水淡化装置

真空沸腾式海水淡化装置本体主要由蒸发器和冷凝器组成，海水的加热和沸腾汽化都在蒸发器内进行，而（二次）蒸汽的凝结则在冷凝器内完成。此外，还有抽真空系统、给水系统、加热系统、冷却系统、淡水（凝水）系统及排污系统等辅助系统。图17-1为真空沸腾式海水淡化装置的工作原理。加热介质（热水或低压蒸汽）流过加热器，通过加热管将蒸发器中的海水加热，并使其沸腾汽化（又称二次蒸汽，以区别于加热用蒸汽）。二次蒸汽经蒸发器上部的汽水分离器除去其所携带的水滴后，被引入冷凝器。由海水泵所供给的舷外海水在冷凝器中使蒸汽冷却、凝结，凝结成的淡水积聚在冷凝器下部并由蒸馏水泵驳至淡水柜。

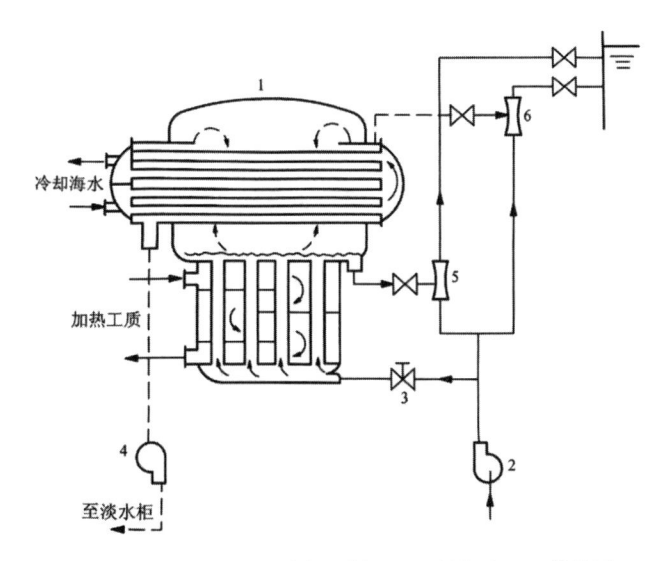

1—蒸馏器；2—造水机海水泵；3—给水调节阀；4—凝水泵；5—排盐泵；6—真空泵

图 17-1 真空沸腾式海水淡化装置的工作原理

蒸发器中海水的蒸发以及蒸汽在冷凝器中的凝结都是在高真空状态下进行的，其真空度由真空泵建立和保持。为了使结构更紧凑，通常真空沸腾式海水淡化装置都将冷凝器放置在蒸发器的上方，并组装成一个整体。

目前，船上采用的蒸馏式海水淡化装置，大多是既可用热水又可用蒸汽来作为加热工质。通常，在柴油机船上，一般使用主机缸套水作为热源，只有那些淡水耗量很大的客船或渔业加工船等，因动力装置的余热无法满足装置的需要时，才使用低压蒸汽。至于汽轮机船，则一般采用主机或副机使用过的蒸汽来作为热源。

在以蒸汽作为热源的真空沸腾式海水淡化装置中，为了节省蒸汽，提高装置的产水比——淡水产量与加热蒸汽量之比，就需采用多效蒸发，即将两个以上的单效装置串联起来，并以前一效产生的二次蒸汽作为后一效的加热蒸汽。显然，要保证适当的传热温差，后一效蒸发器工作压力就必须比前一效低。经验表明，多效蒸发的产水比为（0.8～0.85）N，其中 N 为效数。增加效数虽然可以提高装置的经济性，但船用的很少超过 3 级，大多数都为单级，这是因为装置末级的真空度受冷却水温和真空泵性能的限制（一般不高于93%），而为了防止蒸发表面的结垢，第一效的蒸发温度不宜过高；此外，在可用的总温降范围内，过分增加效数还会使传热温差减少，导致装置过于庞大和复杂。

2. 真空闪发式海水淡化装置

图 17-2 为真空闪发式海水淡化装置的工作原理。真空闪发式海水淡化装置的特点是海水的加热与汽化彼此分开。海水在加热器中加热后即被引到压力比海水相应温度下饱和压力更低的容器（闪发室）中，以使部分海水骤然汽化，然后将其汽化的蒸汽引入冷凝器中凝结成淡水。

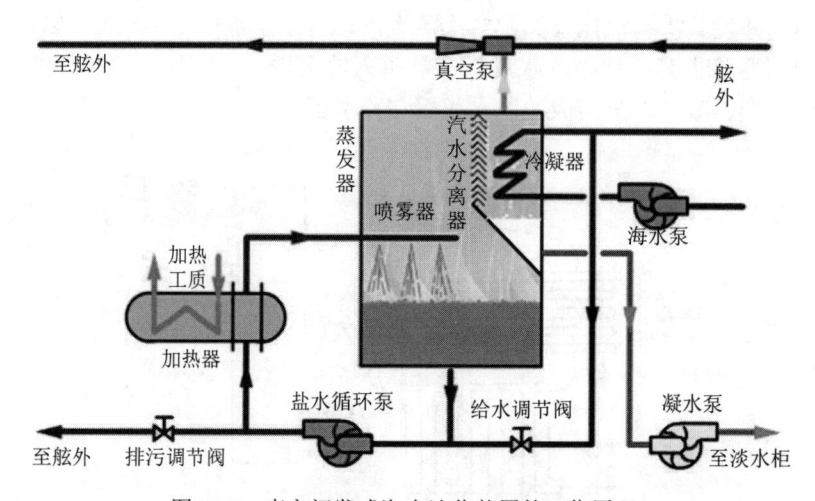

图 17-2 真空闪发式海水淡化装置的工作原理

真空闪发式海水淡化装置由于在加热器中海水并不沸腾汽化，海水不致浓缩，且加热温度比较低，在闪发室中不存在加热面，因此，减少了海水的结垢问题。然而，因海水闪发汽化时需要汽化潜热，完全取自其余未汽化温度下降至饱和温度的海水所放出显热，这就是说，闪发室内实际上绝大部分海水不能闪发汽化。

例如，当海水的过热度为5～8℃时，在93%的真空度下，汽化部分占循环海水的0.8%～1.4%。因此，这种装置的海水循环量较大，这就使加热面积和泵的排量都必须相应增加，因而在产量相同的情况下，闪发式海水淡化装置的造价比表面式高35%～50%。

此外，闪发式汽化所产生的二次蒸汽携带的水珠较多，为保证淡水质量，必须加大排污量以降低海水浓度，因此，随排污所带走的热量越多，热利用率越低。而单效的真空沸腾式海水淡化装置由于蒸发温度低，结垢问题并不严重，每年需要清洗的次数也不超过 2 次。因此，在产量小于 20t/d 的船用海水淡化装置中，真空沸腾式的应用远比真空闪发式普遍。

三、反渗透式海水淡化装置的工作原理

反渗透法是将海水加压到水的渗透压以上，以使其通过半渗透膜，利用反渗透原理使海水中的溶剂（淡水）反渗透出来，从而使海水淡化的一种方法。图 17-3 为渗透及反渗透工作原理。后者是前者的逆过程。当淡水和海水（或其他两种不同浓度的溶液）被半透膜隔开时，低浓度溶液中的溶剂就会通过半透膜自发地向高浓度溶液一侧扩散，如图 17-3（a）所示，这种现象即称为渗透。由于渗透的结果，高浓度溶液一侧的液面就会逐渐升高，直到所产生的静压差达到一个定值时，扩散即停止，渗透也就达到了静态平衡，如图 17-3（b）所示，这个静压差值 π，就称为渗透压。渗透压的大小与溶液的绝对温度成正比，并与浓度近似地成正比。然而，如果在浓溶液的一侧加压，并使其超过渗透压力，就可迫使渗透逆转，亦即使高浓度溶液中的溶剂反而向低浓度溶液中渗透，从而实现所谓的反渗透过程，如图 17-3（c）所示。反渗透海水淡化装置就是利用这一原理进行设计而制成的。

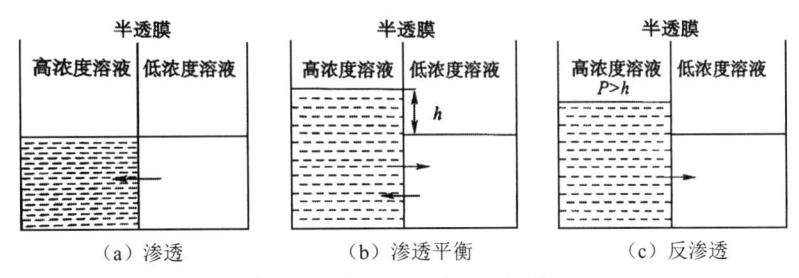

图 17-3　渗透及反渗透工作原理

反渗透式海水淡化装置的组成：取水系统、预处理系统、海水淡化脱盐系统、能量回收系统、化学清洗系统、化学加药系统以及装置供配电及自控系统。整套设备由预处理系统、反渗透系统、电气控制系统、清洗系统、加药系统组成。

预处理系统包括供水泵、多介质过滤器、精密过滤器、保安过滤器，主要处理原水中所含有的大颗粒杂质、余氯及细小微粒，保证反渗透系统的进水水质。

反渗透系统包括高压泵、RO 反渗透膜组件、调压阀、清洗箱，主要将预处理过的原水进一步处理成淡水。

反渗透法是 20 世纪 60 年代迅速发展起来的一项新型的膜分离技术。其特点是液体在工作过程中无相态变化，耗能较少，对设备的腐蚀及结垢较轻，能分离机械杂质，设备简单，易于操作，适用于海水和苦咸水的淡化，而且成本较低，故在无废热可用的场合已开始与蒸馏法竞争，并在船上开始应用。但这种方法有缺点，即操作压力高，设备寿命受到半透膜的限制。

四、电渗析法的基本原理

图 17-4 为电渗析法的基本原理，电渗析法即换膜电渗析法。渗析是指溶液中溶质通过半透膜的现象。该法的技术关键是新型离子交换膜的研制。离子交换膜是 0.5～1.0mm 厚的功能性膜片，按其选择透过性可分为正离子交换膜（阳膜）与负离子交换膜（阴膜）。电渗析法是将具有选择透过性的阳膜与阴膜交替排列，组成多个相互独立的隔室，而相邻隔室海水浓缩，淡水与浓缩水得以分离。电渗析法不仅可以淡化海水，也可以作为水质处理的手段，为污水再利用作出贡献。此外，这种方法也越来越多地应用于化工、医药、食品等行业的浓缩、分离与提纯。

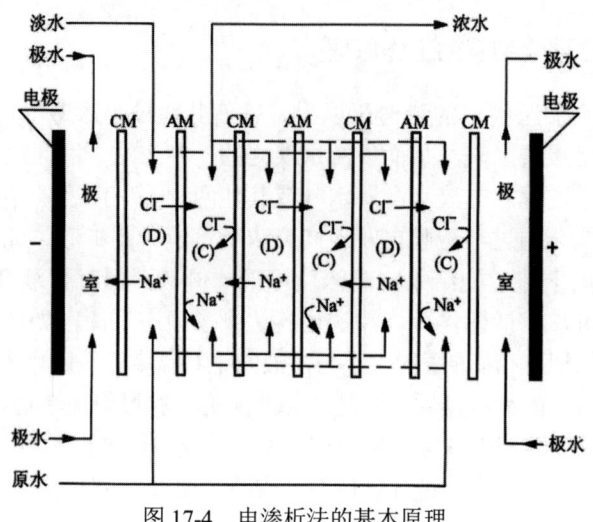

图 17-4　电渗析法的基本原理

第二节　真空沸腾式海水淡化装置

一、影响蒸馏器真空度的因素

真空蒸馏式海水淡化装置工作真空度维持在 90%～94%（91.7～95.7kPa），相应蒸发温度为 45～35℃［现在也有将真空度设计为 80%～90%（81.4～91.7kPa），相应蒸发温度为 60～45℃］。真空度太低，沸点增高，产水量就会减少，甚至停产；真空度过高，沸点过低，导致沸腾过于剧烈，二次蒸汽携带水珠量增加，致使所产淡水的含盐量增加。

真空度的建立和维持所需要的条件如下。

（1）真空泵建立起工作所需的真空度，并不断抽吸。

（2）冷凝器及时冷凝二次蒸汽。

（3）凝水泵及时将凝结的淡水不断地抽出。

保持装置具有足够真空度且能稳定工作的主要因素如下。

（1）有足以与蒸发量相适应的冷凝能力。如果冷凝器换热能力下降，则会使真空度降低。此外，若因加热介质流量过大或温度过高以致蒸发量过大，也会使真空度降低。

（2）真空泵应具有足够的抽气能力。真空泵的工作水压过低或工作水温过高，排出背压过高，喷嘴磨损、堵塞、安装不当及吸入止回阀卡死等都能使真空泵的抽气能力下降。

（3）蒸馏装置要有良好的气密性，防止空气漏入。

二、影响蒸发器换热面结垢的因素

如何减轻加热面结垢是蒸馏式海水淡化装置应用中的一个重要问题。若加热面结垢增加，传热能力就会下降，装置的产水量就会减少，严重时可能造成装置被迫停产清洗。

水垢的主要成分：碳酸钙（$CaCO_3$）、氢氧化镁［$Mg(OH)_2$］和硫酸钙（$CaSO_4$）。海水中这些溶解度较低的盐类沉积在加热面上，它们在海水中的溶解度都很低，且随温度的升高而降低，所以在海水被加热，特别是在加热面上因形成气泡而使海水浓缩时，就很容易使所含盐分结晶析出，沉积后形成水垢。

加热面水垢生成的速度和成分取决于以下几个方面。

1. 海水的沸点

真空度越低，海水的沸点越高，难溶盐的溶解度下降越多，水垢生成的速度就越快。海水加热温度的高低不仅影响水垢的数量，同时也决定着水垢的成分。图 17-5 为水垢成分与加热温度和传热温差的关系，当水温不太高时，水垢的主要成分是 $CaCO_3$、$Mg(OH)_2$，主要呈泥渣状沉淀。在温度超过 75℃时，$Mg(OH)_2$ 水垢的比例迅速增加；在温度超过 82～83℃时，$Mg(OH)_2$ 很快就会形成硬垢，并会取代 $CaCO_3$，而成为水垢中的主要成分。因此，在真空式海水淡化装置中，如不添加防垢剂，则给水的加热温度一般就不应超过 75℃。

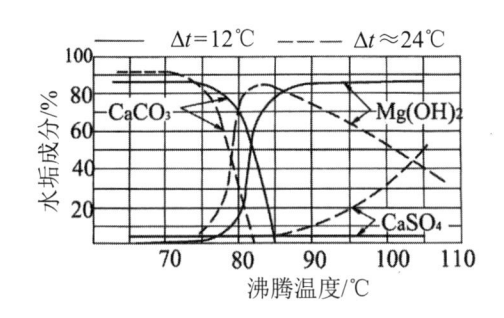

图 17-5　水垢成分与加热温度和传热温差的关系

2. 盐水的含盐量

在同样的工作压力和传热温差下，盐水的含盐量越大，难溶盐的含量就越大，生成的水垢也就越多。盐水浓度还与给水倍率、盐水流经加热器的时间长短有关。

$CaSO_4$ 在海水中的含量较少（约为 1200mg/L，仅占总含盐量的 3.4%左右）。在船用真空蒸馏装置中，传热温差一般不大，只有当盐水浓度达到海水的 1.5 倍时，$CaSO_4$ 才开始析出，而在达到 3 倍时，大量析出。因此，蒸发器中的盐水浓度一般不允许超过海水的 1.5 倍。盐水浓度是由调节给水倍率来控制的。图 17-6 为蒸馏器的盐量平衡图。

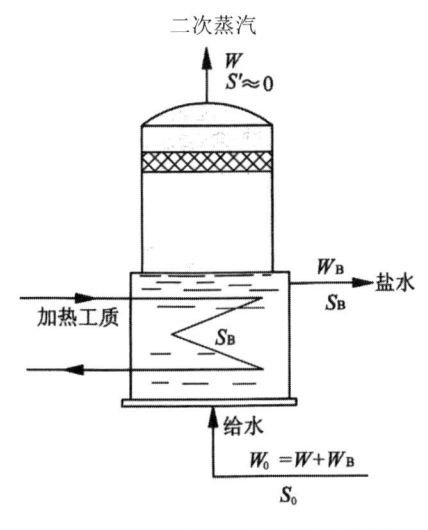

图 17-6　蒸馏器的盐量平衡图

按照蒸发器中的盐量平衡关系，如略去蒸汽携出的微量盐分，则

$$W_0 S_0 = W_B S_B$$

式中：W_0——给水（海水）的流量，L/h；S_0——给水的浓度，mg/L；W_B——盐水的流量，L/h；S_B——盐水的浓度，mg/L。

盐水浓度 S_B 与海水浓度 S_0 之比称为浓缩率，即

$$\xi = \frac{S_B}{S_0} = \frac{W_0}{W_B} = \frac{W_0}{W_D - W} = \frac{\mu}{\mu - 1} = 1 + \frac{1}{\mu - 1}$$

可见，给水倍率 μ 越大，海水的浓缩率就越小，所以要使浓缩率小于 1.5，给水倍率 $\mu = W_0/W$ 应大于 3。应该指出，增大给水倍率虽可减少盐水浓度，对防垢有利，但同时也会因排盐泵和海水泵流量的增加，使装置的热损失和耗电量增加。此外，当给水倍率增大到一定的程度后，由于流经加热器的总水量增加，尽管每单位质量给水的结垢量减少，但受热面上的总垢量却可能增加。故一般认为，船用真空沸腾式海水淡化装置适宜的给水不会生成 $CaSO_4$ 水垢。

3. 加热温差的影响

加热介质的温度过高，加热温差过大，则加热面附近的海水就会因汽化而浓缩严重，导致结垢量增加。

装置工作时，加热温差应尽可能小些，否则将会使受热面附近局部地区的盐水浓度过高。这不仅会使结垢量增加，而且容易生成 $Mg(OH)_2$ 和 $CaSO_4$ 硬垢。有鉴于此，当装置采用蒸汽加热时，就应先用蒸汽加热淡水，再用淡水来作为造水机的加热工质。

可见，船用真空式造水机中由于海水沸点不高，加热温差也不大，只要保持适宜的给水倍率，结垢是轻微的。为了能更有效地防止水垢生成及清除水垢，市场上有各种化学防垢剂和除垢剂出售，轮机管理人员可以按照说明书正确地选择使用各种药剂。

三、影响淡水产量的因素

真空蒸馏式海水淡化装置产水量的多少实际就是蒸发量的多少，其主要取决于加热水向海水传热量的多少。根据传热学原理，传热量与蒸发器的传热系数、换热面积、加热水的平均温度和海水的沸点及给水温度有关。

从管理角度看，造成淡水产量低的原因有以下几个。

（1）换热面脏污结垢，使蒸发器的传热系数减小，应及时进行清洗。

（2）加热侧发生"气塞"，里面的气体会影响加热介质流动而妨碍换热，可通过放气旋塞把气放掉。

（3）蒸发器水位太低，使加热水与被加热海水间的实际换热面积减少，蒸发器内最适当的水位是正好到达上管板的位置。

（4）真空度不足，导致海水的沸点提高。

（5）加热水流量不足或温度太低，以致加热水平均温度降低，应适当增大加热水的流量。

（6）给水量（给水倍率）增大或给水温度降低，更多的热量被预热消耗或被盐水带走，使蒸发量降低。

（7）凝水回流电磁阀关闭不严，使一部分淡水漏回蒸馏器。

造水机能否造出淡水，以及产水量多少，对其影响最大的是能否建立和保持合适的真空度，而造水机工作日久后产水量逐渐减少，主要原因往往是加热面脏污和结垢。

四、影响产水含盐量的因素

盐水生成的蒸汽中含盐量是很低的，因此所造淡水按理应该是非常纯净的。然而，船用蒸馏装置所产的淡水却往往含有一定的盐分，有时甚至还会因含盐量过多而使水质不符合要求。作为轮机管理人员，必须先弄清楚各种影响淡化质量的因素，然后才能正确地进行维护管理。

海水在剧烈沸腾时会产生许多细小水珠，被蒸汽携带进入汽空间。虽然水的密度比蒸汽大，部分较大的水珠会重新落回到盐水中，但比较细小的水珠却会被带到冷凝器中，使凝结的淡水含有盐分。可见，装置所产淡水的含盐量 S 完全取决于气流携入冷凝器中的水珠量和水珠的含盐量，亦即取决于进入冷凝器的二次蒸汽的湿度 W（%）和蒸发器内盐水的含盐量 S_g（mg/L），即

$$S = W \cdot S_g$$

从管理角度来讲，淡水含盐量过高的主要原因如下。

（1）装置的负荷（蒸发量）过大，沸腾过于剧烈，导致二次蒸汽湿度过高。可能原因是加热介质流量过大或温度过高、真空度过高。应采取的措施是减小冷却水流量或稍开真空破坏阀。

（2）蒸发器水位太高。对竖管式蒸发器而言，蒸发器内水位以达到上管板为宜。如设有水位计，则水位指示应在半高处。水位过高应减小给水量。

（3）盐水含盐量太大。盐水的浓度是靠调节给水倍率 μ（给水量与产水量之比）来控制的，给水倍率越大，盐水盐分浓度就越低。合适的给水倍率不仅有利于保证淡化质量，而且有助于防止生成硬垢。但是，过分增加给水倍率 μ，不仅会使装置的耗电量和耗热量增加，而且可能使总的结垢量增加。因此，一般认为，船用真空沸腾式海水淡化装置最适宜的给水倍率为 3~4，最合适的盐水浓度为海水的 1.3~1.5 倍。所以应保证足够的排盐量，维持合适的给水倍率。

（4）冷凝器漏泄，使冷却海水漏入凝水侧。在日常管理中，应注意做好冷凝器防漏、检漏和灭漏工作。

第三节　板式换热器真空沸腾式海水淡化装置实例

一、装置的结构

真空沸腾式海水淡化装置本体由蒸发器、冷凝器、分离器、喷射泵、供给泵、淡水泵、盐度计组成。蒸发器由一个被封闭在分离装置中的板式热交换器组成，它的作用是为海水和缸套水提供换热空间，使海水沸腾汽化。与蒸发器部分相似，冷凝部分也是由一个被封闭在分离装置中的板式热交换器组成的，作用是为海水和蒸汽提供换热空间，使其液化。分离器用来把盐分从蒸汽中分离出来。喷射泵兼作真空泵和排盐泵，它有两个吸口：一个在冷凝器中部，其作用是把分离器中未冷凝的气体抽出使蒸发器保持足够高的真空度；另一个在蒸发器的底部，其作用是把蒸发器中浓缩的海水排出舷外。供给泵为单级离心泵，既为冷凝器提供冷却海水，又为喷射泵提供引射海水，同时为蒸发器供给海水。淡水泵为单级离心泵，它从冷凝

器中抽出产生的淡水并将淡水泵入蒸馏水舱。盐度计连续监测产水的含盐量，当含盐量超过设定值（设定值可调）时，它将使电磁阀打开，使产水泄放舱底，同时发出报警。

二、装置的系统组成

图 17-7 为采用板式换热器的真空沸腾式海水淡化装置，该装置共分为以下四个系统。

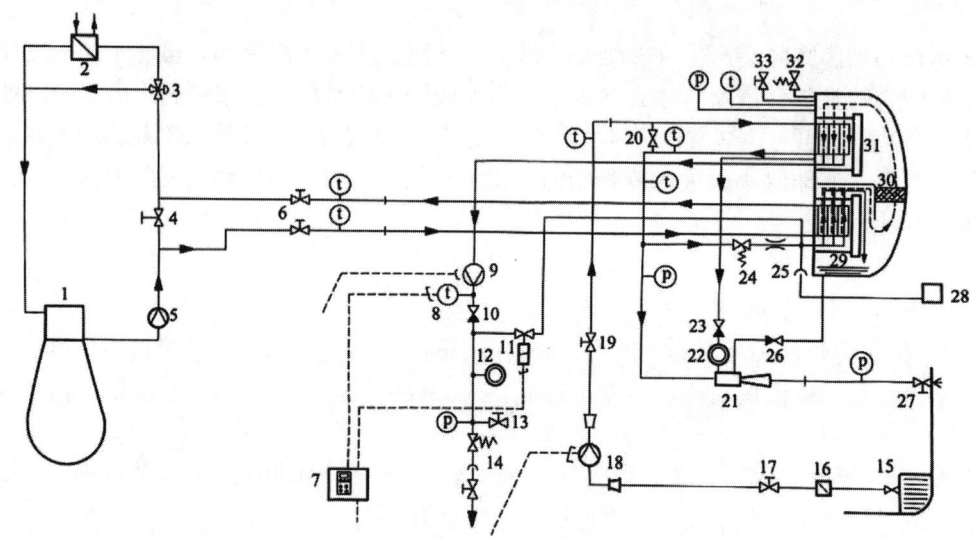

1—主柴油机；2—缸套水冷却器；3—缸套水调节阀；4—加热水旁通阀；5—主机缸套水泵；6—加热水进、出阀；
7—盐度计；8—盐度传感器；9—凝水泵；10、23、26—止回阀；11—回流电磁阀；12—流量计；13—凝水泄放阀；
14、24—弹簧调压阀；15—海底门；16—造水机海水泵吸入滤器；17—海水泵进口阀；18—造水机海水泵；
19—海水泵出口阀；20—冷却海水旁通阀；21—喷射泵；22—观察镜；25—节流孔板；27—出海阀；28—加药柜；
29—蒸发器；30—汽水分离器；31—冷凝器；32—安全阀；33—真空破坏阀

图 17-7　采用板式换热器的真空沸腾式海水淡化装置

1. 海水系统

海水通过系统的供给泵首先向冷凝器 31 供给冷却海水，供给海水从冷凝器上部进入，从下部流出。海水出冷凝器分成两路，一路经调压阀和节流孔板进入蒸发器，作为蒸发海水；另一路则通过单向阀为喷射泵提供引射水，喷射泵兼作真空泵和盐水泵，所以设两个吸入口。排盐水吸入口将造水机壳体底部的盐水及时排走，防止盐水水位过高。抽真空吸入口从冷凝器中部将造水机壳体内的不凝性气体抽出。在抽真空管路上设液流观察镜，造水机正常工作期间观察镜内应无液体流动。此外，喷射泵两个吸入口管路上均设止回阀，以防止喷射泵故障无法产生真空时海水倒灌进入造水机壳体内。

造水机启动期间，真空度是靠喷射泵抽除壳体内的空气建立的。在工作期间，真空度是靠冷凝器和喷射泵共同维持的，冷凝器起主要作用，负责及时地将蒸汽冷凝为淡水，保持内部绝对压力不升高，即真空度稳定；喷射泵负责将海水中溢出的气体以及经壳体等地方漏入的空气抽除。海水蒸发后剩下的浓缩物经过单向阀由喷射泵排出舷外。

2. 高温淡水系统

三通温控阀（设定温度为78℃）自动调节主机缸套水进入蒸发器的流量，对海水放热降温后到达三通温控阀（设定温度为80℃）。控制主机缸套水出口温度稳定在80℃。

3. 产水系统

被冷凝器冷凝下来的淡水聚集在冷凝器的底部，由淡水泵经盐度电极后，将信号送至盐度计 7。如果淡水含盐量超标，盐度计就会报警，同时输出信号控制回流电磁阀 11 开启，淡水泄放舱底；如果含盐量符合要求（本造水机含盐量可小于 10ppm），则回流电磁阀关闭，淡水流经流量计后顶开弹簧调压阀，此时打开截止阀即可将淡水送至蒸馏水舱。流量计用于累积计量淡水体积，此外，流量计之后的管路上还设置有压力表和取样阀。

虽然汽水分离器将蒸汽中的大部分小水滴分离，但仍然会有一定量的含有盐分的水滴进入冷凝器，所以造水机所产淡水中仍含有盐分，盐分过高则不能使用。淡水含盐量的要求一般以锅炉补给水标准为依据，我国规定为 NaCl 小于 10mg/L。

4. 海水投药系统

为了减轻蒸发器加热表面结垢，延长造水机解体清洗周期，设置海水投药系统。化学药品有以下两个作用。

（1）使海水中的难溶物质不形成水垢，而形成易于被喷射泵排走的细小松散晶体。

（2）消泡剂能消散小气泡，防止海水沸腾过于剧烈，减少淡水含盐量。加药桶内储存着蒸发器处理剂溶液，通过流量指示计上的调节阀控制药剂流量。

三、装置的使用

1. 启用与停用

（1）装置的启用。

1）隔离壳体查密封。关闭真空破坏阀、泄水阀、淡水排出阀及给水调节阀。

2）操作泵阀抽真空。开阀，启动海水泵，供水至两个喷射泵。

3）给水倍率适当控。达到真空度（93%），开调节阀供水至蒸发器。

4）驱气供热防波动。开热水阀并驱气，关小主机淡水冷却器进水旁通阀向蒸发器供热，注意水温波动。

5）驱气供冷维真空。开冷却水阀并驱气，产气后关小冷却海水旁通阀，加大冷凝水量，保持真空度。

6）产水至半需泵送。所产淡水达到水位计半高时，启动凝水泵，开排出阀，接通盐度计。

7）盐水监控。盐水监控打"自动"位置，接通盐度计。

（2）装置的停用。造水机一般在船舶离岸小于 20n mile 后，需停用。

1）开蒸发器旁通阀，关蒸发器进、出口阀，停止加热。

2）关凝水泵排出阀，停凝水泵。

3）关给水截止阀，停海水泵。

4）开冷凝器旁通阀，关冷凝器进、出口阀。

5）开真空破坏阀，开蒸发器泄水阀。

2. 运行管理

（1）真空度的控制。通过调节冷凝器的冷却水流量控制真空度。真空度太低会导致海水沸点升高，结垢加剧，产水量降低。真空度太高会导致沸腾剧烈，淡水含盐量增加。

（2）盐水水位的控制。调节给水流量计或节流孔板前的压力，保证给水倍率为 3～4。给水倍率太大，产水量会减小；给水倍率太小，结垢量会增加。装置正常工作时，盐水水位控制在水位计的 1/2 处。盐水水位太低会使产水量减小，而盐水水位太高会使产水含盐量增加。

（3）冷凝水位的控制。凝水水位应维持在水位计的 1/3~1/2 高度，通过调节凝水泵出口阀的开度、改变流量来控制。凝水水位太高会减小换热能力，凝水水位太低则凝水泵可能会"气蚀"甚至"失吸"。凝水泵不允许在无水的情况下运转，否则轴封会损坏。

（4）产水量的控制。通过调节加热水的流量控制产水量。海水温度高，则要加大冷却水流量以保持足够的真空度；海水温度低，则要减小冷却水流量或稍开真空破坏阀。真空沸腾式海水淡化装置只要真空度稳定，产水量、给水量、蒸发器水位和凝水水位不必经常调节。

（5）防垢投药。水处理剂的作用是，使海水中的难溶物质析出时不形成水垢，减轻加热器内侧结垢的程度；含有消泡剂，消散盐水泡沫，防止海水飞溅，减少蒸汽携水量。药剂对皮肤、眼睛有刺激性，必须密闭储存。操作时，戴手套和护目镜，万一接触皮肤或溅入眼睛，应及时用清水清洗。

3. 船舶真空沸腾式海水淡化装置的具体操作步骤与注意事项

（1）船舶真空沸腾式海水淡化装置的操作步骤与注意事项（案例1）。

1）准备。

①关闭真空破坏阀、底部泄水阀和凝水泵出口阀。

②开启冷凝器海水进、出口阀及冷凝器放气旋塞，将海水引入冷凝器，直至冷凝器放气旋塞处流出整股水流后关闭放气旋塞。

③开启蒸发器加热水进、出口阀及蒸发器放气旋塞，将主机缸套冷却水引入蒸发器，直至蒸发器放气旋塞处流出整股水流后关闭放气旋塞。

④打开海水泵进口阀和出口阀。

⑤打开海水出海阀。

2）启动。

①检查并启动海水泵。

②检查分离器，当真空度达到约 93% 时，装置准备加热。

③慢慢打开缸套水进造水机进、出口阀，慢慢关闭旁通阀来调节蒸发温度到正常值（或通过真空破坏阀来调节蒸发温度到正常值）。

④数分钟后启动冷凝海水泵。

3）停机。

①停冷凝海水泵。

②打开进造水机的缸套水旁通阀，关缸套水进、出造水机阀。

③打开真空破坏阀。

④当造水机冷却到与机舱温度接近时，停海水泵，关海水进、出口阀。

⑤关出海阀。

4）注意事项。

①造水机蒸发温度不能超过 60℃。

②无淡水时间超过 30min，禁止启动冷凝水泵。

③设备运行过程中，不能关闭盐度计。

④离陆岸线 20n mile 内不得启用造水机。

⑤按厂家说明书投放化学药剂。

（2）船舶真空沸腾式海水淡化装置的操作步骤与注意事项（案例2）。

1）启动。操作真空沸腾式海水淡化装置前一般满足两个基本条件：船舶定速航行；船舶离岸20n mile以上并不在受污染海域，以保证海水的清洁。

①将集控室控制台"制淡系统温控器"的设定温度调为78℃。
②打开造水机海水泵的吸入、排出阀。
③打开喷射泵的通舷外阀。
④关闭造水机上的真空破坏阀。
⑤启动海水供给泵，抽真空至少使真空度达到90%（最多需要10min）。
⑥打开主机缸套水至造水机的进、出口阀。
⑦通过旁通阀调节进蒸发器的热水量。
⑧打开进蒸馏水舱的截止阀。
⑨打开盐度计。
⑩启动淡水泵。打开投药桶出口阀并通过流量指示计调节药剂流量。

2）停止。蒸馏水舱已满或备车航行前，应停止造水工作。

①将集控室控制台"制淡系统温控器"的设定温度调为82℃。
②停止进蒸发器的主机缸套水，关闭进、出阀。
③停止淡水泵。
④关闭盐度计。
⑤停止造水机供给泵，关闭进、出口阀。
⑥打开真空破坏阀。
⑦关闭喷射泵通舷外阀。
⑧关闭进蒸馏水舱截止阀。

3）注意事项。

①排盐泵进口最低压力为300Pa，出口背压最大为60Pa。
②打开主机缸套水至造水机的进、出口阀后，蒸发器中的沸腾温度会升高，当造水机的真空度降至85%左右时，表明蒸发器已经启动。
③不在开始就给盐度计供电的原因是，在系统刚启动时产水含盐量较高，如给盐度计供电将产生报警信号。

四、装置的保养

1. 漏气及其防止

为检测装置的密封性，将蒸馏器通外界的各阀关闭，用喷射泵抽至工作真空度，如1h内真空度下降不超过10%，表明密封性合格，如不合格应进行检漏。检漏方法为烛火法、线香法。

固定部件结合处的漏泄，可采用涂油漆、密封胶方法堵漏；对于漏缝或漏孔，可先塞上填充物，再涂油漆、沥青等。

2. 漏水及其防止

为检测装置是否漏水，可停用造水机，关闭冷凝水泵出口阀，继续供给冷凝器冷却水。如凝水水位逐渐升高，表明冷却海水漏到凝水侧。可启用盐度计来核实。

为确定漏泄部位，可关闭冷却水进、出口阀，将冷却海水放空后用线香或烛火法查漏，也可向冷凝器压水查漏，泄漏大多发生在管与管板接头处。

3．蒸发器的清洗和除垢

（1）结垢原因。结垢原因主要有以下 3 种。

1）常用换热器大多是以水为载热体的换热系统，因为某些盐类在温度升高及浓度较高时会从水中析出，附着于换热管表面，形成水垢，所以随着使用时间及频率的增加，积垢层逐渐变厚、变硬，紧紧地附着于换热管表面上。

2）如同水垢一样，换热器的另一侧流体由于物质本身的性质，可能出现非水垢类固体析出物，长期不处理会越来越多地积累在换热器表面上。

3）当流体所含的机械杂质有机物较多而流体的流速又较小时，部分机械杂质或有机物也会在换热器内沉积，形成疏松、多孔或胶状污垢。

（2）结垢种类。对常用的换热器而言，根据结垢原理，一般将结垢分为以下几类。

1）类析晶结垢。对于水冷却系统，水中过饱和的钙、镁盐类由于温度、pH 值等变化而从水中结晶沉积在换热器表面，形成了水垢。

2）粒结垢。流体中悬浮的固体颗粒在换热面上的积聚。

3）化学反应结垢。由于化学反应而造成的固体沉积。

4）腐蚀结垢。换热介质腐蚀换热面，产生腐蚀产物沉积于受热面上而形成污垢。

5）生物结垢。对于常用的冷却水系统，工业水中往往含有微生物及其所需的营养，这些微生物群体繁殖，其群体及其排泄物同泥浆等在换热器表面形成生物结垢。

6）凝固结垢。在过冷的换热面上，纯液体或多组分溶液的高溶解组分凝固沉积。

以上分类只是表明某个过程对形成该类污垢是一个主要形成过程，因结垢往往是多种过程的共同作用结果，因此，换热面上的实际污垢常常是多种污垢混合在一起的。

4．水垢的控制方法及清除措施

（1）水垢的控制方法。

1）对补充水进行预处理，降低浊度。

2）做好循环水水质处理。

3）投加分散剂可将黏合在一起的泥团杂质等分散成微粒悬浮于水中，随水流流动而不沉积，从而减少污垢对传热的影响，部分悬浮物还可以随排污过程排出。

4）增加旁滤设备。如果在系统中增设旁滤设备，控制好旁流量和进出旁流设备的浊度，就可保持系统长时间运行下的浊度在控制指标以内，减少污垢形成。

（2）清除措施。海水淡化装置使用一段时间后，由于结垢导致加热器传热量减小，使造水量下降。管理中可通过增加传热温差来保证造水量。但当传热温差增加到一定程度后，造水量仍达不到要求时，说明结垢层堆积已经相当厚，就必须清除水垢。清除水垢的方法主要有以下几种。

1）冷冲除垢法。冷冲除垢法是应用热胀冷缩的原理进行除垢的。由于水垢和红铜加热管的膨胀系数不一样，使加热管一热一冷反复多次，在多次热胀冷缩的过程中加热管外表面的垢便可以分裂成许多碎块而剥脱下来。为了提高冷冲效果，加热管结构要做成可伸缩性较大的回旋盘管。

冷冲除垢的具体步骤如下。

①干加热。为了使加热管迅速热起来，先把蒸发器内海水排除干净，然后通入加热蒸汽，

使加热管温度很快提升。

②速冷。先停止加热蒸汽，然后供水进入蒸发器内，使加热管迅速冷却。

重复干加热和速冷 3～4 次，加热管外的水垢便剥脱下来。

应该注意的是，由于冷冲时不能蒸发造水，所以不宜在航行时进行冷冲，只能在停泊时进行冷冲。

2）化学清洗法。化学除垢剂也有不少种类，价格比较低廉和侵蚀性较弱的是乙醇酸钠溶液，此溶液对硫酸钙水垢有效。试验证明，对结有 0.8mm 厚的硫酸钙水垢，用乙醇酸钠溶液清洗需要 4～5h。

3）机械除垢法。一般舰船的海水淡化装置在使用一段时间后，应先用冷冲除垢法，但多次使用冷冲除垢法效果不明显时应拆卸蒸发器的加热管，先用人工刮除硬垢，后用稀盐酸洗去水垢。此方法简便有效，但功效较低，劳动强度大。常用的除垢工具有金属刷、扩孔锥和其他刮垢器。稀盐酸的配制方法是，1 份工业盐酸配 7 份水，并加入少量草酸和木胶来减少对金属铜的腐蚀；草酸用量为 10L，稀盐酸溶液加 210mg，木胶用量为稀盐酸溶液质量的 5%。

5. 盐度计的维护

盐度计的工作原理是通过测量凝水的导电性反映出水中的含盐量，即含盐量越高，水溶液的电阻值就越小，导电性就越好。把两个电极插入水中并通以电流，水的导电性能与其中的含盐量成正比，即两极间的电阻值与含盐量成反比。因此，根据两极间电阻值的大小，可间接测得水中的含盐量。

利用水的导电性与含盐量成正比这一原理，盐度计指示仪表与传感电极的接线方式有三种：测定通过电极的电流变化，如图 17-8（a）所示；测定电极两端的电位差，如图 17-8（b）所示；以电极作为电桥的一臂，测定电桥平衡的偏离程度，如图 17-8（c）所示。

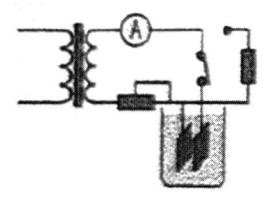

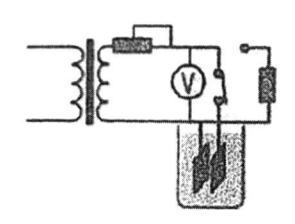

（a）测定通过电极的电流变化　（b）测定电极两端的电位差　（c）电极作为电桥的一臂，测定电桥平衡的偏离程度

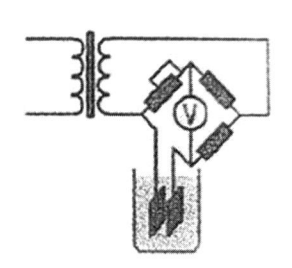

图 17-8　盐度计指示仪表与传感电极的接线方式

图 17-9 为 SL-30 型盐度计，该盐度计是采用测定电极两端电位差原理设计的。当淡水含盐量超过 50ppm 时，发出声光报警，并开启回流电磁阀。需要注意的是，除含盐量外，水的导电性还与温度有关，温度越高，导电性越强。因此，一般盐度计均设有温度修正功能，在使用时只要将温度修正旋钮对准与淡水温度相近的温度刻度值即可。

盐度计一般应每月校验一次，校验时可将温度修正旋钮对准 30℃，按下"试验"按钮，如此时盐度指示为 70ppm，声光报警和回流电磁阀均动作，则表示盐度计指示正常；否则，应及时进行调整。

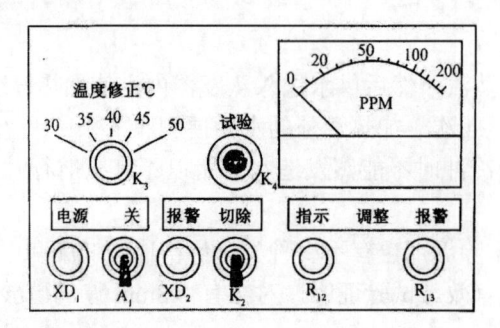

图 17-9　SL-30 型盐度计

盐度计传感器使用一个月左右后应拆出清洁一次，以免电极黏附异物使电阻值不准。清洁时应在热水中浸洗并以软布擦拭，勿用硬物刮刷，以免电极表面铂铐镀层受到损伤。

图 17-10 为 ALFA-LAVAL 公司生产的 DS-20 型盐度计外形，它监测的含盐量范围是 0.5～20ppm。水温会影响电阻值，因此盐度计的电路有温度补偿功能，能在水温为 5～85℃范围内自动修正读数使用时，接通电源开关 3 和报警开关 2，盐度计即投入工作，相应的指示绿灯亮，可直接显示淡水的盐度值，范围是 0.5～20ppm。含盐量报警值设定在 0.5～20ppm 范围内。要试验报警装置时可按住试验按钮，盐度计指示值应为 10ppm，报警设定值低于 10ppm 则盐度计会发出声光报警，同时电磁阀开启，要重新设定报警值时先接通电源开关，并关闭报警开关，然后通过报警值设定调节开关即可设定报警值关闭报警开关，即可关闭蜂鸣器，并不影响电磁阀工作。

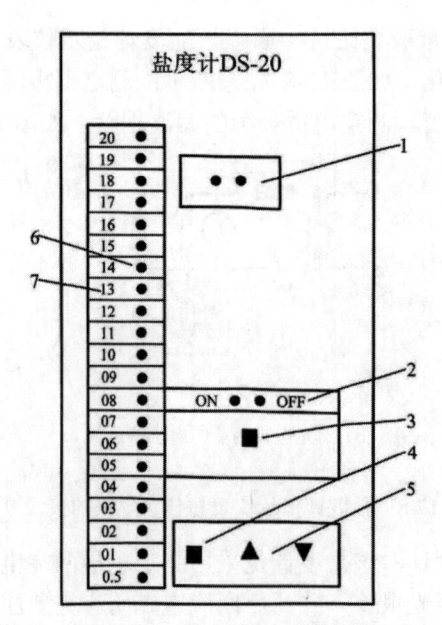

1—报警指示灯；2—报警开关；3—电源开关；4—试验按钮；5—调节开关；6—含盐量指示灯；7—盐度值

图 17-10　DS-20 型盐度计外形图

参 考 文 献

[1] 全国液压气动标准化技术委员会．流体传动系统及元件 图形符号和回路图 第 1 部分：图形符号：GB/T 786.1—2021[S]．北京：中国标准出版社，2021．
[2] 全国海洋标准化技术委员会．中国修船质量标准：GB/T 34001—2016[S]．北京：中国标准出版社，2016．
[3] 任福安，王铭涌．轮机工程基础[M]．大连：大连海事大学出版社，2008．
[4] 费千．船舶辅机[M]．大连：大连海事大学出版社，2005．
[5] 费千．船舶辅机[M]．2 版．大连：大连海事大学出版社，2007．
[6] 费千．船舶辅机[M]．3 版．大连：大连海事大学出版社，2008．
[7] 陈立军，王涛．船舶辅机[M]．大连：大连海事大学出版社，2015．
[8] 刘晓晨，张守俊．船舶辅机[M]．大连：大连海事大学出版社，2013．
[9] 中国海事服务中心．船舶辅机：二/三管轮[M]．2 版．大连：大连海事大学出版社，2022．
[10] 郑学林，任福安，宋立国．船舶辅机：操作级[M]．大连：大连海事大学出版社，2021．
[11] 胡启祥．船舶辅机[M]．哈尔滨：哈尔滨工程大学出版社，2007．
[12] 郑仲金．船舶辅机[M]．北京：人民交通出版社，2009．
[13] 陈海泉．船舶辅机[M]．大连：大连海事大学出版社，2016．
[14] 向阳．船舶辅机[M]．武汉：武汉理工大学出版社，2015．
[15] 刘德宽，赵峰，彭秋平．船舶辅机[M]．大连：大连海事大学出版社，2020．
[16] 陆敏恂，李万莉．流体力学与液压传动[M]．上海：同济大学出版社，2005．
[17] 王积伟，章宏甲．液压与气压传动[M]．2 版．北京：机械工业出版社，2005．
[18] 许贤良，王传礼，张军，等．液压传动[M]．2 版．北京：国防工业出版社，2011．
[19] 张利平．液压传动与控制[M]．西安：西北工业大学出版社，2005．
[20] 简引霞．液压传动技术[M]．西安：西安电子科技大学出版社，2006．
[21] 陆望龙．液压系统使用与维修手册：回路和系统卷[M]．2 版．北京：化学工业出版社，2017．
[22] 马昭胜．船舶电气设备维护与修理：基础和元件卷[M]．北京：机械工业出版社，2020．
[23] 陆望龙．液压系统使用与维修手册：基础和元件卷[M]．2 版．北京：化学工业出版社，2017．
[24] 吴业正，李红旗，张华．制冷压缩机[M]．3 版．北京：机械工业出版社，2017．
[25] 李伟，张洪朋，张力伟．船舶锅炉与蒸汽动力设备[M]．大连：大连海事大学出版社，2023．
[26] 王宝军，党坤．船舶辅机：英文版[M]．大连：大连海事大学出版社，2023．
[27] 方志刚，杨岳平，曹京宜，等．船用海水淡化[M]．北京：科学出版社，2021．

附录 1 常用液压元件图形符号

本附录内容选自《流体传动系统及元件 图形符号和回路图 第 1 部分：图形符号》（GB/T 786.1—2021）。基本符号、管路及连接，控制机构和控制方法，泵、马达和缸，控制元件，辅助元件的符号见附表 1-1 至附表 1-5。

附表 1-1 基本符号、管路及连接

名称	符号	名称	符号
工作管路		管端连接于油箱底部	
控制管路		密闭式油箱	
连接管路		直接排气	
交叉管路		带连接排气	
柔性管路		带单向阀快换接头	
组合元件线		不带单向阀快换接头	
管口在液面以上油箱		单通路旋转接头	
管口在液面以下油箱		三通路旋转接头	

附表 1-2 控制机构和控制方法

名称	符号	名称	符号
按钮式人力控制		踏板式人力控制	
手柄式人力控制		顶杆式机械控制	
弹簧控制		液压先导控制	
单向滚轮式机械控制		液压二级先导控制	
单作用电磁控制		气-液先导控制	
双作用电磁控制		内部压力控制	
电动机旋转控制		电-液先导控制	
加压或泄压控制		电气	
滚轮式机械控制		液压先导泄压控制	
外部压力控制		电反馈控制	

附表 1-3 泵、马达和缸

名称	符号	名称	符号
单向定量液压泵		液压整体式传动装置	
双向定量液压泵		摆动马达	
单向变量液压泵		单作用弹簧复位缸	
双向变量液压泵		单作用伸缩缸	
单向定量马达		单向变量马达	
双向定量马达		双向变量马达	
定量液压泵-马达		单向缓冲缸	
变量液压泵-马达		双向缓冲缸	
双作用单活塞杆缸		双作用伸缩缸	
双作用双活塞杆缸		增压缸	

附表 1-4 控制元件

名称	符号	名称	符号
直动型溢流阀		溢流减压阀	
先导型溢流阀		先导型比例电磁溢流减压阀	
先导型比例电磁溢流阀		定比减压阀	
卸荷溢流阀		定差减压阀	
双向溢流阀		直动型顺序阀	

续表

名称	符号	名称	符号
直动型减压阀		先导型顺序阀	
先导型减压阀		单向顺序阀（平衡阀）	
直动型卸荷阀		集流阀	
制动阀		分流阀	
不可调节流阀		单向阀	
可调节流阀		液控单向阀	
可调节单向流阀		液压锁	
调速阀		或门型梭阀	
带消声器的节流阀		与门型梭阀	
温度补偿调速阀		快速排气阀	
旁通型调速阀		二位二通换向阀	
单向调速阀		二位三通换向阀	
三位四通换向阀		二位四通换向阀	
三位五通换向阀		二位五通换向阀	
		四通电磁伺服阀	

附表 1-5 辅助元件

名称	符号	名称	符号
过滤器		压力计	
磁芯过滤器		压差计	
排水分离器		液面计	
吸附式过滤器		温度计	
油雾分离器		流量计	
空气干燥器		压力继电器	
油雾器		消声器	
气源调节装置		液压源	
冷却器		气压源	
加热器		电动机	
蓄能器		原动机	
气罐		气-液转换器	

附录2 船用制冷剂饱和状态的温度和压力

饱和温度/°C	饱和压力（绝对）/MPa（kgf/cm²）	
	R22	R134a
−40	0.105(1.08)	
−39	0.110(1.12)	
−38	0.116(1.18)	
−37	0.121(1.23)	
−36	0.127(1.30)	
−35	0.132(1.35)	0.066
−34	0.139(1.41)	
−33	0.144(1.47)	
−32	0.151(1.54)	
−31	0.157(1.60)	
−30	0.164(1.68)	0.085
−29	0.171(1.74)	
−28	0.179(1.82)	
−27	0.185(1.89)	
−26	0.194(1.98)	
−25	0.202(2.06)	0.107
−24	0.210(2.14)	
−23	0.218(2.22)	
−22	0.228(2.32)	
−21	0.235(2.40)	
−20	0.246(2.51)	0.133
−19	0.254(2.59)	
−18	0.265(2.70)	
−17	0.275(2.80)	
−16	0.286(2.92)	
−15	0.296(3.02)	0.164
−14	0.308(3.14)	
−13	0.318(3.24)	
−12	0.331(3.37)	

续表

饱和温度/°C	饱和压力（绝对）/MPa（kgf/cm²）	
	R22	R134a
−11	0.342(3.49)	
−10	0.355(3.36)	0.201
−9	0.368(3.75)	
−8	0.381(3.89)	
−7	0.394(4.02)	
−6	0.408(4.17)	
−5	0.422(4.30)	0.343
−4	0.436(4.46)	
−3	0.451(4.60)	
−2	0.466(4.77)	
−1	0.482(4.92)	
0	0.498(5.10)	0.293
1	0.514(5.25)	
2	0.531(5.44)	
3	0.548(5.59)	
4	0.566(5.82)	
5	0.584(5.96)	0.350
6	0.602(6.18)	
7	0.621(6.34)	
8	0.640(6.57)	
9	0.660(6.73)	
10	0.680(6.99)	0.415
11	0.705(7.19)	
12	0.728(7.42)	
13	0.749(7.64)	
14	0.772(7.87)	
15	0.794(8.10)	0.489
16	0.818(8.34)	
17	0.831(8.48)	
18	0.847(8.63)	
19	0.881(8.98)	
20	0.912(9.35)	0.572

续表

饱和温度/°C	饱和压力（绝对）/MPa（kgf/cm²）	
	R22	R134a
21	0.943(9.16)	
22	0.970(9.89)	
23	0.997(10.16)	
24	1.025(10.45)	
25	1.053(10.73)	0.666
26	1.082(11.03)	
27	1.110(11.32)	
28	1.141(11.63)	
29	1.171(11.94)	
30	1.203(12.26)	
31	1.234(12.58)	
32	1.267(12.92)	
33	1.300(13.25)	
34	1.334(13.60)	
35	1.368(13.94)	0.887
36	1.403(14.30)	
37	1.437(14.65)	
38	1.473(15.02)	
39	1.510(15.40)	
40	1.549(15.79)	1.017
41	1.587(16.18)	
42	1.626(16.58)	
43	1.665(16.98)	
44	1.706(17.39)	
45	1.746(17.80)	
46	1.778(18.23)	

R22 的 lg$p$-h 图如附图 2-1 所示。
R134a 的 lg$p$-h 图如附图 2-2 所示。
湿空气的焓湿图如附图 2-3 所示。

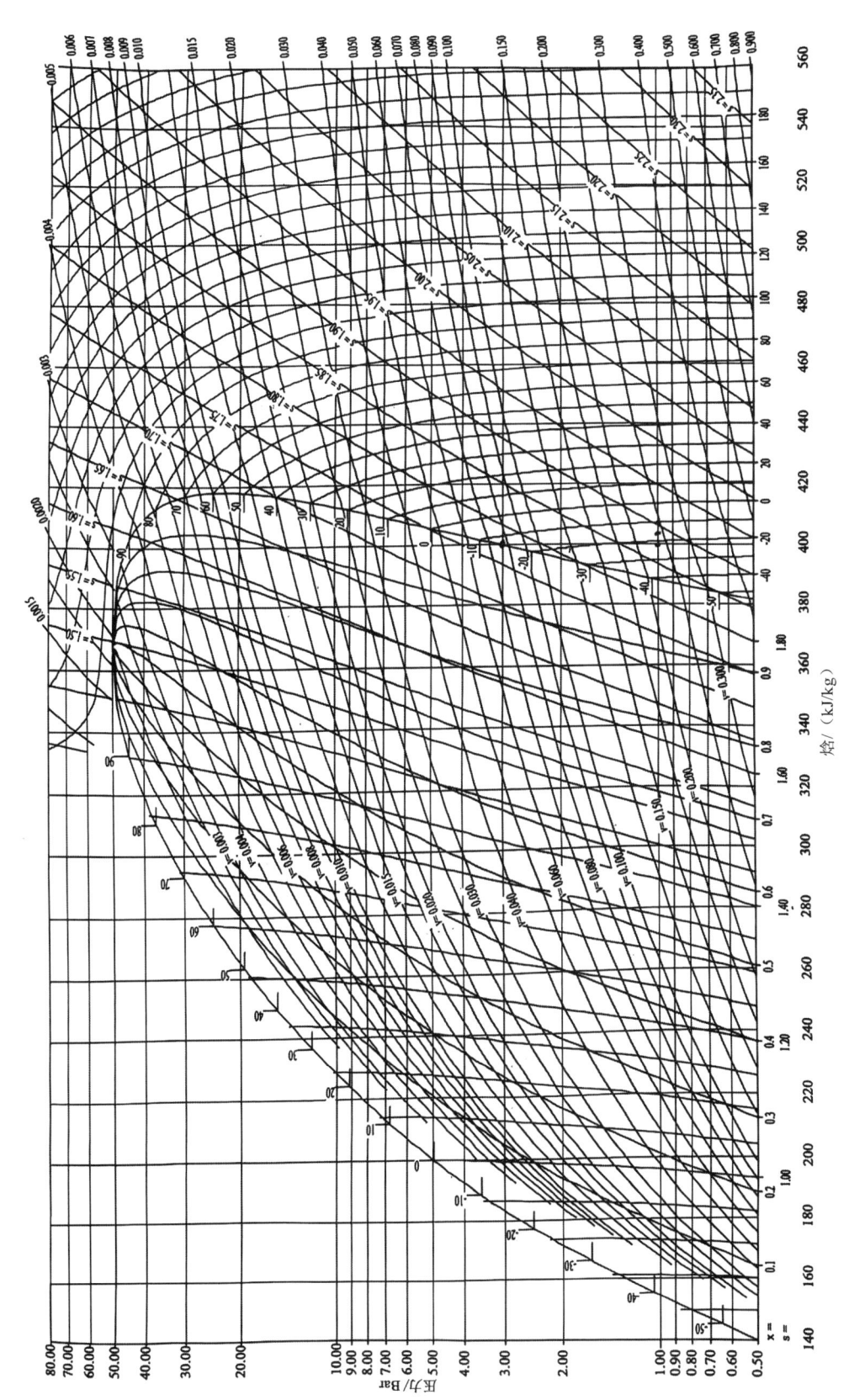

附录2 船用制冷剂饱和状态的温度和压力

附图 2-1 R22 的 $\lg p\text{-}h$ 图

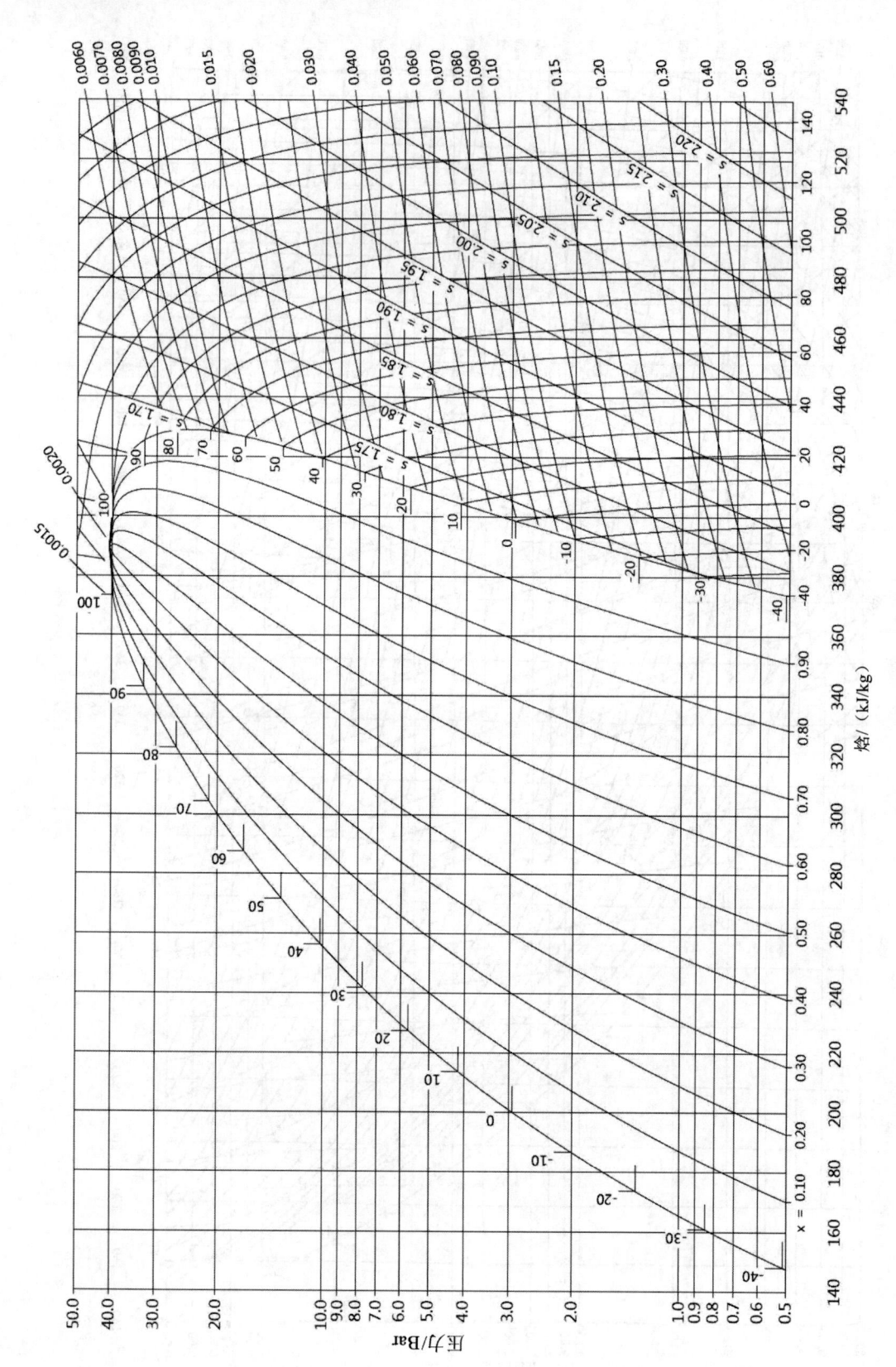

附图 2-2 R134a 的 lg$p$-h 图

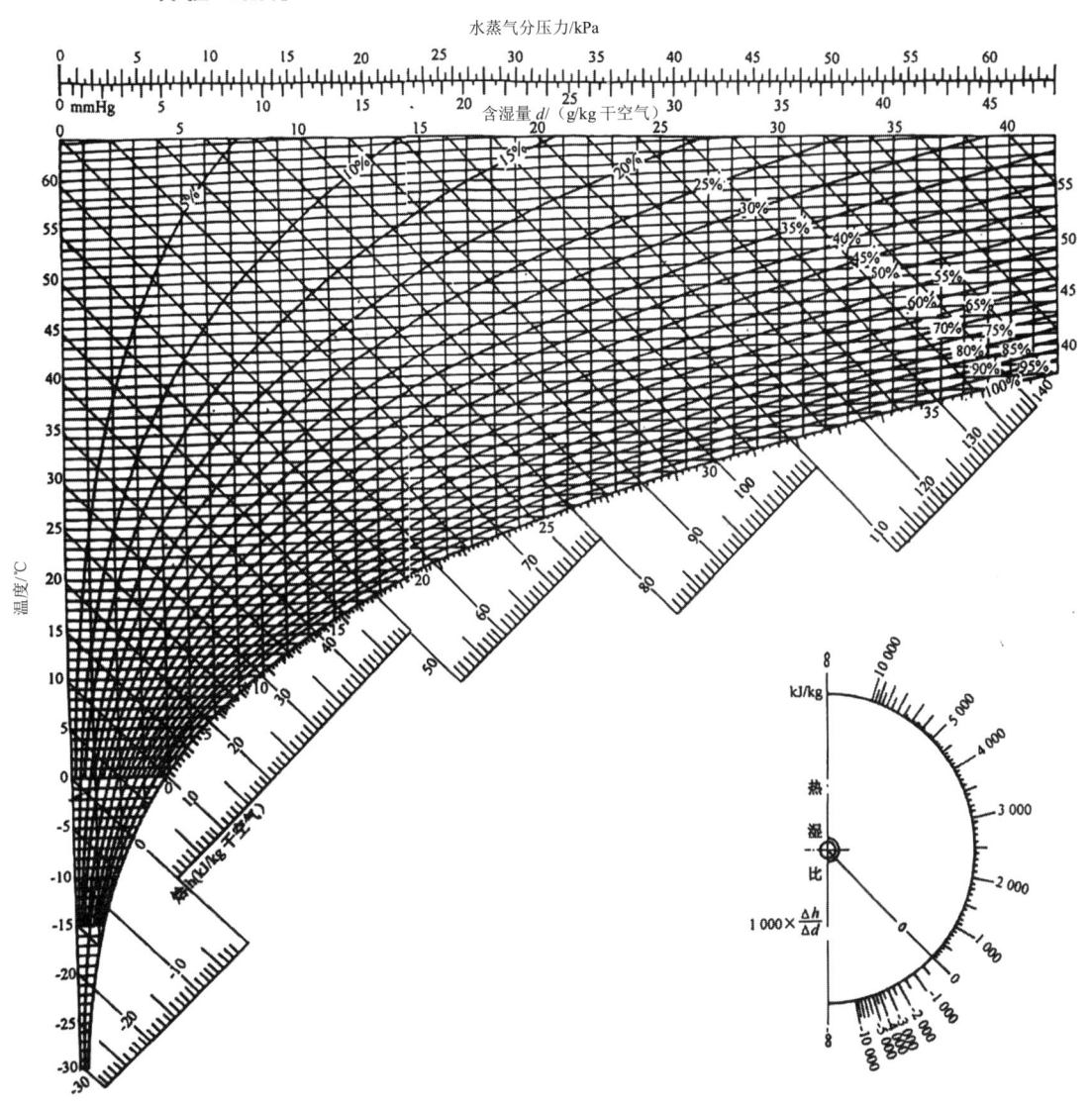

附录2　船用制冷剂饱和状态的温度和压力

附图 2-3　湿空气的焓湿图

N